Kohlhammer
DEUTSCHER
GEMEINDEVERLAG

Allgemeines Verwaltungsrecht und Verwaltungsrechtsschutz

begründet von

Horst Suckow †
vormals Fachhochschullehrer
an der Niedersächsischen Fachhochschule
für Verwaltung und Rechtspflege,
Kommunale Abteilung Hannover

fortgeführt von

Prof. Holger Weidemann
vormals Vizepräsident und Studiendekan der
Kommunalen Hochschule für Verwaltung in Niedersachsen (HSVN),
zudem Ausbildungsleiter des Nds. Studieninstituts Hannover

Prof. Dr. Torsten F. Barthel, LL.M.
Professor für Allgemeines Verwaltungsrecht
an der Kommunalen Hochschule für Verwaltung
in Niedersachsen (HSVN) und
Rechtsanwalt mit Schwerpunkt Verwaltungsrecht in Berlin

17., überarbeitete Auflage

Deutscher Gemeindeverlag

17. Auflage 2021

Alle Rechte vorbehalten
© Deutscher Gemeindeverlag GmbH, Stuttgart
Gesamtherstellung: W. Kohlhammer GmbH, Stuttgart

Print:
ISBN 978-3-555-01997-0

E-Book-Formate:
pdf: ISBN 978-3-555-01998-7
epub: ISBN 978-3-555-01999-4

Dieses Werk einschließlich aller seiner Teile ist urheberrechtlich geschützt. Jede Verwendung außerhalb der engen Grenzen des Urheberrechts ist ohne Zustimmung des Verlags unzulässig und strafbar. Das gilt insbesondere für Vervielfältigungen, Übersetzungen, Mikroverfilmungen und für die Einspeicherung und Verarbeitung in elektronischen Systemen.
Für den Inhalt abgedruckter oder verlinkter Websites ist ausschließlich der jeweilige Betreiber verantwortlich. Die W. Kohlhammer GmbH hat keinen Einfluss auf die verknüpften Seiten und übernimmt hierfür keinerlei Haftung.

Vorwort zur 17. Auflage

Zählte das **Allgemeine Verwaltungsverfahrensrecht** über viele Jahrzehnte zu den eher stabilen Rechtsgebieten, so hat sich diese Situation in den vergangenen Jahren gravierend geändert. **Gesellschaftliche Entwicklungen**, wie beispielsweise das Vordringen der elektronischen Kommunikation oder aber Ansprüche der Bürgerinnen und Bürger an einer verstärkten Teilhabe an öffentlichen Entwicklungen (Stichwort: „Stuttgart 21"), wie auch Vorgaben der **EU** sind **Motor** für diese Entwicklung. Gerade die Europäische Dienstleistungsrichtlinie hat den Gesetzgeber veranlasst, die rechtlichen Rahmenbedingungen zu schaffen, damit Verwaltungsverfahren transparenter werden und zügiger durchgeführt werden können. Instrumente sind hier der **einheitliche Ansprechpartner** (§§ 71a VwVfG) und die sog. **fiktive Genehmigung** (§ 42a VwVfG) und der **vollautomatische Verwaltungsakt** (§§ 35a und 42 Abs. 2a VwVfG). Mit dem **De-Mail-Gesetz**, der Anpassung des VwZG (§§ 2, 5a) und dem **E-Government-Gesetz** ist das Tor für eine umfassende (rechtssichere) elektronische Kommunikation der Verwaltungen mit den Bürgern weit aufgestoßen worden. Das **Online-Zugangsgesetz** setzt zudem Fristen, bis wann Verwaltungen ihre Leistungen online anzubieten haben.

Die **17. Auflage des Werkes ist grundlegend überarbeitet** worden und greift die neuen Rechtsentwicklungen auf. Der **Digitalisierung** ist, im Hinblick auf deren herausragende Bedeutung, ein **eigenes Kapitel** gewidmet worden. Aber auch die Fachgesetze sind in der Vergangenheit deutlich verändert worden. Die Neuauflage greift auch diese Änderungen auf. Zudem erforderte die Spruchpraxis der Gerichte eine Aktualisierung. **Anregungen** aus der **Lehre** und der **Praxis** sind gerne aufgegriffen worden. Dies führte zur **grundlegenden Überarbeitung** einzelner Abschnitte (beispielsweise die Darstellungen von Informationsrechten der Bürger und des Verwaltungsverfahrens).

Das grundlegend überarbeitete **Buch knüpft** aber an **Bewährtem** an:
So werden in diesem Buch die wichtigsten Themen des **Allgemeinen Verwaltungsrechts** sowie der **Verwaltungsrechtsschutz** in den Grundzügen systematisch dargestellt. Der Schwerpunkt der Darstellung ist auf das Verwaltungshandeln, insbesondere auf den Verwaltungsakt und die bedeutsamsten damit zusammenhängenden Fragen, gelegt worden. Behandelt werden zudem der öffentlich-rechtliche Vertrag und der Verwaltungszwang. Eingehend wird zudem das Widerspruchsverfahren (Vorverfahren) behandelt. Außerdem wird der vorläufige Rechtsschutz in seinen Grundzügen vorgestellt. Ein Überblick über das verwaltungsgerichtliche Klagesystem rundet die Darstellungen ab. Einem Wunsch der Praxis folgend hat das Thema „Verwaltungsgerichtliches Klagesystem" eine weitere Aufwertung gefunden.

Nach Inhalt und Gestaltung ist dieses Buch ausbildungsorientiert. Rechtsprechung und Literatur sind eingearbeitet worden. Wer sich vertiefend mit dem Verwaltungsrecht und dem Rechtsschutz befassen möchte, dem gibt das Buch nützliche Hinweise auf Kommentare, Lehrbücher, Aufsätze und die Spruchpraxis der Gerichte. Immer wieder werden Hinweise zu veröffentlichten Fallbearbeitungen gegeben. Vorliegend ging es darum, den ausgewählten Stoff in kompri-

Vorwort zur 17. Auflage

mierter Form zusammenzustellen, dabei alles Wichtige anzusprechen und es anhand praktischer Beispiele zu veranschaulichen. Dem Leser wird damit ein Hilfsmittel an die Hand gegeben, das es ihm erleichtert, einen Überblick über das Allgemeine Verwaltungsrecht und den Verwaltungsrechtsschutz zu gewinnen. Zahlreiche Übersichten, Grafiken und Flussdiagramme lockern den Rechtsstoff auf und verdeutlichen Verfahrensabläufe und schwieriger zu erfassende Zusammenhänge.

Im Anhang werden die wichtigsten die Rechtsbehelfsbelehrung betreffenden Fragen zusammenfassend behandelt.

Das Buch ist vor allem für **Teilnehmerinnen und Teilnehmer** der Studien- und Lehrgänge an den **Hochschulen, Studieninstituten** und **Verwaltungsschulen** und **-akademien** geschrieben. Aber auch Teilnehmerinnen und Teilnehmer an **weiterführenden Lehrgängen** dürften dieses Buch mit Gewinn lesen. So ist es in besonderem Maße dazu geeignet, die in vorangegangenen Lehrgängen behandelten wesentlichen Fragen dieser Rechtsgebiete zu wiederholen. Das Buch hilft ferner dem **Verwaltungspraktike**r, sich rasch mit den Neuerungen des Verwaltungsrechts vertraut zu machen.

Wir wünschen allen Nutzern, dass sie die gestellte Aufgabe bzw. Frage mit Hilfe des Buches erfolgreich lösen können. Anregungen, Verbesserungsvorschläge, aber auch Lob sind jederzeit sehr willkommen. Die elektronische Anschrift lautet: holger.weidemann@outlook.de

Hannover/Syke/Berlin, im Mai 2021
Holger Weidemann
Torsten F. Barthel

Vorwort zur 1. Auflage (Auszug)

In diesem Grundriss werden einige Themen des allgemeinen Verwaltungs- und Verfahrensrechts in den Grundzügen systematisch dargestellt. Für die Auswahl der Themen waren, wenn auch nicht ausschließlich, die Unterrichtsinhalte und Lernziele maßgebend, die in dem Lehr- und Stoffverteilungsplan für die Theoretische Ausbildung der Anwärter des gehobenen allgemeinen Verwaltungsdienstes festgelegt sind.

Umfassende Information kann und soll dieses Skriptum nicht gewährleisten. Wer nachschlagen möchte, muss sich eines Lehrbuches des Verwaltungsrechts bedienen. Hier ging es nur darum, den ausgewählten Stoff in stark komprimierter Form zusammenzustellen, dabei möglichst alles Wichtige zu bringen und es mit praktischen Beispielen zu belegen. Dem Lehrgangsteilnehmer wird damit ein Hilfsmittel an die Hand gegeben, das es ihm erleichtern soll, einen Überblick über wichtige Bereiche des allgemeinen Verwaltungs- und Verfahrensrechts zu gewinnen und den Unterrichtsstoff nachzuarbeiten.

Hannover, im Juni 1979   Horst Suckow

Inhaltsverzeichnis

Vorwort zur 17. Auflage		V
Vorwort zur 1. Auflage (Auszug)		VII
Prüfungsschemata – Überblick		XVII
Abkürzungen		XVIII
Literaturverzeichnis		XXIV

1	**Grundsatz der Gewaltentrennung; Begriff und Wesen der Verwaltung**	**1**
1.1	Grundsatz der Gewaltentrennung	1
1.2	Begriff und Wesen der Verwaltung	2
2	**Träger der öffentlichen Verwaltung**	**4**
2.1	Juristische Personen des öffentlichen Rechts	4
2.1.1	Körperschaften	4
2.1.2	Anstalten	7
2.1.3	Stiftungen	7
2.2	Rechtsträger des Privatrechts	7
2.3	Privatisierungen	9
3	**Grundsatz der Gesetzmäßigkeit; Rechtsquellen des Verwaltungsrechts; Verwaltungsvorschriften; Verwaltungsrechtsverhältnis**	**10**
3.1	Grundsatz der Gesetzmäßigkeit	10
3.1.1	Allgemeines	10
3.1.2	Vorrang des Gesetzes	12
3.1.3	Vorbehalt des Gesetzes	13
3.2	Rechtsquellen	18
3.2.1	Arten	18
3.2.2	Exkurs: Rechtsquellen der Europäischen Union	22
3.2.3	Allgemeines und besonderes Verwaltungsrecht – Abgrenzung	24
3.2.4	Anwendbarkeit des VwVfG	27
3.3	Ergänzung des Verwaltungsrechts durch bürgerliches Recht	28
3.4	Rangordnung der Rechtsquellen	29
3.5	Normprüfungs- und Verwerfungskompetenz	32
3.6	Verwaltungsvorschriften	32
3.6.1	Begriff, Zweck und Arten; Abgrenzung	32
3.6.2	Abgrenzung von Rechtsquellen	33
3.6.3	Bedeutung der Verwaltungsvorschriften im Außenverhältnis; Selbstbindung der Verwaltung	35

Inhaltsverzeichnis

3.7	Das Verwaltungsrechtsverhältnis	39
3.7.1	Begriff und Bedeutung	39
3.7.2	Arten	40
3.7.3	Das subjektive öffentliche Recht	40
3.8	Informationsrechte der Bürger	42
3.9	Digitalisierung der Verwaltung	45
3.9.1	Allgemeine Rechtsentwicklung der Verwaltungsdigitalisierung	45
3.9.2	Onlinezugangsgesetz (OZG)	49
3.9.3	E-Government-Gesetz (EGovG)	49
3.9.4	De-Mail-Gesetz	51
3.9.5	Verwaltungsverfahrensgesetz (VwVfG)	53
3.9.6	Verwaltungszustellungsgesetz (VwZG)	57
3.9.7	Verwaltungsgerichtsordnung (VwGO)	57
3.9.8	Vertrauensdienstegesetz (VDG)	58
3.9.9	Identifikationsnummerngesetz (IDNrG)	60
4	**Verwaltungshandeln**	**60**
4.1	Arten	60
4.1.1	Öffentlich-rechtliches und privatrechtliches Verwaltungshandeln – Übersicht	60
4.1.2	Öffentlich-rechtliches Verwaltungshandeln im Einzelnen (Überblick)	65
4.2	Verwaltungsverfahren	67
4.3	Verwaltungsakt	69
4.3.1	Begriff	69
4.3.1.1	Verwaltungsakt allgemein	69
4.3.1.2	Allgemeinverfügung	79
4.3.1.3	Verwaltungsakt kraft gesetzlicher Anordnung	82
4.3.1.4	Vollautomatischer Verwaltungsakt	82
4.3.2	Bedeutung; Funktionen	84
4.3.2.1	Regelungsfunktion	84
4.3.2.2	Titelfunktion	86
4.3.2.3	Prozessrechtliche und verfahrensrechtliche Funktionen	87
4.3.3	Arten	87
4.3.3.1	Bedeutung der Einordnung	87
4.3.3.2	Einteilung nach dem Inhalt	88
4.3.3.3	Einteilung nach der Wirkung für die betroffene Person	89
4.3.3.4	Einteilung nach der zeitlichen Wirkung	90
4.3.3.5	Einteilung nach der Beteiligung der betroffenen Person	90
4.3.3.6	Einteilung nach den Entscheidungsgrenzen	90
4.3.3.7	Sonderformen	91
4.3.3.7.1	Vorläufiger Verwaltungsakt	91

4.3.3.7.2	Fiktiver Verwaltungsakt – Genehmigungsfiktion	91
4.3.4	Rechtmäßigkeit	94
4.3.4.1	Begriff; Abgrenzung	94
4.3.4.2	VA-Befugnis	94
4.3.4.3	Formelle Rechtmäßigkeit	96
4.3.4.3.1	Zuständigkeit	96
4.3.4.3.2	(Wesentliche) Verfahrensregelungen	100
4.3.4.3.2.1	Allgemein	100
4.3.4.3.2.2	Ausgeschlossene Personen	101
4.3.4.3.2.3	Anhörung	102
4.3.4.3.3	Form	105
4.3.4.3.4	Weitere formelle Anforderungen	109
4.3.4.4	Materielle Rechtmäßigkeit	109
4.3.4.4.1	Vorrang und Vorbehalt des Gesetzes	109
4.3.4.4.2	Tatbestandsmäßigkeit	110
4.3.4.4.3	Richtiger Adressat	110
4.3.4.4.4	Keine Unmöglichkeit	110
4.3.4.4.5	Zutreffende Rechtsfolge	110
4.3.4.4.6	Bestimmtheit	110
4.3.4.4.7	Verhältnismäßigkeit	112
4.3.4.4.8	Keine entgegenstehende Zusicherung	116
4.3.4.4.9	Beachtung der Grundrechte	116
4.3.4.5	Heilung	116
4.3.5	Bekanntgabe	122
4.3.5.1	Bedeutung; Begriff	122
4.3.5.2	Nichtförmliche Bekanntgabe	122
4.3.5.3	Förmliche Bekanntgabe (Zustellung); Zustellungsarten	128
4.3.5.4	Heilung von Zustellungsmängeln	134
4.3.6	Wirksamkeit	134
4.3.7	Der fehlerhafte Verwaltungsakt	138
4.3.7.1	Arten (Überblick)	138
4.3.7.2	Fehler, die Nichtigkeit zur Folge haben	141
4.3.7.3	Fehler, die Vernichtbarkeit zur Folge haben	147
4.3.7.4	Sonstige Fehler	148
4.4	Nebenbestimmungen zum Verwaltungsakt	149
4.4.1	Zweck	149
4.4.2	Abgrenzung von Inhaltsbestimmungen	150
4.4.3	Begriffe und Abgrenzung	153
4.4.4	Rechtmäßigkeit	159
4.5	Ermessen	165
4.5.1	Begriff; Abgrenzung von der gebundenen Verwaltung	165
4.5.2	Einräumung; Arten	168
4.5.3	Ermessensausübung	171

Inhaltsverzeichnis

4.5.4	Ermessensreduktion	174
4.5.5	Ermessensfehler	175
4.5.5.1	Ermessensüberschreitung	176
4.5.5.2	Ermessensfehlgebrauch	178
4.6	Unbestimmte Rechtsbegriffe; Beurteilungsspielraum	181
4.6.1	Unbestimmte Rechtsbegriffe	181
4.6.2	Beurteilungsspielraum	182
4.7	Erlaubnisse – Grundtypen	184
4.7.1	(Präventives) Verbot mit Erlaubnisvorbehalt	184
4.7.2	Erlaubnis mit Verbotsvorbehalt	185
4.7.3	Anzeigengebot	185
4.7.4	(Repressives) Verbot mit Befreiungsvorbehalt	185
4.8	Bestandskraft	186
4.8.1	Wiederaufgreifen des Verfahrens; Allgemeines; Begriff	187
4.8.2	Abgrenzung des Zweitverfahrens vom Neuverfahren	188
4.8.3	Entscheidungen der Behörde	188
4.8.3.1	Entscheidung über das Wiederaufgreifen	189
4.8.3.1.1	Verpflichtung zum Wiederaufgreifen des Verfahrens	189
4.8.3.1.1.1	Zulässigkeit des Antrages	189
4.8.3.1.1.2	Begründetheit des Antrages	190
4.8.3.1.2	Wiederaufgreifensermessen	190
4.8.3.2	Entscheidung in der Sache	191
4.9	Rücknahme und Widerruf	193
4.9.1	Allgemeines	193
4.9.2	Rücknahme (§ 48 VwVfG)	196
4.9.3	Widerruf (§ 49 VwVfG)	204
4.9.4	Folgen der Aufhebung	207
4.10	Zusage und Zusicherung	210
4.10.1	Begriff	210
4.10.2	Zusicherung	211
4.10.3	Rechtsnatur der Zusicherung	211
4.10.4	Wirksamkeit	212
4.10.5	Rechtmäßigkeit	212
4.10.6	Rücknahme und Widerruf	213
4.10.7	Abgrenzung	213
4.11	Öffentlich-rechtlicher Vertrag	214
4.11.1	Begriff, Rechtsquellen und Abgrenzung zum privatrechtlichen Vertrag und zum Verwaltungsakt	214
4.11.2	Arten	215
4.11.2.1	Koordinationsrechtliche Verträge	215
4.11.2.2	Subordinationsrechtliche Verträge	216
4.11.2.3	Abgrenzung	217
4.11.3	Zustandekommen	218

Inhaltsverzeichnis

4.11.4	Rechtmäßigkeit	218
4.11.4.1	Allgemeines	218
4.11.4.2	Rechtmäßigkeit der Handlungsart	219
4.11.4.3	Rechtmäßigkeit des Inhalts	220
4.11.5	Nichtigkeit	221
4.11.6	Erfüllung, Anpassung und Kündigung	223
4.11.7	Durchsetzung	223
4.11.7.1	Grundsatz	223
4.11.7.2	Vollstreckung	224
4.11.8	Entwicklung	224
4.12	Schlichtes Verwaltungshandeln	225
4.12.1	Bedeutung und Begriff	225
4.12.2	Anforderungen an die Rechtmäßigkeit, Rechtsschutz, Fehlerfolgen	226
5	**Verwaltungszwang**	**227**
5.1	Allgemeines; Arten	227
5.2	Zwangsmittel	229
5.2.1	Abgrenzung von Ahndungsmitteln	229
5.2.2	Arten; Begriffe	230
5.2.3	Abgrenzung des unmittelbaren Zwanges von der Ersatzvornahme	231
5.2.4	Auswahl der Zwangsmittel	232
5.2.5	Voraussetzungen	233
5.2.6	Verfahren	234
5.3	Sofortiger Vollzug	237
5.3.1	Begriff	237
5.3.2	Abgrenzung zur Ersatzvornahme und zur Sicherstellung	237
5.3.3	Voraussetzungen	239
5.3.4	Kosten	242
5.4	Rechtsschutz	242
6	**Verwaltungsrechtsschutz**	**244**
6.1	Allgemeines	244
6.2	Rechtsschutz innerhalb der Verwaltung	244
6.3	Rechtsschutz gegenüber der Verwaltung	244
6.4	Formlose und förmliche Rechtsbehelfe	244
6.4.1	Formlose Rechtsbehelfe	244
6.4.2	Förmliche Rechtsbehelfe	247
6.4.2.1	Überblick	247
6.4.2.2	Verwaltungsgerichtlicher Rechtsschutz	247
6.4.2.2.1	Die Verwaltungsgerichtsbarkeit	247

Inhaltsverzeichnis

6.4.2.2.2	Klagearten	248
6.4.2.2.2.1	Allgemein	248
6.4.2.2.2.2	Anfechtungsklage	253
6.4.2.2.2.3	Verpflichtungsklage	257
6.4.2.2.2.4	Allgemeine Leistungsklage	259
6.4.2.2.2.5	Feststellungsklage	261
6.4.2.2.2.6	Fortsetzungsfeststellungsklage	263
6.4.2.2.2.7	Normenkontrollklage	264
6.5	Vorverfahren	265
6.5.1	Erfordernis; Zweck; Beginn	265
6.5.2	Rechtliche Grundlagen	266
6.5.3	Zulässigkeit des Widerspruchs	267
6.5.3.1	Übersicht	267
6.5.3.2	Verwaltungsrechtsweg	268
6.5.3.3	Statthaftigkeit	269
6.5.3.4	Ordnungsgemäße Einlegung	277
6.5.3.5	Beteiligungs- und Handlungsfähigkeit; Bevollmächtigte	283
6.5.3.6	Widerspruchsbefugnis	284
6.5.3.7	Das (allgemeine) Rechtsschutzbedürfnis	288
6.5.3.8	Unzulässigkeit, Rücknahme, Verzicht	289
6.5.4	Begründetheit des Widerspruchs	290
6.5.4.1	Begründetheit des Anfechtungswiderspruchs	290
6.5.4.1.1	Rechtswidrigkeit	290
6.5.4.1.2	Rechtsverletzung	291
6.5.4.1.3	Kein Ausschluss des Aufhebungsanspruchs	294
6.5.4.1.4	Zweckwidrigkeit	298
6.5.4.2	Begründetheit des Verpflichtungswiderspruchs	299
6.5.5	Die maßgebliche Sach- und Rechtslage	304
6.5.6	Prüfungskompetenz der Widerspruchsbehörde	304
6.5.6.1	Die umfassende Kontrollkompetenz	304
6.5.6.2	Grenzen	305
6.5.6.3	Verböserung im Widerspruchsverfahren	306
6.5.7	Kostenentscheidung im Widerspruchsverfahren	307
6.5.8	Entscheidungszuständigkeit	308
6.5.9	Widerspruchsentscheidungen und Bescheide über Widersprüche	310
6.5.9.1	Allgemeines	310
6.5.9.2	Abhilfebescheid	311
6.5.9.3	Widerspruchsbescheid	313
6.6	Vorläufiger Rechtsschutz	314
6.6.1	Bedeutung	314
6.6.2	Arten; grundsätzliche Abgrenzung	314

6.6.3	Aufschiebende Wirkung des Widerspruchs und der Anfechtungsklage	316
6.6.3.1	Bedeutung; Umfang	316
6.6.3.2	Voraussetzungen	317
6.6.4	Dauer der aufschiebenden Wirkung	318
6.6.5	Ausschluss der aufschiebenden Wirkung	319
6.6.5.1	Allgemein	319
6.6.5.2	Ausschluss der aufschiebenden Wirkung kraft Gesetzes	319
6.6.5.2.1	Ausschluss beim Anfordern öffentlicher Abgaben und Kosten	319
6.6.5.2.2	Ausschluss bei unaufschiebbaren Verwaltungsakten von Polizeivollzugsbeamten	320
6.6.5.2.3	Ausschluss in anderen durch Bundesgesetz vorgeschriebenen Fällen	321
6.6.5.2.4	Ausschluss von Vorhaben betreffend die Zulassung von Bundesverkehrswegen und Mobilfunknetzen	322
6.6.5.3	Ausschluss der aufschiebenden Wirkung durch Anordnung der sofortigen Vollziehung	322
6.6.5.3.1	Ausdrückliche Anordnung	322
6.6.5.3.2	Rechtsnatur der Anordnung	322
6.6.5.3.3	Rechtmäßigkeitsanforderungen	323
6.6.5.3.4	Wirksamkeit der Anordnung	326
6.6.6	Aussetzung der Vollziehung; Anordnung oder (Wieder-)Herstellung der aufschiebenden Wirkung	327
6.6.7	Drittwiderspruch und aufschiebende Wirkung	329
6.6.8	Einstweilige Anordnung	330
Anhang	**Rechtsbehelfsbelehrung**	333
1.	Funktion einer Belehrung	333
2.	Pflicht zur Erteilung einer Belehrung	333
3.	Anforderungen an eine ordnungsgemäße Belehrung	333
4.	Ergänzende Zusätze	334
5.	Folgen bei richtiger und fehlender oder unrichtiger Belehrung	337
5.1	Folgen bei richtiger Belehrung	337
5.2	Folgen bei fehlender oder unrichtiger Belehrung	337
5.3	Nachholung und Berichtigung	338
Stichwortverzeichnis		339

Prüfungsschemata – Überblick

	Seite	Rdnr.
1. Anwendbarkeit VwVfG	27	(44c)
2. Rangfolge Rechtsquellen	31	(53)
3. Schutznormtheorie	41	(70)
4. Genehmigungsfiktion	92	(127b)
5. Begründung Verwaltungsakt	108	(152)
6. Heilung (§ 45 VwVfG)	118	(181)
7. Nichtigkeitsprüfung	144	(219)
8. Rechtmäßigkeit Nebenbestimmung	162	(249)
9. Wiederaufgreifen des Verfahrens	192	(307)
10. Einschränkung der Rücknahme durch § 48 II	200	(318)
11. Rechtmäßigkeit sofortiger Vollzug	241	(394)
12. Rechtmäßigkeit Leistungsbescheid	243	(398)
13. Anfechtungsklage	256	(410c)
14. Verpflichtungsklage	259	(413a)
15. Allgemeine Leistungsklage	261	(414e)
16. Feststellungsklage	263	(417a)
17. Widerspruchsverfahren (Rechtsgrundlagen)	266	(428)
18. Vorverfahren (Überblick)	267	(429)
19. Zulässigkeit Widerspruch	271	(437)
20. Begründetheit Anfechtungswiderspruch I	296	(484)
21. Begründetheit Anfechtungswiderspruch II	297	(485)
22. Begründungsgebot nach § 80 Abs. 3 VwGO	324	(539)
23. Anordnung sofortige Vollziehung	326	(543)
24. Antrag nach § 80 Abs. 5 VwGO	328	(546a)
25. Begründetheit der einstweiligen Anordnung	331	(552)

Abkürzungen

a. A./A. A.	anderer Ansicht
a. a. O.	am angegebenen Ort
Abs.	Absatz
a. E.	am Ende
AEUV	Vertrag über die Arbeitsweise der EU
AFG	Arbeitsförderungsgesetz
AG	Aktiengesellschaft
Allg.Zust.VO-Kom	Allgemeine Zuständigkeitsverordnung für die Gemeinden und Landkreise zur Ausführung von Bundesrecht (Nds.)
allg.	allgemein
Alt.	Alternative
Anm.	Anmerkung
AO	Abgabenordnung
AöR	Archiv des öffentlichen Rechts (Z)
APF/apf	Ausbildung, Prüfung, Fortbildung (Z)
arg.	argumentum
Art.	Artikel
AtomG	Gesetz über die friedliche Verwendung der Kernenergie und den Schutz gegen ihre Gefahren (Atomgesetz)
AufenthG	Gesetz über den Aufenthalt, die Erwerbstätigkeit und die Integration von Ausländern im Bundesgebiet (Aufenthaltsgesetz – AufenthG)
AÜG	Arbeitnehmerüberlassungsgesetz
AVV	Allgemeine Verwaltungsvorschrift(en)
AZ	Aktenzeichen
BAföG	Bundesgesetz über die individuelle Förderung der Ausbildung (Bundesausbildungsförderungsgesetz – BaföG –)
BAG	Bundesarbeitsgericht
BAGE	Bundesarbeitsgerichtsentscheidung
BauGB	Baugesetzbuch
BauNVO	Baunutzungsverordnung
BauR	Baurecht (Z)
Bay.	Bayerisch(er)
Bay AG VwGO	Bayerisches Ausführungsgesetz zur Verwaltungsgerichtsordnung
BayStrWG	Bayerisches Straßen- und Wegegesetz
BayVBl	Bayerische Verwaltungsblätter (Z)
BayVGH	Bayerischer Verwaltungsgerichtshof
BBG	Bundesbeamtengesetz
BBesG	Bundesbesoldungsgesetz
Bd.	Band
BeamtSG	Beamtenstatusgesetz
Beschl.	Beschluss, Beschlüsse
BFH	Bundesfinanzhof
BGB	Bürgerliches Gesetzbuch
BGBl. I	Bundesgesetzblatt Teil 1
BGH	Bundesgerichtshof
BGHSt	Entscheidungen des Bundesgerichtshofs in Strafsachen
BGHZ	Entscheidungen des Bundesgerichtshofs in Zivilsachen

Abkürzungen

BImSchG	Gesetz zum Schutz vor schädlichen Umwelteinwirkungen durch Luftverunreinigungen, Geräusche, Erschütterungen und ähnliche Vorgänge (Bundes-Immissionsschutzgesetz)
32. BImSchV	zweiunddreißigste Verordnung zur Durchführung des Bundes-Immissionsschutzgesetzes
BJagdG	Bundesjagdgesetz
BNotO	Bundesnotarordnung
BRS	Baurechtssammlung
BSG	Bundessozialgericht
BStBl.	Bundessteuerblatt
BtMG	Gesetz über den Verkehr mit Betäubungsmitteln (Betäubungsmittelgesetz)
BUmzugKG	Bundesumzugskostengesetz
BVerfG	Bundesverfassungsgericht
BVerfGE	Amtliche Sammlung der Entscheidungen des Bundesverfassungsgerichts[*]
BVerfGG	Bundesverfassungsgerichtsgesetz
BVerwG	Bundesverwaltungsgericht
BVerwGE	Amtliche Sammlung der Entscheidungen des Bundesverwaltungsgerichts[*]
BWO	Bundeswahlordnung
DÖV	Die öffentliche Verwaltung (Z)
DVBl.	Deutsches Verwaltungsblatt (Z)
DVP	Deutsche Verwaltungspraxis (Z)
€	Euro (Zahlungsmittel)
EGV	EG-Vertrag
EGovG	E-Governmet.Gesetz
Einf.	Einführung
EU	Europäische Union
e. V.	eingetragener Verein
EVwVfG	Entwurf eines Verwaltungsverfahrensgesetzes, Bundestags-Drucksache 7/910 (1973)
FeV	Fahrerlaubnis-Verordnung
f., ff.	folgende; fortfolgende
Fn.	Fußnote(n)
FStrG	Bundesfernstraßengesetz
FStrPrivFinG	Fernstraßenbaufinanzierungsgesetz
FZV	Verordnung über die Zulassung von Fahrzeugen zum Straßenverkehr (Fahrzeug-Zulassungsverordnung)
GastG	Gaststättengesetz
Gem.	Gemeinsamer
Gems-OGB	Gemeinsamer Senat der obersten Gerichtshöfe des Bundes
GewArch	Gewerbearchiv (Z)
GewO	Gewerbeordnung

---

[*] In den amtlichen Entscheidungssammlungen des BVerfG, des BVerwG, des BGH sowie des Oberverwaltungsgerichts Münster und des Niedersächsischen Oberverwaltungsgerichts in Lüneburg abgedruckte Entscheidungen werden in der Regel nur mit der Fundstelle in der Entscheidungssammlung zitiert.

Abkürzungen

GG	Grundgesetz für die Bundesrepublik Deutschland
ggf.	gegebenenfalls
GmbH	Gesellschaft mit beschränkter Haftung
GüKG	Güterkraftverkehrsgesetz
GVBl.	Gesetz- und Verordnungsblatt
GVG	Gerichtsverfassungsgesetz
Halbs.	Halbsatz
HandwO	Gesetz zur Ordnung des Handwerks (Handwerksordnung)
Hrsg.	Herausgeber
Hess.	Hessischer
HessAGVwGO	Hessisches Gesetz zur Ausführung der Verwaltungsgerichtsordnung
h. M.	herrschende Meinung
i. e. S.	im engeren Sinne
IFG	Informationsfreiheitsgesetz
insb.	insbesondere
i. S.	im Sinne
i. w. S.	im weiteren Sinne
i. V.	in Verbindung
i. V. m.	in Verbindung mit
JA	Juristische Arbeitsblätter (Z)
Jura	Juristische Ausbildung (Z)
JuS	Juristische Schulung (Z)
JZ	Juristen-Zeitung (Z)
KFZ	Kraftfahrzeug
KommunalPraxis N	KommunalPraxis Landesausgabe Niedersachsen (Z)
KrWG	Gesetz zur Förderung der Kreislaufwirtschaft und Sicherung umweltverträglicher Beseitigung von Abfällen (Kreislaufwirtschaftsgesetz)
LAG	Landesarbeitsgericht
LBauO	Landesbauordnung Rheinland-Pfalz
LG	Landgericht
LJagdG	Niedersächsisches Ausführungsgesetz zum Bundesjagdgesetz (Niedersächsisches Landesjagdgesetz)
LStrG	Landesstraßengesetz für Rheinland-Pfalz
LVK	Landes- und Kommunalverwaltung (Z)
LVwG	Allgemeines Verwaltungsgesetz für das Land Schleswig-Holstein (Landesverwaltungsgesetz)
ME	Musterentwurf (eines einheitlichen Polizeigesetzes)
MRVerbG	Gesetz zur Verbesserung des Mietrechts und zur Begrenzung des Mietanstiegs sowie zur Regelung von Ingenieur- und Architektenleistungen
m. N.	mit Nachweisen
m. w. N.	mit weiteren Nachweisen
NBauO	Niedersächsische Bauordnung
NBG	Niedersächsisches Beamtengesetz
Nds.	Niedersachsen; Niedersächsisch
Nds. DVOBauGB	Nds. Verordnung zur Durchführung des Baugesetzbuches

Abkürzungen

Nds.GVBl.	Niedersächsisches Gesetz und Verordnungsblatt
Nds. MBl.	Niedersächsisches Ministerialblatt
Nds. OVG	Niedersächsisches Oberverwaltungsgericht
Nds. Verf.	Niedersächsische Verfassung (NV)
Nds. VwZG	Niedersächsisches Verwaltungszustellungsgesetz
NGastG	Niedersächsisches. Gaststättengesetz
NKomVG	Niedersächsisches Kommunalverfassungsgesetz
NPsychKG	NPsychKG
NHG	Niedersächsisches Hochschulgesetz
NJagdG	Niedersächsisches Jagdgesetz
NJG	Nds. Justizgesetz
NJW	Neue Juristische Wochenschrift (Z)
NKAG	Niedersächsisches Kommunalabgabengesetz
NKomZG	Niedersächsisches Gesetz über kommunale Zusammenarbeit
NKWG	Niedersächsisches Gemeinde- und Kreiswahlgesetz (Niedersächsisches Kommunalwahlgesetz)
NLVO	Niedersächsische Laufbahnverordnung
Nord ÖR	Zeitschrift für öffentliches Recht in Norddeutschland (Z)
NPOG	Nds. Polizei- und Ordnungsbehördengesetz
NSchG	Niedersächsisches Schulgesetz
NStrG	Niedersächsisches Straßengesetz
NuR	Natur und Recht (Z)
NVwKostG	Niedersächsisches Verwaltungskostengesetz
NVwVfG	Niedersächsisches Verwaltungsverfahrensgesetz
NVwVG	Niedersächsisches Verwaltungsvollstreckungsgesetz
NVwZ	Neue Zeitschrift für Verwaltungsrecht
NVwZ-RR	NVwZ-Rechtsprechungs-Report Verwaltungsrecht (Z)
NWG	Niedersächsisches Wassergesetz
OLG	Oberlandesgericht
OVG	Oberverwaltungsgericht
OVGE	Entscheidungen der Oberverwaltungsgerichte in Münster und Lüneburg*
OVG M-V	Oberverwaltungsgericht Mecklenburg-Vorpommern
OWiG	Gesetz über Ordnungswidrigkeiten
OZG	Onlinezugangsgesetz
PBefG	Personenbeförderungsgesetz
RdErl.	Runderlass
RdNr./Rn.	Randnummer(n)
RLP	Rheinland-Pfalz
RVO	Rechtsverordnung
S.	Seite; Satz
SaarlStrG	Saarländisches Straßengesetz
Sächs. OVG	sächsisches Oberverwaltungsgericht

---

* In den amtlichen Entscheidungssammlungen des BVerfG, des BVerwG, des BGH sowie des Oberverwaltungsgerichts Münster und des Niedersächsischen Oberverwaltungsgerichts in Lüneburg abgedruckte Entscheidungen werden in der Regel nur mit der Fundstelle in der Entscheidungssammlung zitiert.

Abkürzungen

SGB-AT	Sozialgesetzbuch – Erstes Buch (I) Allgemeiner Teil
sog.	sogenannte(r)
StabG	Gesetz zur Förderung der Stabilität und des Wachstums der Wirtschaft
StAG	Staatsangehörigkeitsgesetz
StGB	Strafgesetzbuch
StPO	Strafprozessordnung
StrWG	Straßen- und Wegegesetz des Landes Nordrhein-Westfalen
StVG	Straßenverkehrsgesetz
StVO	Straßenverkehrs-Ordnung
StVZO	Straßenverkehrs-Zulassungs-Ordnung
TA-Luft	Technische Anleitung Luft
TierSchG	Tierschutzgesetz
Tz.	Textzahl(en)
u. a.	unter anderem
UPR	Umwelt- und Planungsrecht (Z)
UIG	Umweltinformationsgesetz
URG	Umwelt-Rechtsbehelfsgesetz
Urt.	Urteil(e)
u. U.	unter Umständen
UzwG	Gesetz über den unmittelbaren Zwang bei Ausübung öffentlicher Gewalt durch Vollzugsbeamte des Bundes
VA	Verwaltungsakt
VDG	Vertrauensdienstegesetz
VereinsG	Gesetz zur Regelung des öffentlichen Vereinsrechts
VersammlG	Versammlungsgesetz
VerwArch	Verwaltungsarchiv (Z)
VG	Verwaltungsgericht
VGH	Verwaltungsgerichtshof
vgl.	vergleiche
VO	Verordnung
VR	Verwaltungsrundschau (Z)
VwGO	Verwaltungsgerichtsordnung
VwV	Verwaltungsvorschrift
VwVfÄnG, 3.	Drittes Gesetz zur Änderung verwaltungsverfahrensrechtlicher Vorschriften
VwVfG	Verwaltungsverfahrensgesetz (des Bundes)
VwVG	Verwaltungsvollstreckungsgesetz (des Bundes)
VwZG	Verwaltungszustellungsgesetz (des Bundes)
VwZVG	Bayerisches Verwaltungszustellungs- und vollstreckungsgesetz
WehrpflG	Wehrpflichtgesetz
WHG	Gesetz zur Ordnung des Wasserhaushalts (Wasserhaushaltsgesetz)
WoGG	Wohngeldgesetz
WohnBindG	Wohnungsbindungsgesetz
Z	Zeitschrift
z. B.	zum Beispiel
ZfBR	Zeitschrift für deutsches und internationales Baurecht (Z)

Abkürzungen

Ziff.	Ziffer
ZPO	Zivilprozessordnung
ZuVO-Verkehr	Zuständigkeitsverordnung Verkehr
z. T.	zum Teil

Paragraphen ohne weitere Angaben sind Paragraphen des Verwaltungsverfahrensgesetzes des Bundes

Literaturverzeichnis

Bader, Johann/Funke-Kaiser, Michael/Stuhlfauth, Thomas/von Albedyll, Jörg, von, Verwaltungsgerichtsordnung, 8. Aufl., 2021
Bader, Johann/ Ronellenfitsch, Michael, Verwaltungsverfahrensgesetz – Kommentar, 2. Aufl., 2016
Barthel, Torsten F., Gesetz zur Ausführung der Verwaltungsgerichtsordnung in Praxis der Kommunalverwaltung (Nds. AG VwGOA 17 Nds.)
Barthel, Torsten F./ Kalmer, Aloys/ Weidemann, Holger, Niedersächsisches Gaststättengesetz – Kommentar, 2012
Bovermann, Wolf-Dieter/ Bösche, Dieter E., Allgemeines Verwaltungsrecht einschließlich Verwaltungsverfahrensrecht (Klausur- und Prüfungsrepetitorium), 1984
Brühl, Raimund, Die juristische Fallbearbeitung in Klausur, Hausarbeit und Vortrag, 1987
Brühl, Raimund, Verwaltungsrecht für die Fallbearbeitung, 9. Auf., 2018
Blum, Peter/ Häusler, Bernd/ Meyer, Hubert (Hrsg.), Niedersächsisches Kommunalverfassungsgesetz – Kommentar, 4. Aufl., 2017
Burgi, Martin, Kommunalrecht, 6. Aufl., 2019
Drape, Sabine/ Globisch, Helmut/ Trips, Marco/ Weidemann, Holger, Kommunales Gefahrenabwehrrecht in Niedersachsen, 2. Aufl., 2021
Drape, Sabine/Globisch, Helmut/Moldenhauer/Sandvoß, Daniel/Suslin, Alexander/ Weidemann, Holger, Bescheidtechnik, 2. Auf., 2020
Engelhardt, Hanns/App, Michael/Schlatmann, Arne, Verwaltungs-Vollstreckungsgesetz Verwaltungszustellungsgesetz, 12. Aufl., 2021
Erbel, Günter, Öffentlich-rechtliche Klausurenlehre mit Fallrepetitorium Band II: Verwaltungsrecht, 2. Auflage, 1983
Ehlers, Dirk/ Pünder, Hermann (Hrsg.), Allgemeines Verwaltungsrecht, 15. Aufl. 2016
Eyermann, Erich/ Fröhler, Ludwig, Verwaltungsgerichtsordnung, 15. Aufl., 2019
Fastenrath, Ulrich/ Groh, Thomas, Europarecht, 3. Aufl. 2012
Fehling, Michael/ Kastner, Bertold/ Störmer, Rainer (Hrsg.), Verwaltungsrecht, 5. Aufl., 2021
Finkelnburg, Klaus H./ Dombert/ Küpmann, Vorläufiger Rechtsschutz im Verwaltungsstreitverfahren, 7. Aufl., 2017
Götz, Volkmar/ Geis, Max-Emanuel, Allgemeines Polizei- und Ordnungsrecht, 16. Aufl., 2017
Große-Suchsdorf, Ulrich (Hrsg.), Niedersächsische Bauordnung – Kommentar, 10. Aufl., 2020
Gersdorf, Hubertus, Verwaltungsprozessrecht, 6 Aufl. 2019
Habermehl, Kai, Allgemeines Polizei- und Ordnungsrecht (AjS-Schriftenreihe), 1984
Hoffmann-Riem, Wolfgang/ Schmidt-Aßmann, Eberhard/ Voßkuhle, Andreas, Grundlagen des Verwaltungsrechts; Band III, 2. Aufl. 2013
Hill, Hermann, Das fehlerhafte Verfahren und seine Folgen im Verwaltungsrecht, 1986
Hoffmann, Harald/ Gerke, Jürgen/ Hildebrandt, Ute, Allgemeines Verwaltungsrecht, 11. Aufl., 2016
Ipsen, Jörn, Niedersächsisches Gefahrenabwehrrecht, 4. Auflage, 2010
Ipsen, Jörn, Niedersächsisches Kommunalrecht, 4. Aufl., 2006
Ipsen, Jörn, Allgemeines Veraltungsrecht, 11. Auflage, 2021
Jarass, Hans D./Pieroth, Bodo, Grundgesetz für die Bundesrepublik Deutschland, 16. Aufl., 2020
Knack, Hans-Joachim/ Hennecke, Hans-Günter, Verwaltungsverfahrensgesetz, 11. Aufl., 2020
Kodal, Kurt, Straßenrecht, 8. Aufl., 2021
Koop, Michael/ Bantle, Thomas (Hrsg.), Zukunft der Verwaltung – Verwaltung der Zukunft – Festschrift, 2020

Literaturverzeichnis

Kopp, Ferdinand O./ Schenke, Wolf-Rüdiger, Verwaltungsgerichtsordnung, 27. Aufl., 2021
Kopp, Ferdinand O./ Ramsauer, Ulrich, Verwaltungsverfahrensgesetz, 22. Aufl., 2021
Obermayer, Klaus/Funke-Kaiser, Michael, VwVfG-Kommentar, 6. Aufl., 2021
Linhart, Helmut, Fristen und Termine im Verwaltungsrecht, 2. Auflage, 1990
Martini, Mario, Verwaltungsprozessrecht, 6. Auflage, 2017
Maunz, Theodor/ Zippelius, Reinhold, Deutsches Staatsrecht, 3. Auflage, 1998
Maurer, Hartmut/ Waldhoff, Christian, Allgemeines Verwaltungsrecht, 20. Auflage, 2020
Michel/Kienzle/Pauly, Das Gaststättengesetz – Kommentar 14. Auflage, 2003
Franz-Joseph/ Siegel, Thorsten, Allgemeines Verwaltungsrecht, 13. Auflage, 2019
Pietzner, Rainer/ Ronellenfitsch, Michael, Das Assessorexamen im Öffentlichen Recht, 14. Aufl., 2019
Posser, Herbert/ Wolff, Heinrich Amadeus, Verwaltungsgerichtsordnung, 2008
Sadler, Gerhard/ Tillmanns, Reiner, Verwaltungsvollstreckungsgesetz – Verwaltungszustellungsgesetz – Kommentar, 10. Aufl., 2014
Seybold, Jan/ Neumann, Wolfgang/ Weidner, Frank, Niedersächsisches Kommunalrecht, 2. Auflage, 2012
Schmalz, Dieter, Allgemeines Verwaltungsrecht und Grundlagen des Verwaltungsrechtsschutzes, 1998
Schmidt, Rolf, Allgemeines Verwaltungsrecht, 11. Auflage, 2007
Schwerdtfeger Gunther/ Schwerdtfeger, Angela, Öffentliches Recht in der Fallbearbeitung, 15. Aufl., 2018
Sproll, Hans-Dieter, Allgemeines Verwaltungsrecht I und II, 1998
Stelkens, Paul/ Bonk, Heinz Joachim/ Sachs, Michael, Verwaltungsverfahrensgesetz, 9. Aufl., 2018
Stolleis, Michael, Geschichte des öffentlichen Rechts in Deutschland, 2002
Thiele, Robert, Niedersächsisches Kommunalverfassungsgesetz – Kommentar
Ule, Carl-Hermann, Verwaltungsprozessrecht, 9. Aufl., 1987
Volkert, Werner, Die Verwaltungsentscheidung, 4. Aufl., 2002
Wallerath, Maximilian, Allgemeines Verwaltungsrecht, 5. Aufl., 2000
Weides, Peter, Verwaltungsverfahren und Widerspruchsverfahren, 3. Aufl., 1993
Wolff/Bachof/Stober, Verwaltungsrecht, 11. Auflage, 1999
Weidemann, Holger, Nds. Verwaltungsverfahrensgesetz in: Praxis der Kommunalverwaltung, A 15 Nds.
Weidemann, Holger, Nds. Verwaltungszustellungsgesetz in: Praxis der Kommunalverwaltung, A 18 Nds. Stand 2013
Weidemann, Holger, Verwaltungsverfahrensgesetz des Bundes in: Praxis der Kommunalverwaltung, A 18 Stand 2014
Weidemann, Holger/ Rotaug, Michael/ Barthel, Torsten F., Besonderes Verwaltungsrecht, 2009
Wienbracke, Mike, Allgemeines Verwaltungsrecht, 5. Aufl., 2020
Wendrich, Klaus, Niedersächsisches Straßengesetz, 4. Aufl., 2000
Zippelius, Reinhold, Juristische Methodenlehre, 5. Aufl., 1990

1 Grundsatz der Gewaltentrennung; Begriff und Wesen der Verwaltung

1.1 Grundsatz der Gewaltentrennung

Der Grundsatz der Gewaltentrennung besagt, dass die einheitliche, begrifflich unteilbare Staatsgewalt ihrer Ausübung nach auf verschiedene, voneinander unabhängige und einander ausbalancierende Gewalten verteilt ist. Die vom Volk ausgehende Staatsgewalt wird nach Art. 20 II GG organisatorisch in den drei Grundformen Gesetzgebung (Legislative), vollziehende Gewalt (Exekutive) und Rechtsprechung (Judikative) ausgeübt.

1

Das Gewaltenteilungsprinzip gehört zu den tragenden Organisationsprinzipien des Grundgesetzes. Weil die Gefahr besteht, dass konzentrierte Macht den Missbrauch fördert, sollen Gesetzgebung, vollziehende Gewalt und Rechtsprechung durch getrennte Organe ausgeübt werden, die sich wechselseitig kontrollieren. Das Gewaltenteilungsprinzip dient der Gewährleistung und zugleich der Begrenzung hoheitlichen Handelns.[1] Während Art. 20 II 2 GG diese Trennung der Gewalten für die Bundesebene vorsieht, findet dieser Ansatz nach Art. 28 I 1 GG auch auf der Ebene der Länder Anwendung. Eine ausdrückliche Erwähnung der Kommunen war entbehrlich. Sie bilden keine eigenständige Ebene der Staatlichkeit, sondern sind als Selbstverwaltungskörperschaften Teil der Landesverwaltung.

1a

Durch die verfassungsmäßig zur Gesetzgebung berufenen Organe (Bundestag, Landtage) werden allgemein verbindliche Anordnungen in Form von Gesetzen geschaffen.

2

Die vollziehende Gewalt (Regierung und Verwaltung) setzt diese abstrakt-generellen Anordnungen in die Wirklichkeit um (allerdings ist dies nicht ihre einzige Aufgabe; vgl. Tz. 1.2). Die Regierung ist dabei auf die Leitung und Führung des Staatsganzen ausgerichtet. Ihre Aufgabe ist es, die grundlegenden staatsleitenden Fragen zu entscheiden.[2]

Die rechtsprechende Gewalt, die durch unabhängige und nur dem Gesetz unterworfene Richter ausgeübt wird, entscheidet in Streitfällen verbindlich über Rechtsfragen sowie über die Ahndung strafbarer Handlungen und Ordnungswidrigkeiten; sie wird durch das BVerfG, die übrigen Bundesgerichte und die Gerichte der Länder ausgeübt (Art. 92, 97 GG).

---

1 Vgl. auch Voßkuhle/Kaufhold, JuS 2012, S. 314 ff. m. N.
2 Siehe auch BVerfGE 9, 268 [281]

Grundsatz der Gewaltentrennung

3

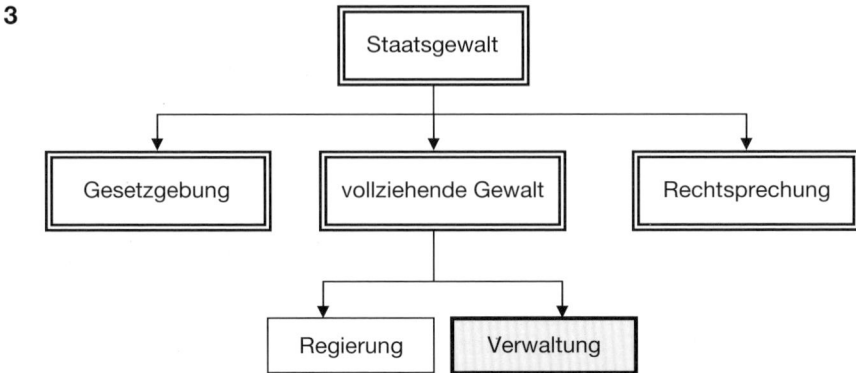

4   Personell findet die Gewaltentrennung darin ihren Ausdruck, dass kein Organwalter einer Gewalt zugleich Organwalter einer anderen Gewalt im organisatorischen Sinn sein darf (sog. Unvereinbarkeiten). So wäre die Mitwirkung von aktiven Beamten, Beschäftigten des öffentlichen Dienstes usw. bei der Gesetzgebung ein Verstoß gegen den Grundsatz der Gewaltentrennung. Die Wählbarkeit der genannten Personen kann deshalb beschränkt werden (Art. 137 I GG).

5   Die einzelnen Gewalten lassen sich wohl in ihren Kernbereichen, nicht aber in ihren Randbereichen scharf voneinander trennen. In einem modernen Staat ist die Gewaltentrennung in reiner Form auch nicht möglich. Einzelne Aufgaben einer Gewalt werden deshalb von einer anderen Gewalt wahrgenommen. Die Gesetzgebung wird z. B. dadurch verwaltend tätig, dass sie den Haushaltsplan (durch Haushaltsgesetz) feststellt. Die vollziehende Gewalt setzt in vielen Bereichen Recht, namentlich durch den Erlass von Rechtsverordnungen und Satzungen. Soweit Ordnungswidrigkeiten durch die vollziehende Gewalt geahndet werden, übt diese eine an sich der Rechtsprechung zustehende Aufgabe aus. Die Gerichte werden verwaltend tätig in Angelegenheiten der „Freiwilligen Gerichtsbarkeit" (z. B. Vormundschafts-, Grundbuch-, Nachlass- und Registersachen).

1.2 Begriff und Wesen der Verwaltung

6   Die vollziehende Gewalt lässt sich, ausgehend von dem Grundsatz der Gewaltentrennung, negativ dahin bestimmen, dass sie die Tätigkeit des Staates umfasst, die weder Gesetzgebung noch Rechtsprechung ist. In dieser – wenig aussagekräftigen und deshalb nicht befriedigenden – Definition ist die Regierung enthalten, von der die Verwaltung (im engeren Sinne) abzugrenzen ist. Die eigentliche Regierungstätigkeit besteht insbesondere darin, im Rahmen der verfassungsrechtlichen Grundentscheidungen die politischen Ziele des staatlichen Handelns sowie die Maßnahmen festzulegen, die dazu dienen, die allgemeinen Staatsziele zu verwirklichen, die auswärtigen Beziehungen zu pflegen und den Staat nach außen zu vertreten.

Begriff und Wesen der Verwaltung

Eine positive, umfassende Bestimmung des Begriffs „Verwaltung" wurde bisher nicht gefunden. Vielmehr wird die Auffassung vertreten, dass sich die Verwaltung wegen ihrer vielfältigen Erscheinungsformen und der ihr obliegenden umfangreichen Aufgaben nicht definieren, sondern nur beschreiben lasse.[3]

7

Die Verwaltung als eigenständige Form der Staatsgewalt hat innerhalb der von der Regierung gegebenen Richtlinien den staatlichen Willen praktisch zu verwirklichen. Zu diesem Zweck wird sie auf weiten Bereichen des Gemeinschaftslebens tätig. Sie versorgt die Bevölkerung mit Wasser und Energie, baut Straßen, Schulen, Krankenhäuser, Museen usw. und schafft Einrichtungen, die der Entsorgung, insb. der Beseitigung von Abwässern und Abfällen, dienen. Darüber hinaus gewährt die Verwaltung Leistungen vielfältiger Art (z. B. Subventionen an bestimmte Wirtschaftszweige, Förderung der E-Mobilität, Sozialleistungen, Zuschüsse an die Rentenversicherungen, Wohnungsbau- und Sparprämien, Wohngeld), sorgt dafür, dass die öffentliche Sicherheit auf verschiedenen Gebieten aufrechterhalten wird, und plant in vielen Bereichen (z. B. Bauleitplanung, Straßenplanung, Energieplanung, Bildungsplanung), um den Anforderungen des Gemeinschaftslebens auch in Zukunft möglichst gerecht zu werden.

8

Für die verschiedenen Bereiche der Verwaltung existieren, wie ein Blick in die Gesetzessammlungen zeigt, zahlreiche Gesetze und Verordnungen. Ihre Zahl hat in den letzten Jahren beträchtlich zugenommen. Einige Zahlen mögen dies verdeutlichen: So umfasste das Bundesgesetzblatt I im Jahre 1960 genau 1091 Seiten. 1975 lag die Seitenzahl bereits bei 3186 Seiten um dann im Jahre 2006 auf ca. 4000 Seiten zu steigen.[4] Es sind aber auch hier Schwankungen zu verzeichnen. So umfasst das Bundesgesetzblatt I 2018 „nur" 2712 Seiten. Es ist jedoch zu berücksichtigen, dass in jedem Jahr neue Rechtsvorschriften erlassen werden, ohne dass bisherige Vorschriften in nennenswertem Umfange gegenstandslos geworden wären. Der wesentliche Teil der Aufgaben der Verwaltung besteht deshalb heute darin, die von den gesetzgebenden Organen beschlossenen Gesetze sowie die Rechtsverordnungen der Regierungen und anderer Stellen zu vollziehen (vgl. auch Art. 1 III, 20 II GG: „vollziehende" Gewalt). Verwaltung bedeutet aber nicht nur, durch Rechtsnormen festgelegte Aufgaben zu erfüllen; vollziehende Gewalt ist sie vielmehr auch dann, wenn sie von sich aus tätig wird, um Einfluss auf die Gestaltung des Gemeinschaftslebens zu nehmen.[5]

9

Beispiele:
a) Eine Kommune richtet einen Gewerbehof ein, um jungen Handwerkern eine Beschäftigungsmöglichkeit zu eröffnen. So soll ein Beitrag zum Abbau der Arbeitslosigkeit geleistet werden.
b) Die Gemeinde richtet in der gemeindeeigenen Bücherei Internetarbeitsplätze ein, die kostenlos genutzt werden können. So sollen neue Gruppen an ein modernes Kommunikationsmedium herangeführt werden.

---

3 Zu den unterschiedlichen Deutungsansätzen siehe nur Maurer, § 1 RdNr. 1 ff. m. N.
4 Auf Länderebene ist eine vergleichbare Entwicklung zu verzeichnen; siehe nur für den Bereich Niedersachsen die Jahre 1975 (448 Seiten) und 2002 (907 Seiten). Auch wenn in einzelnen Jahren Schwankungen zu verzeichnen sind, ist doch der grundlegende Trend unverkennbar; grundlegend Weidemann DVP 2007, S. 544 ff.
5 Siehe auch BVerfGE 12, 205 [248]

Träger der öffentlichen Verwaltung

c) Kommune versucht durch Gründung eigener Stadtwerke ihren Beitrag zur Regionalisierung des Energiemarktes zu leisten.
d) In erheblichem Umfange wandern Menschen aus anderen Ländern und Kontinenten nach Deutschland ein. Ein Faktor für diese Entwicklung sind die Krisenherde in der Welt (Wirtschaftsnöte, Kriegshandlungen, Folgen des Klimawandels). Diesen Menschen müssen Integrationsangebote unterbreitet werden, damit sie sich hier zurechtfinden und ein konfliktfreies Miteinander entstehen kann.

Aber auch bei Entscheidungen der Verwaltung, für die es keine bindenden gesetzlichen Regelungen gibt (insb. im kulturellen Bereich), kann sie nicht ganz frei gestalten; ihr Handeln ist durch Zuständigkeitsvorschriften, Bestimmungen des Haushaltsrechts und die Grundrechte begrenzt. Der Grundsatz der Gesetzmäßigkeit der Verwaltung, auf den unter Tz. 3.1 näher eingegangen wird, bestimmt also das Verwaltungshandeln ganz wesentlich.

2 Träger der öffentlichen Verwaltung

10 Die Aufgaben der öffentlichen Verwaltung werden in erster Linie durch juristische Personen des öffentlichen Rechts, in Einzelfällen auch durch Rechtsträger des Privatrechts wahrgenommen. Für die Träger der öffentlichen Verwaltung handeln die bei ihnen eingerichteten Behörden.

2.1 Juristische Personen des öffentlichen Rechts

11 Bei den juristischen Personen des öffentlichen Rechts unterscheidet man zwischen Körperschaften, Anstalten und Stiftungen des öffentlichen Rechts. Gemeinsam ist diesen drei Arten, dass es sich um rechtsfähige juristische Personen handelt, die durch nach Gesetz oder Satzung dazu berufenen Organen handeln. Die wichtigsten Träger öffentlicher Verwaltung sind die Körperschaften des öffentlichen Rechts.

2.1.1 Körperschaften

12 Körperschaften des öffentlichen Rechts sind rechtsfähige, mitgliedschaftlich organisierte Verwaltungseinheiten. Sie haben wesensnotwendig Personen als Mitglieder. Mitglieder einer Körperschaft können natürliche oder juristische Personen sein. So sind z.B. Mitglieder der Gemeinden die Einwohner (natürliche Personen), Mitglieder einer Samtgemeinde, zu der sich nach niedersächsischem Recht (§ 97 NKomVG) Gemeinden zusammenschließen können, die Mitgliedsgemeinden (juristische Personen)[6].
Man unterscheidet Körperschaften mit Gebietshoheit (Gebietskörperschaften) und ohne Gebietshoheit (Personenkörperschaften). Körperschaften des öffentlichen Rechts ohne Gebietshoheit sind rechtsfähige, mitgliedschaftlich organisierte Verwaltungseinheiten, die Aufgaben der öffentlichen Verwaltung erfüllen (so die Definition in § 37 I LVwG).

---

6 Vertiefung zum Thema Stellung von Samtgemeinden siehe Weidemann in Blum/Häusler/Meyer (Hrsg.), § 97 Rdnr. 1 ff.; ferner § 2 Abs. 3 NKomVG; siehe hierzu auch Meyer, ebenda Rdnr. 8 ff.

Juristische Personen des öffentlichen Rechts

Gebietskörperschaften zeichnen sich dadurch aus, dass sie Hoheitsgewalt über ein bestimmtes Gebiet (z. B. Gemeindegebiet, Kreisgebiet) haben. Dieser Gebietshoheit sind nicht nur die der Gebietskörperschaft kraft Gesetzes angehörenden Mitglieder, sondern auch andere das Gemeindegebiet berührende Rechtsvorgänge unterworfen. Gebietskörperschaften sind die Bundesrepublik Deutschland, die Länder, die Landkreise und die Gemeinden.[7]

13

Bei Personenkörperschaften ist in der Regel der Beruf oder eine andere bestimmte (persönliche) Eigenschaft der Mitglieder Voraussetzung für die Mitgliedschaft. Die Personenkörperschaften haben öffentlich-rechtliche Befugnisse über die ihnen angehörenden Mitglieder. Im Gegensatz zu den grundsätzlich universell zuständigen Gebietskörperschaften haben sie jedoch nur spezielle Aufgaben der öffentlichen Verwaltung wahrzunehmen.
Kommunale Personenkörperschaften sind z. B. die Landkreise, die Samtgemeinden, die Realverbände. Die Landkreise haben eine Doppelnatur. Sie sind Gebietskörperschaften einerseits und Gemeindeverbände (Personenkörperschaften) andererseits; die natürlichen Personen (Kreiseinwohner) bilden – zusammen mit dem Kreisgebiet – die Gebietskörperschaft „Landkreis", die juristischen Personen (Gemeinden) bilden die Personenkörperschaft „Landkreis".
Weitere Personenkörperschaften sind z. B. Handwerksinnungen, Handwerkskammern, Rechtsanwaltskammern, Ärztekammern, Architektenkammern, Krankenkassen, Berufsgenossenschaften, Hochschulen, Studentenschaften (= rechtsfähige Teilkörperschaften der Hochschulen), die Bundesagentur für Arbeit[8], die Deutsche Rentenversicherung.[9]

14

Zudem können sich Körperschaften des öffentlichen Rechts ihrerseits zu Körperschaften des öffentlichen Rechts zusammenschließen. Besondere Bedeutung kommt hier den kommunalen Zweckverbänden zu. So können sich beispielsweise in Niedersachsen kommunale Körperschaften zu einem Zweckverband zusammenfinden, der bestimmte – ihnen gemeinsam obliegende – Aufgaben oder Aufgaben für einzelne Verbandsmitglieder erfüllt (z. B. Abfall- und Abwasserentsorgung, Wasserversorgung, Wirtschaftsmarketing).[10]

14a

---

7 Vgl. §§ 2 II, 3 I NKomVG; dazu Meyer in Blum/Häusler/Meyer (Hrsg.), § 2 RdNr. 2 f.; § 3 RdNr. 5 f.
8 Art. 87 II GG, § Viertes Gesetz für moderne Dienstleistungen am Arbeitsmarkt, BGBl I 2003, 2954, Art. 3 Ziff. 32a; a. A. Maurer/Waldhoff, § 23 RdNr. 55 („mangels Mitglieder eine Anstalt")
9 s. Art. 87 II GG
10 Vgl. NKomZG i. d. F. vom 21.12.2011 Nds. GVBl. S. 493; grundlegend Ipsen, Niedersächsisches Kommunalrecht RdNr. 986 ff.; ferner Seybold/Neumann/Weidner, S. 83 ff.; Franke, Weidemann, Einführung § 1; Zweckverbände gibt es auch in den anderen Bundesländern

Träger der öffentlichen Verwaltung

15

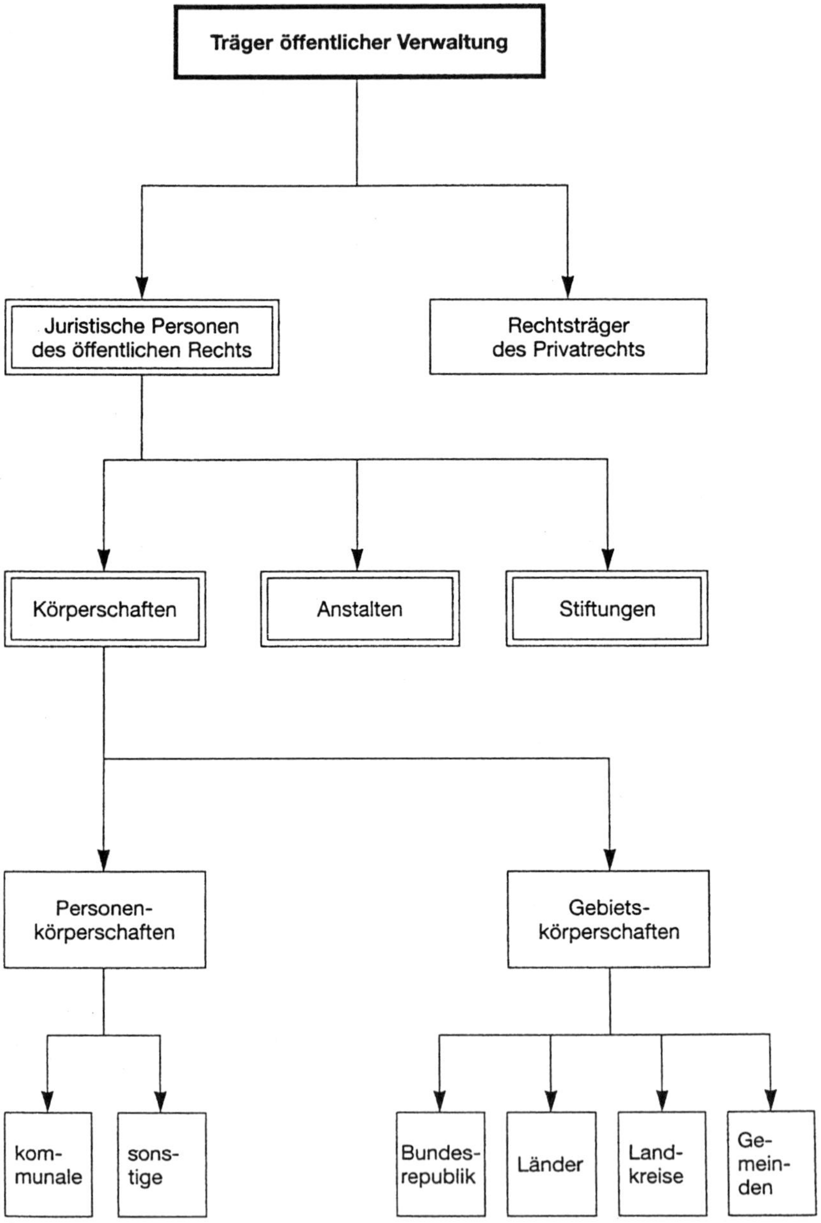

```
                    ┌─────────────────────────────┐
                    │ Träger öffentlicher Verwaltung │
                    └─────────────────────────────┘
                                │
                ┌───────────────┴───────────────┐
                ▼                               ▼
    ┌───────────────────────┐       ┌───────────────────────┐
    │  Juristische Personen │       │     Rechtsträger      │
    │  des öffentlichen Rechts │    │    des Privatrechts   │
    └───────────────────────┘       └───────────────────────┘
                │
        ┌───────┼──────────┐
        ▼       ▼          ▼
  ┌──────────┐ ┌─────────┐ ┌──────────┐
  │Körperschaften│ │Anstalten│ │Stiftungen│
  └──────────┘ └─────────┘ └──────────┘
        │
   ┌────┴──────────────────┐
   ▼                       ▼
┌──────────┐         ┌──────────┐
│Personen- │         │Gebiets-  │
│körperschaften│     │körperschaften│
└──────────┘         └──────────┘
   │                       │
 ┌─┴──┐              ┌──┬──┴──┬──┐
 ▼    ▼              ▼  ▼     ▼  ▼
kom-  sons-     Bundes- Länder Land- Ge-
munale tige     republik      kreise meinden
```

Rechtsträger des Privatrechts

2.1.2 Anstalten

Die rechtsfähige Anstalt des öffentlichen Rechts unterscheidet sich von der Körperschaft dadurch, dass sie keine Mitglieder hat, sondern einen Bestand an sachlichen und persönlichen Verwaltungsmitteln zu einer Einheit zusammenfasst, die zur dauernden Erfüllung öffentlicher Aufgaben dienen.[11] Rechtsfähige Anstalten sind z. B. die öffentlich-rechtlichen Rundfunk- und Fernsehanstalten, die Sparkassen, Studentenwerke, die Filmförderungsanstalt, die Bundesanstalt für Güterfernverkehr, die Deutsche Bundesbank. **16**

In der Praxis viel häufiger sind die sog. unselbstständigen Anstalten, z. B. Schulen, Kreiskrankenhäuser, Badeanstalten (Schwimmbäder), also organisatorische Einheiten, die nicht rechtsfähig sind, sondern einem Rechtsträger des öffentlichen Rechts unterstehen (z. B. das Kreiskrankenhaus dem Landkreis). **17**

2.1.3 Stiftungen

Rechtsfähige Stiftungen des öffentlichen Rechts sind nach der Legaldefinition des § 46 I LVwG „auf einen Stiftungsakt gegründete, aufgrund öffentlichen Rechts errichtete oder anerkannte Verwaltungseinheiten mit eigener Rechtspersönlichkeit, die mit einem Kapital- oder Sachbestand Aufgaben der öffentlichen Verwaltung erfüllen". Verwaltungseinheiten in diesem Sinne sind z. B. die Stiftung „Preußischer Kulturbesitz"[12], „Hilfswerk für behinderte Kinder"[13], Haus der Geschichte der Bundesrepublik Deutschland[14]. **18**
Stiftungen sind aber nicht auf den Bereich des öffentlichen Rechts beschränkt. In Deutschland gibt es auch eine Vielzahl privatrechtlicher Stiftungen (siehe auch §§ 80 ff. BGB).

2.2 Rechtsträger des Privatrechts

In bestimmten Fällen werden Aufgaben der öffentlichen Verwaltung durch natürliche oder juristische Personen oder (nichtrechtsfähige) Personenvereinigungen des Privatrechts wahrgenommen. Diese Aufgaben werden den privaten Rechtsträgern zur selbstständigen Erledigung nach außen, also mit Außenwirkung, übertragen. Solche Rechtsträger werden als Beliehene[15] bezeichnet. Bei der Beleihung ist die Übertragung von Hoheitsbefugnissen die maßgebliche Besonderheit, die sie von allen anderen Formen der Beteiligung Privater an der Erfüllung öffentlicher Aufgaben unterscheidet. Der Staat bedient sich zwar anderer Personen zur Aufgabenerfüllung, doch verbleibt ihm durch die Übertragung von Hoheitsbefugnissen ein erhebliches Steuerungspotential gegenüber den eingeschalteten Privaten (siehe nur Stichwort: Aufsicht). Beliehen werden sie entweder durch Gesetz oder Verordnung oder aber aufgrund eines Gesetzes durch Verwaltungsakt oder öffentlich-rechtlichen Vertrag. **19**

---

11 Driehaus/Pietzner, § 2 RdNr. 23
12 BGBl I 1957, S. 841
13 BGBl I 1971, S. 2018 i. d. F. vom 22.7.1976, BGBl I S. 1876
14 BGBl I 1990, S. 294
15 Zur Vertiefung: Maurer/Waldhoff, § 23 RdNr. 63 ff. m. N.

Träger der öffentlichen Verwaltung

Beispiele:
a) Den Notaren wird durch § 1 BNotO die Aufgabe übertragen, Rechtsvorgänge zu beurkunden.
b) Die für die Technischen Prüfstellen bei den Technischen Überwachungsvereinen (e. V.) angestellten amtlich anerkannten Sachverständigen oder Prüfer für den Kraftfahrzeugverkehr werden durch § 29 StVZO verpflichtet oder berechtigt, die Prüfplaketten für Kraftfahrzeuge zuzuteilen.[16]
c) Flugkapitän (§ 12 LuftSiG)
d) Von der Bauaufsicht beauftragter Prüfingenieur[17], die mit dem Bauantrag eingereichte Statik zu überprüfen.[18]

Gab es in der Vergangenheit einen gewissen Bedeutungsverlust dieser Rechtsfigur, so erfreut sie sich heute zunehmender Beliebtheit.[19] Dies lässt sich auch an neuen Beleihungsfällen ablesen: So sind die von der Regulierungsbehörde für Briefzustellungsdienste lizensierten Unternehmen gemäß § 33 Abs. 1 PostG nach der Privatisierung mit dem Recht der förmlichen Zustellung beliehen[20]; für den Bereich des Fernstraßenbaus siehe § 2 FStrPrivFinG. In der aktuellen Diskussion geht es zudem um den Einsatz Beliehener im Gerichtsvollzieherwesen, in der Verkehrsüberwachung und im Strafvollzug.[21] So sind zwischenzeitlich auch rechtliche Grundlagen geschaffen worden, um im Bereich des Maßregelvollzuges geeignete Einrichtungen zu beleihen (siehe nur § 3 Abs. 1 Nds. MVollzG[22]). Erfasst werden hier Kernaufgaben der öffentlichen Sicherheit.

Soweit die privaten Rechtsträger im Rahmen der Beleihung Aufgaben der öffentlichen Verwaltung wahrnehmen, sind sie Behörden im Sinne des § 1 IV VwVfG, können also auch Verwaltungsakte im eigenen Namen erlassen.

19a Vom sog. Beliehenen zu unterscheiden sind die sog. Verwaltungshelfer. Anders als ein Beliehener, der die ihm übertragenen Aufgaben in eigener Zuständigkeit und Verantwortung wahrnimmt, wird der Verwaltungshelfer ledig in den Verwaltungsvollzug der Behörde eingebunden. Zuständigkeit und Verantwortung für die Aufgabenerledigung verbleiben aber bei der beauftragenden Behörde.[23] Regelmäßig wird zwischen dem Verwaltungshelfer und der Behörde ein privatrechtlicher Vertrag (Werk- oder Dienstvertrag) geschlossen. Im Verhältnis des vom Vollzug betroffenen Bürgers und dem Verhaltungshelfer entstehen regelmäßig keine unmittelbaren Rechtsbeziehungen.

---

16 siehe auch Steiner, JuS 1969, S. 69 ff. m. N.
17 Siehe nur Schmitz in: Stelkens/Bonk/Sachs (Hrsg., VwVfG, § 35 Rn. 107) m. N.; so bestimmt beispielsweise in Rheinland-Pfalz Landesverordnung über Prüfingenieurinnen und Prüfingenieure für Baustatik (PrüfIngBaustatikVO) vom 11. Dezember 2007 zuletzt geändert durch vom 9.3.2011 (GVBl. S. 47) die Rahmenbedingen der Beleihung.
18 Weitere Beispiele siehe nur Koop/Ramsauer, § 1 Rdnr. 61 f.
19 grundlegend zur Entwicklung des Rechtsinstituts siehe Schmidt am Busch, DÖV 2007, S. 533 ff. m. N.
20 Vertiefung siehe Weidemann, VwZG-Kommentar, Einf. Ziff 3; Sadler/Tillmann, VwZG, Einf. Rn. 17 ff.
21 ebenda, S. 534 m. N.
22 Vertiefung siehe Kopp/Ramsauer, § 1 Rdnr. 61a m. N.
23 Siehe auch BVerwG NVwZ 2012, S. 506

Privatisierungen

Beispiele:
a) Bittet die Polizei einen privaten Abschleppunternehmer, die Entfernung eines verkehrswidrig geparkten Kraftfahrzeuges vorzunehmen, so wird dieser als Verwaltungshelfer tätig.
b) Die Bauaufsichtsbehörde hat den Eigentümer eines Wochenendhauses aufgefordert, dieses zu beseitigen. Für den Fall der Nichtbefolgung der Beseitigungsanordnung würde der Abbruch im Wege der Ersatzvornahme angedroht. Da der Eigentümer die Beseitigungsanordnung nicht befolgte, bittet die Behörde den Bauunternehmer, den Abbruch vorzunehmen. Der Bauunternehmer wird in den Verwaltungsvollzug eingebunden und damit als Verwaltungshelfer tätig.

Abgrenzung: Beliehene und Verwaltungshelfer 19b

	Beliehene	Verwaltungshelfer
Begründung des Rechtsverhältnisses	Beleihung erfordert einen gesetzliche Grundlage (durch oder aufgrund eines Gesetzes)	In der Regel privatrechtlicher Vertrag
Aufgaben	Selbstständige Erledigung der ihm übertragenen öffentlichen Aufgaben	Werden zur (Mit-)Erledigung von Verwaltungsaufgaben herangezogen (Verwaltungsvollzug)
Erlass von Verwaltungsakten und Verwaltungsverträgen	möglich	nicht möglich
Gebührenerhebung	möglich	nicht möglich
Aufsicht	Fach- (zumindest Rechts-) Aufsicht des beleihenden Verwaltungsträgers	entfällt

2.3 Privatisierungen

Die Verwaltung ist in gewissem Umfange berechtigt, bei der Bewältigung bestimmter Aufgaben die Gestaltungsformen des Privatrechts zu wählen. 20

Beispiel:
Die niedersächsische Gemeinde Wagenfeld betreibt ein sog. Dorfgemeinschaftshaus als öffentliche Einrichtung (§ 30 NKomVG) in eigener Regie. Die Räumlichkeiten dieses Gebäudes können Vereine aber auch Einwohner der Gemeinde für Veranstaltungen nutzen. Zur Gestaltung der Rechtsbeziehungen greift die Kommune auf öffentlich-rechtliche (Zulassung mittels VA) und privatrechtliche (Ausgestaltung mittels Mietvertrag) Gestaltungsformen zurück.

Andererseits kann die Kommune auch juristische Personen des Privatrechts (GmbH oder AG) gründen, um ihr dann die Wahrnehmung bestimmter öffentlicher Aufgaben zu übertragen.

Beispiele:
Kommunales Krankenhaus wird in eine GmbH umgewandelt, kommunale Verkehrsbetriebe als AG; Stadtentwicklungsgesellschaft als GmbH

Grundsatz der Gesetzmäßigkeit

21 Die Finanzkrise des Staates führt dazu, dass auf allen staatlichen und kommunalen Ebenen Privatisierungsmaßnahmen forciert werden. Die Privatisierungsformen sind sehr vielgestaltig. Die Bandbreite bewegt sich zwischen der reinen Organisationsprivatisierung (siehe obige Beispiele) bis hin zur Aufgabenprivatisierung (der Staat entledigt sich der gesamten Aufgabe[24]).[25] Die „Flucht ins Privatrecht"[26] ist aber nicht in jedem Falle von Vorteil für die jeweilige Gebietskörperschaft. Sachgerechte Entscheidungen erfordern eine eingehende Betrachtung der Vor- und Nachteile entsprechender Rechtsformänderungen.[27]

21a Die öffentliche Hand kann aber nicht schrankenlos die ihr zugewiesen öffentlichen Aufgaben privatisieren. Sofern es sich um absolute hoheitliche Kernaufgaben handelt, ist eine Übertragung auf private Dritte unzulässig (z. B. Kernbereiche der Justiz und der Polizei). Geht es darum, außerhalb dieses – unantastbaren – Kernbereichs, die Erledigung hoheitlicher Aufgaben auf private Dritte zu übertragen, bedarf es einer ausdrücklichen parlamentarischen Legitimation.[28]

Beispiel:
Die Stadt Kassel hat die Überwachung des fließenden und ruhenden Verkehrs Mitarbeitern nach dem AÜG übertragen. Diese Mitarbeiter haben für unerlaubtes Parken im uneingeschränkten Halteverbot Verwarngelder ausgesprochen. Dies ist unzulässig, da die Überwachung des fließenden Verkehrs Kernaufgabe des Staates ist. Sie ist eine hoheitliche Aufgabe, die unmittelbar aus dem Gewaltmonopol folgt und ausschließlich Hoheitsträgern, die in einem Treueverhältnis zum Staat stehen, übertragen ist.[29]

22 Strikt zu unterscheiden ist zwischen den sog. Beliehenen einerseits und den privatrechtlich organisierten Verwaltungsträgern andererseits. Während sog. Beliehene in gewissem Umfange auch hoheitlich tätig werden können, sind von der öffentlichen Hand beherrschte juristische Personen des Privatrechts allein auf die Handlungs- und Gestaltungsformen des Privatrechts beschränkt.

3 Grundsatz der Gesetzmäßigkeit; Rechtsquellen des Verwaltungsrechts; Verwaltungsvorschriften; Verwaltungsrechtsverhältnis

3.1 Grundsatz der Gesetzmäßigkeit

3.1.1 Allgemeines

23 Nach Art. 20 III GG ist die vollziehende Gewalt (Exekutive) an Gesetz und Recht gebunden. Für die zur vollziehenden Gewalt gehörende Verwaltung gilt also der Grundsatz der Gesetzmäßigkeit. Dieser Grundsatz gehört zu den Grundprinzipien der Verfassungsordnung. Ein Verstoß gegen eine Rechtsnorm führt regelmä-

---

24 Siehe beispielsweise den Bereich der Telekommunikation
25 Vertiefung: Schoch, DVBl 1994, S. 962 ff.; Di Fabio, JZ 1999, S. 585 ff.; Mayen, DÖV 2001, S. 110 ff.
26 Vgl. Ipsen, Niedersächsisches Kommunalrecht, RdNr. 603
27 Zu möglichen Chancen und Risiken siehe nur Gebhardt, DVP 2018, S. 472 ff.
28 OLG Frankfurt a. M., NVwZ 2020, S. 573 ff. [575]
29 ebenda

Grundsatz der Gesetzmäßigkeit

ßig[30] zur Rechtswidrigkeit der Maßnahme der Verwaltung und verpflichtet die Verwaltung, die Maßnahme bei rechtzeitiger und formgerechter Anfechtung oder nach Beanstandung durch die Aufsichtsbehörde aufzuheben[31].

Bei der Anwendung des Grundsatzes der Gesetzmäßigkeit wird unterschieden zwischen dem Vorbehalt des Gesetzes und dem Vorrang des Gesetzes.[32]

24

25

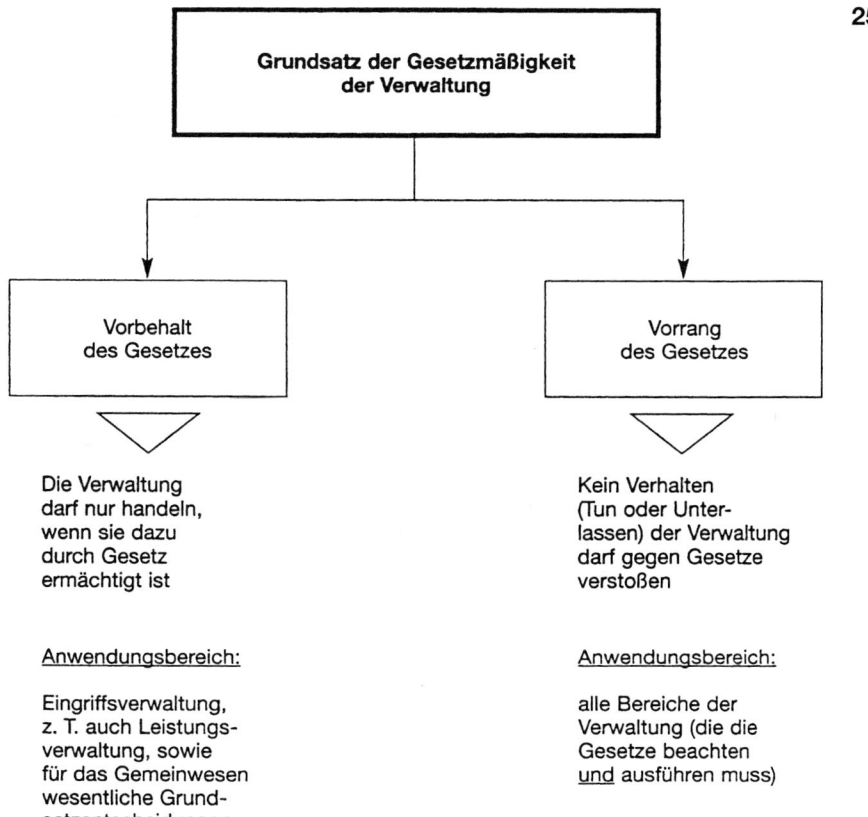

---

[30] So begründet beispielsweise nicht jeder Verstoß gegen formelle Anforderungen die Rechtswidrigkeit des Verwaltungsakts; siehe z. B. § 10 VwVfG und § 37 Abs. 6 VwVfG i. V. m. § 58 VwGO

[31] Es sei denn, es liegen beispielsweise formelle Fehler vor, die auch nachträglich geheilt werden können (vgl. § 45 VwVfG) oder aber unbeachtlich (vgl. § 46 VwVfG) sind.

[32] Zum Verhältnis von Vorrang und Vorbehalt des Gesetzes Pietzcker, JuS 1979, 710 ff. und Detterbeck, Jura 2002, 235 ff.; zum Vorrang Gusy, JuS 1983, 189 ff.

Grundsatz der Gesetzmäßigkeit

3.1.2 Vorrang des Gesetzes

26 Der Vorrang des Gesetzes verlangt, dass die Verwaltung all diejenigen Maßnahmen unterlässt, die einem Gesetz widersprechen. Diese Gesetzesbindung beinhaltet die Elemente *Anwendungsgebot* und *Abweichungsverbot*.[33]

27 So verpflichtet das Anwendungsgebot Verwaltungen, Rechtsnormen, für deren Ausführungen sie zuständig sind, auch tatsächlich auszuführen (vollziehen). Die Behörden haben insb. Gesetze ihrem Inhalt und Zweck entsprechend umzusetzen; die dazu erforderlichen Maßnahmen müssen sie ergreifen, Handlungen, die diese Pflicht vereiteln oder entwerten könnten, haben sie zu unterlassen.[34]
Sehr treffend wird diese Verpflichtung in einer eine grobe Amtspflichtverletzung betreffenden Gerichtsentscheidung wie folgt umschrieben:

> „In einem demokratischen Rechtsstaat gehört es zur vornehmsten Pflicht der öffentlichen Verwaltung, Gesetz und Recht zu wahren (Art. 20 GG). Sie muss insbesondere beim Ermessensgebrauch und dem Erlass von Verwaltungsakten die geltenden Rechtsvorschriften strikt einhalten. Hierzu gehört die Pflicht, rechtswidrige Vorhaben nicht zu genehmigen und gegen rechtswidriges Handeln einzuschreiten."[35]

Beispiele:
a) Ein Händler betreibt an Sonntagen gewerbsmäßig Gebrauchtwagenmärkte. Dadurch verstößt er gegen das Feiertagsgesetz, das Handlungen verbietet, die mit der Zweckbestimmung des Sonntags nicht zu vereinbaren sind. Die Behörde duldet die verbotenen Handlungen, weil der Automarkt bisher nicht zu Beschwerden geführt hat und die örtlichen Verhältnisse am Veranstaltungsort dem Markt nicht entgegenstehen. Da dies keine sachgerechten Gründe dafür sind, die Veranstaltung zuzulassen oder zu dulden, hätte die Behörde die Veranstaltung untersagen und damit das gesetzliche Verbot konkretisieren müssen.
b) Erweist sich ein Gebrauchtwagenhändler als unzuverlässig hat die zuständige Behörde nach § 35 I 1 GewO eine Untersagungsverfügung zu erlassen. Ihr verbleibt kein Entscheidungsspielraum hinsichtlich der Frage, ob sie überhaupt tätig werden will.
c) Nach § 1 III BauGB haben Gemeinden Bauleitpläne aufzustellen, sobald und soweit es für die städtebauliche Entwicklung und Ordnung erforderlich ist.[36]

28 Das Abweichungsverbot stellt sicher, dass die Verwaltung, wenn sie handelt, nicht gegen Gesetze verstoßen darf.

---

[33] Vgl. auch Detterbeck, Jura 2002, 235; ferner Sproll, Allgemeines Verwaltungsrecht I, § 3 RdNr. 2 f. m. N.; in der Lit. wird überwiegend nur der zweite Aspekt thematisiert
[34] Jarass/Pieroth, Art. 20 RdNr. 41 m. N; Gusy, JuS 1983, 191 [192]
[35] LG Mainz, Urt. vom 19.6.1992, NVwZ 1993, 603 [607]
[36] Vgl. zur Planungspflicht der Gemeinde auch BVerwGE 34, 152 [157]; 301 [304 f.]; BVerwG NVwZ 2004, S. 200 und 220

Grundsatz der Gesetzmäßigkeit

Beispiele:
a) Ein Polizeibeamter dringt zur Abwehr einer gegenwärtigen Gefahr in eine Wohnung ein. Er greift damit in das Grundrecht der Unverletzlichkeit der Wohnung (Art. 13 GG) ein. Lässt der Polizeibeamte sich bei seinem an sich durch Rechtsnorm (§ 24 NPOG) zugelassenen Einschreiten von zweckfremden Erwägungen leiten, macht dies den Eingriff wegen Ermessensfehlgebrauchs (§ 40) rechtswidrig.
b) Eine Gemeinde gewährt aufgrund einer Verwaltungsvorschrift örtlichen Kultureinrichtungen (z. B. Musikschule, Kunstverein, Mädchentreff) Subventionen. Nimmt sie eine bestimmte Kultureinrichtung ohne sachlichen Grund von der Vergünstigung aus, ist ihr Handeln wegen Verstoßes gegen Art. 3 I GG rechtswidrig.

29 Der Grundsatz des Vorranges des Gesetzes gilt grundsätzlich für jede Verwaltungstätigkeit. Dabei ist es unerheblich, ob es sich um eine belastende oder begünstigende Maßnahme handelt.
Erfasst werden Rechtsakte aber auch Realakte. Der Grundsatz vom Vorrang des Gesetzes bedeutet auch, dass die von der vollziehenden Gewalt erlassenen Rechtsquellen (z. B. Verordnungen, Satzungen) nicht gegen höherrangige Rechtsquellen verstoßen dürfen.[37]
Das Vorrangprinzip verpflichtet die Verwaltung zu gesetzestreuem Verhalten. Dieses Prinzip begründet aber keine einhcitlichen Konsequenzen bei Nichtbeachtung dieses Prinzips. Bei der Frage, welche rechtlichen Konsequenzen aus einem rechtswidrigen Verwaltungshandeln zu ziehen sind, ist eine differenzierte Betrachtung, abgestellt auf die unterschiedlichen Handlungsformen (vgl. auch Rdnr. 79 ff.), geboten. So sind rechtswidrige Rechtsverordnungen und Satzungen regelmäßig nicht wirksam; es sei denn, es bestehen spezialgesetzliche Heilungsvorschriften (siehe z. B.: §§ 213 f. BauGB; § 24 VI GO Rheinland-Pfalz; § 10 II NKomVG). Rechtswidrige Verwaltungsakte sind grundsätzlich wirksam (siehe § 43 I VwVfG) und nur anfechtbar und aufhebbar, sofern nicht ausnahmsweise eine Nichtigkeit (vgl. § 43 III VwVfG) vorliegt (siehe aber §§ 45 f. VwVfG). Rechtswidrige Verwaltungsverträge sind nur unter den Voraussetzungen des § 59 VwVfG nichtig; im Übrigen aber wirksam.

3.1.3 Vorbehalt des Gesetzes

30 Der Vorbehalt des Gesetzes fordert, im Falle seiner Anwendbarkeit, dass eine Verwaltungsbehörde nur dann handeln darf, wenn dieses Handeln auf eine ermächtigende Rechtsgrundlage gestützt werden kann. Dabei müssen die Eingriffsbefugnisse der Verwaltung gesetzlich nach Inhalt Zweck und Ausmaß so hinreichend bestimmt sein, dass für den Bürger die Beschränkungen vorsehbar und berechenbar sind.[38] Dem Normgeber ist es aber nicht verwehrt, unbestimmte Rechtsbegriffe vorzusehen und der Verwaltung Ermessensspielräume einzuräumen.

30a War in der historischen Perspektive der Gesetzesvorbehalt auf die klassische Eingriffsverwaltung beschränkt, so ist die Reichweite dieses Prinzips heute umstrit-

---
37 BVerfGE 49, 89 [127]
38 So zutreffend Maurer/Waldhoff, § 6 Rdnr. 18

Grundsatz der Gesetzmäßigkeit

ten. Der Spannungsbogen reicht vom sog. Totalvorbehalt (alle behördlichen Maßnahmen werden erfasst) bis zum sog. Teilvorbehalt (nur bestimmte behördlichen Maßnahmen werden erfasst).[39] Unstrittig ist aber, dass er nicht mehr nur auf die klassische Eingriffsverwaltung begrenzt ist. Umstritten ist zudem die verfassungsrechtliche Verortung dieses Grundsatzes und ob der Vorbehalt sich auch auf die Form des Verwaltungshandels erstreckt. So ist insbesondere fraglich, ob der Gesetzesvorbehalt sich – über den Inhalt der Tätigkeit der Verwaltung hinaus – auch darauf erstreckt, auf welche Art und Weise die Verwaltung gegen den Bürger vorgehen darf, insb., ob sie sich der Handlungsart des Verwaltungsaktes bedienen darf (vgl. RdNr. 129 f.). Trotz dieser Unschärfen darf nicht übersehen werden, dass wesentliche Teile geklärt sind und dem Vorbehaltsgrundsatz eine zentrale Funktion beim Verwaltungshandeln zukommt.

Der Vorbehalt des Gesetzes wird im Grundgesetz nicht ausdrücklich erwähnt. Mit guten Gründen ist aber anzunehmen, dass er in dieser Vorschrift zumindest vorausgesetzt wird.[40] Als Ermächtigungsgrundlage kommen ein (Parlaments-) Gesetz, eine Rechtsverordnung aber auch eine Satzung in Betracht. Die Wesentlichkeitsrechtsprechung des Bundesverfassungsgerichts verlangt, dass die wesentlichen Entscheidungen vom Gesetzgeber selbst getroffen werden müssen. Auch Grundrechtseingriffe erfordern nach heutiger Lesart, dass ein förmliches Gesetz erforderlich ist. Da Rechtsverordnungen und Satzungen auf eine gesetzliche Grundlage zurückzuführen sind, liegt eine lückenlose Legitimationskette vor und die untergesetzlichen Rechtsvorschriften können Grundlage für einen Rechtseingriff sein. Eine Verwaltungsvorschrift stellt dagegen keine ausreichende Grundlage dar. Fehlt es an der erforderlichen rechtlichen Grundlage, ist die Verwaltungsmaßnahme rechtswidrig.

31 Nach der h. M. erstreckt sich der Vorbehalt des Gesetzes im Wesentlichen auf zwei Bereiche:
1. Jede belastende Maßnahme der Verwaltung bedarf einer Ermächtigungsgrundlage.
   Hier ist zu berücksichtigen, dass nach der Rechtsprechung des BVerfG[41] Art. 2 Abs. 1 GG die allgemeine Handlungsfreiheit schützt und damit jede Belastung des Bürgers einen Eingriff in dieses Grundrecht darstellt und dieser bedarf der gesetzlichen Grundlage. Insb. ein Eingriff in Freiheit und Eigentum des Bürgers setzt deshalb eine Rechtsnorm voraus, die den Eingriff zulässt.
2. Darüber hinaus ist der Gesetzgeber nach der ständigen Rechtsprechung des BVerfG verpflichtet, in grundlegenden normativen Bereichen, insb. im Bereich der Grundrechtsausübung, alle wesentlichen Entscheidungen, soweit sie durch Gesetz regelbar sind, selbst zu treffen und nicht der Verwaltung zu überlassen (sog. Wesentlichkeitstheorie).[42]

---

[39] siehe zum Streitstand nur Maurer/Waldhoff, Allgemeines Verwaltungsrecht, § 6 RdNr. 10 ff. m. N.; ferner Voßkuhle/Kaiser, JA 2009, S. 313 ff. n. M.
[40] BVerfGE 40, 237 (248 f.), 49, 89 [126 f.]. Zur Vertiefung: Jarass/Pieroth, Art. 20 RdNr. 32 ff., m. w. N.; Maunz/Zippelius, § 13 III 4.; § 6 RdNr. 4 ff.; Detterbeck, Jura 2002, S. 235 [236]
[41] Vgl. nur BVerfGE NJW 1996, 3146; BVerfG DVP 2010 mit Anm. von Vahle
[42] siehe nur BVerfGE 58, 257 [268]; 95, 267 [307]; BVerfG NJW 1998, 2515 [2520]; krititisch Holscheidt JA, 2001, 409 [412] 11

Grundsatz der Gesetzmäßigkeit

Beispiele:
a) Die zuständige Gewerbebehörde ordnet gegenüber dem Gebrauchtwagenhändler Max Schleich die Gewerbeuntersagung an, da Schleich als unzuverlässig im Sinne des Gewerberechts anzusehen ist. Sie greift mit dieser Maßnahme in die grundrechtlich geschützte Berufsfreiheit (Art. 12 GG; u. U. auch in das Eigentumsrecht Art. 14 GG) ein. § 35 Abs. 1 GewO enthält eine entsprechende Ermächtigung. Die Maßnahme ist daher rechtmäßig. (sog. klassischer Eingriff)
b) Erziehungs- und Ordnungsmaßnahmen (z. B. zeitlich begrenzter Ausschluss vom Unterricht) der Schule sind für den Betroffenen belastende, in Grundrechtspositionen (Art. 2 I, ggfs. Art. 12 I GG) eingreifende Maßnahmen. Sie können daher nur aufgrund einer durch Rechtsnorm getroffenen Regelung festgesetzt werden.[43] (sog. klassischer Eingriff)
c) Das Verbot für Lehrkräfte, im Unterricht ein Kopftuch zu tragen, stellt eine solch wesentliche Entscheidung dar, dass sie vom Parlament getroffen werden muss. Das Parlament soll sicherstellen, dass Entscheidungen von solcher Tragweite aus einem Verfahren hervorgehen, das der Öffentlichkeit Gelegenheit bietet, ihre Auffassung auszubilden und zu vertreten und das Parlament dazu anhält, Notwendigkeit und Ausmaß von Grundrechtseingriffen in öffentlicher Debatte zu klären.[44] (sog. Wesentlichkeitstheorie)
d) So hat das Bundesverwaltungsgericht entschieden, dass die Beihilfevorschriften des Bundes nicht den Anforderungen des Gesetzesvorbehalts genügen. Die wesentlichen Entscheidungen über Leistungen an Beamte und Versorgungsempfänger im Falle von Krankheit und Pflegebedürftigkeit sind vom Gesetzgeber zu treffen.[45] (sog. Wesentlichkeitstheorie)

Die Wesentlichkeitstheorie ist in ihrem Ansatz recht unbestimmt. Sie kann daher allenfalls nur Ausgangspunkt für eine weitere Konkretisierung sein. Nicht ausgeschlossen ist, dass die Wesentlichkeitstheorie sich im Laufe der Zeit durch die Rechtsprechung zu einem brauchbaren Instrument entwickelt. Gegenwärtig herrscht aber eher noch der Eindruck vor, dass wesentlich das ist, was das Bundesverfassungsgericht dafür hält. **32**

Die Notwendigkeit einer gesetzlichen Regelung ist bei folgenden Beispielen[46] anerkannt worden: (1) Einführung des Sexualkundeunterrichts in den Schulen (2) Pressesubventionierung (3) Grundentscheidung für die friedliche Nutzung der Kernenergie (4) Einrichtung und Betrieb einer gentechnischen Anlagen (5) Zusammensetzung des Innen- und Justizministeriums in einem Bundesland

---

43 in Nds. bietet beispielsweise § 61 NSchG die erforderliche Grundlage
44 BVerfG DVBl. 2003, S. 1526; dass Verfassungsgericht hat die Notwendigkeit einer ausdrücklichen Parlamentsentscheidung gesehen; zu berücksichtigen ist zudem, dass wohl auch ein (klassischer) Eingriff in Grundrechtspositionen vorliegt (Art. 4 – Religionsfreiheit; Art. 2 Abs. 1 – Allgemeine Handlungsfreiheit; zum landesrechtlichen Kopftuchverbot für muslimische Lehrerinnen siehe auch BVerfG DVP 2015, S. 212 ff./
45 BVerwGE 121, 103; zwischenzeitlich sind die geforderten gesetzlichen Grundlagen geschaffen worden; siehe nur § 80 BBG und Bundesbeihilfeverordnung. In den Ländern sind vergleichbare Rechtsvorschriften erlassen worden.
46 BVerfGE 33, 1 ff.

Grundsatz der Gesetzmäßigkeit

(6) Gewährung von Beihilfen an Beamte. Abgelehnt wurde die Anwendung der Wesentlichkeitstheorie bei der Schließung eines Theaters.

33 Spätestens mit dem sog. Strafvollzugsurteil des Bundesverfassungsgerichts[47] ist anerkannt worden, dass der Vorbehalt des Gesetzes auch bei den besonderen Verwaltungsrechtsverhältnissen (z. B. Beamtenverhältnisse, Schulwesen) Anwendung findet.

34 Der Grundsatz vom Vorbehalt des Gesetzes erstreckt sich nicht auf die Gewährung von Vergünstigungen (Leistungen), sofern nicht Rechtsnormen die Verwaltung binden. So dürfen z. b. Steuern nur erlassen werden, wenn der Tatbestand des § 227 I AO erfüllt ist; das gilt grundsätzlich auch für andere Abgaben (gebundene Verwaltung). Nach § 31 SGB-AT gilt der Vorbehalt des Gesetzes in den Sozialleistungsbereichen auch für den Erlass begünstigender Verwaltungsakte. Damit hat die Klärung der Frage nach der Reichweite des Gesetzesvorbehalts in der Sozialverwaltung an Bedeutung verloren, da praktisch die meisten Bereiche gesetzlich geregelt sind (vgl. beispielsweise nur die entsprechenden Bücher des SGB; das Wohngeldgesetz, das BAföG).

Klärungsbedürftig ist aber weiterhin die Frage, ob über die gesetzlich gerechten Transferleistungen hinaus weitere staatliche Leistungen ohne gesetzliche Grundlage vergeben werden dürfen. Betroffen sind hier insbesondere Subventionszahlungen. Die h. M. verlangt für den Regelfall keine materiell-rechtliche Grundlage. Erforderlich ist aber eine parlamentarische Willensäußerung. So hat die Rechtsprechung[48] herausgestellt, dass jede andere parlamentarische Willensäußerung, insbesondere die etatmäßige Bereitstellung der für die Subventionen erforderlichen Mittel, ausreichend ist.[49] Eine Grenze ist ausnahmsweise dort zu ziehen, wo durch die Subventionierung in die Grundrechtssphäre Dritter eingegriffen wird.

Beispiele:
a) Die Kommune stellt im Rahmen des jährlichen Haushaltes, der von der Vertretung verabschiedet wird, Fördermittel für den Einbau von Solaranlagen für Privathaushalte zur Verfügung. Hier liegt eine ausreichende parlamentarische Legitimation vor.
b) Unzulässig wird es dagegen wohl sein, wenn in einem Bundesland lediglich im Haushalt Mittel zur Förderung der Presselandschaft bereitgestellt werden und es allein der Exekutive obliegt, diese Mittel zu verteilen. Durch gezielte Subventionsverteilung könnte unzulässig in die verfassungsrechtliche garantierte Pressefreiheit eingegriffen werden. Erforderlich wäre hier eine gesetzliche Grundlage.

---

47 Ausgewählte Beispiele: (1) BVerfGE 47, 76; BVerwGE 47, 94, (2) BVerfGE 80, 124 [131]; (3) BVerfGE 49, 89 [127], (4)VGH Kasse NVwZ 1990, 276 [277], (5) BVerfGE 58, 257 [275]; BVerwG DVBl 1998, 969 [970] [zu beachten ist aber, dass nicht alle Schulmaßnahmen einer ausdrücklichen gesetzlichen Ermächtigung bedürfen. So ist z. B. für die Einführung der 5-Tagewoche eine gesetzliche Regelung entbehrlich; BVerwGE 47, 201, (6) VerfGH NRW 1999, 1243 [1245], BVerwGE 121, 103 [108 ff.], dem Gesetzgeber ist aber eine Übergangszeit eingeräumt worden, um die notwendigen rechtlichen Regelungen schaffen zu können.
48 St. Rspr. vgl. nur BVerwGE 90, 112
49 Kritisch siehe Maurer/Waldhoff, § 6 RdNr. 21

Grundsatz der Gesetzmäßigkeit

Rechtmäßiges und rechtswidriges Verhalten der Verwaltung

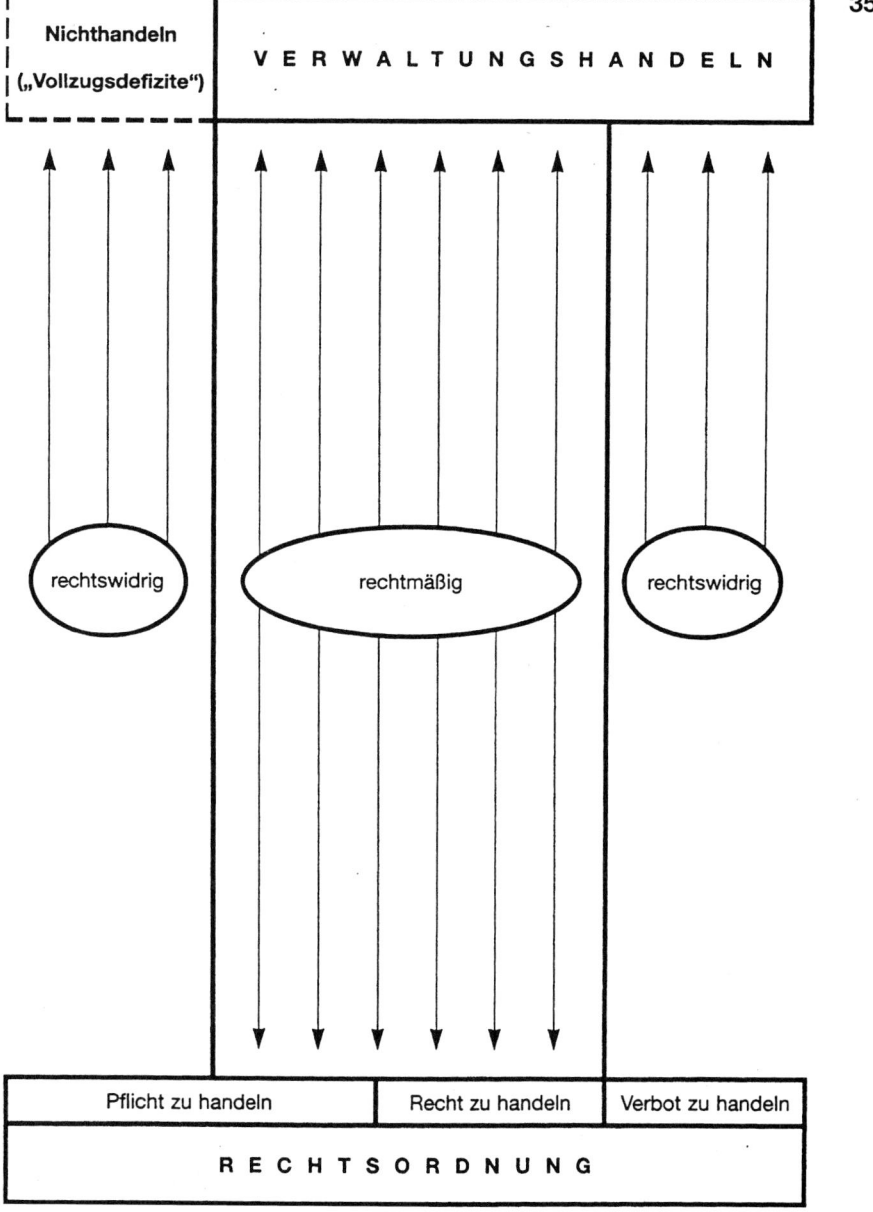

Grundsatz der Gesetzmäßigkeit

3.2 Rechtsquellen

3.2.1 Arten

36 Das Verwaltungsrecht regelt die Tätigkeit der Verwaltungsbehörden und das dabei entstehende Verhältnis zwischen Bürger und Verwaltung. Es ist Teil des öffentlichen Rechts. Das öffentliche Recht und das Verwaltungsrecht als Teilgebiet des öffentlichen Rechts besteht aus einer Mehrzahl verschiedenartiger Rechtsquellen[50]. Die fünf wichtigsten Arten sind Verfassungsrecht, Gesetze im formellen Sinne, Rechtsverordnungen, Satzungen und Gewohnheitsrecht. Bei den zunächst genannten vier Arten handelt es sich um geschriebene Rechtssätze (gesetztes Recht); Gewohnheitsrecht ist eine ungeschriebene Rechtsquelle.

37 Verfassungen regeln die Grundlagen des staatlichen Zusammenlebens und heben sich von sonstigen formellen Gesetzen dadurch besonders ab, dass sie nur mit qualifizierter Mehrheit geändert werden können (Art. 79 GG). Vom Verfassungsbegriff werden neben dem Grundgesetz auch die Verfassungen der Bundesländer erfasst.

38 Gesetz im formellen Sinne (formelles Gesetz) ist jeder in einem verfassungsmäßigen Gesetzgebungsverfahren zustande gekommene Willensakt der Gesetzgebungsorgane ohne Rücksicht auf seinen Inhalt (sog. Parlamentsgesetze). Es besitzt den „Rang und [das] Prädikat einer demokratischem Mehrheitsentscheidung"[51].

39 Rechtsverordnungen sind Rechtsquellen, die von einer Regierungs- oder Verwaltungsbehörde aufgrund einer gesetzlichen Ermächtigung (vgl. Art. 80 GG) erlassen worden sind. Soweit durch Bundesgesetz oder aufgrund von Bundesgesetzen Landesregierungen ermächtigt werden, Rechtsverordnungen zu erlassen, sind die Länder auch zu einer Regelung durch Gesetz befugt (Art. 80 IV GG). Art. 80 I GG regelt die Zulässigkeit aber auch die Grenzen einer Rechtsetzung durch Verordnungen. Aus der Verordnungsermächtigung des Parlaments müssen sich Inhalt, Zweck und Ausmaß der erteilten Ermächtigung ergeben (Art. 80 I 2 GG). Damit scheidet eine Generalermächtigung aus. Die Landesverfassungen enthalten für den Landesbereich durchweg vergleichbare Regelungen (z. B. Art. 43 I 2 Nds. Verf).
Von formellen Gesetzen unterscheiden sich Rechtsverordnungen nur hinsichtlich des Normgebers, nicht dagegen durch die Bindungswirkung oder aber dem Inhalt. Im modernen Staat dient das Regelungsinstrument Rechtsverordnung der Entlastung des Gesetzgebers und ist unverzichtbar.[52] Rechtsverordnungen sind verfassungsrechtlich unbedenklich. Sie begründen keine echte Durchbrechung des Gewaltenteilungsprinzips, da sie nur aufgrund einer Ermächtigung durch ein formelles Gesetz erlassen werden dürfen. Während das Parlament die wesentlichen Entscheidungen selber zu treffen hat, obliegt der Exekutive die Regelung von Detailfragen im Rahmen des gesetzgeberischen Programms.[53]

---

50 Zur Vertiefung: von Olshausen, JA 1983, 177
51 Ipsen VVDStRL 10, S. 75
52 Maurer/Waldhoff, § 4 RdNr. 22
53 Maurer/Waldhoff, § 4 RdNr. 21

Rechtsquellen

Beispiele:
a) Nach § 63 LBauO Rheinland-Pfalz – Parlamentsgesetz – müssen die Bauherren für geplante Bauvorhaben aussagekräftige Bauvorlagen einreichen. In der *Bauvorlagenverordnung* ist detailliert geregelt, welche Bauvorlagen im Einzelnen vorzulegen sind. § 87 II LBauO ermächtigt das zuständige Ministerium eine Rechtsverordnung zu erlassen.
b) § 4 I BImSchG unterwirft bestimmte Anlagen der Genehmigungspflicht nach Maßgabe des BImSchG. Die *Verordnung über genehmigungsbedürftige Anlagen* (4. BImSchV) regelt nun sehr eingehend, welche Anlagen konkret einer Genehmigungspflicht unterliegen.
c) Eine sehr weitreichende – und in den praktischen Auswirkungen auch sehr folgenreiche – VO-Ermächtigung enthält das Straßenverkehrsrecht (§ 6 StVG). Bedeutende Rechtsverordnungen des Straßenverkehrsrechts sind: StVO, FeV, FZV, Bußgeldkatalog-Verordnung.

Gesetzesvertretende Verordnungen sind Verordnungen mit Gesetzeskraft. Solche Verordnungen („Notverordnungen") dürfen z. B. nach Art. 44 I Nds. Verf. erlassen werden, um die öffentliche Sicherheit aufrecht zu erhalten oder einen Notstand zu beseitigen.

Satzungen sind Rechtsquellen, die juristische Personen des öffentlichen Rechts (außer Bund und Länder), insbesondere kommunale Gebiets- und Personenkörperschaften[54], Sparkassen, Hochschulen, Sozialversicherungsträger, zur Regelung ihrer eigenen Angelegenheiten in einem dafür vorgeschriebenen förmlichen Verfahren erlassen. Eine Kommune ist an eine von ihr erlassene Satzung wie an ein Gesetz gebunden; sie darf deshalb eine Satzung, die sie wegen Verstoßes gegen eine höherrangige Rechtsnorm für unwirksam hält, bei einer Einzelfallentscheidung nicht außeracht lassen.[55] Von Rechtsverordnungen unterscheiden sich Satzungen dadurch, dass sie aus einer vom Staat eingeräumten eigenen Rechtsetzungsgewalt der juristischen Person des öffentlichen Rechts hervorgehen, während Rechtsverordnungen auf delegierter staatlicher Rechtsetzungsgewalt beruhen. Für Satzungen gilt Art. 80 I 2 GG nicht. Die Satzungsautonomie ist aber nicht schrankenlos. So fordert der Gesetzesvorbehalt, dass der Parlamentsgesetzgeber die wesentlichen, insbesondere die grundrechtsbeschränkenden Regelungen selber zu treffen hat.[56]

Beispiel:
§ 10 I NKomVG ermächtigt die Kommunen in Niedersachsen, durch Satzungen ihre eigenen Angelegenheiten zu regeln. Wegen seiner abstrakten Formulierung vermag diese Satzungsermächtigung keine Eingriffe in grundrechtlich geschützte Sphären des Bürgers durch oder aufgrund von Satzungen zu rechtfertigen. Der Landesgesetzgeber hat daher spezielle Ermächtigungen für Satzungen mit Eingriffscharakter vorgesehen (vgl. § 13 NKomVG der Bestimmungen zum Anschluss- und Benutzungszwang enthält; §§ 1 f. NKAG, die die Ermächtigungsgrundlage für den Erlass von kommunalen Abgabensatzungen bilden).

---

54 Zum kommunalen Satzungsrecht siehe Seybold/Neumann/Weidner, S. 165 ff.
55 OVG Saarlouis, NVwZ 1990, 172; a. A. VGH Kassel, NVwZ 1990, 885
56 Siehe nur BVerfGE 33, 125 [157 ff.]; BVerwGE 6, 247 [250 f.]; 90, 359 [362 f.]

Grundsatz der Gesetzmäßigkeit

41 Gewohnheitsrecht entsteht durch regelmäßige und allgemeine lang dauernde Übung (objektives Merkmal). Zum anderen ist erforderlich, dass alle Beteiligten der Überzeugung sind, dass die angewandte Übung wirklich Recht ist (subjektives Merkmal). Schließlich muss sich eine bestimmte Norm herausgebildet haben; ein bestimmtes Brauchtum, eine Gewohnheit oder eine Verkehrssitte genügt nicht, die Materie muss vielmehr durch Gewohnheit gesetzesgleich geregelt worden sein, also als Rechtssatz formulierbar sein (formales Merkmal). Gewohnheitsrecht kann sich auf allen Rechtsgebieten bilden und steht dabei den geschriebenen Rechtsquellen gleich. Der Umfang der gewohnheitsrechtlichen Regelungen sinkt aber zunehmend. Gewisse Bedeutung hat es heute aber noch im allgemeinen Verwaltungsrecht. So wird beispielsweise die Anstaltsgewalt in den Fällen, in denen eine geschriebene Rechtsquelle, z. B. eine als Satzung erlassene Benutzungsordnung, eine Ermächtigungsgrundlage nicht enthält, als Ermächtigungsgrundlage für Verwaltungsakte herangezogen, die gegenüber dem Benutzer einer Anstalt, z. B. einer Bücherei, getroffen werden, um den Anstaltszweck zu ermöglichen, zu verwirklichen oder ihn zumindest zu fördern.[57]

Weitere Beispiele: Grundsatz der Verhältnismäßigkeit[58] (sofern nicht eine ausdrückliche gesetzliche Regelung dieses Grundsatzes erfolgt ist; vgl. z. B. § 4 NPOG); Rechtssatz, dass die spätere Norm die frühere verdrängt.[59]

42 Erheblich größere praktische Bedeutung als das Gewohnheitsrecht hat heute das sog. Richterrecht (Entscheidungen der Gerichte, insb. der Obergerichte). Es greift ein, wenn keine Rechtsnormen vorhanden sind oder wenn sie ein Rechtsproblem nicht regeln. Umstritten ist, ob das Richterrecht über die Rechtsanwendung im Einzelfall hinaus in den Fällen, in denen dies nicht gesetzlich ausdrücklich angeordnet ist (§§ 31 II BVerfGG, § 47 V 2 VwGO), allgemein verbindliche Rechtsetzung und damit Rechtsquelle sein kann.

Weder die Gerichte selbst noch Behörden oder Bürger sind an die von der Rechtsprechung entwickelten, häufig rechtssatzmäßig formulierten Grundsätze („Leitsätze") wie nach Art. 20 III GG an Gesetze und sonstige Rechtsquellen gebunden. Dadurch, dass sich Gerichte, Behörden und Bürger an einschlägigen Entscheidungen insb. der obersten Gerichte (höchstrichterliche Rechtsprechung) orientieren, erlangen diese Entscheidungen aber einen den Rechtsquellen ähnlichen Charakter, wirken also faktisch wie ein Gesetz. Die praktische Bedeutung der richterlichen Rechtsfortbildung darf also nicht unterschätzt werden.

---

57 Siehe nur Pappermann/Löhr/Andriske, Recht der öffentlichen Sachen, 1987, S. 132 f., m. N.
58 Aus dem Rechtsstaatsprinzip abgeleitetes Gewohnheitsrecht mit Verfassungsrang siehe BVerfGE 23, 127 [133]
59 BVerwGE 111, 200 [210]; zählte früher der Genehmigungsvorbehalt für private Begräbnisplätze in Niedersachsen zum Gewohnheitsrecht (OVG Lüneburg DVBl. 1994, 871), so ist diese Frage heute positiv-rechtlich geregelt worden (vgl. § 19 Nds. BestattG; zu den Genehmigungsvoraussetzungen siehe Barthel, Bestattungsrecht Niedersachsen, Kommentar, 4. Aufl. 2018, § 19 Erl. 2 f.)

Rechtsquellen

Beispiel:
Der Gewerbegriff spielt im Gewerberecht eine zentrale Rolle (vgl. nur §§ 1, 15 II, 33i, 35 GewO). Der Gesetzgeber hat es aber, im Hinblick auf die dynamische Entwicklung des Gewerbesektors, unterlassen, eine Legaldefinition zu verfassen. Es ist ausdrücklich den Gerichten vorbehalten, diesen unbestimmten Rechtsbegriff auszulegen. Nach gefestigter Rspr. ist Gewerbe jede erlaubte, auf Gewinnerzielung gerichtete, selbstständige, dauerhaft ausgeübte Tätigkeit, die nicht Urproduktion, freier Beruf oder Verwaltung eigenen Vermögens ist.[60]

Richterrecht kann aber nur gesetzeskonkretisierend und gesetzesergänzend, nicht dagegen gesetzeskorrigierend sein.[61] In weiten Teilen auf richterliche Rechtsfortbildung des BAG beruhen die Regelungen des Arbeitskampfrechts in Deutschland.[62] In bestimmten Fällen sind Gerichtsentscheidungen zur Fortbildung des Rechts – im Sinne einer Weiterbildung durch Rechtsergänzung – ausdrücklich vorgesehen (§§ 11 IV, 12 I VwGO, 132 IV GVG).[63]

Keine von den oben beschriebenen Arten zu unterscheidende Rechtsquelle ist das Gesetz im materiellen Sinne („materielles Gesetz"). Gesetze im materiellen Sinne sind alle abstrakt-generellen Regelungen, die Verpflichtungen oder Berechtigungen begründen oder sonst unmittelbar oder mittelbar beeinflussen. Die meisten der vorstehend aufgeführten Rechtsquellen sind daher Gesetze im materiellen Sinne.

43

Beispiele:
a) Das vom Bundestag beschlossene BImSchG, das Ansprüche oder Verpflichtungen von Betreibern bestimmter Anlagen und der zuständigen Behörden begründet, ist nicht nur ein formelles sondern zugleich auch ein materielles Gesetz.
b) § 46 I 1 FeV ist, obgleich er weitgehend mit § 3 I 1 StVG übereinstimmt, nur ein materielles Gesetz, denn es handelt sich bei der FeV formell nur um eine Rechtsverordnung.[64]

Die meisten formellen Gesetze sind auch materielle Gesetze. Das Haushaltsgesetz z. B. eines Landes ist dagegen, soweit es den Haushaltsplan feststellt, Gesetz im formellen Sinne, denn dadurch werden Ansprüche und Verbindlichkeiten Dritter weder begründet noch aufgehoben.[65] Gesetze im nur materiellen Sinne sind z. B. Rechtsverordnungen und Satzungen. Auch das Gewohnheitsrecht ist Gesetz im materiellen Sinne.

---

60 Vgl. nur BVerwG NJW 1977, S. 772 f.; NVwZ 1995, S. 473; 1997, S. 278 f.; dazu vertiefend Weidemann/Rotaug/Barthel, S. 22 ff.
61 Maurer/Waldhoff, § 4 RdNr. 42
62 Siehe nur BAGE 23, 292 ff.
63 Das BVerfG hat wiederholt die Befugnis der Gerichte zur Rechtsfortbildung anerkannt; siehe nur BVerfGE 34, 269 [286 ff.]; 69, 315 [369 ff.]; 82, 6 ff.; 96, 375 [394 ff.]
64 OVG Münster NJW 2001, 3427
65 BVerwG, DÖV 1979, 715: „kein Gesetz im materiellen Sinne"; weiteres Beispiel: Gesetz über den Ausbau der Bundesfernstraßen in den Jahren 1971–1985 vom 30.6.1971 BGBl I, 873

Grundsatz der Gesetzmäßigkeit

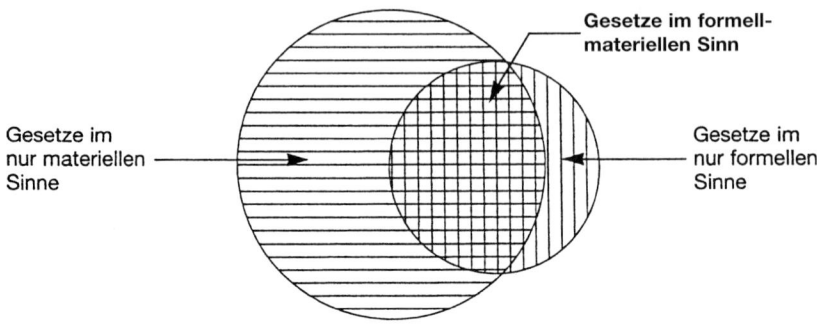

Der große Kreis symbolisiert Gesetze im materiellen Sinne, der kleine Kreis Gesetze im formellen Sinne, die Schnittmenge Gesetze im formellen und materiellen Sinne.

3.2.2 Exkurs: Rechtsquellen der Europäischen Union

43a Neben dem nationalen Recht spielt das Europäische Recht eine zunehmend wichtigere Rolle. Dabei ist das Recht der Europäischen Union nicht nur auf Randbereiche staatlichen Handelns beschränkt. Es beeinflusst in zunehmendem Maße das Handeln der nationalen Behörden. Zudem wird der Gesetzgeber angehalten, Vorgaben der Union in nationales Recht umzusetzen. Anschaulich ist dies bei der EU-Dienstleistungsrichtlinie zu sehen. Die Vorgaben dieser Richtlinie haben dazu geführt, dass das Verwaltungsverfahrensgesetz an zentralen Stellen eine grundlegende Revision erfahren hat.[66] Bei den Quellen des EU-Rechts wird unterschieden zwischen dem sog. Primär- und Sekundärrecht.[67] Das sog. Primärrecht besteht aus den Gründungsverträgen von 1951 und 1956 sowie deren Weiterentwicklung durch eine Reihe weiterer Verträge. Von besonderer Bedeutung sind heute der Vertrag über die Europäische Union (EUV) und der Vertrag über die Arbeitsweise der Europäischen Union (AEUV) in der Fassung des Lissaboner Vertrages vom 13.12.2007.[68] Auch die Charta der Grundrechte der EU (EU-Grundrechtscharta) wird dem Primärrecht zugerechnet. Zum sekundären Unionsrecht zählen die Rechtsakte, die von den Organen der EU aufgrund des primären Unionsrechts erlassen worden sind. Die unterschiedlichen Typen dieser Rechtsakte sind in Art. 288 AEUV aufgeführt.

---

66 Siehe insoweit RdNr. 80e, 81 ff., 127b
67 Vertiefung siehe Wienbracke, DVP 2014 S. 416 ff. und S. 487 ff.
68 Zur Verfassungsmäßigkeit dieses Vertrages siehe BVerfGE 123, 267

Rechtsquellen

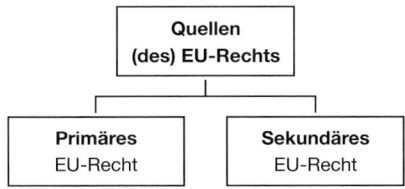

Das sekundäre Unionsrecht[69] unterscheidet folgende Rechtsakte: **43b**
- Verordnungen (Art. 288 II AEUV)
  Sie entfaltet unmittelbare Wirkungen in allen Mitgliedsstaaten und ist daher für Bürger, Behörden und Gerichte verbindlich. Sie stellt im nationalen Rahmen ein Gesetz im materiellen Sinne dar.
- Richtlinien (Art. 288 III AEUV)
  Adressat der Richtlinie können einzelne oder aber alle Mitgliedsstatten der EU sein. Diese sind verpflichtet, die in der Richtlinie vorgegebenen Ziele innerhalb der vorgegebenen Zeit in innerstaatliches Recht umzusetzen.

Beispiel:
Richtlinie 85/337 über die Umweltverträglichkeitsprüfung; diese wurde durch das Gesetz über die Umweltverträglichkeitsprüfung umgesetzt.
Wird die Richtlinie nicht, nicht fristgerecht oder aber unvollständig umgesetzt, kann dies zu unterschiedlichen Rechtsfolgen führen. Die Europäische Kommission oder aber andere Mitgliedsstaaten können ein sogenanntes Vertragsverletzungsverfahren[70] einleiten. U. U. kann ein negativ betroffener Bürger einen Staatshaftungsanspruch gegenüber der Bundesrepublik als säumigen Staat geltend machen. Zwar richtet sich die Richtlinie primär nur an die Mitgliedsstaaten, unter bestimmten, engen Voraussetzungen kann eine nicht in nationales Recht umgesetzte Richtlinie auch unmittelbare Rechtswirkungen entfalten. So kann sich der Einzelne gegenüber dem durch die Richtlinie verpflichteten Staat auf die Einhaltung deren Bestimmungen berufen,
a) wenn die Richtlinie, trotz Fristablauf, nicht oder aber nur unvollständig in nationales Recht umgesetzt wurde und
b) der Inhalt der Richtlinie unbedingt und hinreichend klar bestimmt ist.[71]
  - Beschlüsse (Art. 288 IV AEUV)
    Sie richten sich nur an bestimmte Adressaten und sind für diese verbindlich. Bei den Adressaten kann es sich um Einzelpersonen oder aber Mitgliedsstaaten handeln.
  - Empfehlungen und Stellungnahmen (Art. 288 V, 292 AEUV)
    Sie entfalten den Charakter einer offiziellen Verlautbarung. Ihnen kommt zwar keine rechtliche Verbindlichkeit zu, gleichwohl darf die politische Wirkung nicht unterschätzt werden.
Dann gibt es noch sog. Durchführungsakte (Art. 291 AEVU). Sie enthalten nähere Bestimmungen zur Durchführung verbindlicher Rechtsakte aufgrund

---

69 Vertiefung siehe Ipsen, Allgemeines Verwaltungsrecht, RdNr. 124 ff., m. N.
70 Einzelheiten siehe Art. 258, 269 AEVU; dazu Fastenrath/Grog, RdNr. 596 ff.
71 Vertiefung siehe Fastenrath/Groh, RdNr. 508 ff.; ferner Maurer/Waldhoff, § 4 RdNr. 74

Grundsatz der Gesetzmäßigkeit

besonderer Ermächtigungen. Sie werden dem sog. tertiären Unionsrecht zugerechnet.[72]

3.2.3 Allgemeines und besonderes Verwaltungsrecht – Abgrenzung[73]

44 Das Verwaltungsrecht regelt einen Teilbereich des öffentlichen Rechts. Dem allgemeinen Verwaltungsrecht werden dabei diejenigen Regelungen zugeordnet, die grundsätzlich für alle Bereiche des Verwaltungsrechts gelten. Verfügungen, Entscheidungen oder andere hoheitliche Maßnahmen, die eine Behörde zur Regelung eines Einzelfalls auf dem Gebiet des öffentlichen Rechts trifft und die auf die unmittelbare Rechtswirkung nach außen gerichtet ist, kommen sowohl im Abfallrecht, Beamtenrecht, Gewerberecht, Kommunalverfassungsrecht, Umweltrecht und Zwangsvollstreckungsrecht vor. Im Interesse einer Entlastung der Fachgesetzgebung und zur Herausbildung einheitlicher Begrifflichkeiten ist daher im Verwaltungsverfahrensgesetz der Begriff des Verwaltungsakts – als zentrale Handlungsform der Verwaltung – einheitlich definiert worden (§ 35 Satz 1 VwVfG). Die Entlastungsfunktion und die Vereinheitlichung von Verfahrensabläufen sind starke Motoren für die Kodifizierung des allgemeinen Verwaltungsrechts gewesen. So finden sich im allgemeinen Verwaltungsrecht[74] Aussagen über die Handlungsformen der Verwaltung (siehe auch Verwaltungsvertrag in § 54 ff.), über die für eine Entscheidung zu beachtenden Verfahrens- und Formvorgaben, Vorgaben über bestimmte Verfahrensarten (z. B. Planfeststellungsverfahren in §§ 72 ff. VwVfG), die (Verwaltungs-) Kontrolle (Widerspruchsverfahren in §§ 79 f. VwVfG) und den Vollzug von Verwaltungsentscheidungen (Zwangsmitteleinsatz).

Traditionell zählen zum Bereich des allgemeinen Verwaltungsrechts die nachfolgend genannten drei Bundesgesetze. Zunächst zu nennen ist das Verwaltungsverfahrensgesetz. Weitere Verfahrensregelungen enthalten die Verwaltungsvollstreckungsgesetze und das Verwaltungszustellungsgesetz. Da nach der Kompetenzordnung des Grundgesetzes in der Regel die Bundesländer für den Vollzug der (Bundes- und Landes-) Gesetze zuständig sind (siehe RdNr. 44 ff.), haben diese eigene verfahrensrechtliche Vorschriften erlassen.[75] Dabei gibt es eine weitgehende Übereinstimmung zwischen den bundesrechtlichen und landesrechtlichen Regelungen.

Gesellschaftliche Veränderungen und die damit verbundenen neuen Anforderungen an die Erbringung von Verwaltungsleistungen sowie die dynamische

---

72 Maurer/Waldhoff, § 4 RdNr. 73
73 Siehe auch den Überblicksaufsatz von Weidemann/Barthel zu den Grundlagen des verwaltungsrechtlichen Systems in Weidemann/Rotaug/Barthel, S. 9 ff.
74 Das öffentliche Recht kennt auch heute noch **drei Säulen** des allgemeinen Verwaltungsrechts. Neben dem VwVfG sind die Abgabenordnung und das Sozialgesetzbuch (SGB I und SGB IX) zu nennen. Da in diesem Buch weder sozialrechtliche noch abgabenrechtliche Fragen aufgegriffen werden, erfolgt nur die Berücksichtigung der ersten Säule. Nicht zu Unrecht wird das VwVfG auch als „Grundgesetz der Verwaltung" (*Schily*, NVwZ 2001, S. 883 [887]) bezeichnet.
75 Zu den Wechselbeziehungen von Bundes- und Landesrecht siehe nur *Weidemann*, Verwaltungsverfahrensgesetz, Kommentar, in: Praxis der Kommunalverwaltung, Beitrag A 15 Nds, Einf. Ziff. 1, § 1 Ziff. 1.1; *Weidemann/Barthel*, Verwaltungsverfahrensgesetz Sachsen-Anhalt, Kommentar, in: Praxis der Kommunalverwaltung, Beitrag A 15 SAn; Einführung Ziff. 1, *Barthel/Weidemann*, Verwaltungszustellungsgesetz des Landes Sachsen-Anhalt, in: Praxis der Kommunalverwaltung, Beitrag A 18 SAn, Einf. Ziff. 1, 2.1, § 1 Ziff. 2

Rechtsquellen

technische Entwicklung begründen zusätzliche Regelungsbedarfe. Gerade die neuen technischen Möglichkeiten fordern rechtliche Rahmungen. Der Gesetzgeber hat nun mit unterschiedlichen Gesetzen diesem Regelungsbedürfnis Rechnung getragen. Zu nennen sind beispielsweise das E-Government-Gesetz (siehe dazu Rdnr. 81a ff); das De-Mail-Gesetz (siehe dazu Rdnr. 81d) und das Onlinezugangsgesetz (siehe dazu Rdnr. 81e). Es handelt sich um Rechtsvorschriften, die allgemeine Vorgaben zur Abwicklung von Verwaltungsverfahren enthalten. Zu nennen sind beispielsweise
- der Elektronische Zugang zur Verwaltung (§ 2 E-Government-Gesetz)
- die Elektronische Aktenführung und die Akteneinsicht (§§ 6 ff. E-Government-Gesetz)
- die DE-Mail-Dienste (§§ 1 ff. De-Mail-Gesetz); sowie die Verzahnung mit dem VwVfG (§ 3a II 4) sowie mit dem VwZG (§§ 5, 5a)
- der Portalverbund für digitale Verwaltungsleistungen (§ 1 Onlinezugangsgesetz)

Damit können auch diese Gesetze dem allgemeinen Verwaltungsrecht zugeordnet werden.

Es liegt jedoch keine vollständige Kodifikation des allgemeinen Verwaltungsrechts vor. So fehlt es beispielsweise an allgemeinen Bestimmungen über sog. Realakte der Verwaltung, den Erlass von Verwaltungsvorschriften und über die Rechtsnachfolge im öffentlichen Recht.

Wohl auch zum allgemeinen Verwaltungsrecht wird man die Informationsfreiheitsgesetzes, die vom Bund und den meisten Bundesländern erlassen worden sind[76], zählen dürfen. Sie vermitteln einen umfassenden Informationsanspruch, der sich – im Rahmen des Geltungsbereichs des jeweiligen Gesetzes – auf alle Verwaltungsbereiche erstreckt. Es handelt sich, anders als bei § 29 VwVfG, gerade nicht um einen verfahrensbezogenen Informationsanspruch.

Das besondere Verwaltungsrecht umfasst das Recht der einzelnen Tätigkeitsbereiche der Verwaltung. Es enthält das Fachrecht zur inhaltlichen Bewältigung der anstehenden Aufgaben und Probleme. Zu nennen sind beispielsweise das Schulrecht, das Recht der Gefahrenabwehr, das Infrastrukturrecht, das Waffenrecht, das Hochschulrecht (siehe ferner Rdnr. 44a). Die Regelungsdichte in den einzelnen Bereichen ist unterschiedlich. Ist etwa im Bereich des Immissionsschutzes eine tief gestaffelte Normstruktur zu erkennen, so kann dies für das Gewerberecht so nicht gesagt werden. Obgleich auch hier eine große Zahl von Vorschriften vorhanden ist, können doch weite Bereiche der Gewerbeausübung ohne jede behördliche Zulassung aufgenommen und ausgeübt werden. Grundlegendes Bauprinzip des verwaltungsrechtlichen Systems ist die Wechselbeziehung von allgemeinem und besonderem Verwaltungsrecht.[77] So gewinnt das allgemeine Verwaltungsrecht aus dem Vollzug des besonderen Verwaltungsrechts die Materialien, aus denen sich nach Abstreifung des Besonderen das Allgemeine herausschälen lässt. Dagegen erhält das besondere Verwaltungsrecht durch die Vorgaben des allgemeinen Verwaltungsrechts eine gewisse Stabilität und durchgehende Strukturen. So lässt sich auch vermeiden, dass einzelnen Bereiche des besonderen Verwaltungsrechts in eine „Exotenecke" abdriften.

---

76 Überblick siehe Kopp/Ramsauer, § 29 Rdnr. 46 f.
77 *Brüning*, Jura 2002, S. 316 (317)

Grundsatz der Gesetzmäßigkeit

44a

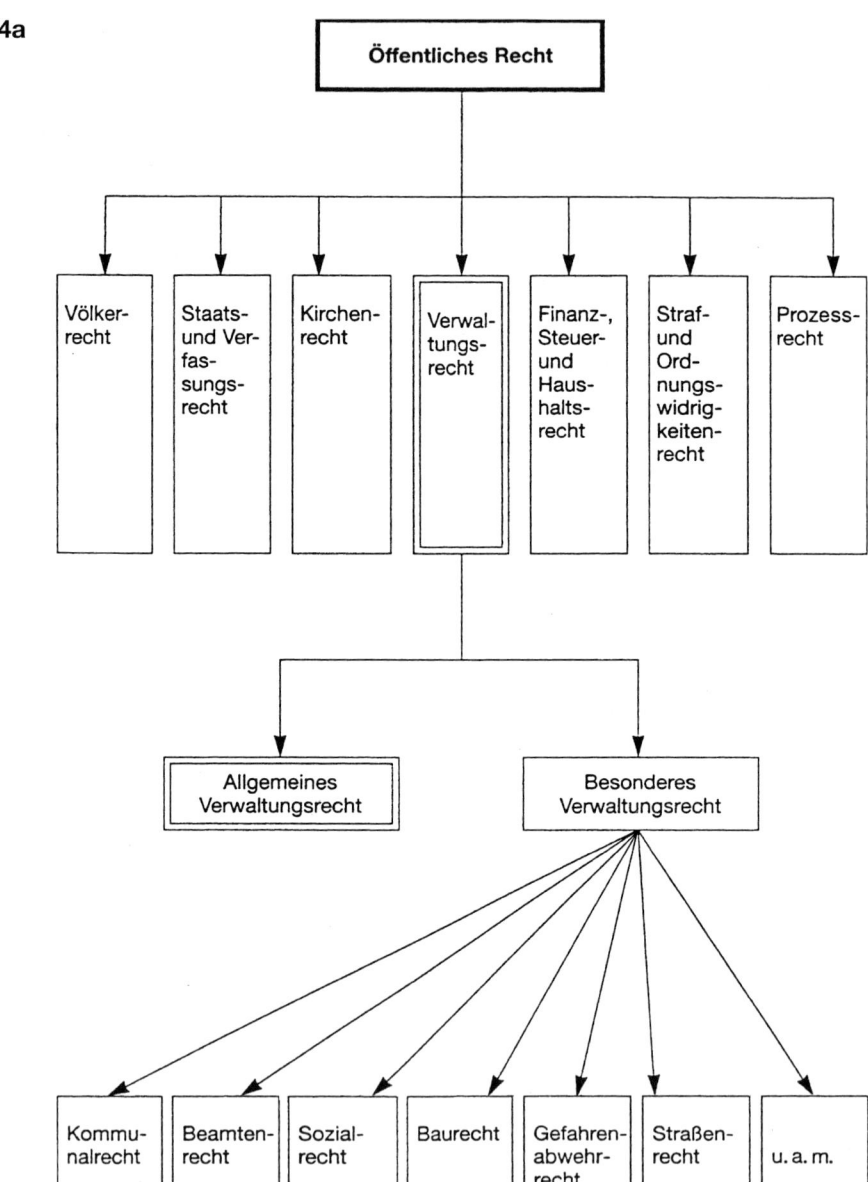

Rechtsquellen

3.2.4 Anwendbarkeit des VwVfG

Neben dem VwVfG des Bundes gibt es auch in den einzelnen Bundesländern vergleichbare verfahrensrechtliche Bestimmungen.[78] Da die jeweiligen Landesbehörden grundsätzlich auch für den Vollzug der Bundesgesetze zuständig sind (vgl. Art. 83 ff. GG), stellt sich die Frage nach dem anwendbaren Verfahrensrecht. § 1 I Nr. 2, Abs. 2 VwVfG (Bund) bestimmt, dass für die Ausführung des Bundesrechts durch Landesbehörden zunächst das Bundesgesetz gilt. Die bundesrechtlichen Regelungen finden aber dann keine Anwendung mehr, wenn die öffentlich-rechtliche Tätigkeit der Behörden landesrechtlich durch ein Verwaltungsverfahrensgesetz geregelt wird (sog. föderale Subsidiaritätsklausel; s. § 1 III VwVfG). Entsprechende Landesgesetze liegen zwischenzeitlich in allen Bundesländern vor.[79] Damit sind die Verwaltungsgesetze der Länder grundsätzlich auch beim Vollzug der Bundesgesetze maßgeblich.

44b

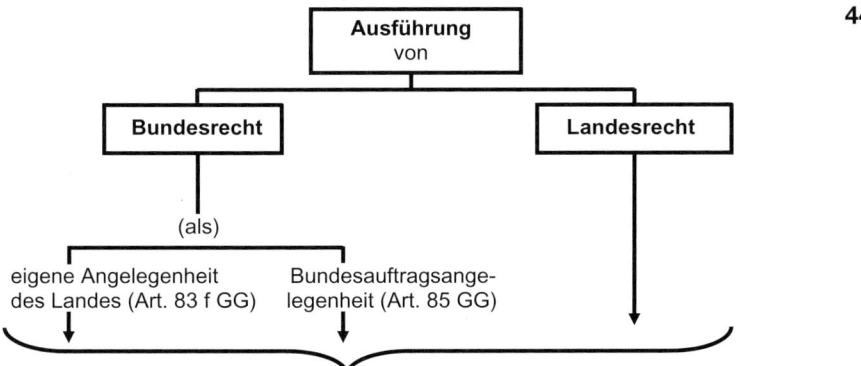

44c

Bund und Länder sind befugt, spezielle verfahrensrechtliche Regelungen zu erlassen. Die föderale Subsidiaritätsklausel erfasst damit nicht spezialgesetzlich geregelte Materien des Bundes (z. B.: §§ 10 VII, 21 BImSchG, § 45 WaffG, §§ 14, 15 I PBefG). Diese gehen dem Landesverfahrensrecht vor (Art. 31 GG). Auch der Landesgesetzgeber ist berechtigt, entsprechende Spezialvorschriften zu erlassen (s. z. B. § 79 IV NBauO – Erörterungspflicht –).

44d

Vom Anwendungsbereich des Verwaltungsverfahrensgesetzes wird aber nicht das gesamte Verwaltungshandeln erfasst. Die nachfolgenden Punkte schränken den Anwendungsbereich deutlich ein:

44e

---

78 Siehe Zusammenstellung der landesrechtlichen Regelungen bei Stelkens/Bonk/Sachs, Dritter Teil S. 2675 ff.

79 Die Länder haben entweder sog. Vollgesetze erlassen, und damit im Wesentlichen die bundesrechtlichen Bestimmungen übernommen (z. B. Bayern und NRW) oder durch sog. Verweisungsgesetze auf das Bundesgesetz Bezug genommen (z. B. Niedersachsen). Zur der Entwicklung der VwVfGe und den Wechselbeziehungen zwischen dem Bundes- und dem Landesrecht siehe Maurer, § 5 RdNr. 10 ff.; Weidemann NVwVfG-Kommentar in Praxis der Kommunalverwaltung A 15 Nds., Einf. Ziff. 1 f.; § 1 Erl. 1.1 ff.

Grundsatz der Gesetzmäßigkeit

– Prüfungsschritte –
1. Erfasst wird nur die öffentlich-rechtliche Verwaltungstätigkeit einer Behörde (§ 1 I VwVfG)
2. Die Ausschlussklausel des § 2 VwVfG gliedert bestimmte Materien aus (z. B. Verfolgung von Ordnungswidrigkeiten).
3. Das Gesetz definiert im § 9 das Verwaltungsverfahren. Danach ist ein Verwaltungsverfahren im Sinne des VwVfG nur die nach außen wirkende behördliche Tätigkeit, die auf den Erlass einer eines Verwaltungsakts oder den Abschluss eines öffentlich-rechtlichen Vertrages gerichtet ist. Damit unterliegen die Verabschiedung von Satzungen, Rechtsverordnungen, Verwaltungsvorschriften nicht den Vorgaben des VwVfG. Ebenso verhält es sich mit dem sog. schlichten Verwaltungshandeln.
4. Das bundesrechtliche Spezialitätsprinzip einerseits und landesrechtliche Spezialvorschriften andererseits drängen das VwVfG weiter zurück.
5. Bestimmte Sachmaterien sind zudem nur eingeschränkt anwendbar (z. B. Prüfungsverfahren s. § 2 III Nr. 2 VwVfG).

In engen Grenzen enthält das VwVfG aber auch Regelungen für öffentlich-rechtliche Verwaltungstätigkeiten, die nicht als Verwaltungsverfahren im Sinne des § 9 einzustufen sind. Hierzu zählen beispielsweise die Vorschriften über die Amtshilfe (§§ 4 ff.) und die Europäische Zusammenarbeit (§§ 8a ff.). Eine Sonderrolle nimmt die frühe Bürgerbeteiligung (§ 25 III VwVfG) ein, da hier schon vor Einleitung des Verfahrens bestimmte Arbeitsschritte erwartet werden.

3.3 Ergänzung des Verwaltungsrechts durch bürgerliches Recht

45 Wenn für ein bestimmtes Problem eine Regelung im Verwaltungsrecht fehlt, kann in gewissem Umfange auf Regelungen des bürgerlichen Rechts zurückgegriffen werden. Methodisch gibt es für die Anwendung von Normen des bürgerlichen Rechts zwei Wege:

46 **1. Anwendung eines allgemeinen Rechtsgedankens**
Einige Bestimmungen des bürgerlichen Rechts sind Ausdruck allgemeiner, für das gesamte Recht geltender Grundsätze, die nur mehr oder weniger zufällig gerade im Zivilrecht ausdrücklich normiert sind. So wird z. B. § 133 BGB bei der Auslegung einer Willenserklärung auch im öffentlichen Recht, z. B. bei der Auslegung eines Schreibens der Behörde oder des Bürgers, angewendet. Der Grundsatz von Treu und Glauben (§§ 157, 242 BGB) wird ebenfalls im öffentlichen Recht, insb. im Verwaltungsrecht, unmittelbar angewendet; z. B. gilt das aus ihm entwickelte Rechtsinstitut der Verwirkung auch hier. Ferner gilt § 162 I BGB im öffentlichen Recht.[80]

47 **2. Analoge oder entsprechende Anwendung**
Eine Regelungslücke im Verwaltungsrecht kann durch Analogie zu öffentlich-rechtlichen Normen oder, wenn dies nicht möglich ist, dadurch geschlossen werden, dass Bestimmungen des bürgerlichen Rechts entsprechend angewendet werden. Bestimmungen des bürgerlichen Rechts können im Einzelfall analog

---

80 BVerwGE 68, 156 [159]; BVerwG NVwZ 1987, 793 [794]

Rangordnung der Rechtsquellen

angewendet werden, wenn eine Regelungslücke besteht, diese Lücke planwidrig ist und der Zweck der Norm sowie die Interessenlage es gebieten, den durch das öffentliche Recht nicht geregelten Fall genauso wie den durch eine Rechtsnorm des bürgerlichen Rechts erfassten Fall zu behandeln. Unter den genannten Voraussetzungen werden z. B. § 273 BGB (Zurückbehaltungsrecht), §§ 1922, 1967 BGB (Rechtsnachfolge), §§ 677 ff. BGB (Geschäftsführung ohne Auftrag), §§ 688 ff. BGB (Verwahrung)[81] analog angewendet. Bei der Anwendung dieser oder anderer Regelungen des privaten Rechts ist aber zu beachten, dass der Grundsatz vom Vorbehalt des Gesetzes es verbietet, neue Eingriffsermächtigungen durch Rechtsfortbildung zu schaffen.[82]

Die entsprechende Anwendung von Bestimmungen des bürgerlichen Rechts ist in den Fällen unproblematisch, in denen dies im Verwaltungsrecht ausdrücklich vorgesehen ist. Z. B. gelten nach § 31 I für die Berechnung von Fristen und die Bestimmung von Terminen §§ 187 bis 193 BGB entsprechend. Nach § 62 S. 2 sind auf öffentlich-rechtliche Verträge die Vorschriften des BGB entsprechend anzuwenden. **48**

3.4 Rangordnung der Rechtsquellen

Bei der Rechtsanwendung können sich aus unterschiedlichen Gründen heraus Probleme ergeben. So kann mitunter bei der Normenflut zweifelhaft sein, welche von mehreren konkret in Betracht kommenden Regelungen tatsächlich heranzuziehen ist. Auch ist nicht auszuschließen, dass in unterschiedlichen Rechtsquellen einander widersprechende Bestimmungen vorhanden sind. Es haben sich nun verschiedene (verbindliche) Grundsätze herausgebildet, um diese Konflikte zu lösen. **49**

So bestimmt der Anwendungsvorrang, dass grundsätzlich die rangniedrigste Vorschrift heranzuziehen ist, wenn die streitige Frage in Rechtsquellen unterschiedlicher Rangstufe (RdNr. 53) widerspruchsfrei geregelt ist.[83] **50**

> **Beispiele:**
> Das Kommunalverfassungsrecht bestimmt, dass Mitglieder der Vertretungskörperschaft gewählt werden. In Niedersachsen eröffnet § 7 NKWG (= Parlamentsgesetz) unter bestimmten Voraussetzungen die Einrichtung von Wahlbereichen. Bei der Abgrenzung von Wahlbereichen sind auch die örtlichen Verhältnisse zu beachten. Die maßgebliche Rechtsverordnung (§§ 3 ff. NKWO) enthält nun detaillierte Vorgaben für die Wahlbereichseinteilung. Die NKWO ist nun vorrangig vor den NKWG anzuwenden.[84]

---

81 Zur Geschäftsführung ohne Auftrag im öffentlichen Recht Habermehl, Jura 1987, 199, Maurer/Waldhoff, § 29 RdNr. 12 ff., zur öffentlich-rechtlichen Verwahrung Quaritsch, Schriftenreihe der Hochschule Speyer, Band 122, S. 169 ff.
82 Brühl, 58.
83 Vgl. Giemulla/Jaworsky/Müller-Uri, S. 20
84 Für die Einteilung von Wahlbezirken bei der Bundestagswahl siehe Art 38 GG, Bundwahlgesetz und §§ 12 BWO

Grundsatz der Gesetzmäßigkeit

51 Treffen dagegen Normen mit (inhaltlich) widersprechenden Regelungen aufeinander, so muss geklärt werden, welche Norm vorrangig ist (sog. Geltungsvorrang). Nachfolgende Kollisionsregelungen helfen, die Konflikte zu lösen:
- Bundesrecht bricht Landesrecht (Art. 31 GG). Dabei ist es unerheblich, um welche Art der Rechtsquelle es sich handelt. Damit geht beispielsweise eine Bundesrechtsverordnung einer abweichenden Bestimmung eines formellen Landesgesetzes oder gar einer Landesverfassung vor.
- Die ranghöhere Norm derselben juristischen Person des öffentlichen Rechts geht der rangniedrigeren Norm vor. Die widersprechende rangniedrigere Norm ist nichtig.
- Bei widersprechenden Normen gleicher Rangstufe verdrängt die später erlassene Norm die ältere Vorschrift.[85]
- Eine besondere Funktion kommt dem Spezialitätsgrundsatz zu. Die spezielle Regelung verdrängt das allgemeine Gesetz.

Beispiele:
a) Ein ehemaliger Polizist ist gewerbsmäßig als Grundstücksmakler tätig. Er beschäftigt in seinem Betrieb zwei Mitarbeiter. Es fehlt für diesen Betrieb aber die nach § 34c GewO erforderliche Erlaubnis. Um diesen ordnungswidrigen Zustand zu beseitigen, kann die zuständige Behörde nach § 15 II 1 GewO die Schließung der Einrichtung anordnen. Damit werden (mögliche) Eingriffsnormen des allgemeinen Ordnungsrechts verdrängt.

b) Die Überprüfung eines genehmigten Bewachungsgewerbes (§ 34a GewO) ergab, dass der Gewerbetreibende eine unzuverlässige Person mit der Durchführung von Bewachungsaufgaben beauftragt hat. Die zuständige Behörde kann die Beschäftigung dieser unzuverlässigen Person untersagen (§ 34a IV GewO).

51a Die Einordnung einer Rechtsquelle in das System der Rangordnung hat auch prozessuale Auswirkungen. So kann nach § 137 I Nr. 1 VwGO die Revision regelmäßig nur darauf gestützt werden, dass das angefochtene Urteil auf einer Verletzung von Bundesrecht beruht.[86] Dagegen ist ein sog. abstraktes Normenkontrollverfahren – neben bestimmten Satzungen (vgl. § 47 I 1 Nr. 1 VwGO) nur bei Rechtsvorschriften zulässig, die unter dem Rang eines Landesgesetzes stehen und wenn dies das Landesrecht vorsieht (§ 47 I 1 Nr. 2 VwGO[87]).
Eine gewisse Relativierung erfahren die vorstehenden Kollisionsregelungen durch Art. 72 III und Art. 80 IV GG. So berechtigt das Grundgesetz im Bereich der konkurrierenden Gesetzgebung die Länder, in ausgewählten Rechtsbereichen Regelungen zu erlassen, die vom Bundesrecht abweichen. Soweit durch Bundesgesetz oder aufgrund von Bundesgesetzen Landesregierungen ermächtigt werden, Rechtsverordnungen zu erlassen, sind die Länder auch zu einer Regelung auch durch Gesetz befugt.

---

[85] BVerwGE 85, 289 [292]; 111, 200 [210]
[86] Die Ausnahme bezieht sich auf den Bereich des VwVfG (vgl. § 17 I Nr. 2 VwGO)
[87] Beispiele für eine landesrechtliche Zulassung siehe nur § 75 NJG und § 4 AGVwGO Rheinland-Pfalz

Rangordnung der Rechtsquellen

Ändert der Gesetzgeber eine Rechtsverordnung durch ein Parlamentsgesetz, so erlangt die geänderte Rechtsverordnung keinen Gesetzesrang.[88]

Eine zunehmend gewichtigere Funktion kommt dem Recht der EU zu. Von besonderer Bedeutung ist die Frage, in welchem Verhältnis das Recht der europäischen Union zum nationalen Recht steht. Die Grundregel für das Rangverhältnis wurde bereits 1964 vom EuGH entwickelt. Danach genießt das Unionsrecht Anwendungsvorrang gegenüber dem nationalen Recht.[89] Das Gemeinschaftsrecht entfaltet damit gegenüber dem nationalen Recht rangunabhängig eine Sperrwirkung. Soweit deutsches Recht unvereinbar mit dem Gemeinschaftsrecht ist, kommt es im Einzelfall nicht zur Anwendung. Diese Kollision begründet aber keine Nichtigkeit des nationalen Rechts.[90]

52

53

Rangordnung der Rechtsquellen

Ebene	Rechtsquelle	Beispiel
EU	EU-Recht	
Bund*	Verfassung	Grundgesetz
	Bundesgesetz	StVG
	Rechtsverordnung	StVO
	Satzung¹	
Land*	Landesverfassung	
	Landesgesetz	NBauO
	Rechtsverordnung²	NLVO
	Satzung	Hauptsatzung

* Gewohnheitsrecht kann, mit Ausn. der Ebene der RVO auf allen Stufen entstehen.

¹ erfasst werden die Satzungen der bundesunmittelbaren juristischen Personen des öffentlichen Rechts; z.B. Satzung der Bundesagentur für Arbeit
² RVO, die von Landesorganen aufgrund bundesgesetzlicher Ermächtigung erlassen werden, sind nach h.M. dem Landesrecht zuzuordnen; vgl. BVerfGE 18, 407

---

88 Siehe hierzu nur BVerfGE 114, 196; 114, 303
89 EuGH NJW 1964, S. 2371 – Costa/E. N. E. L.
90 Vertiefung: EuGH DVBl 1992, 1017; NVwZ 1998, 45; das BVerfG hat sich – mit unterschiedlichem Argumentationshaushalt – im Grundsatz dem angenähert; Einzelheiten siehe Fastenrath/Groh, RdNr. 560 ff. m. N.; Polzin, Jus 2012, S. 1 ff.; ferner Oppermann, Europarecht, RdNr. 523 ff.; Maurer/Waldhof, § 4 RdNr. 78 ff.; Giemulla/Jaworsky/Müller-Uri, RdNr. 52 f.; Sproll, Allgemeines Verwaltungsrecht I, § 4 RdNr. 14 ff. und 42 ff.; Wienbracke, DVP 2013, S. 59 ff.

Grundsatz der Gesetzmäßigkeit

3.5 Normprüfungs- und Verwerfungskompetenz

53a Von der Frage, in welchem Rangverhältnis die Rechtsquellen stehen, ist die Frage zu unterscheiden, wem die Befugnis zukommt, die Vereinbarkeit einer Rechtsnorm mit höherrangigem Recht zu prüfen (sog. Prüfungskompetenz) und wem das Recht zusteht, bei festgestelltem Normwiderspruch, die Nichtigkeit verbindlich festzustellen (sog. Verwerfungskompetenz). Grundsätzlich obliegt es zunächst den Gerichten, die Vereinbarkeit der maßgeblichen Rechtsnorm mit höherrangigem Recht zu überprüfen. Soweit es sich aber um sog. nachkonstitutionelle formelle Gesetze handelt, ist es den Gerichten jedoch regelmäßig verwehrt, deren *generelle* Nichtigkeit festzustellen. Lediglich dem Verfassungsgericht wird insoweit eine Verwerfungskompetenz zugebilligt (vgl. auch Art. 100 GG; § 31 I BVerfGG). Das Verwerfungsmonopol des Verfassungsgerichts dient dabei dem Schutz des Parlamentsgesetzgebers.[91] So soll vermieden werden, dass Gerichte sich mit dem Hinweis auf die Nichtigkeit eines Gesetzes über den Willen des Parlaments hinwegsetzen. Strittig ist dagegen die Frage, in welchem Umfange Verwaltungsmitarbeitern bei der Anwendung von Rechtsvorschriften eine Prüfungs- und Verwerfungskompetenz zukommt. Hier geht es um das Spannungsverhältnis aus Art. 20 III GG (Grundsatz der Gesetzmäßigkeit) und der Autonomie der Normgeber (Stichwort: Gewaltenteilungsprinzip). Die wohl (noch) h. M. billigt der Verwaltung zwar eine Prüfungskompetenz zu, versagt es ihr aber, sich im Einzelfall über eine (vermeindlich) nichtige Rechtsnorm hinwegzusetzen. Damit haben Verwaltungen die Pflicht, Rechtsvorschriften zu beachten, solange und soweit sie nicht durch den Normgeber aufgehoben oder vom Gericht für nichtig erklärt worden sind.[92]

3.6 Verwaltungsvorschriften

3.6.1 Begriff, Zweck und Arten; Abgrenzung[93]

54 Verwaltungsvorschriften sind generell-abstrakte Regelungen der Regierungs- oder Verwaltungsbehörden, die an nachgeordnete Behörden oder Bedienstete gerichtet sind und sich auf die Organisation oder das Verfahren der öffentlichen Verwaltung oder das Verhalten der Bediensteten beziehen. Ihr Zweck ist es, den Bediensteten die Arbeit zu erleichtern und zu gewährleisten, dass die Verwaltung einheitlich handelt; insb. soll durch sie darauf hingewirkt werden, dass die Rechtsnormen richtig und einheitlich ausgelegt und gehandhabt werden.

55 VwV kommen in der Verwaltungspraxis eine erhebliche Bedeutung zu. Dies zeigt sich bereits an den vielfältigen Erscheinungsformen. So lassen sich VwV in unterschiedliche Kategorien einteilen:[94]

---

91 Maurer/Waldhoff, § 4 RdNr. 63
92 A. A. hinsichtlich eines fehlerhaften Bebauungsplanes OVG Lüneburg NVwZ 2000, S. 1061; grundlegend zum Komplex Verwerfungskompetenz siehe Maurer/Waldhoff, § 4 RdNr. 61 ff. m. N., § 4 RdNr. 60 ff. m. N.
93 Grundlegend zu VwV siehe auch Reimer, JURA 2014, S. 678 ff. und Voßkuhle/Kaufhold, JuS 2016, S. 314 ff.
94 in Anlehnung an Maurer/Waldhoff, § 24 RdNr. 7 ff.; Hoffmann/Gehrke, RdNr. 196 f.

Verwaltungsvorschriften

- So steuern norminterpretierend VwV insbesondere Anwendung und Auslegung von unbestimmten Rechtsbegriffen (Beispiel RdNr. 61).
- Eine besondere Funktion kommt sog. normkonkretisierenden VwV zu. Es handelt sich hier um VwV, die aufgrund besonderer gesetzlicher Ermächtigung unbestimmte Rechtsbegriffe bzw. sog. „offene Tatbestände" mit Beurteilungsspielraum für die Verwaltung ausfüllen. Sie kommen primär im Bereich des Umwelt- und Technikrechts vor.

Beispiel:
TA-Luft und TA- Lärm, die auf der Grundlage des § 48 BImSchG entwickelt wurden.

- Sofern in bestimmten Bereichen notwendige gesetzliche Regelungen fehlen, können gesetzesvertretende VwV diese Lücke schließen. Gerade im staatlichen aber auch im kommunalen Subventionsrecht spielt dieser Typus eine gewisse Rolle. Fehlt es an einer entsprechenden normativen Regelung, so kann die Vergabe bereitgestellter Haushaltsmittel mit Hilfe von Subventionsrichtlinien gesteuert werden.[95] Die Bedeutung der sog. gesetzesvertretenden VwV schwindet im Hinblick auf die zunehmende Rechtsetzung im Leistungsbereich.[96]
- Ermessenslenkende VwV legen fest, wie die Verwaltung die durch Gesetz eingeräumten Entscheidungsspielräume nutzen soll (z. B. Zufahrtrichtlinie zum BFernStrG; ferner VwV zu § 46 StVO). Die Grenzen zwischen Ermessensrichtlinie und gesetzvertretende VwV sind fließend.
- Organisations- und Dienstvorschriften (z. B. Geschäftsverteilungsplan, Allgemeine Dienstanweisung) treffen Regelungen für den inneren Dienstbetrieb.

Beispiel:
Verwaltungsvorschrift zur Haushaltssystematik des Landes Niedersachsen[97]
Die hohe Praxisrelevanz steht in gewisser Diskrepanz zur (geringen) verfassungstextlichen Absicherung dieses Steuerungsinstrumentes.[98] In ihrer tatsächlichen Bedeutung sind sie häufig kaum noch von RVO zu unterscheiden.

3.6.2 Abgrenzung von Rechtsquellen

Die Rechtsnatur von VwV ist umstritten.[99] Überwiegend wird aber angenommen, dass VwV von Rechtsquellen – insbesondere von RVO – zu unterscheiden sind. Rechtsquellen regeln die Beziehungen zwischen Rechtssubjekten, im öffentlichen Recht namentlich die Beziehungen zwischen Staat und Bürgern; sie haben – vom Staat aus gesehen – Außenwirkung („Außenrecht").

56

---

95 vgl. auch BVerwGE 58, 45
96 Vgl. nur BVerwGE 148; 116; Maurer/Waldhoff, § 24 Rdnr. 14
97 Abgedruckt Gesetzessammlung DVP Niedersachsen, Gliederungsziffer 82.006; in anderen Bundesländern ist eine vergleichbare Situation gegeben; siehe nur Lukas/Rheindorf, VS zum Haushaltsrecht Rheinland-Pfalz, Gliederungsziffer 20.002
98 vgl. Sauer DÖV 2005, 587
99 Siehe nur Übersicht bei Maurer/Waldorf § 24 RdNr. 2 ff.; 21 ff. Die Wechselbeziehung von VwV und dem Gesetzesvorbehalt greift das BVerwG in seiner Entscheidung vom 17.6.2005 zum Beihilferecht auf [BVerwGE 121, 103]; zur grundlegenden Bedeutung dieser Entscheidung siehe auch Saurer DÖV 2005, 587 ff. m. N.; zur gemeinschaftlichen Dimension von VwV siehe nur EuGH NVwZ 1991, 866 ff.

Grundsatz der Gesetzmäßigkeit

Dass Rechtsquellen nicht nur das Außenverhältnis, sondern auch das Innenverhältnis innerhalb eines Rechtssubjekts (z. B. die Willensbildung einer juristischen Person), also umfassend alle möglichen Rechtsbeziehungen regeln können, bleibt hier außer Betracht (siehe z. B. Kommunalverfassungsrecht). Verwaltungsvorschriften regeln dagegen die Beziehungen innerhalb eines Rechtssubjekts, also z. B. der Bundesrepublik oder einer anderen Körperschaft des öffentlichen Rechts. Aus ihnen ergibt sich regelmäßig kein die Beziehungen zwischen Staat und Bürgern unmittelbar regelndes Recht; sie haben nur interne Wirkung („Innenrecht"). [100] Verwaltungsvorschriften sind mithin keine Rechtsquellen. Dass sie gleichwohl vielfach tatsächlich auch das Verhältnis des Staates zum Bürger betreffen und unter bestimmten Voraussetzungen rechtliche Wirkung im Außenverhältnis haben können, ändert an dieser grundlegenden Einordnung nichts.

57 Die grundlegende Unterscheidung zwischen Verwaltungsvorschriften und Rechtsquellen lässt sich wie folgt veranschaulichen:

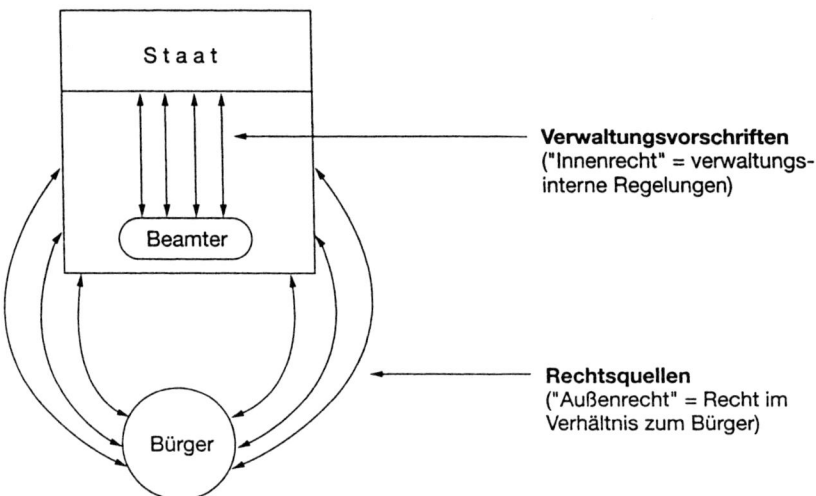

58 Bei der Frage, ob es einer ausdrücklichen gesetzlichen Ermächtigung bedarf, um VwV zu erlassen, ist eine differenzierte Betrachtung geboten. Abzustellen ist darauf, wer Adressat der VwV ist. So können sich VwV an die Mitarbeiter einer Behörde (z. B. einer Kreisverwaltung bzw. nachgeordnete Behörden) oder aber an Mitarbeiter weiterer Behörden (z. B. Straßenbauämter in verschiedenen Bundesländern) richten. Im ersten Fall handelt es sich um sog. einfache VwV; im anderen Fall liegen sog. übergreifende VwV vor. [101]

---

100 Diese grundlegende Feststellung schließt es nicht aus, das in ganz engen Grenzen Verwaltungsvorschriften unmittelbare Außenwirkung gegenüber Dritten entfalten können; vgl. BVerwG DÖV 2005, 605 ff. [Fall aus dem Sozialrecht]

101 Zur Abgrenzung siehe auch Maurer/Waldhoff, § 24 Rdnr. 23 ff.

Verwaltungsvorschriften

Als ausschließlich verwaltungsintern verbindliche Regelungen bedürfen einfache Verwaltungsvorschriften keiner gesetzlichen Ermächtigungsgrundlage. Das Recht der Regierungs- und Verwaltungsbehörden, Verwaltungsvorschriften zu erlassen, beruht auf der Befugnis zur Leitung eines Geschäftsbereichs.[102] Verwaltungsvorschriften brauchen regelmäßig auch nicht in einem Gesetz- und Verordnungsblatt verkündet zu werden. Ausdrücklich hat das BVerwG festgestellt, dass eine Veröffentlichung einer VwV keine Wirksamkeitsvoraussetzung ist.[103] Solche Verwaltungsvorschriften, die auch Wirkungen für den Bürger haben (vgl. sogleich Tz. 3. 6.3), sollen aber in einem anderen, der Öffentlichkeit allgemein zugänglichen Bekanntmachungsorgan, z. B. einem Ministerialblatt, veröffentlicht werden.[104]

58a

Dagegen benötigen sog. übergreifende VwV eine rechtliche Ermächtigung. Derartige Ermächtigungen sind in einzelnen Gesetzen ausdrücklich aufgenommen worden (siehe z. B. § 48 BImSchG). Im Hinblick auf den Vollzug von Bundesgesetzen durch Landesbehörden enthält das Grundgesetz für die Bundesregierung[105] eine Ermächtigung, VwV zu erlassen (siehe Art. 84 II und 85 II 1). Auch diese übergreifenden VwV entfalten nur Innenwirkungen. Durch die Ermächtigung wird für die berechtigten Behörden lediglich die verwaltungsinterne Weisungskompetenz gegenüber weiteren Exekutivorganen geschaffen.[106]

58b

Die Mitarbeiter der Verwaltung sind verpflichtet, die vorhandenen VwV zu beachten. Für Beamte erfolgt diese Verpflichtung aus den entsprechenden beamtenrechtlichen Regelungen. Hiernach hat der Beamte die Pflicht, die von den Vorgesetzten erlassenen Anordnungen auszuführen und die vorhandenen allgemeinen Richtlinien zu befolgen. Mithilfe der arbeitsrechtlichen Direktionsbefugnis kann der Arbeitgeber die Beschäftigten verpflichten, vorhandene VwV zu beachten.

58c

VwV als Innenrecht können keine Ermächtigungsgrundlage für belastende VA sein.[107]

59

Auch begründet ein Verstoß gegen eine VwV regelmäßig keine Rechtswidrigkeit eines Verwaltungsakts.

59a

3.6.3 Bedeutung der Verwaltungsvorschriften im Außenverhältnis; Selbstbindung der Verwaltung

Zahlreiche Verwaltungsvorschriften wenden sich ihrem Inhalt nach nicht nur an Bedienstete (wie z. B. eine allgemeine Dienstanweisung), sondern betreffen tatsächlich auch das Verhältnis der Verwaltung zum Bürger. Insb. sind hier die gesetzesauslegenden Verwaltungsvorschriften, Ermessensrichtlinien und Subventionsrichtlinien zu nennen.

60

---

102 BVerwG DÖV 1957, 863; BVerwGE 67, 222 [229]
103 BVerwGE 104, 220 [224]
104 Zu einem mögl. Auskunftsanspruch vgl. BVerwGE 61, 15 und 40
105 Siehe auch BVerfGE 100, 249 [259]
106 Vgl. auch Möstl in Ehlers/Pünder, Allg. VR, § 20 Rdnr. 18
107 BVerwGE 58, 281 [285]

Grundsatz der Gesetzmäßigkeit

Verwaltungsvorschrift – Bindungswirkung (Übersicht)

	Organisations- und Dienstvorschriften	Ermessenslenkende VwV	Norminterpretierende VwV	Normkonkretisierende VwV
Inhalt	Organisation und verwaltungsinterne Abläufe	Vorgaben zur einheitlichen Ausübung von Ermessensspielräumen	Auffassung der Verwaltung zur Auslegung unbestimmter Rechtsbegriffe	Ausfüllen unbestimmter Rechtsbegriffe bzw. offener Tatbestand aufgrund besonderer gesetzlicher Ermächtigung
Wirkung	Keine Außenwirkung	Mittelbare Außenwirkung	Keine Außenwirkung	Unter bestimmten Voraussetzungen unmittelbare Außenwirkung
Vertiefung	RdNr. 55, 60	RdNr. 63 ff.	RdNr. 61	RdNr. 62

61 Gesetzesauslegende Verwaltungsvorschriften interpretieren unbestimmte Rechtsbegriffe, enthalten also Richtlinien zur Auslegung eines Tatbestandsmerkmals. Solche Verwaltungsvorschriften wirken sich zwar auf das Verhältnis zum Bürger aus, haben aber rechtlich für das Außenverhältnis gleichwohl keine Bedeutung, weil maßgebend allein das Gesetz ist. Entsteht Streit über die richtige Auslegung, muss das Verwaltungsgericht entscheiden. Gesetzesauslegende Verwaltungsvorschriften haben deshalb nur verwaltungsinterne Wirkung mit der Folge, dass es auf die Rechtmäßigkeit oder Rechtswidrigkeit eines Verwaltungsaktes, der in Anwendung der Verwaltungsvorschrift erlassen wurde, keinen Einfluss hat, ob die Verwaltungsvorschrift beachtet wurde oder nicht.

Beispiel:
Nach § 4a I TierSchG darf ein warmblütiges Tier nur geschlachtet werden, wenn es vor Beginn des Blutentzugs betäubt worden ist. Von diesem Grundsatz formuliert Abs. 2 Ausnahmen. Nach § 4a II Nr. 2 TierSchG darf die zuständige Behörde für ein Schlachten ohne Betäubung (Schächten) eine Ausnahmegenehmigung erteilen, wenn es erforderlich ist, den Bedürfnissen von Angehörigen bestimmter Religionsgemeinschaften im Geltungsbereich dieses Gesetzes zu entsprechen, wenn zwingende Vorschriften ihrer Religionsgemeinschaft das Schächten vorschreiben oder den Genuss von Fleisch nicht geschächteter Tiere untersagen. Nr. 2 der VwV des Landes Niedersachen[108] bestimmt nun, dass als berechtigter Antragsteller nach § 4 II Nr. 2 TierSchG nur Religionsgemeinschaften (Gruppe von Menschen, die eine gemeinsame Glaubensüberzeugung haben) und Personen, die selbst Angehörige dieser Religionsgemeinschaft, infrage kommen. Dagegen haben Schafhalterinnen und Schafhalter, die z. B. für ihre Kundinnen und Kunden Schafe schächten möchten, jedoch nicht selbst Angehörige einer entsprechenden Religionsgemeinschaft sind, keinen Anspruch auf Erteilung einer Ausnahmegenehmigung nach § 4a II Nr. 2 TierSchG.

---

[108] Vom 18.11.2010 Nds. MBl. S. 1178; es handelt sich um eine VwV, die detailliert die Anforderungen an die Erteilung einer Ausnahmegenehmigung gemäß § 4a II Nr. 2 TierSchG an Angehörige des islamischen Glaubens regelt

Verwaltungsvorschriften

Aus gesetzesauslegenden Verwaltungsvorschriften kann sich nach der Rechtsprechung des BVerwG[109] keine anspruchsbegründende Selbstbindung der Verwaltung ergeben.

In welchem Maße den normkonkretisierenden VwV eine eingeschränkte unmittelbare Außenwirkung zukommt, wurde in der Vergangenheit kontrovers in der Fachwelt diskutiert. Wenig strittig war aber, dass diesen VwV eine herausgehobene Bedeutung zukommt. Im Rahmen des technischen Sicherheitsrechts hat das BVerwG zunächst mit der Rechtsfigur des sog. „antizipierten Sachverständigengutachtens" gearbeitet.[110] Nunmehr neigt die Rechtsprechung[111] dazu, unter bestimmten Voraussetzungen davon auszugehen, dass diesen VwV eine unmittelbare Außenwirkung zukommt. So beschränkt das Gericht den Anwendungsbereich auf das Umwelt- und Technikrecht. Zudem muss die normkonkretisierende VwV höherrangige Gebote und Wertungen beachten. Zudem muss diese VwV in besonderen Verfahren unter Mitwirkung von sachverständigen Kreisen ergehen. Auch darf sie den Erkenntnisfortschritt in Wissenschaft und Technik nicht außer Acht lassen.[112]

62

Bisher hat das Gericht es offengelassen, ob hinsichtlich der Verbindlichkeit ein Unterschied zwischen einer normkonkretisierenden VwV und einer VwV als antizipiertem Sachverständigengutachten besteht. Im Ergebnis dürfte kein großer Unterschied bestehen. Das Gericht sieht regelmäßig nur bei einem besonders gelagerten Ausnahmefall die Notwendigkeit zur Abweichung.[113]

Anders ist es dort, wo die Behörde einen Ermessensspielraum hat und sich eigene Richtlinien für die Ausübung ihres Ermessens gegeben hat. Durch die Selbstbindung der Verwaltung wird praktisch die Außenwirkung begründet. Die Selbstbindung entsteht durch (1) die ständige Verwaltungspraxis und (2) den Gleichheitsgrundsatz (Art. 3 I GG). Die VwV sind dann Ausdruck der gleichmäßigen Verwaltungspraxis, die es verbietet, ohne sachlichen Grund[114] von ihnen abzuweichen.[115]

63

Beispiel:
Die Stadt H will die Solarenergie fördern und verabschiedet eine Förderrichtlinie [keine Satzung]. Die Förderung beträgt maximal 5.000 € pro Antragsteller, sofern entsprechende Haushaltsmittel zur Verfügung stehen. In diesem Jahr wurden sieben Förderungsanträge gestellt. Es stehen ausreichende Fördermittel zur Verfügung. Die Stadt bewilligt sechs Anlagen und versagt dem letzten Antragsteller die Bewilligung mit dem Hinweis auf den Freiwilligkeitscharakter der Leistung und dem laufenden Streitverfahren über die Kanalausbaubeiträge. Diese Entscheidung ist fehlerhaft, da sie dem Gleichheitsgrundsatz widerspricht.

---

109 BVerwGE 34, 278
110 BVerwGE 55, 250
111 Siehe BVerwGE 107, 338
112 Siehe auch Wienbracke, Allgemeines Verwaltungsrecht, RdNr. 238 ff. m. N.; zur Verbindlichkeit entsprechender VwV siehe auch Maurer/Waldhoff, § 24 RdNr. 33
113 Sproll, Allgemeines Verwaltungsrecht I, § 5 RdNr. 58 f. m. N.
114 Eingehend zur Zulässigkeit eines Abweichens mit sachlichem Grund siehe BVerwGE 126, 33
115 Eine ähnliche Situation ist bei den sog. gesetzesvertretenden VwV gegeben

Grundsatz der Gesetzmäßigkeit

Dem Bürger ist es jedoch verwehrt, sich mit Erfolg auf eine Verletzung der VwV zu berufen. Er kann aber geltend machen, dass die Abweichung von der ansonsten angewandten VwV zu einem Verstoß gegen den Gleichheitsgrundsatz führt. Damit führt nicht die VwV, sondern deren Anwendung zur Außenwirkung.

64 Eine den Verwaltungsvorschriften entsprechende Verwaltungsübung braucht aber nicht unbedingt vorzuliegen. Eine Selbstbindung der Verwaltung wird nämlich bereits in dem Erlass einer Verwaltungsvorschrift gesehen mit der Folge, dass bereits im ersten Anwendungsfall nach der Verwaltungsvorschrift zu verfahren ist.

Beispiel:
Der Rat einer Stadt beschließt, bis zu 10.000 € Baukostenzuschuss im Einzelfall an Bauherrn zu zahlen, die alte Bausubstanz sanieren. Ziel ist es, ortsbildprägende Gebäude zu erhalten. Zugleich werden entsprechende Richtlinien für die Verwaltung verabschiedet und im Haushaltsplan Mittel bereitgestellt. Der erste Antragsteller, der die Voraussetzungen für einen Baukostenzuschuss erfüllt, hat aus Art. 3 GG i. V. mit der Verwaltungsvorschrift Anspruch darauf, dass er ihm gewährt wird.

65 Wenn auch die Verwaltungsvorschriften allein keinen Rechtsnormcharakter haben, so sind sie doch wegen ihrer verwaltungsinternen Bindungswirkung sozusagen vorweggenommene Verwaltungsübung und unterstehen als solche dem Gleichheitssatz. Dieser verbietet es, von der vorweggenommenen Verwaltungspraxis – also hier von der Verwaltungsvorschrift – wegen der Gleichbehandlung aller abzuweichen. Es tritt daher eine Selbstbindung der Verwaltung nicht nur durch gleichmäßige Anwendung einer Verwaltungsvorschrift (= Verwaltungsübung), sondern – über Art. 3 GG – durch die Verwaltungsvorschrift selbst ein. Dadurch entsteht eine ähnliche Bindungswirkung wie bei Rechtsnormen. Die Selbstbindung des Ermessens durch Verwaltungsvorschriften geht jedoch nicht so weit, dass sie jegliche Ermessensausübung beseitigt, denn Verwaltungsvorschriften sind nicht stets verbindlich; von ihnen kann, sofern die besonderen Umstände des Einzelfalls dies rechtfertigen, abgewichen werden, ohne dass sie zuvor entsprechend geändert werden müssten. Weicht die tatsächliche Verwaltungspraxis dagegen von der vorhandenen VwV ab, so ist die geübte Verwaltungspraxis maßgeblich.[116]
Auch hat der Bürger keinen Anspruch auf Gleichbehandlung, wenn eine Verwaltungsentscheidung aufgrund einer rechtswidrigen Verwaltungspraxis getroffen wurde oder aber die vorhandene VwV im Widerspruch zur Rechtsordnung steht. Es gibt keinen Anspruch auf Fehlerwiederholung („keine Gleichheit im Unrecht").[117]

---

116 BVerwG NJW 1979, 280; zur möglichen Änderung einer VwV siehe BVerwGE 70, 127[136]; 104, 220 [223 ff.]; 145, 145

117 Vgl. auch BVerwGE 86, 55 [59]

Das Verwaltungsrechtsverhältnis

66

	Rechtsverordnung	Verwaltungsvorschrift
Wirkung	Außenwirkung	Innenwirkung
Ermächtigung	spezialgesetzliche Ermächtigung erforderlich	Geschäftsleitungsbefugnis
Form	Formvorschriften	formlos
Verfahren	(regelmäßig) keine besonderen Vorgaben	(regelmäßig) keine besonderen Vorgaben
Veröffentlichung	Wirksamkeitsvoraussetzung	(regelmäßig) nicht erforderlich
Adressat	Bürger; ggfs. Verwaltung	Verwaltungsmitarbeiter
Abweichung	grundsätzlich nein	atypische Fälle ja

Beachte: **66a**
Im Gegensatz zu Rechtsverordnungen, die delegiertes Außenrecht darstellen, handelt es sich bei übergreifenden VwV um administratives Innenrecht.[118]

3.7 Das Verwaltungsrechtsverhältnis

3.7.1 Begriff und Bedeutung

Ein Verwaltungsrechtsverhältnis entsteht, wenn sich aus einem konkreten Sachverhalt aufgrund einer Rechtsnorm des Verwaltungsrechts rechtliche Bindungen zwischen (mindestens) zwei Rechtssubjekten ergeben.[119] Verwaltungsrechtsverhältnisse können insbesondere durch Verwaltungsakt, verwaltungsrechtlichen Vertrag (siehe Tz. 4.11) und schlichtem Verwaltungshandeln entstehen. **67**
Praktische Bedeutung erlangt das Verwaltungsrechtsverhältnis beim verwaltungsgerichtlichen Verfahren. So geht es bei einer Feststellungsklage (§ 43 VwGO) um das Bestehen oder Nichtbestehen eines (Verwaltungs-) Rechtsverhältnisses. Auch können die Rechtsbeziehungen zwischen der öffentlichen Hand einerseits und dem Bürger andererseits von unterschiedlicher Qualität sein. Die Rechtsfigur des Verwaltungsrechtsverhältnisses erleichtert hier die Differenzierung (RdNr. 98 f.). Ferner ist das Verwaltungsrechtsverhältnis eng mit dem subjektiven öffentlichen Recht verbunden. Es ist in gewissem Maße Folge aber auch Voraussetzung subjektiver Rechte.

---

118 Zutreffend Maurer/Waldhoff, § 24 Rdnr. 24
119 Vgl. Brühl, S. 35 ff.; eingehend zum Verwaltungsrechtsverhältnis Maurer/Waldhoff, § 8 RdNr. 18 ff.; Hofmann/Gehrke, RdNr. 254 ff.

Grundsatz der Gesetzmäßigkeit

3.7.2 Arten

68 Es wird zwischen dem allgemeinen und dem besonderen Verwaltungsrechtsverhältnis[120] unterschieden. Das allgemeine Verwaltungsrechtsverhältnis erfasst die sogenannte normale Bürger-Staat-Beziehung.

Beispiele:
a) Die Behörde fordert den Eigentümer, gestützt auf § 79 I NBauO auf, eine baufällige Garage zu beseitigen.
b) Die Gemeinde schließt mit einem Bauherrn einen sog. Stellplatzablösevertrag.
c) Das Sozialamt fordert den Antragsteller auf, seine Vermögensverhältnisse offen zu legen.
d) Das Finanzamt fordert die Begleichung der KFZ-Steuer.

Viele Personen stehen zum Staat darüber hinaus in einer deutlich engeren Beziehung. Zu nennen sind hier beispielsweise Beamte, Soldaten, Schüler und Strafgefangene. Die hier begründeten besonderen Verwaltungsrechtsverhältnisse dienen der Erreichung bestimmter Zwecke. Sie zeichnen sich durch gesteigerte Rechte und Pflichten aus. Das BVerfG[121] hat frühzeitig klargestellt, dass es sich beim besonderen Verwaltungsrechtsverhältnis nicht um einen rechtsfreien Raum handelt.

69

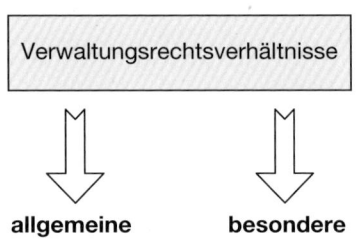

69a Die zeitliche Wirkung konkreter Verwaltungsrechtsverhältnisse kann unterschiedlich sein. Es wird daher zwischen
– ad-hoc Verwaltungsrechtsverhältnissen und
  (Beispiele: Überprüfung einer Gastwirtschaft; Anordnung der Ordnungsbehörde, einen Baum, der umzustürzen droht, abzustützen; Verlangen, eine bestimmte Auskunft zu erhalten)
– Dauerverwaltungsrechtsverhältnissen
  (Beispiele: Beamtenverhältnis; BImSch-Genehmigung, die mit bestimmten Informationspflichten verbunden ist; Subventionsverhältnis)
unterschieden.

3.7.3 Das subjektive öffentliche Recht

70 Die Verwaltung wird im öffentlichen Interesse tätig. Die vorhandenen Gesetze steuern dabei das Verwaltungshandeln. Die vorhandenen Normen dienen aber nicht immer ausschließlich allein dem Allgemeininteresse. Jedoch begründen

---
120 So auch Brühl, 34
121 BVerfGE 33, 1; eingehend zur Entwicklung siehe auch Maurer/Waldhoff, § 8 Rdnr. 28 ff.

Das Verwaltungsrechtsverhältnis

nicht alle öffentlich-rechtlichen Vorschriften zugleich einen Rechtsanspruch des Bürgers gegenüber der Verwaltung auf ein bestimmtes Verhalten. Dies kann der Bürger nur verlangen, wenn er ein subjektiv öffentliches Recht hat. Eine derartige Rechtsposition liegt vor, wenn ein einzelner Bürger kraft öffentlichem Recht verliehener Rechtsmacht vom Staat zur Verfolgung eigener Interessen ein bestimmtes Verhalten (Tun, Dulden oder Unterlassen) verlangen kann.[122]

Häufig lässt sich aus der ausdrücklichen Formulierung der Vorschrift entnehmen, ob der Gesetzgeber dem Bürger ein subjektiv-öffentliches Recht einräumen wollte. Fehlt es an einer klaren Gesetzessprache, so ist durch Auslegung zu ermitteln, ob es sich um eine entsprechende Norm handelt. Dabei sind die folgenden Fragen zu prüfen:

Schutznormtheorie

+ 1. Begründet die Rechtsnorm eine Verhaltenspflicht der Behörde?
   2. Bezweckt die Rechtsnorm (zumindest auch) den Schutz der Interessen einzelner Bürger oder eines abgegrenzten Personenkreises?

= subjektives öffentliches Recht

Beispiele:
a) So besteht nach § 1 BAföG ein Rechtsanspruch auf individuelle Ausbildungsförderung für eine der Neigung, Eignung und Leistung entsprechende Ausbildung nach Maßgabe dieses Gesetzes, wenn dem Auszubildenden die für den Lebensunterhalt und seine Ausbildung erforderlichen Mittel anderweitig nicht zur Verfügung stehen.
b) Der Haushaltsplan ist für die Gemeinde Grundlage der Haushaltswirtschaft. Nach § 113 III NKomVG werden durch diesen Plan aber weder Ansprüche noch Verbindlichkeiten Dritter begründet.
c) Nach § 110 I BBG hat der Beamte auch nach Beendigung des Beamtenverhältnisses ein Recht auf Einsicht in die vollständige Personalakte.
d) § 34a I 3 GewO (im Umkehrschluss) ist Anspruchsgrundlage für eine mögliche Erlaubnis für ein Bewachungsgewerbe.
e) Liegen die Voraussetzungen des § 70 I 1 NBauO vor, so hat der Antragsteller einen Anspruch auf Erteilung der begehrten Baugenehmigung.
f) Nach § 1 III BauGB ist die Gemeinde unter bestimmten Voraussetzungen zur Aufstellung von Bauleitplänen (§ 1 II BauGB) verpflichtet. Das Planerfordernis gilt nur gegenüber der Allgemeinheit und nicht gegenüber einem Einzelnen. Der Norm ist kein subjektiv-öffentliches Recht zu entnehmen.

---

[122] Maurer/Waldhoff, § 8 RdNr. 2; Vertiefung Voßkuhle/Kaiser, JuS 2009, S. 16 ff. m. N.

Grundsatz der Gesetzmäßigkeit

Subjektive öffentliche Rechte können sich auch unmittelbar aus den Grundrechten ergeben.

70a Auch kann ein Rechtssatz, der die Behörde verpflichtet, bei erfülltem Tatbestand, Ermessen auszuüben, ein subjektiv-öffentliches Recht begründen (z. B. § 46 I StVO; § 8 FStrG; § 14 I NFeiertagsG). Da das gesetzlich eingeräumte Ermessen (Rdnr. 256 ff.) der Behörde regelmäßig die Wahl zwischen Entscheidungsalternativen eröffnet, hat der Bürger grundsätzlich nur
– einen Anspruch auf ermessensfehlerfreie Entscheidung.
Dieser Anspruch kann sich auf eine bestimmte Entscheidung verdichten, wenn
– eine Ermessensreduktion oder aber ein Fall von intendiertem Ermessen vorliegt.
Ein allgemeiner Anspruch auf eine ermessensfehlerfreie Entscheidung besteht dagegen nicht.[123]

71 Subjektive öffentliche Rechte haben erhebliche Bedeutung. Sie prägen entscheidend das Verhältnis zwischen dem Staat und seinen Bürgern. So hat das BVerwG zu Recht die Subjektstellung des Bürgers als Leitidee des Grundgesetzes bezeichnet. Damit wird dem Bürger die Möglichkeit eingeräumt, „selbstständig gegenüber dem Staat aufzutreten und die Beachtung der ihn betreffenden Gesetze zu verlangen. Ohne eigene Rechte wäre der Einzelne dagegen bloß Untertan und Objekt staatlichen Handels. Die Gewährleistung subjektiver Rechte ist eine Grundbedingung eines freiheitlichen, demokratischen, sozialen und rechtsstaatlich orientierten Staatswesens."
In der gerichtlichen Durchsetzung subjektiver öffentlicher Rechte liegt die entscheidende Bedeutung. So garantiert Art. 19 IV GG nur demjenigen den Rechtsweg, der durch die öffentliche Gewalt in seinen Rechten verletzt wird. Die Geltendmachung subjektiver öffentlicher Rechte ist zudem Zulässigkeitsvoraussetzung bestimmter Rechtsbehelfe (RdNr. 462 ff.). Die erfolgreiche Anfechtungsklage fordert zudem neben der Rechtswidrigkeit der angefochtenen Verwaltungsentscheidung, dass der Kläger dadurch in seinen Rechten verletzt ist (§ 113 I 1 VwGO).

3.8 Informationsrechte der Bürger

71a Die Frage nach der Transparenz des Verwaltungshandelns berührt die Grundpfeiler der Demokratie. Der mündige Bürger benötigt Informationen, um sich in (verwaltungs-) politische Entscheidungsprozesse einbringen oder aber die eigene Rechtsposition einschätzen zu können. Grundsätzlich bedarf der Informationsanspruch einer gesetzlichen Grundlage.[124] Fehlt es an einer gesetzlichen Regelung zum Informationszugang, steht die Informationsgewährung im Ermessen der Behörde. Der Einzelne wird regelmäßig einen Anspruch auf fehlerfreie Ermessensentscheidung haben, wenn er ein berechtigtes Interesse nachweisen kann.[125]

---

123 Maurer/Waldhoff, § 8 Rdnr. 15
124 Vgl. Maurer/Waldhoff, § 19 RdNr. 30; nur ausnahmsweise kann ein entsprechender Anspruch unmittelbar aus der Verfassung abgeleitet werden, so BVerwGE 118, 270 im Hinblick auf Art. 12 I GG
125 Ehlers in: Ehlers/Pünder (Hrsg.), § 1 Rdnr. 79 m. N.

Informationsrechte der Bürger

Traditionell gab es in Deutschland eher einen begrenzten Informations- und Akteneinsichtsanspruch gegenüber öffentlichen Stellen. Sichtbarer Ausdruck dieses Ansatzes ist § 29, der u. a. ein konkretes Verwaltungsverfahren voraussetzt. Vorgaben der EU einerseits[126] und ein Wandel der politischen Einstellungen andererseits haben beim Zugang zu Informationen des öffentlichen Sektors einen Paradigmenwechsel eingeleitet.[127] An die Stelle des Modells der begrenzten Aktenöffentlichkeit ist ein allgemeiner Informationsanspruch getreten.

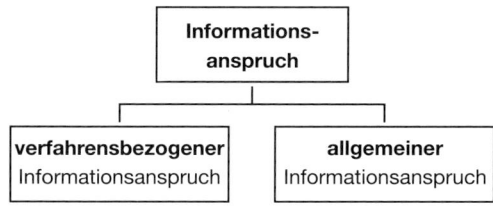

71b Im Zentrum des verfahrensbezogenen Informationsanspruches steht § 29. Hiernach hat der Beteiligte das Recht auf Einsicht in die das Verfahren beteiligten Akten, soweit deren Kenntnis zur Geltendmachung oder Verteidigung seiner rechtlichen Interessen erforderlich ist (§ 29 I 1). Erforderlich ist regelmäßig ein laufendes Verwaltungsverfahren.[128] Begrenzt wird dieser Anspruch durch § 29 II. So ist die Behörde nicht zur Gewährung von Akteneinsicht verpflichtet, wenn die Gewährung die ordnungsgemäße Erfüllung der Verwaltungsaufgaben beeinträchtigt oder aber bestimmte Geheimhaltungsinteressen entgegenstehen. An welchem Ort die Akteneinsicht erfolgt, regelt § 29 III.
Daneben sind besonders geregelte Einsichtsrechte zu beachten. So begründen die Beamtengesetze einen Anspruch auf Akteneinsicht (z. B. § 110, BBG; § 91 NBG). Das Datenschutzrecht enthält für Betroffene ebenfalls einen eigenen Auskunftsanspruch (vgl. Art. 15 DSGV; § 51 NDSG).

71c Mit dem Umweltinformationsgesetz, den Informationsfreiheitsgesetz(en) und dem Verbraucherinformationsgesetz sind Rechtsgrundlagen geschaffen worden, die den Rechtsanspruch des Bürgers auf Informationen von der individuellen Betroffenheit gelöst haben.[129] Erforderlich ist aber, dass der jeweilige Anwendungsbereich der Informationsgesetze betroffen ist.

Beispiel:
Ein eingetragener Tierschutzverein verlangte von der zuständigen Behörde Informationen über die Ahndung zu Verstößen gegen tierschutzrechtliche Bestimmungen bei Transporten von Puten zu einer Geflügelschlachterei. Der Antrag wurde abgelehnt mit der Begründung, dass weder das Verbraucherin-

---

126 Siehe Richtlinie vom 7.6.1990 über den freien Zugang zu Informationen über die Umwelt (90/313/EG)
127 So zutreffend Schoch, JURA 2012, S. 203 ff.
128 Siehe insoweit auch BVerwGE 67, 300 [303 f.]
129 Eingehend zu den unterschiedlichen Informationsansprüchen siehe nur Somerus/Tolkmitt, DÖV 2007, S. 985 ff.; Schoch, Jura 2012, S. 203 ff.; Ehlers/Vorbeck, Jura 2013, S. 1124 ff. und 2014, S. 34 ff.

Grundsatz der Gesetzmäßigkeit

formationsgesetz noch das Umweltinformationsgesetz tierschutzrechtliche Belange erfasst.[130]

71d Zweck des Umweltinformationsgesetzes (UIG[131]) ist es, den rechtlichen Rahmen für den freien Zugang zu Umweltinformationen bei informationspflichtigen Stellen sowie für die Verbreitung dieser Umweltinformationen zu schaffen (§ 1 UIG). Nach § 3 I UIG hat jeder einen Anspruch auf Zugang zu Informationen, über die eine informationspflichtige Stelle verfügt. Wer zu diesen informationspflichtigen Stellen gehört, bestimmt § 2 I UIG. Nicht erforderlich ist, dass der informationsbegehrende Bürger ein besonderes rechtliches oder sonstiges Interesse geltend macht. Die Behörde muss regelmäßig dem Wunsch des Antragstellers über die Art des Zuganges entsprechen (§ 3 II UIG). Grenzen des Informationsanspruchs ergeben sich aus § 8 (Schutz öffentlicher Belange) und § 9 UIG (Schutz sonstiger Belange). Zu Umweltinformationen zählen z. B. Informationen über Strahlungen, Lärm, über den Zustand von Luft, Wasser, Böden aber auch Maßnahmen, die sich auf die Umwelt auswirken können.

71e Weiter reichen die Informationsansprüche des Einzelnen nach den Informationsfreiheitsgesetzen des Bundes (IFG[132]) und einzelner Bundesländer. Nach § 1 IFG hat jedermann gegenüber den Bundesbehörden einen Anspruch auf Zugang zu amtlichen Informationen. Dieser Anspruch ist, anders als beim UIG, thematisch nicht begrenzt. Die Behörde kann zu diesem Zweck Auskunft erteilen, Akteneinsicht gewähren oder Informationen in sonstiger Weise zur Verfügung stellen (§ 1 II 1 IFG). Informationen im Sinne dieses Gesetzes sind amtliche Informationen; d. h. jede, amtlichen Zwecken dienende Aufzeichnung, unabhängig von der Art der Speicherung. Vom Informationsbegriff nicht erfasst werden dagegen Entwürfe und Notizen, die nicht Bestandteil eines Vorgangs werden sollen (§ 2 Nr. 1 IFG). Begrenzt wird der Informationsanspruch durch die §§ 3 bis 6 IFG. Zu beachten ist aber, dass es sich hier um Ausnahmen handelt und die Informationsgewährung der gesetzliche Regelfall ist. Gegenüber Landesbehörden besteht ein entsprechender Informationsanspruch nur, wenn und soweit ihn der Landesgesetzgeber eröffnet hat.[133]

Beispiel:
Auf der Basis des IFG gab es für das Bundeskanzleramt die Verpflichtung, dem Antragsteller Zugang zu der Gästeliste für eine im Kanzleramt ausgerichteten Feier zu verschaffen.[134]

---

130 BVerwG GewArch 2020, S. 271 ff.
131 Umweltinformationsgesetz in der Fassung der Bekanntmachung vom 27. Oktober 2014 (BGBl. I S. 1643), zul. geä. durch Gesetz vom 25.2.2020 (BGBl. I S. 306); zur Entwicklung siehe auch EuGH NVwZ 1999, S. 1209; dazu Becker, NVwZ 1999, S. 1187 ff.
132 Vom 5.9.2005 (BGBl. I S. 2722) zul. gän. durch Art. 44 der Verordnung vom 19.6.2020 (BGBl. I S. 1328); dazu Gurlit, DVBl. 2005, S. 1119 ff.; ferner Richter, NVwZ 2016, S. 1143; Schoch, NVwZ 2019, S. 257 ff.;
133 Informationsfreiheitsgesetze, die mitunter auch Informationszugangsgesetze genannt werden, gibt es z. B. in Bremen, Brandenburg, Nordrhein-Westfalen. Die aktuelle Diskussion zeigt, dass sicherlich weitere Länder folgen werden.
134 OVG Berlin-Brandenburg NVwZ 2012, S. 1196 ff.; zur Abgrenzung des IFG zu Auskünften aus Personalakten (BBG) siehe BVerwG NVwZ 2017, S. 1862 ff.

Digitalisierung

Das Verbraucherinformationsgesetz (VIG) eröffnet dem Bürger im Lebensmittelbereich einen Anspruch auf freien Zugang zu allen Daten.[135] **71f**

Wird der Informationsanspruch verweigert, so ist der Rechtsschutz unterschiedlich ausgestaltet. Zwar stellt die Verweigerung der Akteneinsicht in einem laufenden Verfahren nach allgemeiner Ansicht einen Verwaltungsakt[136] dar, gleichwohl ist ein eigenständiges Rechtsschutzverfahren im Hinblick auf § 44a VwGO nicht geboten. Anders sieht die Situation mit Blick auf das UIG und IFG aus. Hier handelt es sich um eigenständige Verwaltungsverfahren. Im Versagungsfall kann der Antragsteller unmittelbar Rechtsschutz begehren (vgl. auch § 9 IV IFG; § 6 UIG). In Betracht kommen Verpflichtungswiderspruch (§§ 68 ff. VwGO) und ggfs. die Verpflichtungsklage (§ 42 I VwGO). **71g**

Die Informationsrechte der Bürger erfassen weite Bereiche des Verwaltungshandelns. Es fehlt aber bisher an einem geschlossenen, von Systembrüchen freies Normensystem. Neben an konkrete Verfahren gekoppelte stehen voraussetzungsfreie Informationsansprüche. Zudem überschneiden sich die einzelnen Ansprüche, sodass Rechtskonkurrenzen entstehen. Im Bund-Länder-Verhältnis ist regelmäßig von Bedeutung, welche Behörde die gewünschte Information bereitstellen soll. Auf der Bundesebene normiert § 1 III IFG den grundsätzlichen Vorrang der in anderen Rechtsvorschriften[137] getroffenen Bestimmungen über den Zugang zu amtlichen Informationen gegenüber dem IFG. Etwas anderes gilt aber für Beteiligte im laufenden Verfahren im Hinblick auf § 29; d. h. das IFG bleibt in diesen Konstellationen anwendbar. Problematisch ist, dass das Recht auf Akteneinsicht in einem laufenden Verfahren nach § 29 höhere Hürden aufweist als nach dem UIG, IFG und VIG. Hier ist der Gesetzgeber gefordert, für die notwendige Harmonisierung zu sorgen. **71h**

Zudem gibt es, verteilt über verschiedene Gesetze, primär dem privaten Rechtsverkehr dienende, bereichsspezifische Auskunftsansprüche gegenüber öffentlichen Stelle: § 79 BGB für das Vereinsregister; § 1563 BGB für das Güterstandsregister; § 9 HGB; § 12 GBO (sofern ein berechtigtes Interesse vorliegt). **71i**

3.9 Digitalisierung der Verwaltung

3.9.1 Allgemeine Rechtsentwicklung der Verwaltungsdigitalisierung

In der Vergangenheit war die öffentliche Verwaltung vorwiegend am Informationsträger Papier orientiert. Papier als dominierendes Medium prägte die Kommunikation zwischen Bürger und Verwaltung aber auch die Dokumentation der Informationen in der eigenen Verwaltung. Diese Feststellung schließt aber nicht aus, dass auch schon bisher Entwicklungen der Informationstechnologien Auswirkungen auf das Verwaltungsverfahren hatten. So konnten und können die Bürger auf unterschiedliche Kommunikationsmedien zurückgreifen. Zu nennen sind hier beispielsweise das Telegramm, das Fernschreiben, das Telefon und das **72**

---

135 Einzelheiten siehe Hofmann/Gehrke, RdNr. 705 ff.
136 Vgl, nur Fehling/Kastner (Hrsg.), VwVfG, § 29 RdNr. 33 m. N.
137 Derartige Spezialvorschriften sind z. B. § 3 I UIG; § 1 I 1 VIG; § 5 BArchG

Grundsatz der Gesetzmäßigkeit

FAX. Ein zunehmend dominierendes Gewicht erfährt heute die elektronische Kommunikation. Zu Recht wird in der Wandlung von der Papierverwaltung zur elektronischen Verwaltung von einem Kulturumbruch gesprochen.[138] Stand bei der elektronischen Kommunikation noch der Dialog im Vordergrund, so begründet die Digitalisierung eine deutliche Weiterung elektronischer Prozesse. Die Digitalisierung wirkt sich auf alle Lebensbereiche aus. Sie betrifft die Wirtschaft, die Gesellschaft und den Staat sowie die Kommunen. Dabei geht es nicht nur um die Produktion von Gütern und Dienstleistungen, sondern auch um den vielschichtigen Bereich der Kommunikation. Neben der privaten Kommunikation werden in verstärktem Maße auch die geschäftliche ([zwei] Stichworte: Online-Banking; E-Rechnung) Kommunikation und die kommunikativen Beziehungen zu öffentlichen Stellen erfasst. Eine zunehmende Bedeutung erfährt die digitale Kommunikation zudem in der gesellschaftlichen Auseinandersetzung, der politischen Meinungsbildung und bei Wahlen.

Die Digitalisierung stellt die Verwaltung aber vor besondere Herausforderungen. Zunächst sind bestimmte Sicherheitsstandards zu beachten. Bürger und Verwaltung müssen sich bei der elektronischen Kommunikation (z. B. bei Antragsverfahren) darauf verlassen können, dass es keine Unsicherheiten über den Adressaten der Information gibt, dass gewährleistet wird, dass die Nachricht nicht durch Dritte verfälscht wird und es einen Schutz vor unbefugter Einsichtnahme gibt. Zudem hat es die öffentliche Verwaltung mit keiner homogenen Bürgerschaft zu tun. Neben digitalisierungs-affinen Bürgern gibt es – aus unterschiedlichen Gründen heraus – immer noch eine bestimmte Zahl von Bürgern, die den neuen Medien gegenüber nicht aufgeschlossen sind; geschweige über die erforderlichen technischen Voraussetzungen verfügen. Aber auch rechtliche Anforderungen an die Ausgestaltung und den Abschluss von Verwaltungsprozessen begründen Hemmnisse für ein umfassendes digitales Angebot von Verwaltungsleistungen. An erster Stelle sind dabei die Vielzahl von rechtlich geforderten Schriftformerfordernissen des Bundes- und Landesrechts zu sehen. Der Versuch der elektronischen Signatur nach Maßgabe des Signaturgesetzes muss als gescheitert angesehen werden, da dieses Verfahren weder bei den Bürgern, den Unternehmen noch den (öffentlichen) Verwaltungen eine hinreichende Akzeptanz erfahren hat.[139]

Eine medienbruchfreie Verwaltung fordert, dass auch die eigenen Prozesse digital abgebildet werden. Elektronische Verwaltungsdienste können einen bedeutenden Beitrag zur Verwaltungsmodernisierung und zum Bürokratieabbau sowie zur Schonung der natürlichen Ressourcen leisten.[140] Dabei geht es nicht nur um die Anlegung der digitalen Akte. Aber bereits dieses Erfordernis stellt einzelne Verwaltungen vor große Herausforderungen. Erforderlich ist vielmehr, dass vor einer Digitalisierung die Prozesse analysiert und gegebenenfalls neu strukturiert werden und nicht lediglich die Papierwelt elektronisch abgebildet wird.

Neben den technischen Möglichkeiten, die sich ständig weiterentwickeln und auch verändern werden, ist zu berücksichtigen, dass weite Bereiche der Bevölkerung erwarten, dass sie bei der Abwicklung von Verwaltungsverfahren medienbruchfrei mit der Verwaltung kommunizieren können. Ähnlich verhält es sich

---

138 Rossnagel, NJW 2003, 469 [470]
139 Siehe nur Prell NVwZ 2013, S. 1514 [1515 ff.]
140 So Btgs.-Drs. 17/11473 S. 1

mit den Unternehmen. In einer global agierenden Wirtschaft darf die Verwaltung nicht zum Hemmschuh werden. Damit gibt es einen deutlichen gesellschaftlichen Druck, Verwaltungsmodernisierung voranzutreiben.

Gefordert sind damit die Gesetzgeber (Bund und Land), die rechtlichen Rahmenvorgaben zu setzen, damit einerseits eine sichere elektronische Kommunikation möglich ist und andererseits die Digitalisierung in den Verwaltungen voranschreitet. Zudem muss auch die dritte Gewalt (die Justiz) in der Lage sein, die neuen Medien zu nutzen. Gerade das Rechtsstaats- und Demokratieprinzip fordern politische und gesetzgeberische Entscheidungen, um die Risiken der Digitalisierung zu minimieren.[141]

Aktuell befindet sich die Digitalisierung des öffentlichen Raumes (einschließlich der öffentlichen Verwaltung) in einer neuen Entwicklungsstufe. Ging es bisher um die Verwaltungsreform, mit unterschiedlichen Geschwindigkeiten in den einzelnen Verwaltungsbereichen, so gewinnt die Verrechtlichung eine zunehmende Bedeutung. Neben der Definierung von Sicherheitsstandards, der rechtlichen Rahmung von medienbruchfreier Kommunikation, geht es zunehmend auch um die Geschwindigkeit, in der Verwaltungen verpflichtet werden, sich den neuen Medien zu öffnen. Eine besondere Rolle spielen in diesem Zusammenhang das Onlinezugangsgesetz (OZG – siehe Rdnr. 72c), das E-Government-Gesetz (EGovG – siehe Rdnr. 72d) das DE-Mail-Gesetz (siehe Rdnr. 72e) und das Vertrauensdienstegesetz (VDG – siehe Rdnr. 72n).

Zulassung („Ob")	Benutzung („Wie")
▫ öffentlich-rechtlich	▫ privatrechtlich
▫ Verwaltungsrechtsweg bei Streitigkeiten	▫ Zivilrechtsweg bei Streitigkeiten

Praktisch hat sich mit dem Recht der digitalen Verwaltung in den letzten Jahren ein neues Rechtsgebiet etabliert.[142]

72a

Neben eher generellen rechtlichen Regelungen, wurden das Verwaltungsverfahrensgesetz, das Verwaltungszustellungsgesetz und die Prozessordnungen angepasst. Zudem sind Fachgesetze in vielfältiger Form geändert worden.

---

141 Ähnlich Schliesky, DVP 2017, S. 91 ff. [93]
142 Denkhaus/Richter/Bostelmann, EGovG Einf. Rdnr. 1

Grundsatz der Gesetzmäßigkeit

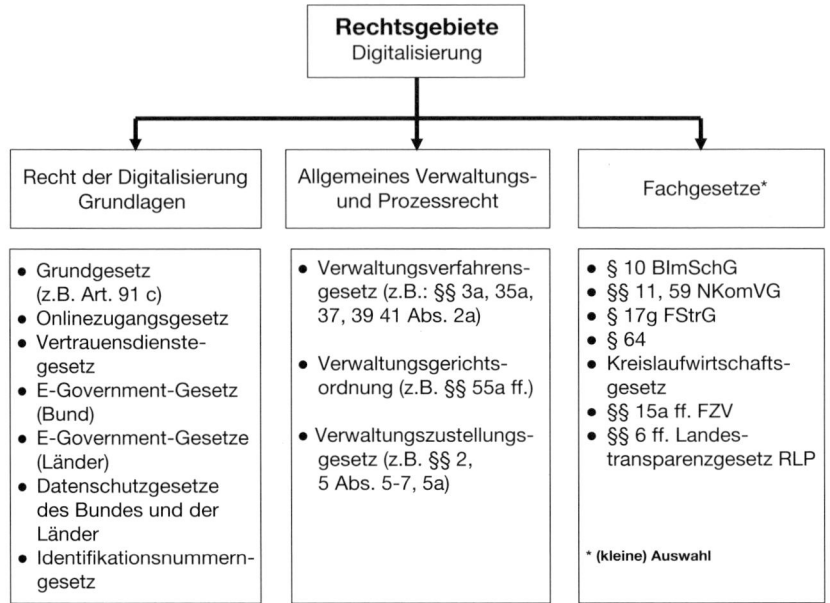

72b Durch die Einführung des Artikel 91c in das Grundgesetz und die Schaffung des IT-Planungsrates wurden die Voraussetzungen für eine enge Zusammenarbeit von Bund und Ländern bei der Planung, der Errichtung und dem Betrieb ihrer informationstechnischen Infrastruktur deutlich verbessert.[143] Bei der konkreten Weiterentwicklung der Digitalisierungsstrategie der öffentlichen Verwaltung und der Implementierung der notwendigen (technischen) Systeme kommt heute dem IT-Planungsrat eine gewichtige Rolle zu.[144] Auf der Basis des Art. 91c GG haben Bund und Länder in einem Staatsvertrag die Einrichtung eines IT-Planungsrates verabredet.[145] Mit einer Vielzahl von Projekten begleitet der IT-Planungsrat die Weiterentwicklung der Digitalisierung in Deutschland.[146] Neben der durch Art. 91c GG begründeten Kompetenz des Bundes, bestimmte rechtliche Regelungen zu setzen, verbleibt es bei der Gesetzgebungskompetenz der Länder. Dies führt dazu, dass neben bundesrechtlichen Bestimmungen vergleichbare (eigenständige) Ländergesetze bestehen.[147]

---

[143] Eingehend zu den verfassungsrechtlichen Rahmenbedingungen der Digitalisierung siehe nur Schliesky, DVP 2017, S. 443 ff.
[144] Wohl eher zurückhaltend Denkhaus/Richter/Bostelmann, EGovG Einf. Rdnr. 63
[145] Einzelheiten zu den Aufgaben und zur Struktur des IT-Planungsrates siehe § 1 Abs. 1 und 2; § 2 des Staatsvertrages [BGBl. I 2010, S. 662].
[146] Einzelheiten siehe www.it-planungsrat.de
[147] Siehe Überblick über den Stand der Landesgesetzgebung bei Denkhaus/Richter/Bostelmann, EGovG Einf. Rdnr. 21 ff.

Digitalisierung

3.9.2 Onlinezugangsgesetz (OZG)[148]

Zwischenzeitlich sind in vielen Kommunen, Ländern und im Bund Angebote online verfügbar. Diese sind aber häufig uneinheitlich ausgestaltet und unter unterschiedlichen Adressen im Internet abrufbar. Dies erschwert es Bürgern, diese Angebote aufzufinden und zu nutzen. Zentrales Ziel des Onlinezugangsgesetzes ist es nun, den elektronischen Gang zur Behörde unkomplizierter und sicherer zu gestalten.[149]

72c

So werden nach § 1 die Länder und der Bund verpflichtet, jeweils eigene Verwaltungsportale auf Bundes- und Landesebene auf- und auszubauen und zu einem Portalverbund zusammenzuschließen. Das Verwaltungsportal bezeichnet dabei ein bereits gebündeltes elektronisches Verwaltungsangebot eines Landes oder des Bundes mit entsprechenden Angeboten einzelner Behörden (§ 2 II OZG). Zudem sind im Portalverbund Nutzerkonten einzurichten. Nutzer im Sinne dieses Gesetzes sind natürliche Personen, juristische Personen, Personenvereinigungen, soweit ihnen ein Recht zustehen kann und Behörden (§ 2 IV OZG). So sollen insbesondere Bürger und Unternehmen die Möglichkeit erhalten, von einem beliebigen Verwaltungsportal aus auf alle onlinefähigen Verwaltungsleistungen zugreifen zu können. § 1 I OZG verpflichtet die betroffenen Behörden, ihre Verwaltungsleistungen bis spätestens Ende 2022 den Nutzern über einen Portalverbund anzubieten.

Während das OZG die Grundrichtung vorgibt, sollen die Details durch den Verordnungsgeber geregelt werden. Der Bund darf durch Rechtsverordnung
– die elektronische Abwicklung von Verwaltungsverfahren (§ 4 OZG)
– Vorgaben zur IT-Sicherheit (§ 5 OZG) und
– Anforderungen zu technischen Kommunikationsstandards (§ 6 OZG)
regeln.
Im § 9 Abs. 1 OZG ist eine besondere Form der elektronischen Bekanntgabe eines Verwaltungsakts geregelt worden (siehe Rn. 191b ff.).
§ 10 OZG sieht den Aufbau eines Datencockpits vor. Es soll den Bürgern eine einfache, transparente und zeitnahe Übersicht über zwischen Behörden vorgenommene Datenübermittlungen ermöglichen.

3.9.3 E-Government-Gesetz (EGovG)[150]

Ziel dieses Gesetzes ist es, durch den Abbau bundesrechtlicher Hindernisse die elektronische Kommunikation mit der Verwaltung zu erleichtern. Derzeit kommt es bei zahlreichen Verfahren, für die Schriftformerfordernisse bestehen, Nachweise in Papierform eingereicht werden oder noch behördliche Akten in Papierform geführt werden müssen, zu Medienbrüchen. Diese Medienbrüche sind für alle Beteiligten teuer und erhöhen den Ressourcenverbrauch erheblich.

72d

---

[148] Vom 14.8.2017 BGBl. I S. 3122, 3138, geändert durch Art. 2 des Gesetzes vom 28.3.2021 (BGBl. I S. 591); grundlegend Btgs-Drs. 18/11435, S. 1 ff.; ferner Herrmann/Stober, NVwZ 2017, S. 1401 ff.; Siegel, DÖV 2018, S. 185 ff.; Berger, DÖV, S. 799 ff.; kritisch wird die Frage diskutiert, inwieweit das OZG unmittelbar auch die Kommunen verpflichtet, sich in den Portalverbund einzufügen; dazu siehe nur Siegel, ebenda; Schliesky/Christian/Hoffmann, DÖV 2018, S. 193 ff.; Denkhaus/Richter/Bostelmann, OZG, Einführung, Rdnr. 21 ff. m. N.
[149] Denkhaus/Richter/Bostelmann, OZG Einf. Rdnr. 35
[150] Siehe BGBl. I 2013, S. 2749; zuletzt geä. durch Gesetz vom 3.12.2019 (BGBl. I, S. 2668)

Grundsatz der Gesetzmäßigkeit

E-Government ist nun ein Mittel, um die Verwaltung effektiver, bürgerfreundlicher und effizienter zu gestalten. Der Gesetzgeber nutzt diesen Begriff im Sinne der Speyerer Definition und versteht darunter die Abwicklung geschäftlicher Prozesse im Zusammenhang mit Regieren und Verwalten (Government) mit Hilfe von Informationstechniken über elektronische Medien.[151] Wesentlicher Inhalt dieses Gesetzes ist:
- Verpflichtung der Verwaltung zur Eröffnung eines elektronischen Zugangs und zusätzlich eines De-Mail-Zugangs (§ 2)
- Informationen zu Behörden und ihre Verfahren in öffentlich zugänglichen Netzen (§ 3)
- Erleichterung bei der Erbringung von elektronischen Nachweisen und der elektronischen Bezahlung in Verwaltungsverfahren (§§ 4 f.)
- Grundsätze zur elektronischen Aktenführung und Akteneinsicht (§§ 6 ff.)
- Verpflichtung zur Optimierung von Verwaltungsabläufen (§ 9)
- Erfüllung von Publikationspflichten in elektronischer Form (§ 14)

Der Geltungsbereich dieses Gesetzes erstreckt sich primär auf die öffentlich-rechtliche Verwaltungstätigkeit der Behörden des Bundes einschließlich der bundesunmittelbaren Körperschaften, Anstalten und Stiftungen des öffentlichen Rechts (§ 1 I). Das EGovG gilt aber auch für die öffentlich-rechtliche Verwaltungstätigkeit der Behörden der Länder, der Gemeinden und der sonstigen der Aufsicht des Landes unterstehenden juristischen Personen des öffentlichen Rechts, wenn sie Bundesrecht ausführen (Abs. 2). Diese Bestimmung orientiert sich an vergleichbaren Bestimmungen des VwVfG. Ausführung von Bundesrecht im Sinne dieser Vorschrift meint entweder Ausführen als eigene Angelegenheit des Landes (Art. 84 GG; Beispiele: Ausführung des Bundesimmissionsschutzgesetzes oder der Gewerbeordnung[152]) oder Ausführungen im Auftrage des Bundes (Art. 85, 108 GG; Beispiel: Ausführung des Bundesfernstraßengesetzes). Der Anwendungsbereich des Gesetzes erstreckt sich auf die öffentlich-rechtliche Verwaltungstätigkeit und weist insoweit über den engen Begriff des Verwaltungsverfahrens im Sinne des § 9 VwVfG hinaus. Im Einzelfall werden unter öffentlich-rechtlicher Verwaltungstätigkeit auch behördeninterne Verwaltungstätigkeit erfasst (siehe z. B. §§ 6, 7 oder 9[153]). Das EGovG gilt dagegen nicht, soweit Rechtsvorschriften des Bundes inhaltsgleiche oder aber entgegenstehende Bestimmungen enthalten (§ 1 Abs. 4 [sog. Kollisionsregelung]). Soweit eine entsprechende Rechtsvorschrift etwa eine Bestimmung zur elektronischen Verwaltung enthält, geht diese vor. So wird sichergestellt, dass den besonderen Anforderungen ausgewählter Rechtsmaterien Rechnung getragen werden kann (z. B. in den Sozialgesetzbüchern oder in den Steuergesetzen). Enthalten Rechtsvorschriften des Bundes für einen Bereich des besonderen Verwaltungsrechts dagegen keine Regelungen zur elektronischen Verwaltung, gilt das EGovG ergänzend. Gegenüber dem VwVfG gehen die Bestimmungen des EGovG vor.[154] Dagegen sind Regelungen des SGB I und des SGB X zum Sozialdatenschutz gegenüber diesem Gesetz vorrangig.[155] § 1 V EGovG enthält einen abschließenden

---

151 Btgs.-Drs. 17/11473 S. 1
152 Zum Vollzug von Bundesgesetzen siehe Weidemann, DVP 2019, S. 227 ff.
153 Vgl. auch Denkhaus/Richter/Bostelmann, EGovG § 1 Rdnr. 9 ff.
154 Siehe Btgs.-Drs. 17/11473 S. 33
155 ebenda

Digitalisierung

Katalog von öffentlich-rechtlichen Verwaltungstätigkeiten, für die dieses Gesetz nicht zählt. Erfasst wird hier u. a. die Bereiche Strafverfolgung, Verfolgung und Ahndung von Ordnungswidrigkeiten und Verwaltungstätigkeiten nach dem SGB II.
Soweit der Anwendungsbereich des EGovG reicht, verdrängt § 2 des Gesetzes den Grundsatz der Zugangseröffnungsfreiheit nach § 3a VwVfG. Die bisher – auch für die öffentliche Verwaltung – bestehende Zugangseröffnungsfreiheit entwickelt sich zur Zugangseröffnungspflicht. § 2 I EGovG ist damit lex specialis gegenüber § 3a VwVfG.[156]
Auch wenn es sich bei dem EGovG um eine bundesrechtliche Vorgabe handelt und es dem Bund nach der Kompetenzordnung des Grundgesetzes verwehrt ist, die Verwaltungsverfahren der Länder zu regeln, darf der Modellcharakter dieses Gesetzes nicht unterschätzt werden. Schrittweise nähern sich auch die Bundesländer mit eigenen rechtlichen Regelungen diesem Thema an.[157]

3.9.4 De-Mail-Gesetz[158]

Um die Funktionsweise und Akzeptanz der elektronischen Kommunikation trotz steigender Internetkriminalität und wachsender Datenschutzanforderungen zu erhalten, wurde mit den De-Mail-Diensten eine zuverlässige und geschützte Infrastruktur geschaffen, die die Vorteile der E-Mail mit Sicherheit und Datenschutz verbindet. Ziel des De-Mail-Gesetzes[159] ist es,

72e

- einen Rechtsrahmen zur Einführung vertrauenswürdiger De-Mail-Dienste im Internet zu schaffen, der für Diensteanbieter Rechtssicherheit schafft und ihnen ermöglicht, die Rechtsqualität der als De-Mail-Dienste erfassten Dienste im Internet zu steigern,
- für die elektronische Kommunikation im Geschäftsverkehr vertrauenswürdige Lösungen zu schaffen, bei denen sich die Teilnehmer der Dienste der Vertraulichkeit der Nachrichten und der Identität ihrer Kommunikationspartner sicher sein können,
- die Rechtssicherheit im elektronischen Geschäftsverkehr durch verbesserte Beweismöglichkeiten zu stärken und
- den rechtlichen Rahmen für eine elektronische Zustellung elektronischer Dokumente zu schaffen.

Ausdrücklich formuliert § 1 I De-Mail-Gesetz, dass De-Mail-Dienste im Sinne dieses Gesetzes auf einer elektronischen Kommunikationsplattform erfolgen, die einen sicheren, vertraulichen und nachweisbaren Geschäftsverkehr für jedermann im Internet sicherstellen sollen. Ein De-Mail-Dienst muss nach § 1 II De-Mail-Gesetz die nachfolgenden Pflichtangebote anbieten: Sichere Anmeldung, Nutzung eines Postfach- und Versanddienstes für sichere elektronische Post sowie Nutzung eines Verzeichnisdienstes. Darüber hinaus kann er einen Identitätsbestätigungs- und einen Dokumentenablagedienst anbieten (Optionsange-

---

156 Denkhaus/Richter/Bostelmann, EGovG, Einf. Rdnr. 25,32
157 Siehe Fn. 147
158 Vom 3. Mai 2011 BGBl. I, S. 666, zuletzt geä. durch Gesetz vom 21.6.2019 BGBl. I, S. 846; grundlegend zu diesem Gesetz siehe nur Prell NVwZ 2013, S. 1514 ff.; Ziekow, NVwZ 2018, S. 1169 ff.
159 Siehe nur Btgs.-Drs. 17/360 S. 18

Grundsatz der Gesetzmäßigkeit

bote).[160] Zwar schließt das Gesetz das Angebot von De-Mail-Angeboten im Internet ohne Nachweis ausreichender Vertrauenswürdigkeit (= fehlende Akkreditierung) nicht aus, gleichwohl werden De-Mail-Angebote nur dann ihre erwartete Funktion erfüllen können, wenn sie die im Gesetz angebotenen Sicherheitsstandards auch nachgewiesen haben. Diese hohen Sicherheitsstandards kann nur derjenige Dienstanbieter nachweisen, der sich dem freiwilligen Akkreditierungsverfahren (§§ 17 f. De-Mail-Gesetz) unterworfen hat. Welche Voraussetzungen vorliegen müssen, damit die Akkreditierungsbehörde die begehrte Akkreditierung erteilen kann, bestimmt § 18 De-Mail-Gesetz. Kann ein entsprechender Anbieter auf ein positiv verlaufendes Akkreditierungsverfahren verweisen, ist die De-Mail vertrauenswürdig, weil Sicherheit und Datenschutz nicht nur behauptet, sondern nachgewiesen ist.[161] Zuständige Behörde ist nach § 2 De-Mail-Gesetz das Bundesamt für Sicherheit in der Informationstechnik in Bonn. Bisher verfügen nur recht wenige De-Mail-Dienstanbieter über eine entsprechende Akkreditierung. Nach § 21 De-Mail-G sind die akkreditierten Dienstanbieter zu veröffentlichen. Eine aktuelle Übersicht ist der Internetseite des Bundesamts für Sicherheit in der Informationstechnik zu entnehmen.

Wer De-Mail-Dienste nutzen will, benötigt ein De-Mailkonto und eine dazu gehörende De-Mail-Adresse eines ausgewählten De-Mail-Anbieters. Nach erfolgter Registrierung erfolgt die Überprüfung der Identität. Sind die Schritte Registrierung und Identifizierung erfolgreich abgeschlossen, wird das Konto freigeschaltet und der Antragsteller erhält seine Zugangsdaten[162].

Im De-Mail-Verbund können Nachrichten nur an Personen, Unternehmen und Institutionen versandt werden, die ebenfalls über eine De-Mail-Adresse verfügen. Unerheblich ist dabei, bei welchem Anbieter der Adressat registriert ist. Für den Versand einer De-Mail kann der Nutzer auf unterschiedliche Angebote zurückgreifen.[163] Eine sog. Transportverschlüsselung schützt die De-Mail vor unberechtigtem Zugriff. Sobald die Nachricht den Anbieter erreicht, wird diese entschlüsselt. Die Daten liegen dann für einen sehr kurzen Moment unverschlüsselt vor. In dieser Zeit erfolgt eine Überprüfung der De-Mail auf Schadsoftware (z. B.

---

160 Einzelheiten zu diesen Diensten siehe §§ 5 bis 8; Roßnagel, NJW 2011 S. 1473 [1475 f.]
161 Roßnagel, NJW 2011, S. 1473 [1477]
162 Zu berücksichtigen ist, dass die Freiwilligkeit der Nutzung von De-Mail für alle Nutzer gilt (natürliche Personen, juristische Personen, Personengesellschaften und öffentliche Stellen). Die Zugangseröffnung steht damit in der Entscheidungsfreiheit der betroffenen Personen und Institutionen. Ob hinsichtlich einer konkludenten Zugangseröffnung noch zwischen Privatpersonen und anderen Adressaten (z. B. Behörden, Unternehmen, Rechtsanwälten) unterschieden werden sollte (so wohl noch Engelhardt/App, Schlatman § 5a VwZG RdNr. 2), ist hinsichtlich der Nutzung von De-Mail-Diensten zu bezweifeln. Das aufwendige Registrierungsverfahren muss auch dem Privatnutzer vor Augen führen, dass hier auch rechtswirksame Erklärungen Dritter zu erwarten sind. Zudem ist das heutige Nutzerverhalten zu berücksichtigen. Es mutet schon ein wenig weltfremd an, wenn man annehmen würde, im Regelfall würden elektronische Nachrichten nicht täglich abgerufen werden. Die praktischen Erfahrungen deuten eher darauf hin, dass elektronische Medien in viel kürzeren Abständen daraufhin überprüft werden, ob eine neue Nachricht vorliegt. Vergleicht man das De-Mail-Konto einer Privatperson mit dem traditionellen Hausbriefkasten, so spricht viel dafür, dass der Briefkasten seltener auf das Vorhandensein neuer Nachrichten überprüft wird.
163 Neben dem Standardversand kann (u. a.) zusätzlich die Versandbestätigung oder die Eingangsbestätigung vorgesehen werden.

Digitalisierung

Trojaner). Erkennt das System ein Schadprogramm, wird der Empfänger der De-Mail gewarnt.
Für besonders sensible Nachrichten kann zusätzlich zum Transportkanal auch der Inhalt der De-Mail verschlüsselt werden. Für die Nutzung einer derartigen Ende-zu-Ende-Verschlüsselung ist aber eine besondere Verschlüsselungssoftware erforderlich, über die sowohl der Versender wie auch der Empfänger verfügen muss.

3.9.5 Verwaltungsverfahrensgesetz (VwVfG)

Bereits die erste Fassung des VwVfG (1976) enthielt Bestimmungen über den schriftlichen Verwaltungsakt, der mit Hilfe automatischer Einrichtungen erlassen wird (sog. Computerverwaltungsakt[164]). Durch das 3. VwVfÄndG[165] wurden besondere Bestimmungen über die Voraussetzungen und Sicherung der elektronischen Kommunikation zwischen dem Bürger und der Verwaltung eingeführt. Auch in den folgenden Jahren ist das VwVfG weiter für elektronische Verfahren geöffnet worden. In einer Vielzahl von Vorschriften wird die elektronische Kommunikation bzw. Interaktion angesprochen.

72f

Elektronische Kommunikation und das VwVfG-Übersicht

- § 3a   Elektronische Kommunikation
- § 15   Bestellung eines Empfangsbevollmächtigten
- § 27a   Öffentliche Bekanntmachung im Internet
- § 33   Beglaubigung eines elektronischen Dokuments
- § 35a   Vollautomatischer Verwaltungsakt
- § 37   Elektronischer Verwaltungsakt Form und Signatur
          Erlass schriftlicher Verwaltungsakte mit Hilfe automatischer Einrichtungen
- § 39   Begründung elektronischer/elektronisch bestätigter Verwaltungsakte
- § 41   Bekanntgabe elektronischer Verwaltungsakte
- § 71c   Elektronische Verfahren

Grundnorm für die für die elektronische Kommunikation der öffentlichen Verwaltung ist § 3a VwVfG. Sie ist ein wesentlicher Baustein für die Entwicklung der öffentlichen Verwaltung zu einer elektronischen Verwaltung.[166] Diese Vorschrift gilt für Verwaltungsverfahren i. S. d. § 9 VwVfG, förmliche Rechtsbehelfsverfahren i. S. d. § 79 VwVfG (Widerspruchsverfahren) und alle weiteren Verwaltungstätigkeiten, die unter den Anwendungsbereich des § 3a VwVfG fallen.[167] Handelt die Verwaltung auf dem Gebiete des Verwaltungsprivatrechts (Begriff siehe Rdnr. 76 ff.) wird § 3a VwVfG durch die §§ 126 ff. BGB ergänzt.

Nach § 3a I ist die Kommunikation zwischen Bürgern und Verwaltung mittels elektronischer Dokumente nur zulässig, soweit der Empfänger hierfür den Zugang eröffnet hat. Empfänger sind insoweit Bürger und Verwaltung. Die Wid-

72g

---

[164] Maurer/Waldhoff, § 18 RdNr. 4 f.
[165] BGBl. I S. 3322
[166] Schiller in Obermayer/Funke-Kaiser, VwVfG-Kommentar, § 3a Rdnr. 2
[167] Schiller in Obermayer/Funke-Kaiser, VwVfG-Kommentar, § 3a Rdnr. 5

Grundsatz der Gesetzmäßigkeit

mung (subjektives Element) ist unter Beachtung der Verkehrsanschauung zu ermitteln.[168]

	Zugangseröffnung-Voraussetzungen
1.	Notwendige **technische Ausstattung**
2.	**Bereitschaft erklären**, die Kommunikation über dieses Medium führen zu wollen

Für die Zugangseröffnung gilt der Grundsatz der Freiwilligkeit, vorbehaltlich einer anderweitigen gesetzlichen Grundlage. Damit kann zu dieser Zugangseröffnung eine Privatperson regelmäßig nicht verpflichtet werden. Dagegen kann es für die Verwaltung unter bestimmten Voraussetzungen eine Pflicht zur Zugangseröffnung geben. So bestimmt beispielsweise § 71c VwVfG, dass Verfahren über eine einheitliche Stelle (siehe §§ 71a ff. VwVfG) auf Verlangen in elektronischer Form abzuwickeln sind. So ist nach § 2 I EGovG jede Behörde verpflichtet, auch einen Zugang für die Übermittlung elektronischer Dokumente, auch soweit sie mit einer qualifizierten elektronischen Signatur versehen sind, zu eröffnen. Die Zugangseröffnungspflicht besteht aber nur für diejenigen Behörden, die vom Anwendungsbereich dieses Gesetzes erfasst werden (vgl. § 1 EGovG[169]). Dort wo eine verpflichtende Vorgabe fehlt, steht die Eröffnung des Zugangs im pflichtgemäßen Ermessen der Behörde. Im Hinblick auf die dynamische Entwicklung der Gesellschaft und Wirtschaft ist aber fraglich, ob eine moderne Verwaltung sich dieser Kommunikationsmedien verschließen kann.

Eine Zugangseröffnung kann auch nur partiell erfolgen.

Beispiele:
a) Bürger begrenzt den Zugang auf das aktuelle Verwaltungsverfahren.
b) Behörde eröffnet den Zugang nur für informelle – und nicht für rechtsverbindliche – Korrespondenz.

Die Zugangseröffnung kann ausdrücklich, aber auch konkludent erfolgen.[170] Bei der Frage, ob eine wirksame Zugangseröffnung erfolgt ist, wird eine differenzierte Betrachtung geboten sein. So muss der Bürger seine Bereitschaft zum Empfang rechtsverbindlicher Erklärungen auf elektronischem Wege gegenüber der Behörde regelmäßig ausdrücklich zuvor kundtun. Ein Briefkopf mit der Angabe einer E-Mail-Adresse reicht für die Annahme einer Zugangseröffnung regelmäßig nicht aus.[171]

Beispiele für eine wirksame Zugangseröffnung:
a) Ausdrückliche Erklärung gegenüber der Behörde.
b) Elektronische Antragsstellung
c) Fortgesetzte elektronische Kommunikation
d) Veröffentlichung einer De-Mail-Adresse.

Im Vergleich zum Bürger wird man bei Unternehmen und bestimmten freiberuflich Tätigen (z. B. Rechtsanwälte, Steuerberater, Wirtschaftsprüfer) ge-

---

168   BVerwG NVwZ 2017, S. 967; siehe zudem Tegthoff, NVwZ 2018, S. 1081 ff. (1082 m. N.)
169   Für die Ebenen der Länder ist auch vergleichbare Vorschriften der Länder zurückzugreifen; siehe beispielsweise § 2 EGovG BW; § 3 EGovG NRW; § 3 EGovG SL
170   BVerwG Urt. vom 7.12.2016 – AZ.: 6 C 14/15, juris Rdnr. 19
171   Kopp/Ramsauer, § 3a RdNr. 10 f. m. N.

ringere Anforderungen an die konkludente Zugangseröffnung stellen können. Hier reichen beispielsweise die Angabe einer E-Mail-Adresse im geschäftlichen Briefkopf und die Vorhaltung eines elektronischen Postfaches aus, um von einer (konkludenten) Zugangseröffnung ausgehen können. Bei der Behörde wird dagegen grundsätzlich bereits in dem öffentlichen Internetauftritt und in der Aufnahme einer E-Mail-Adresse im Briefkopf die Zugangseröffnung für den elektronischen Verkehr zu sehen sein. Ein ablehnender Wille der Behörde muss ausdrücklich erklärt werden (z. B. entsprechender Hinweis auf der Homepage).[172]

Mit der Eröffnung des Zugangs haben die Beteiligten sicher zu stellen, dass (z. B.) die E-Mail-Postfächer regelmäßig abgerufen werden.

72h Sofern die Schriftform gesetzlich angeordnet ist[173], kann die Schriftform durch ein elektronisches Dokument mit einer qualifizierten Signatur ersetzt werden (§ 3a II1). Nach Art. 3 Nr. 12 eIDAS-Verordnung (siehe Rdnr. 72 n) ist eine qualifizierte elektronische Signatur eine fortgeschrittene Signatur, die von einer qualifizierten elektronischen Signaturerstellungseinheit erstellt wurde und auf einem qualifizierten Zertifikat für elektronische Signaturen beruht.[174] Das Erfordernis einer qualifizierten Signatur soll sicherstellen, dass das Dokument der einzelnen Funktionen[175] einer gesetzlich angeordneten Schriftform entspricht.

Nach § 3a II 4 kann die Schriftform auch ersetzt werden durch
- Abgabe einer Erklärung in einem elektronischen Formular (Nr. 1). Erforderlich ist hier, dass der Vordruck unmittelbar am Computer ausgefüllt wird. Damit muss die Behörde das auszufüllende Formular in einem Eingabegerät oder über öffentlich zugängliche Netze (z. B. Internet) zur Verfügung gestellt haben. Für die Eingabe über öffentlich zugängliche Netze hat ein sicherer Identitätsnachweis nach § 18 Personalausweisgesetz oder nach § 78 V Aufenthaltsgesetz zu erfolgen.
- elektronische Übermittlung von Anträgen und Anzeigen an die Behörde mit der Versendeart nach § 5 V De-Mail-Gesetz (Nr. 2)
- Versendung einer De-Mail-Nachricht durch die Behörde nach § 5 Abs. 5 De-Mail-Gesetz, bei der die Bestätigung des akkreditierten Diensteanbieters die erlassende Behörde als Nutzer des De-Mail-Kontos erkennen lässt. Erfasst werden elektronische Verwaltungsakte sonstige elektronische Dokumente (Nr. 3)
- sonstige sichere Verfahren, die durch Rechtsverordnung festgelegt werden (Nr. 4).

---

172 Vgl. auch Btggs.-Drs. 14/9000 S. 31
173 Ausnahme vom Grundsatz der Formfreiheit (§ 10); erfasst werden auch Rechtsverordnungen und Satzungen
174 Die eIDAS-Verordnung unterscheidet drei Formen der elektronischen Signatur:
 - die elektronische Signatur (Art. 3 Nr. 10 [Basissignatur])
 - die fortgeschrittene elektronische Signatur (Art. 3 Nr. 11 und 26)
 - die qualifizierte elektronische Signatur (Art. 3 Nr. 12)
 siehe auch Heinze/Ojea, CR 2018, 37 ff.; Vertiefung Ramsauer/Tegethoff in Koop/Ramsauer, VwVfG, § 3a Rdnr. 19 f. m. N.
175 Vertiefung: Büchner/Simon, APF 2003, 166 m. N.

Grundsatz der Gesetzmäßigkeit

	Schriftform (Übersicht)
Papierform	**Elektronische Form**
	▶ qualifizierte Signatur (§ 3 a II2)
	▶ bereitgestellte elektronische Formulare (§ 3 a II 4 Nr. 1)
	▶ De-Mail (§ 3 a II 4 Nr. 2 u.3)
	▶ sonstige sichere Verfahren im Sinn von § 3 a II 4 Nr. 4

Mit § 3a hat der Gesetzgeber eine Generalklausel geschaffen, die grundsätzlich auch für das besondere Verwaltungsrecht gilt (z. B. § 10 BImSchG). Abweichungen von der Grundentscheidung des § 3a bedürfen einer ausdrücklichen Regelung.[176] Abweichungen sind in unterschiedlicher Richtung denkbar. So kann von dem Erfordernis einer qualifizierten Signatur „nach unten" abgewichen werden, wenn dies im Normtext durch die Formulierung „... oder elektronisch ..." zum Ausdruck gebracht worden ist.[177] In diesen Fällen kann bei der elektronischen Kommunikation auf die elektronische Signatur verzichtet werden. Auch wenn ein höheres Sicherheitsniveau gefordert wird, ist eine ausdrückliche Regelung erforderlich.[178] Ferner gibt es einzelne Bereiche, wo durch Rechtsvorschrift bestimmt ist, dass die gesetzlich angeordnete Schriftform nicht durch die elektronische Form ersetzt werden kann.[179]

72i Damit die elektronische Form die (gesetzlich vorgesehene) Schriftform (§ 3a II) ersetzen kann, müssen die folgenden Voraussetzungen vorliegen:
– Empfänger hat Zugang eröffnet
– erforderliche Signatur wurde angebracht bzw. es wurde eines der nach § 3a II angebotenen Ersatzsicherungssysteme genutzt
– entgegenstehende Rechtsvorschriften sind nicht vorhanden

Nicht zulässig ist dagegen die Signierung mit einem Pseudonym, das die Identifizierung der Person des Signaturschlüsselinhabers nicht unmittelbar durch die Behörde ermöglicht (§ 3a II 3).

---

176 Siehe beispielsweise 17 AtG
177 Z. B. §§ 37 III 1; 69 II 6; § 2 BUmzugsKG
178 Siehe nur § 37 IV
179 Beispiele: beamtenrechtliche Ernennungsurkunden [§ 8 II BeamStG]; § 38 StaatsangehörigkeitsG; § 72 II 1 BayBO

Digitalisierung

Technische Kommunikationsprobleme gehen grundsätzlich zu Lasten des Absenders. § 3a III fordert aber von den Beteiligten die aktive Mitwirkung bei der Bewältigung der Probleme.

Zwischenzeitlich ist auch die öffentliche Bekanntmachung im Internet gestärkt worden. Ist durch Rechtsvorschrift eine öffentliche oder ortsübliche Bekanntmachung angeordnet, soll die Behörde deren Inhalt zusätzlich im Internet veröffentlichen (§ 27a I 1).[180] In welchem Umfange Unterlagen veröffentlicht werden sollen, ergibt sich auch aus § 27a I 3. In der öffentlichen oder ortsüblichen Bekanntmachung ist die Internetseite anzugeben (§ 27a II). Dabei ersetzt die Internetbekanntmachung nicht die traditionelle Form der Bekanntmachung und Auslegung der maßgeblichen Unterlagen. Auswirkungen hat diese Vorschrift zunächst für Planfeststellungsverfahren. Aber es gibt auch Bezüge zu § 41 IV und ggfs. § 10 II VwZG. Die Sollvorschrift soll verhindern, dass bei nicht erfolgter oder aber fehlerhafter Internetbekanntmachung ein selbstständiger Verfahrensfehler das Verfahren belastet.[181]

72j

Die §§ 71a bis 71e regeln die Verfahren, die über eine einheitliche Stelle (siehe RdNr. 80 f.) abgewickelt werden. Nach § 71e 1 werden diese Verfahren auf Verlangen in elektronischer Form abgewickelt.[182] Damit entscheidet hier der Betroffene, in welchem Medium die Verfahrensabwicklung zu erfolgen hat. Diese Vorschrift dient der Umsetzsetzung der EU-Dienstleistungsrichtlinie (hier Art. 8), der die elektronische Verfahrensabwicklung für dienstleistungsrelevante Verfahren sowohl über den einheitlichen Ansprechpartner als auch die zuständige Behörde verpflichtend vorgibt.

72k

3.9.6 Verwaltungszustellungsgesetz (VwZG)

Eine medienbruchfreie Kommunikation ist nur dann möglich, wenn auch das Verwaltungszustellungsgesetz die Möglichkeit eröffnet, elektronische Dokumente zuzustellen. Dies ist zwischenzeitlich geschehen. Nach § 2 I VwZG ist Zustellung die Bekanntgabe eines schriftlichen oder elektronischen Dokuments in der in diesem Gesetz bestimmten Form (Einzelheiten RdNr. 194 ff.).

72l

3.9.7 Verwaltungsgerichtsordnung (VwGO)

Bereits 2005 wurden die §§ 55a f. in die Verwaltungsgerichtsordnung[183] eingefügt. Sie befassen sich mit der elektronischen Dokumentationsübermittlung (§ 55a VwGO) und der elektronischen Aktenführung (§ 55b VwGO). Diese Bestimmungen sind wiederholt verändert worden. Ziel dieser Rechtsentwicklung ist es, das Justizwesen der digitalen Entwicklung zu öffnen. Mit dem Gesetz zur Förderung des elektronischen Rechtsverkehrs mit den Gerichten[184] ist festgelegt

72m

---

180 Diese Vorschrift ist dem PlVereinhG vom 31.5.2013 (BGBl. I S. 1388) in das VwVfG eingefügt worden; dazu Schmitz/Prell, NVwZ 2013, S. 745 [749]
181 Stüer, DVBl. 2013, S. 700 [703] mit Hinweis auf die Gesetzesbegründung; es bleibt aber abzuwarten, ob die Gerichte dem Wunsche des Gesetzgebers auch folgen werden.
182 Anschaulich legt Schliesy dar, welche Verfahrensschritte im Einzelnen betroffen sein können; § 71e Rdnr. 5 ff. in Knack/Hennecke, VwVfG
183 BGBl. I S. 837; ber. S. 2022; siehe auch Viefhues, NJW 2005, S. 1009 ff.
184 Art. 5 des Gesetzes vom 10.10.2013 BGBl. I 2013, S. 3786;

Grundsatz der Gesetzmäßigkeit

worden, dass zum 1. Januar 2018[185] die Gerichte grundsätzlich einen Zugang eröffnen müssen, damit sie elektronischen Dokumente entgegennehmen können.[186] So können nach § 55a I VwGO elektronische Dokumente beim Gericht eingereicht werden. Voraussetzung für die Erfüllung des (gesetzlich geforderten) Schriftformerfordernis ist zunächst, dass das elektronische Dokument für die Bearbeitung durch das Gericht geeignet ist (§ 55a II 1 VwGO). Durch Rechtsverordnung des Bundes werden die notwendigen technischen Rahmenbedingungen festgelegt.[187]

Das elektronische Dokument muss
– mit einer qualifizierten Signatur (siehe Rdnr. 72 h; 72 n) versehen sein oder
– von einer verantwortlichen Person signiert und auf einem sicheren Übermittlungsweg eingereicht worden sein. Die VwGO bietet verschiedene sichere Übertragungswege an (vgl. § 55a IV VwGO).

Sofern das elektronische Dokument weder über eine qualifizierte Signatur verfügt noch auf einem sicheren Übermittlungsweg eingereicht wurde, fehlt es an der Erfüllung des Schriftformerfordernisses.

Damit eine medienbruchfreie Kommunikation erfolgen kann, ist – auf Seiten der Gerichte – eine elektronische Aktenführung erforderlich. Daher bestimmt § 55b I 1 VwGO, dass Prozessakten elektronisch geführt werden können. Welche Anforderungen bei der Aktenführung zu berücksichtigen sind, ergibt sich aus § 55b VwGO). Um dem Ziel der E-Justice näher zu kommen, besteht die grundlegende gesetzliche Verpflichtung (§ 55b Ia VwGO), die gerichtlichen Prozessakten (spätestens) ab dem 1.1.2026 elektronisch zuzuführen.

3.9.8 Vertrauensdienstegesetz (VDG)

72n Sollen elektronische Medien im Wirtschaftsleben und in der Beziehung zwischen der öffentlichen Verwaltung und der Gesellschaft (auch) die Basis für eine rechtsverbindliche Kommunikation sein, muss ein bestimmter Grad an Sicherheit gewährleistet werden. Elektronische Transaktionen in Wirtschaft und Verwaltung benötigen daher bestimmte Sicherungsmittel (z. B. Signaturen), um Manipulationen zu verhindern, bestimmte Formen für Willenserklärungen einzuhalten und Beweissicherheit zu gewährleisten.[188] Die EU hat nun mit der Verordnung über die elektronische Identifizierung und Vertrauensdienste für elektronische Transaktionen im Binnenmarkt (eIDAS-VO[189]) erlassen. Die eIDAS-Verordnung will die Vorgaben der Signaturrichtlinie 1999/93/EU stärken

---

185 Siehe aber auch die noch bestehende Möglichkeit, die Einführungsfrist bis spätestens zum 31.12.2019 hinauszuschieben; dazu Braun/Binder in: Sodan/Ziekow, VwGO-Kommentar, § 55a Rdnr. 43 f. und 52
186 Siehe zur Rechtsentwicklung die Darstellung bei Braun/Binder in: Sodan/Ziekow, VwGO-Kommentar, § 55a Rdnr. 1 ff.; allgemein zur Weiterentwicklung der Justiz siehe nur Weller, DRiZ 2013, S. 290 ff.; Müller-Teckhof, MMR 2014, S. 95 ff.; Bernhardt NJW 2015, S. 2775 ff. und Müller, JuS 2018, S. 1193 ff.
187 Siehe insoweit die Verordnung über die technischen Rahmenbedingungen des elektronischen Rechtsverkehrs und über das besondere elektronische Behördenpostfach (Elektronischer-Rechtsverkehr-Verordnung – ERVV) vom 24. November 2017 (BGBl. I S. 3803), geä. durch Verordnung vom 9. Februar 2018 (BGBl. I S. 200)
188 Roßnagel, Das Recht der Vertrauensdienste, S. 15
189 EU ABL 257 vom 28.8.2014, 73; siehe dazu Roßnagel NJW 2014, S. 3686 ff.

Digitalisierung

und ergänzen und um einen einheitlichen Rechtsrahmen für alle elektronischen Sicherungsdienste zu setzen.[190] Ziel der eIDAS-Verordnung ist es, sichere, vertrauenswürdige und nahtlose elektronische Transaktionen zwischen Unternehmen, Bürgern und öffentlicher Verwaltung grenzüberschreitend zu ermöglichen.[191] Diese Verordnung entfaltet unmittelbare Rechtswirkungen in Deutschland. Sie bedarf aber einer nationalen Ergänzung, um die Voraussetzungen für einen effektiven Vollzug der eIDAS-Verordnung zu schaffen. Mit dem Vertrauensdienstegesetz vom 18. Juli 2017[192] wurden die notwendigen nationalen Regelungen erlassen. Ergänzt wurde das nationale Recht zwischenzeitlich durch die Verordnung zu den Vertrauensdiensten (VDV)[193]. Sie enthält u. a. Konkretisierungen zum Bereich der Barrierefreiheit und zur Sicherung der dauerhaften Überprüfbarkeit qualifizierter Zertifikate.

Rechtsrahmen für sichere elektronische Transaktionen

Rechtsvorschrift	Normgeber	Inhalt
eIDAS-Verordnung	EU	Materielle Vorschriften • Anforderungen an Vertrauensdiensteanbieter • Regelungen zu Vertrauensdiensten
Vertrauensdienstegesetz	Bundesrepublik Deutschland	• Vollzugsregelungen (z.B. Festlegung von Aufsichtsstellen)

Die eIDAS-Verordnung regelt das unionsweite Angebot von Vertrauensdiensten. Bei diesen Vertrauensdiensten geht es um Dienste für
- die elektronische Signatur
- das elektronische Siegel
- den elektronischen Zeitstempel
- das elektronische Einschreiben
- die Website-Authentifizierung.

Diese Vertrauensdienste sollen im Internet einen Vertrauensraum schaffen, indem durch entsprechende Zertifikate die Identität der im Internet beziehungsweise im elektronischen Geschäftsverkehr auftretenden Personen sichergestellt wird. Ferner wird bei einer elektronischen Signatur oder einem elektronischen Siegel ein Hashwert erstellt, der sicherstellt, dass das signierte oder gesiegelte Dokument nachträglich nicht mehr verändert wurde.

Die elektronische Signatur ist der elektronische Ausstellungsnachweis oder die elektronische Unterschrift einer natürlichen Person. Das elektronische Siegel ist der elektronische Ausstellungsnachweis einer juristischen Person (GmbH, AG, Behörde oder ähnliches). Während mit elektronischen Signaturen eine Willenserklärung abgegeben werden kann, dient das elektronische Siegel einer Institution als Herkunftsnachweis: Es kann daher überall dort eingesetzt werden, wo eine persönliche Unterschrift nicht notwendig, aber der Nachweis der Authentizität gewünscht ist (z. B. bei amtlichen Bescheiden).

---

190 Roßnagel, Das Recht der Vertrauensdienste, S. 15
191 Btgs.-Drs. 18/12494, S. 30
192 BGBl. I S. 2745, das durch Artikel 2 des Gesetzes vom 18. Juli 2017 (BGBl. I S. 2745); das Vertrauensdienstegesetz löst das Signaturgesetz ab.
193 BGBl. I 2019, S. 114

Verwaltungshandeln

3.9.9 Identifikationsnummerngesetz (IDNrG)

72o Register erfüllen eine wichtige Funktion bei der Erbringung öffentlicher Leistungen. Als Register werden Datenbestände der öffentlichen Verwaltung bezeichnet, die zumindest eines der beiden nachfolgenden Kriterien erfüllen:
– Verfügen über Informationen, die für die Erbringung von Verwaltungsleistungen erforderlich sind
– Vorhandene Daten können zur Unterstützung von administrativer oder politischer Steuerung, sowie für die amtliche Statistik genutzt werden.[194]

Die Deutsche Registerlandschaft ist mit über 200 Verwaltungs- und Statistikdatenbanken sehr vielfältig. Nicht immer gelingt es, die vorhandenen Datenbestände einwandfrei zu nutzen. Mit dem Identifikationsnummerngesetz (IDNrG), als Teil des Registermodernisierungsgesetzes,[195] ist ein wesentlicher Baustein zur Modernisierung der Registerlandschaft in Deutschland gesetzt worden. Kernelement des IDNrG ist die Einführung einer Identifikationsnummer auf der Basis des § 139b Abgabenordnung. Diese Identifikationsnummer ist als zusätzliches Ordnungsmerkmal in alle Register von Bund und Ländern, die in der Anlage des Gesetzes gelistet sind, einzuführen. Diese Anlage zählt gegenwärtig 51 Register. Zudem werden einer natürlichen Person nach § 4 I IDNrG weitere Daten zugeordnet.[196] Nach § 1 IDNrG werden mit diesem Gesetz drei Ziele verfolgt: So sollen in einem Verwaltungsverfahren Daten einer natürlichen Person eindeutig zugeordnet werden können. Zudem soll die Qualität der gespeicherten Daten verbessert werden. Es soll der Aufwand zur Beibringung von Daten bei öffentlichen Stellen reduziert werden.

Künftig können mit den modernisierten Registern nutzerfreundliche und medienbruchfrei Verwaltungsverfahren angeboten werden.

4 Verwaltungshandeln

4.1 Arten

4.1.1 Öffentlich-rechtliches und privatrechtliches Verwaltungshandeln – Übersicht

73 Das Verwaltungshandeln lässt sich nach verschiedenen Gesichtspunkten einteilen. Nach den Rechtsformen, mit denen die Staatsziele von der Verwaltung verwirklicht werden, lassen sich öffentlich-rechtliche (hoheitliche) und privatrechtliche (fiskalische) Verwaltung unterscheiden. Die öffentlich-rechtliche Verwaltungstätigkeit vollzieht sich nach den Rechtsnormen des öffentlichen Rechts, insb. des Verwaltungsrechts, die privatrechtliche Verwaltungstätigkeit nach den Rechtsnormen des Privatrechts. Welchem Bereich eine Tätigkeit der Verwaltung zuzuordnen ist, hat große praktische Bedeutung, z. B. für die Frage, welches Recht anzuwenden ist und welcher Rechtsweg im Streitfall gegeben ist.

---

[194] Siehe nur Nationaler Normenkontrollrat (Hrsg.), Mehr Leistungen für Bürger und Unternehmen: Verwaltung digitalisieren. Register modernisieren – Gutachten, Okt. 2017, S. 13
[195] Vom 28. März 2021, BGBl. I, S. 591 siehe dazu nur Btgs.-Drs. 19/ 24226, S. 1 ff. und 19/26427 S. 1 ff.
[196] Auskunftssperren nach dem Bundesmeldegesetz und Datum des letzten Verwaltungskontakts.

Arten

Beispiele:
a) Ein Gastwirt, der von der Stadt Emden (Niedersachsen) den Ratskeller gepachtet hat, hat eine ihm zum Schutz der Gäste nachträglich erteilte gaststättenrechtliche Anordnung nach § 5 NGastG nicht erfüllt. Auch ist er seinen vertraglichen Verpflichtungen (Pachtvertrag) gegenüber der Stadt mehrfach nicht nachgekommen.

Die Rechtmäßigkeit und Wirksamkeit der Anordnung sowie eine mögliche Untersagung des Gaststättengewerbes wegen Nichtbefolgung der Anordnung (Stichwort: fehlende Zuverlässigkeit des Gastwirts) sind nach öffentlichem Recht zu beurteilen. Für daraus entstehende Streitigkeiten ist nach § 40 VwGO der Verwaltungsrechtsweg gegeben.

Das Pachtverhältnis unterliegt dagegen den Regeln des Privatrechts. Für Klagen auf Vertragserfüllung oder auf Schadenersatz ist nach § 13 GVG der Zivilrechtsweg eröffnet.

b) Ansprüche aus öffentlich-rechtlichen Verträgen sind im Verwaltungsrechtsweg, Ansprüche aus privatrechtlichen Verträgen im Zivilrechtsweg geltend zu machen. Auf öffentlich-rechtliche Verträge sind insb. §§ 54 ff. VwVfG, auf privatrechtliche Verträge die Bestimmungen des BGB anzuwenden.

Für die Zuordnung einer Rechtsnorm zum öffentlichen Recht oder aber zum Privatrecht spielen die folgenden drei Abgrenzungstheorien eine große Rolle. **73a**

Abgrenzungstheorien		
Interessentheorie	Stellt auf die durch Rechtssatz vermittelten Interessen ab	Normen, die dem öffentlichen Interesse dienen → Öffentliches Recht Normen, die dem Individualinteresse dienen → Privatrecht
Subordinationstheorie	Stellt auf die Rechtsnatur der Rechtsbeziehungen der Beteiligten ab	Verhältnis der Über- und Unterordnung → Öffentliches Recht Verhältnis der Gleichordnung → Privatrecht
(modifizierte) Subjektstheorie	Stellt auf das Zuordnungssubjekt des Rechtssatzes ab	Normen, die ausschließlich Träger der öffentlichen Gewalt berechtigen oder verpflichten → Öffentliches Recht Normen, die Jedermann berechtigen → Privatrecht

Verwaltungshandeln

Die drei Theorien haben unterschiedliche Stärken und Schwächen. Sie können nebeneinander zur Anwendung kommen. Die modifizierte Subjektstheorie gilt als die leistungsstärkste Theorie.[197]

Beispiele:
a) § 3 StVG ist eine öffentlich-rechtliche Norm, da nur ein Träger öffentlicher Gewalt berechtigt ist, die Fahrerlaubnis zu entziehen.
b) § 7 StVG ist eine Norm des Privatrechts, da Gläubiger und Schuldner auch Privatpersonen sein können.

74 Innerhalb des öffentlich-rechtlichen Verwaltungshandelns wird unterschieden zwischen „obrigkeitlicher" und „schlicht-hoheitlicher" Verwaltung. „Obrigkeitlich" wird die Verwaltung tätig, wenn ein Träger öffentlicher Verwaltung eine Angelegenheit in der Form des Verwaltungsaktes einseitig und verbindlich regelt und damit entweder in die Rechte des Bürgers eingreift (etwa durch Abgabenbescheide oder Verwaltungsakte zur Gefahrenabwehr) oder aber – negativ oder positiv – über einen Antrag auf Gewährung von Leistungen (z. B. Wohngeld, Ausbildungsförderung, Erlaubnisse) entscheidet.

75 Als „schlicht-hoheitliches" Verwaltungshandeln (schlichtes Verwaltungshandeln) wird die öffentlich-rechtliche Tätigkeit der Verwaltung bezeichnet, bei der Träger öffentlicher Verwaltung nicht „obrigkeitlich" handeln, sich also nicht der Handlungsart „Verwaltungsakt" bedienen, sondern ihre Aufgaben durch andere Mittel wahrnehmen, z. B. durch Errichtung öffentlicher Einrichtungen, schlichte Gewährung – öffentlich-rechtlicher – Leistungen, rein tatsächliche Vollzugshandlungen, Erteilung von Auskünften.[198]

76 Die Verwaltung kann sich auch, wie jedermann, der Gestaltungsmöglichkeiten des Privatrechts bedienen; dann liegt privatrechtliches Verwaltungshandeln vor. Insb. kann sie privatrechtliche Verträge (Miet-, Kauf-, Werkverträge usw.) schließen. Das geschieht häufig dann, wenn öffentlich-rechtliche Formen entweder nicht zur Verfügung stehen (Grundstückskauf) oder die Voraussetzungen für öffentlich-rechtliches Handeln nicht erfüllt sind (Enteignung eines Grundstücks) oder aber das private Recht größere Gestaltungsfreiheit gewährt.

76a Dem privatrechtlichen Verwaltungshandeln kommt eine erhebliche wirtschaftliche Bedeutung zu. Allein im Bereich der sog. Beschaffungsverwaltung werden in Deutschland jährlich öffentliche Aufträge im Wert von über 200 Milliarden Euro vergeben. Es stellt sich daher die Frage, ob der Staat – ohne jede Einschränkung – die Gestaltungsmöglichkeiten der Privatautonomie nutzen kann. Dies ist zu verneinen. Die öffentlich-rechtlichen Bildungen sind aber von unterschiedlicher Intensität, so dass eine differenzierte Betrachtung geboten ist:

---

[197] Vertiefung: Wüstenbecker Verwaltungsrecht AT I, S. 23 ff.; ferner Maurer/Waldhoff, § 3 RdNr. 10 ff. m. N. mit Verweis auf kritische Stimmen zu den drei Abgrenzungstheorien (siehe § 3 Rdnr. 14).

[198] Zur Vertiefung: Robbers, DÖV 1987, 272.

Arten

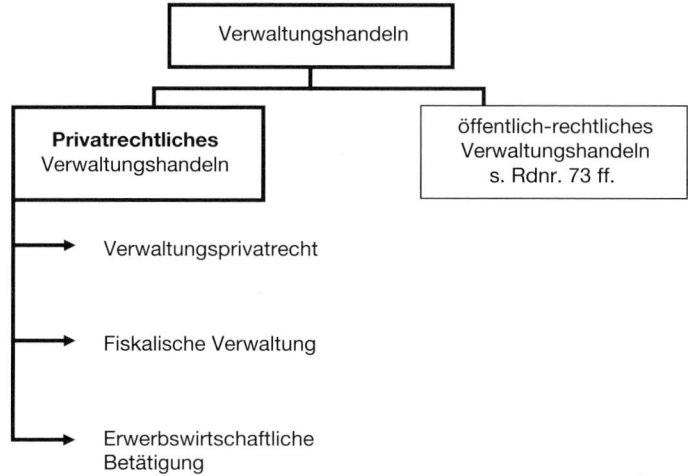

Die stärksten öffentlich-rechtlichen Bindungen ergeben sich in den Fällen des sog. Verwaltungsprivatrechts. Verwaltungsprivatrecht liegt vor, wenn (1) ein Träger öffentlicher Verwaltung (2) in privatrechtlicher Form handelt und (3) dem Bürger gegenüber unmittelbar eine öffentliche Aufgabe erfüllt. Die erste Voraussetzung ist erfüllt, wenn entweder ein Träger öffentlicher Verwaltung selbst (z. B. eine Kommune) oder über eine von ihm beherrschte juristische Person (z. B. Stadthallen-GmbH, deren Anteile allein der Kommune gehören) handelt. In privatrechtlicher Form wird dieser Träger tätig, wenn er die in den Rechtsbeziehungen zum Bürger die Handlungsformen des Privatrechts (z. B. Kaufvertrag, Darlehensvertrag) nutzt. Zu den öffentlichen Aufgaben gehören einerseits die durch Gesetz übertragenen und andererseits die freiwillig übernommenen Aufgaben (z. B. Bereitstellung öffentlicher Einrichtungen). Grundsätzlich gilt hier das Privatrecht. Die öffentlichen Beschränkungen ergeben sich aber aus der Beachtung der Grundrechte, insbesondere Art. 3 I GG, den Zuständigkeitsvorschriften des öffentlichen Rechts und des Grundsatzes der Verhältnismäßigkeit. Zudem gilt das Verbot, eine von der öffentlichen Hand zu erbringenden Leistung von der Gegenleistung des Bürgers abhängig zu machen, die in keinem sachlichen Zusammenhang mit der Verwaltungsleistung steht (sog. Koppelungsverbot). Die öffentlich-rechtlichen Überlagerungen der primär privat-rechtlichen Rechtbeziehungen sollen verhindern, dass der Staat durch die „Flucht ins Privatrecht" sich der Bindung der Grundrechte entziehen kann.[199]

77

Beispiel:
Eine Gemeinde hat von einem Landwirt ein größeres, für den Wohnungsbau geeignetes Grundstück erworben, das sie Bauwilligen für die Bebauung mit Familienheimen überlässt. An den Bauwilligen Moll, der nach der von der

---

199 Zur Vertiefung: von Zezschwitz, NJW 1983, 1873; vgl. auch Gusy, Jura 1985, 578 [583 f.]; ferner BVerwGE 55, 349; BVerwG NVwZ 1991, 59; BerlVerfGH NVwZ 2000, 794; OVG Lüneburg NVwZ 1990, 91, BayVGH DVBl. 2004, 975; BGH NJW 2003, 888 ff.; BGH NJW 2004, 1031

Verwaltungshandeln

Gemeinde geführten Bewerberliste an sich zu berücksichtigen wäre, will sie eines der letzten noch verfügbaren Grundstücke nicht verkaufen, weil dieser gegen die Gemeinde wegen der Höhe der Kanalbenutzungsgebühren einen Prozess führte. Der Bürgermeister meint, die Gemeinde sei beim Grundstücksverkauf ebenso frei wie jeder private Verkäufer. Diese Ansicht ist nicht richtig. Die Wohnungsbauförderung ist eine öffentliche Aufgabe der Verwaltung, u. a. der Gemeinden. Der Wohnungsbau wird insb. u. a. dadurch gefördert, dass Bauland bereitgestellt wird. Die Überlassung der Baugrundstücke liegt im Rahmen einer der Gemeinde obliegenden öffentlichen Aufgabe, die sie auch dem Berechtigten Moll gegenüber zu erfüllen hat. Da Art. 3 I GG zu beachten ist, müssen alle Bauwilligen gleichbehandelt werden. Der Umstand, dass Moll einen Prozess gegen die Gemeinde führte, ist kein sachlicher Grund, ihm ein Baugrundstück nicht zu verkaufen. Moll hat also Anspruch darauf, dass die Gemeinde ihm ein Baugrundstück überlässt.

Für Streitigkeiten zwischen den Parteien ist der Zivilrechtsweg (§ 13 GVG) gegeben. Die öffentlich-rechtlichen Bindungen ändern nicht die zugrunde liegende privatrechtliche Rechtsbeziehung.

78 Im Gegensatz zum Verwaltungsprivatrecht spricht man von Fiskalprivatrecht, wenn die Verwaltung als Fiskus am Privatrechtsverkehr teilnimmt, um ihr Verwaltungs- oder Finanzvermögen (z. B. Schulen, Krankenhäuser, Dienstfahrzeuge, Grundstücke) zu erwerben, zu erhalten oder zu veräußern. Die Erfüllung öffentlicher Aufgaben wird hier nur mittelbar gefördert, etwa dadurch, dass ein vermietetes oder verpachtetes Grundstück Erträge erbringt. Obgleich die öffentliche Hand hier keiner unmittelbaren Grundrechtsbindung unterliegt, gelten für sie doch – gegenüber einem Privaten – strengere Maßstäbe. So ist es dem Staat verwehrt, willkürlich zu handeln.[200] Zudem sieht das Wettbewerbsrecht für die Vergabe öffentlicher Aufträge besondere Regelungen vor (§§ 97 ff. GWB).[201]

78a Der Staat nimmt ferner als Unternehmer am Wirtschaftsleben teil. Er wird entweder als Unternehmer tätig (z. B. Porzellanmanufaktur) oder aber er beteiligt sich an Unternehmen (z. B. Banken; Energieversorger [RWE; Volkswagen AG]). Die erwerbswirtschaftliche Betätigung des Staates richtet sich grundrechtlich nach dem Privatrecht. Sofern sich Kommunen wirtschaftlich betätigen wollen, sehen regelmäßig die jeweiligen Kommunalverfassungen besondere Regelungen vor.[202]

---

200 GmS OBG BHGZ 97, 312 [317]; BGH NJW 2004, 1031 m. N.
201 Vertiefung siehe Maurer/Waldhoff § 17 RdNr. 20 ff.
202 siehe nur Übersicht bei Burgi, § 17; § Ipsen, Niedersächsisches Kommunalrecht, § 14 RdNr. 590 ff.; 15 RdNr. 644 ff.; zu den Voraussetzungen einer wirtschaftlichen Betätigung von Kommunen in Niedersachsen siehe Seybold/Neumann/Weidner, S. 78 ff.; einen Überblick über die wirtschaftliche Betätigung des Bundes vermittelt die vom Bundesministerium der Finanzen jährlich herausgegeben Schrift: Beteiligen des Bundes; in einzelnen Bundesländern gibt es vergleichbare Informationsquellen. Auch Kommunalverfassungen sehen mitunter vor, dass Kommunen ihre Beteiligungen veröffentlichen müssen

Arten

4.1.2 Öffentlich-rechtliches Verwaltungshandeln im Einzelnen (Überblick)

Im Verwaltungsrecht gelten unterschiedliche Regelungen für die einzelnen Arten des Verwaltungshandelns. So sind die Vorschriften über das Verwaltungsverfahren nur auf das Verwaltungshandeln anzuwenden, das auf den Erlass eines Verwaltungsaktes oder den Abschluss eines öffentlich-rechtlichen Vertrages gerichtet ist (§ 9).

79

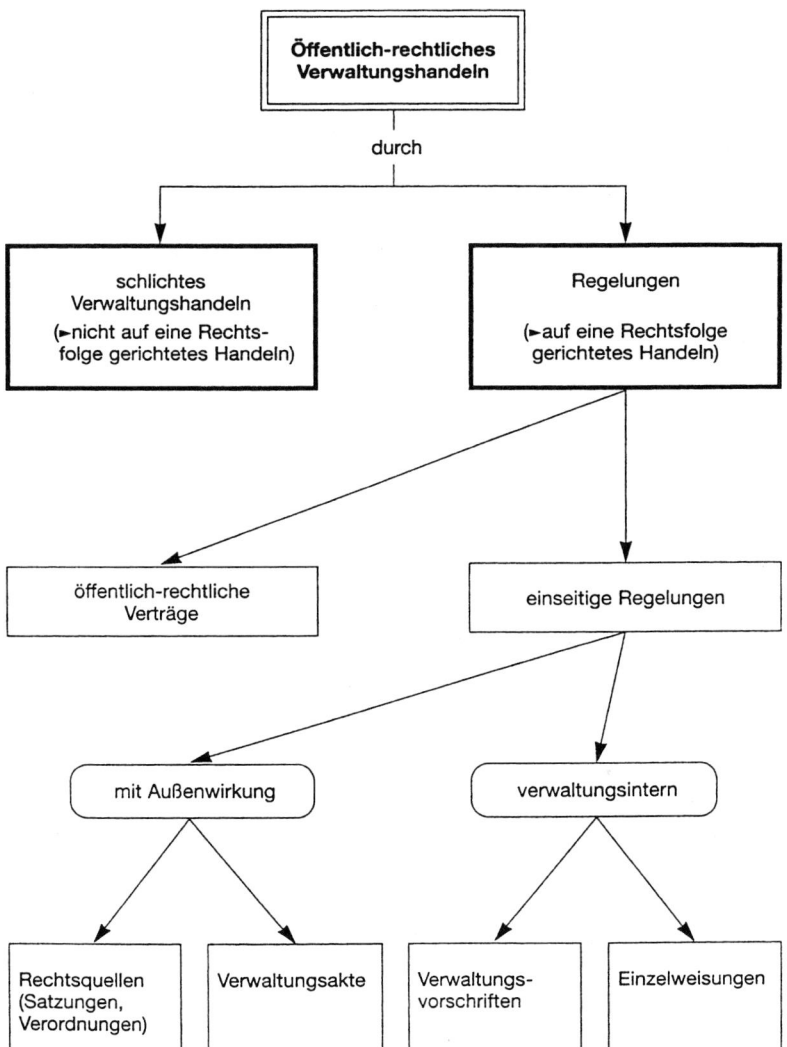

Verwaltungshandeln

Die Wirksamkeit von Rechtsnormen folgt anderen Regelungen als die Wirksamkeit von Verwaltungsakten.
Verwaltungsakte können unanfechtbar werden; bei anderem Verwaltungshandeln (z. B. bei Rechtsvorschriften und bei öffentlich-rechtlichen Verträgen) ist das nicht der Fall.
Schließlich ist der Rechtsschutz unterschiedlich geregelt. Es gibt verschiedene Klagearten, die sich vor allem danach unterscheiden, gegen welche Art des Verwaltungshandelns sich die Klage richtet. Anfechtungs- und Verpflichtungsklagen gibt es nur bei Verwaltungsakten (§ 42 I VwGO). Die allgemeine Leistungsklage ist nicht auf den Erlass eines Verwaltungsaktes gerichtet. Gegenstand eines Normenkontrollverfahrens (§ 47 VwGO) können nur (bestimmte) Rechtsvorschriften sein. Wegen dieser unterschiedlichen Voraussetzungen oder Rechtsfolgen ist es in Zweifelsfällen notwendig, die Art des Verwaltungshandelns zu bestimmen.
Die wichtigsten und rechtlich bedeutsamsten Handlungsformen, das materielle Verwaltungsrecht zu konkretisieren und durchzusetzen, sind Verwaltungsakte und öffentlich-rechtliche Verträge.

80 Während regelmäßig die Rechtsbeziehungen der Bürger zur Verwaltung entweder dem öffentlichen oder aber dem privaten Recht zuzuordnen sind, gibt es durchaus Sachlagen, da bietet es sich an, die Leistungsfähigkeit beider Bereiche zu bündeln. Es ist daher anerkannt, dass ein Rechtsverhältnis zweistufig begründet und abgewickelt werden kann. Voraussetzung ist, dass sich zwei getrennte Verfahrensabschnitte feststellen lassen. Ist dies der Fall, so kann die erste Stufe öffentlich-rechtlich und die zweite Stufe privatrechtlich ausgestaltet werden (sog. Zwei-Stufen-Theorie). Eine gewisse Bedeutung spielt dieser Gestaltungsansatz in der Leistungsverwaltung.

Öffentliche Einrichtung (öffentlich-rechtliche Organisationsform – **Zwei-Stufen-Theorie**)

Zulassung („Ob")	Benutzung („Wie")
▫ öffentlich-rechtlich	▫ privatrechtlich
▫ Verwaltungsrechtsweg bei Streitigkeiten	▫ Zivilrechtsweg bei Streitigkeiten

Beispiel:
Die Stadt Mendig (Rheinland-Pfalz[203]) betreibt eine Stadthalle als öffentliche Einrichtung. Die Stadt hat sich für eine öffentlich-rechtliche Organisationsform dieser Einrichtung entschieden. Die Frage der Zulassung zu dieser Einrichtung ist öffentlich-rechtlich zu beurteilen Sie erfolgt durch Verwaltungsakt. Dagegen wird für die Klärung der konkreten Nutzungsbedingungen auf

---

203 Für Niedersachsen siehe § 30 NKomVG; grundlegend zu öffentlichen Einrichtungen siehe Seybold/Neumann/Weidner, S. 53 ff.

Verwaltungsverfahren

die privatrechtliche Rechtsfigur des Mietvertrags (§§ 535 ff. BGB) zurückgegriffen. Kommt es zum Streit, so ist die Frage des „Ob's" der Zulassung vor den Verwaltungsgerichten zu klären, während Streitigkeiten aus dem Benutzungsverhältnis (das „Wie") vor den Zivilgerichten zu klären wären.

Aber auch im Bereich der Subventionsverwaltung spielt die Zwei-Stufen-Theorie eine beachtliche Rolle. Dagegen kommt dieser Gestaltungsansatz nicht zum Tragen, wenn eine öffentliche Einrichtung in privatrechtlicher Form (z. B. Dorfgemeinschaftshaus als GmbH oder kommunale Verkehrsbetriebe als AG) betrieben werden. Hier sind die Rechtsbeziehungen zunächst ausschließlich privatrechtlicher Natur.[204]

4.2 Verwaltungsverfahren

Das VwVfG kennt unterschiedliche Verwaltungsverfahren. **81**

```
                    Verwaltungsverfahren –Typen
          ┌──────────────────┬──────────────────┐
nichtförmliche/allgemeine   besondere          sonstige
```

▶ Regelfall (§ 10)   ▶ förmliche Verfahren (§§ 63 ff.)   ▶ sog. Massenverfahren

▶ Planfeststellungsverfahren   ▶ Verfahren über eine

(§§ 72 ff.)   einheitliche Stelle (§§ 71 a ff.)

▶ Rechtsbehelfsverfahren (§§ 79 f.)

Das sog. nichtförmliche Verwaltungsverfahren stellt den Regeltypus der Verwaltungspraxis dar. Es kommt immer zur Anwendung, soweit nicht eine spezialgesetzliche Regelung existiert. Für dieses Verfahren gelten dann nur relativ wenige Verfahrensvorgaben (z. B. über ausgeschlossenen Personen [§ 20 f.]; Anhörungsgebot [§ 28]; Akteneinsicht [§ 29]). Das Verfahren ist einfach, zweckmäßig und zügig durchzuführen (§ 10 S. 2). **82**

Besondere Verwaltungsverfahren zeichnen sich dadurch aus, dass – in unterschiedlicher Intensität – der Gesetzgeber förmliche Voraussetzungen vorgesehen hat. So wird das in den §§ 63 ff. geregelte Verfahren ausdrücklich als Förmliches bezeichnet. Es findet nur statt, wenn es ausdrücklich durch eine Rechtsvorschrift angeordnet worden ist (z. B. § 41 Saatgutverkehrsgesetz; § 9 Nds. Wassergesetz). Diese Verfahrensart hat bisher aber keine hohe praktische Bedeutung erlangt.[205] Anders sieht es dagegen bei Planfeststellungsverfahren aus. Sie spielen eine deut- **83**

---

204 Ob das BVerfG durch die sog. Fraport-Entscheidung (NJW 2011, 2011, S. 1201) hier eine neue Entwicklung angestoßen hat, die auf andere Bereiche zu übertragen ist, bleibt abzuwarten; eingehend zur Stufen-Theorie siehe Kramer/Bayer/Fiebig/Freudenreich, JA 2011, S. 810 ff.
205 Weitere Beispiele siehe Sachs/Kamp in: Stelkens/Bonk/Sachs, § 63 Rdnr. 39 ff.

Verwaltungshandeln

liche Rolle in der Verwaltungspraxis. Das Verfahren zielt auf die Feststellung eines Planes, durch den ein bestimmtes raumbezogenes Verfahren mit rechtsgestaltender Wirkung zugelassen werden soll.

Beispiele:
Flughafenneubau, Neubau bestimmter Straßen, Errichtung Brückenbauwerk
Der Planfeststellungsbeschluss ist als Verwaltungsakt zu qualifizieren.[206] Mitunter werden die Vorschriften des VwVfG durch fachgesetzliche Anordnungen modifiziert (z. B. §§ 17a – e FStrG).

84 Das Rechtsbehelfsverfahren dient der Überprüfung der Recht- und Zweckmäßigkeit eines Verwaltungsakts. Das VwVfG verweist auf die Bestimmungen der VwGO (§ 79). Das VwVfG findet nur ergänzende Anwendung.

85 Massenverfahren stellen noch keine besonderen Verfahrenstypen dar. Kennzeichen ist, dass an dem Verfahren eine Vielzahl von Personen beteiligt sind. Das VwVfG hält hierfür einige Sonderregelungen bereit (siehe nur §§ 17 bis 19; §§ 67 I, 69 II, 73 VI, 74 V).

86 Ob das Verfahren über einen einheitlichen Ansprechpartner (§§ 71a ff) als eigenständiger Verfahrenstypus einzustufen ist[207], mag dahingestellt bleiben, zumindest weist es gegenüber dem nichtförmlichen Verfahren einige Besonderheiten auf. Das neue Verfahren kommt nur zum Tragen, wenn eine entsprechende gesetzliche Anordnung vorliegt (§ 71a I). Diese Anordnung kann sich aus bundesrechtlichen (z. B. § 5b HwO; § 6b GewO) oder landesrechtlichen Vorschriften (z. B. § 2 NESOV)[208] ergeben. Zudem muss der Antragsteller die Einschaltung eines einheitlichen Ansprechpartners begehren. Welche Stelle in den Ländern diese Aufgabe wahrnimmt, wird landesrechtlich geregelt.[209] Der einheitlichen Stelle kommen Weiterleitungsfunktionen (§ 71b) und bestimmte Informations- und Beratungspflichten zu. Von besonderer Bedeutung ist, dass Anträge, Unterlagen, Willenserklärungen und Anzeigen am dritten Tage nach Eingang bei der einheitlichen Stelle als bei der zuständigen Behörde eingegangen gelten. Werden die Unterlagen verspätet der zuständigen Behörde zugeleitet, geht dies nicht zu Lasten des Antragstellers. Dies kann besondere Bedeutung bei Verfahren haben, wo nach Ablauf bestimmter Fristen eine Genehmigungsfiktion eintreten kann. § 71b VI enthält zudem eine besondere Bekanntgabefiktion für die Übermittlung eines Briefes durch die Post in das Ausland. Ziel der Verfahrensabwicklung über einen einheitlichen Ansprechpartner ist die Verfahrensvereinfachung und Verfahrensbeschleunigung. Besonders für ausländische Antragsteller kann es hilfreich sein, mit Hilfe eines einheitlichen Ansprechpartners einen Weg zu beschreiten, um rasch die zuständige Behörde für das eigene Anliegen zu finden.

---

206 Kopp/Ramsauer, VwVfG § 74 RdNr. 15
207 So Maurer/Waldhoff, § 19 RdNr. 6; Kopp/Ramsauer, VwVfG, § 71a RdNr. 4
208 Nds. Verordnung zur Abwicklung von Verwaltungsverfahren zur Ausübung von Bundesrecht über eine einheitliche Stelle und über Bearbeitungsfristen (Nds. GVBl. 2010 S. 497); abgedr. DVP Nds. Ziff. 20.007
209 Siehe z. B. für das Land Nds. das Gesetz über einheitliche Ansprechpartner NEAG; Nds. GVBl. 2009, S. 481. Zuständige Stellen sind hier die Landkreise, kreisfreien Städte, große selbstständige Städte und das Wirtschaftsministerium (§ 1 I NEAG)

Verwaltungsakt

Mit dem Planvereinheitlichungsgesetz[210] ist der § 25 III geändert worden und ein Verfahrensabschnitt eingeführt worden, der sich nur schwer in die traditionelle Konzeption des VwVfG eingliedern lässt; die sog. frühe Öffentlichkeitsbeteiligung. So soll die Behörde darauf hinwirken, dass der Träger bei der Planung von Vorhaben, die nicht nur unwesentliche Auswirkungen auf die Belange einer größeren Zahl von Dritten haben können, die betroffene Öffentlichkeit frühzeitig über die Ziele des Vorhabens, die Mittel, es zu verwirklichen und die voraussichtlichen Auswirkungen des Vorhabens unterrichtet. Die frühe Öffentlichkeitsbeteiligung soll möglichst bereits vor Stellung des Antrages stattfinden. Damit löst sich dieser Verfahrensschritt vom Verfahrensbegriff des § 9. Der Gesetzgeber will mit dieser frühen Beteiligung der Öffentlichkeit aber erreichen, dass die Transparenz von Entscheidungsprozessen erhöht und Konflikte vermieden werden. Die Vorschrift zielt auf raumbedeutsame Maßnahmen; nicht erfasst werden dagegen tätigkeitsbezogene Genehmigungsverfahren. Folgt der Planungsträger dem Gedanken der frühzeitigen Öffentlichkeitsbeteiligung nicht, führt dies jedoch nicht zur formellen Rechtswidrigkeit des Genehmigungsverfahrens. Gleichwohl ist es im Interesse des Planungsträgers, rechtzeitig – im Dialog mit der Öffentlichkeit – entsprechende Projekte zu realisieren.

87

4.3 Verwaltungsakt

4.3.1 Begriff

4.3.1.1 Verwaltungsakt allgemein. Den Verwaltungen stehen zur Erfüllung ihrer Aufgaben verschiedene Rechts- und Handlungsformen zur Verfügung. Auch heute noch ist der Verwaltungsakt das zentrale Instrument zum Vollzug des deutschen und europäischen Rechts. § 35 S. 1 enthält eine Legaldefinition für den Begriff Verwaltungsakt. Diese Norm formuliert positive Aussagen, die vorliegen müssen, damit die Maßnahme einer Behörde als Verwaltungsakt zu qualifizieren ist. Zugleich dient diese Legaldefinition auch als Abgrenzung gegenüber anderen Handlungsformen der Verwaltung (siehe nur Übersicht Rdnr. 103).
Nach der gesetzlichen Begriffsbestimmung des § 35 S. 1 ist Verwaltungsakt jede *Verfügung, Entscheidung oder andere hoheitliche Maßnahme*, die eine *Behörde* zur *Regelung* eines *Einzelfalles* auf dem *Gebiet des öffentlichen Rechts* trifft und die auf *unmittelbare Rechtswirkung nach außen* gerichtet ist. Die kursiv geschriebenen Merkmale sind entscheidend. „Verfügung" und „Entscheidung" sind nur Beispiele für „Maßnahme". Das Adjektiv „hoheitlich" zum Begriffsmerkmal „Maßnahme" bedeutet dasselbe wie „auf dem Gebiet des öffentlichen Rechts", ist also überflüssig und kann deshalb weggelassen werden.[211] „Regelung" ist hier zu verstehen als „einseitige Regelung". „Maßnahme" und „Behörde" können zu einem Merkmal zusammengefasst werden, weil bei der „Maßnahme" kaum Abgrenzungsfragen entstehen.
Aus der Legaldefinition lassen sich also die folgenden Begriffsmerkmale ableiten:
1. Maßnahme einer Behörde

88

---

210 Vom 31. Mai 2013 (BGBl. I S. 1388; dazu Schmitz/Prell NVwZ 2013 S. 745 ff.).
211 Wie hier wohl Maurer/Waldhoff, § 3 Rdnr. 12; kritisch dagegen Wienbracke, VR 2019, S. 217 ff.
[219]

Verwaltungshandeln

2. auf dem Gebiet des öffentlichen Rechts
3. (einseitige) Regelung
4. Außenwirkung
5. Einzelfall

Diese Begriffsmerkmale werden im Folgenden kurz definiert und, soweit erforderlich, erläutert.

89 | Maßnahme einer Behörde

Maßnahme ist jedes zweckgerichtete Handeln.
Behörde i. S. des VwVfG ist nach § 1 IV jede Stelle, die Aufgaben der öffentlichen Verwaltung wahrnimmt.
Die Erklärungen können auch konkludent und durch Zeichen geäußert werden (§ 37 II 1).[212] Dagegen knüpft die Rechtsordnung regelmäßig an bloße Untätigkeit oder Schweigen keine Rechtsfolge.

Beispiel:
Manfred H. will ein Bewachungsgewerbe i. S. v. § 34a GewO eröffnen. Den notwendigen und vollständigen Antrag legt er im Februar des Jahres vor. Auch wenn die zuständige Behörde bis zum September des Jahres keine Entscheidung getroffen hat, berechtigt dies H nicht, das Gewerbe auszuüben. Es fehlt die erforderliche Gewerbeerlaubnis.[213]

Eine andere Beurteilung ist aber dann gegeben, wenn das Gesetz ausdrücklich auch an behördliche Untätigkeit in Form des Schweigens eine Rechtsfolge knüpft. Gab es bisher lediglich in einigen wenigen Gesetzen eine derartige Regelung

Beispiele:
Die fingierte Taxenkonzession (§ 15 I 5 PBefG); Genehmigungsfiktion nach § 145 I 2 BauGB; Widmungsfiktion nach § 2 VI a FStrG und die fingierte kommunalrechtliche Genehmigung (§ 176 I 2 NKomVG)

so hat der Gesetzgeber mit dem § 42a VwVfG (der sog. Genehmigungsfiktion) eine neue Entwicklung eingeleitet.[214]
Der Behördenbegriff ist nicht nur im organisationsrechtlichen Sinne gemeint; die Begriffsbestimmung schließt darüber hinaus auch natürliche und juristische Personen ein, die als „Beliehene" öffentlich-rechtliche Verwaltungstätigkeit ausüben (vgl. RdNr. 19).

---

212 Auch Signale einer Verkehrsampel können VA-Qualität haben; vgl. auch BGHZ 99, 249 [252 m. N.]
213 Der Antragsteller ist aber nicht schutzlos. U. U. muss eine Untätigkeitsklage (§ 75 VwGO) erhoben werden.
214 Ausführlich zu § 42a und dem Rechtsinstitut der Genehmigungsfiktion siehe RdNr. 127b; eingehend zur Fiktion siehe Caspar, AöR 2000, 13

Verwaltungsakt

Behördeneigenschaft im Sinne des VwVfG   **90**
dargestellt am Beispiel einer Gemeinde

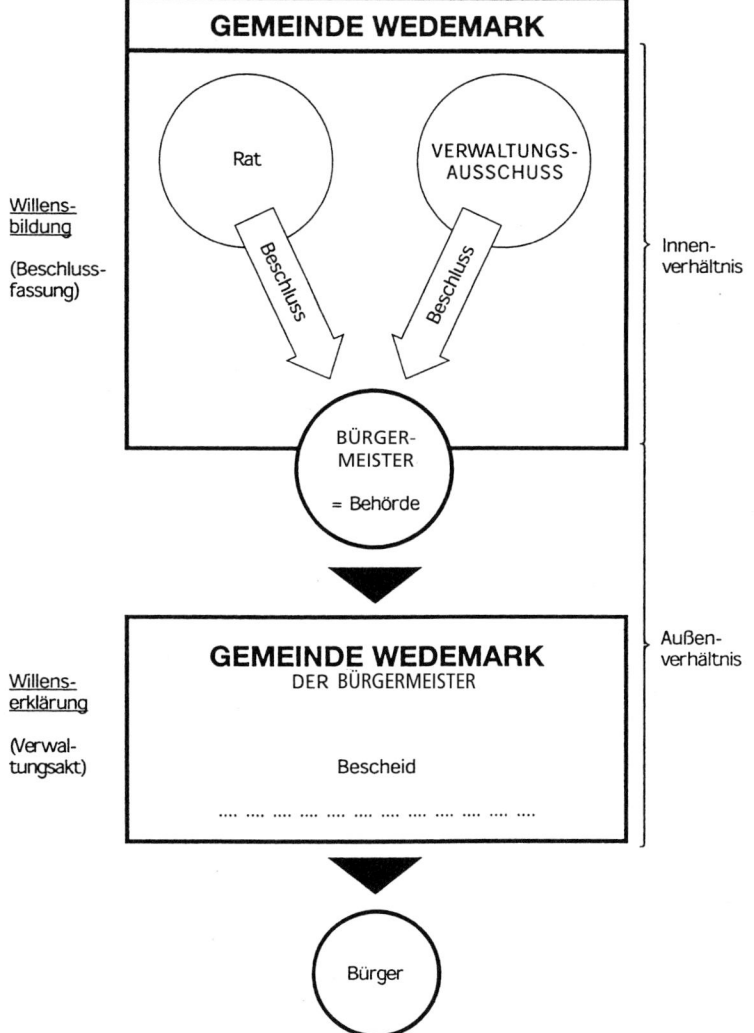

Behörde i. S. des VwVfG ist nur die Stelle, die für die nach außen wirkende Verwaltungstätigkeit zuständig ist,[215] denn im Verhältnis zum Bürger tritt die

---

215   Erichsen, § 12 RdNr. 14; Kopp/Ramsauer, § 1 RdNr. 51; Weides, § 2 I 1 (mit Außenbereich ist dort wohl Außenverhältnis gemeint). Zum Merkmal „Stelle" siehe auch BVerwGE 141, 122 [124 n. N.]

Verwaltungshandeln

Behörde als Einheit auf. So sind juristische Personen keine Behörden, sie haben vielmehr Behörden, die als Organe für sie handeln.[216] Sind z. B. innerhalb einer juristischen Person mehrere Stellen (Organe) am Zustandekommen eines Verwaltungsaktes beteiligt (etwa bei einer Gemeinde die Vertretung (Rat) oder der Hauptausschuss (Verwaltungsausschuss) als das für die Willensbildung und der Bürgermeister als das für die Außenvertretung zuständige Organ, erlässt in der Regel erst die die Verbindlichkeit im Außenverhältnis herstellende Stelle den Verwaltungsakt; vorher handelt es sich nur um ein Verwaltungsinternum.[217]

Beispiel:
Der Rat einer Gemeinde beschließt, den ersten Stadtrat (= Beamter auf Zeit) abzuberufen. Mit dem Abberufungsbeschluss liegt – ähnlich wie bei der Wahl – nur ein Akt der Willensbildung vor; den Verwaltungsakt „Abberufung" erlässt erst das für die Vertretung der Gemeinde nach außen zuständige Organ (in diesem Fall nach niedersächsischem Kommunalrecht der Bürgermeister).[218]

| 91 | auf dem Gebiet des öffentlichen Rechts |

Auf dem Gebiet des öffentlichen Rechts ergeht eine Maßnahme, wenn sie sich nach öffentlich-rechtlichen Vorschriften richtet.
Dieses Merkmal ist etwas zu weit gefasst, denn nicht auf dem gesamten Gebiet des öffentlichen Rechts werden Verwaltungsakte erlassen, sondern nur auf dem Gebiet des Verwaltungsrechts. Verfassungsrechtliche, völkerrechtliche und prozessrechtliche Maßnahmen sind danach keine Verwaltungsakte
Im Zweifel ist unter Rückgriff auf die Abgrenzungstheorien (RdNr. 73) zu klären, ob die Maßnahme auf dem Gebiet des öffentlichen Rechts erfolgt. Es ist ferner zu berücksichtigen, dass sich die Maßnahme nach öffentlich-rechtlichen Vorschriften richtet, wenn die Behörde erkennbar von öffentlich-rechtlichen Befugnissen Gebrauch macht. Die Frage, ob die Behörde berechtigt ist, einen Sachverhalt durch Verwaltungsakt zu regeln, ist hier nicht maßgeblich. Selbst wenn die Behörde einen dem Privatrecht zuzuordnenden Sachverhalt (zu Unrecht) durch Verwaltungsakt geregelt hat, hat sie den Betroffenen dadurch in ein Subordinationsverhältnis einbezogen mit dem Anspruch, ihm gegenüber zu öffentlich-rechtlichem Handeln berechtigt zu sein.[219]

Beispiel:
Klaus Legal war bis Ende vorigen Jahres Stadtoberinspektor bei der Stadt Leinetal und ist jetzt im Landesdienst tätig. Er hatte von der Stadt eine Wohnung gemietet. Der privatrechtliche Mietvertrag (§ 535 BGB) wurde vor

---

216 Kehl, Jura 2001, 505 [507]
217 A. A. VGH Mannheim, NJW 1979, 1670 [1671] und Urt. NJW 1981, 1749 (1750): der Ratsbeschluss über die Benennung einer Straße enthält bereits selbst die nach außen wirkende Regelung. Das Nds. OVG (Urt. vom 18.2.1969, OVGE 25, 414) sieht in einem solchen Fall den Ratsbeschluss und dessen Übermittlung durch den Hauptverwaltungsbeamten als „Teile einer zur Einzelfallregelung zusammengefassten Einheit" an, trennt also nicht zwischen Willensbildung und -erklärung; siehe weiter Thiele, § 40 RdNr. 2 m. N.
218 Siehe auch § 109 NKomVG; dazu Weidemann, § 109 RdNr. 15 ff. in Blum/Häusler/Meyer; Thiele, § 109 RdNr. 7 m. N.; Lichtenfeld, DVBl. 1982, 1021 [1023]
219 Tschentscher DVBl. 2003, 1424 ff.; BGH NJW 1982, 2251 ff.; OVG Lüneburg NJW 1978, 1211

drei Jahren abgeschlossen. Da die Stadt eigene Wohnungen vorhält, um so attraktiven Bewerbern einen zusätzlichen Anreiz zu bieten, zur Stadtverwaltung zu kommen, fordert Leinetal Klaus Legal mit Schreiben vom 15. Juni auf, die Wohnung bis zum 30.9. d. J. zu räumen. Begründet wird diese Anordnung mit dem beamtenrechtlichen Treuegebot. Für den Fall der Nichtbeachtung dieses Gebotes war ein Zwangsgeld angedroht worden. Zugleich enthielt dieses Schreiben eine Rechtsbehelfsbelehrung. Der Bescheid betrifft zwar ein privatrechtliches Rechtsverhältnis, ist jedoch auf dem Gebiet des öffentlichen Rechts (Beamtenrechts) erlassen worden und demnach, da auch die weiteren Begriffsmerkmale erfüllt sind, ein Verwaltungsakt (sog. „Formalverwaltungsakt").

(Der Verwaltungsakt ist allerdings rechtswidrig, weil die Stadt nach dem NBG und auch sonst nicht berechtigt ist, Ansprüche aus einem privatrechtlichen Rechtsverhältnis durch Verwaltungsakt geltend zu machen.)

92 Ob die beabsichtigte Wirkung auf dem Gebiet des öffentlichen Rechts oder des privaten Rechts eintritt, ist für die Frage, ob ein Verwaltungsakt vorliegt, nicht entscheidend. Es kommt vielmehr darauf an, ob die Maßnahme nach öffentlichem Recht ergeht.

Beispiele:
a) Helmut K. erbt ein ca. 450 m² großes Grundstück. Dieses liegt in der Stadt Lüneburg. Er beabsichtigt, dieses Grundstück zu veräußern. Da es im Bereich eines förmlich festgesetzten Sanierungsgebietes liegt, ist für die rechtsgeschäftliche Veräußerung des Grundstücks eine Genehmigung der Gemeinde erforderlich (§§ 144 II 1, 145 BauGB). Die sanierungsrechtliche Genehmigung entfaltet Wirkungen auf dem Gebiet des privaten Rechts. Da sie sich nach den öffentlich-rechtlichen Bestimmungen des BauGB richtet, ist die Genehmigung auf dem Gebiet des öffentlichen Rechts ergangen (sog. privatrechtsgestaltender Verwaltungsakt[220]).
b) Das gesetzliche Vorkaufsrecht der Gemeinde nach § 28 II 1 BauGB wird durch Verwaltungsakt ausgeübt. Auch die Ausübung des Vorkaufsrechts ist also ein privatrechtsgestaltender Verwaltungsakt.

93 Gewisse Schwierigkeiten bereitet die rechtliche Zuordnung eines Hausverbotes des Behördenleiters gegenüber einem störenden Besucher eines Verwaltungsgebäudes. Diese Anordnung kann öffentlicher, aber auch privatrechtlicher Natur sein. Die Gerichte unterscheiden hier nach dem Zweck des Besuches.[221] Sofern der Besucher das Verwaltungsgebäude zur Erledigung öffentlich-rechtlicher Angelegenheiten (z. B. Widerspruchseinlegung gegen Versagung der Baugenehmigung) aufsucht, handelt es sich bei dem Hausverbot um einen Verwaltungsakt. Ist der Besuch dagegen der Privatrechtssphäre zuzuordnen (z. B. Lieferung von Büromöbeln) hat das Verbot privatrechtlichen Charakter.[222]

---

220 VGH Kassel NVwZ 1983, 556 [557]
221 BVerwGE 35 103 [106]; OVG Münster NJW 1998, 1425; a. A. Maurer/Waldhoff, § 3 RdNr. 35 m. N.; eingehend Gay, JA 2003, 231 ff.
222 Anschauliche Beispiele siehe OVG Lüneburg Beschl. vom 17.5.2018 AZ.: 10 ME 198/18 [Verweis aus dem Kreishaus wegen beleidigender Äußerungen]; VG Hannover Urt. vom 18.5.2018 AZ.: 1 A 7030/17 [Hausverbot in einem städtischen Schwimmbad]

Verwaltungshandeln

93a Die Verwaltung kann aber auch – in bestimmten Grenzen – berechtigt sein, öffentliche Aufgaben in privatrechtlicher Form wahrzunehmen. Denkbar ist, dass ein Verwaltungsträger für seine Handlungen die Form des Privatrechts wählt (z. B. Ausgestaltung des Benutzungsverhältnisses für eine öffentliche Einrichtung im Rahmen der Zwei-Stufen-Theorie). Zudem kann er auch privatrechtliche Organisationsformen wählen (z. B. Stadtwerke-GmbH). Häufig gibt es insoweit Eigengesellschaften, die von der öffentlichen Hand „beherrscht" werden. Derartige privatrechtliche Rechtsträger vermögen regelmäßig nur in privatrechtlicher Form zu agieren.[223]

94 | Regelung |

Eine einseitige Regelung liegt vor, wenn die Maßnahme auf „unmittelbare Rechtswirkung", d. h. darauf gerichtet ist, eine unmittelbare Rechtsfolge herbeizuführen.[224] Damit enthält der Begriff der Regelung ein finales Element. U. U. ist durch Auslegung der objektive Sinngehalt eines behördlichen Ausspruches zu ermitteln.[225] Praktisch entspricht die Regelung im Verwaltungsrecht der Willenserklärung im Privatrecht. Gemeinsam ist beiden Handlungsformen, dass durch die Erklärung Rechtsfolgen herbeigeführt werden.

Regelungswirkung haben solche Maßnahmen, die Rechte oder Pflichten der Beteiligten unmittelbar begründen, aufheben oder ändern oder verbindlich feststellen. Im Wesentlichen gibt es folgende Fallgruppen der Regelung:
1. Verbot eines Verhaltens (z. B. Untersagung des Weiterbaus);
2. Gebot eines Verhaltens (z. B. Zahlung einer Kanalanschlussgebühr)
3. Rechtsgestaltung
3.1 Rechtsgewährung (z. B. Erteilung Fahrerlaubnis)
3.2 Rechtsversagung (z. B. Ablehnung Maklererlaubnis)
3.3 Rechtsgestaltung i. e. S.; d. h. Änderung oder Aufhebung eines Rechtsverhältnisses (Entziehung Fahrerlaubnis)
4. Dingliche Regelung (z. B. straßenrechtliche Widmung)
5. Feststellung einer unklaren oder streitigen Rechtslage (z. B. Feststellung der deutschen Staatsangehörigkeit)

95 Regelung i. S. des § 35 ist grundsätzlich der endgültige Ausspruch einer Rechtsfolge. Damit grenzt das Merkmal den Verwaltungsakt von solchen Maßnahmen

---

223 Ausnahme: Es liegt eine sog. Beleihung vor; zur unmittelbaren Grundrechtsbindung von der durch die öffentlichen Hand beherrschten privatrechtlichen juristischen Personen grundlegend BVerfG NJW 2011, S. 1203
224 Wenig überzeugend ist dagegen folgende – häufig in Leistungsnachweisen – anzutreffende Formulierung: „Regelung ist jede Maßnahme, die die Rechtslage verändert." Von dieser Definition wird der feststellende Verwaltungsakt nicht erfasst. Derartige Verwaltungsakte bewirken gerade keine Veränderung der Rechtslage; ähnlich Brühl, S. 46. Eingehend zum Regelungsbegriff Kahl, Jura 2001, 505 [508 ff.]
225 Vgl. nur BVerwGE 360, 144; lesenswert ist die Entscheidung des OVG Lüneburgs (Nds. VBl. 2013, S. 13 ff.). Das Gericht legt ausführlich dar, warum die vom Bezirksschornsteinfegermeister nach § 40 Abs. 8 NBauO erteilte Bescheinigung über die Tauglichkeit der Abgasanlagen und die sichere Benutzbarkeit der Feuerungsanlagen mangels Regelungscharakter keinen Verwaltungsakt darstellt.

Verwaltungsakt

ab, mit denen gerade nicht die unmittelbare Herbeiführung einer Rechtsfolge bezweckt ist. Damit wird der weite Bereich des sog. schlichten Verwaltungshandelns aus dem VA-Begriff ausgeklammert.

Eine Verwaltungshandlung, die eine künftige Regelung nur vorbereiten soll, ist selbst noch keine Regelung und deshalb grundsätzlich kein Verwaltungsakt. Häufig wird damit nur die dem Betroffenen nach § 26 II 1 allgemein obliegende Pflicht, bei der Ermittlung des Sachverhalts mitzuwirken, konkretisiert.

Beispiele:
a) Der Inhaber einer Fahrerlaubnis wird aufgefordert, ein Gutachten einer amtlich anerkannten medizinisch-psychologischen Untersuchungsstelle beizubringen (§ 46 III i. V. m. § 11 FeV). Diese Maßnahme dient der Sachverhaltsaufklärung. Es soll gutachtlich geklärt werden, ob der Erlaubnisinhaber noch geeignet ist, ein Kraftfahrzeug zu führen. Der Behörde ist es jedoch verwehrt, die Beibringung des Gutachtens zu erzwingen. Verwaltungsakt ist dann erst die (spätere) Fahrerlaubnisentziehung.[226]
b) Eine Eintragung der von dem Meldepflichtigen mitgeteilten Daten zur Haupt- und Nebenwohnung im Melderegister stellt keinen Verwaltungsakt dar.[227]

Auch bei den nachfolgenden Beispielen fehlt der Regelungscharakter der Maßnahme:
– Anhörung nach § 28 VwVfG
– Auskünfte, Mitteilungen
– Auszahlung von Geld[228]
– Ausrechnung als verwaltungsrechtliche Willenserklärung[229]
– Wiederholende Verfügung[230]
– schriftliche Bestätigung eines mündlichen Verwaltungsakts (§ 37 II VwVfG)[231]
– Bloßer Hinweis auf die Rechtslage

Nur ausnahmsweise hat eine vorbereitende Maßnahme bereits Regelungscharakter.

96

Beispiele:
Mitteilung über die beabsichtigte Eintragung in die Handwerksrolle (§ 11 HandwO) und Mitteilung über die beabsichtigte Löschung der Eintragung in die Handwerksrolle (§ 13 III HandwO);
Androhung der Verweisung von der Schule (vgl. RdNr. 99); Androhung eines Zwangsmittels.[232]

---

226 Vgl. auch BVerwGE 34, 248; OVG Münster NJW 2001, 3427
227 OVG Lüneburg Beschl. vom 25.4.2015, NdsVBl. 2014, S. 321 f.
228 BVerwGE 16, 2 (6 f.)
229 BVerwG NJW 1983, S. 776
230 Diese Mitteilung ist abzugrenzen vom sog. positiven oder negativen Zweitbescheid.
231 Dazu siehe Weidemann/Rheindorf, DVP 2009, S. 376 ff.
232 Zur Androhung eines Zwangsmittels als Verwaltungsakt BVerwG NVwZ-RR 1989, 337; VGH München NJW 1982, 460. Vgl. auch Habermehl, Tz. 883, m. w. N.

Verwaltungshandeln

97 Grundsätzlich ist die Regelung eine Gesamtregelung der Rechte und Pflichten der Beteiligten. Wird jedoch ein Teil einer Gesamtregelung vorweggenommen, liegt insoweit bereits eine Regelung vor.

Beispiel:
Über einzelne Fragen, über die im Baugenehmigungsverfahren zu entscheiden wäre und die selbstständig beurteilt werden können, ist auf Antrag durch Bauvorbescheid zu entscheiden (§ 73 I NBauO). Der Bauvorbescheid ist Verwaltungsakt.[233]

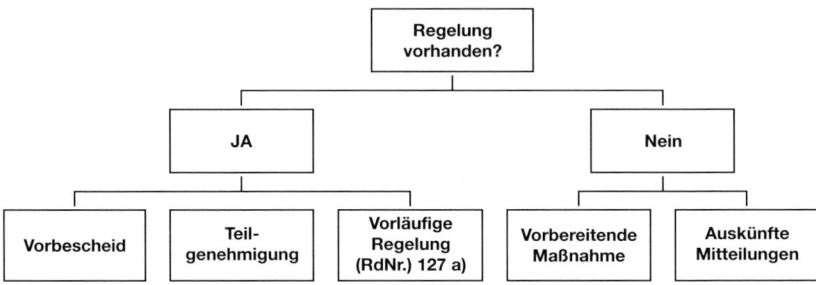

97a Eine einseitige Regelung liegt auch bei mitwirkungsbedürftigen Maßnahmen vor (z. B. Antrag auf Erteilung einer gewerberechtlichen Erlaubnis). Hier wird das Verwaltungsverfahren erst eingeleitet, wenn ein entsprechender Antrag des Betroffenen vorliegt. In diesen Fällen kann der Betroffene den Erlass des Verwaltungsakts verhindern, indem er keinen Antrag stellt oder aber seine Zustimmung verweigert (z. B. bei einer Beamtenernennung). Liegt aber der Antrag oder aber die Zustimmung vor, hat der Betroffene regelmäßig keinen Einfluss mehr auf den Inhalt der Regelung.

98 Außenwirkung

Außenwirkung ist mit einer Regelung dann beabsichtigt, wenn sich die Rechtsfolge an eine außerhalb der Verwaltung stehende Person richtet.
Mit diesem Begriffsmerkmal wird klargestellt, dass behördeninterne Regelungen (Verwaltungsvorschriften, verwaltungsinterne Einzelweisungen) nicht erfasst werden sollen. Es kommt nicht darauf an, wie die Regelung sich im Einzelfall tatsächlich auswirkt, sondern allein darauf, ob sie ihrem objektiven Sinngehalt nach dazu bestimmt ist, Außenwirkung zu entfalten.[234] Von Bedeutung ist die Abgrenzung insbesondere bei besonderen Verwaltungsrechtsverhältnissen, mehrstufigen Verwaltungsakten und Maßnahmen der Aufsicht.

98a Soweit behördliche Anordnungen gegenüber Beamten ergehen, ist danach zu unterscheiden, ob die Maßnahme

---

233 Zur Rechtsnatur des Bauvorbescheids BVerwGE 68, 241, und BVerwGE 69, 1; Entscheidungsrezension von Dürr, JuS 1984, 770; weitere Beispiele siehe §§ 9 f. BImSchG; §§ 7 a f. AtG
234 BVerwG, Urt. vom 22.5.1980, BVerwGE 60, 144 [145]

Verwaltungsakt

– die persönliche Rechtsstellung des Beamten (dann ist Außenwirkung gegeben) oder
– nur seine Amtsstellung (dann ist keine Außenwirkung gegeben)
betrifft.

Häufig hilft bei der Zuordnung entsprechender Maßnahmen folgende Hilfsüberlegung:[235] Richtet sich die Maßnahme des Vorgesetzten, im Falle der Abwesenheit des betroffenen Beamten, auch an seinen Vertreter im Amt, so ist sie rein verwaltungsinterner Natur (Beispiele: Dienstpostenbewertung, alle Weisungen, Anordnungen, die die Organisation und Gestaltung der konkreten Arbeit betreffen, Änderung des Aufgabenbereiches, Neuverteilung der Dienstzimmer). Ist die Maßnahme dagegen nur für den Beamten selbst bestimmt, liegt Außenwirkung vor (Beispiele: Bewilligung von Urlaub, Beihilfe, Nebentätigkeit, Versetzung, Abordnung, Ernennung)

Beispiele:
a) Ein Beamter, der sechs Jahre lang in der Schulabteilung eines Landkreises tätig war, wird in die Straßenverkehrsabteilung umgesetzt. Mit der Umsetzung, die sich an den Beamten nur in seiner Eigenschaft als Amtsträger und Glied der Verwaltung richtet, ist nach ihrem objektiven Sinngehalt allein beabsichtigt, ihm einen anderen Dienstposten innerhalb der Behörde zu übertragen. Die Maßnahme ist nicht auf Außenwirkung gerichtet, also kein Verwaltungsakt, und zwar auch dann nicht, wenn sie im Einzelfall tatsächlich Rechte des Beamten beeinträchtigt.[236]
b) Die Vertretungskörperschaft des Landkreises beschließt, den Kreisinspektor Möhlmann zum Oberinspektor zu befördern. Der Landrat übergibt dem Beamten die Ernennungsurkunde. Die Ernennung ist nach ihrem objektiven Sinngehalt darauf gerichtet, unmittelbare Rechtswirkungen gegenüber dem Beamten (als selbstständige Rechtspersönlichkeit) zu entfalten. Sein Status wird verändert. Es handelt sich bei der Beförderung um einen Verwaltungakt.[237]

Im Schulverhältnis fehlt allen Maßnahmen, die dazu dienen, den regelmäßigen Unterrichtsbetrieb aufrecht zu erhalten (wie z. B. das Stellen einer Klassenarbeit, Stellen von Hausaufgaben), die Außenwirkung. Sie berühren nicht die Rechtsstellung des Schülers gegenüber der Schule. Dagegen gehen Schulordnungsmaßnahmen wie z. B. der Ausschluss vom Unterricht für eine bestimmte Zeit oder die Verweisung von der Schule über den normalen Schulbetrieb hinaus, sie sind Verwaltungsakt. Hier ist der Schüler nicht nur als Mitglied der Schulgemeinschaft, sondern in seiner allgemeinen Rechtssphäre betroffen. **99**

Angesichts der Komplexität mancher Verwaltungsentscheidungen ist die Mitwirkung anderer Behörden beim Erlass des Verwaltungsakts vorgesehen (sog. mitwirkungsbedürftiger Verwaltungsakt). Haben Ausgangsbehörde und die Mit- **100**

---
235 In Anlehnung an Brühl, S. 49; ferner BVerwGE 60, 144; BVerfG-K NVwZ 2008, S. 547
236 Ebenda
237 Weitere Beispiele für Verwaltungsakte im Beamtenverhältnis siehe Kopp/Ramsauer, § 35 RdNr. 136 ff.

Verwaltungshandeln

wirkungsbehörde ausschließlich dieselben (fachlichen) Gesichtspunkte zu beurteilen, so fehlt es bei der Mitwirkungshandlung an der Außenwirkung.[238]

Beispiel:
Frau Pohl beantragt beim Landkreis (= Bauaufsichtsbehörde) die Baugenehmigung für die Errichtung eines Wohngebäudes. Das Baugrundstück liegt im Außenbereich der Gemeinde. Zu Recht versagt die Gemeinde das nach § 36 I BauGB erforderliche Einvernehmen. Daraufhin lehnt der Landkreis die Baugenehmigung ab. Die Einvernehmensverweigerung stellt lediglich ein sog. Verwaltungsinternum dar. Im Verhältnis zur Antragstellerin ist allein die Bauaufsichtsbehörde zum Erlass des (ablehnenden) Verwaltungsaktes befugt.[239]

101 Selbstverwaltungsträger (z. B. Gemeinden und Landkreise) unterliegen der Aufsicht des Staates. Dem Staat stehen vielfältige Instrumente zur Verfügung, um Einfluss auf das Handeln der Selbstverwaltungsträger zu nehmen. Ob entsprechende Anordnungen gegenüber dem Adressaten Außenwirkung entfalten, hängt davon ab, ob die Maßnahme der Rechtsaufsicht[240] oder aber der Fachaufsicht zuzuordnen ist. Sofern die Anordnung[241] beispielsweise eine Gemeinde in ihren Selbstverwaltungsangelegenheiten betrifft, entfaltet sie Außenwirkung und stellt einen Verwaltungsakt dar. Weisungen der Fachaufsicht fehlt demgegenüber die Außenwirkung.[242]

102 | Einzelfall

Um einen Einzelfall handelt es sich jedenfalls dann, wenn die Regelung einen konkreten Sachverhalt betrifft und sich an bestimmte Personen richtet.
Durch dieses Begriffsmerkmal wird der Verwaltungsakt von allgemeinen Regelungen mit Außenwirkung (Rechtsnormen) abgegrenzt. Das geschieht prinzipiell nach dem geregelten Fall und den Adressaten der Regelung mithilfe der Begriffspaare „abstrakt-generell" und „konkret-individuell". Die abstrakt-generelle Regelung wendet sich für eine unbestimmte Anzahl von Fällen (= abstrakt) an eine unbestimmte Anzahl von Personen (= generell), geschieht also durch Rechtsnorm. Die konkret-individuelle Regelung betrifft einen bestimmten Sachverhalt (= konkret) und ist an eine bestimmte Person oder mehrere – namentlich bezeichnete – Personen (= individuell) gerichtet (vgl. Übersicht RdNr. 105). Die abstrakt-individuelle Regelung wird aus praktischen Gründen als Regelung eines Einzelfalls und damit ebenfalls als Verwaltungsakt angesehen.[243]

Beispiele:
a) § 14 I 1 GewO verpflichtet Gewerbetreibende, den Beginn eines stehenden Gewerbes der zuständigen Behörde anzuzeigen, richtet sich also für

---

238 Eingehend zum mitwirkungsbedürftigen Verwaltungsakt: Weidemann, VR 2000, 95 ff.
239 BVerwG NVwZ 1986, 556
240 Im kommunalen Bereich Kommunalaufsicht; näher Häusler, § 170 RdNr. 5 ff. in Blum/Häusler/Meyer
241 Z. B. Unterrichtung, Beanstandung, Anordnung, Bestellung eines Beauftragten, Genehmigung; siehe Art. 108 ff. BayGO; §§ 116 GO NW; §§ 172 ff. NKomVG; §§ 111 ff. SächsGO
242 OVG Lüneburg NdsVBl. 1997, 155; Ipsen, Niedersächsisches Kommunalrecht, RdNr. 856 f.
243 Zur Vertiefung: Schmalz, 3. Teil RdNr. 203 ff.

Verwaltungsakt

eine unbestimmte Anzahl von Fällen an eine unbestimmte Anzahl von Personen (abstrakt-generelle Regelung = Rechtsnorm).

b) Die zuständige Behörde fordert einen Gewerbetreibenden auf, den Beginn seines Gewerbes anzuzeigen. Die Aufforderung richtet sich in einem Einzelfall an eine bestimmte Person und hat einen bestimmten Sachverhalt zum Gegenstand (konkret-individuelle Regelung = Verwaltungsakt).

Abgrenzung des Verwaltungsaktes vom sonstigen Verwaltungshandeln **103**

Pentagon-Diagramm: **Verwaltungsakt**

- Rechtsquelle / Einzelfall
  - Handeln einer Privatperson (ausgenommen: „Beliehener")
  - Maßnahme des Gesetzgebers
  - Maßnahme der rechtsprechenden Gewalt
  - Maßnahme einer Behörde
- Außenwirkung
  - Verwaltungsvorschrift; verwaltungsinterne Einzelweisung
- auf dem Gebiet des öffentlichen Rechts
  - privatrechtliche Maßnahme der Verwaltung
  - Maßnahme der Regierung auf dem Gebiet des Verfassungs- oder Völkerrechts
- (einseitige) Regelung
  - öffentlich-rechtlicher Vertrag
  - schlichtes Verwaltungshandeln (z. B. bloße Mitteilung, Belehrung, Warnung, Auskunft; nur vorbereitende Maßnahme)

4.3.1.2 Allgemeinverfügung.[244] Richtet sich ein Verwaltungsakt an einen nach **104** allgemeinen Merkmalen bestimmten oder bestimmbaren Personenkreis oder be-

---

[244] Vertiefung siehe nur Weidemann, DVP 2020, S. 231; siehe zudem, dass im Rahmen der Corona-Krise die Bedeutung der Allgemeinverfügung als Handlungsform des Staates und der Kommunen deutlich gestiegen ist.

Verwaltungshandeln

trifft er die öffentlich-rechtliche Eigenschaft einer Sache oder ihre Benutzung durch die Allgemeinheit, spricht man von einem Verwaltungsakt in der Form einer Allgemeinverfügung (§ 35 S. 2). Das Merkmal des Einzelfalls wird damit durch § 35 S. 2 erweitert.[245]

Von der Bestimmtheit des Personenkreises ist auszugehen, wenn er der Behörde beim Erlass der Maßnahme bekannt ist. Der Personenkreis ist nach allgemeinen Merkmalen bestimmbar, wenn er der Behörde beim Erlass der Anordnung zwar noch nicht bekannt ist, er aber in diesem Zeitpunkt bereits objektiv feststeht und die Behörde – bei ausreichender Zeit – die Möglichkeit hätte, ihn festzustellen. Das Bundesverwaltungsgericht hat im Interesse eines effektiven Verwaltungshandelns den Begriff der Allgemeinverfügung noch ausgedehnt. Für das Vorliegen einer Allgemeinverfügung reicht es danach bereits aus, wenn der Adressatenkreis im Zeitpunkt des Erlasses im Wesentlichen bestimmt oder bestimmbar ist. So wurde das Verbot einer geplanten Demonstration, obgleich deren Teilnehmer zum Zeitpunkt der Anordnung noch nicht feststanden, als Allgemeinverfügung angesehen.[246]

Beispiele:
a) Auf dem Maschsee in Hannover hat sich eine Eisdecke gebildet. Mehrere hundert Menschen unternehmen am Sonntagnachmittag einen Spaziergang über das Eis, das noch nicht zum Begehen freigegeben wurde und deshalb nach der Straßenordnung der Landeshauptstadt nicht betreten werden darf. Ein Polizeibeamter ordnet durch ein Megaphon an, die Eisfläche zu verlassen. Die Adressaten der Anordnung lassen sich durch den Begriff „Personen auf der Eisfläche" allgemein bezeichnen. Bestimmt ist der Personenkreis nicht; man wird ihn aber als bestimmbar ansehen können. Somit handelt es sich um eine (personenrechtliche) Allgemeinverfügung.
b) Widmung, Umstufung und Einziehung öffentlicher Straßen begründen, ändern oder beenden die Eigenschaft dieser öffentlichen Sachen. Es handelt sich also um (sachenrechtliche) Allgemeinverfügungen. Das Erfordernis der Konkretheit der Regelung ergibt sich aus dem unmittelbaren Bezug zu einer bestimmten Straße.
c) Verwaltungsakte in Gestalt von Allgemeinverfügungen sind auch die durch Verkehrszeichen getroffenen Anordnungen (Gebote oder Verbote). Im Einzelnen sind dies die Vorschriftzeichen (§ 41 StVO), denn das entsprechende Gebot oder Verbot wird durch das Verkehrszeichen selbst angeordnet. Auch die Verkehrseinrichtungen (§ 43 StVO) sind, soweit sie Anordnungen enthalten, Allgemeinverfügungen (z. B. Absperrgeräte, Lichtzeichen einer Verkehrssignalanlage[247], Parkuhren). Allgemeinverfügung ist ferner die durch Verkehrszeichen bekannt gegebene Anordnung eines Sonderfahrstreifens für Linienomnibusse (Zeichen 245 zu § 41 II

---

245 grundlegend zum Begriff Weidemann VR 2005, 217 ff.; Schoch, JURA 2012, S. 26 ff.; praktisches Beispiel für eine Allgemeinverfügung siehe Linhart/Gass, APF 2003, 50 ff.-; ferner Fallbearbeitung von Weidemann VR 2005, 267 ff.; siehe ferner anschauliches Beispiel des OVG Münster zur Zulässigkeit des Verbotes, beim Straßenkarneval Glasbehältnisse mitzuführen und zu benutzen [VR 2012, S. 2012 ff.]
246 BVerfGE 69, 315 ff.; Vertiefung zum Thema personenbezogene Allgemeinverfügung: BVerwGE 12, 87 ff.; Brühl, S. 41; Giemualla/Jaworsky/Müller-Uri, RdNr. 252 ff.
247 BGHZ 99, 249 m. N.

Verwaltungsakt

Nr. 5 StVO).[248] Nach h. M. stellen derartige Verkehrszeichen benutzungsregelnde Allgemeinverfügungen dar.[249]
Anders ist es nur bei den Richtzeichen (§ 42 StVO), die zwar auch Anordnungen enthalten können (§ 42 I 2 StVO), sonst aber nur besondere Hinweise geben, damit der Verkehr erleichtert wird (§ 42 I 1 StVO).

105

ADRESSATEN-KREIS	Abgrenzung Verwaltungsakt – Allgemeinverfügung – Rechtsnorm	
	REGELUNGSINHALT	
	● konkret	● abstrakt
● individuell	Verwaltungsakt (§ 35 S. 1 VwVfG)	Verwaltungsakt (§ 35 S. 1 VwVfG)
● generell	Allgemeinverfügung (§ 35 S. 2 VwVfG) **1. Fallgruppe** ● personenbezogener Regelungsinhalt ● Adressatenkreis bestimmt oder bestimmbar **2. Fallgruppe** ● sachbezogener Regelungsinhalt (öffentlich-rechtliche Eigenschaft einer Sache) ● Adressatenkreis unbestimmt **3. Fallgruppe** ● sachbezogener Regelungsinhalt (Benutzung einer öffentlichen Sache) ● Adressatenkreis unbestimmt	Rechtsnorm

---

248 BVerwG NVwZ 1993, 77
249 Vertiefung: Stelkens/Bonk/Sachs, a. a. O.; § 35 RdNr. 330 f. m. N.; BVerwG 92, 32 [34]; 102, 316 [318]

Verwaltungshandeln

106 Für Allgemeinverfügungen gelten folgende vereinfachte Regelungen:
– Von der Anhörung Beteiligter kann nach § 28 II Nr. 4 abgesehen werden, wenn eine Allgemeinverfügung erlassen werden soll.
– Eine Allgemeinverfügung darf nach § 41 III 2 auch dann öffentlich bekannt gegeben werden, wenn die durch § 41 I an sich vorgeschriebene Bekanntgabe an die Beteiligten untunlich ist. „Untunlich" ist ein unbestimmter Rechtsbegriff. Als untunlich wird die Bekanntgabe an die einzelnen Adressaten dann angesehen werden können, wenn sie mit erheblichen Schwierigkeiten verbunden oder aber, wie z. B. bei einem Demonstrationsverbot.
– Eine öffentlich bekannt gegebene Allgemeinverfügung braucht nach § 39 II Nr. 5 nicht begründet zu werden.

106a **4.3.1.3 Verwaltungsakt kraft gesetzlicher Anordnung.** Dem Gesetzgeber steht es frei, die Handlungsform Verwaltungsakt auf Aktivitäten auszudehnen, die sich nicht unmittelbar unter § 35 S. 1 fassen lassen. Wiederholt hat der Gesetzgeber in der Vergangenheit von seiner Regelungskompetenz Gebrauch gemacht. Bereits die erste Fassung des VwVfG sieht mit § 35 S. 2 eine Ausdehnung bzw. Konkretisierung des Anwendungsbereichs vor. § 35 S. 2 modifiziert für bestimmte Fallgruppen den Anwendungsbereich des Tatbestandsmerkmals „Einzelfall" aus dem Satz 1. Zudem hat der Gesetzgeber entschieden, dass Verkehrszeichen mit Regelungscharakter als Verwaltungsakte zu qualifizieren sind.[250] Damit wurde eine in Literatur und Rechtsprechung strittig diskutierte Frage entschieden. Weitere gesetzliche Anordnungen sind sodann
– der vollautomatische Verwaltungsakt (§ 35a [siehe Rdnr. 106b]) und
– die fingierte Erlaubnis (§ 42a [siehe Rdnr. 127b]).

106b **4.3.1.4 Vollautomatischer Verwaltungsakt.** § 35a eröffnet der Verwaltung die Chance zum Erlass eines vollständig automatisierten Verwaltungsakts.[251] Diese Vorschrift dient der Verfahrensbeschleunigung und der Kostenreduzierung.[252] Da der vollautomatische Verwaltungsakt nicht von der Begriffsdefinition des § 35 S. 1 erfasst wird, zumindest das Merkmal „Maßnahme" ist zweifelhaft, war eine Entscheidung des Gesetzgebers geboten. Er setzt eine technische Einrichtung voraus, die den Verwaltungsakt ohne manuelle Eingabe eines Sachbearbeiters generiert und diesen zu einem bestimmten Zeitpunkt erlässt.[253]
Im Anwendungsbereich des Verwaltungsverfahrensrechts müssen zwei Voraussetzungen vorliegen, damit ein Verwaltungsakt vollständig durch automatische Einrichtungen erlassen werden kann:

---

250 Vgl. nur Btgs.-Drs. 7/910 S. 57; st. Respr. BVerwGE 102, 316
251 Diese Vorschrift wurde durch das Gesetz zur Modernisierung des Besteuerungsverfahrens vom 18.7.2016 (BGBl. I S. 1679) eingeführt. Dieses Gesetz begründet einen Paradigmenwechsel im Verhältnis Bürger und Verwaltung. So können nunmehr verbindliche Verwaltungsentscheidungen getroffen werden, ohne dass ein Verwaltungsmitarbeiter im konkreten Verfahren noch beteiligt ist. Zur Gesetzesbegründung siehe Btgs.-Drs. 18/8434, S. 1 ff.; eingehend zur Anwendung und zu möglichen Rechtsproblemen siehe nur Barthel in: Koop/Bantle (Hrsg.), S. 155 ff. m. N.; Rheindorf/Weidemann, DVP 2016, S. 539 ff.; Braun/Binder, NVwZ 2016, S. 960 ff.; Schmitz/Prell, NVwZ 2016, S. 1273 ff.; Schmitz/Prell NVwZ 2016, S. 1273 ff.; Siegel, DVBl. 2020, S. 552 ff.
252 Siehe nur Btgs.-Drs. 18/8434, S. 122
253 Sojka/Klier, apf 2020, S. 163; siehe auch Rheindorf/Weidemann, DVP 2016, S. 539 ff.

Verwaltungsakt

- Zulassung im Fachrecht (sog. Regelungsvorbehalt)
- Fehlen eines Ermessens- oder Beurteilungsspielraumes (gebundene Verwaltung).

Beispiel:
Die Zulassung zum Studium im örtlichen Vergabeverfahren hat in Niedersachsen nach § 23 V Nds. Hochschulzulassungsverordnung[254] durch Bescheid zu erfolgen. Dieser Bescheid kann durch automatische Einrichtungen erlassen werden, wenn für die Entscheidung weder ein Ermessen noch Beurteilungsspielraum besteht.

Auch wenn aktuell der Gesetzgeber noch recht zurückhaltend bei der Zulassung im Fachrecht ist, kann doch davon ausgegangen werden, dass in den nächsten Jahren diese Möglichkeit, einen vollautomatischen Verwaltungsakt zu erlassen deutlich zunehmen wird. Besonders geeignet für die neue Möglichkeit, Verwaltungsakte zu erlassen, sind weiter Bereiche des Abgabenrechts (z. B. öffentliche Abwasser- und Abfallgebühren; Entscheidungen über den Umfang der Nutzung des Angebots öffentlicher Abfallbetriebe[255]). Der Regelungsvorbehalt kann durch förmliches Gesetz, durch Rechtsverordnung aber auch durch Satzung ausgefüllt werden.[256]
Der mögliche Anwendungsbereich des vollautomatischen Verwaltungsakts erfasst nach dem eindeutigen Wortlaut der Norm nur Vorschriften, die auf der Rechtsfolgeseite nur eine Entscheidungsmöglichkeit vorsehen (sog. gebundene Verwaltung). Fraglich ist aber, ob bei der Ermessensreduktion auf Null (siehe Rdnr. 271) und dem sog. intendierten Ermessen (siehe Rdnr. 272) eine Gleichstellung mit der sog. gebundenen Verwaltung erfolgt. Für den Bereich des sog. intendierten Ermessens ist dies abzulehnen. Diese Normstruktur ähnelt der sog. Soll-Vorschrift. Sie eröffnet in atypischen Fallgestaltungen eine vom gesetzgeberischen Regelfall abweichende Entscheidung. Damit wird in der Rechtsbeurteilung die für die gebundene Verwaltung klassische „wenn – dann Konstellation" verlassen. Bei der sog. Ermessensreduktion auf Null kann kaum eine andere Beurteilung geboten sein. Sie ist in der Regelungsstruktur vergleichbar der sog. gebundenen Verwaltung. Die Schwierigkeiten werden hier eher in der Bewertung des maßgeblichen Sachverhalts liegen. Rechtfertigt die gefundene Sachverhaltskonstellation, obgleich eine Ermessensnorm vorliegt, nur eine mögliche Entscheidung. Von daher ist in der praktischen Anwendung eher eine gewisse Zurückhaltung geboten.[257]

106c Der vollautomatische Verwaltungsakt unterliegt den Rechtmäßigkeitserfordernissen des traditionellen Verwaltungsakts. Er muss ebenso dem Grundsatz der Gesetzmäßigkeit entsprechen. Auch die sich aus dem Verfahrensrecht ergebenen Rechte und Pflichten für den Bürger einerseits und der Behörde andererseits sind zu beachten. Dies beginnt bereits bei der Pflicht der Verwaltung, den Sach-

---

254 Vom 12.12.2019 (Nds.GVBl. S. 375), geä. durch Verordnung vom 9.7.2020 (Nds.GVBl. S. 220)
255 Siehe auch Barthel in Koop/Bantle (Hrsg.), S. 160 Rn. 397
256 Stuhlfach in: Obermayer/Funke-Kaiser (Hrsg.), § 35a Rdnr. 7 m. N.; Koop/Ramsauer, § 35a Rn. 12
257 Zur Rechtsproblematik siehe nur Braun/Binder, DÖV 2016, S. 891 ff. [894]; Siegel, DVBl. 2017, S. 24 ff. [26]

Verwaltungshandeln

verhalt von Amts wegen zu ermitteln (§ 24 I 1). Ausdrücklich unterstreicht § 24 I 3, dass die Behörde beim Einsatz automatischer Einrichtungen zum Erlass von Verwaltungsakten für den Einzelfall bedeutsame tatsächliche Angaben des Beteiligten zu berücksichtigen hat. Dies fordert eine technische Steuerung, die es ermöglicht, entsprechende Fallgestaltungen individuell zu bearbeiten. Zudem ist das bestimmtheitsgebot (§ 37 I) zu beachten. Auch die sonstigen Vorschriften finden, sofern nicht Sonderregelungen im Fachrecht enthalten sind, Anwendung. Dies betrifft beispielsweise die §§ 28, 29 und 39. Gerade das Akteneinsichtsrecht nach § 29 fordert, dass bereits im Vorfeld die notwendigen (technischen) Vorkehrungen getroffen werden, damit es auch ausgeübt werden kann. Nach § 43 I bedarf auch der vollautomatische Verwaltungsakt der Bekanntgabe, damit er wirksam werden kann. § 41 IIa enthält besondere Regelungen für die Bekanntgabe entsprechender Verwaltungsakte.

4.3.2 Bedeutung; Funktionen

107 **4.3.2.1 Regelungsfunktion.** Durch den Verwaltungsakt macht die Behörde von ihrem Recht, dem Bürger gegenüber verbindliche Regelungen zu treffen, für den Einzelfall Gebrauch, konkretisiert und individualisiert also eine abstrakt-generelle Regelung. Der Verwaltungsakt legt die Rechtsbeziehungen zwischen Behörde und Bürger konkret und verbindlich fest.

Beispiele:
a) Die Behörde hat wegen fehlender Schutzwürdigkeit des Vertrauens (§ 48 II 3) die Bewilligung eines vom Begünstigten bereits verwendeten Zuschusses zurückgenommen. Nach § 49a ist in einem solchen Fall die gewährte Leistung zu erstatten. Die Erstattungspflicht des Begünstigten ergibt sich jedoch im Einzelfall nicht unmittelbar aus dem Gesetz, sondern erst aus einem darauf gestützten Verwaltungsakt. Die Behörde müsste also die zu erstattende Leistung durch einen Verwaltungsakt festsetzen (§ 49a I 2).

b) Die Bauaufsichtsbehörde hat aufgrund des § 79 I NBauO dem Eigentümer eines baurechtswidrig errichteten Gebäudes aufgegeben, dieses zu beseitigen. Der Eigentümer, der die Beseitigungsanordnung nicht befolgt, stirbt ein halbes Jahr später. Alleinerbin ist seine Ehefrau. Die Bauaufsichtsbehörde möchte nun ihr gegenüber die Beseitigungsanordnung vollstrecken, nachdem sie ermittelt hat, dass ihre Anordnungen nach § 79 I 5 NBauO auch gegenüber den Rechtsnachfolgern gelten. Für die Rechtsnachfolgerin treten die Wirkungen der vorliegenden Beseitigungsanordnung jedoch nicht kraft Gesetzes ein; die Bauaufsichtsbehörde müsste, wenn sie daraus jetzt vollstrecken wollte, zunächst die Verpflichtung aus dem an den verstorbenen Ehemann gerichteten Verwaltungsakt durch (feststellenden) Verwaltungsakt auf die Rechtsnachfolgerin überleiten.[258]

c) § 133 III 1 BauGB ermächtigt die Gemeinden, für ein Grundstück, für das eine Beitragspflicht noch nicht oder nicht in vollem Umfang entstanden

---

[258] Zum Erfordernis eines weiteren Verwaltungsaktes, um einen Rechtsnachfolger aus einem an den Rechtsvorgänger gerichteten Gebot in Anspruch nehmen zu können, VGH Kassel, NVwZ 1985, 281. Siehe auch die Fallbearbeitung von Suckow, DVP 1997, 119 ff.

Verwaltungsakt

ist, Vorausleistungen auf den Erschließungsbeitrag zu verlangen. Der Vorausleistungsbescheid einer Gemeinde benennt den Beitragspflichtigen und regelt, in welcher Höhe von ihm eine Vorausleistung zu entrichten ist.

Die durch den Verwaltungsakt ausgelöste Regelungswirkung (Verbindlichkeit) gilt auch dann, wenn der Verwaltungsakt mit der Rechtsordnung nicht im Einklang steht, d. h. wenn er rechtswidrig ist, denn auch rechtswidrige Verwaltungsakte sind grundsätzlich wirksam (§ 43) und bereits mit ihrem Erlass, nicht erst nach Abschluss eines Rechtsbehelfsverfahrens, für den betroffenen Bürger verbindlich (vgl. auch unten Tz. 4.3.6). Auch aus einem rechtswidrigen (wirksamen) Verwaltungsakt, der auf eine Leistung gerichtet ist, ergibt sich also die Verpflichtung, diese Leistung zu erbringen.

108

Beispiele:
a) Eine Gemeinde verlangt von einem Grundstückseigentümer eine Vorausleistung auf den Erschließungsbeitrag, obwohl weder ein Bauvorhaben auf dem Grundstück genehmigt noch damit begonnen worden ist, die Erschließungsanlage herzustellen. Der Tatbestand des § 133 III 1 BauGB ist damit nicht erfüllt. Der Grundstückseigentümer ist dennoch verpflichtet, die Vorausleistung zu zahlen.
b) Einem Mieter ist Wohngeld bewilligt worden, obwohl er, wie sich später herausstellt, die Voraussetzungen nach dem Wohngeldgesetz nicht erfüllt. Die Behörde ist verpflichtet, das bewilligte Wohngeld bis zur Aufhebung des Wohngeldbescheides weiter auszuzahlen.
c) Die Straßenverkehrsbehörde entzieht einem Kraftfahrer die Fahrerlaubnis und verlangt von ihm gleichzeitig, den Führerschein abzuliefern. Der Führerschein darf nach § 52[259] regelmäßig erst zurückgefordert werden, wenn die Entziehung unanfechtbar ist. Der Kraftfahrer muss den Führerschein schon vorher abliefern, denn die rechtswidrige Aufforderung ist wirksam.

Es gilt also der Grundsatz: Ist im Verhältnis zwischen der Behörde und dem Bürger ein Verwaltungsakt ergangen, so ist die durch ihn getroffene Regelung zunächst einmal wirksam (verbindlich) und geht der abstrakt-generellen Regelung im Gesetz vor.

Ein belastender Verwaltungsakt bildet also eine Anspruchsgrundlage für die Behörde, ein begünstigender Verwaltungsakt eine Anspruchsgrundlage für den Bürger (materiell-rechtliche Regelungsfunktion).

Allerdings kann der Bürger, wenn er die grundsätzlich sofort eintretende Verbindlichkeit der Regelung nicht hinnehmen will, einen Verwaltungsakt innerhalb der vorgeschriebenen Fristen anfechten und, sofern der Rechtsbehelf keine aufschiebende Wirkung hat (§ 80 II VwGO), gleichzeitig vorläufigen Rechtsschutz (§ 80 IV und V VwGO) beantragen. Ficht er den Verwaltungsakt nicht an, wird dieser unanfechtbar (bestandskräftig) und damit endgültig verbindlich; hierin liegt seine praktisch größte Bedeutung.

109

Die Behörde kann die rechtswidrige Bewilligung (RdNr. 108, Beispiel b) unter bestimmten Voraussetzungen zurücknehmen. Die angeordnete Regelung kann

---
259 Grundlegend zu § 52 VwVfG siehe Weidemann/Barthel, GewArch 2012, S. 112 ff.

Verwaltungshandeln

auch nichtig sein. Durch diese Ausnahmen wird aber der oben genannte Grundsatz nicht in Frage gestellt.

110

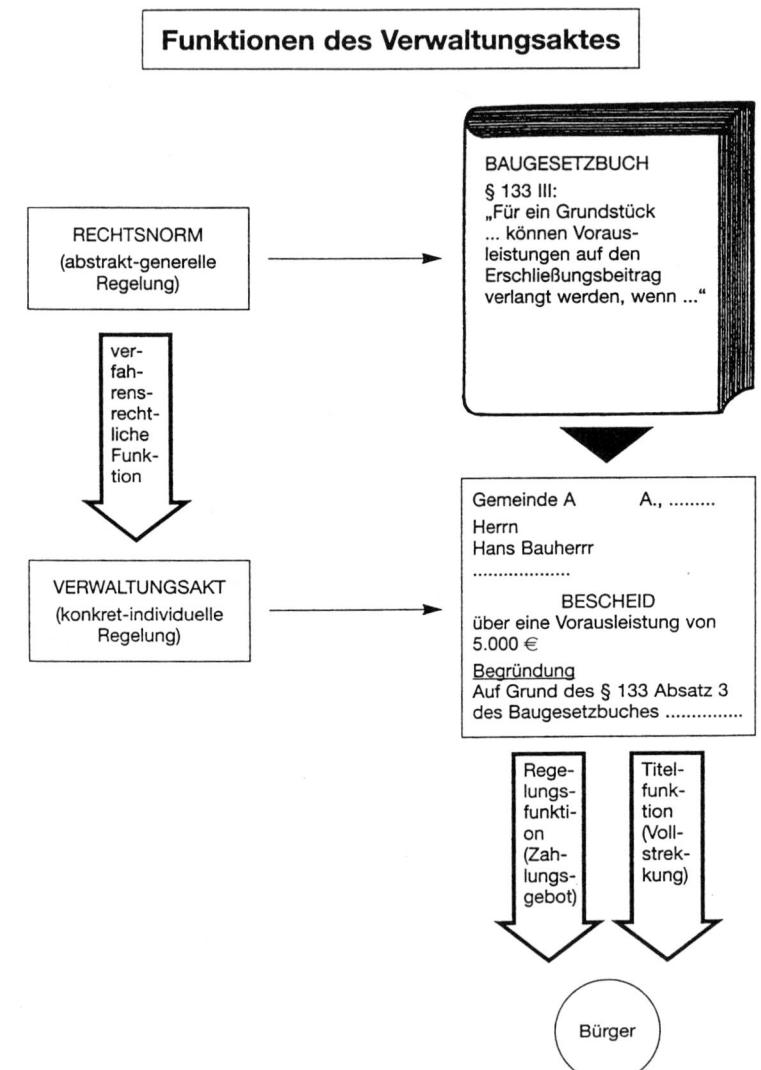

111 **4.3.2.2 Titelfunktion.** In der Eingriffsverwaltung hat der Verwaltungsakt außerdem eine Titelfunktion. Durch den Verwaltungsakt werden die Pflichten des Bürgers gegenüber der Verwaltung konkretisiert und damit gleichsam vollstreck-

Verwaltungsakt

bar beurkundet. Im Gegensatz zum Bürger, der seine Ansprüche durch die Gerichte verbindlich feststellen lassen und staatliche Vollstreckungsorgane in Anspruch nehmen muss, um sie durchzusetzen, stellt die Verwaltung ihre (öffentlich-rechtlichen) Ansprüche gegen den Bürger durch Verwaltungsakt verbindlich selbst fest (Erkenntnisprivileg) und setzt diese Ansprüche auch mit eigenen Vollstreckungsbehörden durch (Vollstreckungsprivileg). Der Verwaltungsakt dient also als Vollstreckungstitel der eingreifenden Verwaltung.

Beispiele:
a) Ein Beitragspflichtiger kommt seiner Verpflichtung, eine (wirksam) angeforderte Vorausleistung zu zahlen, nicht nach. Die Gemeinde kann die Abgabe nach den Vorschriften über das Verwaltungsvollstreckungsverfahren zwangsweise einziehen.
b) Eine Gemeinde untersagt einem Gewerbetreibenden durch Verwaltungsakt, bestimmte schädliche Umwelteinwirkungen, z. B. Geräusche, zu verursachen. Befolgt der Gewerbetreibende die Anordnung nicht, kann die Gemeinde sie mit den Mitteln des Verwaltungszwangs selbst durchsetzen.

4.3.2.3 Prozessrechtliche und verfahrensrechtliche Funktionen. Der Rechtsweg zu den Gerichten, im öffentlichen Recht im Regelfall zu den Verwaltungsgerichten, hängt nicht davon ab, ob ein Verwaltungsakt vorliegt oder begehrt wird (§ 40 VwGO); insofern hat der Verwaltungsakt für den Rechtsschutz des Bürgers keine Bedeutung mehr. Ob ein Verwaltungsakt angefochten oder erstrebt wird, ist lediglich maßgebend dafür, welche Klageart in Betracht kommt und welche damit verbundenen besonderen Vorschriften der VwGO gelten. Die Anfechtungsklage setzt voraus, dass ein Verwaltungsakt vorliegt, die Verpflichtungsklage, dass der Erlass eines bestimmten Verwaltungsaktes begehrt wird (§ 42 I VwGO). Für Anfechtungs- und Verpflichtungsklage (Vornahmeklage) ist grundsätzlich das Vorverfahren (§§ 68 ff. VwGO) vorgeschrieben. Vorläufigen Rechtsschutz nach § 80 VwGO gibt es nur bei (belastenden) Verwaltungsakten.

Die verfahrensrechtliche Funktion des Verwaltungsakts ergibt sich aus § 9. Ist das Verwaltungsverfahren darauf gerichtet, einen Verwaltungsakt zu erlassen, gelten die Vorschriften des VwVfG, z. B. über die Anhörung Beteiligter (§ 28), über Bestimmtheit und Form (§ 37), über die Begründung (§ 39), die Bekanntgabe (§ 41) und über Rücknahme und Widerruf (§§ 48, 49).

4.3.3 Arten

4.3.3.1 Bedeutung der Einordnung. Verwaltungsakte lassen sich nach verschiedenen Gesichtspunkten systematisch gliedern. Die Unterscheidung und Einordnung hat z. B. Bedeutung wegen der unterschiedlichen Rechtswirkungen und des unterschiedlich geregelten Rechtsschutzes. Die Vorschriften des VwVfG über die Aufhebung von Verwaltungsakten (Rücknahme, Widerruf; §§ 48, 49) stellen u. a. darauf ab, ob der aufzuhebende Verwaltungsakt begünstigend oder belastend ist. Die aufschiebende Wirkung von Widerspruch und Anfechtungsklage setzt nach § 80 I VwGO voraus, dass es sich bei der angefochtenen Maßnahme um einen belastenden Verwaltungsakt handelt. Wird ein begünstigender Verwaltungsakt erstrebt, richtet sich der vorläufige Rechtsschutz nach § 123 VwGO.

Verwaltungshandeln

Nicht alle Verwaltungsakte können vollstreckt, d. h. mit Zwangsmitteln durchgesetzt werden. Vollstreckbar sind nur Verwaltungsakte, die auf eine öffentlich-rechtliche Geldleistung gerichtet sind oder die Handlungen – mit Ausnahme von Geldleistungen –, Duldungen oder Unterlassungen gebieten oder verbieten; feststellende oder bloß gestaltende Verwaltungsakte können nicht zwangsweise durchgesetzt werden.
Die wichtigsten Arten werden hier kurz behandelt. Oft lässt sich ein und dieselbe Regelung verschiedenen Arten zuordnen.

4.3.3.2 Einteilung nach dem Inhalt. Nach ihrem Inhalt unterscheidet man zumeist:

115 1. Gebot
und
2. Verbot
Insoweit wird häufig auch von befehlenden Verwaltungsakten gesprochen. Sie finden sich vor allem im Recht der Gefahrenabwehr.
Beispiele: Gebot, eine Abwasseranschlussgebühr zu zahlen; Verbot einer Versammlung; Anordnung, ein Fahrtenbuch zu führen.

116 3. Gestaltende Verwaltungsakte. Durch sie wird ein Rechtsverhältnis begründet, geändert oder aufgehoben (siehe auch RdNr. 94).
Beispiele: Erteilung einer Fahrerlaubnis; Entziehung einer Fahrerlaubnis; Ausübung des Vorkaufsrechts.

116a 4. Dingliche Regelung. Hier werden Einzelfallregelungen erfasst, die sich ausschließlich auf einen öffentlich-rechtlichen Zustand eines Gegenstandes oder dessen rechtliche Eigenschaften beziehen.[260] Folglich haben sie keine Personen, sondern nur Sachen als Adressaten. Dies schließt aber nicht aus, dass es mittelbare personenbezogene Wirkungen gibt.
Beispiele: Widmung, Umstufung, Teileinziehung einer Straße, Schließung einer Schule,[261] Umbenennung einer Straße[262].

117 5. Feststellende Verwaltungsakte. Durch einen feststellenden Verwaltungsakt wird ein Anspruch oder eine rechtserhebliche Eigenschaft einer Person oder Sache verbindlich festgelegt. Es wird also nur die Rechtslage festgestellt, nichts gestaltet.
Beispiele: Feststellung, dass das Beamtenverhältnis eines durch Strafgerichtsurteil rechtskräftig verurteilten Beamten kraft Gesetzes beendet ist § 24 I BeamStG) Bescheinigung nach § 42a III.[263] Die Feststellung, dass die bauaufsichtliche Beseitigungsanordnung auch für den Rechtsnachfolger gilt (§ 79 I 5 NBauO).

---

260 Hennecke in Knack/Hennecke, VwVfG, § 35 RdNr. 95
261 BVerfGE 51, 268
262 VGH Mannheim NVwZ 1992, S. 196
263 Durch die Bescheinigung wird verbindlich festgelegt, dass durch Fristablauf eine Genehmigungsfiktion eingetreten ist; wie hier Schmitz/Prell NVwZ 2009, S. 1 ff.; Prell, APF 2009; a. A. Kopp/Ramsauer, § 42a RdNr. 30

Verwaltungsakt

4.3.3.3 Einteilung nach der Wirkung für die betroffene Person. Nach ihrer Wirkung für die betroffene Person lassen sich unterscheiden: **118**
1. Belastende Verwaltungsakte. Sie erlegen der Person eine Verpflichtung (Tun, Dulden oder Unterlassen) auf, beschränken oder entziehen ein ihr zustehendes Recht oder treffen eine für sie nachteilige Feststellung.
Beispiele: Gebot, eine Abgabe zu zahlen; Verbot, ein Reisegewerbe auszuüben; Entziehung einer Reisegewerbekarte; Entlassung eines Beamten; Ablehnung einer Ausnahmegenehmigung nach § 46 StVO.

2. Begünstigende Verwaltungsakte. Begünstigend ist ein Verwaltungsakt, „der ein Recht oder einen rechtlich erheblichen Vorteil begründet oder bestätigt hat" (Legaldefinition des § 48 I 2). Recht im Sinne dieser Begriffsbestimmung ist auch das rechtlich geschützte Interesse; rechtlich erhebliche Vorteile sind auch Vorteile wirtschaftlicher Natur.[264] **119**
Beispiele: Erlass einer Abgabe; Erteilung einer Reisegewerbekarte; Bewilligung von Ausbildungsförderung.

3. Verwaltungsakte mit Doppelwirkung. Das sind Verwaltungsakte, die für dieselbe Person teils begünstigend und teils belastend wirken. **120**
Dagegen versteht § 80 I 2 VwGO unter Verwaltungsakten mit Doppelwirkung Verwaltungsakte mit Drittwirkung (vgl. RdNr. 121).
Beispiele:
   a) Ein beantragter Steuererlass wird zu einem bestimmten Teil gewährt, im Übrigen aber abgelehnt. Soweit die Steuer erlassen wird, ist die Regelung begünstigend; soweit der Erlass abgelehnt wird, ist die Regelung belastend.
   b) Ein Lebensmittelhändler hat vor seinem Ladengeschäft auf dem Gehweg Obst- und Gemüsekisten aufgestellt, ohne die dafür nach § 46 I Nr. 8 StVO erforderliche Ausnahmegenehmigung[265] zu haben. Die verbotene Nutzung wird von der Behörde nicht, wie an sich möglich, ganz, sondern unter ausdrücklichem Verzicht auf ein vollständiges Verbot nur zum Teil unterbunden. Die Regelung (das Verbot) ist belastend; soweit damit auf ein weitergehendes Verbot verzichtet wird, wirkt sie begünstigend.
   Will die Behörde später erreichen, dass der Gehweg ganz frei gehalten wird, kann sie das nur nach den Regelungen über die Aufhebung eines begünstigenden Verwaltungsaktes (§§ 48, 49), weil sie bewusst auf die stärkere Belastung verzichtet hat,[266] die nachträglich verschärfte Belastung mithin der Aufhebung einer Begünstigung gleichsteht.
   c) Die beantragte Maklererlaubnis wird erteilt, enthält aber verschiedene Nebenbestimmungen.

4. Verwaltungsakte mit Drittwirkung. Das sind solche Verwaltungsakte, die die Person, an die sie gerichtet sind, begünstigen und zugleich eine andere belas- **121**

---

264 Begründung zu § 44 EVwVfG
265 Daneben ist eine Sondernutzungserlaubnis in solchen und ähnlichen Fällen im Allgemeinen nicht erforderlich (§ 8 VI FStrG und entsprechende landesrechtliche Regelungen [z. B. § 19 NStrG]). Vgl. auch Kodal, Kapitel 26 RdNr. 1 ff. siehe ferner zur Konzentrationswirkung im Straßenrecht, Weidemann, DVP 2015, S, 456 ff.
266 Stelkens, JuS 1984, 930 [932 f.]

Verwaltungshandeln

ten oder umgekehrt. § 80 I 2 VwGO bezeichnet solche Verwaltungsakte als Verwaltungsakte mit Doppelwirkung.
Beispiele: Eine Baugenehmigung begünstigt den Bauwilligen; sie kann die Nachbarn belasten. Eine Auflage zur Abwehr schädlicher Umwelteinwirkungen belastet den Gewerbetreibenden und begünstigt die Nachbarn.

122 **4.3.3.4 Einteilung nach der zeitlichen Wirkung.** Nach ihrer zeitlichen Wirkung unterscheidet man:
1. Verwaltungsakte, deren Regelung sich damit erledigt, dass sie (einmalig) befolgt oder vollzogen werden.
Beispiele: Gewerbesteuerbescheid; Anordnung, ordnungswidrig gelagerten Abfall zu beseitigen (Gebot).

123 2. Verwaltungsakte mit Dauerwirkung. Das sind Verwaltungsakte, deren Regelungswirkung sich nicht darin erschöpft, eine Rechtslage einmalig zu gestalten, sondern die auf unbestimmte Zeit angelegt sind und sich der Adressatin oder dem Adressaten gegenüber fortdauernd aktualisieren.
Beispiele: Ausnahmegenehmigung; Festsetzung der Versorgungsbezüge; Rentenbescheid; Gewährung einer Stellenzulage; Immissionsverbot (z. B. Auflage nach dem BImSchG); Anordnung, ein Fahrtenbuch zu führen; Verkehrszeichen mit Regelungsgehalt; Gewerbeuntersagung.

124 **4.3.3.5 Einteilung nach der Beteiligung der betroffenen Person.** Verwaltungsakte sind – ohne Rücksicht darauf, ob die betroffene Person mitwirken muss oder nicht – immer einseitige Regelungen. Man unterscheidet hier aber nach der Beteiligung der betroffenen Person zwischen:
1. Verwaltungsakte, die es nicht erfordern, dass die oder der Betroffene mitwirkt. Solche Verwaltungsakte sind die Regel, weil es zumeist darum geht, die öffentlichen Interessen gegen die Interessen der betroffenen Person durchzusetzen.
Beispiele: Versammlungsverbot; Beseitigungsanordnung, Zwangsgeldfestsetzung.

125 2. Mitwirkungsbedürftige Verwaltungsakte, die nur auf Antrag oder mit Zustimmung der betroffenen Person erlassen werden dürfen.
Beispiele: Beamtenernennung; Einbürgerung; Erlaubnisse.
Ist es durch Rechtsnorm vorgeschrieben, dass die betroffene Person beim Erlass eines Verwaltungsaktes dadurch mitwirkt, dass sie einen Antrag stellt, hat die fehlende Mitwirkung Rechtswidrigkeit des Verwaltungsaktes zur Folge; die betroffene Person kann verlangen, dass er aufgehoben wird. Wird der erforderliche Antrag nachträglich gestellt, ist der Mangel dadurch im Regelfall geheilt (s. § 45; vgl. RdNr. 179). Nur in besonderen Fällen wird die fehlende Mitwirkung unter den Voraussetzungen des § 44 I als zur Nichtigkeit des Verwaltungsaktes führend angesehen.[267]

126 **4.3.3.6 Einteilung nach den Entscheidungsgrenzen.** Die gesetzlichen Vorgaben räumen der Verwaltung unterschiedliche Entscheidungsspielräume ein. Nach der Gesetzesbindung unterscheidet man zwischen:

---

[267] Stelkens, NuR 1985, 213 [220]

Verwaltungsakt

1. Verwaltungsakte der gebundenen Verwaltung, die erfordern, dass die Verwaltung beim Vorliegen der tatbestandlichen Voraussetzung der Rechtsgrundlage zwingend die vom Gesetzgeber vorgesehene Rechtsfolge zieht.
Beispiele: Rücknahme einer waffenrechtlichen Erlaubnis (§ 45 I WaffG); Erteilung einer Baugenehmigung, wenn die Voraussetzungen vorliegen (§ 70 I NBauO; Versagung einer Maklererlaubnis, wenn die Zuverlässigkeit nicht gegeben ist (§ 34c II GewO).

2. Verwaltungsakte der Ermessensverwaltung, die der Verwaltung beim Vorliegen der tatbestandlichen Voraussetzungen Entscheidungsspielräume einräumen.
Beispiele: Widerruf eines Verwaltungsakts nach § 49 II; Anordnung einer ordnungsrechtlichen Maßnahme nach § 11 NPOG.

127

4.3.3.7 Sonderformen

4.3.3.7.1 Vorläufiger Verwaltungsakt.[268] Während im Bereich des Steuerrechts die vorläufige Regelung auf eine gewisse Tradition zurückblicken kann (siehe § 164 AO Steuerfestsetzung unter Vorbehalt der Nachprüfung; § 165 AO vorläufige Steuerfestsetzung), ist im allgemeinen Verwaltungsrecht der vorläufige Verwaltungsakt erst mit der Entscheidung des Bundesverwaltungsgerichts aus dem Jahre[269] 1983 ins Blickfeld gerückt worden. Das Gericht wertete eine Subventionsbewilligung, vorbehaltlich des Ergebnisses einer noch durchzuführenden Betriebsprüfung, als vorläufigen Verwaltungsakt. Der vorläufige Verwaltungsakt ist abzugrenzen gegenüber einer bloß vorbereitenden Maßnahme einerseits und einer Nebenbestimmung (auflösenden Bedingung § 36 II Nr. 2) andererseits. Der Regelungsgehalt besteht darin, dass der Begünstigte die gewährte Vergünstigung bis zum Erlass der endgültigen Entscheidung behalten bzw. nutzen darf. Es treten insoweit unmittelbare Rechtswirkungen ein. Im Gegensatz zur auflösenden Bedingung hängt hier die endgültige Regelung gerade nicht von dem ungewissen Eintritt eines zukünftigen Ereignisses ab. Sie hängt vielmehr von einem gegenwärtigen oder aber vergangenen Ereignis ab. Die abschließende Entscheidung der Behörde erfolgt (dann) auf der Basis des endgültig ermittelten Sachverhalts.
Grundsätzlich kann nur bei begünstigenden Maßnahmen ein vorläufiger Verwaltungsakt erlassen werden. Mit dem Erlass der abschließenden Entscheidung erledigt sich der vorläufige Verwaltungsakt. (§ 43 II). Kommt es zu einer endgültigen Antragsablehnung, bedarf es keiner Aufhebung des vorläufigen VA nach §§ 48, 49.[270]

127a

4.3.3.7.2 Fiktiver Verwaltungsakt – Genehmigungsfiktion. In bestimmten, vom Gesetzgeber ausdrücklich geregelten, Fällen führt auch die Untätigkeit einer Behörde zu einem fiktiven Verwaltungsakt.[271] Gab es in der Vergangenheit nur einzelne Gesetze, die entsprechende Regelungen aufweisen (z. B. § 145 I 2

127b

---

268 Eingehend zur Notwendigkeit vorläufiger Verwaltungsakte siehe Beaucamp, JA 2010, S. 247 ff.
269 BVerwGE 67 99
270 Vertiefung: OVG Münster NJW 1998, 373; Peine JA 2004, 417 [419]; Schmehl VR 1998, 373; Di Fabio DÖV 1991, 6289 ff.; Eschenbach DVBl. 2002, 1247 ff.
271 Grundlegend Barthel, DVP 2019, S. 505 ff.

Verwaltungshandeln

BauGB; § 15 I 5 PBefG; § 2 VI a FStrG), so hat mit der Einführung des § 42a die Genehmigungsfiktion[272] deutlich an Bedeutung gewonnen. Der Gesetzgeber hat mit § 42a ein Modell entwickelt ohne im Einzelfall zu bestimmen, in welchen Sachbereichen eine Genehmigungsfiktion möglich ist.
Zu den Kernelementen dieser Vorschrift gehört, dass eine beantragte Genehmigung nach Ablauf einer festgelegten Entscheidungsfrist als erteilt gilt (§ 42 I 1). Voraussetzung ist aber, dass der Antrag hinreichend bestimmt war (§ 42a I 1 2. HS). Die Frist beträgt regelmäßig drei Monate (§ 42a II 1). Unter bestimmten Voraussetzung kann diese Frist einmal angemessen verlängert werden (§ 42a II 2). Eine schriftliche Bescheinigung des Eintritts der Genehmigungsfiktion ist auf Verlangen zu erteilen (§ 42a III). Damit dieses Modell überhaupt zum Tragen kommt, ist fachgesetzlich anzuordnen, dass eine Genehmigungsfiktion möglich ist (§ 42a I 1). Dies kann durch Verweis, ggfs. verbunden mit abweichenden Maßgaben (z. B. zur Entscheidungsfrist) auf den neuen § 42a VwVfG angeordnet werden.

Genehmigungsfiktion Modell – § 42a VwVfG

Voraussetzungen	Rechtsfolge
– fachgesetzliche Anordnung – Genehmigungsantrag liegt bei der zuständigen Behörde[273] vor – hinreichend bestimmter Antrag – Ablauf der Entscheidungsfrist (regelmäßig drei Monate) und – Ausbleiben der Behördenentscheidung – (Bescheinigung*)	Eintritt der Genehmigungsfiktion
* Die Bescheinigung stellt keine Genehmigungsvoraussetzung dar; sie setzt vielmehr die Fiktion voraus[274]	

Das VwVfG geht von einer dreimonatigen Bearbeitungsfrist aus. Es hängt aber von den fachgesetzlichen Besonderheiten ab, ob diese Frist zum Tragen kommen soll oder aber verkürzt bzw. verlängert wird. Fachgesetzliche Anordnungen einer Genehmigungsfiktion gibt es – mit steigender Tendenz – im Bundes- wie im Landesrecht. So ist mit § 6a GewO festgelegt worden, dass für bestimmte Erlaubnisverfahren die Möglichkeit des Eintritts einer fingierten Erlaubnis gegeben ist.[275] Das Land Niedersachsen hat in einer Verordnung[276] geregelt, dass für bestimmte Vorhaben lediglich eine Bearbeitungsfrist von einem Monat greift (z. B. Erlaubnis nach § 4 II TierSchG). Bisweilen ist die Genehmigungsfiktion in kommunalen Satzungen vorgesehen, etwa bei der Grabaufstellungsgenehmigung nach Friedhofssatzung.

---

272 Eingehend, auch zu den europarechtlichen Hintergründen, siehe Weidemann/Barthel, JA 2011, S. 221 ff.; Schmitz/Prell, NVwZ 2009, S. 1 ff., ferner Barthel, DVP 2019, S. 505 ff.
273 Dies ist zwar nicht ausdrücklich in § 42a normiert worden, jedoch als zwingende Voraussetzungen anzusehen. Eine andere Beurteilung würde ansonsten zu unerwünschten Ergebnissen führen.
274 Siehe auch Fallbearbeitung von Weidemann/Barthel, DVP 2010, S. 420 ff.
275 Siehe dazu auch Weidemann, DVP 2012, S. 226 ff.; ferner anschauliches Beispiel von Gas, JURA 2011, S. 781 ff.
276 Nds.GVBl. 2010, S. 516; abgedruckt in der DVP Land Nds. Ziff. 20.006; andere Bundesländer haben ebenfalls entsprechende Regelungen erlassen; siehe nur Land Sachsen-Anhalt, abgdr. bei Barthel/Weidemann VwVfG LSA in Praxis der Kommunalverwaltung

Verwaltungsakt

Die rechtliche Einordnung der Genehmigungsfiktion weist gewisse Probleme auf. Die fingierte Genehmigung wird nicht von der Legaldefinition des § 35 S. 1 VwVfG erfasst. So fehlt zumindest das Merkmal „Maßnahme", wohl auch am Merkmal „Regelung", das regelmäßig eine ausdrückliche Erklärung der Behörde erfordert. Es steht dem Gesetzgeber jedoch frei, Vorgänge als Verwaltungsakt zu bewerten, denen einzelne Elemente des § 35 VwVfG fehlen. Fingierte Genehmigungen sind daher Verwaltungsakte kraft ausdrücklicher gesetzgeberischer Entscheidung.[277] Damit ist die Voraussetzung der Fiktion, dass innerhalb der gesetzten Frist keine Entscheidung getroffen worden ist. Nicht fingiert wird dagegen, dass die Genehmigung rechtmäßig ist. Eine andere Beurteilung widerspräche dem Sinn und Zweck der Fiktionsregelung, die lediglich eine beschleunigte Bearbeitung der Anträge bewirken soll. Zudem darf eine materiell-rechtliche Regelungswirkung nicht weiter reichen als die durch die Fiktion ersetzte (eigentliche) Behördenentscheidung. Damit gelten die Vorschriften über die Erledigung (§ 43 II VwVfG), die Nichtigkeit (§§ 43 III, 44 VwVfG) und Aufhebbarkeit (spezielle Vorschriften oder §§ 48 ff. VwVfG) eines Verwaltungsakts entsprechend. Grundsätzlich ist Voraussetzung für die Wirksamkeit eines Verwaltungsakts, dass dieser dem Betroffenen bekannt gegeben wird (§ 43 I VwVfG). Der Fristablauf ersetzt damit auch die wirksame Bekanntgabe des fingierten Verwaltungsakts.

In seiner Wirkung entspricht die Genehmigungsfiktion damit grundsätzlich dem ordnungsgemäß zustande gekommenen und bekannt gegebenen Verwaltungsakt.[278]

Da mit der Genehmigungsfiktion regelmäßig keine Rechtmäßigkeitsfiktion verbunden ist, verbleibt es, sofern keine speziellen rechtlichen Vorgaben existieren, bei der Anwendbarkeit der §§ 48 ff. VwVfG. Der Rückgriff auf die Aufhebungsvorschriften darf aber nicht dazu führen, die Wirkungen der Fiktion zu negieren. So reicht das Fehlen einer Entscheidung allein regelmäßig nicht aus, um die Aufhebung einer fingierten Genehmigung zu rechtfertigen.[279] So ist bei der regelmäßig gebotenen Ermessensausübung das schutzwürdige Interesse des Begünstigten an dem Fortbestand der erlangten Rechtsposition besonders zu berücksichtigen. Statt einer Aufhebung der fingierten Genehmigung kann es der Grundsatz der Verhältnismäßigkeit gebieten, einschränkende Nebenbestimmungen nachträglich zu erlassen. Nur besondere Fallkonstellationen rechtfertigen es, die fingierte Genehmigung aufzuheben.[280]

---

277 So zutreffend Ziekow, WiVerw 2008, S. 176 [186 m. N.]; a. A. Caspar, AöR 125 (2000), S. 131 [140 ff.]; Jachmann, Monika, Die Fiktion im öffentlichen Recht, S. 249 f.
278 Gegen eine unmittelbare Anwendung der §§ 45 f. VwVfG Ziekow, a.aO., S. 187, da die Genehmigungsfiktion die *ordnungsgemäße* Durchführung des Genehmigungsverfahrens ersetzt.
279 BT.-Drs. 16/10493, S. 16
280 A. A. (zumindest für besondere Fallkonstellationen) wohl Peine, JA, 2004, S. 417 [418]; er sieht zumindest die Gefahr, dass u. U. in komplizierten Fällen das Vertrauen auf den Bestand des fiktiven Verwaltungsakts nur eingeschränkt schützenswert sein kann. Würde diese Position sich durchsetzen, könnten die mit der Fiktion verbundenen Wirkungen praktisch entfallen. Dies war nicht Intention des Normgebers. Er wollte, gerade für den Antragsteller, erreichen, dass dieser in festgelegten Fristen Klarheit darüber erhält, ob er sein Vorhaben verwirklichen kann. Diese Klarheit ist aber nur zu erreichen, wenn er regelmäßig vom Bestand der fiktiven Genehmigung ausgehen kann.

Verwaltungshandeln

Auf die fingierte Genehmigung sind die Vorschriften über das Rechtsbehelfsverfahren anzuwenden. Die fingierte Genehmigung kann daher mit dem Widerspruch und der Anfechtungsklage angefochten werden. Da der Antragsteller mit der fingierten Erlaubnis durchweg sein Ziel erlangt hat, wird ein entsprechendes Rechtsschutzbegehren wohl regelmäßig an der fehlenden Widerspruchs- bzw. Klagebefugnis (§ 42 II VwGO) scheitern. Anders sieht dagegen die Situation für einen möglicherweise negativ betroffenen Dritten aus.
Liegt eine fingierte Erlaubnis vor, so kann der Betroffene dies regelmäßig nicht nachweisen. Nach § 42a III ist aber auf Verlangen denjenigen, denen der Verwaltungsakt nach § 41 I hätte bekannt gegeben werden müssen, der Eintritt der Genehmigungsfiktion schriftlich zu bescheinigen.

4.3.4 Rechtmäßigkeit

128 **4.3.4.1 Begriff; Abgrenzung.** Rechtmäßig ist ein Verwaltungsakt, der den Anforderungen entspricht, die die Rechtsordnung an ihn stellt.[281] Dies ist der Fall, wenn er – soweit erforderlich (siehe RdNr. 30 ff.) auf einer wirksamen Rechtsgrundlage beruht und weder an formellen noch materiellen Mängeln leidet.[282] Offenbare Unrichtigkeiten (§ 42) oder andere Mängel, die die Regelung des Verwaltungsrechtsverhältnisses selbst nicht berühren, wie z. B. eine fehlende oder unrichtige Rechtsbehelfsbelehrung (vgl. Anhang), wirken sich auf die Rechtmäßigkeit eines Verwaltungsaktes nicht aus.

129 **4.3.4.2 VA-Befugnis.** Der Grundsatz vom Vorbehalt des Gesetzes erstreckt sich auch auf die Handlungsform Verwaltungsakt.

---

281 Dass nicht jeder Rechtsanwendungsfehler zur Rechtswidrigkeit eines Verwaltungsaktes führt, wird unter RdNr. 210 und 475 näher ausgeführt.
282 Die nachfolgenden Darstellungen thematisieren die grundlegenden Anforderungen, die vorliegen müssen, damit ein Verwaltungsakt rechtmäßig ist. Diese Ausführungen stellen aber kein Aufbaumuster für eine gutachtliche Fallbearbeitung dar. Typischerweise vollzieht sich die gutachtliche Bearbeitung einer Erstentscheidung in folgenden Arbeitsschritten: (1) Bestimmung des Arbeitsziels (2) Untersuchung der Rechtmäßigkeit mit den Teilaspekten (2.1) Rechtsgrundlage (2.2) formelle Rechtmäßigkeit [mit den Teilpunkten. Zuständigkeit; Verfahren und ggfs. Form] (2.3) materielle Rechtmäßigkeit [umfasst den Tatbestand, die Ziehung der richtigen Rechtsfolge und Beachtung sonstiger materieller Aspekte] (3) Entscheidungsvorschlag (mit noch offenen Fragen zum Verfahren, der Form und der Bekanntgabe als Wirksamkeitsvoraussetzung). **Beispiele für eine Fallbearbeitung** siehe: Weidemann/Globisch, DVP 1998, 429 ff. (Ablehnung Antrag); Weidemann, VR 2001, 62 ff. (Aufhebung Verwaltungsakt); Drape/Globisch/Weidemann DVP 2006, 427 ff. (Eingriffsverwaltung); Weidemann, APF 2007, S. 181 ff. (Erteilung Bauvorbescheid); Globisch/Weidemann, DVP 2012, S. 252 ff. (Ablehnung Antrag); DVP 2012, S. 472 ff. (Ordnungsgsrechtlicher Eingriff); Globisch, DVP 2017, S. 507 ff. (Eingriffsverwaltung); Rabe/Notebohm, DVP 2017, S. 254 ff. (Ablehnung Ausnahmegenehmigung nach § 46 StVO). Notebohm/Rudollphi, DVP 2019, S. 438 ff. (Widerruf Erlaubnis), Kremer, DVP 2020, S. 329 ff. (Einrichtungsnutzung)

Verwaltungsakt

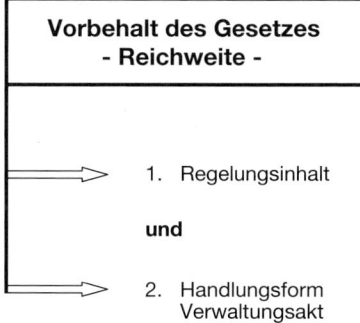

Das Recht der Behörde, öffentlich-rechtliche Rechte und Pflichten gerade mit der Handlungsart „Verwaltungsakt" geltend zu machen und zu verwirklichen, ist dann unzweifelhaft, wenn diese Handlungsart gesetzlich ausdrücklich vorgesehen oder zwingend vorgeschrieben ist. Für den Bereich der Gefahrenabwehr lässt z. B. § 2 Nr. 7 NPOG als Maßnahmen u. a. Verwaltungsakte zu. Das BauGB bestimmt, dass die Gemeinden das ihr nach diesem Gesetz zustehende Vorkaufsrecht beim Kauf von Grundstücken nach § 28 II 1 BauGB (nur) durch Verwaltungsakt gegenüber dem Verkäufer ausüben können. Nach § 50 III 1 SGB X – Verwaltungsverfahren – ist die zu erstattende Leistung durch Verwaltungsakt festzusetzen. Nach § 49a I 1 sind, soweit ein Verwaltungsakt mit Wirkung für die Vergangenheit aufgehoben oder infolge Eintritts einer auflösenden Bedingung unwirksam geworden ist, erbrachte Leistungen zu erstatten. Die zu erstattende Leistung ist durch schriftlichen Verwaltungsakt festzusetzen (§ 49 I 2).[283] Steuern werden grundsätzlich durch Verwaltungsakt festgesetzt oder erlassen (§ 155 I AO); das gilt auch für kommunale Abgaben, sofern das Kommunalabgabengesetz des betreffenden Landes die entsprechende Anwendung des § 155 AO anordnet. Auch in Fällen, in denen das Gesetz einen auf einen Verwaltungsakt ausdrücklich hindeutenden Begriff verwendet (§ 25 BImSchG: „Untersagung"), bestehen gegen die Annahme der VA-Befugnis keine Bedenken. Umstritten ist jedoch, ob in jedem Fall die maßgebliche Rechtsgrundlage ausdrücklich die Befugnis zum Handeln durch Verwaltungsakt mit enthalten muss.[284] Die Rechtsprechung ist bisher bereit, die VA-Befugnis durch weite Auslegung der gesetzlichen Grundlage zu entnehmen. Zudem ist in bestimmten Bereichen die VA-Befugnis – sofern es an einer ausdrücklichen gesetzlichen Grundlage mangelt – gewohnheitsrechtlich anerkannt. Zu nennen sind hier beispielsweise das Polizei-, Ordnungs- und Gewerberecht. Nicht einheitlich beantwortet wird dagegen die Frage, ob Ge- und Verbotsnormen (z. B.: § 14 I GewO; §§ 32 f. StVO) als Ermächtigungsgrundlage herangezogen werden können. Die h. M. verneint dies heute.

---

283 Praktische Fallbearbeitung hierzu siehe Weidemann/Barthel, Der verlorene Zuschuss, VR 2008, S. 204 ff.
284 Zur Vertiefung: Moenikes, JA-Übungsblätter 1983, 139 ff. (umfassende Darstellung); ausführlich auch Osterloh, JuS 1983, 280 ff.; zum Problem ferner Schmalz, 4. Teil RdNr. 270 ff., und Weides, 101 ff., Maurer/Waldhoff, § 10 RdNr. 26 ff.; Stelkens/Bonk/Sachs, § 44 RdNr. 54 ff. m. N.

Verwaltungshandeln

Demgegenüber hat die Rechtsprechung mitunter auch derartige Normen anerkannt.

Beispiel:
Ein Gewerbetreibender hat damit begonnen, in Delmenhorst (Nds.) ein stehendes Gewerbe (Gebrauchtwagenhandel) selbstständig zu betreiben. Da er es unterlassen hat, die nach § 14 GewO notwendige Gewerbeanzeige zu erstatten, fordert die Stadt ihn auf, die Ausübung seines Gewerbes anzuzeigen. Sie stützt ihre Anordnung auf § 14 I 1 GewO. Obgleich diese Norm nach ihrem Wortlaut nur die Anzeigepflicht anordnet, sieht das BVerwG[285] in dieser Norm auch die Ermächtigungsgrundlage für die behördliche Anordnung.
Die h. M. stützt die Aufforderung zur Abgabe einer Gewerbeanzeige dagegen nicht auf § 14 I 1 GewO, da diese Norm keine VA-Befugnis beinhaltet. Die zuständige Stelle hätte nach dieser Auffassung dagegen auf die allgemeine Ermächtigungsgrundlage zur Gefahrenabwehr zurückgreifen müssen, sofern diese – wie z. B. in § 11 NPOG mit „Maßnahmen", die durch § 2 Nr. 7 NPOG definiert werden – es u. a. zulässt, Verwaltungsakte zu erlassen. Die Aufforderung, die Anzeige zu erstatten, ist nach dieser Ansicht jedoch zu Unrecht auf § 14 I 1 GewO gestützt worden. Das allein hat jedoch nicht die Rechtswidrigkeit der Aufforderung zur Folge (vgl. RdNr. 211, 475).

130 **4.3.4.3 Formelle Rechtmäßigkeit.** Das Verwaltungsverfahrensrecht bestimmt den Weg und die Form der Willensbildung der Verwaltung von der Verfahrenseinleitung bis hin zur Entscheidung.[286] Die Materie wird dem formellen Verwaltungsrecht zugeordnet und ist damit vom materiellen Recht abzugrenzen, das die Rechtsbeziehungen zwischen Verwaltung und Bürgern inhaltlich regelt. Zudem zählt die Zuständigkeit zum formellen Verwaltungsrecht. Dem Verfahrensrecht kommt lediglich eine dienende Funktion zur Verwirklichung des materiellen Rechts zu.[287] Gleichwohl darf die Bedeutung des Verfahrens nicht unterschätzt werden. Das Verfahrensrecht ordnet die Entscheidungsabläufe, koordiniert die Zusammenarbeit mit anderen Behörden und bezieht die Betroffenen in das Verfahren mit ein. Zudem trägt das Verwaltungsverfahren zur demokratischen Legitimation der Verwaltungsentscheidung bei.[288]
In formeller Hinsicht setzt die Rechtmäßigkeit eines Verwaltungsaktes voraus, dass die Behörde
– im Rahmen ihrer Zuständigkeit gehandelt,
– das vorgeschriebene Verfahren eingehalten und
– die Formvorschriften beachtet hat.

131 **4.3.4.3.1 Zuständigkeit.** Die Zuständigkeit ist einer der Zentralbegriffe des Verwaltungsorganisationsrechts.[289] Die (umfangreichen) Zuständigkeitsregelungen

---

285 BVerwG, NJW 1977, 772, BVerwGE 78, 6 [7 f.], und NVwZ 1993, 775; auch VG Hamburg, NVwZ 1991, 806 [807 f.]; Hahn GewArch 2007, 1 m. N.
286 Ähnlich Pünder, JuS 2011, S. 289
287 Siehe nur BVerwG, Beschl. vom 10.1.2006, DVP 2008, S. 475; Pünder, JuS 2011, S. 1; Burgi, DVBl. 2011, S. 1317 ff.
288 Zutreffend Pünder, JuS 2011, S. 289 [292]
289 Herrlein, AD LEGENDUM 2019, S. 263

Verwaltungsakt

legen fest, welche Aufgabe von wem wahrgenommen wird. Im Hinblick auf die vielfältigen und vielschichtigen (öffentlichen) Aufgaben, die von der öffentlichen Hand bewältigt werden müssen, sichert eine klare Verteilung der Zuständigkeiten ein reibungsloses Tätigwerden und Zusammenwirken der unterschiedlichen Verwaltungsträger und der Behörden.[290] Die umfassende Zuständigkeitsordnung dient unterschiedlichen Zielen:
- Aspekte der Verwaltungsökonomie sollen gewahrt,
- Doppelzuständigkeiten vermieden,
- die Einheit der Verwaltung gesichert,
- eine funktionsgerechte Aufgabenerfüllung (u. a. durch Beteiligung fachkundigen Personals) erreicht und
- dem Gebot der Verwaltungsklarheit Rechnung getragen werden.[291]

Es ist dabei zu beachten, dass Verwaltungsträger Behörden haben, selbst aber keine Behörden sind.[292]
Die Behörde muss die Vorschriften über die Zuständigkeit einhalten. Dabei sind verschiedene Arten der Zuständigkeit zu unterscheiden:
- Die sachliche Zuständigkeit.
  Sie bezieht sich auf die der Behörde zugewiesenen Sachaufgaben.
- Die instanzielle Zuständigkeit.[293]
  Sie stellt auf einen mehrstufigen Behördenaufbau ab und regelt die Frage, ob und unter welchen Voraussetzungen die übergeordnete Behörde zur Entscheidung berufen ist.
- Die örtliche Zuständigkeit.
  Sie betrifft den räumlichen Wirkungsbereich der sachlich (und ggfs. instanziell) zuständigen Behörde. Eine Prüfung der örtlichen Zuständigkeit kommt damit nur dann in Betracht, wenn zuvor geklärt ist, welche Behörde sachlich zuständig ist.

Beispiel:
Der Bauherr Martin Benjes, wohnhaft in Bremen, hat in der Stadt Syke, die im Landkreis Diepholz in Niedersachsen, mit der Errichtung einer genehmigungspflichtigen Lagerhalle begonnen, obgleich die erforderliche Erlaubnis noch nicht vorliegt. Damit widerspricht diese Baumaßnahme dem öffentlichen Baurecht. Nach § 79 I NBauO kann nun die Bauaufsichtsbehörde die Einstellung der rechtswidrigen Arbeiten fordern. Nach § 57 I NBauO nehmen die Landkreise, kreisfreien Städte und die großen selbstständigen Städte die Aufgaben der unteren Bauaufsichtsbehörde wahr. Oberste Bauaufsichtsbehörde ist das Fachministerium. Nach § 58 I NBauO sind die unteren Bauaufsichtsbehörden zuständig, soweit nichts anderes bestimmt ist. Eine derartig abweichende Bestimmung ist hier nicht gegeben. Damit ist im konkreten Fall der Landkreis sachlich und instanziell zuständig. Die örtliche Zuständigkeit bestimmt sich hier nach § 3 I Nr. 1 VwVfG. Da das betroffene Grund-

---

290 Ebenda Herrlein, AD LEGENDUM 2019, S. 263 und Raithel, apf by 2016, S. 77
291 In Anlehnung an Maurer/Waldhoff, § 21 Rdnr. 46
292 Ipsen, Allgemeines Verwaltungsrecht, § 4 Rdnr. 265 ff.
293 Handelt sich um einen weiteren Aspekt der sachlichen Zuständigkeit; vgl. Ipsen, Allgemeines Verwaltungsrecht, § 4 Rdnr. 232

Verwaltungshandeln

stück im Landkreis Diepholz liegt, ist der Landkreis auch örtlich zuständig, die Baueinstellungsverfügung zu erlassen.

Mitunter ist auch die Verbandzuständigkeit zu klären. Sie dient der Zuweisung bestimmter Aufgaben an einen bestimmten Verwaltungsträger sowie der Aufgabenabgrenzung zwischen verschiedenen selbstständigen Verwaltungsträgern und damit der Sicherung der Verwaltungshoheit des Bundes, der Länder, der Kommunen und sonstiger juristischer Personen des öffentlichen Rechts.[294] Die Verbandskompetenz stellt eine besondere Form der sachlichen Zuständigkeit dar.[295]

131a Welche Behörde im Einzelfall zuständig ist, ergibt sich im Regelfall entweder aus der für den Erlass des Verwaltungsaktes in Betracht kommenden Rechtsgrundlage selbst oder einer dazu ergangenen Rechtsverordnung, selten aus einem allgemeinen Gesetz wie z. B. dem VwVfG. Zuständigkeiten betreffende Vorschriften wie z. B. § 155 II GewO, § 97 III NPOG sind schon nach ihrem Wortlaut keine die Zuständigkeiten der Behörden begründenden Bestimmungen, sondern nur Ermächtigungen für die dort genannten Stellen, die Zuständigkeiten für die Ausführung bestimmter Rechtsvorschriften oder für bestimmte Maßnahmen abstrakt-generell zu regeln. Die Ermächtigungsnormen für Zuständigkeitsregelungen werden aber nicht selten mit herangezogen, um die Zuständigkeit einer Behörde im Einzelfall zu begründen. Das ist nicht korrekt, denn zuständigkeitsregelnde Vorschriften sind allein die aufgrund der gesetzlichen Ermächtigungen erlassenen Zuständigkeitsverordnungen.

132 Die Zuständigkeitsvorschriften dienen vor allem dazu, die Gesetze wirksam zu vollziehen.[296] Der Bürger hat Anspruch darauf, dass die zuständige Behörde, und zwar nur diese, ihm gegenüber handelt, denn die Zuständigkeitsordnung dient nicht nur dem Staatsinteresse, sondern auch dem Schutz des Bürgers.[297] Die zuständige Behörde bietet die Gewähr für eine sachlich richtige Entscheidung, da sie das fachlich vorgebildete Personal und die erforderliche Ausstattung besitzt.[298] Die durch Rechtssatz begründete Zuständigkeit kann auf eine andere Behörde nur übertragen werden, wenn dies durch Rechtssatz zugelassen ist; von Behörden untereinander getroffene Zuständigkeitsvereinbarungen, die die durch Rechtssatz begründete Zuständigkeit im Außenverhältnis berühren, sind unwirksam.[299]

Beispiel:
Die Polizeibehörde lässt ein verkehrswidrig abgestelltes Fahrzeug durch ein Abschleppunternehmen abschleppen. Die dadurch entstandenen Kosten stellt nicht sie, sondern die Verwaltungsbehörde dem Verantwortlichen durch Leistungsbescheid in Rechnung, weil sie in einem mit der Polizeibehörde geschlossenen Vertrag vereinbart hat, dass die Polizei für sie und auf ihre Kosten bestimmte Unternehmen mit dem Abschleppen von Fahrzeugen

---

294 Tegethoff, NVwZ 2018, S. 1081 m. N.
295 Herrlein, AD LEGENDUM 2019, S. 263 ff. [265]
296 BVerwGE 67, 321 [333]
297 OVG Münster OVGE 33, 274 [276]
298 Maurer/Waldhoff, § 21 RdNr. 46
299 Schmalz, 9. Teil RdNr. 690; Kopp/Ramsauer, § 3 RdNr. 12b

Verwaltungsakt

beauftragt. Nach dem Verwaltungskostenrecht ist Kostengläubigerin jedoch nicht die Verwaltungsbehörde, sondern die Polizeibehörde selbst. Der Leistungsbescheid ist wegen Verletzung der Zuständigkeitsvorschrift rechtswidrig.[300]

Die Aufgaben kommunaler Gebietskörperschaften, z. B. der Gemeinden, sind durch die Bestimmungen des Kommunalverfassungsrechts auf verschiedene Organe verteilt. Auch diese die Willensbildung im Innenverhältnis betreffende Organzuständigkeit (vgl. RdNr. 89) ist zu beachten; wird sie verletzt, hat das Auswirkungen im Außenverhältnis. **133**

Beispiel:
Ein in einer Selbstverwaltungsangelegenheit (Angelegenheit des eigenen Wirkungskreises) erhobener Widerspruch wird vom Bürgermeister zurückgewiesen, ohne dass der Hauptausschuss (Verwaltungsausschuss), wie durch § 76 IV NKomVG vorgeschrieben, über den Widerspruch beschlossen hat. Der Widerspruchsbescheid ist wegen der Verletzung der Organzuständigkeit rechtswidrig.

Die Vorschriften über die sachliche Zuständigkeit regeln, welche Behörde im Außenverhältnis damit betraut ist, eine bestimmte Aufgabe (z. B. Abfallbeseitigung, Bauaufsicht, allgemeine Gefahrenabwehr) und die damit verknüpften Befugnisse wahrzunehmen. **134**

Beispiele:
a) Sachlich zuständig in Bezug auf den Gelegenheitsverkehr nach den §§ 47 bis 49 PBefG sind in in Niedersachsen nach § 16 III Nr. 1 ZustVO-Verkehr die Landkreise und die kreisfreien Städte.
b) Die sachliche Zuständigkeit der unteren Bauaufsichtsbehörden regelt § 58 II NBauO.
c) Für Aufgaben aufgrund des NPOG und für Aufgaben der Gefahrenabwehr aufgrund anderer Rechtsvorschriften sind, soweit die Zuständigkeit für diese Aufgaben nicht besonders geregelt ist, nach 97 I NPOG die Gemeinden sachlich zuständig.

Die örtliche Zuständigkeit wird durch § 3 begründet, sofern nicht spezielle Rechtsvorschriften des Bundes oder des Landes inhaltsgleiche oder entgegenstehende Bestimmungen enthalten. Der Nachrang ergibt sich bei Bundesrecht aus § 1 I, bei Landesrecht aus dem jeweiligen Verwaltungsverfahrensgesetz des Landes. **135**

Beispiele:
a) Einem Gewerbetreibenden wird aufgrund des § 35 I 1 GewO die Gewerbeausübung verboten. Die örtliche Zuständigkeit ist durch § 35 VII GewO geregelt.
b) Ein erlaubnisbedürftiger Gewerbebetrieb wird ohne die erforderliche Erlaubnis begonnen. Auf Grund des § 15 II 1 GewO soll verhindert wer-

---

[300] Weiteres Beispiel siehe OVG Lüneburg Nds.VBl. 2012, S. 2012; hier hatte die sachlich unzuständige Behörde den Planfeststellungsantrag zum Bau einer kommunalen Entlastungsstraße gestellt.

Verwaltungshandeln

den, dass der Betrieb fortgesetzt wird. Die örtliche Zuständigkeit richtet sich nach den Vorschriften des allgemeinen Gefahrenabwehrrechts, z. B. in Nds. nach § 100 I 2 NPOG (§§ 1 II NVwVfG, 3 I 3 NPOG).[301]

c) Die einem Reisegewerbetreibenden nach § 55 II GewO erteilte Erlaubnis (Reisegewerbekarte) soll widerrufen werden. Die örtliche Zuständigkeit für den Widerruf regelt § 61 GewO.

135a

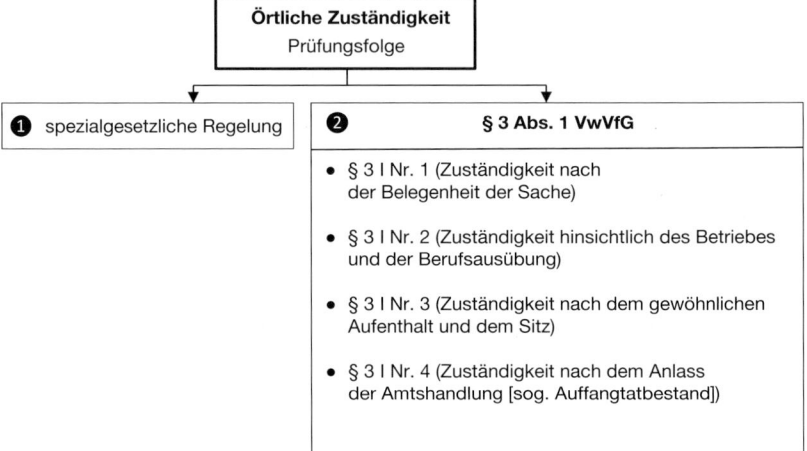

Die einzelnen Zuständigkeitstatbestände des § 3 sind in der Reihenfolge ihrer Aufzählung im Gesetz zu prüfen und schließen sich gegenseitig aus.[302] § 3 I Nr. 4 hat die Funktion eines sog. Auffangtatbestandes. Diese Norm kommt zum Tragen, wenn andere Zuständigkeitsregelungen nicht greifen. § 3 II bis IV enthalten Konfliktlösungsangebote für den Fall, dass mehrere Behörden zuständig sind (Abs. 2); im Laufe des Verfahrens die Zuständigkeit ändert (Abs. 3) oder aber bei Gefahr im Verzuge eine unaufschiebbare Maßnahme zu treffen ist (Abs. 4).

135b Handelt eine unzuständige Behörde, so führt dies regelmäßig zur formellen Rechtswidrigkeit des Verwaltungsakts. Da dieser formelle Fehler von § 45 nicht erfasst wird, kommt eine Heilung nicht in Betracht. Nur in den engen Grenzen des § 46 kann dieser Fehler unbeachtlich sein. Dabei ist zu berücksichtigen, dass § 46 lediglich Verstöße gegen die örtliche Zuständigkeit erfasst. Die fehlende sachliche Zuständigkeit der handelnden Behörde begründet daher regelmäßig die Aufhebbarkeit des rechtswidrigen Verwaltungsakts.[303]

4.3.4.3.2 (Wesentliche) Verfahrensregelungen

136 **4.3.4.3.2.1 Allgemein.** Das VwVfG weist eine Reihe von Verfahrensregelungen auf. So entscheidet die Behörde regelmäßig nach pflichtgemäßem Ermessen, ob

---

301 Ausführlich zum Vorrang speziellen Landesrechts Ropeter/Suckow, DVP 1986, 102 (104)
302 Koop/Ramsauer, § 3 Rdnr. 18
303 Vgl. nur BVerwG NJW 2006, S. 2280; VGH Mannheim NVwZ-RR 2005, S. 273

sie ein Verwaltungsverfahren einleiten will (§ 22 S. 1). Nur ausnahmsweise besteht nach § 22 S. 2 eine Verpflichtung zur Verfahrenseinleitung.
Ein Verwaltungsakt ist ferner nur dann rechtmäßig, wenn die Behörde das vorgeschriebene Verfahren eingehalten hat. Verfahrensvorschriften sind entweder in Spezialgesetzen (z. B. in § 35 GewO, § 36 BauGB) oder im VwVfG enthalten.

137 Für das Verfahren gilt der Untersuchungsgrundsatz (§ 24). Die Behörde muss „von Amts wegen" den Sachverhalt ermitteln. Nach § 26 I bedient sie sich zur Sachverhaltsermittlung der Beweismittel, die sie nach pflichtgemäßem Ermessen für erforderlich hält. Aber auch die Beteiligten sollen bei der Ermittlung des Sachverhalts mitwirken (§ 26 II). Kommt der Beteiligte seinen Mitwirkungspflichten nicht nach, so kann dies u. U. zu Sanktionen führen. So sieht beispielsweise § 66 I SGB I die Möglichkeit der Leistungseinstellung vor.[304]
Zu den einzuhaltenden Verfahrensvorschriften gehören weiter die Bestimmungen z. B. über die Beteiligungs- und Handlungsfähigkeit (§§ 11 f.), die Vertretung (§ 14), die ausgeschlossenen Personen (§§ 20 f.), die Anhörung der Beteiligten (§ 28) und die Gewährung von Akteneinsicht (§ 29).[305]

138 **4.3.4.3.2.2 Ausgeschlossene Personen.** Die §§ 20 f. verhindern, dass an der Behördenentscheidung Mitarbeiter mitwirken, die nicht über die notwendige Distanz zur Sache und über die gebotene Unparteilichkeit verfügen.[306] Die Pflicht zur Unparteilichkeit der für eine Behörde tätig werdenden Personen leitet sich aus dem Rechtsstaatsgebot und den daraus abzuleitenden Prinzipien der Verfahrensgerechtigkeit sowie der Gewährleistung eines fairen Verfahrens ab.[307]

139 Nach § 20 sind Amtsträger im Verwaltungsverfahren kraft Gesetzes ausgeschlossen, die selbst beteiligt, Angehörige eines Beteiligten oder Vertreter eines Beteiligten sind (Abs. 1 Nr. 1–6).

> **Beispiel:**
> Helmut Koller übt das Bewachungsgewerbe aus. Die vorhandene Erlaubnis (§ 34a I GewO) soll nach § 49 II 1 Nr. 3 widerrufen werden, da Koller nicht mehr die erforderliche Zuverlässigkeit besitzt. Seiner geschiedenen Ehefrau, die in der Gewerbestelle der zuständigen Behörde arbeitet, ist es verwehrt, in dem Verfahren zur Aufhebung der Erlaubnis mitzuwirken (§ 20 I Nr. 2, V 1 Nr. 2, V 2 Nr. 1).

Das Vorliegen eines Ausschlusses nach § 20 I ist von Amts wegen zu berücksichtigen.

140 Sofern die Voraussetzungen des § 20 nicht vorliegen, kann ein Verwaltungsmitarbeiter wegen Besorgnis der Befangenheit durch besondere Anordnung von der weiteren Mitwirkung an dem Verwaltungsverfahren ausgeschlossen werden (§ 21). Befangenheit ist anzunehmen, wenn der Amtswalter nicht unparteiisch sachlich, also mit der gebotenen Distanz, Unbefangenheit und Objektivität ent-

---

304 Weiteres Beispiel siehe § 11 FeV
305 Siehe zudem Übersicht zu den Rechten eines Bürgers im Verwaltungsverfahren bei Vahle, DVP 2018, S. 256 ff.
306 Eingehend siehe auch Weidemann/Demke, DVP 2017, S. 138 ff.
307 Tegethoff, NVwZ 2018, S. 1081 ff. [1083 m. N.]

Verwaltungshandeln

scheidet, sondern sich von persönlichen Erwägungen oder sonstigen sachfremden Erwägungen leiten lässt. Besorgnis der Befangenheit bedeutet, dass ein Grund vorliegt, der geeignet ist, Misstrauen gegen eine unparteiische Amtsausübung hervorzurufen.[308]

Beispiel:
Ein Verwaltungsmitarbeiter des Kreisbauamtes engagiert sich stark in einer Bürgerinitiative gegen neue Windkraftanlagen in seinem Wohnort. In Leserbriefen hat er sich massiv gegen neue Anlagen ausgesprochen. Sofern ein Betreiber die Genehmigung für die Errichtung neuer Windkraftanlagen beantragt, kann er diesen Mitarbeiter wegen Besorgnis der Befangenheit ablehnen. Die gebotene Distanz, Unbefangenheit und Objektivität ist nicht mehr zu erwarten. Die zuständige Stelle (§ 21 I) hat den Mitarbeiter von der Mitwirkung an diesem Verfahren zu entbinden.

141 Um einen möglichen Rügeverlust zu vermeiden, muss der Beteiligte grundsätzlich einen Befangenheitsgrund unmittelbar nach seinem Bekanntwerden geltend machen.[309]
Bei einem Verstoß gegen die § 20 f. kommt eine Heilung nach § 45 nicht in Betracht. U. U. kann dieser Verstoß aber nach § 46 unbeachtlich sein.

141a Die Behörde ist als Träger des Verfahrens nicht selbst Beteiligte. Sie kann damit auch nicht unter § 20 fallen. Die Rechtsordnung kennt eine institutionelle Befangenheit der Behörde nicht.[310]

142 4.3.4.3.2.3 Anhörung. Ein weiteres wichtiges allgemeines Verfahrenserfordernis ist die Anhörung des Beteiligten. Dabei kommen der Anhörung zwei Funktionen zu. Sie dient einerseits der Rechtewahrung der Betroffenen und andererseits der Sachverhaltsaufklärung der Behörden. Das Gebot der Gewährung rechtlichen Gehörs ist als allgemeiner verfassungsrechtlich begründeter Rechtsgrundsatz anerkannt. Beim Thema „Anhörungsgebot" sind zwei (unterschiedliche) Prüfungskreise zu betrachten:[311]

	Anhörungsgebot
Prüfungskreis 1	Besteht für die Verwaltung eine Rechtspflicht, ein Anhörungsverfahren durchzuführen aufgrund
	• einer speziellen Regelung (z.B.: § 107 I 3 BauGB; § 71 VwGO; § 79 IV NBauO) **oder** • der allgemeinen Bestimmung des § 28 VwVfG
Prüfungskreis 2	Welche Anforderungen sind zu beachten, damit das Anhörungsverfahren ordnungsgemäß durchgeführt wird

---

308 Vgl. auch Fehling in Fehling/Kastner/Störmer (Hrsg.), VwVfG-KOmmentar, § 21 RdNr .9
309 Stelkens/Bonk/Sachs, § 21 RdNr. 15
310 BVerwG NVwZ-RR 2016, S. 449 f. [450]
311 Vertiefung siehe Weidemann, DVP 2017, S. 327 ff.; Sasse, VR 2019, S. 197 ff.

Verwaltungsakt

Beabsichtigt eine Behörde, einen Verwaltungsakt zu erlassen, der in die Rechte eines Beteiligten eingreift, muss sie diesem zuvor nach § 28 I Gelegenheit geben, sich zu den für die Entscheidung erheblichen Tatsachen zu äußern, sofern nicht nach Abs. 2 dieser Vorschrift von der Anhörung abgesehen werden darf oder sofern sie nicht nach Abs. 3 zu unterbleiben hat.

§ 13 bestimmt wer Beteiligter ist. In dessen Rechte wird nach der Auffassung des BVerwG[312] dann eingegriffen, wenn durch den (beabsichtigten) Verwaltungsakt die bisherige Rechtsstellung des Beteiligten zu seinem Nachteil verändert werden soll. Wenn es abgelehnt wird, einen Verwaltungsakt zu erlassen, der eine Rechtsposition erst gewähren soll, liegt danach ein Eingriff nicht vor. Das Gericht folgt damit der bereits in der Begründung zu § 24 I EVwVfG vertretenen Ansicht.

Im Schrifttum wird diese enge Auslegung des § 28 I überwiegend abgelehnt; Eingriffe sind danach nicht nur Verwaltungsakte im Bereich der Eingriffsverwaltung, sondern alle belastenden Verwaltungsakte, mithin auch die eine Begünstigung versagenden.[313]

143 Da der Beteiligte sich zu den für die Entscheidung erheblichen Tatsachen nur äußern kann, wenn sie ihm bekannt sind, ergibt sich aus seinem Anspruch auf Anhörung die Verpflichtung der Behörde, ihm diese Tatsachen mitzuteilen. Die Behörde muss den beabsichtigten Verwaltungsakt nach Art und Inhalt der geforderten Handlung so konkret umschreiben, dass für den Beteiligten hinreichend klar erkennbar ist, weshalb und wozu er sich äußern können soll und mit welcher eingreifenden Maßnahme zu welchem ungefähren Zeitpunkt er zu rechnen hat.[314] Wenn nicht feststeht, welche Entscheidung getroffen werden soll, können dem Beteiligten nicht die dafür erheblichen Tatsachen mitgeteilt werden. Wenn die Behörde z. B. jemandem aufgrund des § 31a StVZO auferlegen will, ein Fahrtenbuch zu führen, hat sie ihrer Pflicht, den Beteiligten zu diesem beabsichtigten Verwaltungsakt anzuhören, nicht schon dadurch genügt, dass sie ihm wegen der Nichtbeachtung von Verkehrsvorschriften in einem anderen Verfahren, etwa nach § 55 OWiG in einem Bußgeldverfahren, Gelegenheit gegeben hat, sich zu der Beschuldigung zu äußern.

144 Umstritten ist, ob die Behörde zudem verpflichtet ist, auf die rechtlichen Grundlagen der beabsichtigten Entscheidung hinzuweisen.[315] Gegen diese Position sprechen der eindeutige Gesetzeswortlaut und der systematische Vergleich mit § 66 I. Hier hat der Gesetzgeber ausdrücklich auf einschränkende Regelungen verzichtet. Die Behörde ist aber nicht gehindert, über die gesetzlichen Mindestanforderungen hinaus den Beteiligten über ihre rechtlichen Erwägungen in Kenntnis zu setzen.[316]

---

312 BVerwGE 66, 184
313 So z. B. Erichsen/Pünder, § 14 RdNr. 33; Kopp/Ramsauer, § 28 RdNr. 26 ff.; Maurer/Waldhoff, § 19 RdNr. 28
314 Stelkens/Bonk/Sachs, § 28 Rdnr. 31 ff.; ferner Himmelmann/Höcker, VR 2003, 79 [80]
315 (wohl) befürwortend Stelkens/Bonk/Sachs, § 28 RdNr. 41; Kopp/Ramsauer, § 28 RdNr. 30 f. jeweils m. N.
316 Für eine offensive Handhabung des Anhörungsgebotes siehe auch Weidemann, VR 2000, 374 ff.

Verwaltungshandeln

145 Ist die vorgeschriebene Anhörung unterblieben, so ist der Verwaltungsakt rechtswidrig. Der Verfahrensfehler kann jedoch nach § 45 I Nr. 3 dadurch geheilt werden, dass die erforderliche Anhörung nachgeholt wird, und zwar bis zum Abschluss der letzten Tatsacheninstanz eines verwaltungsgerichtlichen Verfahrens (§ 45 II).[317]

146 Unter bestimmten Voraussetzungen ist aber ein Anhörungsverfahren entbehrlich. So braucht der Beteiligte nicht angehört zu werden, wenn dies nach den Umständen des Falles nicht geboten ist, insb. in den in § 28 II genannten Fällen.
- So kann die Anhörung z. B. nach § 28 II Nr. 1 1. Alt. unterbleiben, wenn es u. a. wegen Gefahr im Verzug notwendig erscheint, sofort zu entscheiden. Gefahr im Verzug ist dann anzunehmen, wenn durch eine vorherige Anhörung auch bei Gewährung kürzester Anhörungsfristen ein Zeitverlust einträte, der mit hoher Wahrscheinlichkeit zur Folge hätte, dass die durch den Verwaltungsakt zu treffende Regelung zu spät käme, um ihren Zweck noch zu erreichen.[318] Dabei ist darauf abzustellen, ob die Maßnahme selbst bei telefonischer Anhörung zu spät käme.[319] Steht bei der Nr. 1 1. Alt. die zeitliche Dimension im Vordergrund, so stellt demgegenüber die 2. Alt. der Nr. 1 auf die Bedeutung der gefährdeten Rechtsgüter ab. Ein öffentliches Interesse ist anzunehmen, wenn die vorherige Anhörung das mit der Maßnahme verbundene öffentliche Interesse ganz oder zum wesentlichen Teil vereiteln würde.[320] Bei dieser Alternative handelt es sich um einen Auffangtatbestand für alle Verwaltungsakte, die nicht unter die ausdrücklich geregelten Tatbestände der Nr. 1 bis 5 fallen, bei denen jedoch aus ähnlichen Gründen des öffentlichen Interesses eine sofortige Entscheidung geboten erscheint.[321]

Beispiel:
Hat die zuständige Behörde Anzeichen dafür, dass bei einem Vereinsverbot das Vereinsvermögen beiseitegeschafft wird, so dass eine Sicherstellung dieses Vermögens nicht mehr möglich ist, kann eine vorherige Anhörung unterbleiben.[322]
- Nach § 28 II Nr. 2 kann eine Anhörung unterbleiben, wenn durch die Anhörung die Einhaltung einer für die Entscheidung maßgeblichen Frist in Frage gestellt würde. Erfasst werden insbesondere Fristen, deren Ablauf zu einer Genehmigungsfiktion (§ 42a) führen würde, sowie Verjährungs- und Ausschlussfristen.[323]
- Die Anhörung kann nach § 28 II Nr. 3 auch unterbleiben, wenn von den tatsächlichen Angaben eines Beteiligten, die dieser in einem Antrag oder Erklärung gemacht hat, nicht zu seinen Ungunsten abgewichen werden soll.

---

[317] Zu den Voraussetzungen einer Heilung der unterbliebenen Anhörung im Vorverfahren Hufen, JuS 1999; BVerwGE 66, 111 und 66, 184. Vgl. auch RdNr. 179 ff.
[318] BVerwGE 68, 267 [271 f.]; Kopp/Ramsauer, § 28 RdNr. 52
[319] OVG Magdeburg, NVwZ-RR 1997, 287
[320] Ritgen in Knack/Hennecke, VwVfG, § 28 RdNr. 26
[321] Kopp/Ramsauer, VwVfG, § 28 RdNr. 56; Herrmann § 28 RdNr. 26 in Bader/Ronellenfitsch, VwVfG
[322] Siehe auch BVerwG NJW 1989, S. 993
[323] Schwarz in Fehling/Kastner (Hrsg.), Verwaltungsrecht, § 28 RdNr. 38

Verwaltungsakt

- Die Anhörung kann ferner nach § 28 II Nr. 4 unterbleiben, wenn die Behörde eine Allgemeinverfügung oder gleichartige Verwaltungsakte in größerer Zahl oder Verwaltungsakte mit Hilfe automatischer Einrichtungen erlassen will.
- Sollen Maßnahmen in der Verwaltungsvollstreckung getroffen werden, kann nach § 28 II Nr. 5 die Anhörung ebenfalls unterbleiben. Diese Bestimmung dient vor allen Dingen der Effektivität der Verwaltungsvollstreckung. Maßnahmen der Vollstreckung sind neben Maßnahmen zur Vollstreckung von Geldforderungen auch Maßnahmen zur Erzwingung von Handlungen, Duldungen und Unterlassungen. Erfasst werden sowohl die Androhung wie auch die Festsetzung eines Zwangsmittels.

Liegt einer der Tatbestände des § 28 II vor, ist – wie sich aus dem Wortlaut der Vorschrift ergibt – nach Ermessen darüber zu entscheiden, ob von der Anhörung abgesehen werden soll. Eine fehlerhafte Entscheidung führt zur Rechtswidrigkeit des ergangenen Verwaltungsakts.[324]

147 Von der Anhörung ist nach § 28 III abzusehen, wenn ihr ein zwingendes öffentliches Interesse entgegensteht. Unter einem solchen Interesse ist nur ein besonders gewichtiges (öffentliches) Interesse zu verstehen, das gegenüber dem Zweck der Anhörung und gegenüber dem Interesse des Betroffenen, angehört zu werden, eindeutig und zweifelsfrei Vorrang hat, z. B. Menschenleben, die Sicherheit der Bundesrepublik.[325]

148 **4.3.4.3.3 Form.** Nach § 10 S. 2 ist das Verwaltungsverfahren einfach, zweckmäßig und zügig durchzuführen. Dieser Grundsatz führt dazu, dass der Behörde regelmäßig nicht vorgeschrieben wird, in welcher Form sie den Verwaltungsakt erlassen will. Nach § 37 II 1 kann sie den Verwaltungsakt schriftlich, elektronisch, mündlich oder auf andere Weise erlassen. Entscheidet sich die Behörde für eine bestimmte Form, so sind daran weitere Folgerungen geknüpft. So muss sie einen mündlichen Verwaltungsakt schriftlich oder elektronisch bestätigen, wenn hieran ein berechtigtes Interesse besteht und der Betroffene dies unverzüglich verlangt (§ 37 II 2).[326] Wählt die Behörde beispielsweise die Schriftform, so gibt es Vorgaben über die äußere Gestaltung (§ 37 III 1), die Begründung der Entscheidung (§ 39; RdNr. 148a ff.) und die Notwendigkeit der Beifügung einer Rechtsbehelfsbelehrung (§ 37 VI). Zudem kann die Behörde unter unterschiedlichen Wegen der Bekanntgabe eines schriftlichen Verwaltungsakts auswählen (siehe nur § 41 II, V).
Die Entscheidungsfreiheit der Behörde ist dort eingeschränkt, wo spezielle Vorschriften für den Verwaltungsakt eine bestimmte Form vorschrieben (z. B. die Schriftform siehe § 73 III VwGO; § 10 VII BImSchG; 70 I 3 NBauO)

148a Nach § 39 I 1 muss ein schriftlicher oder elektronischer oder ein schriftlich oder elektronisch bestätigter Verwaltungsakt begründet werden, sofern nicht ein Fall des § 39 II vorliegt oder sofern es sich nicht um die Behördentätigkeit bei Leistungs-, Eignungs- und ähnlichen Prüfungen handelt (§ 2 III Nr. 2).

---

324 BVerwG NVwZ 1984, 577; VGH Kassel NVwZ-RR 1989, 113 [114]
325 Kopp/Ramsauer, § 28 RdNr. 76
326 Einzelheiten siehe Weidemann/Rheindorf, DVP 2009, S. 376 ff.

Verwaltungshandeln

Spezielle Regelungen haben Vorrang. So ergibt sich z. B. das Begründungserfordernis für den Widerspruchsbescheid aus § 73 III 1 VwGO, für den Genehmigungsbescheid nach dem BImSchG aus § 10 VII BImSchG, für Entscheidungen im förmlichen Verwaltungsverfahren und im Planfeststellungsverfahren aus §§ 69 II 1, 74 I 2. Sofern oder soweit besondere gesetzliche Regelungen inhaltliche Anforderungen nicht stellen, sind § 39 I 2 und ggf. § 39 I 3 anzuwenden.

149 Die Verpflichtung der Behörde, ihre Entscheidung zu begründen, ist neben der nach § 28 I grundsätzlich vorgeschriebenen Anhörung ein wichtiges Erfordernis eines rechtsstaatlichen Verwaltungsverfahrens. Kopp[327] führt dazu aus:
„Die Begründungspflicht zwingt die Behörde, die für ihre Entscheidung maßgeblichen Tatsachen sorgfältig zu ermitteln und sich mit allen für die Entscheidung maßgeblichen Gesichtspunkten tatsächlicher und rechtlicher Art, insbesondere auch mit dem Vorbringen des Betroffenen, auseinander zu setzen. Sie stellt zugleich ein wesentliches Element einer, wenn auch beschränkten, Öffentlichkeit des Verfahrens in einem demokratischen Rechtsstaat dar und ermöglicht es den Betroffenen, wenn sie sich durch die Entscheidung beschwert fühlen, sich über eventuelle Rechtsbehelfe klar zu werden. Auch die Wirksamkeit einer Nachprüfung der Verwaltungsentscheidung durch die höhere Behörde im Rechtsbehelfs- oder Aufsichtsweg und durch die Gerichte hängt wesentlich von einer ordnungsgemäßen Begründung ab."
Die Begründung erfüllt unterschiedliche Funktionen:

Begründungsfunktionen	Adressat
• Befriedungsfunktion	• Bürger
• Rechtschutzfunktion	• Bürger
• Klarstellungsfunktion	• Bürger und Verwaltung
• Kontrollfunktion	• Verwaltung (Selbstkontrolle) und Gerichte (externe Überprüfung)

150 In der Begründung sind nach § 39 I 2 die wesentlichen tatsächlichen und rechtlichen Gründe anzugeben, „die die Behörde zu ihrer Entscheidung bewogen haben". Demnach genügt die Behörde ihrer Begründungspflicht, wenn sie diejenigen tatsächlichen und rechtlichen Erwägungen wiedergibt, die sie subjektiv zu ihrer Entscheidung bewogen haben. Ob diese Gründe den Erlass des Verwaltungsaktes inhaltlich rechtfertigen, ist in diesem Zusammenhang unerheblich, denn auch mit einer (inhaltlich) objektiv unrichtigen Begründung erfüllt die Behörde das Formerfordernis des § 39 I.[328] Der Bürger hat damit keinen Anspruch auf eine materiell richtige Begründung.

Beispiel:
Ein Reisegewerbetreibender bietet an, Sicherheitsschlösser in Wohnungstüren einzubauen, hat jedoch nicht die dafür nach § 55 II GewO erforderliche Reisegewerbekarte. Die zuständige Behörde, die in den bevorstehenden wei-

---

327 Einführung zu „Verwaltungsverfahrensgesetz/Verwaltungsgerichtsordnung", Beck-Texte im dtv, Band 5526, 12. Auflage, 18; eingehend siehe Drape u. a. Muster 7, 10, 13 und Erläuterungen
328 BVerwG NVwZ 1987, 498 [499]; 1999, 303; Kopp/Ramsauer, § 39 RdNr. 2

Verwaltungsakt

teren Verstößen gegen §§ 55 II, 145 I Nr. 1 GewO eine konkrete Gefährdung der öffentlichen Sicherheit sieht, untersagt durch schriftlichen Verwaltungsakt die Ausübung des Reisegewerbes und begründet ihre Maßnahme mit der Generalermächtigung zur Gefahrenabwehr (in Nds.: § 11 NPOG). Die von der Behörde gewählte Eingriffsermächtigung ist nicht anzuwenden, weil mit § 60d GewO eine spezielle Eingriffsermächtigung besteht, die der allgemeinen Ermächtigung zur Gefahrenabwehr vorgeht. Der Eingriff hätte mithin auf § 60d GewO gestützt werden müssen. § 39 I ist nicht verletzt, denn die Behörde hat sich durch die Generalermächtigung bewogen gefühlt, zur Gefahrenabwehr einzuschreiten.

Inhalt und Umfang der Begründung richten sich nach den Besonderheiten des jeweiligen Rechtsgebietes und nach den Umständen des Einzelfalles. Die Begründung braucht sich nicht ausdrücklich mit allen Einzelüberlegungen auseinander zu setzen; sie kann sich sehr kurz halten, wenn die Gründe auf der Hand liegen oder dem Betroffenen bekannt sind.[329] Sie muss aber so ausführlich sein, dass sie dem Bürger die Chance einräumt, sich inhaltlich mit ihr auseinander zu setzen.

151 Die Begründung einer Ermessensentscheidung soll nach § 39 I 3 auch die Gesichtspunkte erkennen lassen, von denen die Behörde ausgegangen ist, als sie Ermessen ausübte. Es genügt also nicht, nur zu begründen, dass der Tatbestand der Ermächtigungsgrundlage, die Ermessen einräumt, erfüllt ist; vielmehr müssen auch die zusätzlich angestellten Ermessenserwägungen, die zum Einschreiten geführt haben, im Regelfall in die Begründung aufgenommen werden. Das bedeutet, dass aus der Bescheidbegründung zu erkennen sein muss, dass die Behörde ihr Ermessen überhaupt erkannt hat, von welchen Tatsachen sie ausgegangen ist und welche Beurteilungsmaßstäbe sie angewandt hat. Zudem muss der Abwägungsprozess, das Für und Wider der Entscheidung verdeutlicht werden.[330]

151a Schreitet die Behörde gegen rechtswidrige Zustände ein, ohne dass ganz bestimmte konkrete Anhaltspunkte vorliegen, die es rechtfertigen, diese Zustände (ausnahmsweise) zu dulden, und kommt die Behörde zu dem Ergebnis, dass es an solchen Anhaltspunkten fehlt, braucht sie nicht zu begründen, weshalb sie sich entschlossen hat einzuschreiten. Das ergibt sich aus § 39 I 2 (vgl. oben RdNr. 150), denn die Behörde braucht keine Abwägung des Für und Wider zu begründen, die sie nicht vorgenommen hat und nach ihrer Auffassung auch nicht vornehmen musste. Deshalb hat die Behörde, die gegen rechtswidrige Zustände einschreitet, ihrer Begründungspflicht regelmäßig damit genügt, dass sie zum Ausdruck bringt, der beanstandete Zustand müsse wegen seiner Rechtswidrigkeit beseitigt werden und es liege keine atypische Fallgestaltung vor. Insoweit ist dort, wo ein Fall des sog. intendierten Ermessens[331] anzunehmen ist, der Begründungsumfang reduziert.[332]

---

329 BVerwGE 38, 191 [194]; BRS 36 Nr. 93 [S. 216 ff.]; NJW 1998, 2233 f.
330 Wilhelm, DVP 2011, S. 310 [313].
331 Siehe auch OVG Lüneburg Beschl. v. 15.8.2007, der sich mit einer kommunalaufsichtlichen Beanstandung und dem intendierten Ermessen auseinandersetzt; mit Anmerkungen von Weidemann, DVP 2009, S. 249 ff.
332 BVerwG BRS 36, 217, und OVG MÜnster NVwZ-RR 2016, S. 529 (Rdnr. 23)

Verwaltungshandeln

Beispiel:
Die Bauaufsichtsbehörde ordnet an, ein ohne die erforderliche Baugenehmigung und entgegen § 35 BauGB errichtetes Gebäude zu beseitigen. Ihre auf die dafür maßgebende – als Ermessensnorm gefasste – Ermächtigungsgrundlage des Landesrechts (z. B. § 79 I NBauO) gestützte Anordnung begründet sie damit, dass das Gebäude dem formellen und materiellen öffentlichen Baurecht widerspreche und deshalb beseitigt werden müsse; Anhaltspunkte dafür, den rechtswidrigen Zustand (ausnahmsweise) zu dulden, seien nicht ersichtlich. Der gesetzlichen Begründungspflicht ist damit genügt.

Wenn die Behörde zu Unrecht zu dem Ergebnis gekommen ist, dass konkrete Anhaltspunkte dafür, einen rechtswidrigen Zustand zu dulden, fehlen, so kann allenfalls ein Ermessensfehler, nicht aber eine unzureichende Begründung vorliegen.

152

Begründung des Verwaltungsaktes
(Prüfungsfolge)

① **Besteht die Begründungspflicht?**
 a) nach einer besonderen gesetzlichen Regelung
  (z. B. nach § 10 VII BImSchG)?

 b) nach der allgemeinen Regelung des VwVfG?
  • (z. B.) schriftlicher Verwaltungsakt (§ 39 I 1)?
  • keine Ausnahme (§§ 2 III Nr. 2, 39 II)?

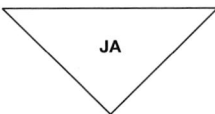

JA

② **Ist die Begründungspflicht beachtet worden?**
 a) sind die Anforderungen der besonderen gesetzlichen
  Regelung erfüllt?

 b) Bei Anwendbarkeit des VwVfG:
  Sind
  • die wesentlichen tatsächlichen und rechtlichen Gründe,
   die die Behörde bewogen haben, den Verwaltungsakt
   zu erlassen
   (§ 39 I 2),

  und

  • bei einer Ermessensentscheidung auch die Gesichtspunkte, von denen die Behörde bei der Ausübung ihres Ermessens ausgegangen ist
   (§ 39 I 3),

  mitgeteilt worden?

Verwaltungsakt

Die Begründungspflicht ist verletzt, wenn die Begründung völlig fehlt, unvollständig ist (also den Anforderungen des § 39 I 2, 3 nicht entspricht) oder vorgeschoben ist. **153**

Die Verletzung der Begründungspflicht hat die formelle Rechtswidrigkeit eines Verwaltungsaktes zur Folge. Bei Verwaltungsakten, die nach Ermessen erlassen, aber inhaltlich nicht richtig begründet werden, kann sich u. U. aus der Begründung ableiten lassen, dass der Verwaltungsakt (auch) materiell rechtswidrig ist.[333] Der Verfahrensfehler einer mangelnden oder mangelhaften Begründung kann aber geheilt werden (§ 45 Abs. 1). Auch hier ist die zeitliche Grenze des Abs. 2 zu beachten. **154**

Beispiel:
Die Behörde fordert aufgrund des § 967 BGB den Finder einer Sache mit schriftlichem Verwaltungsakt auf, sie abzuliefern, teilt jedoch, obwohl ein Fall des § 39 II nicht vorliegt, die für ihre Entscheidung wesentlichen Gründe nur unvollständig mit. Aus der Begründung ergibt sich, dass sie sich nach der Eingriffsermächtigung (die ihr in diesem Fall Ermessen einräumt) verpflichtet sieht, die Ablieferung zu verlangen.

Die den Anforderungen des § 39 I 2 nicht entsprechende (unvollständige) Begründung hat die formelle Rechtswidrigkeit der Aufforderung zur Folge. Daraus, dass die Behörde Ermessenserwägungen nicht angestellt hat, lässt sich hier folgern, dass die Aufforderung auch materiell rechtswidrig ist, denn sie hat ihr Ermessen nicht ausgeübt (Verstoß gegen § 40).

Nach § 37 VI ist regelmäßig einem Verwaltungsakt, der der Anfechtung unterliegt, eine Rechtsbehelfsbelehrung beizufügen. Die Rechtsbehelfsbelehrung ist auch der schriftlichen oder elektronischen Bestätigung eines Verwaltungsakts und der Bescheinigung nach § 42a III beizufügen. Landesrechtliche Bestimmungen können eine Lockerung dieses Gebotes vorsehen. Fehlt die Rechtsbehelfsbelehrung oder ist sie fehlerhaft, führt dies dazu, dass dann der maßgebliche Rechtsbehelf grundsätzlich innerhalb eines Jahres eingelegt werden kann. Dieser Fehler begründet aber regelmäßig keinen Aufhebungsanspruch. **154a**

4.3.4.3.4 Weitere formelle Anforderungen. Es gibt weitere formelle Anforderungen an einen Verwaltungsakt. So bestimmt das VwVfG (§ 23), dass die Amtssprache „deutsch" ist. Zudem weist das Gesetz Regelungen über das Akteneinsichtsrecht (§ 29; RdNr. 71b) und die Geheimhaltung (§ 30) auf. **155**

4.3.4.4 Materielle Rechtmäßigkeit[334]
4.3.4.4.1 Vorrang und Vorbehalt des Gesetzes. Begünstigende wie belastende Verwaltungsakte sind nach dem Grundsatz des Vorranges des Gesetzes (Tz. 3.1.2) **156**

---

333 Zur Vertiefung: Stelkens/Bonk/Sachs, § 39 RdNr. 26 ff.
334 Die nachfolgenden Punkte kennzeichnen keine Prüfungsfolge für eine gutachtliche Fallbearbeitung. Sie vermitteln vielmehr einen generellen Überblick. Beispiele für eine Fallbearbeitung siehe Weidemann, VR 1999, 362 ff.; 2001, 62 ff.; 104; 2003, 355; APF 2003, 36 ff.; Drape/Globisch/Weidemann DVP 2006, 427 ff.; Weidemann/Barthel, APF 2010, S. 302 ff.; Schirmer, DVP, 2012, S. 30 ff.; Globisch/Weidemann, DVP 2012, S. 252 ff.; Weidemann, DVP 2012, S. 197 ff.

Verwaltungshandeln

nur dann rechtmäßig, wenn sie einem rechtswirksamen Rechtssatz nicht widersprechen. Für belastende Verwaltungsakte ist darüber hinaus nach dem Vorbehalt des Gesetzes (Tz. 3.1.3) eine gesetzliche Grundlage erforderlich.

157 4.3.4.4.2 **Tatbestandsmäßigkeit.** Zu den materiellen Anforderungen gehört zunächst, dass der Tatbestand der in Betracht kommenden Rechtsgrundlage erfüllt ist. So setzt z. B. die Erteilung einer Reisegewerbekarte (§ 55 II GewO) voraus, dass der Antragsteller ein Reisegewerbe i. S. des § 55 I GewO betreiben, keine reisegewerbekartenfreie Tätigkeit (§§ 55a, 55b GewO) ausüben will und die für die beabsichtigte Tätigkeit erforderliche Zuverlässigkeit besitzt (§ 57 GewO).

Außer der Tatbestandsmäßigkeit müssen die nachstehend behandelten materiellrechtlichen Anforderungen gegeben sein.

158 4.3.4.4.3 **Richtiger Adressat.** Der Verwaltungsakt muss an den nach materiellem Recht Berechtigten oder Verpflichteten gerichtet werden. So kann Adressat einer Auflage nach § 34a I 2 GewO oder eines Beschäftigungsverbotes nach § 34a IV GewO nur der Gewerbetreibende sein. Durch Verwaltungsakte, die nach dem allgemeinen Recht der Gefahrenabwehr erlassen werden, dürfen grundsätzlich nur die danach verantwortlichen Personen in Anspruch genommen werden. Das Gefahrenabwehrrecht differenziert hier regelmäßig zwischen dem Verhaltens-, dem Zustands- und dem sog. Nichtstörer (vgl. z. B. §§ 6 ff. NPOG). Nach der NBauO (§§ 52 ff.) kommen als verantwortliche Personen der Bauherr, der Entwurfsverfasser, der Unternehmer, der Bauleiter oder aber Eigentümer in Betracht können. Ein Erschließungsbeitragsbescheid darf nur an den Eigentümer, bei Belastung des Grundstücks mit einem Erbbaurecht nur an den Erbbauberechtigten gerichtet werden (§ 134 I 1 und 2 BauGB). Stehen mehrere Verantwortliche zur Verfügung, hat die Behörde regelmäßig eine Ermessensentscheidung zu treffen, um den geeigneten Verantwortlichen zu bestimmen.

159 4.3.4.4.4 **Keine Unmöglichkeit.** Dem Adressaten muss es tatsächlich und rechtlich möglich sein, den Verwaltungsakt zu befolgen (siehe Übersicht RdNr. 162).

160 4.3.4.4.5 **Zutreffende Rechtsfolge.** Die Behörde hat die richtige Rechtsfolge zu ziehen. Im Bereich der sog. gebundenen Verwaltung verbleibt – bei erfülltem Tatbestand – kein Gestaltungsspielraum. Räumt dagegen eine Rechtsnorm Ermessen ein, so muss es den Anforderungen des § 40 entsprechend ausgeübt worden sein (vgl. Tz. 4.5.3).

161 4.3.4.4.6 **Bestimmtheit.** Ein Verwaltungsakt muss nach § 37 I inhaltlich hinreichend bestimmt sein. Allgemein bedeutet dieses Erfordernis, dass die getroffene Regelung nicht nur für die Betroffenen oder andere Beteiligte so vollständig und eindeutig erkennbar sein muss, dass sie ihr Verhalten danach richten können, sondern dass auch die mit der Vollstreckung oder sonst mit der Angelegenheit befassten Behörden den Regelungsinhalt etwaigen Vollstreckungsmaßnahmen oder anderen Entscheidungen zugrunde legen können.[335]

---

335 Kopp/Ramsauer, § 37 RdNr. 12. Zur Vertiefung: Schmitz, Bestimmtheit von Verwaltungsakten, DVP 1991, 39 ff.

Unmöglichkeit eines Verwaltungsaktes
Grundsatz: Ein Verwaltungsakt, der aus tatsächlichen oder rechtlichen Gründen nicht ausgeführt werden kann, ist rechtswidrig.
Im Einzelnen ist wie folgt zu differenzieren:
1. **Tatsächliche Unmöglichkeit**
  Sie liegt vor, wenn es tatsächlich nicht möglich ist, den Verwaltungsakt auszuführen (z. B. wenn der Adressat ihn wegen Alters oder Krankheit nicht befolgen kann).
  1.1 *Objektive Unmöglichkeit* (niemand kann den Verwaltungsakt ausführen):
    Nichtigkeit nach § 44 II Nr. 4, mithin auch Rechtswidrigkeit.
  1.2 *Subjektive Unmöglichkeit* (der Betroffene kann den Verwaltungsakt nicht ausführen):
    Rechtswidrigkeit; Nichtigkeit, wenn Tatbestand des § 44 I erfüllt ist.
2. **Rechtliche Unmöglichkeit**[336]
  Sie liegt vor, wenn dem Adressaten etwas aufgegeben wird, durch das er die Rechtsordnung (z. B. ein gesetzliches Verbot) verletzt, wenn er die Anordnung der Behörde befolgt.
  2.1 *Sonderfall 1* (Gebot einer rechtswidrigen Tat, die einen Straf- oder Bußgeldtatbestand verwirklicht):
    Nichtigkeit nach § 44 II Nr. 5, mithin auch Rechtswidrigkeit.
  2.2 *Sonderfall 2* (entgegenstehende Rechte Dritter):
    Rechtmäßigkeit (!) des Verwaltungsaktes, aber Rechtswidrigkeit der Vollstreckung bei fehlendem Einverständnis des Dritten oder fehlender Duldungsanordnung.
  2.3 *Andere Fälle* der rechtlichen Unmöglichkeit:
    Rechtswidrigkeit; Nichtigkeit, wenn Tatbestand des § 44 I erfüllt ist.
	162

Die Bestimmtheit des Verwaltungsakts ist gegeben, wenn der Betroffene erkennen kann,
- wer (Behörde) den Verwaltungsakt erlassen hat,
- an wen (Adressat) der Verwaltungsakt gerichtet ist und
- was (Regelung/Inhalt) die Behörde von dem Adressaten verlangt.

Das Gebot der Bestimmtheit ist z. B. verletzt, wenn Begriffe oder Formulierungen wie „ordnungsgemäße Befestigung", „innerhalb der geschlossenen Ortslage", „angemessene Lautstärke", „schädliche Umwelteinwirkungen zu vermeiden", „sich nach Art eines Land- oder Stadtstreichers umherzutreiben", „die Wohnung in einen bewohnbaren Zustand zu versetzen" verwendet werden.[337]

163

Das Maß der Bestimmtheit lässt sich nicht einheitlich festlegen; u. a. kommt es auf die Eigenart des Verwaltungsaktes und die durch ihn getroffene Regelung an. Ein an eine bestimmte Person gerichteter Verwaltungsakt kann (und muss) bestimmter gefasst werden als eine Allgemeinverfügung. Da mit dem Verwaltungsakt eine abstrakt-generelle Regelung konkretisiert wird, muss er bestimmter formuliert sein als die ihm zugrunde liegende Eingriffsermächtigung.

164

---

336 BVerwGE 40, 101
337 Weitere Beispiele aus der Rechtsprechung siehe Knack/Henneke, § 35 RdNr. 13

Verwaltungshandeln

> **Beispiel:**
> Durch ordnungsrechtliche Verfügung wird einem Hundehalter aufgegeben, seinen Hund „innerhalb geschlossener Ortslage" an der Leine zu führen. Dieser Anordnung fehlt die hinreichende Bestimmtheit. Zwar ist für den Betroffenen erkennbar, dass die Innenstadt eine geschlossene Ortslage darstellt und andererseits die freie unbebaute Landschaft nicht zur geschlossenen Ortslage zählt, doch ist dieser Begriff in vielen Fällen nicht geeignet, den Hundehalter sicher und klar erkennen zu lassen, ob er seinen Hund nun anleinen muss oder frei laufen lassen kann. Gerade an der Peripherie der Städte ist es im Einzelfall höchst zweifelhaft, ob man sich noch innerhalb der geschlossenen Ortslage befindet. Je spärlicher die Bebauung wird, desto schwieriger wird die Festlegung der Grenze der geschlossenen Ortslage.[338]

165 Ist der Verwaltungsakt darauf gerichtet, eine Gefahr zu verhindern oder zu beseitigen, genügt es grundsätzlich, das Ziel der Regelung hinreichend bestimmt zu bezeichnen, sofern dem Adressaten damit das von ihm geforderte Verhalten klar wird. Auf welche Art und Weise er den herbeizuführenden Erfolg erreicht, bleibt ihm überlassen.[339] Das Mittel muss jedoch angegeben werden, wenn dies gesetzlich vorgeschrieben ist.

166 Inhaltliche Unbestimmtheit hat im Regelfall (nur) Rechtswidrigkeit des Verwaltungsaktes zur Folge. Nichtigkeit ist nach § 44 I unter den dort genannten Voraussetzungen, also nicht in allen, sondern nur in besonders schwerwiegenden und offensichtlichen Fällen inhaltlicher Unbestimmtheit anzunehmen, insb. dann, wenn dem Verwaltungsakt nicht hinreichend sicher zu entnehmen ist, wie der Adressat sich verhalten soll oder was von welcher Person verlangt wird (vgl. Beispiel RdNr. 223).

167 **4.3.4.4.7 Verhältnismäßigkeit.** Nach dem Grundsatz der Verhältnismäßigkeit müssen das gewählte Mittel und der beabsichtigte Erfolg in einem vernünftigen Verhältnis zueinander stehen oder – negativ ausgedrückt – dürfen Mittel und Zweck nicht in einem (erkennbaren) Missverhältnis zueinander stehen. Der Grundsatz der Verhältnismäßigkeit ist in einigen Gesetzen ganz oder teilweise geregelt (z. B. in § 4 NPOG, § 62 StGB, § 9 II VwVG). Sofern eine spezialgesetzliche Regelung nicht vorhanden ist oder soweit sie den Grundsatz nicht vollständig regelt, gilt er ganz allgemein als Ausfluss des Rechtsstaatsprinzips und der Grundrechte (umstritten), hat also Verfassungsrang.[340] Es bindet alle staatliche Gewalt, soweit durch sie subjektive Rechte des Bürgers beeinträchtigt werden.

168 Der Grundsatz (als Oberbegriff – „Verhältnismäßigkeit im weiteren Sinne" –) hat einen dreifachen Inhalt: das Mittel muss geeignet, erforderlich und angemes-

---

338 Siehe OVG Münster NVwZ 1988, 659 f.; demgegenüber hält das OVG Koblenz (DÖV 2007, 82 f.) eine Gefahrenabwehrverordnung, die den Anleinzwang für Hunde „innerhalb bebauter Ortslage" vorschreibt für inhaltlich hinreichend bestimmt. Lesenswert zu den Anforderungen eines hinreichend bestimmten VA OVG Münster 1993, 1000 f.
339 Kritisch siehe Klein, APF 2003, 10 [11]
340 Vgl. auch BVerfGE 19, 342 [348]; BVerfGE 19, 342; 76, 256; Überblick zu den unterschiedlichen Begründungsansätzen siehe Arnauld, JZ 2000, 276 ff.; s. a. Überblick zum Grundsatz der Verhältnismäßigkeit bei Voßkuhle, JuS 2007, 429 ff. m. N.

Verwaltungsakt

sen sein. Sind mehrere Mittel „geeignet", darf nur das „erforderliche" gewählt werden. Ist das Mittel „erforderlich", darf es nicht angewendet werden, wenn es nicht „angemessen" ist (vgl. Schema RdNr. 174).

Das Gebot der Geeignetheit verlangt, ein Mittel einzusetzen, das den erstrebten Erfolg herbeiführen kann. In diesem Sinne tauglich ist ein Mittel, „wenn mit seiner Hilfe der gewünschte Erfolg gefördert werden kann".[341] **169**

Beispiel:
Das Verbot an einen Grundstückeigentümer, dessen Grundstück in einem allgemeinen Wohngebiet liegt, Rasenmäher werktags in der Zeit von 20.00 Uhr bis 7.00 nicht in Betrieb zu setzen, dient dazu, die Nachtruhe zu schützen und mögliche Gesundheitsgefahren abzuwehren. Es ist zweifellos geeignet, den gewünschten Erfolg zu fördern.

Nach dem Gebot der Erforderlichkeit ist von mehreren geeigneten Mitteln dasjenige einzusetzen, das den Einzelnen und die Allgemeinheit voraussichtlich am wenigsten beeinträchtigt. Dieser Grundsatz ist eingehalten, wenn die Behörde kein anderes geeignetes, den Betroffenen weniger einschränkendes Mittel hätte wählen können. **170**

Beispiel:
Das Verbot, in der o. a. Zeit (s. RdNr. 169) Gartengeräte aller Art in Betrieb zu setzen, ist zwar geeignet, jedoch nicht erforderlich, weil der erstrebte Erfolg sich voraussichtlich durch das Verbot, bestimmte Rasenmäher zu benutzen, erreichen lässt.

Das Gebot der Angemessenheit verbietet, ein Mittel zu wählen, das Nachteile herbeiführt, die in einem erkennbaren Missverhältnis zu dem beabsichtigten Erfolg stehen („Verhältnismäßigkeit im engeren Sinne"). Hier müssen also die Nachteile, die mit dem gewählten Mittel abgewendet werden sollen, mit den Nachteilen verglichen werden, die das Mittel mit sich bringt. Ist der abzuwendende Nachteil erkennbar größer als der Nachteil, den das Mittel verursacht, ist es angemessen.[342] **171**

Beispiel:
Das Verbot, in der Abend- und Nachtzeit einen mit Motor betriebenen Rasenmäher in Betrieb zu setzen, dient dazu, die Nachtruhe zu wahren und auf den Lärm zurückzuführende mögliche Gesundheitsgefahren abzuwehren. Der Nachteil, der mit dem Verbot abgewendet werden soll, ist erkennbar größer als der (geringe) Nachteil, einen derartigen Rasenmäher werktags in der Zeit von 20.00 Uhr bis 7.00 Uhr nicht in Betrieb setzen zu dürfen.[343] Das Verbot ist angemessen.

Im Regelfall ist die hiernach erforderliche Abwägung der Nachteile für die Allgemeinheit und den Betroffenen bereits durch den Gesetzgeber vorweggenom- **172**

---

341 BVerfGE 30, 292 [316]; 33, 171 [187]
342 Zur Gewichtung der öffentlichen Interessen im Rahmen der Verhältnismäßigkeitsprüfung siehe nur Kluckert, JuS 2015, S. 116 ff.
343 Einzelheiten siehe 32. BImschV – Geräte- und MaschinenlärmVO, § 7 i. V. m. Nr. 32 Anhang

Verwaltungshandeln

men, der die Verwaltung auch zu einschneidenden, mit der Verfassung übereinstimmenden Mitteln ermächtigt hat. Ein gebotenes und gesetzlich zugelassenes Mittel darf daher nur dann nicht angewendet werden, wenn es sich als besonders einschneidend für den Einzelnen oder die Allgemeinheit erweist.[344]

Ähnlich und sehr treffend bringt dies auch Götz[345] zum Ausdruck: „Das Verhältnismäßigkeitsprinzip ist keine umfassende Abwägungsvollmacht, die den Rechtsanwender (z. B. Richter) schlechthin dazu ermächtigen würde, „Güterabwägungen" vorzunehmen und die „Höherwertigkeit" des durch das Gesetz eingeschränkten Grundrechtes gegenüber dem Schutzzweck des Gesetzes zu behaupten. Das verfassungsrechtlich zulässigerweise beschränkte Grundrecht bleibt auch dann beschränkt oder eingeschränkt, wenn zum Zwecke seiner Berücksichtigung die Anwendung des Verhältnismäßigkeitsprinzips in Erwägung gezogen wird; ihm kann deshalb nicht, in nachträglicher Korrektur des Gesetzes, ein „Vorrang" vor dem schrankenziehenden Gesetz zugesprochen werden. Das Verhältnismäßigkeitsprinzip im engeren Sinne eliminiert nur solche Maßnahmen als unzulässig, bei denen der Schutzzweck der Maßnahme in einem offensichtlichen Missverhältnis zur Schwere des Eingriffs steht".

Beispiel:
Der Bauherr hat ein Gebäude nicht mit dem erforderlichen Grenzabstand errichtet. Die Unterschreitung beträgt auf einer Länge von ca. 6,30 m zwischen 4 und 6 cm. Die Beseitigung des baurechtswidrigen Zustandes würde zu einer erheblichen finanziellen Belastung für den Bauherrn führen. Da die Abweichung weder dem Bauherrn nennenswerte Vorteile, noch dem Nachbarn spürbare Nachteile bringt, wäre eine Beseitigungsanordnung unverhältnismäßig.[346]

173 Nicht selten werden aus politischen oder anderen Gründen unerwünschte oder unbequeme Eingriffe als unverhältnismäßig (= unangemessen) eingestuft und unterlassen, obwohl es nach der Rechtsordnung, z. B. bei der Verletzung einer Verbotsnorm, zwingend geboten wäre zu handeln. Dadurch wird der Grundsatz der Verhältnismäßigkeit missbraucht[347], denn die Rechtsnormen beruhen bereits ihrerseits auf einer Abwägung zwischen dem öffentlichen Interesse daran, dass sie beachtet werden, und den dadurch berührten privaten Belangen (sonst wären sie unverhältnismäßig und damit nichtig!). Die Behörde, die lediglich eine gesetzliche Gebots- oder Verbotsnorm konkretisiert, ist deshalb in aller Regel an die vom Gesetzgeber vorgenommene Abwägung gebunden und darf Rechtsbrüche grundsätzlich nicht hinnehmen; das gebietet die Verfassung (Art. 20 III GG).

---

344 Knack, § 40, RdNr. 60
345 S. 126
346 Vgl. OVG Lüneburg BRS 40, Nr. 226; weiteres Beispiel siehe VG München NVwZ-RR 2011, S. 672 mit Besprechung von Muckel, JA 2012, S. 239; das Gericht hat die zu kurze Fristsetzung für eine Beseitigungsanordnung als unverhältnismäßig eingestuft
347 Anschaulich Eyermann, Die Hausbesetzungen und der malträtierte Grundsatz der Verhältnismäßigkeit, UPR 1981, 14 [17]

Verwaltungsakt

174

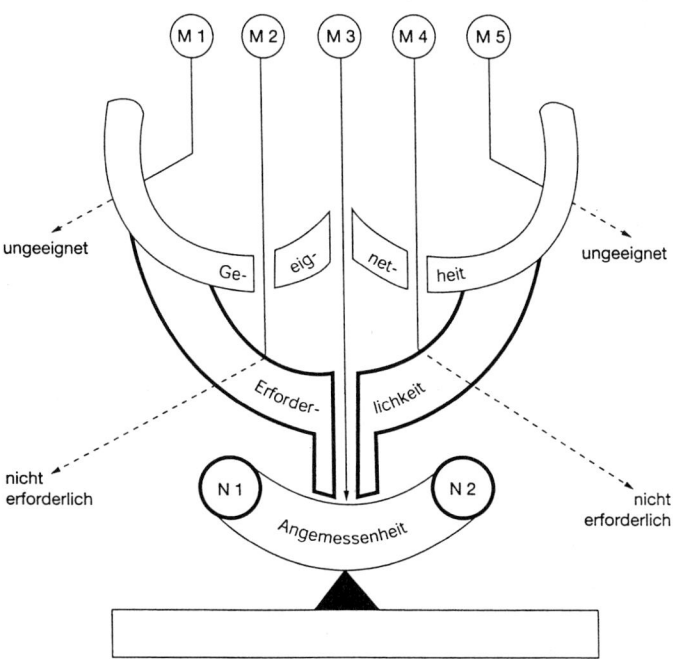

M 1-5 = in Betracht kommende Mittel
N 1 = Nachteil, der abgewendet werden soll
N 2 = Nachteil, der mit dem Mittel herbeigeführt wird

Da der Grundsatz der Verhältnismäßigkeit Verfassungsrang genießt und für alle staatlichen Maßnahmen gilt, ist seine Handhabung nicht auf den Bereich der Ermessensverwaltung beschränkt. Bei der gebundenen Verwaltung mit einer zwingenden Rechtsfolge bedarf es im Regelfall bei der Prüfung der Rechtmäßigkeit eines Verwaltungsakts keiner eigenständigen Bearbeitung des Verhältnismäßigkeitsgrundsatzes. In engen Grenzen kann aber eine gesetzlich vorgesehene gebundene Verwaltung dem Grundsatz der Verhältnismäßigkeit widersprechen.[348] So kann u. U. der Widerruf (§ 15 II GastG) einer zuvor erteilten Gaststät-

175

---

348 Zur Entwicklung der Rechtsprechung und den dogmatischen Problemen siehe nur Naumann, DÖV 2011, S. 96 ff.; Mehde, DÖV 2014, S. 541 ff.

Verwaltungshandeln

tenerlaubnis[349] unverhältnismäßig sein, wenn eine Abmahnung zur Zweckerreichung ebenso geeignet ist.[350]

176 **4.3.4.4.8 Keine entgegenstehende Zusicherung.** Eine wirksame Zusicherung (§ 38) darf dem Verwaltungsakt nicht entgegenstehen (vgl. Tz. 4.9), denn die Behörde ist an eine (nicht nichtige) Zusicherung grundsätzlich gebunden und darf sich zu ihrem früheren Verhalten, solange die Zusicherung Bindungswirkung hat, nicht in Widerspruch setzen.

177 **4.3.4.4.9 Beachtung der Grundrechte.** Ein Verwaltungsakt darf nicht gegen Grundrechte verstoßen (Art. 1 III GG). So wäre z. B. die Einweisung einer aus 7 Personen bestehenden Familie in einen einzigen nur 47 m² großen Raum mit Duschecke – die Toilette befindet sich auf dem Innenhof eines zur Unterbringung Obdachloser genutzten Wohnheimes – nicht mit Art. 1 I GG vereinbar, weil eine derart beengte Unterbringung den Anspruch eines jeden darauf, nach seinen Verhältnissen menschenwürdig untergebracht zu werden, verletzte (siehe Beispiel bei RdNr. 271).

178 **4.3.4.5 Heilung.** Entspricht ein Verwaltungsakt nicht der Rechtsordnung, so kann die Rechtswidrigkeit unter bestimmten Voraussetzungen geheilt werden mit der Folge, dass sie in einem Vorverfahren oder einem verwaltungsgerichtlichen Verfahren nicht mehr mit Erfolg geltend gemacht werden kann, denn mit der Heilung wird der Verwaltungsakt rechtmäßig. Im Falle der Heilung ist der Fehler als von Anfang an nicht geschehen anzusehen.[351] § 45 zielt allein darauf ab, den von der Behörde verursachten Verfahrens- oder Formfehler zu korrigieren und auf diese Weise die Wirksamkeit des erlassenen Verwaltungsakts zu erhalten.[352]

179 Bestimmte Verfahrens- und Formfehler können nach § 45 I geheilt werden.[353]
– So kann z. B. nach Nr. 1 ein erforderlicher Antrag nachträglich gestellt werden, und zwar ohne zeitliche Begrenzung.
– Nach Nr. 2 eine fehlende Begründung nachträglich gegeben, eine unvollständige ergänzt werden.[354] Nach § 45 I Nr. 2 können nur formelle Rechtsfehler i. S. des § 39 I, nicht aber auch gleichzeitig materielle Rechtsfehler des Verwaltungsaktes geheilt werden.
Von dem „Nachholen der Begründung" (einer verwaltungsverfahrensrechtlichen Frage) ist das durch § 45 nicht geregelte „Nachschieben von Gründen"

---

349 Es ist zu beachten, dass nach der Föderalismusreform einzelne Bundesländer eigene Gaststättengesetze erlassen und auf eine Erlaubnispflicht verzichtet haben. Fehlt eine Landesregelung, kommt noch die gaststättenrechtliche Regelung des Bundes weiter zum Tragen; vgl. Art. 125a GG; eingehend zur Prüfung des Grundsatzes der Verhältnismäßigkeit im Rahmen der gebundenen Verwaltung siehe Naumann, DÖV 2011, S. 96 ff.
350 BVerwGE 49, 160 [168 f.]; OVG Hamburg GewArch 1996, 425; Michel/Kienzle/Pauly, § 15 RdNr. 13; eingehend zum Thema Abmahnung siehe Rädler, NVwZ 2000, 1260 ff.; die Abmahnung wird wohl als Verwaltungsakt zu qualifizieren sein, so zumindest OVG Münster im Hinblick auf eine Abmahnung nach § 33 II TKG [NVwZ 2000, 967]
351 Schnapp/Cordewener, JuS 1999, 147 f.; Himmelmann/Höcker, VR 2003, 79 [86 m. N.]
352 BVerwG 26.10.2106 Beck RS 2016, 55174
353 Eingehend siehe Weidemann/Rheindorf, DVP 2010, S. 178 ff.
354 Habermehl, JA-Übungsblätter 1983, 78 ff.; Kopp/Ramsauer, § 45 RdNr. 18

Verwaltungsakt

durch Auswechseln oder Ergänzen einer inhaltlich unzutreffenden oder nicht ausreichenden Begründung (eine verwaltungsprozessrechtliche Frage) zu unterscheiden.[355] Auch dem Nachschieben von ergänzenden Ermessenserwägungen im verwaltungsgerichtlichen Verfahren begegnen keine verfassungsrechtlichen Bedenken (§ 114 S. 2 VwGO). Damit ist aber kein uneingeschränktes Nachschieben von Ermessenserwägungen gemeint, insbesondere nicht deren vollständige Nachholung oder Auswechslung, sondern nur die Ergänzung einer zumindest ansatzweise bereits vorhandenen Ermessensentscheidung.[356]

	Nachholung der Begründung	**Nachschieben** der Begründung
Verwaltungsakt ist formell rechtmäßig?	Nein	Ja
Rechtsgrundlage	§ 45 I Nr. 2	§ 114 S. 2 VwGO
Verfahrensbetroffenheit	Verwaltungsverfahrensrechtliche Fragen	Verwaltungsprozessrechtliche Frage
Grenzen	Keine materielle Änderung des Verwaltungsakts möglich	• Gründe müssen bei Erlass des VA bereits vorgelegen haben • Durch die nachgeschobenen Gründe darf keine Wesensänderung des VA erfolgen • Keine unangemessene Erschwerung der Rechtsverteidigung des Bürgers

Die Nachschiebung der Ermessenserwägungen hat aus Gründen der Rechtsklarheit und -sicherheit regelmäßig schriftlich zu erfolgen.[357]
– Nach Nr. 3 kann die erforderliche, aber unterbliebene Anhörung nachgeholt werden.
– Die Nr. 4 und 5 beziehen sich auf die unterbliebene Beteiligung eines Ausschusses, dessen Mitwirkung für den Erlass des Verwaltungsakts erforderlich war und einer anderen Behörde.
Die Heilung setzt voraus, dass der Verwaltungsakt nicht wegen des Verfahrens- oder Formfehlers nach § 44 nichtig ist und das formelle Erfordernis nachträglich ordnungsgemäß erfüllt wird. Erforderlich ist entweder ein aktives Tätigwerden der Behörde durch Nachholung bestimmter Verfahrenshandlungen (Nr. 2–5) oder des Bürgers (= Antragsnachholung Nr. 1).

Die Heilungshandlung kann aber nicht unbegrenzt nachgeholt werden. Nach § 45 II können die erforderlichen Handlungen nach Abs. 1 bis zum Abschluss der letzten Tatsacheninstanz eines verwaltungsgerichtlichen Verfahrens nachgeholt werden.[358]

180

---

355 Vgl. Habermehl, JA-Übungsblätter 1983, 120 ff.; Schoch, DÖV 1984, 402 ff.; Schenke, NVwZ 1988, 1 ff.; zur Wechselbeziehung von § 45 VwVfG zu § 114 VwGO siehe BVerwG BauR 2013, S. 78 f.
356 BVerwG ZKF 2011, S. 45 f.; Vertiefung: Kunkel, DVBl. 2013, S. 355 ff.
357 BVerwG NVwZ-RR 2012, S. 698 f. [699]
358 Zur zeitlichen Grenze bei fehlendem Antrag siehe Kopp/Ramsauer, § 45 RdNr. 15

Verwaltungshandeln

181

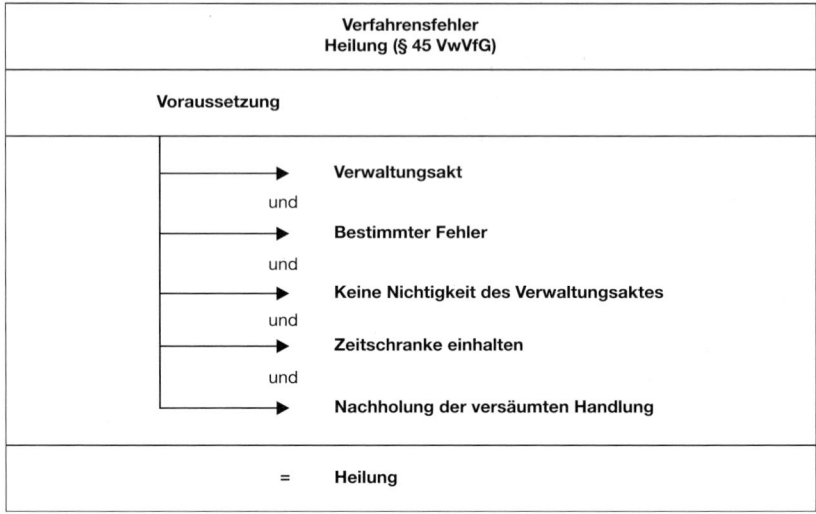

182 Mit bemerkenswerter Klarheit hat der VGH Kassel[359] herausgestellt, dass eine Verletzung der Anhörungspflicht nur dann gemäß § 45 I Nr. 3 unbeachtlich ist, wenn die Anhörung nachträglich ordnungsgemäß durchgeführt und ihre Funktion für den Entscheidungsprozess der Behörde uneingeschränkt erreicht wird. Dies setzt voraus, dass der Betroffene – nachträglich – eine vollwertige Gelegenheit zur Stellungnahme erhält und die Behörde die vorgebrachten Argumente zum Anlass nimmt, die vorherige ohne Anhörung getroffene Entscheidung kritisch zu überdenken. Das Gericht bringt so zum Ausdruck, dass es sich bei einer Anhörung nicht um ein lästiges Übel, sondern um ein wichtiges Verfahrensrecht des Beteiligten handelt.

Ein Anhörungsmangel wird nach der Rechtsprechung des BVerwG[360] im Widerspruchsverfahren in der Regel bereits durch den Erlass des Widerspruchsbescheides nach § 45 I Nr. 3 geheilt. Voraussetzung für die Heilung des Verstoßes gegen das Anhörungsgebot des § 28 I ist danach, dass

1. der Verwaltungsakt eine Begründung enthält und
2. mit einer Belehrung versehen wurde, dass gegen ihn Widerspruch erhoben werden kann,
3. die Behörde eine etwaige Äußerung des Betroffenen zur Kenntnis nimmt, bei ihrer Entscheidung darüber, ob der Verwaltungsakt aufrechterhalten werden soll, in Erwägung zieht und das Vorbringen im Widerspruchsbescheid würdigt und
4. die Behörde die neue Entscheidung nicht auf andere, dem Widerspruchsführer nicht bekannte Tatsachen stützt.

---

359 NVwZ-RR 2012, S. 163 ff.; ferner BVerwG NVwZ 2018, S. 268 f.; 2001, 335
360 BVerwGE 66, 111

Verwaltungsakt

Die zuvor genannte Entscheidung des VGH Kassel formuliert insoweit keinen Widerspruch. Ausgangs- und Widerspruchsentscheidung sind als Einheit zu betrachten (vgl § 79 I Nr. 1 VwGO). Die Vorgaben des BVerwG fordern zudem ausdrücklich eine Auseinandersetzung mit dem Vorbringen des Betroffenen. So wird sichergestellt, dass das Vorbringen des Betroffenen in die Entscheidungsfindung mit einfließt.

Beispiele:
a) Die Behörde widerruft eine Baugenehmigung zur Errichtung einer Autolackiererei, ohne den Bauherrn, wie nach § 28 I erforderlich, angehört zu haben. Der Widerruf ist ordnungsgemäß begründet und mit einer ordnungsgemäßen Rechtsbehelfsbelehrung versehen worden. Der Gewerbetreibende erhebt Widerspruch gegen den Widerruf und trägt Gründe vor, die aus seiner Sicht zur Rechtswidrigkeit des beanstandeten Widerrufs führen. Wird das Vorbringen des Betroffenen, wie oben unter 3. beschrieben, nachträglich berücksichtigt, ist dadurch der Verfahrensfehler geheilt.
b) Die Behörde ordnet die Beseitigung eines Wochenendhauses an, ohne zuvor das notwendige Anhörungsverfahren durchzuführen. Der Betroffene legt Widerspruch ein und kündigt – innerhalb angemessener Frist – eine Begründung an. Ohne diese Stellungnahme abzuwarten, entscheidet die Widerspruchsbehörde über den Widerspruch. Es tritt keine Heilung ein.
c) Abweichend vom Beispiel a) berechnet die Widerspruchsbehörde die Widerspruchsfrist falsch und verwirft den Widerspruch als unzulässig. Eine Heilung des Anhörungsmangels tritt nicht ein.

183 Die Anhörung wird aber nicht etwa stets und ohne Weiteres durch das Vorverfahren nachgeholt. So kann beispielsweise der Widerspruchsbehörde eine engere Entscheidungsbefugnis als der Ausgangsbehörde gesetzt sein.

183a Neben § 45 können sich auch aus speziellen Vorschriften Heilungsmöglichkeiten ergeben bzw. die Vorgaben des § 45 modifiziert werden. So enthält das Umwelt-Rechtsbehelfsgesetz (UmwRG) im § 4 ergänzende Vorschriften zur Bewältigung von Verfahrensfehlern in bestimmten umweltrelevanten Verfahren (siehe § 1 UmwRG [Anwendungsbereich]).

183b Nicht einheitlich wird die Frage beantwortet, ob § 45 auf weitere Fallgruppen übertragen werden kann. Zunächst ist festzustellen, dass § 45 einen abschließenden Katalog von denkbaren Verfahren- und Formfehlern enthält, bei denen eine Heilung grundsätzlich möglich ist. Eine unmittelbare Anwendung dieser Vorschrift auf weitere Verfahrens- und Formfehler kommt nicht in Betracht.[361] Das Bundesverwaltungsgericht hat aber festgestellt, dass unter bestimmten Voraussetzungen andere als die in § 45 genannten Verfahrenshandlungen bis zum Abschluss der Tatsacheninstanz der verwaltungsgerichtlichen Entscheidung nachgeholt werden können, wenn und soweit der mit dem Verfahrenserfordernis verfolgte Zweck auch noch im gerichtlichen Verfahren, d. h. ohne Aufhebung

---

361   So auch Weidemann/Rheindorf, DVP 2010, S. 178 [1981 m. N.]

Verwaltungshandeln

oder jedenfalls Feststellung der Nichtvollziehbarkeit der Verwaltungsentscheidung, erreicht werden kann. Im konkreten Fall ging es um eine unterbliebene UVP-Vorprüfung.[362]

184

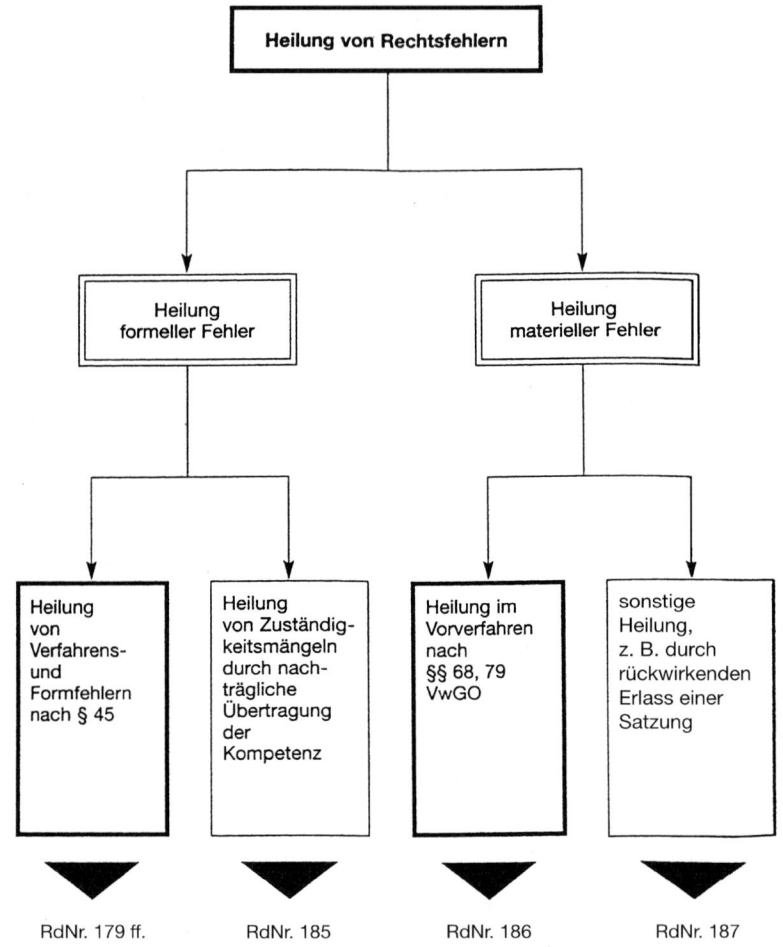

185 Ein wegen Verletzung der Vorschriften über die sachliche Zuständigkeit rechtswidriger Verwaltungsakt kann dadurch geheilt werden, dass der Behörde die ursprünglich fehlende Kompetenz durch Rechtsänderung nachträglich zuwächst.[363]

---

362 BVerwG BauR 2009, S 68 ff.; weitere Fallbeispiele siehe Nachweis bei Weidemann/Rheindorf, DVP 2010, S 178 [181 Fn. 34]
363 BVerwGE 66, 178.

Verwaltungsakt

Beispiel:
Eine kreisangehörige Gemeinde mit 35.000 Einwohnern ordnet aufgrund des § 45 I StVO eine Verkehrsbeschränkung an, obwohl sie weder Straßenverkehrsbehörde nach § 44 I StVO noch sonst ermächtigt ist, eine solche Anordnung zu treffen. Die Anordnung ist also rechtswidrig.
Einige Zeit später wird nach Landesrecht durch VO bestimmt, dass kreisangehörige Gemeinden mit mehr als 30.000 Einwohnern Straßenverkehrsbehörden nach § 44 I StVO sind. Mit dem Inkrafttreten der VO wird die Anordnung rechtmäßig.

Auch materielle Rechtsfehler können in bestimmten Fällen geheilt werden. Nach §§ 68, 79 VwGO kann die Widerspruchsbehörde im Vorverfahren insb. den Verwaltungsakt auf eine andere Rechtsgrundlage stellen, den Tenor (Entscheidungssatz) des Erstbescheides präzisieren, Tatbestandsmerkmale anders auslegen und andere Ermessenserwägungen anstellen als die Ausgangsbehörde. Für die Entscheidung des Verwaltungsgerichts ist nach § 79 I Nr. 1 VwGO die Fassung maßgebend, die der Erstbescheid durch den Widerspruchsbescheid gefunden hat (siehe auch RdNr. 497). **186**

Ein materieller Mangel kann auch dadurch geheilt werden, dass die ursprünglich nicht erfüllten Rechtmäßigkeitsvoraussetzungen nachträglich, auch noch während eines verwaltungsgerichtlichen Verfahrens, eintreten. **187**

Beispiele:
a) Eine Gemeinde erlässt aufgrund des § 132 BauGB eine Satzung über die Erhebung von Erschließungsbeiträgen und zieht aufgrund dieser Satzung den Eigentümer eines Grundstücks zu einem Erschließungsbeitrag heran. In einem Normenkontrollverfahren erklärt das OVG die Satzung für nichtig. Die Gemeinde erlässt daraufhin eine (gültige) Satzung, der sie (zu Recht) rückwirkende Kraft für den Zeitpunkt beilegt, in dem der Beitragsbescheid erlassen worden ist. Dadurch wird der rechtswidrige Beitragsbescheid geheilt (eine dagegen gerichtete Anfechtungsklage wird unbegründet).[364]
b) Eine Gemeinde baut eine öffentliche Straße, ohne dass dafür, wie nach § 125 I, II 1 BauGB erforderlich, ein Bebauungsplan oder die Zustimmung der höheren Verwaltungsbehörde vorliegt, und zieht den Eigentümer eines Grundstücks aufgrund ihrer Satzung zu einem Erschließungsbeitrag für diese Straße heran. Da ein Erschließungsbeitrag nach ständiger Rechtsprechung des BVerwG nur erhoben werden darf, wenn die Straße rechtmäßig hergestellt wurde, es aber an dieser Voraussetzung fehlt, ist der Beitragsbescheid rechtswidrig. Die höhere Verwaltungsbehörde erteilt nachträglich die nach § 125 II BauGB erforderliche Zustimmung. Dadurch wird der rechtswidrige Bescheid rechtmäßig.[365]

---

364 Ständige Rechtsprechung des BVerwGE 50, 2; DÖV 1978, 568; DÖV 1980, 341; BVerwGE 67, 129.
365 BVerwG DÖV 1975, 716; DÖV 1983, 469

Verwaltungshandeln

4.3.5 Bekanntgabe

188 **4.3.5.1 Bedeutung; Begriff.** Ein Verwaltungsakt ist demjenigen Beteiligten bekannt zu geben, für den er bestimmt ist oder der von ihm betroffen wird (§ 41 I 1). Wenn ein Bevollmächtigter bestellt ist, kann der Verwaltungsakt diesem bekannt gegeben werden (§ 41 I 2). Vor der Bekanntgabe an zumindest einen Betroffenen liegt kein Verwaltungsakt, sondern nur ein Verwaltungsinternum vor; erst mit der Bekanntgabe wird der Verwaltungsakt existent, erlangt also äußere Wirksamkeit.[366] Die Bekanntgabe ist außer für die Wirksamkeit des Verwaltungsaktes vor allem für den Lauf von Rechtsbehelfsfristen von Bedeutung. So beginnt die Widerspruchsfrist nach § 70 I 1 VwGO von der Bekanntgabe des Verwaltungsaktes an zu laufen. Ebenso verhält es sich mit der Klagefrist nach § 74 I VwGO.

189 Die Bekanntgabe ist die Eröffnung des Verwaltungsakts mit Wissen und Wollen der Behörde nach den hierfür maßgeblichen Rechtsvorschriften. Der verwaltungsrechtliche Bekanntgabebegriff entspricht dem zivilrechtlichen Begriff des Zugangs einer Willenserklärung. Der Verwaltungsakt muss so in den Empfangsbereich des Adressaten gelangen, dass für ihn unter normalen Umständen die Möglichkeit der Kenntnisnahme besteht. Nicht verlangt wird, dass der Adressat den Verwaltungsakt tatsächlich gelesen hat. Sofern keine besonderen rechtlichen Vorgaben bestehen (siehe z. B. § 73 III VwGO; § 10 VII BImSchG; § 69; Verkehrszeichen[367]) entscheidet die Behörde nach pflichtgemäßem Ermessen, ob sie den Verwaltungsakt mündlich, schriftlich, elektronisch oder in sonstiger Weise erlassen will (§ 37 II; siehe RdNr. 148). Bekanntgabe ist dabei der umfassende Begriff, der die Zustellung miteinschließt.

190 Ein Verwaltungsakt wird nichtförmlich oder förmlich (durch Zustellung) bekannt gegeben.

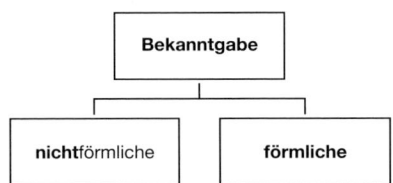

191 **4.3.5.2 Nichtförmliche Bekanntgabe.** Die mündliche Bekanntgabe eines Verwaltungsakts sowie die meisten Formen von in anderer Weise (z. B. Handzeichen eines Polizisten) erlassenen Verwaltungsakten sind (regelmäßig) nur Anwesenden gegenüber möglich. Der Empfänger der Anordnung muss diese sinnlich wahrnehmen können.[368]

---

366   Kopp/Ramsauer, § 41 RdNr. 15 f., § 43 RdNr. 3.
367   Verkehrszeichen werden nach h. M. heute durch die Aufstellung nach den Regeln der StVO bekannt gegeben (so BVerwGE 102, 316). Mit der Aufstellung/Bekanntgabe wird das Verkehrszeichen gegenüber sämtlichen Verkehrsteilnehmern gleichermaßen wirksam; Vertiefung: Kopp/Ramsauer, § 35 RdNr. 170 ff. m. N.; Maurer/Waldhoff, § 9 RdNr. 37 f. m. N.
368   Kopp/Ramsauer, VwVfG, § 41 RdNr. 7c m. N.

Verwaltungsakt

Einen schriftlichen Verwaltungsakt kann die Behörde folgendermaßen bekannt geben:
- Behördenübermittlung
  Der Verwaltungsakt wird dem Adressaten durch einen Bediensteten der Behörde übergeben. Er entfaltet mit der Übergabe Rechtswirkungen.
- Übermittlung durch die Post (§ 41 II 1, 3)
  Die Behörde über gibt das Dokument der Post und diese Übermittelt dann das Schriftstück. Sofern es sich bei dem Verwaltungsakt um einen einfachen Brief handelt, der durch die Post im Inhalt übermittelt wird, gilt dieser grundsätzlich nach § 41 II 1 mit dem dritten Tage nach Aufgabe zur Post als bekannt gegeben.
- Elektronische Übermittlung (§ 41 II 2, 3)
  Die elektronischen Verwaltungsakte werden an den vom Empfänger eröffneten Zugang übermittelt (§ 3a I). Der elektronische Verwaltungsakt gilt regelmäßig mit dem dritten Tage nach der Absendung als bekannt gegeben.

Die Drei-Tages-Fiktion (§ 41 II 1 und 2) greift dagegen nicht, wenn der Verwaltungsakt nicht oder zu einem späteren Zeitpunkt dem Adressaten zugegangen ist (§ 41 II 3). Dabei reicht das schlichte Bestreiten des Betroffenen, der VA sei ihm nicht zugegangen, regelmäßig nicht aus, um die Zugangsvermutung des § 41 II 1,2 zu entkräften. Vielmehr muss der Adressat sein Vorbringen nach Lage des Einzelfalls derart substantiieren, dass zumindest ernsthafte Zweifel an dem Zugang begründet werden.[369] Im Zweifel hat die Behörde den Zugang und den Zeitpunkt des Zugangs nachzuweisen.

Der dritte Tag ist nach der gesetzlichen Fiktion auch maßgebend, wenn der Verwaltungsakt dem Adressaten nachweislich bereits früher zugegangen ist.

Beispiel:
Max Ehlers beantragt bei der zuständigen Behörde ihm die Erlaubnis zur Aufstellung von Tischen und Stühlen auf dem Gehweg vor seinem Ladengeschäft zu erteilen. Der Genehmigungsbescheid vom 15.7 d. J. wird von der Behörde am Dienstag den 16.7. zur Post gegeben. Der Postbote wirft diesen Brief am 17.7. in den Briefkasten von Max Ehlers ein. Obgleich Ehlers die Genehmigung bereits am 17.7. in Händen hält, tritt die Wirksamkeit erst am dritten Tage nach Aufgabe zur Post, also am 19.7., ein (§§ 43 I 1, 41 II).

Der Verwaltungsakt gilt auch dann mit dem dritten Tag nach seiner Aufgabe zur Post als bekannt gegeben, wenn dieser Tag ein Sonntag, ein Samstag oder ein gesetzlicher Feiertag ist, denn § 193 BGB i. V. mit § 31 I ist hier nicht anzuwenden, weil diese Regelung nur den Fall betrifft, dass innerhalb einer Frist eine Willenserklärung abzugeben oder eine Leistung zu bewirken ist.
- Abruf des Verwaltungsakts über öffentlich zugängliche Netze (§ 41 IIa)[370]
  Mit Einwilligung des Beteiligten kann nach § 41 IIa I ein elektronischer Verwaltungsakt dadurch bekannt gegeben werden, dass er vom Beteiligten oder seinen Bevollmächtigten über öffentlich zugängliche Netze abgerufen wird. Der Behörde kommt zunächst eine Gewährleistungspflicht zu. Sie muss

---

369 OVG Lüneburg Beschl. vom 15.3.2007 AZ.: 5 LA 136/06
370 Vertiefung siehe nur Braun Binder, NVwZ 2016, S. 342 ff.; Stuhlfauth in Obermayer/Funke-Kaiser, § 41 Rdnr. 43a ff. m. N.

Verwaltungshandeln

durch geeignete Identifizierungsmittel sicherstellen, dass nur Berechtigte auf den Verwaltungsakt zugreifen können (§ 41 IIa 2). Identifizierungsmittel sind geeignet, wenn sie der Zuordnung des in der Handreichung des IT-Planungsrates (siehe Rdnr. 72b) für die konkrete Verwaltungsdienstleistung jeweils festgelegten Vertrauensniveaus entsprechen.[371] Der Verwaltungsakt muss für den Beteiligten zudem speicherbar sein. Ein System mit einer reinen Lesefunktion ist nicht ausreichend.[372] Für die Bekanntgabe sieht das Gesetz eine Bekanntgabefiktion vor. Der Verwaltungsakt gilt am Tage nach dem Ablauf als bekannt gegeben (§ 41 IIa 3). Damit der Beteiligte oder sein Vertreter die Möglichkeit des Anrufs hat, erfolgt (im (Regelfall) eine elektronische Information über die Bereitstellung des Verwaltungsakts. Diese Benachrichtigung ist weder Verwaltungsakt noch Zusicherung.[373] Die Bekanntgabe scheitert, wenn der Abruf des Verwaltungsakts nicht innerhalb von zehn Tagen nach Absendung der Benachrichtigung über die Bereitstellung erfolgt. Die Behörde hat dann eine neue, ggfs. andere Form der Bekanntgabe zu wählen.

191a

Bekanntgabefiktion nach § 41 IIa 3 VwVfG

- **Bereitstellung des Verwaltungsakts** durch die Behörde auf einem öffentlich zugänglichen Netz
- **Bereitstellungsinformation** der Behörde
- Beachtung der **Gewährleistungspflichten** der Behörde
- Sicherstellen, dass der **VA** für den **Adressaten speicherbar** ist
- **Abruf VA** innerhalb von zehn Tagen nach der Bekanntgabeinformation

---

Beispiele:

a) Behörde informiert den Bürger per E-Mail am Freitag, den 22. März 13.45 Uhr, dass der begehrte Verwaltungsakt auf dem Behördenportal abgerufen werden kann. Der Bürger ruft den VA am Freitag, 22. März um 19.30 Uhr ab. Die Bekanntgabe ist damit nach § 41 IIa 3 am Samstag, 23. März erfolgt.

b) Behörde informiert den Bürger per E-Mail am Freitag, den 22. März 13.45 Uhr, dass der begehrte Verwaltungsakt auf dem Behördenportal abgerufen werden kann. Der Bürger ruft den VA am Sonntag, 24. März um 10.32 Uhr ab. Die Bekanntgabe ist damit nach § 41 IIa 3 am Montag, 25. März erfolgt.

---

371 Siehe Handreichung mit Empfehlungen für die Zuordnung von Vertrauensniveaus in der Kommunikation zwischen Verwaltung und Bürgerinnen und Bürger bzw. der Wirtschaft; Schmitz/Prell NVwZ 2016, S. 1273 ff. [1278]
372 Vgl. Btgs.-Drs. 18/8434 S. 123
373 Schmitz/Prell NVwZ 2016, S. 1273 ff. [1280]

Verwaltungsakt

c) Behörde informiert den Bürger per E-Mail am Mittwoch, den 8. Mai 9.32 Uhr, dass der begehrte Verwaltungsakt auf dem Behördenportal abgerufen werden kann. Der Bürger ruft den VA bis Mittwoch 22. Mai 24.00 Uhr nicht ab. Die Bekanntgabe ist damit gescheitert (§ 41 IIa 4).

d) In Rheinland-Pfalz beantragt der Landesbeamte Herbert Sauer elektronisch eine Beihilfe. Am Mittwoch, den 8. Mai teilt die zuständige Stelle dem Beamten elektronisch mit, dass der Beihilfebescheid zum Datenabruf durch Datenfernübertragung bereitsteht. Sauer ruft den Bescheid am 12. Mai ab. Die Beihilfeverordnung des Landes sieht im § 62 VI besondere Regelungen über die Bekanntgabe elektronischer Beihilfebescheide vor. Danach gilt der Beihilfebescheid am dritten Tag, nachdem die elektronische Benachrichtigung über die Bereitstellung des Verwaltungsakts zum Abruf abgesendet wurde, als bekannt gegeben (sog. Bekanntgabefiktion [§ 62 VI 4]). Der Beihilfebescheid gilt damit mit dem 11. Mai als bekannt gegeben. Der spätere Abruf ist insoweit unschädlich.

Mit der Änderung des OZG[374] ist eine weitere Variation für die Bekanntgabe eines elektronischen Verwaltungsakts eingeführt worden. Es handelt sich um eine besondere Form der Bekanntgabe eines elektronischen Verwaltungsakts, bei der der Verwaltungsakt (ebenfalls) dem Adressaten nicht zugesendet, sondern zum Abruf in dem elektronischen Postfach des Nutzerkontos bereitgestellt wird (§ 9 Abs. 1 S. 1 OZG). Im Vergleich zu § 41 Abs. 2 a VwVfG gibt es aber für diese Form der elektronischen Bekanntgabe eines Verwaltungsakts gewisse Unterschiede: **191b**

Bekanntgabe von Verwaltungsakten durch Online-Abruf

	Verfahren nach § 9 OZG	OZG	Verfahren nach § 41 Abs. 2a VwVfG	VwVfG
Portal(e)	Portal im Sinne des OZG	§ 9 I 1	sonstige öffentlich zugängliche Netze	§ 41 IIa 1
Nutzerkonto	erforderlich	§ 9 I 1	entfällt	
Einwilligung	erforderlich	§ 9 I 1	erforderlich	§ 41 IIa 1
Benachrichtigung	erforderlich	§ 9 I 4	erforderlich	§ 41 IIa 3
Abruf durch Adressanten	vorgesehen	§ 9 I 1	vorgesehen	§ 41 IIa 1
Authentifizierung	erforderlich	§ 9 I 2	erforderlich	§ 41 II 2
Abruf Bekanntgabevoraussetzung	Nein	§ 9 I 3	Ja	§ 41 IIa 3
Kenntnisnahme	Nein	§ 9 I 3	Ja	§ 41 IIa 3
Speicherfähigkeit des Dokuments	erforderlich	§ 9 I 2	erforderlich	§ 41 IIa 2

---

[374] Durch Art. 1 des Gesetzes vom 3.12.2020 BGBl. I, S. 2668

Verwaltungshandeln

	Verfahren nach § 9 OZG	OZG	Verfahren nach § 41 Abs. 2a VwVfG	VwVfG
Bekanntgabe	Am dritten Tage nach der Bereitstellung (Bekanntgabefiktion)	§ 9 I 3	Am Tage nach dem Abruf	§ 41 IIa 3
Scheitern	technische Störungen in der Sphäre der Behörde		Kein Abruf erfolgt innerhalb von 10 Tagen noch Absendung der Benachrichtigung	§ 41 IIa 4

Beispiel:
Bernhard Klausen stellt den Antrag, ihm die Sondernutzungserlaubnis für eine dritte Zufahrt zur Kreisstraße 11 für sein im Außenbereich (außerhalb geschlossener Ortsdurchfahrt) liegendes Gewerbegrundstück zu erteilen. Der Antragsteller hat sich damit einverstanden erklärt, dass Verfahren elektronisch über ein Portal im Sinne des OZG abzuwickeln. Nach eigehender Prüfung stellt die Behörde fest, dass die begehrte Erlaubnis erteilt werden kann. Sie stellt diese Erlaubnis am Montag, den 8.2.2021 im Nutzerpostfach von Klausen ein. An diesem Tage wird Klausen auch elektronisch über die Bereitstellung informiert. Er ruft die Erlaubnis am Abend des 8.2.2021 ab. Nach § 9 I 3 OZG tritt die Bekanntgabefiktion ein. Der Verwaltungsakt gilt damit am Donnerstag, den 11.2.2021 als bekannt gegeben. Mit der Bekanntgabe tritt zugleich nach § 43 I VwVfG die Wirksamkeit der Erlaubnis ein.

Anders als bei dem Verfahren nach § 41 II a VwVfG kann die Wirksamkeit des Verwaltungsakts eintreten, obgleich der Beteiligte das Dokument nicht abgerufen hat. Im Zweifel hat die Behörde für den Eintritt der Fiktionswirkung die Bereitstellung und den Zeitpunkt der Bereitstellung nachzuweisen (§ 9 I 4 OZG).

191d Weiter kann es in Fachgesetzen eigene Bestimmungen über die elektronische Bekanntgabe von Verwaltungsakten geben. So enthält beispielsweise die Fahrzeug-Zulassungsverordnung (FZV) eigenständige Regelungen über die Bekanntgabe bestimmter Verwaltungsakte.[375]

---

375 Siehe §§ 15a ff. FZV

Verwaltungsakt

191e

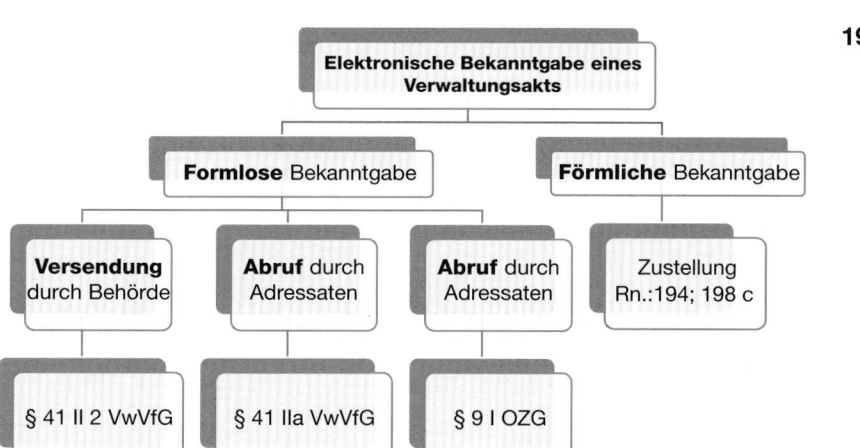

Ein Verwaltungsakt darf nach § 41 III öffentlich bekannt gegeben werden, wenn dies durch Rechtsvorschrift zugelassen ist (z. B.: § 74 V, VI; § 2 VI 3 FStrG; § 6 III NStrG). Eine Allgemeinverfügung darf auch dann öffentlich bekannt gemacht werden, wenn eine Bekanntgabe an die Beteiligten untunlich ist. Untunlich bedeutet, dass die individuelle Bekanntgabe wegen der Natur des in Frage stehenden Verwaltungsaktes, z. B. Verbot einer bevorstehenden Versammlung, nicht möglich oder mit erheblichen Schwierigkeiten verbunden wäre, etwa weil nicht mit Sicherheit festzustellen ist, wer konkret betroffen ist, oder weil die Anschrift Betroffener nicht bekannt ist und nicht leicht ermittelt werden kann.[376]

192

Ein schriftlicher oder elektronischer Verwaltungsakt wird nach § 41 IV 1 und 2 dadurch öffentlich bekannt gegeben, dass sein „verfügender Teil", d. h. der Entscheidungssatz, ortsüblich bekannt gemacht und dabei angegeben wird, wo der Verwaltungsakt und seine Begründung eingesehen werden können. Dieser Hinweis ist aber entbehrlich, wenn der Verwaltungsakt nicht nur in seinem verfügenden Teil, sondern im vollen Wortlaut, mit Begründung und Rechtsbehelfsbelehrung bekannt gemacht wird.[377] Zwei Wochen nach der ortsüblichen Bekanntmachung gilt der Verwaltungsakt als bekannt gegeben (§ 41 IV 3). Eine Allgemeinverfügung darf die Behörde eine abweichende Regelung treffen (§ 41 IV 4).[378] Die Bekanntgabe darf aber frühestens auf den der Bekanntmachung folgenden Tag festgesetzt werden. Die Behörde hat zudem zu klären, ob zusätzlich eine Veröffentlichung im Internet in Betracht kommt (§ 27a).

193

---

376 Kopp/Ramsauer, § 41 RdNr. 48
377 VGH Mannheim DVBl. 2020, S. 888 ff.
378 Grundlegend zur öffentlichen Bekanntmachung siehe Weidemann/Rheindorf, DVP 2012, S. 310 ff.

Verwaltungshandeln

193a

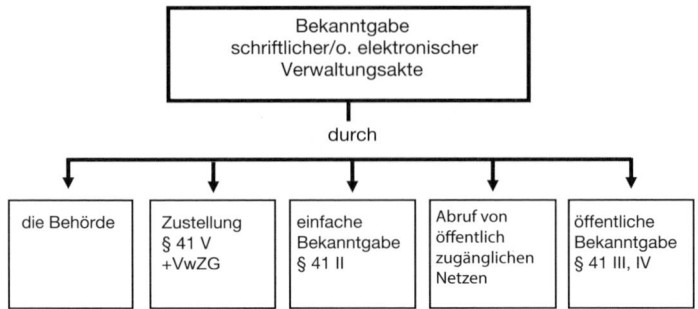

194 **4.3.5.3 Förmliche Bekanntgabe (Zustellung); Zustellungsarten.** Für die Bekanntgabe mittels Zustellung gelten besondere Vorschriften (§ 41 V). Die Zustellung ist die Bekanntgabe eines schriftlichen oder elektronischen Dokuments in der im VwZG bestimmten Form (§ 2 I VwZG). Das Gesetz verwendet den Begriff Dokument als Oberbegriff für zustellungsfähige Mitteilungen. Somit ist der Begriff der Zustellung von dem Medium Papier gelöst worden. War mit dem 3. VwVfÄndG das Verwaltungsverfahren auch für den modernen Rechtsverkehr geöffnet worden (siehe RdNr. 81 ff.), stellt die Novellierung des VwZG die notwendige Ergänzung dar. So können auch elektronische Dokumente zugestellt werden.[379] Die Zustellung ist eine besondere Form der Bekanntgabe und hat den Zweck, bei bedeutungsvolleren Vorgängen den Nachweis von Zeit und Art der Übergabe zu sichern. Ergänzt wird das VwZG durch die Zustellvordruckverordnung.[380] Diese Verordnung enthält Vorgaben für die Verwendung von Vordrucken bei der Zustellung durch die Post mit Zustellungsurkunde.

195 Für Zustellungen der Behörden sind das VwZG oder die entsprechenden Gesetze der Länder anzuwenden. Die Bundesländer sind nun unterschiedliche Wege gegangen, um ein – weitestgehend – einheitliches Zustellungsrecht in Deutschland zu schaffen. Sie haben entweder ein sog. „Vollgesetz" erlassen (vgl. z. B.: Bayern, Nordrhein-Westfalen) oder durch ein sog. Verweisungsgesetz auf das Bundesrecht Bezug genommen. So gilt beispielsweise für Zustellungen der Behörden des Landes Nds. und die seiner Aufsicht unterstehenden Körperschaften, Anstalten und Stiftungen des öffentlichen Rechts das NVwZG, das die Vorschriften der §§ 2 bis 10 des VwZG für anwendbar erklärt (§ 1 I NVwZG).[381]

196 Zugestellt wird, soweit dies durch Rechtsnorm vorgeschrieben oder von der Behörde (im Einzelfall oder durch Verwaltungsvorschrift) angeordnet ist (§ 1 II VwZG und die entsprechenden Verwaltungszustellungsgesetze der Länder). Ge-

---

379 Zur Reform des VwZG siehe nur Weidemann VwZG Einf. 2.2 in Praxis der Kommunalverwaltung A 18; neben der Anpassung an die technische Entwicklung erfolgte auch eine weitere Annäherung an das Zustellungsrecht der ZPO

380 Zustellungsvordruckverordnung vom 12.2.2002 (BGBl. I S. 671, 1019), geändert durch Verordnung vom 23.4.2004 (BGBl. I S. 619)

381 Einzelheiten siehe Weidemann, NVwZG in: Praxis der Kommunalverwaltung, A 18 Nds Einf. Ziff. 2; § 1 Ziff. 1.1 ff.

Verwaltungsakt

setzlich vorgeschrieben ist die Zustellung z. B. durch § 73 III VwGO, § 10 VII BImSchG, § 50 I 2 OWiG. Durch die Behörde kann die Zustellung vor allem angeordnet werden, wenn belastende Verwaltungsakte oder Rechtsbehelfsentscheidungen erlassen werden, ferner für Ladungen, Frist- und Terminbestimmungen sowie für die Übersendung wichtiger Urkunden.

197 Die Zustellung[382] wird durch die Behörde selbst, einem Erbringer von Postdienstleistungen[383] und neuerdings auch durch einen nach § 17 des De-Mail-Gesetzes akkreditierten Dienstanbieter ausgeführt (§ 2 Abs. 2 VwZG).
Das Gesetz unterscheidet bei den Zustellungsarten wie folgt:[384]

Zu den Regelarten der Zustellung zählen
- Zustellung durch die Post mit Zustellungsurkunde (3 VwZG)
- Zustellung durch die Post mittels Einschreiben (§ 4 VwZG)
- Zustellung durch die Behörde gegen Empfangsbekenntnis (§ 5 VwZG)
- Elektronische Zustellung gegen Abholbestätigung über De-Mail-Dienste (§§ 5 f. VwZG)

Die Behörde kann zwischen den einzelnen Zustellungsarten wählen, und zwar auch dann, wenn in Rechtsvorschriften eine Zustellung vorgesehen ist (§ 2 II VwZG).

198 Die Zustellung durch die Post mit Zustellungsurkunde ist in § 3 VwZG geregelt. Der Postbedienstete übergibt dem Adressaten das Dokument, beurkundet die Zustellung und leitet die Zustellungsurkunde an die Behörde zurück. Für das (weitere) Verfahren verweist § 3 III VwZG auf die entsprechenden Regelungen der ZPO (§§ 177–181). Grundsätzlich kann das Dokument der Person, der es zugestellt werden soll, an jedem Ort übergeben werden, an dem sie angetroffen wird (§ 177 ZPO). Auch bei einer Annahmeverweigerung gilt das Schriftstück als zugestellt (§ 179 S. 3 ZPO). Wird der Adressat nicht angetroffen, so kann ersatzweise zugestellt werden. Unter bestimmten Voraussetzungen kann nun nach § 180 ZPO das Schriftstück in den Briefkasten eingelegt werden und gilt damit als zugestellt. So kann der umständliche Weg der Ersatzzustellung durch Niederlegung vermieden werden.[385]

---

382 Vertiefung siehe Weidemann, DVP 2011, S. 406 ff., ferner Struzina/Kaiser, JA 2020, S. 279 ff.
383 siehe zum Thema Postreform und Zustellung auch Sadler/Tillmanns, VwZG, § 2 RdNr. 21; so wird die Post AG bei der Zustellung gemäß § 3 VwZG als beliehener Unternehmer tätig. Dagegen erfolgt die Zustellung nach § 4 VwZG im Rahmen einer privatrechtlichen Beauftragung.
384 Vertiefung siehe Weidemann, VwZG § 9 Erl. 1 ff.; 10 Erl. 1 ff.; Anh. 4 in Praxis der Kommunalverwaltung A 18; Sadler/Tillmanns VwZG-Kommentar § 9, RdNr. 1 ff.; § 10 RdNr. 1 ff.
385 siehe auch App, DVP 2002, 363 [364]; ferner Sadler/Tillmanns VwZG-Kommentar § 3 RdNr. 68 ff.

Verwaltungshandeln

Beispiel:
Die zuständige Behörde ordnet mit Bescheid vom 4. Juli die Beseitigung eines illegal errichteten Wochenendhauses an. Dieser Bescheid soll per Zustellungsurkunde (ZU) zugestellt werden. Der Postbote trifft den Zustellungsempfänger in seiner Wohnung nicht an und legt den Brief am 6. Juli in den Hausbriefkasten ein und vermerkt dieses Datum auf der ZU und dem Umschlag des zuzustellenden Dokuments. Der Betroffene entnimmt am 6. Juli den Brief aus seinem Briefkasten. Da der Postbedienstete den Empfänger der Sendung nicht angetroffen hat, kommt der Regelfall der Zustellung nicht Betracht. Es ist eine Form der Ersatzzustellung gewählt worden. Nach § 3 II 1 VwZG i. V. mit § 180 S. 2 ZPO kommt eine Ersatzzustellung auch durch Einlegung des Schriftstücks in den Briefkasten des Empfängers in Betracht. Da dies auch ordnungsgemäß vermerkt worden ist, wurde der Verwaltungsakt am 6. Juli zugestellt.

198a Die Zustellung durch die Post mit eingeschriebenem Brief regelt § 4 VwZG. Neben dem Übergabe-Einschreiben kennt das VwZG nunmehr auch das Einschreiben mit Rückschein (§ 4 I VwZG). Ein sog. Übergabe-Einschreiben gilt nach § 4 II 2 VwZG grundsätzlich mit dem dritten Tag nach der Aufgabe zur Post als zugestellt. Dabei ist es unerheblich, ob der dritte Tag auf einen Samstag, einen Sonntag oder einen gesetzlichen Feiertag fällt.[386] Eine andere Beurteilung ist dann geboten, wenn das Dokument nicht oder aber zu einem späteren Zeitpunkt zugegangen ist. Damit gibt es hier eine vergleichbare Regelung wie bei der einfachen Bekanntgabe nach § 41 II (vgl. auch RdNr. 191). Soweit die Behörde ein Dokument nach § 4 I VwZG mittels Einschreiben mit Rückschein zustellt, so ergibt sich der Tag der Zustellung aus dem Rückschein (§ 4 II 2 VwZG). Ist der Rückschein nicht auffindbar, kommen die Regelungen für das Übergabe-Einschreiben zum Tragen. Das sog. Einwurf-Einschreiben bewirkt dagegen keine förmliche Zustellung.[387] Auch bei einer Zustellung mittels Einschreiben kann eine Ersatzzustellung in Betracht kommen. Welcher Personenkreis betroffen sein kann, ergibt sich nicht aus der ZPO, sondern aus den entsprechenden Allgemeinen Geschäftsbedingungen des Postdienstleisters.

Beispiele:
a) Die zuständige Behörde übergibt eine Beseitigungsanordnung für ein ohne Genehmigung errichtetes Wochenendhaus am 12. März der Post. Sie wählt als Zustellungsart das Übergabeeinschreiben. Der Postbote übergibt am 17. März das Schreiben dem Empfänger. Die Zustellungsfiktion nach § 4 II 2 1. HS VwZG kommt nicht zum Tragen, da das Schreiben dem Empfänger in dieser Zeit (Fiktionszeitraum) nicht zugestellt wurde. Da nachweislich das Schreiben am 17. März zugestellt wurde, ist dies der Tag der Zustellung (§ 4 II 2 2. HS VwZG).

---

[386] Vgl. BayVGH, Beschl. des Großen Senats vom 23.7.1990, APF 1990, 306, mit überzeugender Begründung

[387] So BVerwGE 112, 78; zum Unterschied zwischen Einwurf-Einschreiben und Übergabe-Einschreiben siehe Weidemann, DVP 2002, 236 ff.; grundlegend zur Zustellung mittels Einschreiben siehe DVP 2007, 12 ff.

Verwaltungsakt

b) Der Landkreis Allertal (Niedersachsen) ordnet mit Bescheid vom 9. Juli – Aufgabe zur Post als Übergabeeinschreiben am 11. Juli – die Schließung der von Martin Soller betriebenen Spielhalle an. Soller soll bis spätestens zum 30. Juli 24.00 Uhr den Spielhallenbetrieb einstellen. Für den Fall der Nichtbefolgung der Anordnung wird ein Zwangsgeld angedroht. Da der Postbote Soller am 12. Juli nicht antrifft, wirft er eine Benachrichtigung, dass ein Einschreiben bei der Post lagert, in den Briefkasten ein. Da Soller das Einschreiben von der Post nicht abholt, sendet diese den Brief zurück an den Landkreis. Eine erneute Überprüfung am 15. August ergab, dass Soller den Spielhallenbetrieb nicht eingestellt hat. Eine Zwangsmittelfestsetzung kommt nur in Betracht, wenn ein Grundverwaltungsakt vorliegt, der auf ein Tun, Dulden oder Unterlassen gerichtet ist (§ 64 I NPOG). Der Landkreis hat zwar eine Schließungsanordnung erlassen, diese kann aber nur dann Wirkungen entfalten, wenn sie wirksam geworden ist (§ 43 I 1 VwVfG). Der Landkreis hat für die Bekanntgabe des Verwaltungsakts auf die Zustellungsart Übergabeeinschreiben zurückgegriffen (§ 1 I 1 NVwZG i. V. m. §§ 2, 4 VwZG). Da eine unmittelbare Übergabe nicht möglich war, informierte der Postbote den Empfänger darüber, dass das Dokument innerhalb von sieben Werktagen bei der Post abgeholt werden kann.[388] Da der Betroffene das Einschreiben nicht abgeholt hat, wird es nach Ablauf der Lagerungsfrist an den Landkreis zurückgesandt. Eine Verpflichtung zur Abholung besteht regelmäßig nicht. Damit ist der Zustellungsvorgang gescheitert.[389] Folglich ist die Schließungsanordnung nicht bekannt gegeben worden. Da der notwendige Grundlagenverwaltungsakt fehlt, kann das Zwangsmittel nicht festgesetzt werden.

198b Die Zustellung durch die Behörde gegen Empfangsbekenntnis sind in §§ 5 f. VwZG geregelt. Hier händigt der zustellende Behördenvertreter das Dokument dem Empfänger aus, der daraufhin das mit dem Datum der Übergabe versehene Empfangsbekenntnis zu unterschreiben hat. Der Bedienstete vermerkt das Datum der Zustellung auf dem Umschlag des auszuhändigenden Dokuments. Auch hier kann eine Ersatzzustellung in Betracht kommen (§ 5 II 1 VwZG verweist auf die §§ 177 bis 181 ZPO). § 5 III VwZG legt fest, unter welchen Voraussetzungen eine Zustellung zur Nachtzeit, an Sonntagen und allgemeinen Feiertagen möglich ist.

198c Auch eine elektronische Zustellung ist möglich. Einzelheiten ergeben sich aus den §§ 5 und 5a VwZG. So kann ein elektronisches Dokument – unbeschadet von § 5 IV VwZG – elektronisch zugestellt werden, wenn der Empfänger hierfür einen Zugang eröffnet hat (§ 5 V 1 VwZG). Soweit ein Verfahren auf Wunsch des Empfängers elektronisch abzuwickeln ist (siehe z. B. § 71e), ist zwingend elektronisch zuzustellen (§ 5 V 2 VwZG). Für die Übermittlung ist das Dokument mit einer qualifizierten Signatur zu versehen und gegen unbefugte Kennt-

---

388 Vgl. Abschnitt 4 (5) AGB Post; es handelt sich insoweit um einen privatrechtlichen Kundendienst. Siehe auch OLG Brandenburg NJW 2005, S. 1585
389 Vgl. nur BVerwG Urteil vom 13.4.1999 NJW 1999 S. 2608

Verwaltungshandeln

nisnahme Dritter zu schützen. Nach § 5 VI VwZG ist bei einer elektronischen Zustellung die Übermittlung mit dem Hinweis „Zustellung gegen Empfangsbekenntnis" einzuleiten. Zudem muss die Übermittlung die erlassende Behörde, den Namen und die Anschrift des Zustellungsadressaten sowie den Namen des Bediensteten erkennen lassen, der das Dokument zur Übermittlung aufgegeben hat. Zum Nachweis der Zustellung genügt das mit Datum und Unterschrift versehene Empfangsbekenntnis, das der Behörde durch die Post oder aber elektronisch zurückzusenden ist (§ 5 VII 1 VwZG). Für eine zwingend nach § 5 V 2 VwZG vorgesehene elektronische Zustellung weist das Gesetz besondere Bestimmungen über den Zeitpunkt der Zustellung auf (siehe § 5 VII 2 – 6 VwZG). § 5a VwZG ergänzt nun die bisherigen Möglichkeiten der elektronischen Zustellung nach § 5 IV und V VwZG. Nunmehr kann die elektronische Zustellung nicht nur im Wege der herkömmlichen E-Mail (plus Signatur) sondern auch über De-Mail-Dienste erfolgen.[390] Bei der Zustellung gibt es eine beweissichere elektronische Abholbestätigung. Sie wird vom Diensteanbieter elektronisch erzeugt. So werden die Beweismöglichkeiten über den Zugang und die Möglichkeit der Kenntnisnahme erheblich verbessert.[391]

198d Zugestellt wird an den Adressaten, seinen gesetzlichen Vertreter (§ 6 VwZG) oder Bevollmächtigten (§ 7 VwZG). Regelmäßig hat die Behörde ein Wahlrecht, ob sie an den Adressaten oder Bevollmächtigten zustellt (§ 7 I 1 VwZG). Hat dagegen der Bevollmächtigte eine schriftliche Vollmacht vorgelegt, muss sie an ihn zustellen (§ 7 I 2 VwZG). Soll ein Verwaltungsakt an mehrere Adressaten gerichtet werden (z. B. Erbengemeinschaft; Grundstück gehört beiden Eheleuten), so muss regelmäßig jedem Adressaten das Dokument übermittelt werden.[392] Die Zustellung besteht in der Übermittlung des Dokuments zur alleinigen Verfügungsgewalt. Wird dagegen ein Schriftstück, das für mehrere Empfänger gedacht ist, nur einer Person zugestellt, so stellt dies auch gegenüber der Person, die dieses Dokument ausgehändigt bekommen hat, keine wirksame Zustellung dar. Der unmittelbare Empfänger kann sich nicht sicher sein, dass er dauerhaft die Verfügungsgewalt über dieses Dokument behält. Er kann es zumindest nicht ausschließen, dass es auch anderen Betroffenen ausgehändigt wird.[393] Besondere Rahmenbedingungen sind zu beachten, wenn eine juristische Person des Privatrechts oder aber eine Vereinigung Adressat des Verwaltungsakts sind.[394] Hier stellt sich die Frage nach der Beteiligungs- und Handlungsfähigkeit dieser Organisationen.

Beispiele:
a) Die Frühstücks-Ei-GmbH errichtete auf dem Betriebsgelände in Wildeshausen (Nds.), ohne die erforderliche Genehmigung, eine Biogas-Anlage. Diese soll in vier Wochen in Betrieb gehen. Da die Risiken dieser Anlage

---

390 Sadler/Tillmanns, VwZG § 5a RdNr. 1
391 Sadler/Tillmanns, VwZG § 5a RdNr. 3; Vertiefung zur De-Mail-Zustellung siehe Weidemann, DVP 2013, S. 232 ff.
392 Sadler, VwZG, § 2 RdNr. 27 f.
393 Wienbracke, Allgemeines Verwaltungsrecht, RdNr. 265
394 Vertiefung siehe Rabe/Wode, DVP 2016, S. 272 ff.; Klein, apf, 2015, S. 6 ff.; 38 ff.; alle Beiträge enthalten zahlreiche Anwendungsbeispiele.

Verwaltungsakt

ohne behördliche Prüfung nicht abgeschätzt werden können, soll eine Stilllegungsverfügung erlassen werden. Nach § 13 I GmbHG ist die GmbH eine juristische Person des Privatrechts, die mit ihrer Eintragung entsteht. Nach § 11 Nr. 1 Alt. 2 besitzen juristische Personen die Beteiligungsfähigkeit. Nach § 12 I Nr. 3 handeln juristische Personen durch ihre gesetzlichen Vertreter. Bei der GmbH ist dies nach § 35 I GmbHG regelmäßig der Geschäftsführer. Es empfiehlt sich daher die folgende Adressierung:
Frühstücks-Ei-GmbH,
vertreten durch die Geschäftsführerin Sybille Sanftleben,
Dorfstraße,
23344 Wildeshausen

b) Der Dorfverschönerungsverein e. V. beantragt bei der zuständigen Stadt, ihm für eine besondere Veranstaltung die Aula der Grundschule an einem Wochenende im Oktober zu überlassen. Da diese Aula bereits in der Vergangenheit für außerschulische Veranstaltungen zur Verfügung gestellt worden war, handelt es sich um eine sog. öffentliche Einrichtung im Sinne des Kommunalverfassungsrecht. Die Stadt will dem Antrag des Vereins entsprechen. Da es sich bei dem Verein um eine juristische Person handelt, wird diese durch den Vorsitzenden vertreten (vgl. §§ 21; 26 BGB). Es empfiehlt sich daher die folgende Adressierung:
Dorfverschönerungsverein e.V,
vertreten durch den 1. Vorsitzenden Martin Kruse,
Stadionstraße 1,
28899 Syke

198e Für einen privilegierten Empfängerkreis sind die an den Zustellungsvorgang formulierten Anforderungen gelockert worden (§ 5 Abs. 4 VwZG). Zu den im Gesetz – abschließend – genannten Empfängerkreis zählen Behörden, Körperschaften, Anstalten und Stiftungen des öffentlichen Rechts, Rechtsanwälte, Patentanwälte, Notare, Steuerberater, Steuerbevollmächtigte, Wirtschaftsprüfer, vereidigte Buchprüfer, Steuerberatungsgesellschaften, Wirtschaftsprüfungsgesellschaften und Buchprüfungsgesellschaften. Bei diesen Institutionen und Personen nimmt der Gesetzgeber eine besondere Rechtstreue und Zuverlässigkeit an. An diesen Empfängerkreis kann auch auf andere Weise, auch elektronisch, gegen Empfangsbekenntnis zugestellt werden. „Auf andere Weise" bedeutet, dass die Zustellung z. B. auch durch einfachen Brief durch die Post, persönlich durch einen Bediensteten oder Einlegen in das Anwaltsfach bei Gericht erfolgen kann.[395]

199 Zu den Sonderarten der Zustellung zählen die Bestimmungen über die Zustellung im Ausland (§ 9 VwZG) und die öffentliche Zustellung[396] (§ 10 VwZG).

---

395 Sadler/Tillmanns, VwZG, § 5 RdNr. 42 ff. m. weiteren Beispielen
396 Einzelheiten zur Unterscheidung von öffentlicher Bekanntmachung nach § 41 III, IV und öffentlicher nach Zustellung § 10 VwZG siehe Weidemann/Rheindorf, DVP 2012, S. 310 ff.

Verwaltungshandeln

200 **4.3.5.4 Heilung von Zustellungsmängeln**[397] Wenn sich nicht nachweisen lässt, dass ein Dokument formgerecht zugestellt worden ist, oder wenn es unter Verletzung zwingender Zustellungsvorschriften zugegangen ist, gilt es nach § 8 S. 1 VwZG als in dem Zeitpunkt zugestellt, in dem es der Empfangsberechtigte nachweislich erhalten hat. Eine andere Beurteilung ist im Falle des § 5 V VwZG gegeben. Es gilt in dem Zeitpunkt als zugestellt, in dem der Empfänger das Empfangsbekenntnis zurückgesandt hat (§ 8 S. 2 VwZG). Empfangsberechtigter im Sinne der VwZG ist nur derjenige, an den die Zustellung nach dem Gesetz zu richten ist. Erfasst werden hier auch beispielsweise bevollmächtigte Rechtsanwälte. Die Empfangsbefugnis der Bevollmächtigten ergibt sich aus § 7 VwZG. Dagegen zählen Personen, an die eine Ersatzzustellung bewirkt werden kann, nicht zu den Empfangsberechtigten.[398]

Ein Zustellungsfehler kann somit nur geheilt werden, wenn die folgenden Voraussetzungen vorliegen:
1. Zustellungsfehler
   Es muss sich um einen Fehler bei der Ausführung der Zustellung handeln. Liegt dagegen überhaupt keine Zustellung vor, weil es z. B. an dem notwendigen Zustellungswillen der Behörde fehlt, kann auch keine Heilung eintreten. So fehlt beispielsweise besonders häufig eine Zustellung, wenn an Eheleute nur ein Bescheid übergeben wurde.[399]
2. Zugang des Dokuments
   Das Dokument muss zugegangen sein.
3. Beweiskräftige Feststellung des tatsächlichen Zugangs
   Es muss der Zeitpunkt beweiskräftig feststehen, in welchem das Dokument dem Empfangsberechtigten tatsächlich zugegangen ist.

4.3.6 Wirksamkeit

201 Nach § 43 I 1 wird ein Verwaltungsakt gegenüber demjenigen, für den er bestimmt oder der von ihm betroffen wird, dem Zeitpunkt wirksam, in dem er ihm bekannt gegeben wird. Nach § 43 I 2 wird der Verwaltungsakt mit dem Inhalt, mit dem er bekannt gegeben wird, wirksam und bleibt es nach § 43 II, solange und soweit er nicht aufgehoben oder durch Zeitablauf oder auf andere Weise erledigt ist.

Aus § 43 III, der anordnet, dass ein nichtiger Verwaltungsakt unwirksam ist, ergibt sich im Umkehrschluss, dass der nicht nichtige – also „schlicht" rechtswidrige – Verwaltungsakt wirksam ist, bis er aufgehoben wird oder sich erledigt hat.[400]

---

[397] Siehe Überblick bei Rheindorf/Weidemann, DVP 2018, S. 47 ff.
[398] vgl. Sadler/Tillmanns, VwZG, § 8 RdNr. 7
[399] Ein weiteres Beispiel hat der VGH Mannheim betrachtet. Es hat entschieden, dass keine Heilung eintritt, wenn ein Verwaltungsakt einem Verfahrenhandlungs**un**fähigen zugestellt wurde und der Betreuer lediglich Kenntnis von dem Verwaltungsakt erlangt hat. Hier besteht nicht die Möglichkeit der Heilung, weil die Behörde bei der unwirksamen Zustellung gegenüber dem Betreuer regelmäßig nicht den erforderlichen Bekanntgabewillen hatte; vgl. VGH Mannheim, NJW 2011, S. 1756 (L.)
[400] Schnapp/Cordewener, JuS 1999, 39 [40]

Verwaltungsakt

Mit dem Begriff „wirksam" ist nicht immer dasselbe gemeint. Zu unterscheiden ist vielmehr zwischen der äußeren und der inneren Wirksamkeit eines Verwaltungsaktes.

202 Mit der äußeren Wirksamkeit, die § 43 I 1 regelt, wird ein Verwaltungsakt, auch ein nichtiger, rechtlich existent und kann von diesem Zeitpunkt an grundsätzlich von allen Beteiligten, die davon in ihren Rechten betroffen werden, mit Rechtsbehelfen angefochten werden; die Rechtsbehelfsfristen beginnen mit der äußeren Wirksamkeit zu laufen. Ist sie eingetreten, kann ein Verwaltungsakt nur nach den Regeln über die Rücknahme oder den Widerruf aufgehoben werden. Die äußere Wirksamkeit bedeutet nicht, dass damit zugleich auch die mit einem Verwaltungsakt beabsichtigten Rechtswirkungen eintreten; das ist eine Frage der inneren Wirksamkeit.

203 Innere Wirksamkeit, die § 43 I 2, II, III regelt, bedeutet, dass die beabsichtigte Rechtsfolge, die „Regelung", wirklich eintritt, also z. B. die mit einem Verwaltungsakt gewährte Begünstigung oder angeordnete Belastung wirksam und damit für die Beteiligten verbindlich wird. Voraussetzung dafür ist immer die äußere Wirksamkeit. Die innere Wirksamkeit tritt aber nicht immer gleichzeitig mit der äußeren ein; sie kann nach der einem Verwaltungsakt zugrunde liegenden gesetzlichen Regelung oder dem Inhalt eines Verwaltungsaktes zu einem früheren Zeitpunkt (z. B. bei einer rückwirkenden Regelung), zu einem späteren Zeitpunkt (z. B. bei einer Genehmigung mit einer aufschiebenden Bedingung) oder – bei einem nichtigen Verwaltungsakt – überhaupt nicht eintreten.

Beispiel:
Eine Baugenehmigung ist mit einer aufschiebenden Bedingung versehen worden. Mit der Erteilung (Bekanntgabe) ist die äußere Wirksamkeit eingetreten. Der Bauherr kann die Genehmigung anfechten und muss die für die Genehmigung festgesetzte Verwaltungsgebühr bezahlen. Mit dem Bau darf er erst beginnen, wenn die aufschiebende Bedingung erfüllt und damit die innere Wirksamkeit der Baugenehmigung eingetreten ist.

Mit dem Eintritt der inneren Wirksamkeit wird ein Verwaltungsakt an sich auch vollstreckbar, d. h. die Behörde kann die von ihr getroffene Regelung (ein Gebot oder Verbot) mit Zwangsmitteln durchsetzen (vgl. RdNr. 111). Die weiteren Vollstreckungsvoraussetzungen (vgl. RdNr. 379) müssen aber erfüllt sein.

Verwaltungshandeln

204

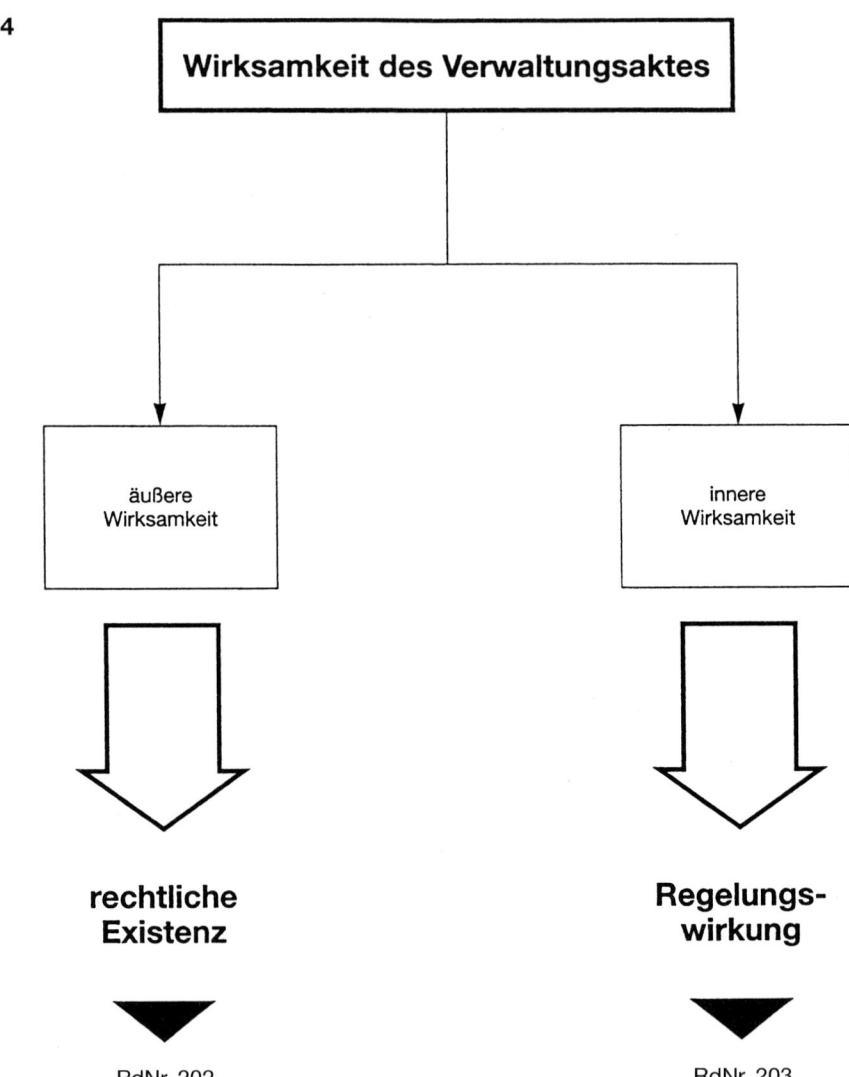

205 Ein wirksamer Verwaltungsakt erlischt nach § 43 II, soweit er
- „zurückgenommen" oder „widerrufen" wird;
  Damit ist die Aufhebung außerhalb eines Rechtsbehelfsverfahrens aufgrund besonderer Bestimmungen oder der §§ 48, 49 gemeint.
- „anderweitig aufgehoben" wird;

Verwaltungsakt

Das kann im Vorverfahren (§§ 68, 72 VwGO) oder im gerichtlichen Verfahren (§ 113 VwGO) geschehen.
- durch „Zeitablauf erledigt" ist;
Das ist bei der Befristung (§ 36 II Nr. 1) der Fall, wenn der für eine Begünstigung oder Belastung bestimmte Zeitpunkt endet oder der dafür bestimmte Zeitraum abgelaufen ist, z. B. bei einem zur Gefahrenabwehr erlassenen Gebot, das (statt der Zwangsmittelandrohung) mit einer Fristsetzung verbunden ist.
- „auf andere Weise erledigt" ist.
Andere Erlöschensgründe sind z. B.
- der Eintritt einer auflösenden Bedingung;
- der Tod des aus einem Verwaltungsakt (z. B. einer Fahrerlaubnis, einer Einberufung zum Wehrdienst) höchstpersönlich Berechtigten oder Verpflichteten;
- Erlöschen von Erlaubnissen oder Genehmigungen kraft Gesetzes (z. B. nach §§ 49 II GewO, 18 BImSchG, 71 NBauO);
- wesentliche Änderung der Sach- oder Rechtslage (z. B. macht der Wegfall der Erlaubnispflicht die Erlaubnis gegenstandslos).

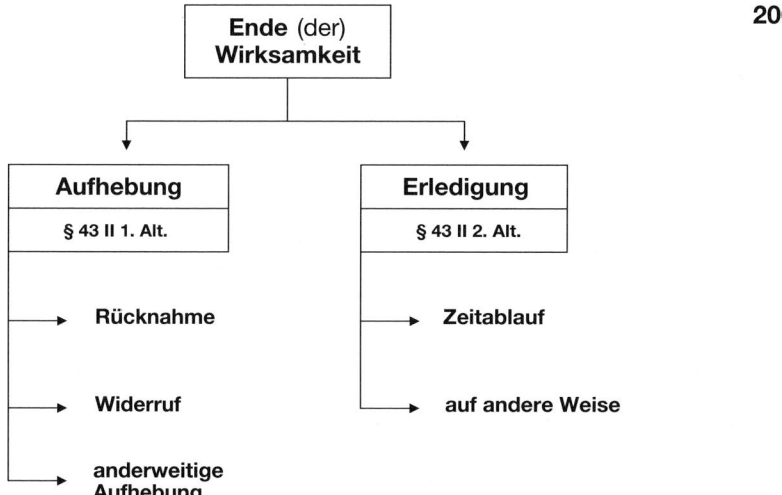

206

Wird ein Verwaltungsakt von dem Adressaten befolgt oder von der Behörde mit Zwangsmitteln durchgesetzt, also vollzogen, ist der Verwaltungsakt damit dann nicht erledigt, wenn er als Rechtsgrund fortwirkt und der Adressat insoweit noch beschwert ist.[401] Die Erledigung eines Verwaltungsakts tritt erst ein, wenn dieser nicht mehr geeignet ist, rechtliche Wirkungen zu erzeugen oder eine Steuerungsfunktion, die ihm ursprünglich innewohnte, (nachträglich) entfallen ist.[402]

207

---

401 Vgl. Kopp/Schenke, § 113 RdNr. 102 ff., sowie VGH Mannheim, NVwZ-RR 1989, 515
402 BVerwG NVwZ 2009, S. 122 f.

Verwaltungshandeln

Beispiel:
Der Adressat eines Zwangsgeldbescheides hat den festgesetzten Betrag gezahlt. Damit ist zwar das durch den Verwaltungsakt angeordnete Zahlungsgebot erledigt, nicht jedoch der Verwaltungsakt als Grundlage der Zahlung entfallen.

Nur ausnahmsweise ist ein Verwaltungsakt durch Vollziehung erledigt, wenn sich dadurch die Regelung derart erschöpft hat, dass aus ihr auch für die Zukunft nichts mehr abgeleitet werden kann.[403]

Beispiel:
Mehrere Personen haben ein leer stehendes Haus besetzt. Das Gebot, das Haus zu räumen, wird durch Anwendung des unmittelbaren Zwanges vollstreckt. Mit der Räumung hat sich der Verwaltungsakt erledigt.

208 Mit dem Erlöschen verliert ein Verwaltungsakt seine innere, nicht jedoch in allen Fällen auch seine äußere Wirksamkeit, denn dazu ist erforderlich, dass er aufgehoben wird. Hat sich die Regelung durch Zeitablauf oder in anderer Weise erledigt, entfällt damit nur die innere, nicht auch die äußere Wirksamkeit.

Beispiele:
a) Die Behörde erlässt am 1. November ein bis zum 30. November befristetes Verbot.

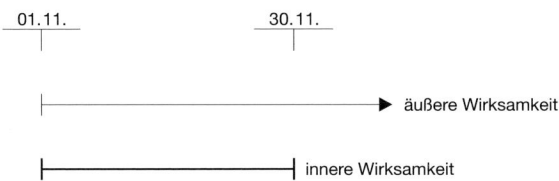

b) Die Behörde erteilt am 15. November die Ausnahmegenehmigung vom 10. bis zum 24. Dezember Weihnachtsbäume verkaufen zu dürfen.

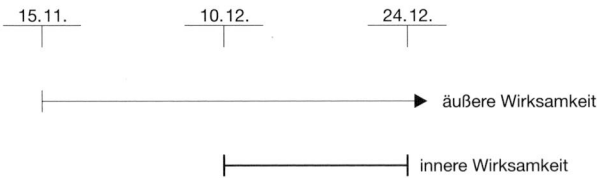

4.3.7 Der fehlerhafte Verwaltungsakt

209 **4.3.7.1 Arten (Überblick).** Verstößt ein Verwaltungsakt gegen eine Rechtsnorm oder enthält er andere Fehler, so sind die Rechtsfolgen je nach der Art des Fehlers unterschiedlich. Deshalb ist es im Einzelfall notwendig, die Art eines Fehlers zu bestimmen.

---

403   Pietzner/Ronellenfitsch, § 27 RdNr. 1056

Verwaltungsakt

Fehlerhaft ist jeder Verwaltungsakt, der an einem Rechtsfehler oder einem sonstigen Fehler leidet. Von fehlerhaften Verwaltungsakten sollte deshalb nur gesprochen werden, wenn Fehlerhaftigkeit schlechthin (Oberbegriff) gemeint ist (siehe Übersicht RdNr. 213). Häufig werden rechtswidrige Verwaltungsakte ungenau als fehlerhafte bezeichnet, gelegentlich auch in Gesetzen (z. B. § 44 I: „Fehler"; § 47: „fehlerhafter" Verwaltungsakt).

Rechtswidrig ist ein Verwaltungsakt nur, wenn oder soweit er mit der Rechtsordnung nicht übereinstimmt, also formelle oder materielle Rechtsfehler hat. Das bedeutet, dass nicht jeder Rechtsanwendungsfehler zwingend die Rechtswidrigkeit der getroffenen Regelung zur Folge hat. **210**

Beispiele:
a) Ein Kraftfahrer hat in den anderthalb Jahren seit Erteilung der Fahrerlaubnis wiederholt Verkehrszuwiderhandlungen begangen. Nach der der zuständigen Behörde vorliegenden Mitteilung des Kraftfahrt-Bundesamtes hat sich der Punktestand inzwischen den Höchststand erreicht. Die Behörde entzieht dem Kraftfahrer die Fahrerlaubnis aufgrund einer Verwaltungsvorschrift zu § 11 FeV. Auf die AVV durfte die Entziehung nicht gestützt werden, weil es sich dabei nicht um Rechtsnormen, sondern um verwaltungsintern bindende Regelungen handelt; maßgebende Rechtsgrundlage ist hier (nur) § 3 I StVG. Die Behörde hat die Entziehung also zu Unrecht auf die AVV gestützt. Da die Entziehung jedoch in § 3 I StVG ihre Rechtsgrundlage hat und – Ungeeignetheit vorausgesetzt – damit übereinstimmt, ist der Verwaltungsakt nicht deshalb rechtswidrig, weil er darauf nicht gestützt ist (vgl. auch RdNr. 475).

b) Der Schornstein einer alten Ziegelei hat sich in Richtung der vorbeiführenden Straße geneigt; er droht bei stärkerem Wind umzustürzen und auf die öffentliche Verkehrsfläche zu fallen. Die zuständige Bauaufsichtsbehörde einer kreisfreien Stadt ordnet an, den Schornstein abzutragen. Ihre Anordnung stützt sie auf die Generalermächtigung zur Gefahrenabwehr (in Nds.: § 11 NPOG), obwohl mit § 79 I 1 NBauO eine besondere Regelung des Landesrechts vorhanden ist, die hier nach § 3 I 2 NPOG vorrangig anzuwenden gewesen wäre.
Der Rechtsanwendungsfehler (Verstoß gegen § 3 I 2 NPOG) hat nicht die Rechtswidrigkeit der Beseitigungsanordnung zur Folge, denn die Anordnung hat in § 79 I 1 NBauO ihre Rechtsgrundlage und entspricht dem gesetzlichen Tatbestand.

Bei der Beurteilung der Frage, ob ein Verwaltungsakt rechtswidrig ist, kommt es nicht darauf an, ob die Personen, die für die Behörde gehandelt haben, sich rechtmäßig oder rechtswidrig verhalten oder einen Rechtsfehler verschuldet haben. Entscheidend ist vielmehr, ob die Regelung mit der Rechtslage übereinstimmt oder nicht. Der Verwaltungsakt ist mithin selbstständig und objektiv, so wie er sich im Ergebnis darstellt, zu beurteilen.[404]

---

[404] BGH NJW 1987, 1945 (1946), m. w. N.; BVerwGE 80, 96; NVwZ 1991, 999

Verwaltungshandeln

211

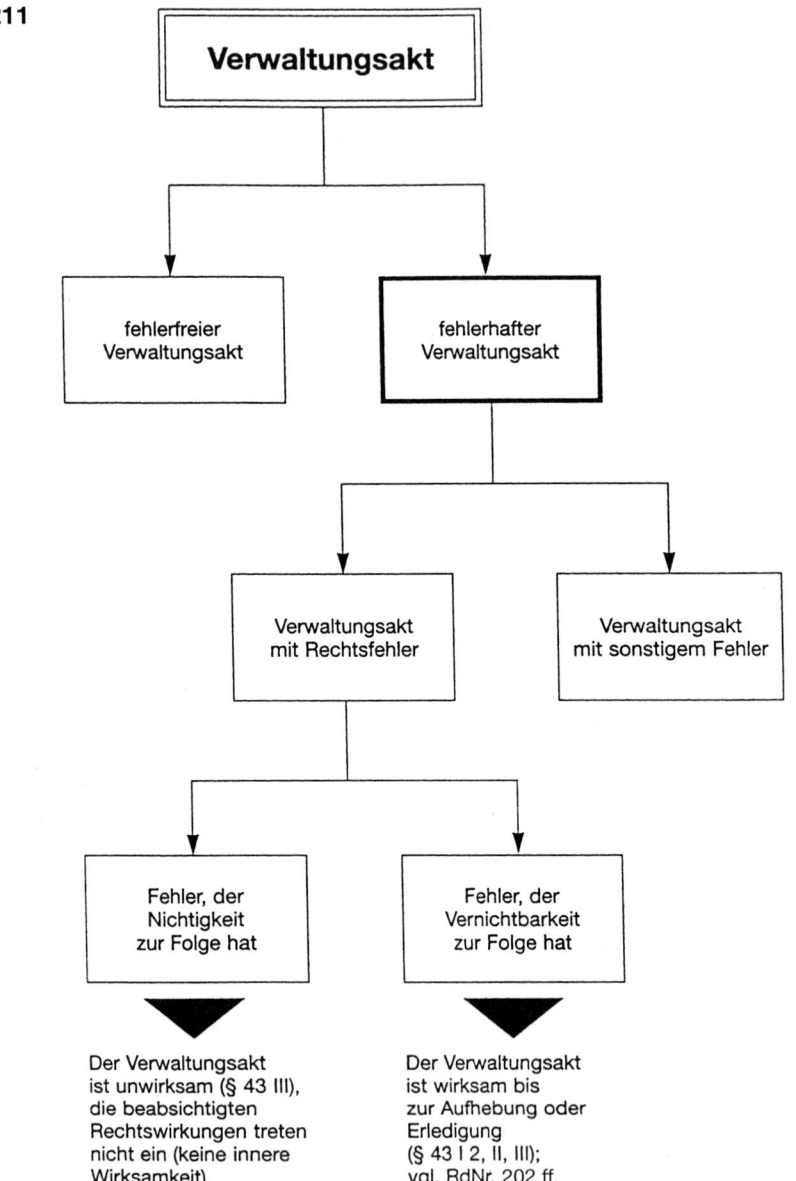

212 Rechtsfehler eines Verwaltungsaktes können Nichtigkeit zur Folge haben (RdNr. 214 ff.) oder aber zur Vernichtbarkeit führen (RdNr. 225).

Verwaltungsakt

213

fehlerhafte Verwaltungsakte			fehlerfreie Verwaltungsakte
Rechtsfehler, die Nichtigkeit zur Folge haben	Rechtsfehler, die Vernichtbarkeit zur Folge haben	sonstige Fehler	
	rechtswidrige Verwaltungsakte		rechtmäßige Verwaltungsakte
unwirksame Verwaltungs- akte	wirksame Verwaltungsakte		

4.3.7.2 Fehler, die Nichtigkeit zur Folge haben. Nichtig (unwirksam, unverbindlich) ist ein Verwaltungsakt, der an einem so schwerwiegenden Rechtsfehler leidet, dass die Rechtsordnung Unwirksamkeit anordnet. Mit der Bekanntgabe wird ein solcher Verwaltungsakt zwar nach § 43 I 1 existent; die mit ihm beabsichtigte Rechtswirkung tritt aber nach § 43 III nicht ein. Die Nichtigkeit nimmt also einem Verwaltungsakt nicht die Rechtsqualität.[405] Die Nichtigkeit kann jederzeit und von jedermann geltend gemacht werden; im Übrigen ist sie von Amts wegen überall zu berücksichtigen. Die Behörde hat auf Antrag die Nichtigkeit festzustellen, wenn hieran ein berechtigtes Interesse besteht (§ 44 V).[406]

214

Die Frage, ob ein Verwaltungsakt eine wirksame Verpflichtung begründet oder nicht, kann z. B. von Bedeutung sein, wenn Maßnahmen wegen Nichtbefolgung oder zur Durchsetzung eines Verwaltungsaktes ergriffen werden sollen. Dann darf nur auf die Wirksamkeit der Regelung, nicht allein auf deren Rechtmäßigkeit oder Rechtswidrigkeit abgestellt werden, da auch rechtswidrige Verwaltungsakte grundsätzlich wirksam sind.
Ob z. B. gegen einen Gewerbetreibenden, der einer wegen Verstoßes gegen das Gebot der Bestimmtheit rechtswidrigen Auflage nach § 34a I 2 GewO nicht nachgekommen ist, eine Geldbuße festgesetzt werden kann (§ 144 II Nr. 3, IV GewO) und ob eine solche Auflage mit Zwangsmitteln durchgesetzt werden darf, hängt davon ab, ob die Auflage wirksam ist. Liegt Nichtigkeit nicht vor, sind beide Fragen zu bejahen.

215

---

405 Schnapp/Cordewener, JuS 1999, 39 [41]
406 Siehe Fallbearbeitung von Weidemann, DVP 2011, S. 382 ff.; der Betroffene kann aber auch im Klagewege gegen den nichtigen Verwaltungsakt vorgehen. In Betracht kommen entweder die Anfechtungs- oder aber die Feststellungsklage (§§ 42 I, 43 VwGO).

Verwaltungshandeln

216 Von nichtigen Verwaltungsakten, die zwar ohne die beabsichtigten Wirkungen, aber begrifflich Verwaltungsakte sind und deshalb auch angefochten und für nichtig erklärt werden können (§ 44 V), sind die sog. Nichtakte (auch: Nichtverwaltungsakte) zu unterscheiden. Als „Nichtakte" werden Maßnahmen bezeichnet, die dem äußeren Erscheinungsbild nach einen Verwaltungsakt entsprechen, tatsächlich aber nicht der Behörde als rechtsverbindliche Erklärung zuzuordnen sind.[407] Hierzu zählen beispielsweise die Amtsanmaßung und die Scherzerklärung. Solche Verwaltungshandlungen liegen gänzlich außerhalb der Rechtsordnung und sind somit für Verwaltung und Bürger irrelevant.[408]

217 Die Nichtigkeit eines Verwaltungsaktes kann sich aus einer besonderen gesetzlichen Vorschrift ergeben.

Beispiel:
Eine Ernennung ist nach § 11 I Nr. 2 BeamStG und den entsprechenden landesrechtlichen Regelungen nichtig, wenn sie von einer sachlich unzuständigen Behörde ausgesprochen und von der sachlich zuständigen Behörde nicht rückwirkend bestätigt wurde.

Liegt eine besondere gesetzliche Regelung nicht vor, ist die Frage, ob die Rechtswidrigkeit eines Verwaltungsaktes zu dessen Nichtigkeit führt, nach § 44 zu beurteilen. Zunächst ist zu prüfen, ob Abs. 2 Nichtigkeit begründet, dann, ob Abs. 3 Nichtigkeit ausschließt, schließlich, sofern danach noch keine Entscheidung für oder gegen Nichtigkeit zu treffen war, ob Abs. 1 Nichtigkeit begründet (vgl. Flussdiagramm RdNr. 219)

218 Besondere Nichtigkeitsgründe nennt § 44 II (sog. absolute Nichtigkeitsfälle). Der Katalog der hier aufgezählten Nichtigkeitsgründe ist als Hilfe bei der Auslegung der Generalklausel des § 44 I heranzuziehen.[409]
Nach § 44 II ist ein Verwaltungsakt nichtig,
- der schriftlich erlassen worden ist, aber nicht erkennen lässt, welche Behörde ihn erlassen hat (Nr. 1); Kein Nichtigkeitsgrund ist hiernach das Fehlen der durch § 37 III zwingend vorgeschriebenen Unterschrift oder Namenswiedergabe bei schriftlichen Verwaltungsakten, die nicht mithilfe automatischer Einrichtungen erlassen wurden.
- der nach einer Rechtsvorschrift nur durch die Aushändigung einer Urkunde erlassen werden kann, aber dieser Form nicht genügt (Nr. 2); Die Behörde versäumt die Aushändigung der Einbürgerungsurkunde (§ 16 StAG).[410]
Dagegen unterfallen Verwaltungsakte nicht dieser Regelung, bei denen die Aushändigung der Urkunde nur der Legitimation oder der Beweissicherung dient. Hierzu zählen beispielsweise die Reisegewerbekarten und die Führerscheine.[411]

---

407 Vgl. auch Brühl, Rdnr. 271
408 Begründung zu § 39 III EVwVfG.
409 BVerwG NJW 1985, 2658 [2659]. Vgl. zu § 44 II Nr. 3 die Fallbearbeitung von Ropeter/Suckow, DVP 1986, 102
410 OVG Münster NVwZ 1986, 936
411 Kopp/Ramsauer, § 44 RdNr. 37 m. N.

Verwaltungsakt

- den eine Behörde außerhalb ihrer durch § 3 I Nr. 1 begründeten (örtlichen) Zuständigkeit erlassen hat, ohne dazu ermächtigt zu sein (Nr. 3); Nach § 3 I Nr. 1 ist in Angelegenheiten, die sich auf unbewegliches Vermögen oder ein ortsgebundenes Recht oder Rechtsverhältnis beziehen, die Behörde örtlich zuständig, in deren Bezirk das Vermögen oder der Ort liegt. Ein ortsgebundenes Recht ist das an ein bestimmtes Grundstück geknüpfte Recht, ein Gewerbe auszuüben, wie z. B. eine bauliche Anlage zur errichten, eine Tierkörperbeseitigungseinrichtung oder eine Apotheke zu betreiben.[412] Örtliche Unzuständigkeit allein ist, von dem Fall des § 44 II Nr. 3 abgesehen, nach § 44 III Nr. 1 kein Nichtigkeitsgrund. Verstöße gegen die sachliche Zuständigkeit sind dagegen nach § 44 I zu prüfen.
- den aus tatsächlichen Gründen niemand ausführen kann (Nr. 4);
Beispiel:
Abbruchverfügung für ein bereits beseitigtes Gebäude.
- Die rechtliche Unmöglichkeit – der Verwaltungsakt verlangt z. B. einen rechtlich nicht möglichen Erfolg – und die subjektive Unmöglichkeit (Unvermögen) – der Verwaltungsakt kann ausgeführt werden, nur von dem Betroffenen nicht – fallen nicht darunter. Soweit aber im Einzelfall die Voraussetzungen des § 44 I vorliegen, können auch diese Fehler Nichtigkeit zur Folge haben.
Beispiele:
a) Abrissverfügung für ein Wochenendhaus wird nur an einen von mehreren Miteigentümern gerichtet (rechtliche Unmöglichkeit);
b) Adressat ist aus wirtschaftlichen Gründen heraus nicht in der Lage, die Forderungen der Denkmalschutzbehörde zu erfüllen (subjektive Unmöglichkeit).
- der verlangt, eine rechtswidrige Tat zu begehen, die einen Straf- oder Bußgeldtatbestand verwirklicht (Nr. 5).
Beispiele:
a) Der Eigentümer (E) eines Grundstücks errichtet an der Grenze zum Nachbargrundstück ohne Genehmigung der Bauaufsichtsbehörde und ohne Zustimmung des Nachbarn (N) eine 2 m hohe Mauer. Wie die spätere Einmessung der Mauer ergibt, steht diese auf dem Grundstück des N. E wird aufgegeben, die – formell und materiell – baurechtswidrige Mauer zu beseitigen, ohne dass gegen N gleichzeitig eine Anordnung erlassen wird, die Beseitigung zu dulden. Mit der Beseitigungsanordnung wird von E verlangt, fremdes Eigentum (§§ 946, 94 BGB) zu zerstören, was – wenn N nicht einwilligt – den Straftatbestand der Sachbeschädigung (§ 303 StGB) verwirklicht. Der Verwaltungsakt ist nichtig.
b) Ein Verwaltungsakt, der erlaubt, eine solche Tat (z. B. Straftat) zu begehen, wird nach dem Wortlaut vom Tatbestand der Nr. 5 nicht erfasst; auch für ihn soll er aber gelten, zumindest dann, wenn die Rechtswidrigkeit der Gestattung offensichtlich ist.[413] Näher liegt aber wohl, in einem solchen Fall unter Berücksichtigung der hier getroffenen Wertung des Gesetzgebers zu prüfen, ob die Rechtswidrigkeit besonders schwerwiegend und dies offenkundig ist und der Verwaltungsakt sich damit als nach § 44 I nichtig erweist.

---

412 Eyermann, § 52 RdNr. 4
413 Kopp/Ramsauer, § 44 RdNr. 44

Verwaltungshandeln

– der gegen die guten Sitten verstößt (Nr. 6).
Sittenwidrigkeit bedeutet, dass der VA das Anstandsgefühl aller billig und gerecht Denkenden verletzt. Abzustellen ist dabei nicht nur auf die in der Gesellschaft vorherrschenden Auffassungen über sittengemäßes Verhalten sondern vor allem auch auf das Wertesystem des GG.[414]
Gegen die guten Sitten verstößt beispielsweise eine Erlaubnis zum sog. Zwergeweitwerfen.[415] Als sittenwidrig beurteilt worden ist ferner eine Veranstaltung, bei der in einem Nachtclub Frauen in einem Käfig gezeigt werden sollten.[416]

219

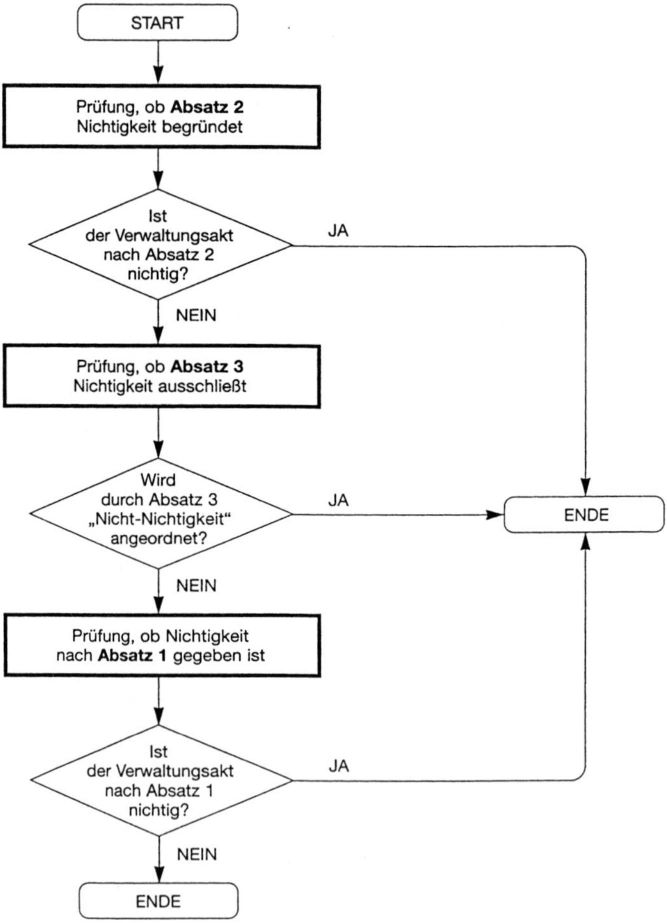

---

414 Kopp/Ramsauer § 44 RdNr. 48 m. N.
415 VG Neustadt, NVwZ 1993, 98 [99]
416 VGH München NVwZ 1992, 76

Verwaltungsakt

220 Rechtsfehler, die keine Nichtigkeit bewirken, nennt § 44 III. Auch dieser Katalog soll es erleichtern, die Generalklausel des § 44 I zu handhaben.[417] Ein Verwaltungsakt ist danach nicht schon deshalb nichtig, weil
- Vorschriften über die örtliche Zuständigkeit nicht eingehalten worden sind, außer wenn ein Fall des § 44 II Nr. 3 vorliegt;
- eine nach § 20 I 1 Nrn. 2 bis 6 ausgeschlossene Person mitgewirkt hat; Hat in einem Verwaltungsverfahren entgegen § 20 I 1 Nr. 1 ein selbst Beteiligter mitgewirkt, ist die Frage, ob der Verstoß zur Nichtigkeit führt, (nur) nach § 44 I zu beurteilen. Handeln in eigener Sache wird als grundsätzlich zur Nichtigkeit führend angesehen, sofern nicht nach dem Inhalt des Verwaltungsaktes (z. B. Versagung einer Erlaubnis) eine Selbstbegünstigung ausgeschlossen ist.[418] Es erscheint jedoch fraglich, ob die in einem solchen Fall notwendige Prüfung der besonders schwerwiegenden und offenkundigen Rechtswidrigkeit derart verkürzt und vereinfacht werden darf. Wirkt z. B. jemand entgegen § 20 I 1 Nr. 1 bei der Erteilung einer Erlaubnis mit, auf die er nach dem Gesetz einen Anspruch hat, dürfte sich, legt man die Anforderungen des BVerwG (RdNr. 222) zugrunde, ein besonders schwerwiegender Rechtsfehler wohl schwerlich begründen lassen.
- ein durch Rechtsvorschrift zur Mitwirkung berufener Ausschuss den für den Erlass des Verwaltungsaktes vorgeschriebenen Beschluss nicht gefasst hat oder nicht beschlussfähig war;
- die nach einer Rechtsvorschrift erforderliche Mitwirkung einer anderen Behörde unterblieben ist.

221 Trifft keine der besonderen Regelungen zu, die Nichtigkeit anordnen oder ausschließen, ist nach der allgemeinen Regelung des § 44 I zu verfahren. Nichtig ist danach ein Verwaltungsakt, soweit er an einem besonders schwerwiegenden Fehler leidet und dies, wenn alle in Betracht kommenden Umstände verständig gewürdigt werden, offensichtlich ist.[419]
Mit einem Fehler ist ein Rechtsfehler, also Rechtswidrigkeit, gemeint. Ist der Rechtsfehler offensichtlich, kann allein deshalb Nichtigkeit nicht bejaht werden, weil § 44 I mit der Formulierung „dies" voraussetzt, dass der besonders schwerwiegende Rechtsfehler offensichtlich ist.

Nichtig ist mithin ein Verwaltungsakt,
1. soweit er an einem Rechtsfehler leidet, also Rechtswidrigkeit gegeben ist,
2. sofern die Rechtswidrigkeit besonders schwerwiegend und
3. die besonders schwerwiegende Rechtswidrigkeit offensichtlich ist.

---

222 Besonders schwerwiegend ist ein Rechtsfehler nur, wenn er den davon betroffenen Verwaltungsakt als schlechterdings unerträglich erscheinen, d. h. mit tragenden Verfassungsprinzipien oder der Rechtsordnung immanenten wesentlichen Wertvorstellungen unvereinbar sein lässt.[420] Allein ein Verstoß gegen allgemeine

---

417 Begründung zu § 40 II und III EVwVfG
418 Kopp/Ramsauer, § 44 RdNr. 54, m. w. N.
419 Beispiele siehe Kopp/Ramsauer, § 44 RdNr. 14 ff.
420 BVerwG NJW 1985, 2658 [2659]

Verwaltungshandeln

Grundsätze (z. B. gegen den Grundsatz der Gesetzmäßigkeit oder den Grundsatz der Verhältnismäßigkeit) begründet noch keine besonders schwerwiegende Rechtswidrigkeit.[421]

Beispiel:
Eine Gemeinde zieht in Folge eines Versehens statt des Erbbauberechtigten den Eigentümer zu einem Erschließungsbeitrag (§§ 127 ff. BauGB) heran. Der Heranziehungsbescheid ist wegen Verstoßes gegen § 134 I 2 BauGB rechtswidrig. Dieser Fehler ist kein besonders schwerwiegender Rechtsfehler.[422]

Der Begriff „besonders schwerwiegender Fehler" bezieht sich nicht auf das Fehlverhalten der Behörde und den Grad ihres Verschuldens, sondern auf den Verwaltungsakt selbst (vgl. auch RdNr. 210).

Beispiel:
Die teilweise Rücknahme einer Baugenehmigung für ein mehrgeschossiges Hotelgebäude, die dazu führen würde, dass das Hotel ohne einen Treppenraum im Erdgeschoss und ohne einen ersten Rettungsweg genehmigt bliebe, ist nach § 44 I nichtig.[423]

223 Offensichtlichkeit bedeutet, dass die besonders schwerwiegende Rechtswidrigkeit des Verwaltungsaktes für einen unvoreingenommenen, mit den in Betracht kommenden Umständen vertrauten, verständigen Beobachter ohne Weiteres ersichtlich sein, d. h. dass sie sich geradezu aufdrängen muss. Ernsthafte Zweifel, dass der Verwaltungsakt doch rechtmäßig sein könnte, dürfen für einen unvoreingenommenen, urteilsfähigen, weder besonders sach- noch rechtskundigen, aber aufgeschlossenen Durchschnittsbetrachter nicht bestehen; Kenntnis der verletzten Vorschriften wird nicht vorausgesetzt.[424]

Beispiel:
Für einen Gastwirt, dem aufgrund des § 5 I Nr. 3 GastG (oder vergleichbaren landesrechtlichen Vorschriften) aufgegeben wird, seinen Betrieb „künftig so zu führen, dass schädliche Umwelteinwirkungen auf ein Mindestmaß reduziert werden", ist nicht eindeutig erkennbar, was die Behörde von ihm verlangt, denn welche Immissionen in welchem Ausmaß verringert werden sollen, bleibt unklar. Die Anordnung ist deshalb in ihrem Inhalt nicht hinreichend bestimmt, also wegen Verstoßes gegen § 37 I rechtswidrig.
Wird nicht die (enge) Auffassung des BVerwG zugrunde gelegt (siehe RdNr. 222), könnte die Rechtswidrigkeit als besonders schwerwiegend angesehen werden.[425] Hier drohen u. U. Zwangsmaßnahmen, obgleich der Bürger nicht erkennen kann, wie er diese abwehren könnte. Dies dürfte sich

---

421 Vgl. BVerwG NJW 1984, 2113 [2114]
422 Zu beachten ist, dass in den Ländern, in denen die Bestimmungen der AO entsprechend anzuwenden sind, die Nichtigkeit des Bescheides nach § 125 I AO und nicht nach § 44 I zu beurteilen ist. Wegen der inhaltlich übereinstimmenden Regelungen ändert dies aber am Ergebnis nichts.
423 OVG Münster BauR 2013, S. 77 ff.
424 Kopp/Ramsauer, § 44 RdNr. 12 f.
425 Maurer/Waldhoff, § 10 RdNr. 90, m. w. N.

einem verständigen und aufmerksamen Durchschnittsbetrachter aufdrängen, also offensichtlich sein.

224 Die Feststellung, ob ein Rechtsfehler offensichtlich ist, wird erleichtert, wenn der Begriff negativ umschrieben wird. Offensichtlich ist die Rechtswidrigkeit eines Verwaltungsaktes jedenfalls nicht, wenn sie sich erst nach genauer Prüfung der Sach- und Rechtslage ergibt oder wenn sie nur mit speziellen Kenntnissen herausgefunden werden kann.

Beispiel:
Beitragspflichtig ist nach § 134 I 2 BauGB bei einem mit einem Erbbaurecht belasteten Grundstück der Erbbauberechtigte. Wäre statt seiner der Eigentümer herangezogen worden (vgl. das Beispiel RdNr. 222), so fehlte es – besonders schwerwiegende Rechtswidrigkeit einmal angenommen – an deren Offensichtlichkeit, weil die Regelung der Beitragspflicht nur den mit dem Erschließungsbeitragsrecht Vertrauten bekannt ist und sich nur durch Einsicht ins Grundbuch und durch Aktenstudium feststellen lässt, wer im Zeitpunkt der Bekanntgabe Erbbauberechtigter ist.

224a Auch ein Verstoß gegen europäisches Gemeinschaftsrecht führt nicht zwangsläufig zur Nichtigkeit des Verwaltungsakts. Die Nichtigkeit ist auch hier nur dann gegeben, wenn die Voraussetzungen des § 44 I vorliegen.[426]

224b
> **Grundsatz:**
> Grundsätzlich ist ein Verwaltungsakt, unabhängig von seiner Rechtmäßigkeit, wirksam. Diese Wirksamkeit verliert er nur dann, wenn eine der Fallgruppen des § 43 II greifen. Dies bedeutet zugleich, dass nur in Ausnahmefällen ein fehlerhafter Verwaltungsakt unwirksam (§ 43 III) und damit nichtig ist.

224c Der Bürger kann unterschiedliche Wege beschreiten, um sich gegen einen nichtigen Verwaltungsakt zu wehren:
- (ggfs.) Widerspruch und Anfechtungsklage (siehe Rdnr. 410 ff; 423 ff.)
- Feststellungsklage (§ 43 VwGO [siehe Rdnr. 415 ff.)
- Antrag auf Feststellung der Nichtigkeit des Verwaltungsakts (§ 44 V)

225 **4.3.7.3 Fehler, die Vernichtbarkeit zur Folge haben.** Vernichtbar sind Verwaltungsakte, die an minder schweren (formellen oder materiellen) Rechtsfehlern leiden, also solchen Rechtsfehlern, die nicht Nichtigkeit zur Folge haben. Die Folge der Rechtswidrigkeit eines mit einem solchen Fehler behafteten Verwaltungsaktes ist nicht dessen Unwirksamkeit. Will der von einem „nur" rechtswidrigen Verwaltungsakt Betroffene dessen Wirkungen nicht hinnehmen, kann er mit dem Widerspruch oder der Anfechtungsklage versuchen zu erreichen, dass er aufgehoben („vernichtet") wird.
Wird ein Verwaltungsakt mit einem Fehler, der Vernichtbarkeit zur Folge hat, angefochten, muss er aufgehoben werden, wenn der gegen ihn eingelegte Rechtsbehelf zulässig und soweit er begründet ist (§§ 72, 113 I 1 VwGO).

---

426 BVerwG NVwZ 2000, S. 1039

Verwaltungshandeln

Grundsätzlich führen neben inhaltlichen Mängeln auch formelle Rechtsverstöße zur Rechtswidrigkeit und damit Aufhebbarkeit des Verwaltungsakts. Hier sind aber die Sonderregelungen über die Heilung von Verfahrens und Formfehlern (z. B. § 45; RdNr. 178 ff.) und die Unbeachtlichkeit von Verstößen gegen Vorgaben über die örtliche Zuständigkeit, Verfahrens- und Formvorschriften nach § 46 (RdNr. 482 f.) zu berücksichtigen.

Die Möglichkeit, einen rechtswidrigen (auch nichtigen) Verwaltungsakt in einen anderen, rechtmäßigen Verwaltungsakt umzudeuten (§ 47), hat nur geringe praktische Bedeutung[427] und wird hier deshalb nicht behandelt.[428]

Außerhalb eines Rechtsbehelfsverfahrens kann ein rechtswidriger Verwaltungsakt zurückgenommen werden, ein rechtswidriger begünstigender nur unter bestimmten Voraussetzungen, z. B. nach § 48.

226 **4.3.7.4 Sonstige Fehler.** Als sonstige Fehler werden hier solche Fehler bezeichnet, die nicht die Rechtswidrigkeit des Verwaltungsaktes zur Folge haben, sondern die rechtliche Regelung unberührt lassen.

Zu diesen Fehlern gehören zunächst Schreibfehler, Rechenfehler und ähnliche offenbare Unrichtigkeiten im Sinne des § 42 S. 1. Aus der Formulierung „und ähnliche offenbare Unrichtigkeiten" folgt, dass das Erfordernis der Offenkundigkeit auch für Schreib- und Rechenfehler gilt.

Eine offenbare Unrichtigkeit liegt nur dann vor, wenn der Fehler ins Auge springt, d. h. wenn der Widerspruch zwischen dem, was die Behörde gewollt hat, und dem, was sie in dem Verwaltungsakt zum Ausdruck gebracht hat, ohne weiteres erkennbar ist.[429]

> **Beispiel:**
> Eine Behörde bewilligt aufgrund entsprechender Richtlinien für bestimmte Vorhaben Zuschüsse bis zu 50 % der Kosten. Einem Antragsteller, der Aufwendungen in Höhe von 310.000 € nachweist, wird ein Bewilligungsbescheid über 65.000 € zugestellt. In dem Bescheid heißt es u. a.:
> „Ich bewillige Ihnen zu den nachgewiesenen Aufwendungen von 310.000 € einen Zuschuss, der sich wie folgt berechnet:
> Kosten des Vorhabens   130.000 €
> davon 50 %   65.000 €."
> Der Bewilligungsbescheid enthält einen offenbaren Schreibfehler. Die Behörde wollte 155.000 € bewilligen, hat dies aber nicht zum Ausdruck gebracht. (Der Antragsteller hat aufgrund des Bescheides – auch vor der Berichtigung! – Anspruch auf den Betrag von 155.000 €.)

In einem solchen Fall kann der Fehler jederzeit – auch für die Vergangenheit – berichtigt werden. Wenn der Beteiligte ein berechtigtes Interesse daran hat, dass der Fehler berichtigt wird, ist die Behörde nach § 42 S. 2 verpflichtet, ihn zu korrigieren.

Die Berichtigung ist weder an bestimmte Form- oder Verfahrensvorschriften gebunden noch durch besondere Voraussetzungen (wie z. B. für die Aufhebung von Verwaltungsakten nach Eintritt der Unanfechtbarkeit) eingeschränkt.

---

427 So auch Schnapp/Cordewener, JuS 1999, 147 [149]
428 Zur Umdeutung Laubinger, VerwArch. 78, 207
429 Vgl. Ule, § 58 II, und Brühl, 108

Nebenbestimmungen zum Verwaltungsakt

Da die Berichtigung nicht darauf gerichtet ist, eine Rechtsfolge herbeizuführen, ist sie kein Verwaltungsakt.

Um einen „sonstigen Fehler" handelt es sich ferner, wenn eine Rechtsbehelfsbelehrung unterblieben ist oder inhaltlich unrichtig erteilt wurde. Dies gilt auch dann, wenn die Belehrung gesetzlich, wie z. B. durch § 211 BauGB, ausdrücklich vorgeschrieben ist. In einem solchen Fall verhält sich die Behörde zwar rechtswidrig, wenn sie die gesetzliche Belehrungspflicht missachtet. Ihr rechtswidriges Verhalten wirkt sich jedoch auf die Regelung des Verwaltungsrechtsverhältnisses selbst nicht aus (vgl. auch Anhang, Tz. 3.2). **227**

Auch ein nur zweckwidriger (unzweckmäßiger) Verwaltungsakt leidet an einem sonstigen, nicht zur Rechtswidrigkeit führenden Fehler. Nach § 10 S. 2 ist das Verwaltungsverfahren einfach, zweckmäßig und zügig durchzuführen. Ein Verstoß gegen das Zügigkeitsprinzip führt nicht zur Rechtswidrigkeit des Verwaltungsakts. U. U. können sich aber für den Bürger Schadensersatzansprüche wegen Amtspflichtverletzung oder auch Entschädigungsansprüche wegen enteignungsgleichem Eingriffs ergeben.[430]

4.4 Nebenbestimmungen zum Verwaltungsakt

4.4.1 Zweck

Mit Nebenbestimmungen, die einem Verwaltungsakt beigefügt werden dürfen oder müssen, wird der Behörde ermöglicht oder vorgeschrieben, die mit dem Verwaltungsakt beabsichtigte Regelung des Verwaltungsrechtsverhältnisses den Besonderheiten des Einzelfalles anzupassen. Ist z. B. eine Leistung (eine Erlaubnis oder ein Zuschuss) beantragt worden und möchte oder kann die Behörde sie nach der Rechtslage noch nicht oder nicht uneingeschränkt bewilligen, so kann oder muss sie, anstatt den Verwaltungsakt zu versagen, ihn mit Nebenbestimmungen erteilen. Sie wird also in den Stand gesetzt, auf einen Antrag des Bürgers flexibel zu reagieren; sowohl das mit dem öffentlichen Interesse nicht zu vereinbarende uneingeschränkte „JA" als auch das den Interessen des Antragstellers zuwiderlaufende absolute „NEIN" lassen sich dadurch vermeiden. **228**

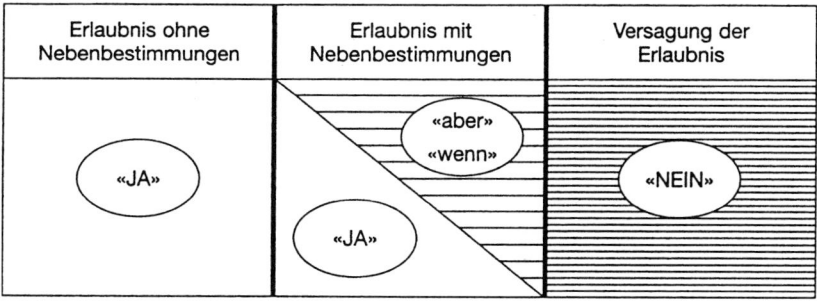

---

430 Vgl. auch Kopp/Ramsauer, § 11 Rdnr. 22

Verwaltungshandeln

Beispiel:
Ein Gewerbetreibender beantragt, ihm zur Ausübung des Bewachungsgewerbes die erforderliche Erlaubnis (§ 34a GewO) zu erteilen. Die nach dem GewO und der Bewachungsverordnung notwendigen Anforderungen an den Betrieb und an den Gewerbetreibenden sind bis auf eine erfüllt. Es fehlt noch der notwendige Unterrichtungsnachweis nach § 34a I 3 Nr. 3 GewO. Die nach § 34a I 3 GewO für einen solchen Fall an sich vorgeschriebene Versagung der Erlaubnis wäre zu hart (Grundsatz der Verhältnismäßigkeit!431), die uneingeschränkte Erteilung nach der Rechtslage jedoch (noch) nicht gestattet. Wenn es sich bei der bisher nicht erfüllten Anforderung nicht um eine unabdingbare Voraussetzung für die Erteilung der Erlaubnis handelt wie z. B. die Zuverlässigkeit des Antragstellers (fehlt sie, käme nur die Versagung in Betracht), wird die Behörde die Erlaubnis mit einer entsprechenden Nebenbestimmung erteilen.

4.4.2 Abgrenzung von Inhaltsbestimmungen

229 Von den (belastenden) Nebenbestimmungen, die eine Erlaubnis oder sonstige Begünstigung, die sog. Hauptbestimmung, einschränken, sind die inhaltlichen Beschränkungen (Inhaltsbestimmungen) einer „Hauptbestimmung" zu unterscheiden. Eine Inhaltsbestimmung liegt vor, wenn die Begünstigung schon nach ihrem Inhalt von vornherein nur begrenzt gewährt oder wenn sie konkretisiert wird; solche Einschränkungen legen also den Inhalt der Regelung fest oder beschreiben ihn genau. Inhaltliche Beschränkungen dieser Art sind häufig.[432]

Beispiele:
a) Die Verwaltungsbehörde beschränkt eine Fahrerlaubnis auf das Führen von Fahrzeugen mit Automatikgetriebe (§ 17a I 1 FeV) (§ 17 VI FeV).
b) Die Reisegewerbekarte kann inhaltlich beschränkt werden (§ 55 III GewO).
c) Die Erlaubnis zum Verkehr mit Betäubungsmitteln ist auf den jeweils notwendigen Umfang zu beschränken. Sie muss u. a. die Art der Betäubungsmittel und des Betäubungsmittelverkehrs sowie die Lage der Betriebsstätten regeln (§ 9 I BtMG).
d) Die Ausnahmebewilligung zur Eintragung in die Handwerksrolle wird auf einen wesentlichen Teil der Tätigkeiten beschränkt, die zu einem in der Anlage A zur HandwO aufgeführten Gewerbe gehören (§ 8 II HandwO).
e) Die Baugenehmigung für ein Gebäude wird für eine bestimmte Nutzung (z. B. Wohnnutzung) erteilt.
f) Nach § 10 WHG kann durch Erlaubnis die Befugnis gewährt werden, ein Gewässer zu einem bestimmten Zweck in einer nach Art und Maß bestimmten Weise zu benutzen. § 13 WHG rechtfertigt nun – auch nachträglich – Inhaltsbeschränkungen zu formulieren. So kann beispielsweise

---

431 Vgl. nur BVerwG GewArch 1996, 425
432 Anschaulich zur Abgrenzung von Inhaltsbestimmung und Auflage VGH Mannheim UPR 1994, 108 f.; ferner grundlegend zu Neben- und Inhaltsbestimmungen bei begünstigenden Verwaltungsakten siehe Heitsch, DÖV 2003, S. 367 ff.

Nebenbestimmungen zum Verwaltungsakt

Gegenstand einer Inhaltsbestimmung die Formulierung von Anforderungen an die Beschaffenheit einzuleitender Stoffe sein.

g) Nach § 17 I 2 AtomG können Genehmigungen und allgemeine Zulassungen inhaltlich beschränkt werden.

h) So hat nach § 10 V 2 BImSchG die Genehmigungsbehörde eine vollständige Koordination der Zulassungsverfahren sowie der Inhaltsbestimmungen und Nebenbestimmungen sicherzustellen.

Eine Nebenbestimmung setzt begrifflich eine Hauptregelung voraus. Sie begründet eine zusätzliche Regelung zu einer Hauptregelung. Dagegen legt die Inhaltsbestimmung den Gegenstand und die Grenzen der Hauptregelung fest.

Ob eine Inhaltsbestimmung vorliegt, ist, wenn Anlass dazu besteht, stets vor einer Nebenbestimmung, die zusätzliche Beschränkungen mit eigenem Regelungsgehalt enthält, zu prüfen. Das ist schon deshalb notwendig, weil die Rechtsfolgen bei einem Verstoß ganz unterschiedlich sind. Ein Fahrerlaubnisinhaber, der entgegen einer Auflage nach § 23 II 1 FeV keine Sehhilfe trägt, begeht eine Verkehrsordnungswidrigkeit (§§ 24 I StVG, 75 Nr. 9 FeV). Führt ein Fahrerlaubnisinhaber dagegen trotz einer entsprechenden Inhaltsbestimmung nach § 17a I 1 FeV kein Fahrzeug mit Automatikgetriebe, sondern eins mit Schaltgetriebe, so geschieht dies ohne die dazu erforderliche Fahrerlaubnis, ist also strafbar (§ 21 I Nr. 1 StVG). Wegen dieser unterschiedlichen Rechtsfolgen ist es notwendig, im Führerschein die Eintragung einer Einschränkung der Fahrerlaubnis eindeutig als Auflage oder als Beschränkung der Fahrerlaubnis zu kennzeichnen.[433]

Eine Inhaltsbestimmung kann leicht mit einer Auflage verwechselt werden, insb. dann, wenn sie wie eine Auflage (Verbot) formuliert ist (z. B. „Inhaber der Fahrerlaubnis darf Fahrzeuge mit Schaltgetriebe nicht führen"), in Wirklichkeit aber eine inhaltliche Beschränkung gewollt ist. Auflagen sind zusätzliche, selbstständig neben die Hauptbestimmung tretende und auch selbstständig durchsetzbare Beschränkungen, während die Inhaltsbestimmung unselbstständiger Bestandteil der Regelung ist, deren Inhalt sie mitbestimmt und die deshalb als in untrennbarem Zusammenhang mit der Hauptbestimmung stehend angesehen werden muss.

230

Von der Nebenbestimmung abzugrenzen sind die Teilgenehmigung, die modifizierende Genehmigung und die modifizierende Auflage. Bei der Teilgenehmigung handelt es sich um ein Minus zum ursprünglichem Antragsbegehren. Demgegenüber beinhaltet die modifizierende Genehmigung die vollständige oder teilweise Ablehnung eines Antrages, verbunden mit dem Angebot einer anderen Genehmigung.[434] Eine modifizierende Auflage liegt vor, wenn durch sie der Inhalt der Hauptregelung unmittelbar bestimmt wird.[435] Umstritten ist, ob eine modifizierende Auflage selbstständig vollstreckt werden kann. Soll diese

231

---

433 BGHSt 28, 72
434 Vgl. auch BVerwGE 69, 37 [39]
435 Grundlegend BVerwG DÖV 1974, 380; Weyreuther, DVBl. 1984, 365 ff.; kritisch Maurer/Waldhoff, § 12 RdNr. 16 f.; Stelkens/Bonk/Sachs, § 36 Rn. 96, zu möglichen Beispielen siehe auch dort Rn. 100, Fn. 286 j.m. N.

Verwaltungshandeln

Rechtsfigur eine eigenständige Bedeutung haben, so wird dies zu bejahen sein.[436]

Beispiele:
a) Der Sportverein beantragt die Baugenehmigung, um die vorhandene Tennisanlage um vier Plätze erweitern zu können. Die zuständige Behörde genehmigt aber nur die Anlegung von drei neuen Tennisplätzen (Teilgenehmigung).
b) Der Bauherr beantragt die Baugenehmigung für die Errichtung eines Wohnhauses im rückwärtigen Bereich seines Baugrundstücks. Die Giebelfront soll in einer Entfernung von ca. 17,30 m zur Erschließungsstraße stehen. Da der Bebauungsplan zur Erschließungsstraße hin eine zwingende Baulinie (§ 23 II BauNVO) vorsieht, „verschiebt" die Baugenehmigungsbehörde den Baukörper um ca. 10 m (modifizierende Genehmigung).
c) Der Unternehmer erhält eine Genehmigung für die Errichtung eines Transportbetonwerkes mit der Bestimmung, die Anlage so zu errichten, dass der von der Anlage ausgehende Lärmpegel 0,5 m vor dem geöffneten Fenster des am nächsten gelegenen Wohnhauses am Tage 65 dB (A) und nachts 55 dB (A) nicht überschreiten darf (modifizierende Auflage).[437]

232 Die in diesem Abschnitt behandelten Abgrenzungen lassen sich wie folgt veranschaulichen:

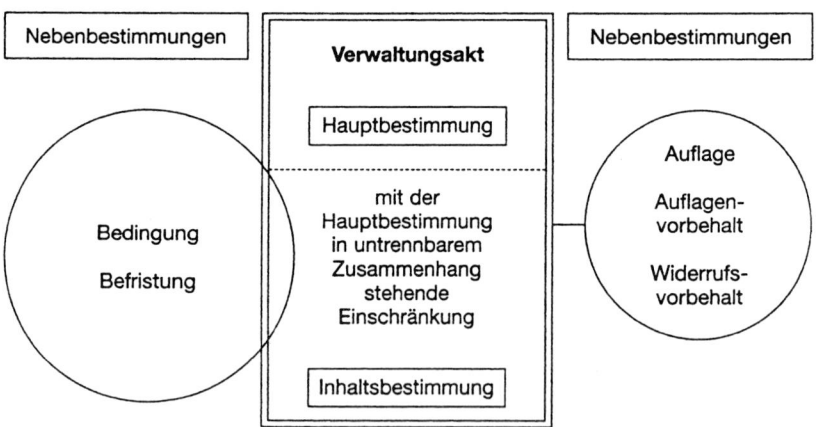

---

436 Befürwortend Schmidt, 265; a. A. Stelkens/Bonk/Sachs, § 36 RdNr. 98
437 So BVerwG DÖV 1974, 380

4.4.3 Begriffe und Abgrenzung

Das VwVfG legt in § 36 II den üblichen weiteren Begriff der Nebenbestimmungen zugrunde. Nicht immer lassen sich aber Bedingung und Befristung problemlos von der Inhaltsbestimmung trennen. Die frühere Position, es handle sich bei diesen beiden Nebenbestimmungen um integrale Bestandteile der Hauptregelung, hat deutlich an Bedeutung verloren. Sie wirken sich zwar unmittelbar auf die Wirksamkeit der Hauptregelung aus, doch hat die Rechtsprechung mit ihrem Schwenk, wonach Nebenbestimmungen regelmäßig isoliert angefochten werden können,[438] einer neuen Betrachtung den Weg geebnet.
Das VwVfG regelt fünf Arten der Nebenbestimmungen.[439]

233

Die Befristung wird durch § 36 II Nr. 1 definiert als eine „Bestimmung, nach der eine Vergünstigung oder Belastung zu einem bestimmten Zeitpunkt beginnt, endet oder für einen bestimmten Zeitraum gilt".

234

Beispiel:
Einem Händler wird die nach § 46 I Nr. 8 StVO erforderliche Genehmigung erteilt, auf der Straße einen Verkaufsstand aufzustellen. In der Genehmigung wird bestimmt: „Der Verkaufsstand darf vom 1. bis zum 31. Oktober dieses Jahres aufgestellt werden". Die Genehmigung („Vergünstigung" [Regelungswirkung § 43 I 2]) wird am 1. Oktober wirksam und erlischt mit Fristablauf.

Der Zeitpunkt kann kalendermäßig (wie in dem Beispiel) oder durch den Eintritt eines konkret bezeichneten Ereignisses bestimmt sein. Um eine Befristung handelt es sich also auch dann, wenn die Wirksamkeit der Regelung von einem mit Bestimmtheit eintretenden („gewissen") Ereignis abhängen soll, jedoch noch ungewiss ist, zu welchem Zeitpunkt es eintreten wird, z. B. wenn eine Bewilligung für die Dauer der Dienstzeit oder auf Lebenszeit ausgesprochen wird.[440] Ist dagegen ungewiss, ob es eintreten wird, handelt es sich um eine Bedingung. Ebenfalls eine Befristung ist es, einen dem Datum nach bestimmbaren Zeitpunkt als Voraussetzung für den Eintritt, die Dauer oder die Beendigung der Wirksamkeit eines VA festzusetzen[441], z. B. die zeitliche Begrenzung einer Erlaubnis durch die Formulierung „Sie erlischt mit Ablauf des kommenden Jahres" (also am 31.12.).

---

438 Vgl. nur Beucamp, APF 2013 S. 116 [119 m. N.]
439 § 36 II definiert zwar die wesentlichen Arten der Nebenbestimmungen, stellt aber keine abschließende Aufzählung dar [Kopp/Ramsauer, § 36 RdNr. 51]
440 Wallerath, § 7 III 1a. Vgl. zur Abgrenzung von Befristung und (auflösender) Bedingung auch BVerwGE 60, 269 (275 f.), sowie das Schaubild (RdNr. 237).
441 Kopp/Ramsauer, § 36 RdNr. 53

Verwaltungshandeln

235

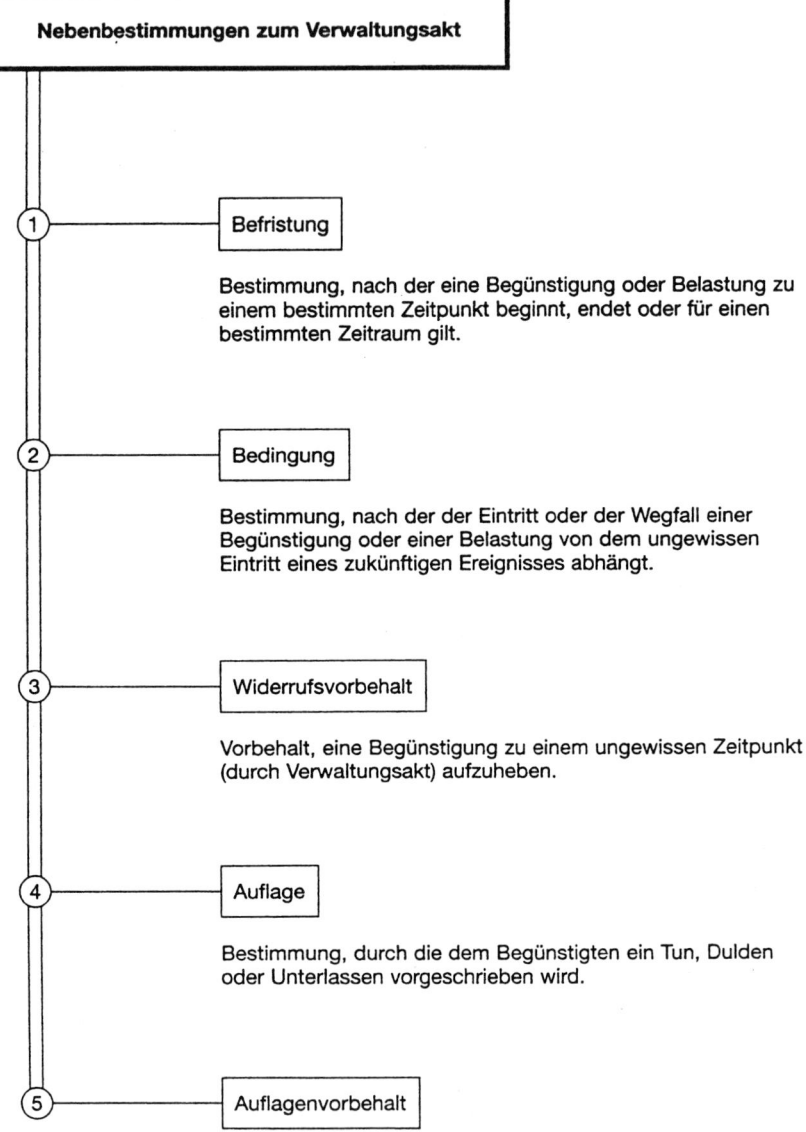

Nebenbestimmungen zum Verwaltungsakt

① Befristung

Bestimmung, nach der eine Begünstigung oder Belastung zu einem bestimmten Zeitpunkt beginnt, endet oder für einen bestimmten Zeitraum gilt.

② Bedingung

Bestimmung, nach der der Eintritt oder der Wegfall einer Begünstigung oder einer Belastung von dem ungewissen Eintritt eines zukünftigen Ereignisses abhängt.

③ Widerrufsvorbehalt

Vorbehalt, eine Begünstigung zu einem ungewissen Zeitpunkt (durch Verwaltungsakt) aufzuheben.

④ Auflage

Bestimmung, durch die dem Begünstigten ein Tun, Dulden oder Unterlassen vorgeschrieben wird.

⑤ Auflagenvorbehalt

Vorbehalt, eine Auflage nachträglich aufzunehmen, zu ändern oder zu ergänzen.

Nebenbestimmungen zum Verwaltungsakt

Die Bedingung ist nach § 36 II Nr. 2 eine Bestimmung, nach der von dem ungewissen Eintritt eines zukünftigen Ereignisses abhängt, ob eine Vergünstigung oder Belastung eintritt oder wegfällt. Ungewiss ist also nicht das Ereignis, sondern – im Gegensatz zur Befristung – dessen Eintritt oder Wegfall.

236

Das Gesetz unterscheidet zwischen der aufschiebenden und der auflösenden Bedingung. Soll der Verwaltungsakt erst dann wirksam werden, wenn ein zukünftiges Ereignis eintritt, liegt eine aufschiebende Bedingung vor („Eintritt"). Soll die Wirksamkeit dagegen von selbst entfallen, wenn ein zukünftiges Ereignis eintritt, handelt es sich um eine auflösende Bedingung („Wegfall").

Mit einer Bedingung wird vom Adressaten nichts verlangt wie mit einer Auflage, sondern die (innere) Wirksamkeit des Verwaltungsaktes von gewissen Voraussetzungen abhängig gemacht. Ob der Adressat sie erfüllen kann, ist unerheblich.

Beispiele:
a) Die Zufahrt zu einem Grundstück, das mit einem Wohnhaus bebaut werden soll, verläuft über ein dem Nachbarn gehörendes Grundstück. Die Bauaufsichtsbehörde erteilt die Baugenehmigung „unter der Voraussetzung, dass der Nachbar ein Wegerecht einräumt" (aufschiebende Bedingung). Tritt das in der aufschiebenden Bedingung genannte zukünftige Ereignis ein, wird die durch die Baugenehmigung gewährte Begünstigung, ein Wohnhaus zu bauen, wirksam; der Erlaubnisinhaber darf erst jetzt von ihr Gebrauch machen.

b) Eine Erlaubnis zum Betrieb eines Gewerbes wird mit der Einschränkung erteilt, dass „die Erlaubnis erlischt, wenn die für den Gewerbebetrieb erforderlichen finanziellen Mittel nicht mehr nachgewiesen werden können" (auflösende Bedingung). Kann der Gewerbetreibende den Nachweis nicht führen, erlischt die Erlaubnis, wird also unwirksam. Der Gewerbetreibende darf den Betrieb nicht fortführen.

Verwaltungshandeln

237

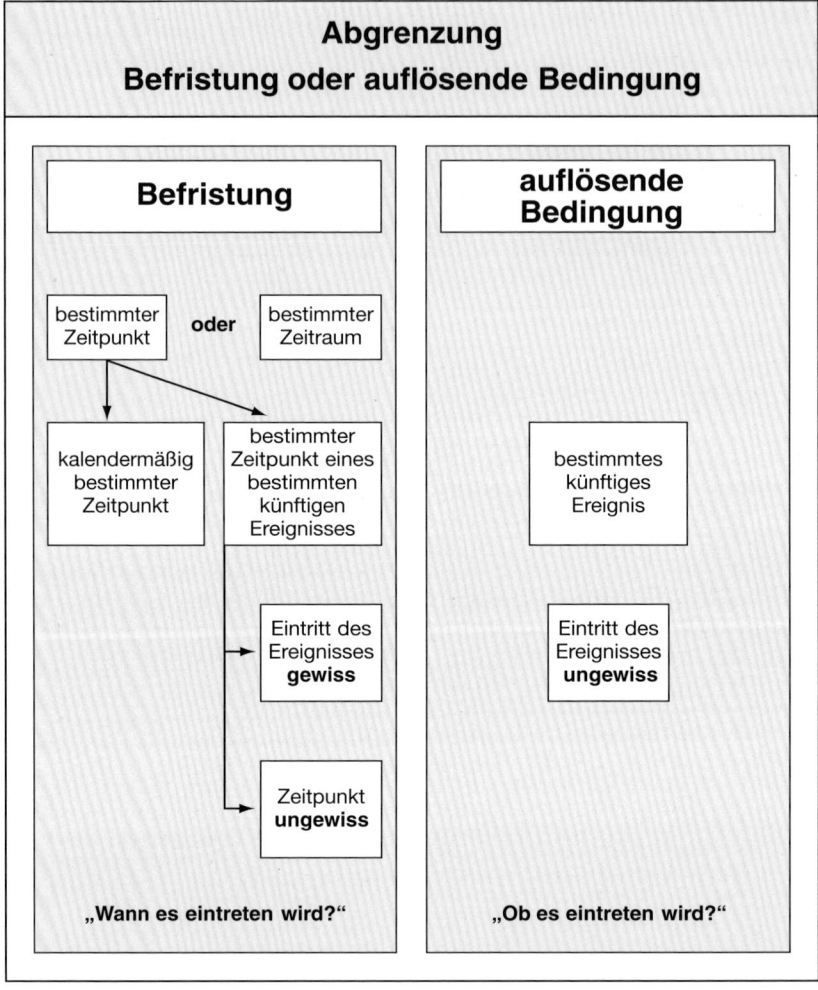

238 Der Widerrufsvorbehalt (§ 36 II Nr. 3) ist eine Nebenbestimmung, durch die die Behörde sich vorbehält, den Verwaltungsakt zu einem späteren (ungewissen) Zeitpunkt aufzuheben. Ist dem Verwaltungsakt ein Widerrufsvorbehalt beigefügt, kann der Verwaltungsakt durch Verwaltungsakt widerrufen werden.

Beispiel:
„Die Erlaubnis wird aufgehoben, wenn damit begonnen wird, die Berliner Allee zu verbreitern."

Nebenbestimmungen zum Verwaltungsakt

Wenn das Ereignis (Beginn der Bauarbeiten) eintritt, kann die Behörde die Wirksamkeit der Begünstigung durch Widerruf beenden, sofern sie dazu gesetzlich ermächtigt ist.
Zu unterscheiden ist zwischen der Ermächtigung, den Verwaltungsakt unter Widerrufsvorbehalt zu erteilen, und der Ermächtigung für den Widerruf selbst. Die Ermächtigung, einen Widerrufsvorbehalt beizufügen, und der Widerrufsvorbehalt ermächtigen nicht zum Widerruf. Auch das öffentliche Interesse allein rechtfertigt einen Widerruf nicht. Das ergibt sich aus dem Grundsatz vom Vorbehalt des Gesetzes.
Soll z. B. eine unter dem Vorbehalt des Widerrufs nach § 46 StVO erteilte Ausnahmegenehmigung widerrufen werden, kommt als Ermächtigungsgrundlage für den Widerruf § 49 II Nr. 1 in Betracht. Der Widerrufsvorbehalt ist tatbestandsmäßige Voraussetzung für den Widerruf, nicht aber Ermächtigungsgrundlage.

Die Auflage ist nach § 36 II Nr. 4 eine „Bestimmung, durch die dem Begünstigten ein Tun, Dulden oder Unterlassen vorgeschrieben wird". Im Gegensatz zur Bedingung wird die Wirksamkeit des Verwaltungsaktes nicht davon abhängig gemacht, dass die Auflage erfüllt wird, sondern dem Adressaten nur eine neben die Hauptbestimmung tretende Verpflichtung (ein Gebot oder Verbot) auferlegt.

239

Beispiel:
„Das Grundstück ist zur Straße hin einzufrieden." Der Bauherr darf mit der Errichtung des (genehmigten) Wohngebäudes nach der Erteilung der Baugenehmigung beginnen, muss dabei aber das ihm auferlegte Gebot beachten. Geschieht das nicht, kann die Behörde die Auflage mit Zwangsmitteln durchsetzen oder – wenn sie dazu ermächtigt ist – die Erlaubnis widerrufen. Einem Widerruf nur wegen Nichterfüllung einer Auflage dürfte regelmäßig der Grundsatz der Verhältnismäßigkeit entgegenstehen.

Die Auflage ist zwar als Nebenbestimmung mit der sog. Hauptbestimmung verbunden, jedoch nach überwiegender – wenn auch nicht unbestrittener – Ansicht selbst (ebenfalls) ein Verwaltungsakt i. S. des § 35 S. 1, denn alle Begriffsmerkmale sind durch die eine selbstständige Verpflichtung begründende Nebenbestimmung erfüllt.[442] Dass sie inhaltlich mit einem begünstigenden Verwaltungsakt verbunden und in ihrem rechtlichen Bestand von der Wirksamkeit der Begünstigung abhängt, berührt ihre Rechtsnatur als Verwaltungsakt nicht.
Die Rechtmäßigkeit einer Auflage hängt von der Rechtmäßigkeit der sog. Hauptbestimmung ab. Ist z. B. eine Reisegewerbekarte mit Auflagen erteilt worden, bedarf aber der Gewerbetreibende der genannten Erlaubnis nicht, sind sie und die mit ihr verbundenen Auflagen rechtswidrig.[443]
Wird ein begünstigender Verwaltungsakt (eine Erlaubnis, Genehmigung oder sonstige Zulassung) nachträglich durch Verpflichtungen eingeschränkt, wie das z. B. § 34c I 2 GewO zum Schutz der Allgemeinheit oder Auftraggeber zulässt (nachträglich), handelt es sich begrifflich nicht um Auflagen i. S. des § 36 II Nr. 4, weil sie nicht – wie danach erforderlich – mit der sog. Hauptbestimmung

---

442 Siehe nur BVerwG NVwZ 1990, S. 855 f.; VGH Mannheim NVw-RR 1999, 317; Kopp/Ramsauer, § 36 RdNrr. 69 m. N.; Kopp/Schenke, § 42 RdNr. 22; Maurer/Waldhoff, § 12 RdNr. 10
443 BVerwG NJW 1983, 2893

Verwaltungshandeln

verbunden sind, sondern um nachträgliche Anordnungen, wie sie die neuere Gesetzgebung kennt (vgl. z. B. § 17 I BImSchG). Auch die sog. Fahrtenbuchauflage, die aufgrund des § 31a I 1 StVZO erlassen werden kann, und die nachträgliche Aufnahme von Auflagen nach der GewO (z. B. §§ 33a I 2, 34a I 2) sind nachträgliche Anordnungen, keine Auflagen i. S. des § 36 II Nr. 4. Dass solche Anordnungen Verwaltungsakte sind und dementsprechend selbstständig angefochten werden können, versteht sich von selbst.

240 Die Unterschiede zwischen einer Auflage und einer Bedingung lassen sich zusammengefasst wie folgt darstellen:

Auflage	Bedingung
① Vom Adressaten wird ein Tun, Dulden oder Unterlassen verlangt; ihm wird also eine selbstständig neben die Gewährung tretende besondere **Verpflichtung** (ein Gebot oder Verbot) **auferlegt**. Die Wirksamkeit hängt nicht davon ab, ob die Auflage erfüllt wird.	① Vom Adressaten wird nichts „verlangt"; die (innere) **Wirksamkeit** der durch einen Verwaltungsakt getroffenen Regelung **wird** nur **von gewissen Voraussetzungen abhängig gemacht**.
② Das Gebot oder Verbot ist eine mit der Hauptbestimmung verbundene (belastende) Regelung, also ein **Verwaltungsakt**.	② Sie steht mit der Hauptbestimmung in einem so engen Zusammenhang, dass sie als **Bestandteil des Verwaltungsaktes** anzusehen ist.
③ Auflagen sind **nur bei begünstigenden Verwaltungsakten** vorgesehen.	③ Bedingungen gibt es **bei begünstigenden und belastenden Verwaltungsakten**.

241 Für die Abgrenzung der Auflage von der Bedingung sind weder die von der Behörde gewählten oder die im Gesetz enthaltenen Bezeichnungen noch die Vorstellungen der Behörde, sondern ausschließlich der objektive, sich aus der Nebenbestimmung selbst ergebende Erklärungsgehalt und der erkennbare Erklärungswille der Behörde entscheidend. Häufig wird im Zeitpunkt der Erteilung einer Genehmigung gar nicht versucht, zwischen Auflage und – auflösender oder aufschiebender – Bedingung zu unterscheiden, obwohl Behörde und Bürger sich schon in diesem Zeitpunkt darüber klar sein müssen, ob von der Genehmigung bereits Gebrauch gemacht werden darf (Auflage; auflösende Bedingung) oder nicht (aufschiebende Bedingung).

242 Mit einem Auflagenvorbehalt behält die Behörde sich vor, dem Verwaltungsakt nachträglich eine Auflage beizufügen oder eine Auflage nachträglich zu ändern oder zu ergänzen (§ 36 II Nr. 5).
  Beispiele:
  a) Die Behörde genehmigt eine Abfallentsorgungsanlage und behält sich dabei vor, „nachträgliche Anforderungen an die Anlage durch Aufnahme, Änderung oder Ergänzung von Auflagen zu stellen". Reichen die ursprünglich erteilten Auflagen nicht aus, um nachteilige Auswirkungen zu verhindern, kann die Behörde von dem Vorbehalt Gebrauch machen, wenn sie dazu gesetzlich ermächtigt ist.
  b) Die Genehmigung einer gewerblichen Sporthalle wird unter dem Vorbehalt der nachträglichen Ergänzung von Lärmschutzauflagen erteilt.

243 Weder Inhaltsbestimmung noch Nebenbestimmung sind bloße Hinweise auf die Rechtslage. Diesen behördlichen Anordnungen fehlt der Regelungscharakter.

Nebenbestimmungen zum Verwaltungsakt

Beispiel:
Die Baugenehmigung zur Errichtung eines Mehrfamilienhauses in Delmenhorst (Nds.) wird mit dem Zusatz versehen, dass die Baugenehmigung erlischt, wenn nicht innerhalb von drei Jahren nach ihrer Erteilung mit der Ausführung der Baumaßnahme begonnen wird oder wenn die Ausführung drei Jahre unterbrochen worden ist. Dieser Zusatz hat keinen eigenen Regelungsgehalt, da er lediglich wiederholt, was nach § 71 S. 1 NBauO bindendes Recht ist.

Es ist grundsätzlich Aufgabe der Behörde eindeutig zum Ausdruck zu bringen, **244** ob die Hauptregelung modifiziert oder der Hauptregelung eine bestimmte Nebenbestimmung beigefügt werden soll. In der Praxis gibt es jedoch immer wieder Probleme, einzelne Nebenbestimmungen voneinander abzugrenzen. Besondere Schwierigkeiten bereitet es häufig, die Auflage von einer Bedingung abzugrenzen. Im Zweifel ist durch Auslegung zu ermitteln, welche Nebenbestimmung die Behörde gewählt hat. Die Bezeichnung der Nebenbestimmung stellt ein erstes – aber nicht zwingendes – Indiz dar. Entscheidend ist auf den Willen der Behörde abzustellen. Dieser ist aus den Erklärungen im Zusammenhang mit den jeweils konkreten Verhältnissen zu ermitteln.[444] Ein weiteres Indiz ist die Zulässigkeit der jeweiligen Nebenbestimmung. Im Zweifel ist nicht anzunehmen, dass die Behörde eine rechtlich unzulässige Anordnung treffen wollte. Unklarheiten gehen zu Lasten der Behörde.[445]

4.4.4 Rechtmäßigkeit

Die Rechtmäßigkeit einer Nebenbestimmung setzt grundsätzlich voraus, dass **245** der (begünstigende) Verwaltungsakt, die sog. Hauptbestimmung, rechtmäßig ist. Ist z. B. eine Erlaubnis, Genehmigung oder andere Zulassung nicht notwendig, wird sie aber gleichwohl erteilt, so ist nicht nur sie, sondern auch eine mit ihr verbundene Nebenbestimmung rechtswidrig.[446]

Beispiel:
Eine Behörde erteilt für das Aufstellen eines Verkaufsstands im öffentlichen Straßenraum eine Sondernutzungserlaubnis und verbindet mit ihr eine – isoliert betrachtet – an sich rechtmäßige Auflage. Die Auflage ist jedoch rechtswidrig, denn eine Sondernutzungserlaubnis ist nicht erforderlich, weil der Antragsteller für die beabsichtigte Nutzung des Straßenraumes eine Ausnahmegenehmigung nach § 46 I Nr. 8 StVO braucht (§ 8 VI 1 FStrG, Art. 21 BayStrWG, § 19 S. 1 NStrG, § 21 S. 1 StrWG NRW, § 41 VII 1 LStrG Rheinland-Pfalz, § 18 VII 1 SaarlStrG).[447]

---

444 Maurer/Waldhoff, § 12 RdNr. 18
445 Sinngemäß Kopp/Ramsauer, § 36 RdNr. 52
446 BVerwG NJW 1983, 2893; vgl. auch OVG Münster OVGE 23, 178 [180]. Vgl. zur Teilanfechtbarkeit und -aufhebbarkeit von Nebenbestimmungen Wüstenbecker, JA-Übungsblätter 1988, Problemübersicht „Klagearten im Verwaltungsprozess", Heft 4, S. 50 [54 ff.]
447 Eine andere Frage ist, ob eine isolierte Anfechtung der Auflage zum Erfolg führen würde; grundlegend BVerwG 112, 221 ff.; siehe auch RdNr. 440

Verwaltungshandeln

Besteht Anspruch auf den Erlass eines Verwaltungsaktes, so bedeuten Nebenbestimmungen, dass dieser Anspruch eingeschränkt wird. Sie wirken also belastend und bedürfen deshalb einer gesetzlichen Grundlage.

Dass Verwaltungsakten, die nach Ermessen zu erteilen sind, Nebenbestimmungen beigefügt werden dürfen, ergibt sich dagegen bereits aus der Natur einer Ermessensentscheidung; wenn die Behörde ermächtigt ist, einen Verwaltungsakt zu erlassen oder zu versagen, ist sie auch ermächtigt, ihn, anstatt ihn zu versagen, mit Nebenbestimmungen zu erteilen.

246 Ob Verwaltungsakten Nebenbestimmungen beigefügt werden dürfen oder müssen, welcher Art diese sein und welchen Inhalt sie haben dürfen, richtet sich im Übrigen in erster Linie nach speziellen Ermächtigungen. Solche Ermächtigungen enthalten z. B. §§ 33a, 33c ff., 34 f., 55 III GewO, § 18 II NStrG, §§ 70 II und 75 I NBauO, § 12 BImSchG, § 46 III StVO, § 8 II HandwO, § 15 II PBefG, § 17 I AtomG, § 12 II, IV AufenthG.

246a Spezielle Regelungen können (bestimmte) Nebenbestimmungen ausdrücklich ausschließen. So verbietet z. B. § 15 IV PBefG, eine Genehmigung mit einem Widerrufsvorbehalt zu erteilen. Zudem werden bei bestimmten Verwaltungsakten Nebenbestimmungen generell ausgeschlossen, weil sie mit Sinn und Zweck der Hauptregelung unvereinbar sind. Derartig nebenbestimmungsfeindliche Verwaltungsentscheidungen werden beispielsweise im Prüfungsrecht, der Einbürgerung, der Namensänderung und bei Statusentscheidungen im Beamtenrecht angenommen.[448]

246b Andererseits kann es rechtliche Vorgaben geben, die zwingend die Beifügung einer (bestimmten) Nebenbestimmung fordern. So darf die Sondernutzungserlaubnis nach dem FStrG nur auf Zeit oder Widerruf erteilt werden (§ 8 II 1 FStrG).

247 Ist eine Nebenbestimmung durch Spezialermächtigung weder zugelassen noch ausgeschlossen, so ist das VwVfG anzuwenden, das nach Verwaltungsakten unterscheidet, auf die ein Anspruch besteht (sog. gebundene Verwaltungsakte), und nach solchen, die nach dem Ermessen der Behörde erteilt werden dürfen (Ermessensakte).

248 Ein gebundener Verwaltungsakt darf nach § 36 I 2. Alt. mit einer Nebenbestimmung nur versehen werden, wenn sie sicherstellen soll, dass die gesetzlichen Voraussetzungen des Verwaltungsaktes erfüllt werden. Dies bedeutet aber auf der anderen Seite auch, dass eine Nebenbestimmung bei einer gebundenen Verwaltungsentscheidung unzulässig ist, wenn alle Voraussetzungen für den Erlass der Hauptregelung vorliegen.

Die 1. Alt. („durch Rechtsvorschrift zugelassen") ist eigentlich entbehrlich, denn wenn eine Nebenbestimmung durch eine (besondere) Rechtsvorschrift zugelassen ist, dann ist sie dadurch, d. h. durch eine spezielle Ermächtigung außerhalb des VwVfG, und nicht durch § 36 I zugelassen(!).

---

448 Vgl. Beaucamp, APF 2013, S. 116 [117 m. N.].

Nebenbestimmungen zum Verwaltungsakt

Dass diese Alt. entbehrlich ist, wird augenfällig, wenn man sie wie folgt verselbstständigt und verdeutlicht: „Eine Nebenbestimmung ist bei einem Verwaltungsakt, auf den Anspruch besteht, durch diese Rechtsvorschrift zugelassen, wenn eine andere Rechtsvorschrift bestimmt, dass sie zugelassen ist". Eine Auflage zu einer Maklererlaubnis wird z. B. durch § 34c I 2 GewO und nicht durch § 36 I 1. Alt. zugelassen. § 36 I 1. Alt. hat also nur deklaratorische Bedeutung, denn eine besondere Regelung geht nach § 1 I ohnehin der allgemeinen Regelung des VwVfG vor.

Sichergestellt werden können die Voraussetzungen eines Verwaltungsaktes regelmäßig nur durch eine (aufschiebende) Bedingung. Nach § 36 I 2. Alt. ist eine solche Nebenbestimmung rechtmäßig, wenn es notwendig ist, sie zu erfüllen, um bisher nicht vorliegende Anspruchsvoraussetzungen für den Erlass eines Verwaltungsaktes zu schaffen.

Beispiel:
Eine Erlaubnis zur Ausübung des Bewachungsgewerbes wird unter der aufschiebenden Bedingung erteilt, den noch fehlenden Unterrichtungsnachweis (§ 34a I 3 Nr. 3 GewO) beizubringen. Die GewO sieht Bedingungen nicht vor, schließt sie aber auch nicht aus. Die Nebenbestimmung durfte beigefügt werden, um den Versagungsgrund auszuräumen.
Mit der „Erteilung" der Erlaubnis wird nicht gegen § 34a I 3 Nr. 3 GewO (zwingender Versagungsgrund!) verstoßen, weil die durch den Verwaltungsakt gewährte Begünstigung noch nicht eingetreten ist, es also an der inneren Wirksamkeit der Erlaubnis fehlt.

Der Zweck der gesetzlichen Regelung besteht also vor allem darin, es der Behörde zu ermöglichen, in einem Fall, in dem dies sachlich gerechtfertigt ist, ausnahmsweise über einen Antrag auf Erlass eines Verwaltungsaktes schon zu einem Zeitpunkt abschließend zu entscheiden, in dem noch nicht alle gesetzlichen Voraussetzungen dafür erfüllt oder nachgewiesen sind.[449] Liegend dagegen im Zeitpunkt der Verwaltungsentscheidung die Voraussetzungen für die Erteilung einer gebundenen begünstigenden Erlaubnis vor, ist es unzulässig, diese Erlaubnis mit einem Widerrufsvorbehalt für den Fall zu versehen, dass diese Voraussetzungen nachträglich wegfallen.[450]

---

449 Kopp/Ramsauer, § 36 RdNr. 38 f., 42, unter Hinweis auf EVwVfG
450 BVerwG NVwZ 2016, S. 699 ff.

Verwaltungshandeln

249

Nebenbestimmungen zum Verwaltungsakt
Prüfungsfolge

1 Abgrenzung

| Bloßer Hinweis auf die Rechtslage | → | keine |
| Inhaltsbestimmung | → | Nebenbestimmung |

2 Bestimmung der Art

Begriffsbestimmungen in § 36 II

maßgebliche Kriterien → objektiver Erklärungsgehalt
                                       erkennbarer Erklärungswille
nicht maßgeblich → gewählte Bezeichnung (nur Indiz)

Wichtigste Fälle

Bedingungen → wenn die Wirksamkeit des Verwaltungsaktes davon abhängig sein soll, dass die Nebenbestimmungen erfüllt wird
Auflage → wenn nur eine zusätzliche Verpflichtung (und damit die Möglichkeit der Vollstreckung) gewollt ist

3 Rechtmäßigkeit

Rechtmäßigkeit des Verwaltungsaktes (der Hauptbestimmung)

Nebenbestimmung durch Spezialermächtigung zugelassen
→ Anwendung der Spezialnorm

Nebenbestimmung durch Spezialermächtigung weder zugelassen noch ausgeschlossen
    → Anwendung des VwVfG
        → gebundener Verwaltungsakt (§ 36 I 2. Alt.)
            Nebenbestimmung nur zur Ausräumung von Versagungsgründen zugelassen
        → Verwaltungsakt nach Ermessen (§ 36 II)
            Nebenbestimmung nach Ermessen zugelassen

Verbot der Zweckwidrigkeit (§ 36 III)

Gebot der Bestimmtheit (§ 37 I)

Nebenbestimmungen zum Verwaltungsakt

Die Entscheidung, ob die Behörde von dem Recht des § 36 I 2. Alt. Gebrauch macht, steht in ihrem Ermessen („darf"). Sie muss also § 40 beachten und danach auch die gesetzlichen Grenzen des Ermessens einhalten. Ihre Entscheidung, welche der in Betracht kommenden Nebenbestimmungen sie beifügen will, ist insb. durch das Verfassungsrecht begrenzt. Der Vorrang des Gesetzes verlangt u. a., dass die Behörde die Gesetze tatsächlich ausführt (vergl. RdNr. 27). Auch ist ihr nicht gestattet, dass sie Gesetze unterläuft.[451] **250**

Beispiele:
a) Eine Erlaubnis zur Ausübung des Bewachungsgewerbes wird mit der Auflage erteilt, den Sachkundenachweis (§ 34a I 3 Nr. 3 GewO) innerhalb eines Monats nach Eröffnung des Betriebes beizubringen. Die Behörde hat damit die gesetzlichen Grenzen ihres Ermessens verletzt, denn sie darf die Regelung des § 34a I 3 Nr. 3 GewO (Versagungsgrund!) nicht dadurch unterlaufen, dass sie den Betrieb zulässt, bevor die notwendigen rechtlichen Grundkenntnisse nachgewiesen sind. Die Auflage ist also rechtswidrig beigefügt, die Erlaubnis zu Unrecht erteilt worden.
b) Auf einem Grundstück, das noch nicht über den nach der Bauordnung erforderlichen Zugang verfügt, soll ein Wohnhaus als eine auf Dauer zu errichtende bauliche Anlage gebaut werden. Die dafür nach § 70 I NBauO erforderliche Baugenehmigung wird mit einem Widerrufsvorbehalt erlassen. Durch ihn behält die Baugenehmigungsbehörde sich vor, die Baugenehmigung aufzuheben, falls der Grundstücksnachbar nicht, wie in den bisher mit ihm geführten Verhandlungen in Aussicht gestellt, ein Wegerecht an seinem Grundstück einräume, durch das die Zugänglichkeit des Baugrundstücks gesichert werde. Auch hier hat die Behörde die gesetzlichen Grenzen ihres Ermessens verletzt, denn mit dem Widerrufsvorbehalt wird nicht sichergestellt, dass der von der baulichen Anlage ausgehende Zu- und Abgangsverkehr ordnungsgemäß und ungehindert möglich ist. Das ist aber nach § 4 I NBauO eine zwingende Voraussetzung für die Bebauung des Grundstücks. Der Widerrufsvorbehalt ist also rechtswidrig beigefügt, die (wirksame!) Baugenehmigung rechtswidrig erteilt worden.

Die ihr u. a. durch § 36 I gesetzten gesetzlichen Grenzen hält die Behörde nur ein, wenn sie den Verwaltungsakt mit einer Nebenbestimmung versieht, die „sicherstellen soll, dass die gesetzlichen Voraussetzungen des Verwaltungsaktes erfüllt werden". Es muss mithin das Ziel der Nebenbestimmung sein zu gewährleisten, dass die Rechtsordnung durch einen sonst drohenden Verstoß gegen gesetzlich normierte Anspruchsvoraussetzungen nicht gefährdet wird. Diesem Ziel dient nur eine solche Nebenbestimmung, die geeignet ist, dem Anspruch auf Erteilung des Verwaltungsaktes entgegenstehende Versagungsgründe auszuräumen. Eine Auflage ist regelmäßig ungeeignet sicherzustellen, dass eine im Zeitpunkt der Entscheidung über den Erlass eines Verwaltungsaktes noch fehlende gesetzliche Voraussetzung erfüllt wird. Dasselbe gilt für den Widerrufsvorbehalt. Beide Nebenbestimmungen berühren die Wirksamkeit des Verwaltungsaktes nicht, so dass von ihm nach dessen Erlass Gebrauch gemacht werden darf. **251**

---

[451] BVerfGE 56, 216 [241 f.]

Verwaltungshandeln

Damit tritt eine Rechtsfolge ein, die nach den in der anzuwendenden Rechtsgrundlage festgelegten Anspruchsvoraussetzungen und dem in § 36 I 2. Alt. zum Ausdruck kommenden Willen des Gesetzgebers gerade (noch) nicht eintreten soll.
Die Entscheidung nach § 36 I 2 fordert die Berücksichtigung des Grundsatzes der Verhältnismäßigkeit. So wird im Einzelfall, wenn es z. B. an einer relativ geringfügigen Voraussetzung fehlt, ansonsten aber alle wesentlichen gesetzlichen Voraussetzungen erfüllt sind, diesem Grundsatz Rechnung getragen, wenn die Behörde den Verwaltungsakt, statt zu versagen, mit einer den Versagungsgrund ausräumenden Nebenbestimmung versieht. Die Erteilung einer derartig eingeschränkten Erlaubnis ist zweifelsohne weniger belastend. Aber auch die Auswahl der Nebenbestimmung muss den Anforderungen des Verhältnismäßigkeitsgrundsatzes genügen. Regelmäßig kann nur durch die aufschiebende Bedingung vermieden werden, dass es zu einem (auch nur) vorläufigen Verzicht einer gesetzlicher Voraussetzung kommt.[452] Aber der Verhältnismäßigkeitsgrundsatz kann es auch gebieten, dass eine weniger belastende Maßnahme als die (aufschiebende) Bedingung gewählt wird, wenn diese in gleicher Weise geeignet ist, die Anspruchsvoraussetzungen sicherzustellen.[453]

> **Beispiel:**
> Stellt sich im Zuge des Prüfungsverfahrens für ein größeres Verwaltungsgebäude heraus, dass die notwendige Zahl der Feuerlöscher um die Zahl zwei unterschritten wird, so kann die Baugenehmigung mit einer entsprechenden Auflage versehen werden.

252 § 36 I 2. Alt. ermächtigt auch nicht dazu, einen Verwaltungsakt mit einer auflösenden Bedingung zu erlassen, denn wenn im Zeitpunkt der Antragstellung alle Voraussetzungen einer Norm der gebundenen Verwaltung erfüllt sind, besteht Anspruch darauf, die den gesetzlichen Anforderungen entsprechende Betätigung uneingeschränkt zuzulassen. § 36 I 2. Alt. lässt es nur zu sicherzustellen, dass eine im Zeitpunkt der Entscheidung über den Erlass des Verwaltungsaktes noch fehlende gesetzliche Voraussetzung erfüllt wird; das kann nur durch eine aufschiebende Bedingung geschehen.
Einer auflösenden Bedingung fehlt es auch deshalb an der erforderlichen Rechtsgrundlage, weil § 36 I 2. Alt. nur dazu ermächtigt, etwaige Versagungsgründe, die dem Erlass eines beantragten Verwaltungsaktes im maßgeblichen Zeitpunkt der Entscheidung entgegenstehen, auszuräumen, nicht aber die Behörde berechtigt, einen bei veränderter Sach- oder Rechtslage künftig möglichen Widerruf (z. B. nach § 49 II 1 Nr. 3 oder Nr. 4) zu vermeiden. Ansonsten würde über die Erledigung des Verwaltungsaktes „auf andere Weise" (§ 43 II), nämlich über sein Erlöschen, bereits im Zeitpunkt seines Erlasses verbindlich mitentschieden. Eine solche Verfahrensweise ist mit § 36 I 2. Alt. nicht vereinbar.[454]

253 Einem Verwaltungsakt, dessen Erlass im Ermessen der Behörde steht, können nach § 36 II Nebenbestimmungen nach (pflichtgemäßem) Ermessen beigefügt

---

452 Vgl. auch Stelkens/Bonk/Sachs, § 36 RdNr. 127 f.
453 Stelkens/Bonk/Sachs, § 36 RdNr. 120 f.
454 OVG Münster NVwZ 1993, 488 [489]

werden. § 36 II enthält also nicht nur Legaldefinitionen einzelner Nebenbestimmungen, sondern zugleich die Ermächtigung, die dort genannten Nebenbestimmungen einem nach Ermessen zu erteilenden Verwaltungsakt beizufügen.
Alle nicht unter § 36 I fallenden Verwaltungsakte können grundsätzlich mit allen in § 36 II aufgeführten Nebenbestimmungen versehen werden.
Aus dem Hinweis auf § 36 I in § 36 II 1. Halbs. wird gefolgert, dass auch bei Ermessensentscheidungen die Einschränkungen des Abs. 1 gelten, wenn gesetzliche Tatbestandsvoraussetzungen der Ermächtigungsnorm gesichert werden sollen.[455]

254 Eine Nebenbestimmung darf nach § 36 III dem Zweck des Verwaltungsaktes nicht zuwiderlaufen. Verboten ist es danach, die sog. Hauptbestimmung mit einer Nebenbestimmung zu versehen, die nicht dem mit dem Verwaltungsakt oder der ihm zugrunde liegenden gesetzlichen Regelung verfolgten Zweck dient.[456]

Beispiel:
Einem Gewerbetreibenden wird die nach dem Straßenverkehrsrecht oder dem Straßenrecht erforderliche Zulassung erteilt, auf dem Gehweg vor seinem Grundstück einen Imbissstand zu betreiben. Gleichzeitig wird ihm aufgegeben, als Ausgleich für die mit dem Betrieb des Imbissstandes verbundenen Beeinträchtigungen der beiden Nachbargrundstücke den Gehweg vor diesen Grundstücken zweimal täglich zu reinigen. Die Auflage ist rechtswidrig, denn mit der Zulassung wird bezweckt, dem Gewerbetreibenden die gewerbliche Nutzung des Straßenraums zu ermöglichen (vgl. auch RdNr. 281); zwischen diesem Zweck und der geforderten Reinigung besteht kein sachlicher Zusammenhang.

255 Die Nebenbestimmungen müssen auch den sonstigen formellen (z. B. Begründungsgebot) und materiellen Rechtmäßigkeitsanforderungen (z. B. Bestimmtheitsgebot, fehlerfreie Ermessensausübung) genügen.

4.5 Ermessen

4.5.1 Begriff; Abgrenzung von der gebundenen Verwaltung

256 Durch Vorgaben des Gesetzgebers wird das Verwaltungshandeln gesteuert. Das Maß der Bindung der Verwaltung an das Gesetz ist aber unterschiedlich. Die zuständige Behörde kann durch Rechtsnorm auf ein bestimmtes Handeln streng festgelegt sein; sie hat dann, wenn der Tatbestand der Rechtsnorm erfüllt ist, eine bestimmte Rechtsfolge anzuordnen oder sie nicht anzuordnen. Diese Verwaltungstätigkeit nennt man gebundene Verwaltung.

Beispiele:
a) Nach § 57 GewO ist die Reisegewerbekarte zu versagen, wenn Tatsachen die Annahme rechtfertigen, dass der Antragsteller die für die beabsichtigte Tätigkeit erforderliche Zuverlässigkeit nicht besitzt. Fehlt einem An-

---
455 Stelkens/Bonk/Sachs, § 36 RdNr. 132
456 Kopp/Ramsauer, § 36 RdNr. 78 ff.

Verwaltungshandeln

tragsteller die erforderliche Zuverlässigkeit, muss ihm die Reisegewerbekarte versagt werden.

b) Nach § 60 AufenthG darf ein Ausländer nicht in einen Staat abgeschoben werden, in dem für diesen Ausländer die konkrete Gefahr besteht, der Folter unterworfen zu werden.

Sieht eine Norm der gebundenen Verwaltung die Erteilung einer Zulassung (z. B. einer Erlaubnis oder Ausnahmegenehmigung) vor und ist der Tatbestand der Norm nicht erfüllt, hat die Behörde die entgegengesetzte Rechtsfolge anzuordnen.

Beispiel:
Dem Gewerbetreibenden, der die Voraussetzungen für die Erteilung einer Ausnahmebewilligung nach der HandwO nicht erfüllt, muss nach § 8 I HandwO die Ausnahmebewilligung versagt werden.

257 Wird der Behörde dagegen vom Gesetzgeber für ihr Handeln ein Spielraum gelassen, innerhalb dessen sie nach dem Zweck des Gesetzes entscheiden kann, handelt es sich um Ermessen. Die Ermessensverwaltung dient der Einzelfallgerechtigkeit. Die Behörde kann eine von mehreren rechtlich möglichen Rechtsfolgen anordnen.

Beispiele:
a) An Sonn- und Feiertagen dürfen nach § 30 III StVO in der Zeit von 0 bis 22.00 Uhr regelmäßig Lastkraftwagen mit einem zulässigen Gesamtgewicht über 7,5t sowie Anhänger hinter einem Lastkraftwagen nicht verkehren. Hat nun ein Spediteur den Antrag gestellt, ihm eine Ausnahme von dem Sonntagsfahrverbot zu gestatten, so entscheidet die Behörde, ob sie die Ausnahmegenehmigung erteilt oder versagt (§ 46 I Nr. 7 StVO).

b) Um im Einzelfall eine unbillige Härte zu vermeiden, kann die Gemeinde nach § 135 II BauGB zulassen, dass der Erschließungsbeitrag in Raten oder in Form einer Rente gezahlt wird. § 135 V BauGB ermächtigt sie dazu, den Beitrag zu erlassen. Bedeutet die Erhebung des Beitrages für einen Beitragspflichtigen eine unbillige Härte, kann die Gemeinde ihm Ratenzahlung, Verrentung oder Erlass einräumen.

Unterschiede in der Bindung der Verwaltung an das Gesetz

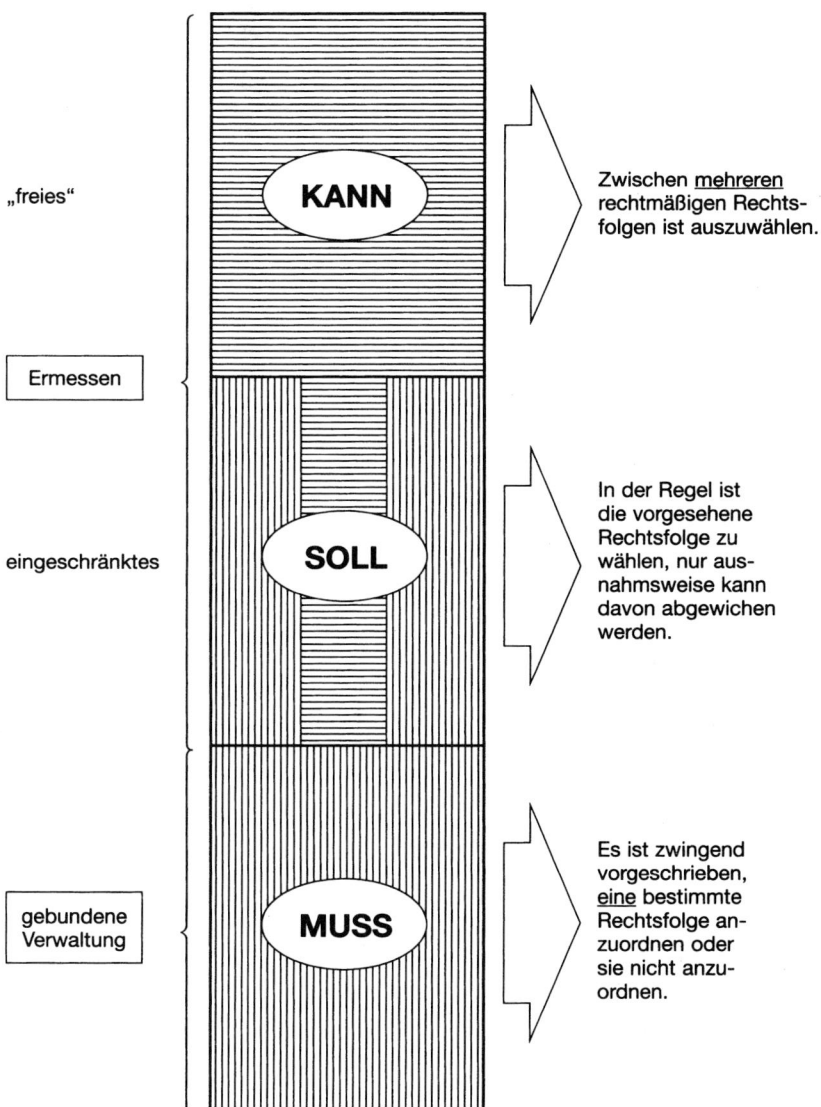

Verwaltungshandeln

259 Eine Ermessensentscheidung gliedert sich also in zwei Stufen. Zunächst ist festzustellen, ob der Tatbestand des Gesetzes erfüllt ist. Ist das der Fall, folgt die Ermessensausübung. Bei der Ausübung des Ermessens geht es nicht darum zu beurteilen, welchen Inhalt ein Rechtsbegriff hat; vielmehr wird zwischen einer von mehreren nach dem Gesetz möglichen Rechtsfolgen oder Verhaltensweisen ausgewählt.[457] Ermessen wird auf der Rechtsfolgenseite eines gesetzlichen Tatbestandes eingeräumt, ist somit stets Handlungsermessen, das wohl korrekt als Verhaltensermessen bezeichnet werden sollte, da Ermessensvorschriften auch dazu ermächtigen können, bei erfülltem Tatbestand nicht zu handeln.

4.5.2 Einräumung; Arten

260 Ermessen muss der Verwaltung vom Gesetzgeber eingeräumt werden. Es muss sich daher aus der jeweiligen Rechtsnorm heraus ergeben. Im Prinzip wird Ermessen eingeräumt
- dadurch, dass das Wort „Ermessen" ausdrücklich gebraucht wird (z. B. in § 79 I NBauO);
- am häufigsten durch das Wort „kann" (z. B. in §§ 20 I BImSchG, 48 I 1), sonst durch Formulierungen wie „darf", „ist ermächtigt", „ist berechtigt" o. Ä.;
- durch Soll-Vorschriften (z. B. § 59 II AufenthG). Eine Sollvorschrift ist für den Regelfall als zwingende Vorschrift anzusehen; nur in einem Ausnahmefall kann von dem im Gesetz bestimmten Verhalten abgesehen werden.[458] So kann die Behörde aus wichtigem Grund oder aber bei atypischen Fallgestaltungen von der für den Normalfall vorgesehenen Rechtsfolge absehen. Der Ermessensspielraum ist also eng.
  Beispiel:
  Nach § 70 IV NPOG sollen in der Androhung der Ersatzvornahme die voraussichtlichen Kosten angegeben werden. Die Bauaufsichtsbehörde, die anordnen will, eine baufällige Scheune zu beseitigen, und dem Eigentümer im Rahmen der Anhörung mitgeteilt hat, auf welchen Betrag sich die Kosten der Beseitigung voraussichtlich belaufen werden, kann bei Erlass der Beseitigungsanordnung davon absehen, die voraussichtlichen Kosten der Beseitigung in der Androhung anzugeben, weil sie dem Eigentümer bekannt sind.[459]
- wenn das Gesetz ein Handeln der Behörde zulässt, dafür aber keine Voraussetzungen aufstellt, oder wenn die Auslegung des Gesetzes ergibt, dass bei erfülltem Tatbestand nicht stets gehandelt werden muss.[460]
  Beispiele:
  a) Wer Verkehrsvorschriften nicht beachtet, ist nach § 48 StVO auf Vorladung der Straßenverkehrsbehörde verpflichtet, an einem Unterricht über das Verhalten im Straßenverkehr teilzunehmen. Die Straßenverkehrs-

---

457 Kritisch zu diesem herkömmlichen Ansatz der Ermessenslehre Schuppert, DVBl. 1988, 1191 [1198 f.]; zur historischen Entwicklung des Ermessens siehe Stolleis, S. 213 f.
458 Vgl. auch BVerwGE 90, 89 [93]
459 Anders ist es aber nach § 13 IV 1 VwVG, denn danach sind in der Androhung der Ersatzvornahme die Kosten vorläufig zu veranschlagen
460 Schmalz, 2. Teil RdNr. 114

Ermessen

behörde wird dadurch ermächtigt, Personen, die im Straßenverkehr Verstöße begangen haben, zum Unterricht heranzuziehen. Ob sie im Einzelfall von dieser Ermächtigung Gebrauch macht, steht in ihrem Ermessen.[461]

b) Rechtsanwalt Legal hat eine Banknote über 500 € gefunden, verwahrt die Banknote bei sich zu Hause und zeigt der Gemeinde den Fund an. Die Gemeinde will dem Anwalt aufgeben, die Banknote abzuliefern; sie meint, dazu nach § 967 BGB verpflichtet zu sein. Diese Auffassung trifft jedoch nicht zu, denn die Ermächtigungsgrundlage stellt es in ihr Ermessen, das Abliefern anzuordnen oder davon abzusehen, sofern das Ermessen nicht ausnahmsweise reduziert ist.[462]

c) Die Erteilung einer nach § 18 I NStrG erforderlichen Sondernutzungserlaubnis steht im Ermessen der zuständigen Behörde.[463] Ansonsten müsste bei erfülltem Tatbestand jeweils eine Sondernutzungserlaubnis erteilt werden. Dies war nicht die Zielrichtung des Gesetzgebers. Er wollte der Verwaltung die Möglichkeit eröffnen, durch flexible Reaktion einen sachgerechten Ausgleich zwischen dem ungehinderten Verkehrsfluss auf der einen Seite und den Individualinteressen des Antragstellers auf der anderen Seite herstellen zu können. Zudem spricht § 18 II NStrG für diese Auslegung. Ausdrücklich kann die Sondernutzungserlaubnis nur auf Zeit oder Widerruf erteilt werden.

Ist durch das Gesetz die Richtung der Ermessensbetätigung bereits vorgezeichnet, so spricht das BVerwG vom sog. „intendierten Ermessen".[464] Es müssen besondere Gründe vorliegen, um eine vom Regelfall abweichende Entscheidung treffen zu können. Als eine ermessenslenkende Norm in diesem Sinne ist beispielsweise vom Bundesverwaltungsgericht § 49 III 1 Nr. 2 angesehen worden.[465] Liegt kein vom Regelfall abweichender Sachverhalt vor, so sind spezifische Ermessenserwägungen entbehrlich. Versteht sich das Ergebnis von selbst, so bedarf es insoweit nach § 39 I 3 auch keiner das Selbstverständliche darstellenden Begründung.[466] Dies bedeutet aber nicht, dass in diesen Fallgestaltungen jede weitere Sachaufklärung entbehrlich und die Entscheidungsreife bereits eingetreten ist, sobald die Behörde die tatbestandlichen Voraussetzungen der einschlägigen Norm festgestellt hat. Auch beim intendierten Ermessen ist zu verlangen, dass die Behörde den ihr verbleibenden Ermessensspielraum erkennt und prüft, ob nicht ausnahmsweise eine andere Entscheidung, als die vom Gesetz für den Regelfall vorgesehene, in Betracht kommt. Diesem Erfordernis wird die Behörde, soll ein eingreifender Verwaltungsakt erlassen werden, regelmäßig nur dann ge-

261

---

461 Siehe hierzu Fallbearbeitung von Weidemann, DVP 2010, S. 74 ff.
462 Siehe auch die Fallbearbeitung von Suckow, DVP 1995, 237 [238]
463 Siehe Wendrich, Nds. Straßengesetz, § 18 RdNr. 3
464 BVerwGE 72, 1 [6]; 91, 82 [90]; 105, 55 [57]; ferner VGH München NVwZ 2001, 931; OVG Münster NVwZ 2020, S. 333 ff.; kritisch zu dieser Rechtsfigur Maurer/Waldhoff, § 7 RdNr. 12; Vertiefung: Volkmann, DÖV 1996, 282 ff. und Hoffmann/Gehrke, Allgemeines Verwaltungsrecht, RdNr. 415 ff.
465 BVerwG DVBl. 1998, 145 f.; weiteres Beispiel siehe OVG Lüneburg DVP 2011, S. 209 ff. m. Anm. von Weidemann
466 BVerwG 105, 55 [57]; VGH München NVwZ 2001, 931 [933]

Verwaltungshandeln

recht werden können, wenn zuvor das notwendige Anhörungsverfahren durchgeführt worden ist.[467] Das BVerwG hat mit der Rechtsfigur des intendierten Ermessens eine „Kann-Vorschrift" damit praktisch in die Nähe einer Sollvorschrift gerückt.

262 Nicht in jedem Fall darf aber aus dem Wort „kann" darauf geschlossen werden, es handle sich um eine Ermessensnorm. In einzelnen Fällen handelt es sich lediglich um ein sog. „Ermächtigungs-Kann" und nicht um die Einräumung eines behördlichen Handlungsspielraumes.[468] Durch Auslegung ist zu ermitteln, ob der Gesetzgeber – trotz missverständlicher Wortwahl – auf die Ermessenseinräumung verzichtet hat. So wird beispielsweise aus § 35 II BauGB „... können im Einzelfall zugelassen werden ..." die verfassungsrechtlich gebotene Verpflichtung hergeleitet, dass ein Vorhaben zuzulassen ist, wenn durch dessen Verwirklichung keine öffentlichen Belange beeinträchtigt werden.[469]

263

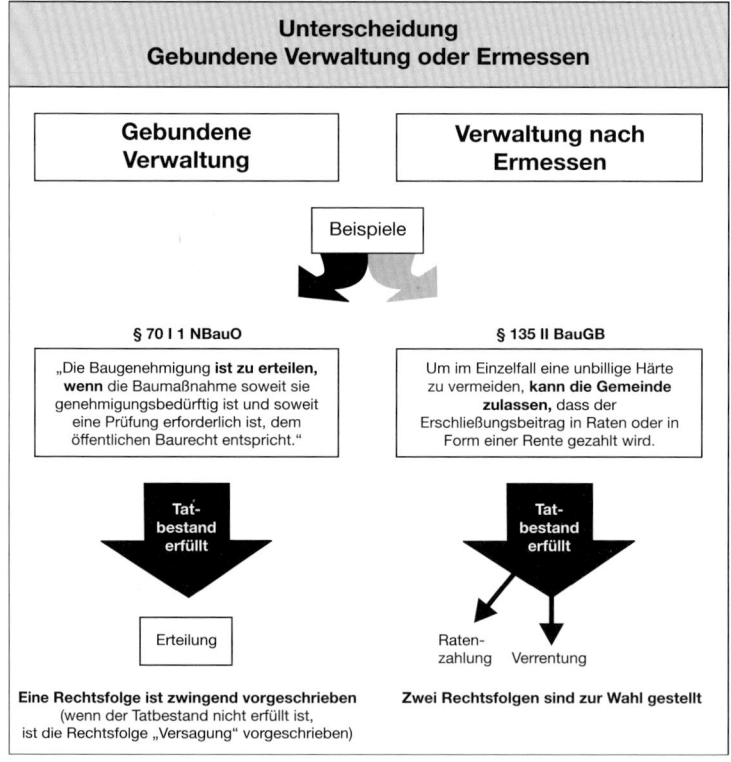

---

[467] Vgl. OVG Münster, NVwZ-RR 2020, S. 333 ff. [334]
[468] Vgl. BVerwG 44, 339 [342]; in diesem Zusammenhang vom „Kompetenz-Kann" gesprochen; siehe nur Stelkens/Bonk/Sachs, § 40 Rn. 21; Maurer/Waldhoff, § 7 Rn. 9
[469] BVerwGE 18, 247 [249 ff.]; kritisch Fislake ZfBR 1988, 166 ff.; Ortloff NVwZ 1988, 320 ff.

Ermessen

264 Einen gemischten Tatbestand mit beiden Arten (gebundene Verwaltung, Verwaltung nach Ermessen) enthält z. B. § 81 II 1 1. HS NKomVG, der wie folgt lautet: „Die Vertretung wählt in ihrer ersten Sitzung aus den Beigeordneten bis zu drei ehrenamtliche Stellvertreterinnen oder Stellvertreter der Hauptverwaltungsbeamtin oder des Hauptverwaltungsbeamten …". Der Rat ist dadurch insoweit gebunden, als er mindestens einen Vertreter wählen muss („wählt" = hat zu wählen). Ob er darüber hinaus weitere Vertreter wählt, liegt in seinem Ermessen.

265 Als Arten des Ermessens werden herkömmlich Entschließungs- und Auswahlermessen unterschieden. Räumt der Gesetzgeber Ermessen ein, ohne eine bestimmte Rechtsfolge vorzusehen, so hat die Behörde bei der Frage, ob sie überhaupt – etwa zur Abwehr einer Gefahr nach allgemeinem Recht der Gefahrenabwehr – handeln soll, an sich Ermessen (= Entschließungsermessen). Dieses Ermessen besteht jedoch regelmäßig dann nicht, wenn die Gefahr in einer bevorstehenden oder andauernden Verletzung der Rechtsordnung liegt (vgl. RdNr. 269).
Hat die Behörde sich entschlossen zu handeln (z. B. zur Gefahrenabwehr einzuschreiten), so besteht Ermessen bei der Auswahl der einzusetzenden Maßnahmen oder Mittel (= Auswahlermessen). Auswahlermessen hat sie in diesem Fall auch bei der Frage, welche von mehreren in Betracht kommenden Personen zur Gefahrenabwehr in Anspruch genommen werden soll.

Beispiel:
Die Bauaufsichtsbehörde stellt fest, dass ein Schweinemaststall ohne die erforderliche Baugenehmigung errichtet wird. Sie beabsichtigt, gestützt auf § 79 I NBauO eine Bausperre anzuordnen. Ihr steht ein Auswahlermessen zu, an wen sie diese Anordnung richten will. In Betracht kommen der Grundstückseigentümer, der Bauherr aber auch der Bauunternehmer.[470]

4.5.3 Ermessensausübung

267 Nach § 40 hat die Behörde ihr Ermessen entsprechend dem Zweck der gesetzlichen Ermächtigung auszuüben und die gesetzlichen Grenzen des Ermessens einzuhalten. Die Vorschrift räumt kein Ermessen ein, sondern setzt voraus, dass die Behörde einen Ermessensspielraum hat. Zu unterscheiden ist also zwischen der Ermessensnorm und der Ausübungsregelung. Zunächst wird geprüft, ob die in Betracht kommende Rechtsnorm der Behörde Ermessen einräumt, d. h. eine Ermessensnorm ist, sodann, ob die Behörde ihr Ermessen richtig, d. h. der Ausübungsregelung entsprechend, ausüben wird oder ausgeübt hat.[471]

268 Die Behörde muss das Ermessen entsprechend dem Zweck der Ermächtigung ausüben. Mitunter hat der Gesetzgeber die Zielsetzung des Gesetzes ausdrücklich formuliert (siehe z. B. § 1 BImSchG). Dort, wo eine gesetzliche Legaldefinition fehlt, müssen die Ziele und Zwecke der Ermächtigung im Wege der Auslegung ermittelt werden.[472] Diese gesetzliche Anforderung verletzt die Behörde,

---

470 Einzelheiten siehe Grosse-Suchsdorf/Lindorf/Schmaltz/Wiechert, § 89 RdNr. 79 ff.
471 Zur korrekten Behandlung des Ermessens ausführlich Brühl, JuS 1995, 249 ff.; ferner Rottenwallner, VR 2019, S. 397 ff.
472 Brühl JuS 1995, 249 [252]

Verwaltungshandeln

wenn sie die Zielvorstellungen des Gesetzgebers nicht beachtet oder die für die Ermessensübung maßgeblichen Gesichtspunkte nicht hinreichend in ihre Erwägungen einbezieht.[473] Ein Verstoß ist auch dann gegeben, wenn es keine ausreichende bzw. unzutreffende Sachverhaltsfeststellung gibt.[474]

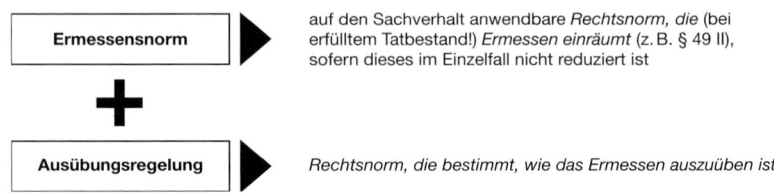

Beispiele:
a) Eine Gemeinde widerruft eine aufgrund des § 46 StVO erteilte, mit einem rechtmäßigen Widerrufsvorbehalt versehene Ausnahmegenehmigung, weil damit begonnen werden soll, eine Gemeindestraße zu verbreitern. Die Erwägung ist sachgerecht; sie entspricht dem Zweck der gesetzlichen Ermächtigung des § 49 II 1 Nr. 1.
Wäre der Widerrufsvorbehalt rechtswidrig beigefügt worden, wirkte sich dies auf die Tatbestandsmäßigkeit des Widerrufs nicht aus, sofern der Widerrufsvorbehalt nicht nichtig wäre, denn in einem solchen Fall wäre der Widerrufsvorbehalt wirksam; § 43 III dürfte hier entsprechend anwendbar sein. Im Rahmen der Ermessensausübung wäre dann der rechtswidrige Widerrufsvorbehalt zu würdigen.
b) Die einem Gewerbetreibenden aufgrund des § 46 StVO erteilte Ausnahmegenehmigung wird mit der Begründung widerrufen, dem Gewerbetreibenden sei die nach § 55 II GewO erforderliche Reisegewerbekarte nicht erteilt worden (vgl. RdNr. 281). Damit wird der Zweck der Ermächtigung des § 49 II Nr. 1 verfehlt und § 40 verletzt. Der Widerruf ist rechtswidrig.

269 Die gesetzlichen Grenzen ergeben sich in erster Linie aus der Ermessensnorm (innere Grenzen), ferner aus anderen Rechtsnormen einschließlich der Grundrechte (äußere Grenzen). Begrenzt wird die Ermessensausübung auch durch den Grundsatz der Verhältnismäßigkeit[475] (der deshalb bei einer entsprechenden Fallbearbeitung nicht isoliert, sondern nur im Zusammenhang mit „gesetzlichen Grenzen" zu prüfen ist). Auch hat die Ermessensausübung dem Gedanken des Vertrauensschutzes als Element des Rechtsstaatsprinzips und dem Aspekt des Sozialstaatsprinzips Rechnung zu tragen.[476]

Beispiel:
Eine Gemeinde will eine – rechtmäßig erteilte – Ausnahmegenehmigung widerrufen, weil der Inhaber der Genehmigung eine mit ihr verbundene

---

473 Maurer/Waldhoff, § 7 RdNr. 22
474 Vgl. auch OVG Münster NWVBl. 1996, 138 [139 m. N.]
475 So bereits BVerwG DVBl 1961, 247
476 Schwertfeger, § 5 RdNr. 101 m. N.

Ermessen

Auflage nicht erfüllt hat. Ein Zwangsmittel zur Durchsetzung der Auflage ist bisher nur angedroht worden. Die tatbestandsmäßigen Voraussetzungen für den Widerruf (§ 49 II 1 Nr. 2) liegen vor. Mit dem beabsichtigten Widerruf werden die gesetzlichen Grenzen (des VwVfG) eingehalten, denn es sieht die Rechtsfolge „Widerruf" vor. Der Widerruf verstieße jedoch gegen den Grundsatz der Verhältnismäßigkeit (Erforderlichkeit), weil bisher nicht versucht worden ist, die Auflage mit Zwangsmitteln durchzusetzen; regelmäßig führt das zum Erfolg.

270

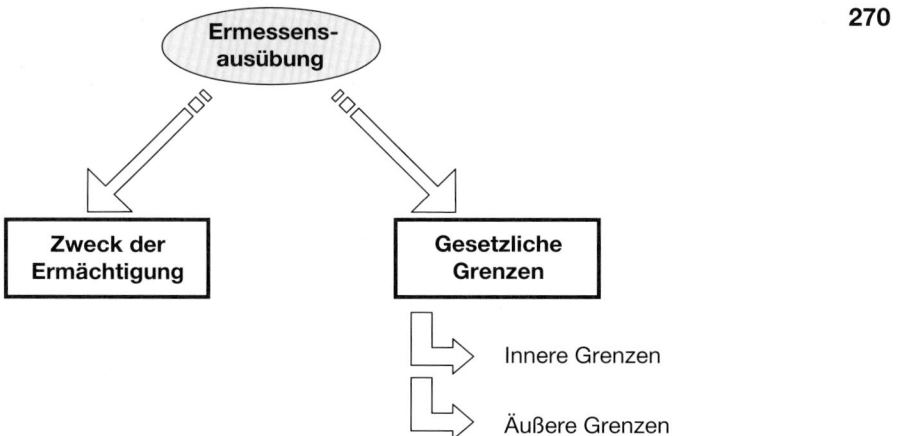

270a Eine wichtige Rolle bei der Ermessensausübung nehmen ermessenslenkende Verwaltungsvorschriften ein (Einzelheiten RdNr. 63 f.). Ihr Ziel ist eine gleichmäßige Ermessensausübung und die Steuerung des Verwaltungshandelns. Sie erfassen aber als sog. abstrakt-generelle Regelung regelmäßig nur die typische Fallgestaltung. Dies bedeutet, dass auch immer zu prüfen ist, ob im konkreten Fall nicht besondere Umstände zum Tragen kommen, die es erforderlich machen, abweichend von der vorliegenden Verwaltungsvorschrift zu entscheiden.[477]

270b Eine wichtige Rolle bei der Ermessensausübung spielt häufig der aus Art. 3 I GG folgende allgemeine Gleichheitsgrundsatz. Dieser fordert, dass Verwaltungen Ermessensnormen einheitlich anwenden müssen, wenn sie im Einzelfall zugunsten oder zu Lasten eines Bürgers entscheiden. Es gilt daher der Grundsatz, dass einheitliche Sachverhalte eine einheitliche Entscheidung erfordern. Dabei ist aber zu berücksichtigen, dass ein fehlerhaftes Handeln der Verwaltung nicht zur Selbstbindung der Verwaltung führt.[478] Zudem gibt es eine Begrenzung der Betrachtung vergleichbarer Fälle auf den Zuständigkeitsbereich des Entscheidungsträgers. Ohne Bedeutung ist daher eine andere Verwaltungspraxis in einem anderen Zuständigkeitsbereich.[479]

---

[477] Instruktiv zur Bedeutung der VwV bei der Ermessungsausübung siehe Beschl. des BVerwG vom 17.1.2019 AZ.: 6 B 138.8 mit Besprechung von Dirnaichner, apf 2020, S. 117 ff.
[478] Kopp/Ramsauer, § 40 Rn. 93
[479] Klein, apf by 4/208, S. 25 ff. [31]

Verwaltungshandeln

4.5.4 Ermessensreduktion

271 Der Ermessensspielraum der Behörde kann ausnahmsweise derart reduziert sein, dass nur noch eine Entscheidung ermessensfehlerfrei getroffen werden kann, jede andere Entscheidung also ermessensfehlerhaft und damit rechtswidrig wäre („Ermessensreduktion" oder „Ermessensreduktion auf Null").
Hat sich das der Behörde eingeräumte Entschließungsermessen reduziert, besteht, wenn nicht durch Gesetz eine bestimmte Rechtsfolge vorgeschrieben ist, grundsätzlich Auswahlermessen dahingehend, welche Maßnahme oder welches Mittel gewählt wird. Auch dieses Ermessen kann sich bis auf die Wahl eines einzigen als rechtmäßig verbleibenden Mittels verdichten.

> **Beispiel:**
> Ein Ehepaar, das mit seinen fünf Kindern im Alter zwischen vier und sechzehn Jahren – ein Baby ist „unterwegs", die Schwangerschaft bereits weit fortgeschritten – eine 4 1/2-Zimmer-Wohnung bewohnt, ist rechtskräftig verurteilt worden, diese Wohnung zu räumen. Die zuständige Behörde, von der das Ehepaar verlangt, befristet in die bisher genutzte Wohnung eingewiesen zu werden, lehnt dies ab und bietet der Familie statt dessen eine Wohnung in einem Obdachlosenheim an, die nur aus einem einzigen, ca. 47 m² großen Raum mit Duschecke besteht; die Toilette befindet sich auf dem Innenhof. Das Ermessen der Behörde in der Wahl der Mittel hat sich hier wegen der Schwere der Gefahr und der Bedeutung der bedrohten Rechtsgüter – fortgeschrittene Schwangerschaft und erhöhtes Risiko für die Ehefrau und das erwartete Kind – auf das Mittel „Einweisung in die bisherige Wohnung" reduziert.

Feste Regeln für die Beurteilung der Frage, ob sich das Ermessen reduziert hat, gibt es nicht. Maßgebend sind die jeweils in Betracht kommende Eingriffsermächtigung und die Umstände des Einzelfalles.[480] So ist im Bereich der Gefahrenabwehr eine Ermessensreduzierung anzunehmen, wenn eine erhebliche Gefahr für hochrangige Rechtsgüter (z.B. Leben, Gesundheit oder Freiheit) droht.[481] In Wahlkampfzeiten kann eine Partei einen Anspruch auf Erteilung einer Sondernutzungserlaubnis (§ 8 FStrG oder entspr. landesrechtliche Regelungen z.B. § 18 NStrG) zur Aufstellung von Wahlplakaten haben (im Hinblick auf Art. 21 und 38 I GG).[482] Auch aus dem Gedanken der Selbstbindung der Verwaltung (Art. 3 I GG) kann sich eine Ermessensreduzierung ergeben. Zu beachten ist aber, dass es keinen Anspruch auf behördliche Fehlerwiederholung gibt. Es gibt keine Gleichheit im Unrecht.

272 Die Ermessensreduzierung auf der einen und das intendierte Ermessen auf der anderen Seite unterscheiden sich dadurch, dass sich im ersten Fall die Reduzierung der möglichen Entscheidungsalternativen aus den besonderen Umständen des Einzelfalls ergeben wird, während in dem anderen Fall der Gesetzgeber generell die (einschränkende) Ermessensbetätigung vorgegeben hat.

---

480 Zur Vertiefung: Fabio, VerwArch 1995, 214
481 Vgl. auch Giemulla u. a., RdNr. 743; siehe weitere Beispiele bei Drews/Wacke/Vogel/Martens, 369 ff. m. N.
482 Vgl. BVerwGE 47, 280 [283]

Ermessen

> **Beachten Sie:**
> Wenn eine Behörde eine Ermessensnorm angewendet hat, ist ihre Entscheidung – sachgerechte Ermessensausübung vorausgesetzt – rechtmäßig, wenn sie handeln durfte. Darauf, ob sie wegen möglicherweise vorliegender Reduktion ihres Ermessens handeln musste, kommt es nicht an, wenn nur nach der Rechtmäßigkeit des Handelns gefragt ist (häufiger Bearbeitungsfehler!).

4.5.5 Ermessensfehler

Da die Behörde einen Spielraum hat, zwischen mehreren rechtlich möglichen Verhaltensweisen zu wählen, ist ihre Ermessensentscheidung erst dann rechtswidrig, wenn ein Ermessensfehler vorliegt. Es stellt sich mithin nur die Frage, ob sie das Ermessen so wie geschehen ausüben durfte oder ob sie § 40 verletzt und damit entweder ihr Ermessen fehlerhaft ausgeübt hat (Ermessensfehlgebrauch) oder ob sie die Ermessensgrenzen überschritten hat (Ermessensüberschreitung).

Hier wird – in Anlehnung an die durch § 40 und durch § 114 VwGO getroffenen Regelungen – der „Zweiteilungslehre" (Ermessensüberschreitung und -fehlgebrauch) und nicht der „Dreiteilungslehre" (Ermessensmangel, -fehlgebrauch und -überschreitung)[483] gefolgt, denn wenn die Behörde von einem ihr eingeräumten Ermessen keinen Gebrauch macht, sondern sich gebunden glaubt, oder ihren Ermessensspielraum nicht voll ausschöpft (Nichtgebrauch, Ermessensmangel), übt sie ihr Ermessen nicht entsprechend dem Zweck der Ermächtigung aus, also liegt auch dann Ermessensfehlgebrauch vor.

273

Ein Ermessensfehler (Ermessensfehlgebrauch) ist in der Rechtsprechung[484] einmal wie folgt definiert worden:
„Um einen Ermessensfehler ... handelt es sich, wenn die Behörde bei ihrer Entscheidung von unzutreffenden tatsächlichen oder rechtlichen Voraussetzungen ausgeht, wenn sie Gesichtspunkte tatsächlicher oder rechtlicher Art berücksichtigt, die nach Sinn und Zweck des zu vollziehenden Gesetzes oder aufgrund anderer Rechtsvorschriften oder allgemeiner Rechtssätze dabei keine Rolle spielen können oder dürfen, wenn sie umgekehrt Gesichtspunkte außer acht lässt, die zu berücksichtigen wären, oder schließlich, wenn sie bei ihrer Entscheidung einzelnen an sich einschlägigen Gesichtspunkten ein Gewicht beimisst, das ihnen nach objektiven, am Zweck des Gesetzes oder an sonstigen einschlägigen Rechtssätzen orientierten Wertungsgrundsätzen nicht zukommt. Auch sachfremde Erwägungen dürfen nicht ausschlaggebend sein."
Auf Ermessensfehlgebrauch beruhende Ermessensfehler sind also vor allem Abwägungsfehler (Heranziehungsdefizit, Heranziehungsüberschreitung und Abwägungsdefizit).[485]

274

---

483 Zur Vertiefung: Alexy, JZ 1986, 701 ff., mit neueren Überlegungen zur Ermessensfehlerlehre. Vgl. auch Brühl, JuS 1995, 249 [251]
484 VGH Kassel NVwZ 1983, 551
485 Vgl. auch Schwertfeger, § 5 RdNr. 92

Verwaltungshandeln

Alexy,[486] der zwischen Ergebnis- und Vorgangsfehlern unterscheidet, definiert (alle) Ermessensfehler knapp wie folgt:
„Ermessensfehler sind alle gerichtlich kontrollierbaren Rechtsfehler des Ergebnisses und des Vorgangs der Ermessensbetätigung."

275 **4.5.5.1 Ermessensüberschreitung.** Ermessensüberschreitung liegt vor, wenn die Behörde die äußeren, für ihr Handeln durch Rechtsnorm(en) gesetzten Grenzen überschritten hat, wenn also eine von der Rechtsordnung nicht zugelassene Rechtsfolge angeordnet wird. Welche Ermessensgrenzen zu beachten sind, ist oben (RdNr. 269 f.) ausgeführt worden.

Beispiel:
Eine Gebührenordnung (Verordnung) sieht für die Anwendung des Zwangsmittels der Ersatzvornahme die Erhebung einer Verwaltungsgebühr von 20 bis 2.000 € vor. Die Behörde setzt in einem Fall, der nur sehr geringen Verwaltungsaufwand erforderte, eine Gebühr von 10 € und in einem anderen Fall, in dem außergewöhnlicher Verwaltungsaufwand notwendig war, eine Gebühr von 2.500 € fest.

In beiden Fällen liegt Ermessensüberschreitung vor, denn die Behörde hat den durch die Gebührenordnung vorgegebenen Rahmen nicht eingehalten. Die Festsetzung einer Gebühr von 10 € ist allerdings – für sich betrachtet – rechtmäßig, weil mindestens 20 € festzusetzen sind; rechtswidrig ist das Verhalten der Behörde insoweit, als sie 10 € zu wenig gefordert hat.
Die Festsetzung der Gebühr von 2.500 € ist rechtswidrig, soweit der Betrag von 2.000 € überschritten wurde; im Übrigen (also in Höhe von 2.000 €) ist sie rechtmäßig.
Auch jede unverhältnismäßige Maßnahme stellt eine unzulässige Rechtsfolge dar und überschreitet damit die gesetzlichen Grenzen.

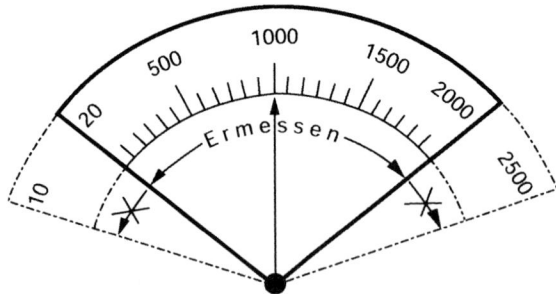

276 Um eine Ermessensüberschreitung handelt es sich auch, wenn die Behörde trotz einer gesetzlich begründeten Verpflichtung nicht handelt, denn in einem solchen Fall hat sie ebenfalls die ihr durch die Rechtsordnung gezogenen Grenzen missachtet; das Ergebnis, nicht zu handeln, ist falsch.

---

486 JZ 1986, 701 [707]

Ermessensfehler

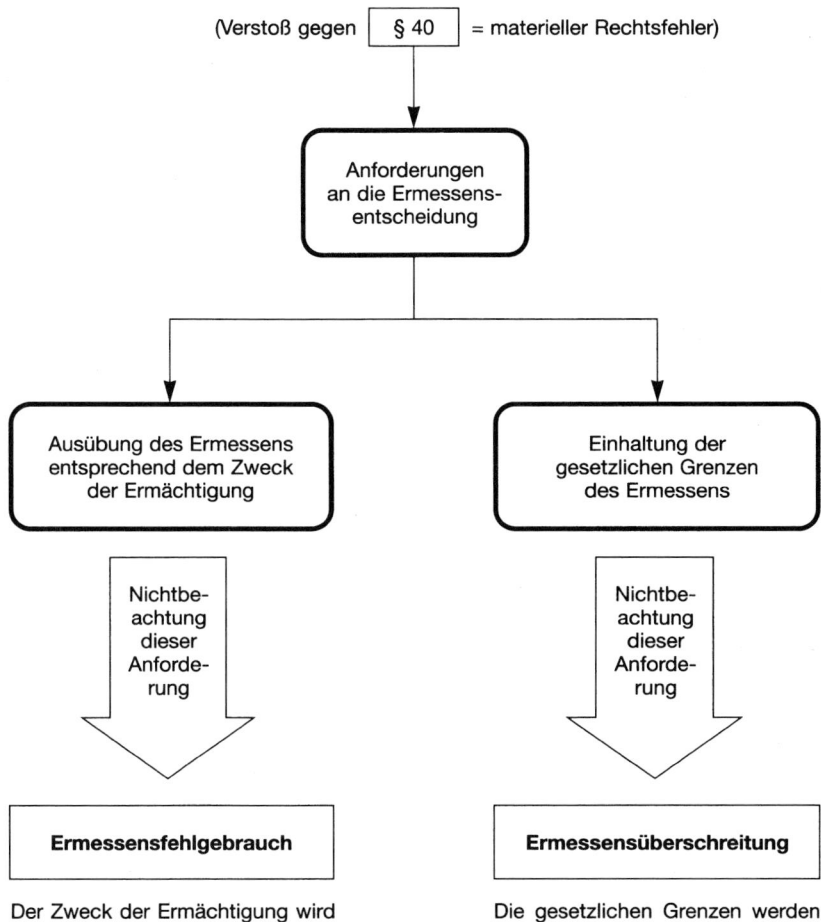

Verwaltungshandeln

278 **4.5.5.2 Ermessensfehlgebrauch.** Ermessensfehlgebrauch liegt vor, wenn die Behörde bei der Ermessensentscheidung nicht entsprechend dem Zweck der Ermächtigung handelt. Typisch hierfür ist, dass die Behörde zwar eine von der Rechtsordnung an sich zugelassene Rechtsfolge angeordnet oder sich entschieden hat, untätig zu bleiben, dass jedoch der gedankliche Weg, auf dem sie zu diesem Ergebnis gekommen ist, fehlerhaft ist. Dabei können auch Fehler bei der Sachverhaltsermittlung auftreten. Hier sind zwei Fehlertypen[487] zu unterscheiden: So liegt ein Fehler vor, wenn die Behörde den Sachverhalt – gemessen am Zweck der Ermächtigung – nicht vollständig ermittelt (sog. Ermessensdefizit). Fehlerhaft ist es zudem, wenn die Behörde sachfremde Erwägungen anstellt. Weiter können Gewichtungsfehler zu einer zweckwidrigen Entscheidung führen.

279 Um den gedanklichen Weg nachvollziehen und damit einen etwaigen Ermessensfehlgebrauch erkennen zu können, verpflichtet § 39 I 3 die Behörde, eine Ermessensentscheidung im Regelfall („soll") zu begründen. Die Behörde muss danach nicht nur zu erkennen geben, dass sie überhaupt Ermessen ausgeübt, also einen Ermessensspielraum, der mehrere Entscheidungen zulässt, erkannt hat. Aus der Begründung muss darüber hinaus hervorgehen, dass die Behörde die Gründe für ein Einschreiten mit denen, die dagegen sprechen, abgewogen und dass sie ihr Ermessen im Rahmen des § 40 ausgeübt hat, insb. von sachgerechten Erwägungen ausgegangen ist (vgl. auch RdNr. 150 ff.). So kann das vollständige Fehlen einer Begründung ein Indiz für einen Ermessensfehler sein.

280 Hat die Behörde zur Begründung ihrer Ermessensentscheidung mehrere Gründe angegeben, die jeder für sich die Entscheidung tragen, so hat sie in der Sache rechtmäßig entschieden, wenn auch nur einer dieser Gründe zutreffend ist. Dieser tragende Grund muss aber für die Entscheidung tatsächlich maßgebend gewesen sein und darf nicht nur vorgeschoben worden sein.[488]

Beispiele:
a) Ein Händler betreibt auf dem schmalen Gehweg einer Gemeindestraße einen stationären Kiosk, ohne die dafür nach der StVO erforderliche Ausnahmegenehmigung zu haben. Die Voraussetzungen dafür, ihm die Genehmigung zu erteilen, sind nicht erfüllt. Die Behörde gibt dem Händler deshalb auf, den Kiosk aus dem Straßenraum zu entfernen, und begründet ihre Anordnung (zutreffend) damit, dass der Fußgängerverkehr auf dem Gehweg erheblich behindert werde; außerdem sei es in jener Gegend absolut unüblich, stationäre Verkaufsstände auf dem Gehweg zu betreiben. Der zweite Grund ist zweckfremd, der erste dagegen zweckgerecht, so dass die Behörde rechtmäßig eingeschritten ist.
b) Unterläuft einem Fahrzeugführer, der schon viele Jahre unfallfrei gefahren ist, ein einmaliger und geringfügiger Verkehrsverstoß, so wäre es ermessensfehlhaft, ihn nach § 48 StVO zum Verkehrsunterricht vorzuladen.[489]

---

487 Nach Seegmüller, JA 2011, 780 [782]
488 BVerwG NJW 1988, 783
489 BVerwGE 36, 119 [120 f.]

Ermessen

Ermessensfehlgebrauch
(Beispiel 1)

Sachverhalt ▷ Ein Reisegewerbetreibender will auf einer öffentlichen Straße im Zentrum einer kreisfreien Stadt selbstgefertigten Schmuck verkaufen und beantragt die dafür nach der StVO erforderliche Ausnahmegenehmigung. Sie wird ihm versagt mit der Begründung, er sei nicht im Besitz der für die beabsichtigte Verkaufstätigkeit erforderlichen Reisegewerbekarte.

Ermächtigung ▷ § 46 I Nr. 9 StVO: „Die Straßenverkehrsbehörden können in bestimmten Einzelfällen oder allgemein für bestimmte Antragsteller Ausnahmen genehmigen von den Verboten, ...Waren oder Leistungen auf der Straße anzubieten (§ 33 Abs. 1 Nr. ... 2)".

Der Tatbestand des § 33 I Nr. 2 StVO ist erfüllt, denn eine abstrakte Gefahr i. S. dieser Vorschrift besteht. Also hatte die Behörde, da § 46 StVO ihr Ermessen einräumt, dieses nach § 40 u. a. entsprechend dem Zweck der Ermächtigung auszuüben.

Zweck der Ermächtigung ▶ Nutzungen der Straße, die über den normalen Verkehr hinausgehen, in besonders dringenden Fällen zu ermöglichen, wenn die Sicherheit des Verkehrs dadurch nicht beeinträchtigt wird.[487]

Gründe für die Entscheidung der Behörde ▶ Der Antragsteller hat nicht die nach § 55 II GewO erforderliche Reisegewerbekarte.

Folgerung ▷ Der Zweck der Ermächtigung wird verfehlt. Damit ist § 40 verletzt.
Die Versagung der Ausnahmegenehmigung ist rechtswidrig.

---

490 S. Verwaltungsvorschrift zu § 46 StVO

Verwaltungshandeln

282

Ermessensfehlgebrauch
(Beispiel 2)

Sachverhalt ▷ Ein Staatenloser, der sich rechtswidrig in der Bundesrepublik Deutschland aufhält, dessen Aufenthalt jedoch geduldet wird, beantragt, ihm einen Reiseausweis nach dem Übereinkommen über die Rechtsstellung der Staatenlosen vom 28.09.1954 auszustellen.[488]
Die Ausländerbehörde lehnt den Antrag ab und begründet dies entgegen der Rechtslage damit, dass der Antragsteller kein Staatenloser sei und deshalb keinen Anspruch auf den Ausweis habe.

Ermächtigung ▷ Art. 28 des Übereinkommens über die Rechtsstellung der Staatenlosen:

„Die Vertragsstaaten stellen den Staatenlosen, die sich rechtmäßig in ihrem Hoheitsgebiet aufhalten, Reiseausweise aus, die ihnen Reisen außerhalb dieses Hoheitsgebietes gestatten.
Die Vertragsstaaten können auch jedem anderen in ihrem Hoheitsgebiet befindlichen Staatenlosen einen solchen Reiseausweis ausstellen."

Zweck der Ermächtigung des Art. 28 S. 2 ▶ Staatenlosen, die sich nicht rechtmäßig in der Bundesrepublik aufhalten, Reisen außerhalb ihres Hoheitsgebietes zu ermöglichen.

Gründe für die Entscheidung der Behörde ▶ Der Antragsteller ist kein Staatenloser und hat deshalb keinen Anspruch darauf, dass ihm ein Reiseausweis ausgestellt wird.

Folgerung ▷ Die Ausländerbehörde verkennt die Staatenlosen-Eigenschaft des Antragstellers und damit ferner, dass sie nach Art. 28 S. 2 des Übereinkommens über dessen Antrag nach Ermessen zu entscheiden hatte. Sie hat damit das ihr eingeräumte Ermessen nicht ausgeübt. Folglich ist der Zweck der Ermächtigung verfehlt und dadurch § 40 verletzt worden.

Die Versagung des Reiseausweises ist rechtswidrig.

---

491 Dieses Übereinkommen wurde durch Gesetz vom 12.4.1976 (BGBl. II S. 473) von der Bundesrepublik Deutschland übernommen.

Unbestimmte Rechtsbegriffe; Beurteilungsspielraum

Den Verwaltungen ist aber nicht nur beim Erlass von Verwaltungsakten ein Gestaltungsspielraum eingeräumt worden. Zu nennen ist daher zunächst die planerische Gestaltungsfreiheit. Die steuernden gesetzlichen Vorgaben sind gerade nicht im traditionellen „wenn – dann" bzw. „wenn – kann" Schema konditional aufgebaut. Dieser Aufgabenbereich wird vielmehr durch final geprägte Rechtssätze gesteuert.[492] Sie geben bestimmte Ziele vor und formulieren verfahrensmäßige und inhaltliche Rahmenbedingungen, um das Ziel zu erreichen. Im Rahmen dieser Vorgaben besteht aber weitgehende Gestaltungsfreiheit.

282a

Beispiel:
So bestimmt § 1 III BauGB, wann eine Gemeinde einen Bebauungsplan aufzustellen hat. Sodann werden Vorgaben für die Gestaltung des Plans erstellt (§ 1 IV, V, VI BauGB). Erforderlich ist, dass bei der Aufstellung des Bebauungsplans die öffentlichen und privaten Belange gegeneinander und untereinander gerecht abgewogen werden § 1 VII BauGB. Es ist also eine komplexe Abwägungsentscheidung zu treffen.[493]

Mit dem sog. Infrastruktur- und Regulierungsverwaltungsrecht ist in den letzten Jahren praktisch ein neuer Rechtsbereich entstanden. Betroffen sind u. a. die Bereiche der Energiewirtschaft und der Telekommunikation. Die vorhandenen gesetzlichen Vorgaben enthalten mitunter nur eine Verschränkung unbestimmter Rechtsbegriffe und Ermessen. Ob hier eine neue Form des Ermessens entsteht, bleibt abzuwarten.[494]

282b

4.6 Unbestimmte Rechtsbegriffe; Beurteilungsspielraum

4.6.1 Unbestimmte Rechtsbegriffe

Von der Ausübung des Ermessens zu unterscheiden ist die Anwendung der (unbestimmten) Rechtsbegriffe. Von „unbestimmten Rechtsbegriffen" spricht man dann, wenn ein vom Gesetz verwendeter Begriff nach Inhalt und Umfang weitgehend ungewiss, aber bestimmbar ist (Beispiele: „Gefahr"; „ungeeignet"; „unzuverlässig"; „volkswirtschaftlich besonders förderungswürdig"). Verwendet der Gesetzgeber solche Begriffe, so müssen sie bei der Anwendung einer Rechtsnorm näher bestimmt (ausgelegt) werden; es ist also erforderlich, dass der Rechtsanwender zunächst eine wertende, den unbestimmten Rechtsbegriff ausfüllende Entscheidung trifft, um eine Rechtsnorm auf einen konkreten Sachverhalt anwenden zu können.

283

Häufig sind dem Gesetz selbst, einer aufgrund des Gesetzes erlassenen Verordnung oder Verwaltungsvorschriften Auslegungshilfen zu entnehmen. So definiert z. B. § 2 Nr. 1 Buchst. a NPOG den in diesem Gesetz verwendeten Begriff „Gefahr". § 33c II 2 GewO enthält Regelbeispiele, wann davon auszugehen ist, dass ein Antragsteller nicht die erforderliche Zuverlässigkeit besitzt. § 48 I 2 enthält eine Definition für den Begriff des begünstigenden Verwaltungsaktes. Erweist sich jemand als ungeeignet, zum Führen von Kraftfahrzeugen, so hat die

---
492 Maurer/Waldhoff, § 7 Rn. 63
493 ebenda
494 Siehe nur BVerwGE 120, 263 [265]; Maurer/Waldhoff, § 7 Rn. 64 m. N.

Verwaltungshandeln

zuständige Behörde die Fahrerlaubnis zu entziehen (§ 3 I 1 StVG). Die FeV enthält nun Hilfsnormen, zu § 3 I StVG, die das Tatbestandsmerkmal „ungeeignet" erläutern. „Dies gilt insbesondere, wenn eine Erkrankung oder Mängel nach den Anlagen 4, 5 oder 6 vorliegen oder erheblich oder wiederholt gegen verkehrsrechtliche Vorschriften verstoßen wurde und dadurch die Eintragung zum Führen von Kraftfahrzeugen ausgeschlossen ist" (§ 46 I 2 FeV). Die Legaldefinitionen oder Erläuterungen unbestimmter Rechtsbegriffe enthalten aber meist ebenfalls unbestimmte Rechtsbegriffe, die ausgelegt werden müssen (z. B. in § 2 Nr. 1 Buchst. a NPOG: „im einzelnen Falle"; „hinreichende Wahrscheinlichkeit"; „absehbare Zeit"; „Schaden"; „öffentliche Sicherheit"). Fehlt es an einer entsprechenden gesetzlichen Konkretisierung, so ist der unbestimmte Rechtsbegriff mithilfe bestimmter juristischer Techniken (siehe z. B. Auslegungsmethoden[495]) zu definieren.

284 Wie bei der Anwendung eines unbestimmten Rechtsbegriffs vorzugehen ist, wird an nachstehendem Beispiel deutlich.

Beispiel:
Der Makler Sommerfeld möchte gern in landschaftlich reizvoller Lage in einer Gemeinde in Niedersachsen ein Blockhaus (ohne Fundamente) errichten. Er möchte wissen, ob dieses Bauvorhaben genehmigungspflichtig ist. Nach § 59 I NBauO bedürfen Baumaßnahmen regelmäßig der Genehmigung. Es ist also zu prüfen, ob die Errichtung des Blockhauses eine Baumaßnahme darstellt. Die NBauO enthält eine Hilfsnorm, die hierauf eine Antwort gibt. Nach § 2 XIII NBauO ist eine Baumaßnahme die Errichtung einer baulichen Anlage. Hier taucht nun ein neuer unbestimmter Rechtsbegriff auf; die bauliche Anlage. Nach § 2 I 1 NBauO sind bauliche Anlagen aus Baustoffen (neuer unbestimmter Rechtsbegriff) hergestellte Anlagen, die entweder mit dem Erdboden verbunden oder auf ihm ruhen. Bauprodukte sind Baustoffe, die dauerhaft in bauliche Anlagen eingebaut werden (§ 2 XIV Nr. 1 NBauO). Das vom Makler vorgesehene Holz stellt einen Baustoff dar, der dauerhaft in das Haus eingebaut werden soll. Auch soll diese Anlage auf einem Baugrundstück errichtet werden. Unerheblich ist die fehlende dauerhafte Verbindung mit dem Grundstück, da die Anlage zumindest durch ihre Schwerkraft auf dem Erdboden ruhen wird. Da die Errichtung beabsichtigt ist, liegt eine Baumaßnahme vor. Für die Errichtung dieser baulichen Anlage ist, da Ausnahmen nicht ersichtlich sind, eine Baugenehmigung erforderlich.

285 Die Auslegung unbestimmter Rechtsbegriffe unterliegt grundsätzlich der vollen gerichtlichen Überprüfbarkeit.[496]

4.6.2 Beurteilungsspielraum

286 Bei bestimmten Tatbestandsvoraussetzungen, die durch unbestimmte Rechtsbegriffe umschrieben werden, wird dem Rechtsanwender ein – gerichtlich nicht in vollem Umfang nachprüfbarer – Beurteilungsspielraum zugestanden, der vom

---

495 Einzelheiten siehe Giemulla u. a., RdNr. 73 ff.; Drape/Globisch/Moldenhauer/Sandvoss/Suslin/Weidemann, S. 45 ff.
496 Vgl. auch OVG Lüneburg NJW 2001, S. 459

Unbestimmte Rechtsbegriffe; Beurteilungsspielraum

Ermessensspielraum zu unterscheiden ist. Während eine Ermessensvorschrift der Behörde bei erfülltem Tatbestand einen Spielraum bei der Wahl der Rechtsfolge einräumt (= Verhaltensermessen), geht es hier um einen (Wertungs-)Spielraum bei den Tatbestandsmerkmalen einer Rechtsnorm. Diesen Spielraum gibt es nicht bei der Auslegung eines unbestimmten Rechtsbegriffs (Ermittlung des abstrakten Sinngehalts), sondern nur bei der Anwendung der Norm auf einen konkreten Sachverhalt.[497]

Grundsätzlich ist es Aufgabe der Rechtsprechung, die tatsächlichen und rechtlichen Voraussetzungen einer Verwaltungsentscheidung im vollen Umfang zu prüfen und dabei über die richtige Auslegung und Anwendung von Rechtsbegriffen verbindlich zu entscheiden. Dabei gehört es auch zu den Aufgaben der Gerichte, den entscheidungserheblichen Sachverhalt selbst erschöpfend aufzuklären und Beweise zu würdigen.[498] Die Behörden haben demzufolge bei Rechtsbegriffen prinzipiell keinen Beurteilungsspielraum, der die Kontrollbefugnis der Verwaltungsgerichte beschränkt. Insb. besteht kein Beurteilungsspielraum bei Begriffen wie „öffentliche Sicherheit" (§ 2 Nr. 1 Buchst. a NPOG), „abstrakte Gefahr" (§ 2 Nr. 2 NPOG), „ungeeignet" (§ 3 I StVG i. V. m. §§ 3, 11 III FeV), „Unzuverlässigkeit" (z. B. nach § 35 I GewO), „öffentliche Belange" (§ 35 II, III BauGB).

Nur ausnahmsweise wird ein der Behörde zustehender Beurteilungsspielraum anerkannt. Ein solcher Spielraum besteht nach der Rechtsprechung insb. Bei
- Prüfungsentscheidungen,[499]
- prüfungsähnlichen Entscheidungen, insb. im Schulwesen,
- dienstrechtliche Einstellungsentscheidungen[500] und Beurteilungen (von Beamten),

Beispiele:
a) Die Entscheidung eines Ausschusses des Bundessortenamtes gemäß § 34 Saatgutverkehrsgesetz über den landeskulturellen Wert einer Getreidesorte ist nur begrenzt gerichtlich überprüfbar.
b) Nur beschränkt überprüfbar ist die Entlassung eines Beamten auf Probe, der sich nach Auffassung seines Dienstherrn in der Probezeit „nicht bewährt" hat.
c) Die dienstliche Beurteilung eines Beamten durch seinen Dienstvorgesetzten ist nur beschränkt überprüfbar.[501]
d) Der Begriff der „Störung des gesamtwirtschaftlichen Gleichgewichts" (§§ 15, 19 Gesetz zur Förderung der Stabilität und des Wachstums der Wirtschaft) räumt der Bundesregierung eine finanz- und wirtschaftspolitische Beurteilungsermächtigung ein.

---

497 BVerwGE 48, 211 [219]
498 St. Rspr., vgl. nur BVerwG DÖV 2020, S. 576 ff. [577]
499 Zur Entwicklung der Spruchpraxis der Gerichte siehe nur: BVerwGE 8, 272; BVerfGE 84, 34 und 59; BVerwGE 98, 324; 109, 211; s. ferner Hofmann/Gerke, RdNr. 448 ff. m. w. N.
500 Siehe beispielsweise die Entscheidung über den Aufstieg in eine höhere Laufbahn; vgl. BVerwGE 80, 224 [225 f.]
501 BVerwGE 60, 245; 97, 128 [129]

Verwaltungshandeln

286a Das Bundesverwaltungsgericht hat mit seiner Entscheidung aus dem Jahre 2019[502] seine Spruchpraxis zu möglichen Fallgruppen des Beurteilungsspielraums von pluralistischen weisungsfreien Gremien neu justiert.[503]

287 Entscheidungen mit Beurteilungsspielraum sind aber nicht vollständig der gerichtlichen Kontrolle entzogen. So überprüft das Gericht, ob die Entscheidung unter Beurteilungsfehlern leidet. So kann das Gericht untersuchen,[504] ob
1. die Verfahrensvorschriften eingehalten wurden;
2. von einem zutreffend ermittelten Sachverhalt ausgegangen wurde;
3. das anzuwendende Recht nicht verkannt wurde;
4. allgemein anerkannte Bewertungsgrundsätze beachtet wurden;
5. die zuständige Stelle sich nicht von sachfremden Erwägungen hat leiten lassen oder sonst willkürlich gehandelt hat und
6. die Chancengleichheit berücksichtigt worden ist.

4.7 Erlaubnisse – Grundtypen

4.7.1 (Präventives) Verbot mit Erlaubnisvorbehalt

288 Die Grundrechte gewähren in ihrer Funktion als Freiheitsrechte dem Bürger das Recht auf freie Entfaltung der Persönlichkeit. Eine Einschränkung ist nur in bestimmten Fällen möglich. Auch die Anordnung einer Erlaubnispflicht bedarf einer besonderen gesetzlichen Grundlage.[505] In bestimmten Bereichen ordnet der Gesetzgeber nun nicht ein generelles Verbot für eine bestimmte Aktivität oder aber Vorhaben an, sondern sieht lediglich eine vorhergehende behördliche Kontrolle vor. Es wird dann im Vorwege geprüft, ob die beabsichtigte Betätigung oder das geplante Vorhaben mit den materiell-rechtlichen Vorgaben im Einklang steht. Bei Einhaltung der gesetzlichen Vorgaben besteht ein Anspruch auf die Erteilung der beantragten Erlaubnis. Von vorneherein besteht das Verbot also unter dem Vorbehalt der Erlaubniserteilung. Praktisch wird mit der Erlaubnis materiell wieder hergestellt, was dem Bürger grundsätzlich erlaubt ist.[506]

---

502 DÖV 2020, S. 576 ff.; siehe dazu Kenkmann, DÖV S. 565 ff.
503 Aktuell ging es in dieser Entscheidung um die Indizierung des Bushido-Albums durch die Bundesprüfstelle für jugendgefährdende Medien. Leitsatz 3 der Entscheidung lautet: „*Dem Zwölfer-Gremium der Bundesprüfstelle für jugendgefährdende Medien steht auch für Entscheidung über den Vorrang von Jugendschutz oder Kunstfreiheit im Rahmen der Abwägung kein Beurteilungsspielraum zu (Änderung der Rechtsprechung).*" Eine Beschränkung der gerichtlichen Kontrolldichte kann nur aus wichtigen Gründen angenommen werden. So ist eine Annahme eines Beurteilungsspielrums vor allem dann berechtigt, wenn das gesetzlich vorgegebene Entscheidungsprogramm vage ist und eine fallbezogene Anwendung als besonders schwierig erweist, weil eine Vielzahl von Bewertungsfaktoren ermittelt, gewichtet und in ein Verhältnis zueinander gesetzt werden müssen, wofür zudem schwer zu kalkulierbare Prognosen angestellt werden müssen (BVerwG DÖV 2020, S. 576 ff. [578]).
504 Eingehend siehe BVerfG NVwZ 2002, 1368 f.; BVerwG NVwZ-RR 2002, 49; Vertiefung: Beaucamp, JA 2012, S. 193 ff.
505 Brühl, S. 177 ff.
506 Maurer/Waldhoff, § 9 RdNr 52; Schmidt, S. 358

Erlaubnisse – Grundtypen

Beispiele:
Baugenehmigung, Gewerbeerlaubnis, Anlagengenehmigung.
Wird eine erlaubnispflichtige Maßnahme ohne die erforderliche Erlaubnis verwirklicht, so kann die Behörde dies unterbinden. Eine Beseitigung einer bereits geschaffenen Anlage ist aber nur möglich, wenn neben die formelle Illegalität auch die materielle Illegalität tritt.[507]

Beispiel:
Wird ein Wochenendhaus ohne die erforderliche Baugenehmigung (formelle Illegalität) auf einem Grundstück im Außenbereich der Kommune errichtet, obgleich die planungsrechtliche Zulässigkeit nicht gegeben ist (§§ 29, 35 II, III BauGB [materielle Illegalität]), so kann die zuständige Bauaufsichtsbehörde die Beseitigung dieses Gebäudes fordern.[508]

4.7.2 Erlaubnis mit Verbotsvorbehalt[509]

In gewissen Fällen sieht das Gesetz vor, dass eigentlich erlaubnisfreie Aktivitäten unter bestimmten Voraussetzungen verboten werden können.

Beispiel:
Grundsätzlich ist die Durchführung öffentlicher Versammlungen in geschlossenen Räumen zulässig. § 5 VersammlG bestimmt aber, dass im Einzelfall die zuständige Behörde diese verbieten kann.

4.7.3 Anzeigengebot

Mitunter ist vorgesehen, dass geplante Vorhaben vor ihrer Verwirklichung zunächst angezeigt werden müssen. Diese Anzeige dient der Information der Behörde über bedeutsame Vorgänge. Sie erhält damit die Möglichkeit einer Rechtskontrolle. Die Wechselbeziehungen zwischen dem Anzeigengebot und der Vorhabenverwirklichung sind aber unterschiedlich ausgestaltet. Bei dem ausschließlichen Informationsgebot kann zeitgleich mit der Anzeige das Vorhaben verwirklicht werden. Sofern mit der Anzeige zugleich eine zeitliche Sperrwirkung verbunden ist, handelt es sich um ein Verbot mit Anzeigenvorbehalt.[510]

Beispiel:
§ 15 I BImSchG; § 62 III, V, VIII 1 NBauO; § 2 NGastG

4.7.4 (Repressives) Verbot mit Befreiungsvorbehalt

In den hier betroffenen Fällen geht der Gesetzgeber grundsätzlich davon aus, dass ein bestimmtes Verhalten als sozialwidrig oder sozial unerwünscht einzustufen ist.[511] Nur in Ausnahmefällen soll eine Befreiung von diesem Verbot erteilt werden. Ziel des repressiven Verbotes mit Befreiungsvorbehalt ist es damit, Härten und Schwierigkeiten, die sich aus dem grundlegenden Verbot im Einzelfall ergeben können, zu vermeiden. Von ihrer Funktion her erweitert diese Erlaubnis den Rechtskreis des betroffenen Bürgers. Regelmäßig steht es in der Entschei-

---

507 Vgl. auch BVerwG DÖV 1974, 413; OVG-Lüneburg GewArch 1974, 124
508 Zur baurechtliche Illegalität siehe Weidemann, DVP 2019, S. 135 f.
509 Vgl. Maurer/Waldhoff, § 9 RdNr. 55
510 Vgl. Maurer/Waldhoff, § 9 RdNr. 55
511 Vgl. nur BVerwG DÖV 1977, 405

Verwaltungshandeln

dungsfreiheit der Verwaltung (Ermessen), ob sie einen entsprechenden Antrag positiv bescheiden will.

Beispiel:
§ 29 II StVO; § 31 II BauGB; § 46 StVO

4.8 Bestandskraft

292 Mit Eintritt der Unanfechtbarkeit wird ein Verwaltungsakt zunächst formell bestandskräftig, das bedeutet, dass – vergleichbar der formellen Rechtskraft gerichtlicher Entscheidungen – in der durch einen Verwaltungsakt geregelten Sache keine weiteren förmlichen Rechtsbehelfe mehr gegeben sind, sei es, dass alle Rechtsbehelfe ausgeschöpft worden sind oder innerhalb der dafür vorgesehenen Frist(en) von ihnen kein Gebrauch gemacht worden ist.

293 Mit der formellen Bestandskraft wird ein Verwaltungsakt auch materiell bestandskräftig. Das bedeutet, dass die Beteiligten eines Verwaltungsverfahrens grundsätzlich abschließend an die getroffene Regelung gebunden sind, der Verwaltungsakt gewissermaßen endgültig verbindlich geworden ist. Aufgehoben oder geändert werden kann die Regelung nicht beliebig, sondern nur nach besonderen gesetzlichen Bestimmungen oder nach §§ 48 ff. Während Gerichtsentscheidungen materiell rechtskräftig werden und sachlich so gut wie nicht geändert werden können, folgt bei Verwaltungsakten aus der verfahrensrechtlichen Unanfechtbarkeit nicht, dass sie nicht – unter gewissen Voraussetzungen – geändert oder aufgehoben werden könnten. Sofern aber die Voraussetzungen für eine Änderung oder Aufhebung nicht vorliegen, sind die Beteiligten an den Verwaltungsakt gebunden, also kommt auch ihm eine gewisse Bestandskraft zu; sie ist aber schwächer als die Rechtskraft gerichtlicher Urteile.[512]

---

512   Ausführlich zur Bestandskraft von Verwaltungsakten: Erichsen/Knoke, NVwZ 1983, 185 ff.

Bestandskraft

294

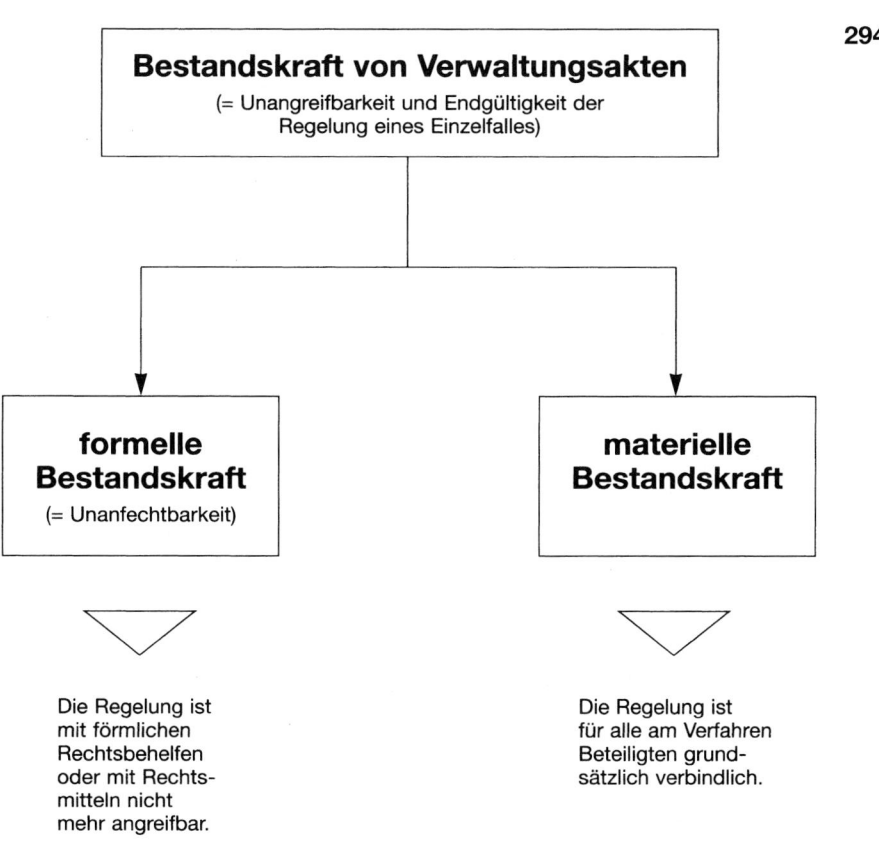

4.8.1 Wiederaufgreifen des Verfahrens; Allgemeines; Begriff

Ist ein Verwaltungsakt unanfechtbar geworden, so ist damit grundsätzlich ausgeschlossen, geltend zu machen, dass er rechtswidrig ist. Die Bestandskraft des Verwaltungsaktes kann aber dadurch überwunden werden, dass das abgeschlossene Verwaltungsverfahren wiederaufgegriffen wird.[513] Das in § 51 geregelte Wiederaufgreifen ist ein Verwaltungsverfahren mit dem Ziel, in ein durch unanfechtbar gewordenen Verwaltungsakt abgeschlossenes Verwaltungsverfahren neu

295

---

513 Zur Vertiefung: Maurer, JuS 1976, 25, Sachs, JuS 1982, 264, und Burgi, JuS-Lernbogen 11/1991 S. L 81–85

Verwaltungshandeln

einzutreten und den Verwaltungsakt gegebenenfalls durch einen neuen zu ersetzen. Zwischen dem Wiederaufgreifen und der vom Betroffenen angestrebten Aufhebung oder Änderung besteht ein enger Zusammenhang. Das Wiederaufgreifen zielt darauf, den Verwaltungsakt zu ändern oder aufzuheben, die Aufhebung oder Änderung setzt voraus, dass das Verfahren wiederaufgegriffen wird. Zu unterscheiden ist also zwischen
- der – verfahrensrechtlichen – Entscheidung über das Wiederaufgreifen und
- der – materiellrechtlichen – Entscheidung über die Aufhebung oder Änderung.

4.8.2 Abgrenzung des Zweitverfahrens vom Neuverfahren

296 Das aufgrund einer verfahrensrechtlichen Entscheidung über das Wiederaufgreifen eingeleitete Zweitverfahren knüpft an das durch Erstbescheid abgeschlossene Verwaltungsverfahren an. Das ursprüngliche Verfahren (Erstverfahren) wird wiederaufgegriffen und fortgesetzt; es wird zum zweitenmal in der „alten Sache" entschieden, sei es, dass der frühere Verwaltungsakt im Ergebnis bestätigt wird, oder dass er zurückgenommen und durch einen neuen Bescheid ersetzt wird.[514]

297 Im Gegensatz dazu steht das Neuverfahren, das ohne vorherige verfahrensrechtliche Entscheidung über das Wiederaufgreifen durchgeführt wird. Es ist dadurch gekennzeichnet, dass der Betroffene einen neuen Sachverhalt, der sich mit dem der ablehnenden Entscheidung allenfalls am Rande berührt, vorbringt und über diesen Antrag („Neuantrag"), mit dem erstmals ein Anspruch aus Gründen hergeleitet wird, über die bisher noch nicht entschieden worden ist, in einem neuen Verwaltungsverfahren für die Zukunft entschieden wird. Die bestandskräftig gewordene ablehnende Erstentscheidung bleibt unberührt.

298 Für die Abgrenzung sind Inhalt und Ziel des Antrages maßgebend. Das Abgrenzungsproblem kann nur in Fällen auftreten, in denen der Betroffene eine Leistung begehrt („Verpflichtungssituation"); in der „Anfechtungssituation" ist stets die „alte Sache" betroffen.

Beispiel:
Der Bauherr (B) beantragt die Baugenehmigung zur Errichtung eines Nebengebäudes (Garage mit gewerblichen Werkstatträumen) auf seinem Grundstück in der Kreisstadt. Der Bauantrag wird abgelehnt. Diese Entscheidung ist unanfechtbar geworden. Drei Jahre später beantragt B erneut die Baugenehmigung für das seinerzeit abgelehnte Vorhaben und stützt seinen Antrag auf den geänderten Bebauungsplan („Neuantrag").

4.8.3 Entscheidungen der Behörde

299 Die Behörde kann, nachdem sie einen Antrag auf Wiederaufgreifen geprüft hat, zu unterschiedlichen Entscheidungen gelangen. Je nach der Rechtslage ist sie berechtigt oder verpflichtet,
1. das Wiederaufgreifen des Verfahrens abzulehnen (negativer verfahrensrechtlicher Verwaltungsakt)[515],

---

514 Maurer, JuS 1976, 25 [26]. Zur Abgrenzung eines Antrags auf Wiederaufgreifen von einem Neuantrag BVerwG NVwZ 1985, 899, und Kemper, NVwZ 1985, 872
515 Vgl. auch BVerwGE 44, 333

Bestandskraft

2. das Verfahren zwar wiederaufzugreifen, aber in der Sache negativ zu entscheiden (positiver verfahrensrechtlicher Verwaltungsakt und negativer materiellrechtlicher Verwaltungsakt = negativer Zweitbescheid),
3. das Verfahren wiederaufzugreifen und in der Sache positiv zu entscheiden (positiver verfahrensrechtlicher und positiver materiellrechtlicher Verwaltungsakt = positiver Zweitbescheid).

Wird das Verfahren wiederaufgegriffen, entscheidet die Behörde darüber nicht gesondert, sondern regelmäßig nur in der Sache. Deshalb liegt im Erlass eines – negativen oder positiven – Zweitbescheides stets ein Wiederaufgreifen des Verfahrens mit der Folge, dass damit die Bestandskraft des Erstbescheides entfällt, soweit das Verfahren wiederaufgegriffen wird.[516]

4.8.3.1 Entscheidung über das Wiederaufgreifen. Zunächst hat die Behörde zu prüfen, ob sie das Verfahren wiederaufgreifen muss oder will. **300**
Nur unter den engen Voraussetzungen des § 51 I besteht ein Anspruch auf ein Wiederaufgreifen des Verfahrens. Ansonsten steht die Entscheidung über ein Wiederaufgreifen des Verfahrens im Ermessen der Behörde.[517] Dies folgt aus § 51 V, wonach die §§ 48 I 1 und 49 I unberührt bleiben.

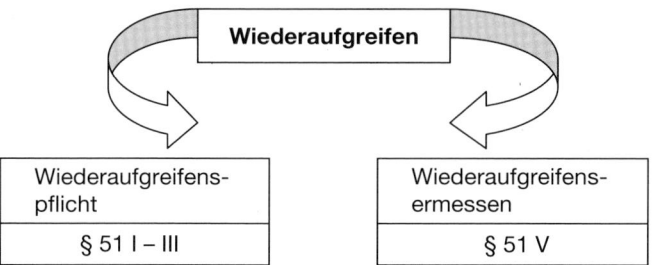

Nach § 51 ist sie auf Antrag des oder der Betroffenen zum Wiederaufgreifen verpflichtet, wenn der Antrag, bei dem es sich um einen sog. außerordentlichen Rechtsbehelf handelt,[518] zulässig und begründet ist.

4.8.3.1.1 Verpflichtung zum Wiederaufgreifen des Verfahrens

4.8.3.1.1.1 Zulässigkeit des Antrages. Der Antrag auf Wiederaufgreifen des Verfahrens ist zulässig, wenn nachfolgende Voraussetzungen kumulativ vorliegen: **301**
– Zunächst ist ein Antrag des Betroffenen erforderlich (§ 51 I 1. HS). Dieser Antrag begrenzt zugleich den behördlichen Prüfungsumfang.
– Das Verfahren muss durch einen Verwaltungsakt abgeschlossen worden sein (Abs. 1).
– Der Verwaltungsakt muss unanfechtbar geworden sein (Abs. 1).

---

516 Schmalz, 6. Teil RdNr. 554
517 Vgl. auch BVerwG NJW 1981, 2595
518 Kopp/Ramsauer, § 51 RdNr. 1

Verwaltungshandeln

- Der oder die Betroffene muss ohne grobes Verschulden außerstande gewesen sein, den Grund für das Wiederaufgreifen in dem früheren Verfahren, insb. durch Rechtsbehelf, geltend zu machen (Abs. 2).[519]
- Der Antrag ist binnen einer Frist von drei Monaten zu stellen. Diese Frist beginnt mit dem Tage zu laufen, an dem der oder die Betroffene von dem Grund für das Wiederaufgreifen Kenntnis erlangt hat (Abs. 3).
- Erforderlich ist weiter, dass der oder die Betroffene beschwert ist.
  Als Beschwer genügt nicht jeder Nachteil, vielmehr ist eine generell durch den Verwaltungsakt verursachte konkrete und gegenwärtige Beschwer erforderlich.[520]
- Der Antragsteller muss das Vorliegen der Gründe, die ein Wiederaufgreifen des Verfahrens rechtfertigen, schlüssig darlegen.[521] Der Prüfung der Begründetheit bleibt es dann vorbehalten zu klären, ob ein Wiederaufnahmegrund tatsächlich gegeben ist.

302 **4.8.3.1.1.2 Begründetheit des Antrages.** Begründet ist der Antrag, wenn einer der in § 51 I Nrn. 1 bis 3 aufgeführten Gründe gegeben ist. Zum Wiederaufgreifen ist die Behörde danach verpflichtet, wenn
- sich die dem Verwaltungsakt zugrunde liegende Sach- oder Rechtslage nachträglich zugunsten des oder der Betroffenen geändert hat (Nr. 1)[522]; diese Vorschrift ist nur auf solche Änderungen anzuwenden, die den bestandskräftigen Verwaltungsakt unmittelbar berühren, weil er kraft Gesetzes oder nach seinem Inhalt auch für den Fall Geltung beansprucht, dass sich die Sach- oder Rechtslage geändert hat;[523]
- neue Beweismittel vorliegen, die eine für die Betroffene oder den Betroffenen günstigere Entscheidung herbeigeführt hätten (Nr. 2);[524] als Beweismittel kommen alle in § 26 genannten Beweismittel in Betracht;
- Wiederaufnahmegründe entsprechend § 580 ZPO gegeben sind (Nr. 3).

303 Ist der Antrag zulässig und begründet, ist die Behörde nach § 51 I verpflichtet, „über die Aufhebung oder Änderung ... zu entscheiden", muss also in einem neuen Verfahren (§ 9) prüfen, ob sie den Verwaltungsakt aufrechterhalten, aufheben oder ändern kann oder muss.

304 **4.8.3.1.2 Wiederaufgreifensermessen.** Die Behörde ist auch dann verpflichtet, das Verfahren wiederaufzugreifen, wenn das sonst eingeräumte Ermessen auf Null reduziert ist, z. B. wenn sie sich dadurch, dass sie das Verfahren in vergleichbaren Fällen wiederaufgegriffen hat, selbst gebunden hat oder wenn es schlechthin unerträglich wäre, dass der Erstbescheid aufrechterhalten wird.[525]

---

519 Kopp/Ramsauer, § 51 RdNr. 44, sieht dies als Begründetheitserfordernis an
520 BVerwGE 60, 316 [326 ff.]; ferner Kopp/Ramsauer, § 51 RdNr. 14
521 So auch Wüstenbecker, AT 2, S. 99 f. m. N.
522 Eine veränderte Spruchpraxis der Gerichte begründet regelmäßig keine Änderung der Rechtslage; siehe BVerwG NVwZ 1989, 161
523 BVerwGE 69, 90 [93]
524 Zur Zulässigkeit und Begründetheit eines Antrags auf Wiederaufgreifen wegen neuer Beweismittel BVerwG NJW 1982, 2204
525 Maurer, JuS 1976, 25 [29]. Zur Ermessensreduktion bei Ansprüchen auf Wiederaufgreifen auch di Fabio, VerwArch 1995, 214 [228 f.]

Bestandskraft

305 Ist die Behörde nicht verpflichtet, das Verfahren wiederaufzugreifen, so ist sie dazu grundsätzlich berechtigt, entscheidet also nach ihrem Ermessen (§§ 22 S. 1, 40). § 51 schließt es also nicht aus, das Verfahren in den durch § 51 I nicht geregelten Fällen wiederaufzugreifen; das BVerwG[526] folgert dies aus dem Hinweis in § 51 auf §§ 48 I 1 und 49 I.
Bei der Ermessensentscheidung ist abzuwägen zwischen dem Grundsatz der Gesetzmäßigkeit der Verwaltung einerseits (er verlangt, dass ein rechtswidriger Verwaltungsakt aufgehoben wird) und dem Grundsatz der Rechtssicherheit andererseits (er fordert, dass ein unanfechtbar gewordener Verwaltungsakt bestehen bleibt). Die Rechtssicherheit dürfte bei der Abwägung Vorrang haben, weil vor dem Wiederaufgreifen regelmäßig noch offen ist, ob der Verwaltungsakt wirklich an einem Rechtsfehler leidet. Liegen dafür keine Anhaltspunkte vor, wird es im Regelfall nicht ermessensfehlerhaft sein, wenn die Behörde es nach dem Ablauf der Anfechtungsfrist ablehnt, das Verfahren wiederaufzugreifen.

306 **4.8.3.2 Entscheidung in der Sache.** Ist die Behörde verpflichtet, das Verfahren wieder aufzugreifen, oder hat sie sich nach ihrem Ermessen dazu entschlossen, muss sie die Sache erneut prüfen und sie mit einer neuen Entscheidung abschließen. Die neue Sachentscheidung wird der Antragstellerin oder dem Antragsteller in der Form des Zweitbescheides bekannt gegeben. Zweitbescheid ist ein Verwaltungsakt, der eine Angelegenheit betrifft, die bereits einmal durch (unanfechtbar gewordenen) Verwaltungsakt geregelt worden ist.
§ 51 gewährt keinen Anspruch darauf, dass der Verwaltungsakt aufgehoben und durch einen neuen ersetzt wird, sondern nur einen Anspruch gegen die Behörde, das Verfahren wiederaufzugreifen und zu entscheiden, ob sie den ursprünglichen Verwaltungsakt noch aufrechterhalten kann oder will oder ob sie nicht einen neuen, für den Betroffenen günstigen erlassen soll.[527] Da die Behörde verpflichtet ist, über die Aufhebung oder Änderung zu entscheiden (§ 51 I), ergibt sich für den Betroffenen bei erfülltem Tatbestand (oder in einem Fall der Ermessensreduktion) ein Anspruch auf einen Zweitbescheid, nicht unbedingt ein Anspruch auf eine andere Regelung.
Die bekannt zu gebende neue Sachentscheidung kann negativ oder positiv sein (vgl. RdNr. 299), also dahin lauten, dass der ursprüngliche Verwaltungsakt bestätigt (aufrechterhalten) wird (= negativer Zweitbescheid), oder dahin, dass er ganz oder teilweise aufgehoben oder dem Begehren des Antragstellers oder der Antragstellerin ganz oder teilweise entsprochen wird (= positiver Zweitbescheid).

---

[526] BVerwGE 60, 316 [325]
[527] Begründung zu § 47 I EVwVfG

Verwaltungshandeln

307

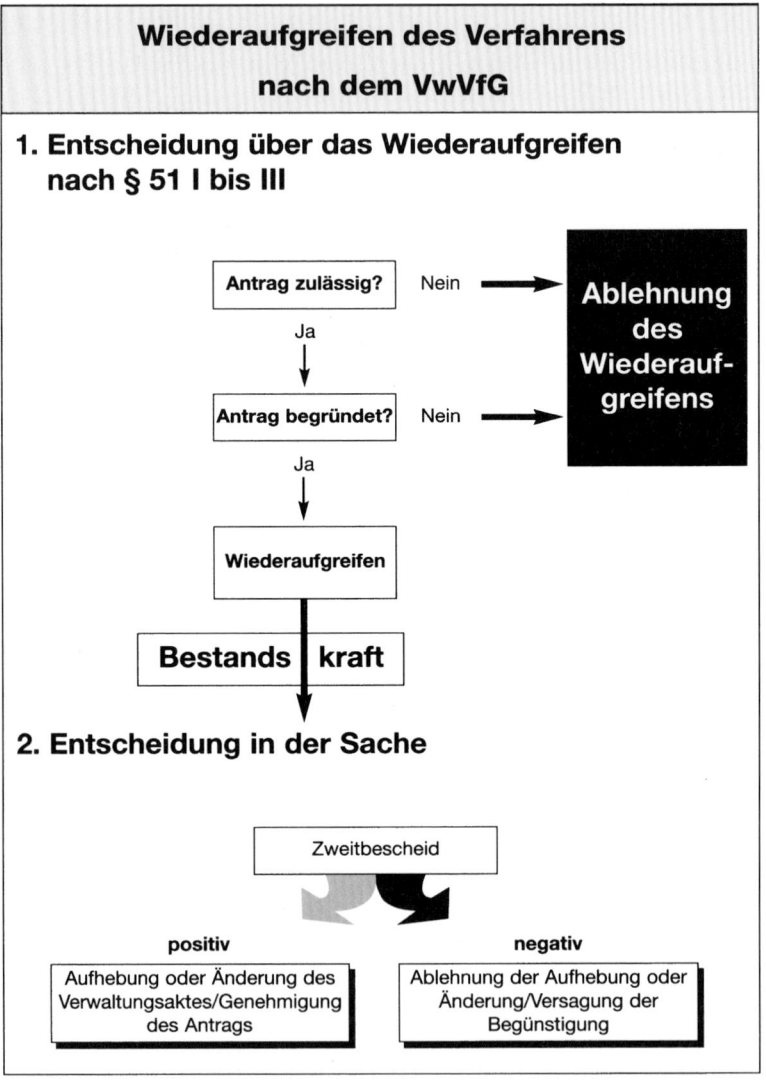

308 Die Frage, welche Entscheidung in der Sache zu treffen ist oder – bei einer Ermessensentscheidung – getroffen werden kann, richtet sich ausschließlich nach dem in der Sache anzuwendenden materiellen Recht.[528] Das Wiederaufgreifen des Verfahrens führt praktisch den Verfahrenstand herbei, wie er vor

---

528 Vgl. BVerwG DVBl 1982, 998 [1000]; a. A. wohl Maurer, § 11 RdNr. 61

Rücknahme und Widerruf

der Erstentscheidung bestanden hat. Nur wenn und soweit die Behörde danach Ermessen hat, ist sie auch ermächtigt, nach Ermessen darüber zu entscheiden, ob der Verwaltungsakt aufrechterhalten oder geändert wird.[529] Das Ermessen wird in der Regel dahin auszuüben sein, einen rechtswidrigen belastenden Verwaltungsakt aufzuheben oder eine rechtswidrig vorenthaltene Begünstigung zu gewähren, denn aus Gründen der Rechtssicherheit kann an der ursprünglichen Regelung nicht mehr festgehalten werden, weil durch das Wiederaufgreifen die Sperre der Bestandskraft durchbrochen ist.

Beispiel:
Die Maklererlaubnis (§ 34c GewO) wird widerrufen, weil der Makler (rechtswidrige) Auflagen nach § 34c I 2 GewO nicht erfüllt hat (§ 49 II 1 Nr. 2). Der Makler hält den Widerruf irrtümlich für nichtig und kümmert sich nicht weiter darum. Als die Behörde nach Unanfechtbarkeit des Widerrufs ankündigt, die Fortsetzung des Betriebes zu verhindern, beantragt der Makler, „den rechtswidrigen Widerruf der Erlaubnis rückgängig zu machen". Die Behörde entschließt sich, das Verfahren wiederaufzugreifen. Dann ist sie auch gehalten, die wegen Verletzung des Grundsatzes der Verhältnismäßigkeit rechtswidrige Belastung zurückzunehmen.

4.9 Rücknahme und Widerruf

4.9.1 Allgemeines

Außerhalb eines Rechtsbehelfsverfahrens dürfen Verwaltungsakte nicht beliebig, sondern nur nach besonderen gesetzlichen Bestimmungen oder nach §§ 48 ff. aufgehoben oder geändert werden.[530] Spezialgesetzliche Ermächtigungen gehen der allgemeinen Regelung des VwVfG vor.
Für den Widerruf einer nach dem BImSchG rechtmäßig erteilten Genehmigung gilt § 21 BImSchG. § 3 StVG regelt die Entziehung der Fahrerlaubnis. Die Rücknahme und den Widerruf von Verwaltungsakten sowie die Aufhebung und Änderung von Steuerbescheiden regeln §§ 130, 131, 172 bis 177 AO, die – je nach der landesrechtlichen Regelung – ganz oder teilweise auf kommunale Abgaben entsprechend anzuwenden sind. Ob die speziellen Vorschriften abschließend die Aufhebung eines Verwaltungsakts regeln, ist im Einzelfall durch Auslegung zu ermitteln. Soweit die Spezialvorschriften keine abschließenden Regelungen ausweisen, kommen die §§ 48 und 49 ergänzend zur Anwendung.

309

Rücknahme und Widerruf eines Verwaltungsakts beruhen regelmäßig auf einer entsprechenden Initiative der Verwaltung (anders: Wiederaufgreifen des Verfahrens). Die Vorschriften über die Aufhebung eines Verwaltungsakts stehen in einem Spannungsverhältnis zwischen den Interessen des Betroffenen und der Öffentlichkeit. Die §§ 48 ff. lösen den Konflikt zwischen der Rechtssicherheit, dem Vertrauensschutz und der Gesetzmäßigkeit der Verwaltung.

310

---

529   Kopp/Ramsauer, § 51 RdNr. 18
530   Eingehend zur Aufhebung von Verwaltungsakten sieh Krausnick, JuS 2010, S. 594 ff.; 685 ff.; 778 ff.

Verwaltungshandeln

311 Soweit nicht spezielle Regelungen anzuwenden sind, ist nach §§ 48, 49[531] zu verfahren. Welche dieser beiden Normen für die Aufhebung in Betracht kommt, richtet sich grundsätzlich danach, ob der Verwaltungsakt im Zeitpunkt seines Erlasses rechtswidrig oder rechtmäßig war. Die genannten Bestimmungen unterscheiden bei der Aufhebung von Verwaltungsakten verschiedene Fallgruppen und bezeichnen diese auch unterschiedlich. Die Aufhebung rechtswidriger Verwaltungsakte bezeichnet das VwVfG als Rücknahme (§ 48), die Aufhebung rechtmäßiger Verwaltungsakte als Widerruf (§ 49). Beide Bestimmungen differenzieren ferner danach, ob es sich um belastende oder begünstigende Verwaltungsakte handelt.

Bei der Frage, ob zurückgenommen oder widerrufen werden kann, kommt es also darauf an, ob der aufzuhebende Verwaltungsakt belastend oder begünstigend und ob er rechtmäßig oder rechtswidrig ist.

Es gibt somit vier Fallgruppen:
die Aufhebung eines
– *rechtswidrigen belastenden* oder *eines*
– *rechtswidrigen begünstigenden* Verwaltungsaktes } **Rücknahme**

die Aufhebung eines
– *rechtmäßigen belastenden* oder *eines*
– *rechtmäßigen begünstigenden* Verwaltungsaktes } **Widerruf**

Ob der aufzuhebende Verwaltungsakt rechtmäßig oder rechtswidrig ist, beurteilt sich hauptsächlich nach den Bestimmungen der Gesetze, in denen der Erlass des (nunmehr strittigen) Verwaltungsaktes geregelt wird.

Beispiele:
a) Ob eine Ausnahmegenehmigung nach der StVO rechtmäßig oder rechtswidrig erteilt wurde, ist in erster Linie nach dem Straßenverkehrsrecht, insb. nach § 46 StVO, zu beurteilen.
b) Die Rechtmäßigkeit einer Baugenehmigung ist nach der (jeweiligen Landes-) Bauordnung zu beurteilen.

312 Voraussetzung für die Rücknahme oder den Widerruf eines Verwaltungsaktes ist dessen Wirksamkeit. Entscheidend ist nicht die innere, sondern die äußere Wirksamkeit (vgl. RdNr. 202). Vom Eintritt der äußeren Wirksamkeit an richtet sich die Frage, ob der Verwaltungsakt aufgehoben werden kann, nach den dafür geltenden Regeln.[532]

Beispiel:
Die Behörde erteilt einem Händler am 20. November die Sondernutzungserlaubnis, auf einer dem öffentlichen Verkehr gewidmeten Fläche vom 10. bis zum 24. Dezember Weihnachtsbäume zu verkaufen. Kurze Zeit später erkennt sie, dass statt der Sondernutzungserlaubnis (nur) eine Ausnahmegenehmigung der Straßenverkehrsbehörde nach der StVO erforderlich ist (§ 8 VI 1 FStrG und entsprechende – vielfach unbekannte – landesrechtliche

---

531 Sie sind materiell-rechtliche Ermächtigungsgrundlagen; vgl. BVerwG NVwZ 1984, 36; NJW 1991, 767
532 BVerwGE 55, 212 [216]

Rücknahme und Widerruf

Regelungen[533]), ihre Erlaubnis also rechtswidrig erteilt wurde. Sie will sie am 30. November desselben Jahres aufheben und meint, das ohne Weiteres zu können, denn der Verwaltungsakt gelte erst vom 10. Dezember an. Die Ansicht der Behörde ist unzutreffend, weil es nicht auf die innere, sondern auf die äußere Wirksamkeit ankommt.

Nach § 43 II bleibt ein Verwaltungsakt wirksam, solange und soweit er nicht aufgehoben oder sich durch Zeitablauf oder andere Weise erledigt hat. Hat sich ein Verwaltungsakt nun durch Zeitablauf oder auf andere Weise erledigt, ist für eine Aufhebung nach §§ 48, 49 kein Raum mehr.[534]   **312a**

Beispiele:
Die Ausnahmegenehmigung wurde bis zum 30.10. d. J. befristet. Nach Fristablauf kann der Verwaltungsakt nicht mehr nach §§ 48, 49 aufgehoben werden. Ebenso verhält es sich, wenn ein Verwaltungsakt mit einer auflösenden Bedingung versehen wurde und der Bedingungsfall eingetreten ist.

Nebenbestimmungen nach § 36 VwVfG können ebenfalls auf der Basis von §§ 48, 49 aufgehoben werden.[535]   **312b**

Für den Aufhebungsverwaltungsakt ist eine bestimmte Form regelmäßig nicht vorgeschrieben. Daher kann eine Aufhebung auch konkludent erfolgen.[536] So liegt auch ein Fall der Aufhebung des Verwaltungsakts vor, wenn z. B. ein begünstigender Verwaltungsakt nachträglich mit einer belastenden Nebenbestimmung nach § 36 versehen wird.   **312c**

313

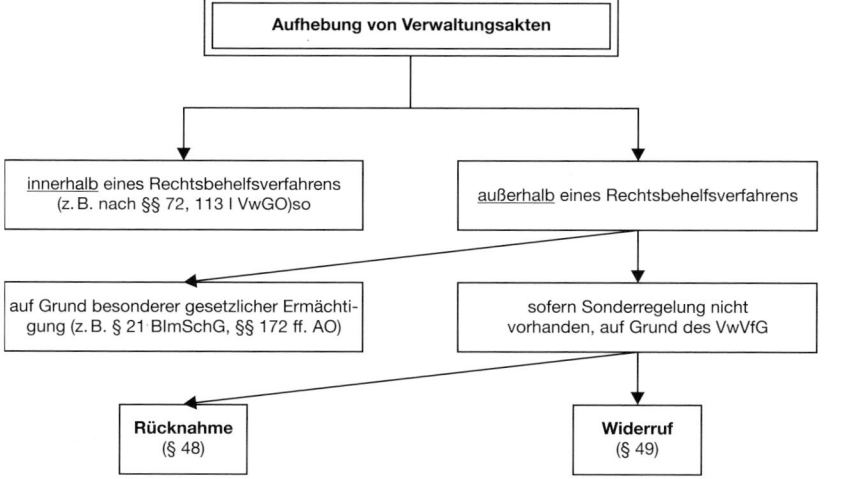

---
533 Vgl. z. B. Art. 21 BayStrWG, § 21 S. 1 StrWG NRW, § 41 VII 1 LStrG Rheinland-Pfalz, § 18 VII 1 SaarlStrG, § 19 NStrG; eingehend zur Konzentrationswirkung siehe Weidemann, DVP 2015, S. 412 ff.
534 Krausnick, JuS 2010, S. 594 [595]
535 Kopp/Ramsauer, VwVfG § 48 RdNr. 15
536 BVerwG NVwZ 1993, S. 362

Verwaltungshandeln

4.9.2 Rücknahme (§ 48 VwVfG)

314 Als Ermächtigungsgrundlage für die Rücknahme rechtswidriger begünstigender und rechtswidriger belastender Verwaltungsakte kommt nur § 48 I 1 in Betracht.[537] § 48 I 2 ist lediglich ein Hinweis auf die gesetzlichen Grenzen des § 48 II und IV, die bei der Rücknahme eines begünstigenden Verwaltungsaktes zu beachten sind. § 48 III regelt die Folgen der Rücknahme eines Verwaltungsaktes, der nicht „Geldleistungs-Verwaltungsakt" ist. § 48 III begründet damit grundsätzlich keine Rücknahmeeinschränkung.

315 Rechtswidrig ist ein Verwaltungsakt, wenn er nach objektiven und nicht nach „behördensubjektiven" Maßstäben formelles oder materielles Recht verletzt (vgl. RdNr. 210). Die Rechtswidrigkeit kann sich dabei nicht nur aus entsprechenden bundes- oder landesrechtlichen, sondern auch aus europarechtlichen Bestimmungen ergeben. Für die Beurteilung, ob ein Verwaltungsakt rechtswidrig ist, kommt es grundsätzlich auf den Zeitpunkt an, in dem er erlassen worden ist;[538] dieser Grundsatz gilt jedoch nicht uneingeschränkt für Verwaltungsakte mit Dauerwirkung (vgl. zum Begriff RdNr. 123).

> **Beispiel:**
> Einem Beamten mit besonderer Funktion wird mit nicht befristetem Bescheid eine Stellenzulage bewilligt, die nur solange gewährt werden darf, wie die herausgehobene Funktion wahrgenommen wird (§ 42 III 1 BBesG). Zwei Jahre später wird der Beamte auf seinen Antrag hin in ein anderes Amt versetzt, ohne dort eine herausgehobene Funktion zu haben. Gleichwohl wird die Stellenzulage zunächst weiter ausgezahlt. Zehn Monate nach der Versetzung wird die Gewährung der Stellenzulage mit Wirkung vom Zeitpunkt der Versetzung aufgehoben. Der Bescheid über die Gewährung der Stellenzulage, der sich mit der Versetzung nicht erledigt hatte, war Grundlage für die weitere Zahlung der Stellenzulage. Im Zeitpunkt seines Erlasses war er rechtmäßig; mit dem Wegfall der herausgehobenen Funktion wurde er rechtswidrig. Die Aufhebung der nachträglich rechtswidrig gewordenen Gewährung richtet sich also nach § 48 I.[539]

Eine besondere Betrachtung erfordern Verwaltungsakte, die geheilt werden können (primär nach § 45), die nach § 42 berichtigt oder nach § 47 umgedeutet werden können. So kann § 48 nur zum Tragen kommen, soweit die Rechtswidrigkeit (noch) besteht. Liegt lediglich eine Unrichtigkeit im Sinne des § 42 vor, scheidet eine Aufhebung nach § 48 aus, da der Verwaltungsakt zwar fehlerhaft, aber nicht rechtswidrig ist. Soweit die Heilungshandlung noch nicht vorgenommen wurde, verbleibt es aber bei der Rechtswidrigkeit des Verwaltungsakts. Zu berücksichtigen ist aber, dass schon besondere Gründe vorliegen müssen, um

---

537 So auch Maurer/Waldhoff, § 11 RdNr. 28; ferner Stelkens/Bonk/Sachs, § 48 Rn. 28, 37
538 Kopp/Ramsauer, § 48 RdNr. 25, 57
539 OVG Münster NVwZ-RR 1988, 1 f., und Lange, Jura 1980, 456 [459 f.]; vgl. auch BVerwGE 66, 65 [68], zur Frage der Rücknahme einer nachträglich rechtswidrig gewordenen Festsetzung der Versorgungsbezüge. Die Entscheidung des OVG wird in JA 1988, 625 ff., von Adolf erläutert. Die herrschende Lehre teilt die vom OVG und von Lange vertretene Ansicht nicht [vgl. z. B. Maurer/Waldhoff, § 10 RdNr. 4 ff.]

Rücknahme und Widerruf

einen Verwaltungsakt, der allein an Form- oder Verfahrensfehlern leidet, aufzuheben. Die besondere Situation des Einzelfalls ist zu würdigen.

Ein rechtswidriger belastender Verwaltungsakt kann jederzeit zurückgenommen werden; die Behörde hat hierbei nur ihr Ermessen (pflichtgemäß) auszuüben. **316**

Ein rechtswidriger begünstigender Verwaltungsakt kann dagegen nur unter Einschränkungen zurückgenommen werden. Die Einschränkungen begrenzen das der Behörde durch § 48 I 1 eingeräumte Ermessen[540]. Dabei ist zu unterscheiden, **317**
1. ob der Verwaltungsakt eine einmalige oder laufende Geldleistung oder teilbare Sachleistungen gewährt oder hierfür Voraussetzung ist (Abs. 2) oder
2. ob es sich um einen sonstigen begünstigenden Verwaltungsakt handelt.

Dass nach dem Wortlaut des § 48 I 2 auch sonstige begünstigende Verwaltungsakte „nur unter Einschränkungen" zurückgenommen werden dürfen, ist insofern nicht zutreffend, als § 48 III die Rücknahme selbst nicht einschränkt, sondern nur eine an die Rücknahme geknüpfte Rechtsfolge enthält. Eingeschränkt ist das Rücknahmerecht bei diesen Verwaltungsakten nur dadurch, dass § 48 IV es zeitlich begrenzt.

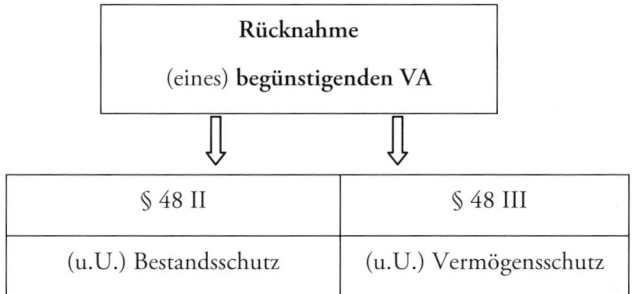

Im Fall der Rücknahme eines Verwaltungsakts, der eine einmalige oder laufende Geldleistung oder eine teilbare Sachleistung gewährt, ist nach Abs. 2 die Rücknahme ausgeschlossen, soweit der Begünstigte auf den Bestand des Verwaltungsaktes vertraut hat (subjektive Komponente) und sein Vertrauen unter Abwägung mit dem öffentlichen Interesse an einer Rücknahme schutzwürdig ist (objektive Komponente). Hier besteht also Vertrauensschutz.

Das Vertrauen ist in der Regel schutzwürdig, wenn der Begünstigte gewährte Leistungen verbraucht oder eine Vermögensdisposition getroffen hat, die er nicht mehr oder nur unter unzumutbaren Nachteilen rückgängig machen kann. So scheidet der Vertrauensschutz beispielsweise aus, wenn der Betroffene vom wirksamen Erlass des Verwaltungsaktes noch keine Kenntnis hatte oder wenn es

---

540 So auch Stelkens/Bonk/Sachs, § 48 RdNr. 70, 81, 110 ff., 135 ff.; a. A. wohl VGH Mannheim NVwZ 1998, 87 [90]

Verwaltungshandeln

an einem Kausalzusammenhang zwischen einer getroffenen Vermögensdisposition und dem Vertrauen auf den Bestand des Verwaltungsakts fehlt.[541]
Für die Beurteilung der Frage, ob das Gewährte verbraucht ist, greifen die bereicherungsrechtlichen Grundsätze (siehe § 818 III BGB)[542]. So ist der Verbrauch einer Leistung nicht nach rechtlichen, sondern nach wirtschaftlichen Gesichtspunkten durch einen saldenmäßigen Vergleich des Aktiv- und das Passivvermögens zu beurteilen.[543] Ein Verbrauch liegt demnach nur vor, wenn die Leistung ausgegeben wurde, ohne dass das Vermögen des Leistungsempfängers dadurch in anderer Weise vermehrt wurde.[544] Wird das Geld für eine verhältnismäßig geringfügige und nicht unvernünftige Verbesserung der Lebensführung ausgegeben, liegt (häufig) ein Verbrauch vor. Hiervon kann bei geringfügigen Leistungen grundsätzlich ausgegangen werden.[545] Wird dagegen die zu Unrecht gewährte Leistung zur Schuldentilgung oder für Anschaffungen verwendet, so ist sie wertmäßig noch in dem Vermögen des Begünstigten vorhanden.
Vom Begriff Vermögensdisposition wird jedes Verhalten aber auch Unterlassen erfasst, das Auswirkungen auf den Vermögensbestand hat.[546] Eine vertrauensschutzbegründende Vermögensdisposition kann in der Übernahme einer Abzahlungsverpflichtung liegen.
Der Gesetzgeber hat mit § 48 II 2 Regelbeispiele des Vertrauensschutzes formuliert, so dass in besonderen Einzelfällen ein Abweichen möglich ist.[547]
§ 48 II unterscheidet zwischen Vertrauen und dessen Schutzwürdigkeit. Mit der ungenauen Formulierung des § 48 II 3 („Auf Vertrauen kann sich der Begünstigte nicht berufen, wenn ...") wird nicht das Vertrauen, sondern (nur) dessen Schutzwürdigkeit ausgeschlossen. So ist der Vertrauensschutz nicht gegeben, wenn der Begünstigte
1. den Verwaltungsakt durch arglistige Täuschung, Drohung oder Bestechung erwirkt hat (§ 48 II 3 Nr. 1) oder
2. den Verwaltungsakt durch Angaben erwirkt hat, die in wesentlicher Beziehung unrichtig oder unvollständig waren (§ 48 II 3 Nr. 2); auf ein Verschulden des Begünstigten kommt es dabei nicht an[548] oder
3. die Rechtswidrigkeit des Verwaltungsakts gekannt oder infolge grober Fahrlässigkeit nicht gekannt hat (§ 48 II 3 Nr. 3).

Die nach § 48 II 3 die Schutzwürdigkeit des Vertrauens ausschließenden drei Fälle sind nicht die einzigen Ausnahmen von der Regel des § 48 II 2, sondern

---

541 Bader/Ronellenfitsch, VwVfG, § 48 RdNr. 56 f. m. Hinweis auf VG Freiburg BeckRS 2007, 25311; die Entscheidung befasst sich mit Investitionen vor Erhalt einer Bescheinigung nach § 7h EStG
542 Siehe auch BVerwG NVwZ-RR 1994, S. 32
543 Bader/Ronellfitsch, VwVfG § 48 RdNr. 63
544 Stelkens/Bonk/Sachs, § 48 RdNr. 142
545 Stelkens/Bonk/Sachs, § 48 RdNr. 142 m. N.; siehe ferner BVerwG DVBl 1993, 947 [948]
546 Stelkens/Bonk/Sachs, § 48 RdNr. 143
547 Stelkens/Bonk/Sachs, § 48 RdNr. 146
548 Vgl. auch BVerwGE 74, 357 [364]; soweit der Fehler aber der Verantwortungssphäre der Behörde zuzuordnen ist, kann sich der Begünstigte entlasten. Beispiel: Behörde hat fehlerhaften Antragsvordruck versandt.

Rücknahme und Widerruf

nur Beispiele.⁵⁴⁹ Ist in den Fällen des Abs. 2 S. 3 das Vertrauen nicht schutzwürdig, dann kann der Verwaltungsakt nach § 48 I 1 zurückgenommen werden.

Beispiel:
Landwirt Hahn ist Eigentümer eines landschaftstypischen Reetdachgebäudes, das jedoch vor längerer Zeit mit einer Hartbedachung versehen wurde. Hahn will das Gebäude wieder mit einem Reetdach versehen, nachdem er erfahren hat, dass eine solche Maßnahme nach einer vom Landkreis erlassenen Satzung gefördert wird. Voraussetzung für eine Förderung ist danach, dass sich die Weichbedachung (Reetdach) auf das ganze Gebäude erstreckt. Hahn, der diese Regelung nicht kennt, stellt einen entsprechenden Antrag und fügt diesem u. a. eine Beschreibung bei, aus der sich ergibt, dass nur der zur Straßenseite hin gelegene Hauptteil des Gebäudes mit Reet eingedeckt werden soll. Der Landkreis bewilligt einen Zuschuss von 15.000 € und zahlt ihn aus. Hahn deckt damit einen Teil der ihm durch die Baumaßnahme entstehenden Kosten.
Als der Landkreis nach Durchführung der Maßnahme feststellt, dass sich die Weichbedachung nur auf einen Teil des gesamten Reetdachgebäudes erstreckt, nimmt er den Bewilligungsbescheid zurück und fordert Hahn auf, den Zuschuss zurückzuzahlen. Hahn kann sich nicht auf Vertrauensschutz berufen, da der – rechtswidrig – gewährte Zuschuss wertmäßig noch in seinem Vermögen vorhanden ist (Wertsteigerung Haus).

Sofern weder Bestandsschutz im Sinne des § 48 II 2, noch ein gesetzlich normierter Ausschluss des Vertrauensschutzes (§ 48 II 3) gegeben ist, muss eine umfassende Abwägung der privaten Bestandsinteressen mit dem öffentlichen Interesse an der Rücknahme efolgen.

---

549   BVerwG NJW 1993, 2764

Verwaltungshandeln

318

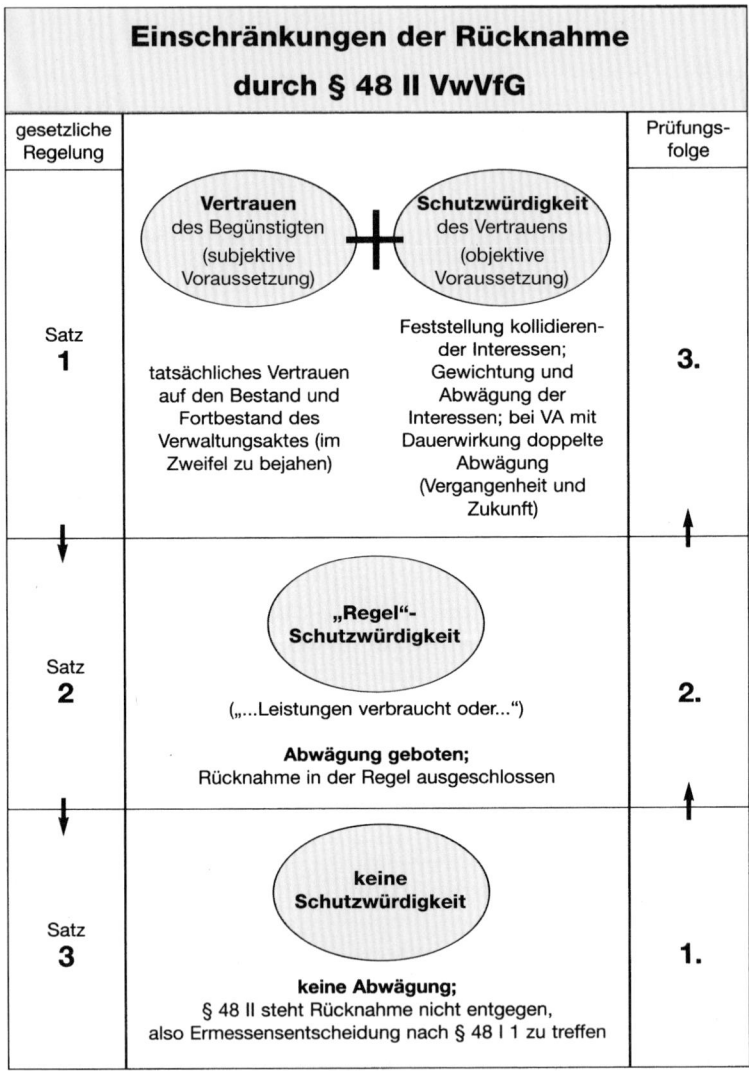

319 Das der Behörde allgemein durch § 48 I 1 eingeräumte Ermessen, einen rechtswidrigen Verwaltungsakt zurückzunehmen, soweit § 48 II die Rücknahme nicht einschränkt, gilt für Verwaltungsakte im Sinne des § 48 II auch hinsichtlich der Frage, ob der Verwaltungsakt ganz oder teilweise, für die Zukunft oder auch für die Vergangenheit zurückgenommen werden soll. Häufig kommt nur eine Rücknahme für die Zukunft in Betracht; in den Fällen des § 48 II 3 wird der

Rücknahme und Widerruf

Verwaltungsakt jedoch im Regelfall mit Wirkung für die Vergangenheit zurückzunehmen sein (§ 48 II 4).

320 Ein sonstiger rechtswidriger begünstigender Verwaltungsakt kann – von der zeitlichen Begrenzung des § 48 IV abgesehen – nach § 48 I 1 ohne Einschränkungen zurückgenommen werden; in solchen Fällen ist also nur Ermessen auszuüben. Fraglich ist, ob bei der Ermessensentscheidung nur von dem öffentlichen Interesse an der Wiederherstellung des rechtmäßigen Zustandes ausgegangen oder das Vertrauen des Bürgers auf den Bestand des Verwaltungsaktes mit dem öffentlichen Interesse an der Rücknahme abgewogen werden sollte. Nach dem Wortlaut des § 48 I 1 und nach der Absicht des Gesetzgebers[550] ist bei der Rücknahme von Verwaltungsakten im Sinne des § 48 III das Vertrauensinteresse des Bürgers nicht zu berücksichtigen. Es ist jedoch anerkannt, dass die Regelung des § 48 III, die dem Betroffenen einen Ausgleichsanspruch für Vermögensnachteile zubilligt, nicht ausschließt, sein Vertrauen auf den Bestand des Verwaltungsaktes im Rahmen der Ermessensentscheidung nach § 48 I zu berücksichtigen.[551]

320a Bei der Rücknahme von rechtswidrigen Verwaltungsakten, die teilweise begünstigend und teilweise belastend sind, ist hinsichtlich der Anwendbarkeit der Einschränkungen von § 48 I 2, II – IV eine differenzierte Beurteilung geboten. Ist eine Teilung möglich, dann greifen für den begünstigenden Teil die Einschränkungen von § 48 I 2, II – IV ein; der belastende Teil kann dagegen allein auf der Basis des § 48 I 1 zurückgenommen werden. Ist dagegen eine Teilung nicht möglich, greifen regelmäßig die Grenzen für die Rücknahme begünstigender Verwaltungsakte. Eine andere Beurteilung ist nur dann angezeigt, wenn der begünstigende Teil lediglich eine völlig untergeordnete Rolle einnimmt.

---

550 EVwVfG, 71; vgl. auch OVG Münster OVGE 34, 302 [307]
551 Kopp/Ramsauer, § 48 RdNr. 137

Verwaltungshandeln

321

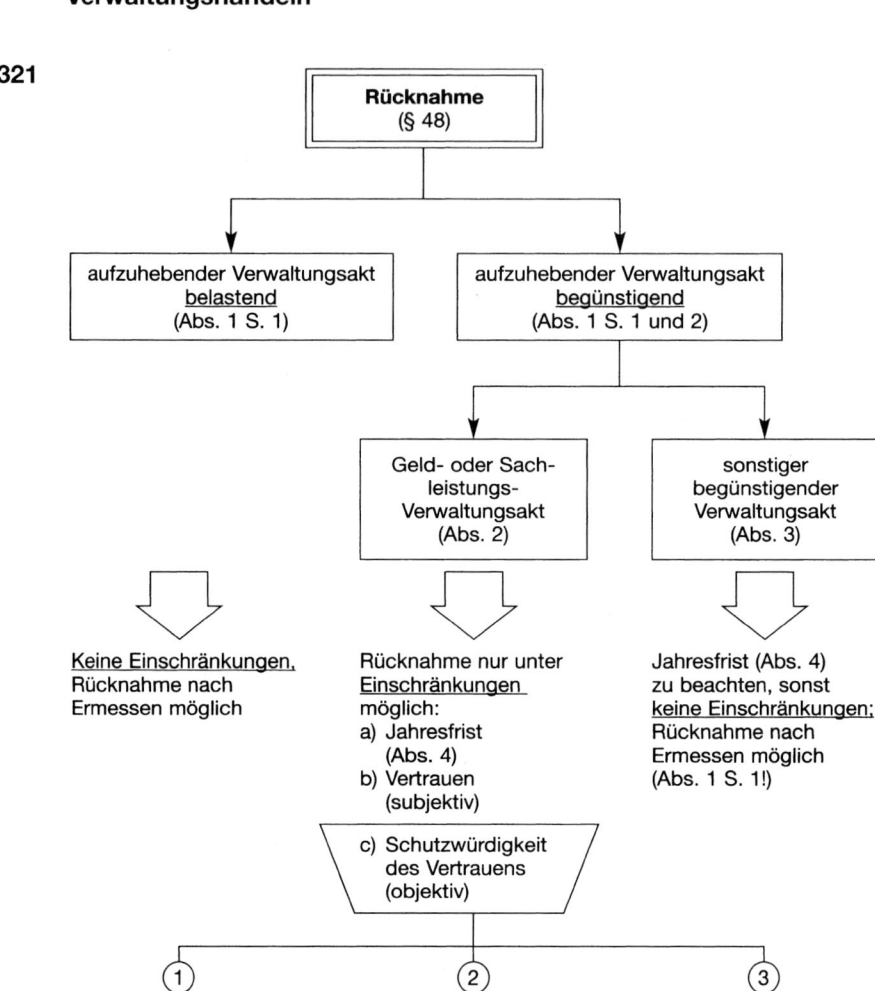

Rücknahme und Widerruf

Wird der Verwaltungsakt zurückgenommen, ist auf Antrag des Betroffenen der Vermögensnachteil auszugleichen, soweit Vertrauensschutz bestand (Abs. 3). In diesen Fällen gewährt das Gesetz also Vermögensschutz. Unter die Regelung des § 48 III fallende Verwaltungsakte sind z. B. Einbürgerung, Feststellung der Staatsangehörigkeit, Zulassung zur Prüfung, Befreiung vom Anschluss- und Benutzungszwang, Baugenehmigung. **322**

Das Recht der Behörde, einen rechtswidrigen begünstigenden Verwaltungsakt zurückzunehmen, ist zeitlich begrenzt. Nach § 48 IV 1 ist die Rücknahme nur innerhalb eines Jahres zulässig, wenn die Behörde von Tatsachen Kenntnis erhält, die es rechtfertigen, den Verwaltungsakt zurückzunehmen. Die Frist beginnt zu laufen, wenn die Behörde die Rechtswidrigkeit des Verwaltungsaktes erkannt hat und ihr die für die Entscheidung über die Rücknahme außerdem erheblichen Tatsachen vollständig bekannt sind.[552] Kenntnis muss die für die Rücknahme zuständige Stelle innerhalb der Behörde haben.[553] Die Gerichte sehen in § 48 IV eine Entscheidungsfrist.[554] Ist der Verwaltungsakt durch arglistige Täuschung, Drohung oder Bestechung erwirkt worden, ist es nach § 48 IV 2 zeitlich nicht begrenzt, ihn zurückzunehmen. **323**

Die sachliche Zuständigkeit für die Rücknahmeentscheidung beurteilt sich zunächst nach dem jeweils anzuwendenden Fachrecht. Soweit es an derartigen Regelungen fehlt, ist nach allgemeinen verwaltungsverfahrensrechtlichen Grundsätzen die Behörde zuständig, die im Zeitpunkt der Rücknahmeentscheidung für den Erlass des aufzuhebenden Verwaltungsakts zuständig gewesen wäre.[555] Die örtliche Zuständigkeit beurteilt sich, sofern der aufzuhebende Verwaltungsakt unanfechtbar ist, nach § 3. Dies gilt auch dann, wenn der zurückzunehmende Verwaltungsakt von einer anderen Behörde erlassen worden ist (§ 48 V). **324**

Besondere Rechtsprobleme treten bei der Rücknahme gemeinschaftswidriger Beihilfebescheide auf. Sofern nicht ausnahmsweise besondere Rücknahmevorschriften des EU-Rechts bestehen, ist Rechtsgrundlage für den Rücknahmebescheid § 48. Bei einer Rücknahmeentscheidung ist zu berücksichtigen, dass die nationalen Rücknahmeregelungen die Tragweite und die Wirksamkeit des Gemeinschaftsrechts nicht beeinträchtigen dürfen. Insbesondere darf der Vollzug des Gemeinschaftsrechts nicht praktisch unmöglich gemacht werden.[556] So ist beispielsweise bei fehlender Notifizierung (vorheriger Genehmigung zulässiger Beihilfen) das Vertrauen des Begünstigten regelmäßig nicht schutzwürdig, da ein sorgfältiger Gewerbetreibender die Nichteinhaltung des Notifizierungsverfahrens erkennen musste.[557] **325**

---

552 BVerwG, Beschl. des Großen Senats vom 19.12.1984, BVerwGE 70, 356. Kritisch dazu Maurer/Waldhoff, § 11 RdNr. 44, auch zu dem umstrittenen Behördenbegriff i. S. des § 48 IV 1
553 Vgl. nur BVerwG DVBl 2001, 1221 [1223]; a. A. Maurer/Waldhoff, § 11 RdNr. 44
554 St. Rspr. Vgl. nur OVG Münster NVwZ-RR 2020, S. 333 ff. m. N.
555 BVerwG NJW, 2000, 1512; BVerwG DVBl. 2019, S. 707 ff.; vgl. auch Geron, JA 2002, 229
556 Siehe auch Sproll, Allgemeines Verwaltungsrecht Bd. II, § 12 RdNr. 87 m. N.
557 Vertiefung: EuGH NJW 1998, 47; BVerwG NVwZ 2002, 195; BVerwGE 74, 357; BVerwG NJW 1993, 2764; 1998, 3728; Schmidt, S. 236 ff. m. umfangreichen N.; Vertiefung Maurer/Waldhoff, RdNr. 38a ff. m. N.

Verwaltungshandeln

4.9.3 Widerruf (§ 49 VwVfG)

326 Ein rechtmäßiger belastender Verwaltungsakt kann nach § 49 I grundsätzlich jederzeit ganz oder teilweise mit Wirkung für die Zukunft widerrufen werden. Nicht widerrufen werden darf in zwei Fällen:
1. „Wenn ein Verwaltungsakt gleichen Inhalts erneut erlassen werden müsste." Ein gebundener Verwaltungsakt, dessen Voraussetzungen vorliegen, darf mithin nicht widerrufen werden.
   Beispiel:
   Erschließungsbeiträge müssen erhoben werden (§ 127 I BauGB: „erheben"). Eine Gemeinde darf Heranziehungsbescheide nicht widerrufen.
2. Wenn „aus anderen Gründen ein Widerruf unzulässig ist". Ein Widerruf ist z. B. unzulässig (= rechtswidrig), wenn er gegen Art. 3 GG verstößt.
   Beispiel:
   Im Außenbereich einer Gemeinde sind sechs Wochenendhäuser formell und materiell baurechtswidrig errichtet worden. Die Bauaufsichtsbehörde erlässt gegen alle Eigentümer Beseitigungsanordnungen. Widerruft sie nur eine dieser Anordnungen, so wäre dies wegen Verstoßes gegen den Gleichheitssatz rechtswidrig.

327 Nach § 49 II 1 darf ein rechtmäßiger begünstigender Verwaltungsakt nur unter bestimmten Voraussetzungen widerrufen werden. Die Legaldefinition des § 48 I 2 kann zur Klärung des Begriffes „begünstigender Verwaltungsakt" herangezogen werden.

328 § 49 II 1 Nr. 1 lässt den Widerruf zu, wenn er im Verwaltungsakt vorbehalten ist.
Die erste Alt. des § 49 II 1 Nr. 1 („durch Rechtsvorschrift zugelassen") hat nur deklaratorische Bedeutung, denn wenn die Behörde durch eine Spezialnorm ermächtigt ist, einen Verwaltungsakt zu widerrufen, richtet sich der Widerruf allein nach der Spezialermächtigung, die in einem solchen Fall nach § 1 I vor dem VwVfG anzuwenden ist, und wird nicht etwa erst durch § 49 II 1 Nr. 1 zugelassen (vgl. auch RdNr. 248).
Tatbestandsmäßige Voraussetzung für den Widerruf nach der zweiten Alt. ist nicht, dass der Widerrufsvorbehalt rechtmäßig ist.[558] Wirksamkeit genügt, denn was nach § 43 I 2, II für den Verwaltungsakt gilt, muss auch für eine damit verbundene Nebenbestimmung gelten. Das bedeutet, dass auch ein rechtswidriger (nicht nichtiger) Widerrufsvorbehalt zum Widerruf berechtigt. Die Rechtmäßigkeit des Widerrufs hängt jedoch davon ab, ob das Ermessen fehlerfrei ausgeübt wird. Die Rechtswidrigkeit eines Widerrufsvorbehalts kann u. U. das Gewicht des Vertrauensschutzes verstärken.
Erforderlich ist, dass der Widerruf selbst durch sachliche Gründe gerechtfertigt ist.[559]

---

558 BVerwG NVwZ 1987, 498; BVerwG NJW 1991, 766; Bovermann/Bösche, 109; Eichberger, GewArch 1983, 105 [111 f.]; Kopp/Ramsauer, § 49 RdNr. 37; Sarnighausen, NVwZ 1995, 563. A. A. Maurer/Waldhoff, § 11 RdNr. 62, zum Problem siehe auch Stelkens/Bonk/Sachs, § 49 RdNr. 39 ff.

559 Maurer/Waldhoff, § 11 RdNr. 63 vgl. auch BVerwG NVwZ 2001, 556

Rücknahme und Widerruf

Beispiel:
Ein nds. Landwirt erhält die Sondernutzungserlaubnis zur Anlegung einer zweiten Zufahrt zur – an seinem Hofgrundstück vorbeiführenden – Kreisstraße (§§ 18, 20 NStrG). Der Erlaubnis ist ein Widerrufsvorbehalt beigefügt worden. Einige Jahre nach Erteilung der Erlaubnis und Anlegung der zweiten Zufahrt wird in der Gemeinde das Verkehrskonzept geändert. Betroffen ist auch die Kreisstraße. Folge ist die deutliche Steigerung des Verkehrsaufkommens auf der Kreisstraße. In Folge des erhöhten Verkehrsaufkommens ist es wiederholt im Bereich der neuen Hofeinfahrt zu Verkehrsunfällen gekommen. In drei Fällen waren auch landwirtschaftliche Nutzfahrzeuge des Landwirts verstrickt. Die Erhöhung des Verkehrsaufkommens und das Ziel, Verkehrsunfälle zu reduzieren, stellen sachliche Gründe für einen Widerruf dar.

329 Nach § 49 II 1 Nr. 2 darf ein rechtmäßiger begünstigender Verwaltungsakt widerrufen werden, wenn eine mit dem Verwaltungsakt verbundene Auflage nicht oder nicht fristgerecht erfüllt wurde.
Auf die Rechtmäßigkeit der Auflage kommt es regelmäßig nicht an, denn das soeben zum Widerrufsvorbehalt Ausgeführte gilt auch für den Widerruf wegen Nichterfüllung einer Auflage.
Der Grundsatz der Verhältnismäßigkeit könnte jedoch einem Widerruf entgegenstehen. Vor dem Widerruf muss zunächst versucht werden, die Auflage mit Zwangsmitteln durchzusetzen, da der Widerruf nicht erforderlich wäre, wenn sie zum Erfolg führen.

330 § 49 II 1 Nr. 3 lässt es zu, einen rechtmäßigen begünstigenden Verwaltungsakt zu widerrufen, wenn sich der Sachverhalt geändert hat, die Behörde berechtigt wäre, den Verwaltungsakt nicht zu erlassen und wenn ohne den Widerruf das öffentliche Interesse gefährdet wäre. Es muss um die Abwehr eines sonst drohenden Schadens für wichtige Gemeinschaftsgüter gehen. Erforderlich ist eine konkrete Gefährdung, für deren Beseitigung der Widerruf erforderlich ist und beitragen kann.[560] Die Behörde ist berechtigt, den Verwaltungsakt nicht zu erlassen, wenn die Voraussetzungen für den Verwaltungsakt entfallen sind oder aber neue Tatsachen eine andere (negative) Ermessensentscheidung rechtfertigen würden.

Beispiel:
Eine Reisegewerbekarte kann hiernach widerrufen werden, wenn der Reisegewerbetreibende die für die ausgeübte Tätigkeit erforderliche Zuverlässigkeit nicht mehr besitzt, denn in einem solchen Fall wäre die Behörde nach § 57 GewO berechtigt (verpflichtet), die Reisegewerbekarte nicht zu erteilen. Zusätzlich erforderlich ist, dass ohne den Widerruf das öffentliche Interesse (konkret!) gefährdet wäre; der Widerruf müsste also notwendig sein, um einen sonst unmittelbar drohenden Schaden für den Staat, die Allgemeinheit oder für wichtige Gemeinschaftsgüter abzuwehren.[561] Dies dürfte regelmä-

---

560 Vgl. nur BVerwG NVwZ 1984, S. 102 f.; VGH Mannheim NVwZ-RR 1989, S. 540; s. ferner Weidemann, DVP 2019, S. 469 ff.
561 BVerwG DVBl. 1982, 1004

Verwaltungshandeln

ßig anzunehmen sein, wenn sonst ungeeignete Personen weiterhin ihre Tätigkeit ausüben könnten.[562]

331 Nach § 49 II 1 Nr. 4 kann ein rechtmäßiger begünstigender Verwaltungsakt widerrufen werden, wenn sich die Rechtslage geändert hat, soweit die begünstigte Person von der Begünstigung noch keinen Gebrauch gemacht oder aufgrund des Verwaltungsaktes noch keine Leistungen empfangen hat, und wenn ohne den Widerruf das öffentliche Interesse gefährdet wäre.

332 Schließlich ermächtigt § 49 II 1 Nr. 5 zum Widerruf, wenn schwere Nachteile für das Gemeinwohl verhütet oder beseitigt werden sollen.
Für diese Ermächtigung gibt es, soweit ersichtlich, bisher keinen praktischen Fall, in dem sie angewendet wurde. Ob nur eine Katastrophe, ein Notstand oder Ähnliches es rechtfertigen, schwere Nachteile für das Gemeinwohl anzunehmen, ist umstritten.[563]

333 Die Voraussetzungen für den Widerruf eines begünstigenden rechtmäßigen Verwaltungsaktes, der keine Geldleistung oder keine teilbare und zweckgebundene Sachleistung gewährt, sind in § 49 II 1 abschließend geregelt („nur"), so dass ein solcher Verwaltungsakt aus anderen als den in Nrn. 1 bis 5 aufgeführten Gründen nicht widerrufen werden darf.[564] Liegen die tatbestandlichen Voraussetzungen für einen Widerruf nach § 49 II vor, so wird das Ermessen in zweifacher Hinsicht begrenzt. So ist eine Aufhebung nur mit Wirkung für die Zukunft möglich. Zudem ist auch hier die Jahresfrist zu beachten (§ 49 II 2).

334 Nach § 49 III 1 kann ein rechtmäßiger Verwaltungsakt, der eine einmalige oder laufende Geldleistung gewährt, mit der ein bestimmter Zweck erfüllt werden soll oder hierfür Voraussetzung ist, ganz oder teilweise auch mit Wirkung für die Vergangenheit widerrufen werden, wenn
1. die Leistung nicht, nicht alsbald, nachdem sie erbracht worden ist, oder nicht mehr für den in dem Verwaltungsakt bestimmten Zweck verwendet wird oder
2. mit dem Verwaltungsakt eine Auflage verbunden ist und die begünstigte Person diese Auflage nicht oder nicht innerhalb einer ihr gesetzten Frist erfüllt hat.

Dies gilt auch, wenn eine teilbare und zweckgebundene Sachleistung gewährt wird.
Die zeitliche Begrenzung des Rücknahmerechts durch § 48 IV gilt hier nach § 49 III 2 entsprechend. Die Anwendung des § 49 II auf sog. Leistungsbescheide wird durch die Sonderregelung des § 49 III nicht ausgeschlossen.[565]

335 Wegen des eindeutigen Wortlauts des § 49 II und III, der die Aufhebung ausdrücklich auf rechtmäßige Verwaltungsakte beschränkt, kommt ein „Widerruf" regelmäßig nicht in Betracht, wenn der aufzuhebende Verwaltungsakt rechtswid-

---

562 BVerwG DÖV 1991, S. 76; OVG Lüneburg NJW 1992, S. 591 ff.
563 Vgl. Habermehl, RdNr. 938, und Kopp/Ramsauer, § 49 RdNr. 54 ff.
564 Stelkens/Bonk/Sachs, § 49 RdNr. 34
565 Siehe auch Burmeister, NVwZ 1997, 19 [21]; Kopp/Ramsauer, § 49 RdNr. 62

Rücknahme und Widerruf

rig ist, denn für einen solchen Fall ist die Regelung des § 48 vorgesehen. Ob es im Einzelfall erlaubt ist oder geboten sein kann, § 49 II und III auf die Aufhebung rechtswidriger Verwaltungsakte analog anzuwenden, erscheint zweifelhaft, denn eine planwidrige Gesetzeslücke besteht nicht. Der unterschiedlichen Interessenlage bei der Aufhebung rechtmäßiger und rechtswidriger Verwaltungsakte wurde bewusst durch die entsprechend differenzierten Regelungen in § 48 und § 49 Rechnung getragen. In Literatur und Rechtsprechung[566] wird es dagegen für zulässig gehalten, § 49 II auf rechtswidrige Verwaltungsakte entsprechend oder ergänzend anzuwenden.

4.9.4 Folgen der Aufhebung

336 Ein zurückgenommener oder widerrufener Verwaltungsakt wird mit dem Wirksamwerden der Rücknahme oder des Widerrufs unwirksam. Dies ergibt sich im allgemeinen Verwaltungsverfahrensrecht aus § 43 II und wird für den Fall des Widerrufs, obwohl diese Regelung an sich entbehrlich ist, durch § 49 IV ausdrücklich bestimmt. Die rechtsgestaltende Wirkung der Aufhebung eines Verwaltungsaktes tritt nach § 43 I in dem Zeitpunkt ein, in dem die Rücknahme oder der Widerruf dem Adressaten bekannt gegeben worden ist; mit diesem Zeitpunkt – also nicht erst mit dem Eintritt der Unanfechtbarkeit – erlischt der Verwaltungsakt, sofern die Behörde nicht einen davon abweichenden späteren Zeitpunkt bestimmt hat.

337 Die Aufhebung eines Verbots hat zur Folge, dass die verbotene Tätigkeit „erlaubt" ist. Die Aufhebung einer Erlaubnis bewirkt, dass die Tätigkeit mit dem Wirksamwerden der Aufhebung und dem dadurch eintretenden Verstoß gegen den gesetzlichen Erlaubnisvorbehalt verboten ist. Wird die bisher erlaubte Tätigkeit dennoch fortgesetzt, kann sie von der Behörde unterbunden und außerdem zum Anlass genommen werden, den Rechtsverstoß zu ahnden.

> **Beispiel:**
> Eine Erlaubnis zur Ausübung eines Reisegewerbes (Reisegewerbekarte, § 55 II GewO) ist aufgehoben worden. Der Gewerbetreibende setzt die bisherige Tätigkeit fort. Die Behörde kann von der Bekanntgabe der Aufhebung an die weitere Gewerbeausübung nach § 60d GewO verhindern und ein Bußgeldverfahren einleiten (§ 145 I Nr. 1 GewO), weil der Gewerbetreibende die für seine Tätigkeit erforderliche Reisegewerbekarte nicht mehr besitzt.
> Die Wirkungen einer Aufhebung und damit auch die Beendigung der Wirkungen eines aufgehobenen Verwaltungsaktes können aber als Folge der aufschiebenden Wirkung eines Rechtsbehelfs suspendiert sein (vgl. RdNr. 521).

338 Ein weiterer Problemkomplex betrifft die Erstattung zu Unrecht erbrachter Leistungen. § 49a regelt – als spezielle Ausprägung des öffentlich-rechtlichen Erstattungsanspruchs – die Rückerstattung rechtsgrundlos für die Vergangenheit erbrachter Leistungen. Diese Vorschrift erfasst die §§ 48 II und 49 III. Nach § 49a I 1 sind bereits erbrachte Leistungen zu erstatten. § 49a I 2 fordert, dass die zu

---

[566] Eichberger, GewArch 1983, 105 [111]; Kopp/Ramsauer, § 48 RdNr. 34, § 49 RdNr. 12; Maurer/Waldhoff, § 11 RdNr. 17 m. N.; BVerwG GewArch 2019, S. 24 ff.; ein Anwendungsbeispiel ist dem Urt. des VGH Kassel NVwZ 1984, 382, zu entnehmen.

Verwaltungshandeln

erstattendenden Leistungen durch schriftlichen Verwaltungsakt festzusetzen sind (sog. Verwaltungsaktsvorbehalt[567]). Zu beachten ist, dass die Aufhebung eines Verwaltungsakts auch konkludent efolgen kann. So liegt beispielsweise in der Rückforderung einer Subvention regelmäßig zugleich konkludent die Aufhebung des Bewilligungsbescheides.[568] Für den Umfang der Erstattung gelten – mit Ausnahme der Verzinsungsregeln (§ 49a III) – die §§ 812 ff. BGB (§ 49a II 1 – sog. Rechtsfolgeverweisung –).[569]
§ 49a IV sieht die Möglichkeit der Verzinsung der Leistung bei Zweckverzögerung bzw. verfrühter Inanspruchnahme vor. Diese Vorschrift erweitert die Handlungsspielräume der Verwaltung. Statt eines Widerrufs hat sie jetzt die Möglichkeit, den ungerechtfertigt erworbenen wirtschaftlichen Vorteil abzuschöpfen.

339 Wird ein sonstiger begünstigender Verwaltungsakt, also ein Verwaltungsakt, der nicht unter § 48 II fällt, zurückgenommen, so hat die Behörde dem Betroffenen unter den Voraussetzungen des § 48 III den Vermögensnachteil auszugleichen, den dieser dadurch erlitten hat, dass er auf den Bestand des Verwaltungsaktes vertraut hat.

340 Wird ein Verwaltungsakt nach § 49 II Nr. 3 bis 5 widerrufen, so hat der Betroffene u. U. einen Entschädigungsanspruch (§ 49 VI). Da in den Fällen des § 49 II Nr. 1 und Nr. 2 der Begünstigte regelmäßig damit rechnen muss, dass die Behörde bei Eintritt des Widerrufsgrundes den Verwaltungsakt aufhebt, sieht das VwVfG auch keine Entschädigungsregelung vor.

341 Verwaltungsakte mit Drittwirkung können von der Sonderregelung des § 50 erfasst werden. Wird ein begünstigender Verwaltungsakt, der von einem Dritten angefochten wird, während des Vorverfahrens oder während des verwaltungsgerichtlichen Verfahrens aufgehoben, und wird dadurch dem Rechtsbehelf abgeholfen, so finden die §§ 48 I 2, II–IV und 49 II–IV keine Anwendung.

---

567 Schmidt, RdNr. 741
568 BVerwGE 62, 1; NVwZ 1984, 518; ferner Stelkens/Bonk/Sachs, § 48 RdNr. 244 f.
569 Vertiefung Weidemann/Barthel, DVP 2008, S. 328 ff.; ferner Baumeister in: Obermayer/Funke-Kaiser, § 49a Rdnr. 26 ff.

Rücknahme und Widerruf

342

Aufhebung
liegt vor, wenn die Behörde zu erkennen gibt, dass die im Verwaltungsakt ausgesprochene Rechtsfolge nicht mehr oder nicht mehr uneingeschränkt gelten soll (also nicht: Berichtigung offenbarer Unrichtigkeiten)

Rücknahme
eines rechtswidrigen Verwaltungsaktes (§ 48)

→ Verwaltungsakt mit **belastender** Wirkung

Grundsatz: (Abs. 1 S. 1) — frei rücknehmbar

→ Verwaltungsakt mit **begünstigender** Wirkung

Grundsatz: (Abs. 1 S. 2) — nur unter Einschränkungen rücknehmbar

Jahresfrist zu beachten (§ 48 IV)

① Verwaltungsakt, der eine einmalige oder laufende Geldleistung oder teilbare Sachleistung gewährt oder hierfür Voraussetzung ist (Abs. 2):

Rücknahme ausgeschlossen,

a) soweit der Begünstigte auf den Bestand des Verwaltungsaktes vertraut hat (subjektive Komponente) und

b) sein Vertrauen unter Abwägung mit dem öffentlichen Interesse an einer Rücknahme schutzwürdig ist (objektive Komponente).

② sonstiger begünstigender Verwaltungsakt (Abs. 3):

Rücknahme ohne Einschränkungen zulässig (Abs. 1 S. 1), aber auf Antrag Ausgleich des Vermögensnachteils, soweit Vertrauensschutz bestand.

Verwaltungshandeln

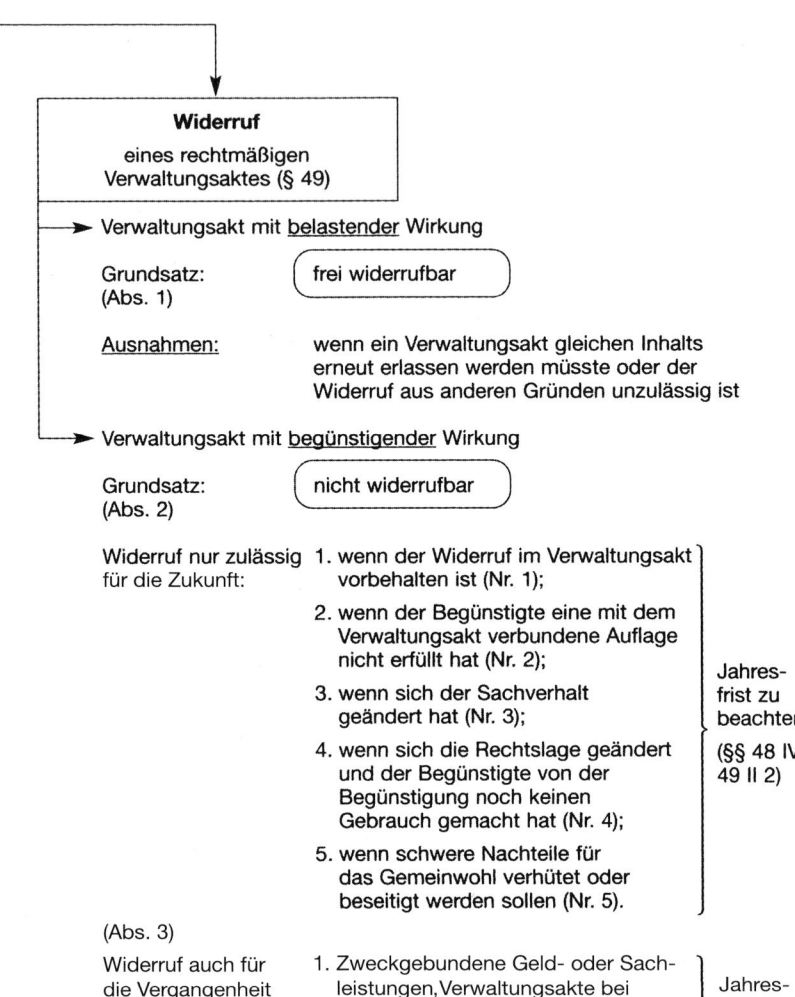

4.10 Zusage und Zusicherung

4.10.1 Begriff

343 Mit der Zusage gibt die zuständige Behörde das verbindliche Versprechen ab, eine bestimmte Verwaltungsmaßnahme vorzunehmen oder aber zu unterlassen.

Zusage und Zusicherung

Einen Unterfall der Zusage stellt die Zusicherung dar. Sie ist eine von der zuständigen Behörde erteilte Zusage, einen bestimmten Verwaltungsakt später zu erlassen oder zu unterlassen (§ 38 I 1). Einem Beamten wird z. B. seine Beförderung, einem Bürger eine Maklererlaubnis zugesichert. Von einer Zusicherung wird die Behörde dann Gebrauch machen, wenn sie wegen fehlender Voraussetzungen noch nicht abschließend entscheiden kann, der Bürger aber daran interessiert ist, schon vorher zu erfahren, wie die Behörde den Sachverhalt künftig behandeln wird. Im Steuerrecht ist dies in § 204 AO ausdrücklich geregelt.

Die Zusage kann sich auch auf ein Handeln gegenüber einem Dritten beziehen. Dem Eigentümer eines Grundstücks wird z. B. zugesagt, das die von seinem Nachbarn beantragte Erlaubnis für eine Privatklinik oder Baugenehmigung versagt werde.

Die Behörde ist nicht gehindert, auch anderes Verwaltungshandeln zuzusagen (sog. Zusage i. e. S.). Die Zusage (i. e. S.) ist auf den Bereich des schlichten Verwaltungshandelns oder aber auf den Abschluss eines öffentlich-rechtlichen Vertrages gerichtet.[570] Diese Fälle werden aber von § 38 nicht erfasst; für sie gelten die allgemeinen Grundsätze des Verwaltungsrechts.[571]

Beispiel
Einem Grundstückseigentümer wird von der Gemeinde zugesagt, in absehbarer Zeit die vor seinem Haus stehende Straßenlaterne abzuschalten.

4.10.2 Zusicherung

Aus der Erklärung der Behörde muss sich ergeben, dass eine verbindliche Zusicherung gewollt ist. Im Zweifel ist durch Auslegung zu ermitteln, ob die Behörde eine bindende Erklärung abgeben wollte. Dabei ist der erklärte Wille, wie ihn der Empfänger bei objektiver Würdigung aller maßgebenden Begleitumstände und den Zweck der Erklärung verstehen durfte, entscheidend.[572] Die Zusicherung muss hinreichend bestimmt sein, denn § 38 definiert sie als Verpflichtung einen bestimmten Verwaltungsakt zu erlassen oder zu unterlassen. **344**

Beispiel:
Eine Gemeinde zahlt Umzugsprämien bis zu 5.000 € im Einzelfall an solche Mieter, die aus einer großen unterbelegten Sozialwohnung in eine kleinere umziehen. Ein Mieter erfüllt die Voraussetzungen für die Gewährung einer Umzugsprämie von 3.000 €. Die zunächst bereitgestellten Haushaltsmittel sind jedoch erschöpft. Die Gemeinde teilt dem Mieter (schriftlich) mit, dass der Bewilligungsbescheid über 3.000 € zugestellt werde, sobald wieder Haushaltsmittel verfügbar seien.

4.10.3 Rechtsnatur der Zusicherung

Die Rechtsnatur der Zusicherung ist umstritten[573]. Das VwVfG, das in § 38 II mehrere Regelungen über den Verwaltungsakt für entsprechend anwendbar er- **345**

---

570   Siehe auch VGH Mannheim DVBl 2000, 820
571   Die h. M. lehnt auch eine entsprechende Anwendung des § 38 ab; vgl. Maurer/Waldhoff, § 9 RdNr. 61 ff. m. N.
572   BVerwGE 26, 31 [36]; BGH NVwZ RR 1996, 66
573   Vgl. Kopp/Ramsauer, § 38 RdNr. 2; Maurer/Waldhoff, § 9 RdNr. 61

Verwaltungshandeln

klärt, geht offenbar davon aus, dass Zusicherungen keine Verwaltungsakte sind,[574] denn andernfalls wäre die Regelung des § 38 II entbehrlich. Nach heute überwiegend vertretener Ansicht werden Zusicherungen jedoch als Verwaltungsakte angesehen, weil es sich um verbindliche (einseitige) Regelungen handelt, durch die Rechte und entsprechende Pflichten begründet werden.[575] Die Streitfrage hat aber an Bedeutung verloren, da § 38 II die entsprechende Anwendung der VA-Regelungen fordert.

4.10.4 Wirksamkeit

346 Liegt begrifflich eine Zusicherung vor, kommt es darauf an, ob sie wirksam ist. Eine Zusicherung ist nur wirksam, wenn die folgenden Voraussetzungen erfüllt sind:
1. Zulässigkeit der Zusicherung; d. h., die Zusicherung darf nicht gesetzlich ausgeschlossen sein.
2. Die Zusicherung muss von der zuständigen Behörde gegeben worden sein (§ 38 I 1).
3. Die Zusicherung muss schriftlich erteilt worden sein (§ 38 I 1). Diesem Schriftformerfordernis wird auch durch die elektronische Form im Sinne des § 3a II genügt. Für den Erlass einer Zusicherung kann auf die dort genannten Kommunikationsmittel zurückgegriffen werden. Dagegen wahrt eine E-Mail ohne digitale Signatur die für eine Zusicherung vorgesehen Schriftform nicht.[576]
4. Die Zusicherung darf nicht nichtig sein (§§ 38 II, 44).
5. Die Sach- oder Rechtslage darf sich seit Abgabe der Zusicherung nicht wesentlich geändert haben (§ 38 III).
Hat sie sich derart geändert, ist die Behörde an die Zusicherung nicht mehr gebunden, denn in jeder Zusicherung ist der unausgesprochene Vorbehalt enthalten, dass die Zusicherung nicht (oder nur in abgewandelter Weise) erfüllt zu werden braucht, wenn sich die tatsächlichen Umstände oder rechtlichen Verhältnisse, die ihr zugrunde liegen, so verändern, dass nach Treu und Glauben von der Behörde nicht erwartet werden kann, die Zusicherung einzuhalten.

Sind die oben genannten Voraussetzungen erfüllt, hat der Zusicherungsbegünstigte gegen die Behörde Anspruch darauf, dass die Zusicherung – auch eine rechtswidrige! – eingehalten wird.

Beispiel:
So hat der Mieter im Beispiel oben (RdNr. 344) Anspruch darauf, dass ihm ein Bewilligungsbescheid über 3.000 € erteilt wird, sobald wieder Haushaltsmittel zur Verfügung stehen.

4.10.5 Rechtmäßigkeit

347 Regelmäßig ist eine ausdrückliche Ermächtigungsgrundlage zum Erlass einer Zusicherung nicht erforderlich. Grundsätzlich steht die Erteilung einer Zusiche-

---

574   Erichsen, § 12 RdNr. 33
575   Vgl. nur BVerwG NVwZ 1986, 1011; NJW 1988, 662 [663]; Knack/Hennecke, § 38 RdNr. 38 m. N.; a. A. wohl Erfmeyer DVBl 1999, 1625 [1630] 141
576   OVG Lüneburg NVwZ 2005, S. 470

Zusage und Zusicherung

rung im Ermessen der Behörde. Der Bürger hat demgegenüber aber generell keinen Anspruch auf eine entsprechende Zusicherung.[577] Im Einzelfall kann die Zusicherung ausdrücklich gesetzlich ausgeschlossen sein (so z. B. § 2 II BBesG). Im Übrigen muss die Zusicherung neben den besonderen formellen Voraussetzungen (§ 38 I) alle sonstigen Rechtmäßigkeitsvoraussetzungen für den Erlass bzw. für das Unterlassen des VA erfüllen. Auch eine rechtswidrige, aber wirksame Zusicherung entfaltet Bindungswirkung.[578]

Ein mit einer wirksamen Zusicherung im Widerspruch stehender Verwaltungsakt ist rechtswidrig. **348**

Beispiel:
Ein Gewerbetreibender plant, auf seinem Betriebsgelände eine Produktionshalle zu bauen. Die Gemeinde sichert ihm durch schriftlichen Bescheid zu, dass sie ihn zu der nach ihrer Satzung an sich fällig werdenden einmaligen Entgelten für die Herstellung des Kanalanschlusses für das zu errichtende Gebäude nicht heranziehen werde, weil sie daran interessiert ist, dass Arbeitsplätze geschaffen und erhalten werden. Fünf Jahre später, nachdem die Produktionshalle gebaut worden ist, wird der Gewerbetreibende aufgrund der Satzung zu einem einmaligen Kanalanschlussentgelt herangezogen. Die wegen Verstoßes gegen Art. 20 III GG rechtswidrige, wegen fehlender Offensichtlichkeit aber nicht nichtige, mithin wirksame Zusicherung steht der Heranziehung entgegen. Der Verwaltungsakt ist rechtswidrig.[579]

4.10.6 Rücknahme und Widerruf

Eine wirksame Zusicherung, die nicht mehr gelten soll, kann aufgehoben (zurückgenommen, widerrufen) werden. Für die Aufhebung gelten §§ 48 und 49 entsprechend; § 49 II Nrn. 3 und 4 sind jedoch nicht anzuwenden, weil § 38 III insoweit eine abschließende Regelung enthält.[580]
Bis zur Aufhebung ist die Behörde an die Zusicherung gebunden. **349**

4.10.7 Abgrenzung

Im Gegensatz zur Zusicherung ist die bloße Auskunft nur eine individuelle Tatsachen- oder Rechtsmitteilung, die keinen Anspruch auf ein bestimmtes Verwaltungshandeln begründet. **350**

Beispiel:
Eine Gemeinde teilt einem Bürger auf Anfrage mit, auf welchen Betrag sich die von ihm nach der Gebührensatzung zu zahlende Kanalgebühr beläuft, wenn er sein Grundstück an die gemeindliche Kanalisation anschließt.

Die Zusicherung unterscheidet sich vom Vorbescheid dadurch, dass er eine vorweggenommene Teilregelung (= „Regelung" im Sinne des § 35 S. 1) enthält und insoweit endgültig ist.

---

577 Wie hier BVerwG NVwZ 1986, 1011; a. A. wohl Kopp/Ramsauer, § 38 RdNr. 24
578 Maurer/Waldhoff, § 9 RdNr. 61
579 Vgl. für einen entsprechenden Vorausverzicht BVerwG DVBl. 1984, 192 = JuS 1984, 815
580 Kopp/Ramsauer, § 38 RdNr. 35; BVerwG NJW 1995, 1977

Verwaltungshandeln

Im Unterschied zum öffentlich-rechtlichen Vertrag (§ 54) fehlt es der Zusicherung an der Begründung eines gegenseitigen Rechtsverhältnisses und der Vereinbarung eines Leistungsaustausches.

4.11 Öffentlich-rechtlicher Vertrag

4.11.1 Begriff, Rechtsquellen und Abgrenzung zum privatrechtlichen Vertrag und zum Verwaltungsakt[581]

351 Nach der Legaldefinition des § 54 S. 1 ist ein öffentlich-rechtlicher Vertrag ein Vertrag, durch den ein Rechtsverhältnis auf dem Gebiet des öffentlichen Rechts begründet, geändert oder aufgehoben wird.
§§ 54 bis 61 enthalten keine abschließende Regelung des öffentlich-rechtlichen Vertrages. Soweit sich aus ihnen nichts Abweichendes ergibt, gelten die übrigen Vorschriften des VwVfG; ergänzend sind die Vorschriften des BGB entsprechend anzuwenden (§ 62).
Erfasst werden mit der gesetzlichen Begriffsbestimmung nur öffentlich-rechtliche Verträge im engeren Sinne (verwaltungsrechtliche Verträge), nicht dagegen Verträge aus dem Bereich des Verfassungs- und Völkerrechts. Das VwVfG hat den verwaltungsrechtlichen Vertrag gleichrangig neben die traditionelle Handlungsform VA gestellt (siehe § 9 VwVfG).

351a Das VwVfG regelt im 4. Teil des Gesetzes nur wenige Grundsätze. § 62 sieht sodann in zwei Richtungen eine Weiterung vor. So gelten nach § 62 S. 1 im Übrigen die Vorschriften des VwVfG (z. B. §§ 3 und 3a). Sofern das VwVfG keine abschließenden Regelungen enthält, gelten nach § 62 S. 2 die Vorschriften des BGB entsprechend. Da es kaum möglich ist, abschließende Regelungen für alle Vertragsgestaltungen zu schaffen, gibt es für bestimmte Bereiche spezifische Vertragsvorschriften (z. B. §§ 1 III, 12, 124 BauGB).

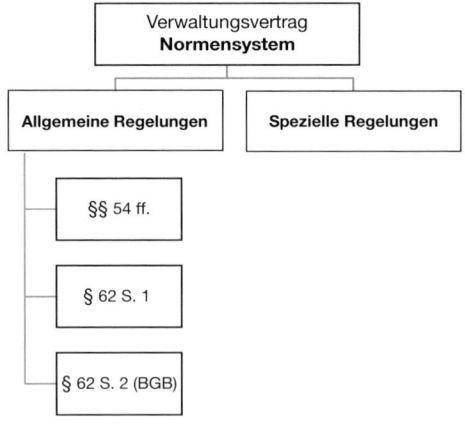

---

581   Instruktiver Überblick bei Kunze, DVP 2020, S. 443 ff.

Öffentlich-rechtlicher Vertrag

Gegenüber dem privatrechtlichen Vertrag wird der öffentlich-rechtliche Vertrag nicht danach abgegrenzt, ob ein Träger öffentlicher Verwaltung beteiligt ist. Entscheidend ist vielmehr der Gegenstand der Regelung; ist er öffentlich-rechtlicher Natur, handelt es sich um einen öffentlich-rechtlichen Vertrag.[582] Dabei ist auf den Gesamtcharakter des Vertrages abzustellen und auch dessen Zweck mit einzubeziehen.[583] So kann u. U. auch eine an sich privatrechtliche Regelung Gegenstand eines verwaltungsrechtlichen Vertrages sein. Voraussetzung ist hier, dass ein enger Sachzusammenhang zwischen den privatrechtlichen und den öffentlich-rechtlichen Elementen des Vertrages besteht, so dass im Hinblick auf die Frage nach der Rechtmäßigkeit und Wirksamkeit eine einheitliche Beurteilung geboten ist.[584]

352

Beispiele:
a) Die Erschließung ist eine der Gemeinde nach § 123 I BauGB obliegende – öffentliche – Aufgabe. Wird diese Aufgabe durch Vertrag auf einen Dritten übertragen (§ 124 I BauGB), handelt es sich dabei um einen öffentlich-rechtlichen Vertrag.
b) Der Eigentümer eines Grundstücks ist von der Gemeinde zu einem Erschließungsbeitrag herangezogen worden. Nach Anfechtung der Heranziehung haben die Beteiligten im Vorverfahren einen Vergleich geschlossen, wonach sie u. a. Grundstücke tauschten und die Gemeinde auf den Erschließungsbeitrag verzichtete. Wegen der engen, unlösbaren Verknüpfung des Grundstückstauschs mit der Heranziehung des Eigentümers zu einem Erschließungsbeitrag handelt es sich um einen öffentlich-rechtlichen Vertrag.

Vom Verwaltungsakt – auch vom mitwirkungsbedürftigen – unterscheidet sich der öffentlich-rechtliche Vertrag dadurch, dass er keine einseitige Regelung enthält; Regelfall ist die zweiseitige Regelung.

4.11.2 Arten

Unterschieden wird zwischen koordinationsrechtlichen und subordinationsrechtlichen Verträgen. Das VwVfG unterscheidet zwischen diesen beiden Vertragstypen nicht ausdrücklich, geht aber davon aus, dass es sie gibt. Die Unterscheidung ist in einigen Punkten bedeutsam. So gelten die besonderen Erfordernisse der §§ 55, 56 und die Nichtigkeitsgründe des § 59 II nur für subordinationsrechtliche Verträge. Die Unterwerfung unter die sofortige Vollstreckung ist nur bei subordinationsrechtlichen Verträgen zulässig (§ 61 I).

353

4.11.2.1 Koordinationsrechtliche Verträge.
Koordinationsrechtliche Verträge sind Verträge zwischen Rechtsträgern, die grundsätzlich gleich geordnet sind.

354

---

582 Zur Abgrenzung im Einzelnen Lange, JuS 1982, 500
583 GmS-OBG NJW 1986, 2359; BVerwG DVBl 2002, 843; NJW 1994, 2909
584 Können dagegen die privatrechtlichen und öffentlich-rechtlichen Regelungen strikt voneinander getrennt werden, so spricht man von sog. gemischten Verträgen [so auch BVerwG NVwZ 1994, 1012]; weitere Beispiele siehe Stelkens/Bonk/Sachs, § 54 RdNr. 80 f.; Vertiefung siehe Maurer/Waldhoff, § 14 Rn. 15 f. m. N.

Verwaltungshandeln

Gleichgeordnet sind Rechtsträger dann, wenn keiner dem anderen gegenüber Weisungen erteilen oder Verwaltungsakte erlassen darf.

Beispiele:
a) Vereinbarung zwischen zwei Gemeinden über die Rechtsfolgen einer Gebietsänderung.
b) Vertrag zwischen der Bundesrepublik Deutschland (Bundeswehrverwaltung) und einer Gemeinde über den Ausbau einer als Zufahrt zum Standortübungsplatz dienenden Gemeindestraße.

Gerade im Bereich des Kommunalrechts kann der koordinationsrechtliche Vertrag eine gewisse Rolle spielen. So sehen die landesrechtlichen Bestimmungen zur kommunalen Zusammenarbeit häufig vor, dass durch den Abschluss von Zweckvereinbarungen (siehe z. B. § 5 f. NKomZG[585]) festgelegt wird, dass eine der beteiligten Kommunen einzelne Aufgaben der anderen beteiligten Kommune übernimmt oder für diese ausführt.

Beispiel:
Die Gemeinde B und die Stadt T wollen ihre beiden Bauhöfe gemeinsam einsetzen, um Personal und Material zu sparen. Sie schließen nun eine Zweckvereinbarung darüber, dass die Stadt T den Bauhof der Gemeinde B übernimmt und so die Aufgaben mit erledigt (z. B. Schneeräumung in den Wintermonaten in der Gemeinde B).

355 Auch ein Vertrag zwischen Rechtsträgern des Privatrechts über einen Gegenstand des öffentlichen Rechts kann ein koordinationsrechtlicher Vertrag sein.

Beispiele:
a) Vertrag über die Abrundung eines Jagdbezirks (§ 5 I BJagdG, § 7 I NJagdG).
b) Einigung nach § 110 BauGB, die zwischen Privaten abgeschlossen werden kann (Enteignungsabwendungsvertrag).
c) Stellplatzablösevertrag (z. B. § 47 NBauO)

Ein öffentlich-rechtlicher Vertrag nur zwischen Privaten ist aber die Ausnahme.[586] Regelmäßig wird zumindest einer der Vertragspartner Rechtsträger des öffentlichen Rechts sein.

356 **4.11.2.2 Subordinationsrechtliche Verträge.** Ein Vertrag zwischen Rechtsträgern, die normalerweise wegen des Vertragsgegenstandes in einem Verhältnis der Über- und Unterordnung zueinander stehen, wird als subordinationsrechtlicher Vertrag angesehen.

Beispiele:
Erschließungsvertrag (§ 11 I Nr. 1 BauGB); Vertrag über die Ablösung des Erschließungsbeitrags (§ 133 III 5 BauGB).

---

[585] Siehe dazu Weidemann § 5 RdNr. 1 ff. in Franke/Weidemann, NKomZG-Kommentar in Praxis der Kommunalverwaltung
[586] Vertiefung: Grziwotz JuS 1998, 807 [809]; Stelkens/Bonk/Sache, § 54 Rdnr 65

Öffentlich-rechtlicher Vertrag

§ 54 S. 2 definiert den subordinationsrechtlichen Vertrag wie folgt: „Insbesondere kann die Behörde, anstatt einen Verwaltungsakt zu erlassen, einen öffentlich-rechtlichen Vertrag mit demjenigen schließen, an den sie sonst den Verwaltungsakt richten würde". Diese Begriffsbestimmung könnte so aufgefasst werden, als müsse die Behörde im Einzelfall berechtigt sein, einen Verwaltungsakt zu erlassen. Die generelle Möglichkeit, auf dem jeweiligen Sachgebiet dem Vertragspartner gegenüber durch Verwaltungsakt zu handeln, wird jedoch als ausreichend angesehen. Diese Möglichkeit ist im Verhältnis zwischen Behörde und Bürger grundsätzlich zu bejahen. Verträge zwischen Behörde und Bürger sind daher in aller Regel subordinationsrechtlich.[587]

Als besondere Typen des subordinationsrechtlichen Vertrages regelt das VwVfG den Vergleichsvertrag (§ 55) und den Austauschvertrag (§ 56). Es besteht aber kein numerus clausus verwaltungsrechtlicher Verträge.[588]

357

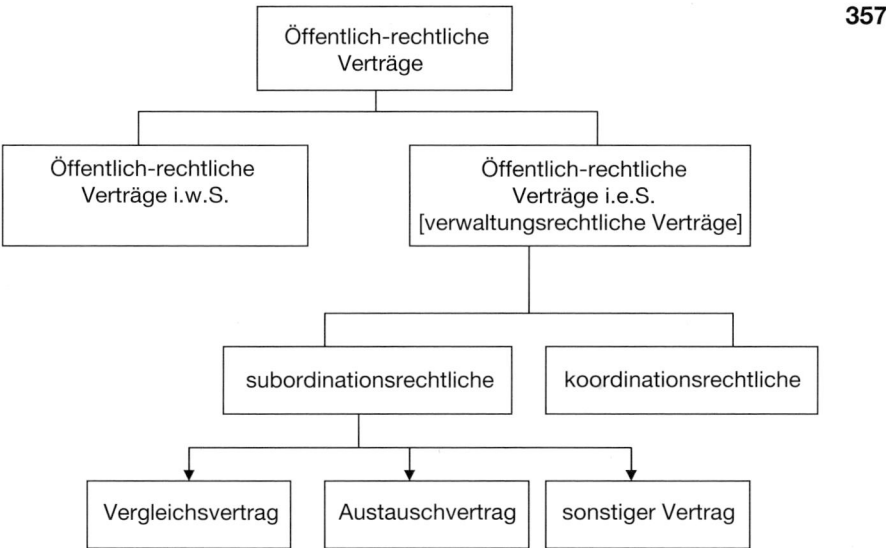

357a

4.11.2.3 Abgrenzung. Der Verwaltungsvertrag ist abzugrenzen von dem mitwirkungsbedürftigen Verwaltungsakt (z. B. Beamtenernennung, Gewerbeerlaubnis), von Nebenbestimmungen zu einem Verwaltungsakt (z. B. Bedingung, Auflage) und der Zusicherung.

---

587 Schmalz, 7. Teil RdNr. 565
588 Zeitweise war beabsichtigt, sog. Kooperationsverträge als eigenständige Kategorie in das VwVfG aufzunehmen; vgl. auch Bericht in NVwZ 2002, 834; zur (möglichen) gesetzlichen Verankerung von Public-Private-Patnerships siehe Reicherzer DÖV 2005, 603 ff.

Verwaltungshandeln

	Abgrenzung	
Verwaltungs-vertrag	– mitwirkungsbedürftiger Verwaltungsakt	Der VA bleibt eine einseitige Regelung. Die Mitwirkung des Bürgers begründet keine Einflussnahme auf den Inhalt des VA. Sie soll nur sicherstellen, dass ihm kein VA aufgedrängt wird.
	– Nebenbestimmung	Auch hier bleibt es letztlich bei der einseitigen Regelung der Behörde. Der Bürger kann der zusätzlichen Regelung aber entgehen, dann verzichtet er aber zugleich auf die Vergünstigung. Dies wird besonders bei der aufschiebenden Bedingung deutlich.
	– Zusage	Hier gibt es Parallelen. In beiden Fällen kann die Behörde sich zu einem Tun, Dulden oder Unterlassen verpflichten. Bei der Zusage bleibt es aber bei einer einseitigen Verpflichtung.

4.11.3 Zustandekommen

358 Ein öffentlich-rechtlicher Vertrag kommt dadurch zustande, dass die Vertragschließenden sich über die herbeizuführenden Rechtsfolgen einigen (Angebot und Annahme). Über § 62 S. 2 gelten die Vorschriften des BGB entsprechend, insb. die Vorschriften über das Zustandekommen der Einigung (§§ 145 ff.) und über Willensmängel (§§ 116 ff.). In diesem Zusammenhang sind für kommunale Gebiets- und Personenkörperschaften die Vertretungsvorschriften von Bedeutung.

359 Ein öffentlich-rechtlicher Vertrag ist nach § 57 schriftlich zu schließen, soweit nicht durch Rechtsnorm eine andere Form vorgeschrieben ist.[589] Das Schriftformerfordernis dient der Transparenz und der Beweisbarkeit des Vertragsinhalts als öffentliches Interesse.[590] Hinsichtlich der elektronischen Form kommt nach § 62 S. 1 die Regelung des § 3a zur Anwendung.[591]
Ein öffentlich-rechtlicher Vertrag, der in Rechte eines Dritten eingreift, wird nach § 58 I erst wirksam, wenn der Dritte schriftlich zustimmt. Ersetzt der Vertrag einen Verwaltungsakt, bei dessen Erlass eine andere Behörde hätte mitwirken müssen, so wird er nach § 58 II erst wirksam, wenn die andere Behörde in der vorgeschriebenen Form mitgewirkt hat.

4.11.4 Rechtmäßigkeit

360 **4.11.4.1 Allgemeines.** Ob die Behörde in Form des Verwaltungsvertrages handeln will, steht in ihrem Ermessen. Eine besondere Ermächtigungsgrundlage für die Handlungsform Verwaltungsvertrag ist nicht erforderlich. Öffentlich-rechtliche Verträge sind nach § 54 S. 1 rechtmäßig, „soweit Rechtsvorschriften nicht entgegenstehen". Die Behörden sind also auch beim Abschluss öffentlich-rechtlicher Verträge an den Grundsatz der Gesetzmäßigkeit (Vorrang des Gesetzes,

---

589   Z. B. notarielle Beurkundung bei Grundstücksveräußerung [§ 62 S. 2 VwVfG, § 311b BGB]
590   Schliesky in: Knack/Hennecke, § 57 Rn. 11
591   Schliesky in: Knack/Hennecke, § 57 Rn. 30

Öffentlich-rechtlicher Vertrag

nicht Vorbehalt!)[592] gebunden und dürfen deshalb keine gesetzwidrigen Verträge schließen. Einem Vertragsschluss entgegenstehende Rechtsnormen sind entweder in spezialgesetzlichen Regelungen oder im VwVfG selbst enthalten.
Die Rechtmäßigkeit eines öffentlich-rechtlichen Vertrages richtet sich danach, ob der Vertrag als Handlungsart verwendet werden darf und ob der Inhalt mit dem Gesetz im Einklang steht.
Fraglich ist, ob der Bürger auf eigene Rechtspositionen (als seine Gegenleistung) verzichten kann. Diese Frage ist umstritten. Ein Verzicht wird wohl dann anzunehmen sein, wenn auf die in Frage stehende Rechtsposition überhaupt verzichtet werden kann. Dies ist zumindest dann möglich, wenn diese Rechtsposition ausschließlich im Interesse des Berechtigten begründet worden ist. Zudem darf der Verzicht im konkreten Fall nicht gegen das sog. Koppelungsverbot verstoßen.[593]

4.11.4.2 Rechtmäßigkeit der Handlungsart. Durch Vertrag darf die Behörde zunächst dann handeln, wenn dies gesetzlich ausdrücklich zugelassen ist. **361**

Beispiele:
a) Die Gemeinde kann die Erschließung „durch Vertrag" auf einen Dritten übertragen (§ 11 BauGB).
b) Die Gemeinde ist berechtigt, aufgrund eines „Vertrags" dem Eigentümer zu überlassen, in einem Sanierungsgebiet Ordnungsmaßnahmen durchzuführen (§ 146 III BauGB).

Im Übrigen ergibt sich aus § 54 S. 1, dass der Vertrag als Handlungsart auch darüber hinaus grundsätzlich verwendet werden darf. Die Handlungsart darf aber gesetzlich nicht ausgeschlossen sein. Ausgeschlossen ist es jedenfalls dann, durch Vertrag zu handeln, wenn die Behörde durch Verwaltungsakt oder Rechtsnorm (z. B. durch Satzung) handeln muss.[594] **362**

Beispiele:
a) Ausdrücklich formuliert § 2 II BBesG ein Verbot der Vereinbarung einer höheren Beamtenbesoldung.
b) Den speziellen gesetzlichen Voraussetzungen der Normsetzung im Bauplanungsverfahren ist das gesetzliche Verbot zu entnehmen, diese spezifische Verfahrensgestaltung durch Vertragsverhandlungen und -gestaltungen zu unterlaufen (vgl. § 1 III 2 BauGB). Eine derartige vertragliche Bindung würde u. a. das Abwägungsgebot (§ 1 VII BauGB) und Beteiligungsrechte der Bürger (§ 3 BauGB) unterlaufen. Ein Vertrag, der zum Erlass eines bestimmten Bebauungsplanes verpflichtet, ist daher nichtig (§ 59 I VwVfG i. V. mit § 134 BGB).[595] Nicht ausgeschlossen sind dagegen Verträge, die in einem Zusammenhang mit dem Bebauungsplan stehen (z. B. Vorhabenträgervertrag [§ 12 I 1 BauGB]).

---

592 Kopp/Ramsauer, § 54 RdNr. 44
593 siehe auch Maurer/Waldhoff, § 14 Rn. 41
594 Vertiefung: Stelkens/Bonk/Sachs, § 54 RdNr. 101 ff.
595 Papier, JuS 1981, 498, m. w. N.; Erichsen, Jura 1994, 47 [51]

Verwaltungshandeln

363 **4.11.4.3 Rechtmäßigkeit des Inhalts.** Hier kommt es darauf an, ob die inhaltliche Gestaltung des Vertrages mit der Rechtsordnung im Einklang steht.[596]
Für subordinationsrechtliche Verträge sind in §§ 55, 56 besondere Anforderungen normiert. Handelt es sich um einen Vergleichsvertrag (§ 55), so ist er rechtmäßig, „wenn die Behörde den Abschluss des Vergleichs zur Beseitigung der Ungewissheit nach pflichtgemäßem Ermessen für zweckmäßig hält". Die Ungewissheit kann in tatsächlicher oder rechtlicher Hinsicht bestehen. Ungewissheit in tatsächlicher Hinsicht ist anzunehmen, wenn Tatsachen und die weiteren Tatsachenermittlungen ungewiss sind und die an sich erforderliche Klärung voraussichtlich in angemessener Zeit oder im Verhältnis zur Bedeutung der Sache angemessenen Kosten nicht möglich ist bzw. untunlich wäre.[597] Das Spannungsverhältnis zu § 24 (Untersuchungsgrundsatz) darf nicht übersehen werden. In rechtlicher Hinsicht ist Ungewissheit (u. a.) dann anzunehmen, wenn die Anwendbarkeit bzw. Auslegung der entscheidungserheblichen Normen zweifelhaft ist und eine eindeutige höchstrichterliche Spruchpraxis der Gerichte dazu noch fehlt.[598]
Liegt ein Austauschvertrag (§ 56) vor, so ist er rechtmäßig, wenn die Gegenleistung des Vertragspartners (des Bürgers)
– für einen bestimmten Zweck im Vertrag vereinbart wird,
– der Behörde dazu dient, ihre öffentlichen Aufgaben zu erfüllen,
– den gesamten Umständen nach angemessen ist und
– im sachlichen Zusammenhang mit der vertraglichen Leistung der Behörde steht (sog. Koppelungsverbot).

Beispiel:
Ein Gewerbetreibender möchte während der Sommermonate im Stadtpark, einer im Gemeingebrauch stehenden öffentlichen Sache, einen Imbissstand errichten. Die Stadt ist damit einverstanden. Sie und der Gewerbetreibende einigen sich schriftlich dahin, dass der Gewerbetreibende als Gegenleistung für die Inanspruchnahme des Stadtparks für die Zeit der Aufstellung des Imbissstandes einen Zuschlag von 20 % zur Gewerbesteuer zu zahlen hat. Dieser Zuschlag ist weder angemessen noch steht er in einem sachlichen Zusammenhang mit der vertraglichen Leistung der Stadt (Erlaubnis für die Sondernutzung des Stadtparks). Der Austauschvertrag ist rechtswidrig (und nach § 59 II Nr. 4 nichtig).

Besteht auf die Leistung der Behörde ein Anspruch, so kann nach § 56 II nur eine solche Gegenleistung vereinbart werden, die bei Erlass eines VA Inhalt einer Nebenbestimmung nach § 36 sein könnte.

Beispiel:
Der Landkreis Diepholz gewährt der Maschinenbaufirma Meyer GmbH einen Investitionszuschuss in Höhe von 770.000 €. Dieser Zuschuss ist für die Erweiterung des vorhandenen Produktionsgebäudes gedacht. Die Rechtsbeziehungen zwischen der GmbH und dem Landkreis werden in einem Ver-

---

596 Zur Wechselbeziehung von Verwaltungsvertrag und VA-Befugnis siehe Payanadeh, DÖV 2012, S. 590
597 Kopp/Ramsauer, VwVfG, § 55 RdNr. 16
598 Kopp/Ramsauer, VwVfG, § 55 RdNr. 16a

waltungsvertrag geregelt. In diesem Vertrag verpflichtet sich die Firma, 5 zusätzliche Arbeitsplätze einzurichten und diese Plätze mindestens drei Jahre vorzuhalten. Besetzt werden sollen diese Plätze mit arbeitslosen Lageristen. Eine derartige Verpflichtung ist zulässig, da sie auch Gegenstand einer Auflage nach § 36 II sein könnte, wenn der Zuschuss durch einen Verwaltungsakt bewilligt würde.

Spezialgesetzliche Regelungen können den Inhalt eines öffentlich-rechtlichen Vertrages entweder ausdrücklich gestatten oder verbieten; der Inhalt kann auch nach dem Zweck einer gesetzlichen Regelung nicht zugelassen sein. **364**

Beispiel:
Nach § 47 NBauO müssen für bauliche Anlagen, die einen Zugangs- und Abgangsverkehr mit Kraftfahrzeugen erwarten lassen, in bestimmtem Umfange Einstellplätze zur Verfügung gestellt werden. Die Gemeinde kann zulassen, dass die Pflicht zur Herstellung der notwendigen Einstellplätze durch die Pflicht zur Zahlung eines Geldbetrags an die Gemeinde ersetzt wird (Ablösung). Nicht abgelöst werden dürfen aber die erforderlichen Einstellplätze für Behinderte (§ 47 V 1 NBauO).

4.11.5 Nichtigkeit

Die Rechtswidrigkeit eines öffentlich-rechtlichen Vertrages bedeutet unmittelbar zunächst nur, dass der Vertrag – ganz oder teilweise – nicht hätte geschlossen werden dürfen, weil er im Widerspruch zur Rechtsordnung steht. Ob ein Anspruch aus einem rechtswidrigen Vertrag besteht, hängt davon ab, ob der Vertrag die gewollte Rechtsfolge herbeiführt, d. h. ob er wirksam ist. **365**
Nicht jede Rechtswidrigkeit eines öffentlich-rechtlichen Vertrages führt zur Unwirksamkeit (Nichtigkeit) der Regelung. Ein Vertrag ist nur dann unwirksam, wenn oder soweit ein Nichtigkeitsgrund vorliegt; im Übrigen sind öffentlich-rechtliche Verträge wirksam, haben also Bindungswirkung für die Vertragschließenden.[599]

Ein koordinationsrechtlicher Vertrag ist nach § 59 I nichtig, wenn sich die Nichtigkeit aus der entsprechenden Anwendung von Vorschriften des BGB ergibt. Nichtigkeit tritt danach z. B. in den Fällen der §§ 105, 116 S. 2, 117, 118, 125, 134 BGB ein. **366**
Gesetzlich verboten i. S. des § 134 BGB ist nicht jedes schlicht rechtswidrige Verhalten. Andererseits ist mit einem gesetzlichen Verbot i. S. des § 134 BGB aber auch nicht, wie nach dem Wortlaut angenommen werden könnte, nur eine ein bestimmtes Handeln ausdrücklich untersagende Rechtsnorm gemeint.[600] Auch ein qualifizierter Rechtsverstoß kann ein Verstoß gegen ein gesetzliches Verbot begründen.[601] Zu den Verbotsgesetzen im Sinne der § 59 I, § 134 BGB gehören auch zwingende Normen des Unionsrechts.

---

599 Zur Nichtigkeit öffentlich-rechtlicher Verträge Erichsen, Jura 1994, 47 ff.
600 So aber die Begründung zu § 55 EVwVfG
601 BVerwGE 98, 58 [63]; OVG Münster NVwZ 1992, 988 [989], betreffend die völlige Freistellung von der Pflicht, Stellplätze zu schaffen und ersatzweise Ablösungsbeträge zu zahlen. Weitere Beispiele siehe Kopp/Ramsauer, § 59 RdNr. 13. Vertiefung zur Problematik des § 134 BGB siehe Maurer/Waldhoff, § 14 Rn. 48 ff. m. N.; Schliesky in: Knack/Hennecke, § 59 Rn. 38 ff.

Verwaltungshandeln

367 Ein subordinationsrechtlicher Vertrag ist nichtig, wenn der Tatbestand des § 59 I oder II erfüllt ist.

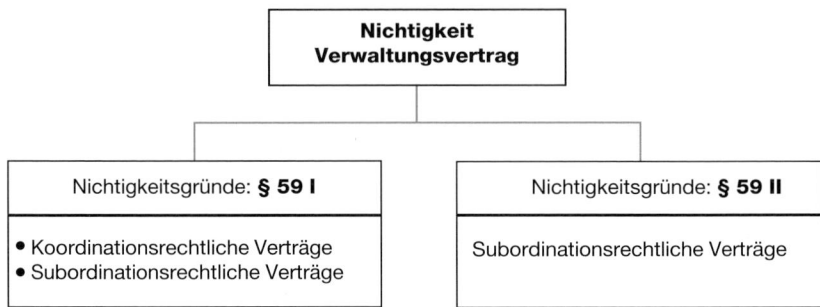

Vier spezielle Nichtigkeitsgründe definiert § 59 II:
- Nach § 59 II Nr. 1 ist ein subordinationsrechtlicher Vertrag nichtig, „wenn ein Verwaltungsakt mit entsprechendem Inhalt nichtig wäre". Wird dieser Nichtigkeitsgrund geprüft, ist es erforderlich, die vertragliche Regelung in den Inhalt eines Verwaltungsaktes umzusetzen; dies gilt für die Verpflichtungen beider Vertragschließenden (Behörde, Bürger), so dass es notwendig werden kann, den Vertragsinhalt sowohl in einen begünstigenden als auch in einen belastenden Verwaltungsakt umzusetzen. Ob ein solcher Verwaltungsakt nichtig wäre, ist, wenn spezielle Vorschriften nicht anzuwenden sind, nach § 44 zu beurteilen.
- Nach § 59 II Nr. 2 ist ein subordinationsrechtlicher Vertrag nichtig, „wenn ein Verwaltungsakt mit entsprechendem Inhalt nicht nur wegen eines Verfahrens- oder Formfehlers im Sinne des § 46 rechtswidrig wäre und dies den Vertragschließenden bekannt war". Nach der Gesetzesbegründung soll dadurch der Vorrang des Gesetzes in den Fällen gesichert werden, in denen die Vertragschließenden bewusst und gewollt zusammengewirkt haben, um auf dem Umweg über einen öffentlich-rechtlichen Vertrag einen rechtswidrigen Erfolg herbeizuführen.
- Nach § 59 II Nr. 3 ist ein Vergleichsvertrag (§ 55) nichtig, wenn die Voraussetzungen für den Abschluss eines solchen Vertrages nicht vorlagen und ein Verwaltungsakt mit entsprechendem Inhalt nicht nur wegen eines Verfahrens- oder Formfehlers i. S. des § 46 rechtswidrig wäre.
- Nach § 59 II Nr. 4 ist ein Austauschvertrag (§ 56) nichtig, wenn sich die Behörde eine Gegenleistung versprechen lässt, die nach § 56 unzulässig ist.

Beispiel:
Der Gewerbetreibende Krause will in Hameln (Stadt ist auch Bauaufsichtsbehörde) ein neues Geschäftshaus in der Innenstadt errichten. Da die notwendigen Stellplätze auf dem Grundstück nicht nachgewiesen werden können, will er mit der Stadt einen Stellplatzablösevertrag abschließen. In der Vergangenheit hatte die Stadt in ähnlichen Fällen entsprechende Verträge abgeschlossen. Sie will mit Krause aber nur dann den gewünschten Vertrag abschließen, wenn er neben dem Geldbetrag zugleich seine Klage gegen die

Öffentlich-rechtlicher Vertrag

Versagung der Baugenehmigung zur Errichtung eines Wohnhauses im Ortsteil Vogelwelt zurücknimmt. Hier soll eine unzulässige Regelung im Vertrag getroffen werden. Die Klage steht in keinem Zusammenhang mit dem Bauvorhaben „Errichtung Geschäftshaus". Eine entsprechende Vertragsbestimmung würde gegen das sog. Kopplungsverbot verstoßen.

367a Unterfällt ein Rechtsverstoß nicht den ausdrücklich genannten Vorgaben zur Nichtigkeit, so ist der Vertrag zwar rechtswidrig, aber wirksam. Dies ist zunächst eine Gemeinsamkeit mit dem Verwaltungsakt. Der entscheidende Unterschied besteht nun darin, dass der Verwaltungsakt durch Einlegung entsprechender Rechtsbehelfe aufgehoben werden kann. Der Verwaltungsvertrag ist dagegen dauerhaft wirksam.

4.11.6 Erfüllung, Anpassung und Kündigung

368 Die vertraglich vereinbarten Leistungen sind ordnungsgemäß zu erfüllen.[602] Kommt es zu Leistungsstörungen, so ist grundsätzlich auf die Konfliktregelungsmodelle des BGB zurückzugreifen (§ 62 S. 2).[603]
Wenn sich die Verhältnisse, die beim Vertragsschluss maßgebend gewesen sind, seitdem so wesentlich geändert haben, dass einer Vertragspartei nicht zuzumuten ist, an der ursprünglichen vertraglichen Regelung festzuhalten, kann diese Vertragspartei verlangen, dass der Vertragsinhalt den geänderten Verhältnissen angepasst wird, oder, sofern dies nicht möglich oder einer Vertragspartei nicht zuzumuten ist, den Vertrag kündigen (§ 60 I 1). Eine wesentliche Änderung ist dann anzunehmen, wenn Änderungen eingetreten sind, mit denen die Vertragsparteien bei Abschluss des Vertrages nicht gerechnet haben und diese bei objektiver Betrachtung so erheblich sind, dass nicht angenommen werden kann, der Vertrag wäre auch bei ihrer Kenntnis mit dem gleichen Inhalt geschlossen worden.[604] Die Behörde kann den Vertrag auch kündigen, um schwere Nachteile für das Gemeinwohl zu verhüten oder zu beseitigen (§ 60 I 2).
Die Kündigung ist schriftlich auszusprechen, sofern nicht durch Rechtsvorschrift eine andere Form vorgeschrieben ist. Sie soll begründet werden (§ 60 II).
Bei Dauerschuldverhältnissen gibt es im Übrigen das Recht zur außerordentlichen Kündigung (§ 62 S. 2 VwVfG, § 314 BGB).
Unberührt bleibt die Möglichkeit, im Vertrag ein ordentliches Kündigungsrecht zu vereinbaren oder aber das Recht der Beteiligten, den Vertrag im gegenseitigen Einvernehmen aufzuheben.[605]

4.11.7 Durchsetzung

369 **4.11.7.1 Grundsatz.** Erfüllt eine Vertragspartei ihre Verpflichtungen nicht, so kann die andere Vertragspartei Klage vor dem Verwaltungsgericht erheben (§ 40 I VwGO). Dieses Recht gilt neben Erfüllungsansprüchen regelmäßig auch für Ersatzansprüche bei Leistungsstörungen. Grundsätzlich handelt es sich dabei um eine (allgemeine) Leistungsklage; schuldet die Behörde einen Verwaltungsakt

---

602 Siehe auch Fallbearbeitung von Kunze, DVP 2015, S. 426 ff.
603 Vertiefung: Geis NVwZ 2002, 383 ff.
604 VGH Mannheim NVwZ-RR 2006, S. 81 ff.
605 Kopp/Ramsauer, § 60 RdNr. 3

Verwaltungshandeln

(z. B. eine Baugenehmigung), kommt eine Verpflichtungsklage in Betracht. Soweit das Nichtbestehen einer vertraglichen Leistung festgestellt werden soll, kommt auch eine Feststellungsklage (§ 43 VwGO) in Betracht. Grundsätzlich ist die Verwaltung nicht befugt, ihre Ansprüche aus einem Verwaltungsvertrag durch Verwaltungsakt festzusetzen und damit in Eigenregie zwangsweise durchzusetzen.[606]

369a **4.11.7.2 Vollstreckung.** Ein subordinationsrechtlicher Vertrag wird nach dem VwVG durch die Verwaltung vollstreckt (§ 61 II).[607] Voraussetzung dafür ist, dass der Vertragschließende, gegen den vollstreckt werden soll, sich der sofortigen Vollstreckung unterworfen hat. Die Unterwerfungserklärung macht den Verwaltungsvertrag zum Vollstreckungstitel. Kommt es zur Vollstreckung, so kann sich der Bürger regelmäßig nur noch gegen den Vollstreckungsakt selbst, nicht dagegen gegen den zugrunde liegenden Vertrag wehren. Sowohl der Vertrag als auch die Unterwerfung müssen wirksam sein. Die Unterwerfung der Behörde unter die sofortige Vollstreckung ist nur wirksam, wenn sie von der fachlich zuständigen Aufsichtsbehörde der vertragsschließenden Behörde genehmigt worden ist.

369b Will ein Rechtsträger des Privatrechts oder eine nichtrechtsfähige Vereinigung vollstrecken lassen, sind §§ 170, 172 VwGO entsprechend anzuwenden.

4.11.8 Entwicklung

369c Der Verwaltungsvertrag steht zwar nach § 9 gleichberechtigt neben der Handlungsform Verwaltungsakt, hat aber noch nicht dessen Bedeutung in der Verwaltungspraxis gefunden. Dabei bietet der Vertrag gewichtige Vorteile gegenüber dem Verwaltungsakt. So entspricht es den Vorstellungen einer modernen rechtsstaatlichen Verwaltung, die konsensuale Lösung von Problemen zu suchen. Wer in die Rechtsgestaltung mit einbezogen wird, ist häufig auch eher bereit, die übernommenen Verpflichtungen zu erfüllen. Das eigentliche Problem dieser Handlungsform liegt im Grundsatz der Gesetzmäßigkeit der Verwaltung. Es gibt zwar gewisse Gestaltungsfreiheiten, gleichwohl hat die abschließende Verwaltung (zumindest) den Vorrang des Gesetzes zu beachten.
Eine große Bedeutung hat diese Handlungsform zwischenzeitlich in bestimmten Bereichen des Baurechts gefunden (z. B. städtebauliche Verträge). Aber auch das Umweltschutzrecht bietet die Chance zur vertraglichen Regelung. Ausdrücklich verweist § 8 BNatSchG auf vertragliche Vereinbarungen (sog. Vertragsnaturschutz). Geradezu ideal ist der Verwaltungsvertrag im Bereich der Subventionsverwaltung einzusetzen. Aber auch im Bereich der Eingriffsverwaltung (etwa im Ordnungsrecht) ist es nicht ausgeschlossen, vertragliche Verabredungen zu treffen. Ein neues Einsatzfeld hat sich im Bereich der Privatisierung aufgetan. So gehen einzelne Verwaltungen dazu über, private Unternehmen bei der Erfüllung öffentlicher Aufgaben zu beteiligen. Es werden sog. Kooperationsverträge geschlossen. Ob die vorhandenen rechtlichen Regelungen diese Entwicklung hinreichend erfassen, ist eher skeptisch zu beurteilen. Zu Recht wird daher darüber

---

[606] Siehe auch VG Braunschweig, NVwZ-RR 2001, S. 626 f.
[607] Vgl. auch § 3 NVwVfG. Für öffentlich-rechtliche Verträge, in denen sich der Verpflichtete der sofortigen Vollstreckung unterworfen hat, gelten §§ 70 und 71 NVwVG entsprechend (§ 72 NVwVG).

Schlichtes Verwaltungshandeln

diskutiert, den Abschnitt über den Verwaltungsvertrag entsprechend zu ergänzen.[608] So hat der beim Bundesinnenministerium gebildete Beirat Verwaltungsverfahrensrecht verschiedene Fortentwicklungen der Vorschriften über den Verwaltungsvertrag vorgeschlagen. Seine Vorstellungen mündeten in den Bund-Länder-Musterentwurf. Dieser ist aber bisher vom Gesetzgeber (leider) nicht umgesetzt worden.[609] Es ist davon auszugehen, dass der Verwaltungsvertrag in Zukunft deutlich stärker als bisher in die Verwaltungspraxis einsickern wird. Eine Weiterentwicklung der gesetzlichen Rahmung ist daher unumgänglich.

4.12 Schlichtes Verwaltungshandeln

4.12.1 Bedeutung und Begriff

Kennzeichen verwaltungsmäßigen Handelns sind nicht allein diejenigen Maßnahmen, die Regelungscharakter aufweisen (Satzungen und Rechtsverordnungen; Verwaltungsakte, Verwaltungsverträge). In erheblichem Umfange wird die Verwaltung aber auch tätig, ohne mit den Maßnahmen Rechtswirkungen hervorzurufen.

369d

Beispiele:
a) Aufstellung einer Straßenleuchte im öffentlichen Raum.
b) Behördliche Gutachten und Stellungnahmen
c) Behördliche Mitteilungen (einschließlich Warnhinweise)
d) Aufstellung von Verkehrszeichen ohne Regelungscharakter (siehe z. B. Zeichen 467.1 [Umlenkungspfeil])
e) Durchführung einer Videoüberwachung[610]

Im Bereich der Verbraucherhinweise und des sog. informellen Verwaltungshandelns nimmt die Bedeutung dieser öffentlich-rechtlichen Handlungsform zu. Bei dem sog. informellen Verwaltungshandeln geht es (häufig) um Kontakte und Absprachen zwischen der Verwaltung, Bürgern und Unternehmen im Vorfeld von Genehmigungsverfahren. Ziel ist es dabei, eine optimale Entscheidung zu finden, die die Interessen der Allgemeinheit, des Antragstellers und sonstiger Drittbetroffener gleichermaßen berücksichtigt. Der besondere Charakter dieser Absprachen liegt gerade darin, dass keine rechtlich verbindliche Vereinbarung getroffen worden ist. Gleichwohl können in diesen Kooperationsverfahren Lösungen entwickelt werden, die im weiteren Verlauf zu tragfähigen Ergebnissen führen.[611]

Die Klassifizierung der unterschiedlichen Handlungsformen ist umstritten, es bietet sich aber nachfolgendes System an:

---

608   Siehe nur Maurer, § 9 RdNr. 17a
609   Einen Überblick zum Modernisierungsbedarf der §§ 54 ff. gibt Schliesky in: Knack/Hennecke, Vor § 54 Rn. 78 ff. m. N.
610   Vgl. auch BVerwGE 141, 329 [332]
611   Vertiefung: Maurer/Waldhoff, § 15 Rn. 14 ff. m. N.

Verwaltungshandeln

	Schlichtes Verwaltungshandeln	
	Realakt	**Sonstige Verwaltungsentscheidungen ohne Regelungscharakter**
Kennzeichen	Realakte sind **Tathandlungen**, die darauf abzielen, einen **tatsächlichen Erfolg** herbeizuführen	Hierbei handelt es sich um sog. **Wissenserklärungen***. Häufig will die öffentliche Verwaltung damit das Verhalten von Bürgern und Unternehmen indirekt steuern.
Beispiele	• Auszahlung eines Geldbetrages • Anwendung eines Zwangsmittels • Errichtung Verwaltungsgebäude	• Hinweis auf Schadstoffe im Trinkwasser • Reisewarnung der Bundesregierung

Anders als beim Verwaltungsakt ist das schlichte Verwaltungshandeln nicht auf einen Einzelfall begrenzt.

4.12.2 Anforderungen an die Rechtmäßigkeit, Rechtsschutz, Fehlerfolgen

369e Verwaltungshandeln in Form des schlichten Verwaltungshandelns muss mit der Rechtsordnung im Einklang stehen.[612] Für diese Handlungsform gibt es, von Spezialbereichen abgesehen (siehe z. B. Verbraucherinformationen nach dem Lebensmittel-, Bedarfsgegenstände- und Futtermittelgesetzbuch [LFGB][613]), nur geringe rechtliche Vorgaben. Vielfach bewegen sich diese Handlungen im gesetzesfreien Raum. Damit haben die Verwaltungen einen hohen Gestaltungsspielraum aber auch eine besondere Verantwortung. Dabei ist zu berücksichtigen, dass entsprechende Handlungen weitreichendere Folgen für die Betroffenen haben können, als eingreifende Verwaltungsakte. Da auch schlichtes Verwaltungshandeln damit dem („modernen" bzw. weiten) verfassungsrechtlichen Eingriffsbegriff unterfällt, benötigt die Behörde in aller Regel eine gesetzliche Ermächtigungsgrundlage auch für Eingriffe jenseits des klassischen Verwaltungsakts.

Beispiel:
Wird statt eines eindeutigen Verbotes (= Verwaltungsakt) für das Inverkehrbringen eines bestimmten Lebensmittels eine öffentliche Warnung vor dem Verzehr dieses Lebensmittels ausgesprochen, kann dies Verbraucher veranlassen, auch andere Produkte dieser Firma nicht mehr zu kaufen. Diese Warnung würde damit mittelbar für das betroffene Unternehmen zu einer Grundrechtsbeeinträchtigung (u. a. Art. 12 und 14 GG) führen.

---

*	In Anlehnung an Peine/Siegel, § 19 Rn. 831 ff.; kritisch: Maurer/Waldhoff, § 15 Rn. 1; Ipsen, Allgemeines Verwaltungsrecht, § 13 Rn. 820 ff.
612	Vgl. auch BVerwG NVwZ-RR 2015, S 425 ff.
613	Instruktiv der Fall der sog. Pankower Ekelliste [zwar noch gestützt auf § 5 VI VIG; jetzt aber § 40 LFGB]; siehe dazu Holzner, NVwZ 2010, S. 489 ff.; weitere Beispiele: BVerfGE 105, 252 [Warnung vor glykolhaltigem Wein]; E 105, 279 [Warnung vor Jugendsekte].

Verwaltungszwang

Gesetzesfreier Raum bedeutet aber nicht rechtsfreier Raum.[614] Zu beachten sind in jedem Fall aber die Zuständigkeitsordnung, die Grundrechte und der Verhältnismäßigkeitsgrundsatz. Eine unmittelbare bzw. analoge Anwendung des VwVfG scheidet aber aus. Einerseits wird das schlichte Verwaltungshandeln nicht von § 9 VwVfG erfasst, andererseits fehlt es für eine analoge Anwendung an der planwidrigen Regelungslücke.

369f Der Bürger ist aber auch hier nicht schutzlos den Maßnahmen der Verwaltung ausgeliefert. Eindeutig handelt es sich hier um Streitigkeiten, die nach § 40 VwGO beurteilt, vor den Verwaltungsgerichten ausgetragen werden. Anfechtungs- oder Verpflichtungsklage scheiden aber regelmäßig aus, da Gegenstand des Streites gerade nicht ein Verwaltungsakt ist. In Betracht kommt die allgemeine Leistungsklage (siehe dazu Rn. 414 ff.). Dabei kann es um die Unterlassung, die Klage auf Beseitigung der Folgen der Handlung oder auf Vornahme einer entsprechenden Handlung gehen. Sofern die allgemeine Leistungsklage das Klageziel nicht trägt, kann auch eine Feststellungsklage (§ 43 VwGO; siehe dazu Rn. 415 ff.) in Betracht kommen.

369g Beachtet die Behörde bei Maßnahmen, die dem schlichten Verwaltungshandeln zuzuordnen sind, die rechtlichen Vorgaben nicht, so führt dies zur Rechtswidrigkeit der Maßnahme. Auch entsprechende rechtswidrige Maßnahmen können (negative) Folgen hervorrufen. Die Behörde ist in derartigen Fällen verpflichtet, die Folgen der rechtswidrigen Handlung zu beseitigen und den rechtmäßigen Zustand wiederherzustellen. Voraussetzung ist aber, dass dies noch möglich und zumutbar ist.[615] Dem in seinen Rechten verletzten Bürger steht u. U. ein Beseitigungs- oder Wiederherstellungsanspruch zu. U. U. können auch Schadensersatz- oder Entschädigungsansprüche geltend gemacht werden.

5 Verwaltungszwang

5.1 Allgemeines;[616] Arten

370 Wird von der Behörde ein eingreifender Verwaltungsakt erlassen, so ist der Adressat verpflichtet, der durch den Verwaltungsakt getroffenen Anordnung nachzukommen (vgl. oben Tz. 4.3.2.1 „Regelungsfunktion"). Ähnlich verhält es sich, wenn einem begünstigenden Verwaltungsakt eine Auflage (§ 36 II Nr. 4) beigefügt wurde, die der Betroffene nicht erfüllt. Kommt der Adressat der ihm auferlegten Verpflichtung freiwillig nicht nach, muss die Möglichkeit bestehen, sie zwangsweise durchzusetzen (vollziehen, vollstrecken), also Zwang anwenden. Verwaltungszwang ist die zwangsweise Durchsetzung öffentlich-rechtlicher Verpflichtungen des Bürgers oder eines sonstigen Rechtssubjekts durch die Behörde

---

614 Siehe nur Maurer/Waldhoff, § 15 Rn. 5
615 Maurer/Waldhoff, § 15 Rn. 6
616 Vertiefung: Drape/Globisch/Trips/Weidemann, S. 86 bis 107; Albrecht/Braun, VR 2018, S. 73 ff.; Weber, VR 2017, S. 42 ff.; Vahle, DVP 2012, S. 266 ff. Waldhoff in: Hoffmann-Riem/Schmidt-Aßmann/Voßkuhle, § 46 Rn. 104 bis 165

Verwaltungszwang

in einem verwaltungseigenen Verfahren.[617] Die Verwaltung schafft sich durch den Verwaltungsakt ihren eigenen Vollstreckungstitel (sog. Selbsttitulierungsrecht der Verwaltung; vgl. Tz. 4.3.2.2 „Titelfunktion").

370a Strukturelement des allgemeinen Vollstreckungsrechts ist das duale Vollstreckungssystem. Es ist dabei zu differenzieren, ob es um die Beitreibung einer öffentlich-rechtlichen Geldforderung[618] oder aber die Durchsetzung einer Anordnung handelt, die auf eine sonstige Handlung, Duldung oder Unterlassung gerichtet ist.

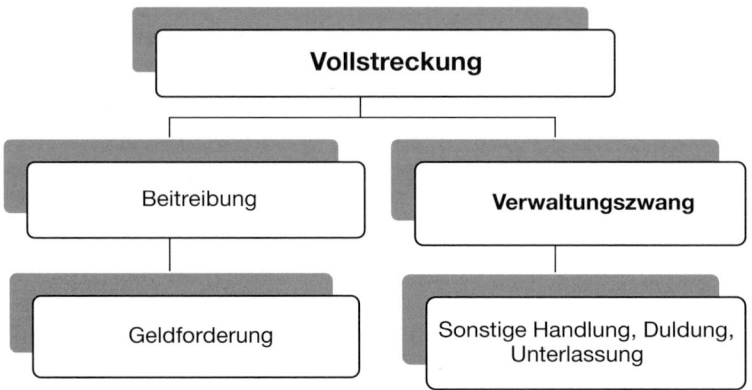

Das gesamte Verwaltungsvollstreckungsrecht baut auf der Handlungsform Verwaltungsakt als dem Zentralbegriff, auf.[619] Da Vollstreckungshandlungen Grundrechtseingriffe darstellen, benötigen sie eine gesetzliche Grundlage.[620]

370b Rechtsgrundlagen für Vollstreckungsmaßnahmen der Bundesverwaltung sind insbesondere das Bundesverwaltungsvollstreckungsgesetz (VwVG) und das Gesetz über den unmittelbaren Zwang bei der Ausübung öffentlicher Gewalt durch Vollzugsbeamte des Bundes (UZwG). Die Länder haben für ihren Bereich jeweils eigene Vollstreckungsgesetze erlassen.[621] Sonderregelungen gehen aber den allgemeinen Vollstreckungsbestimmungen vor (z. B. §§ 249 ff. AO; §§ 57 ff. Auf-

---

617 Siehe nur Waldhoff, JuS 2009, S. 368; grundlegend zum Verwaltungszwang siehe Vahle, DVP 2012, S. 266 ff.
618 In engen Grenzen kann die Verwaltung auch privatrechtliche Forderungen eigenständig vollstrecken; s. z. B. §§ 71 ff. Landesverwaltungsvollstreckungsgesetz Rheinland-Pfalz (LVwVG), § 1 ff. Landesverordnung über die Vollstreckung privatrechtlicher Geldforderungen nach dem LVwVG; § 2 III Nds. Verwaltungsvollstreckungsgesetz (NVwVG), §§ 1 ff. DVONVwVG; instruktiv VG Göttingen, Beschl. vom 19.6.2017, AZ.: 1 B 26/17. Kritisch zur Vollstreckung privatrechtlicher Forderungen siehe nur Maurer/Waldhoff, § 20 Rn. 8
619 Waldhoff in: Hoffmann-Riem/Schmidt-Aßmann/Voßkuhle, § 46 Rn. 109
620 Voßkuhle/Wischmeyer, JuS 2016, S. 698
621 Überblick über landesrechtliche Vollstreckungsregelungen siehe Pieroth/Schlink/Kniesel, § 24 RdNr. 1 ff.; zutreffend weist Weber (DVBl. 2012, S. 1130 [1134]) darauf hin, dass sich das Verwaltungsvollstreckungsrecht des Bundes auf der einen Seite und das der Länder auf der anderen Seite in einzelnen Details erheblich unterscheiden. Vor einer unreflektierten Übernahme der Gerichtsentscheidungen aus den jeweiligen Bundesländern wird daher gewarnt.

Zwangsmittel

enthG; § 59 AsylG). Obwohl die Arten und die Voraussetzungen der Vollstreckung in Bund und Ländern in den Grundzügen übereinstimmen, kann die Rechtslage nicht einheitlich nach dem VwVG beurteilt werden. Da die Grundstrukturen sich ähneln, werden hier im Wesentlichen die Regelungen des VwVG vorgestellt. Das VwVG regelt in den §§ 1 bis 5b die Vollstreckung von Geldforderungen und in den §§ 6 ff. die Erzwingung von sonstigen Handlungen, Duldungen und Unterlassungen. Die nachfolgenden Darstellungen beschränken sich auf die zweite Art des Verwaltungszwangs; hierunter fällt die Vollstreckung aller Verwaltungsakte, die nicht auf Geldleistungen gerichtet sind.

5.2 Zwangsmittel

5.2.1 Abgrenzung von Ahndungsmitteln

Mit Zwangsmitteln (Beugemitteln) werden Handlungen, Duldungen oder Unterlassungen für die Zukunft erzwungen (vgl. § 6 I VwVG): **371**

	Beispiele*
Handlungspflicht	• Schließung einer Spielhalle • Beseitigung eines illegal errichteten Wochenendhauses • Einbau einer Fluchttür in Einzelhandelsgeschäft (Durchsetzung einer Auflage einer Baugenehmigung)
Duldungspflicht	• Pflicht, das Betreten eines Grundstücks zu dulden • Erlass einer Duldungsanordnung gegenüber dem Mieter einer Wohnung (zum Vollzug einer Nutzungsuntersagung gegenüber dem Eigentümer)
Unterlassungspflicht	• Nutzungsuntersagung für ein ohne Genehmigung errichtetes gewerbliches Lagergebäude • Untersagung der gewerblichen Hundehaltung

Bei Ordnungsgeboten können sie wiederholt, bei Ordnungsverboten für jeden Fall der Nichtbefolgung festgesetzt werden. Wenn der Verwaltungsakt befolgt worden ist oder sich auf andere Weise erledigt hat, dürfen Zwangsmittel nicht mehr angewendet werden.

Mit Ahndungsmitteln (Strafen, Geldbußen) werden in der Vergangenheit liegende, rechtswidrig und schuldhaft (nach dem OWiG vorwerfbar) begangene Handlungen gesühnt; wie sich der Täter oder Betroffene künftig verhalten wird, ist dabei ohne Bedeutung.[622]

Zwangsmittel können auch neben einer Strafe oder Geldbuße angewendet werden (§ 13 VI VwVG). **372**

Beispiele:
a) Wer vorsätzlich oder fahrlässig einer Auflage nach § 34c I GewO nicht nachkommt, handelt ordnungswidrig (§ 144 II Nr. 3 GewO). Die Ordnungswidrigkeit kann mit Geldbuße bis zu 3.000 € geahndet werden

---

* Weitere Beispiele siehe Weber, apf 2017, S. 312 ff. [313 m. N.]
622 Siehe auch Drape/Globisch/Trips/Weidemann, S. 91

Verwaltungszwang

(§ 144 IV GewO). Zur Durchsetzung der Auflage kann daneben ein Zwangsgeld oder ein anderes Zwangsmittel festgesetzt werden.

b) Wer vorsätzlich oder fahrlässig entgegen § 48 StVO einer Vorladung zum Verkehrsunterricht nicht folgt, handelt ordnungswidrig (§§ 24 I StVG, 49 IV Nr. 6 StVO). Die Ordnungswidrigkeit kann mit einer Geldbuße bis 2.000 € geahndet werden (§§ 24 II StVG, 17 I OWiG). Außerdem können Zwangsmittel angewendet werden, um die Vorladung durchzusetzen.

Eine mit einem Verbot verbundene Zwangsgeldandrohung „für jeden Fall der Zuwiderhandlung" verstößt gegen § 13 VI 2 VwVG.[623] Eine Reihenfolge – etwa derart, dass ein Zwangsmittel erst angewendet werden darf, wenn ein Ahndungsmittel ohne Erfolg geblieben ist – ist nicht festgelegt. Vorrangig dürfte die Anwendung von Zwangsmitteln sein, weil nur sie das geeignete Mittel sind, einen Verwaltungsakt durchzusetzen. Mit der Festsetzung eines Ahndungsmittels wird nur mittelbar darauf hingewirkt, dass die Verpflichtung künftig erfüllt wird.

5.2.2 Arten; Begriffe

373 Zwangsmittel, mit denen Verwaltungsakte durchgesetzt werden können, sind die Ersatzvornahme, das Zwangsgeld und der unmittelbare Zwang (vgl. § 9 I VwVG und die entsprechenden landesrechtlichen Bestimmungen).

Ersatzvornahme ist die Ausführung einer zu erzwingenden vertretbaren Handlung auf Kosten des Pflichtigen durch einen anderen (vgl. § 10 VwVG). Vertretbar ist eine Handlung, wenn nicht nur der Betroffene persönlich, sondern auch ein anderer sie vornehmen kann, ohne dass ihr Inhalt dadurch geändert wird.

Um Ersatzvornahme handelt es sich nach dem VwVG (§ 10) nur dann, wenn die Behörde einen Dritten damit beauftragt, die Handlung vorzunehmen (sog. Fremdvornahme). Das ergibt sich nicht unmittelbar aus § 10 VwVG („durch einen anderen" – als den Pflichtigen –), sondern aus § 12 VwVG. Danach liegt begrifflich auch dann unmittelbarer Zwang vor, wenn die Behörde die Handlungen durch eigene Kräfte vornimmt (sog. Selbstvornahme). In den meisten Bundesländern werden dagegen die Selbstvornahme (die Behörde nimmt die vertretbare Handlung selber vor) und die Fremdvornahme als Ersatzvornahme gesehen.[624]

Beispiel:
Im Außenbereich der Stadt Cuxhaven (Nds.) hat der Immobilienmakler Sauer ohne die erforderliche (Bau-) Genehmigung ein ca. 15 000 m² großes Außenbereichsgrundstück eingezäunt. Die Stadt will die unanfechtbare Beseitigungsverfügung mit Zwangsmitteln (Ersatzvornahme) durchsetzen. In diesem Beispiel finden sich die Rechtsgrundlagen für Vollstreckungsmaßnahmen in den §§ 64 ff. NPOG. Damit kommt – anders als nach dem VwVG – eine sog. Fremdvornahme in Betracht. Die Stadt Cuxhaven beauftragt das Bauunternehmen MIX-Bau-GmbH, die erforderlichen Abbucharbeiten vorzunehmen. (sog. Fremdvornahme). Zwischen der Stadt und dem Unternehmer ist ein privatrechtlicher Vertrag geschlossen worden.[625] Zwischen dem

---

623 BVerwG DVBl 1998, 230 f.; Bay. VGH, GewArch 1987, 96
624 Pieroth/Schlink/Kniesel, § 24 RdNr. 10 m. N.
625 Siehe nur Voßkuhle/Wischmeyer, JuS 2016, S. 698 ff. [699]

Zwangsmittel

Ordnungspflichtigen Sauer und dem Unternehmer entstehen keine direkten Rechtsbeziehungen.[626]

Zwangsgeld (§ 11 VwVG) liegt begrifflich vor, wenn die Behörde eine Geldleistung für den Fall verlangt, dass der Verantwortliche die ihm auferlegte Pflicht nicht erfüllt. Es kommt sowohl bei einem Gebot als auch bei einem Verbot in Betracht.[627] Das Zwangsmittel ist ein Beugemittel. Aus dieser Einordnung folgt, dass es verschuldensunabhängig ist und das Verbot der Doppelbestrafung (Art. 103 III GG) nicht greift.
Für den Fall, dass das festgesetzte Zwangsgeld nicht beigetrieben werden kann, kann (Ersatz-)Zwangshaft angedroht und festgesetzt werden (vgl. § 16 VwVG). Die Zwangshaft ist kein selbstständiges Zwangsmittel, sondern verschärft nur das Beugemittel „Zwangsgeld". Die Zwangshaft beträgt mindestens einen Tag, höchstens zwei Wochen (§ 16 II VwVG). Sie wird auf Antrag der Behörde durch das Verwaltungsgericht (nach § 68 I Nds. SOG durch das Amtsgericht) festgesetzt, wenn ohne Erfolg versucht worden ist, das Zwangsgeld beizutreiben, oder wenn feststeht, dass die Beitreibung keinen Erfolg haben wird.

374

Unmittelbarer Zwang ist die Einwirkung auf Personen oder Sachen durch Gewalt, und zwar durch körperliche Gewalt, durch Hilfsmittel der körperlichen Gewalt und durch Waffen (§ 2 I UZwG).
- Körperliche Gewalt ist jede unmittelbare körperliche Einwirkung auf Personen oder Sachen (vgl. § 2 II UZwG), z. B. Wegführen einer Person am Arm, Wegtragen einer Sache.
- Hilfsmittel der körperlichen Gewalt sind insb. Fesseln, Wasserwerfer, technische Sperren, Diensthunde, Dienstpferde und Dienstfahrzeuge, Reiz- und Betäubungsstoffe sowie Sprengmittel (vgl. § 2 III UZwG; z. B. Wasserwerfereinsatz gegen illegale Demonstration.
- Waffen sind dienstlich zugelassene Hieb- und Schusswaffen, Reizstoffe und Explosivmittel (vgl. § 2 IV UZwG; z. B. Schusswaffeneinsatz gegen Geiselnehmer.

375

5.2.3 Abgrenzung des unmittelbaren Zwanges von der Ersatzvornahme

Unmittelbarer Zwang liegt vor, wenn der von der Behörde bezweckte Erfolg unmittelbar dadurch herbeigeführt werden soll, dass Gewalt angewendet wird. Die Ersatzvornahme ist vor allem dadurch gekennzeichnet, dass die Behörde entweder selbst (sog. Selbstvornahme) oder aber durch Beauftragung eines Dritten (sog. Fremdvornahme) stellvertretend für die pflichtige Person handelt.[628] Entscheidend ist dabei, ob die Behörde in gleicher Weise wie ein Pflichtiger vorgeht oder ob sie in einer Art und Weise gewaltsam auf die Sache einwirkt, wie dies der Betroffene nicht tun würde.[629] Da die Ersatzvornahme naturgemäß

376

---

626 Würde die Stadt Cuxhaven (Niedersachsen) dagegen die Abbrucharbeiten durch Mitarbeiter des eigenen Bauhofes bewerkstelligen, so läge – nach Maßgabe des NPOG – eine Ersatzvornahme in Form der sog. Selbstvornahme vor; siehe auch Ipsen, Niedersächsisches Polizei- und Ordnungsrecht RdNr. 592
627 Zur Vertiefung: Henneke, Verwaltungszwang mittels Zwangsgeld (I), Jura 1989, 7 ff.
628 Vahle, DVP 2012, S, 266 [268]
629 Vgl. VGH München, JA 2009, S. 911 f. m. Anm. von Durner

Verwaltungszwang

nicht geeignet ist, Unterlassungen zu erzwingen, wird unmittelbarer Zwang gegen Personen insb. angewendet, um ein Verbot durchzusetzen, wenn der herbeizuführende Erfolg mit Zwangsgeld nicht erreicht werden kann.

Beispiel 1:
Der Gewerbetreibende verweigert einem Mitarbeiter des Gewerbeaufsichtsamtes den Zutritt zu seinem Betriebsgrundstück. Der ebenfalls anwesende Polizeibeamte bricht mit einem Bolzenschneider das Werkstor auf (= unmittelbarer Zwang gegen Sachen).

Im Gegensatz dazu liegt Ersatzvornahme vor, wenn ein anderer eine dem Verantwortlichen obliegende vertretbare Handlung ausführt.

Beispiel 2:
Gegen den Halter eines Kraftfahrzeugs ist die Anordnung erlassen worden, sein verkehrswidrig abgestelltes Fahrzeug aus dem öffentlichen Straßenraum zu entfernen. Der Halter befolgt die Anordnung nicht. Die Behörde lässt das Fahrzeug abschleppen (= Ersatzvornahme).

Während mit der Ersatzvornahme bezweckt wird, die auferlegte Handlung auf Kosten des Verantwortlichen vorzunehmen, ist dies beim unmittelbaren Zwang nicht der Fall. Im Gegensatz zur Ersatzvornahme stellt der unmittelbare Zwang nicht schon selbst das z. B. zur Abwehr einer Gefahr gebotene Verhalten dar. Das Aufbrechen des Werkstores (Beispiel 1) stellt körperliche Gewalt gegen Sachen dar. Es liegt unmittelbarer Zwang vor, da diese Zwangshandlung nicht mit der dem Gewerbetreibenden obliegende Pflicht, das Werkstor zu öffnen, identisch ist. Im Beispiel 2 nimmt die Behörde dagegen eine vom Halter des Fahrzeugs geschuldete Handlung (Abschleppen des Fahrzeugs) vor.

Muss bei der Anwendung der Ersatzvornahme, zu deren Duldung der Verantwortliche verpflichtet ist, dessen Widerstand mit Gewalt gebrochen werden, um eine vertretbare Handlung vorzubereiten, handelt es sich auch insoweit begrifflich um Ersatzvornahme mit ergänzendem unmittelbaren Zwang.

5.2.4 Auswahl der Zwangsmittel

377 Das im Einzelfall in Betracht kommende Zwangsmittel ist nach der Art der zu erzwingenden Handlung und unter Beachtung des Grundsatzes der Verhältnismäßigkeit (vgl. § 9 II VwVG) auszuwählen. Ersatzvornahme kommt begrifflich nur in Frage, wenn eine vertretbare Handlung erzwungen werden soll. Dieses Zwangsmittel scheidet mithin bei einem auf eine unvertretbare Handlung gerichteten Verwaltungsakt aus.

378 Eine vertretbare Handlung kann mit Ersatzvornahme oder Zwangsgeld erzwungen werden. Jedoch wird bei derartigen Handlungen regelmäßig die Ersatzvornahme das effektivere Zwangsmittel sein, denn sie führt auch schneller zum Erfolg. Zwangsgeld darf bei einer vertretbaren Handlung nur angewendet werden, wenn die Ersatzvornahme „untunlich"[630] ist, besonders, wenn der Betroffene außerstande ist, die Kosten der Ersatzvornahme zu tragen (vgl. § 11 I 2

---

[630] Vgl. zu diesem unbestimmten Rechtsbegriff VGH Kassel BauR 1971, 249; BauR 1983, 241 [243] und OVG Berlin DÖV 1959, 758

VwVG).⁶³¹ Auch ist bei der Durchsetzung einer vertretbaren Handlung nicht zwangsläufig das Zwangsgeld, da mit keiner Gegenleistung verbunden, nicht notwendig gegenüber der Ersatzvornahme das schonendere Mittel. Hier ist auch zu berücksichtigen, dass es – insbesondere bei wiederholter Anwendung – durchaus den Betrag überschreiten kann, den der Ordnungspflichtige durch freiwillige Erledigung der Pflicht erbringen müsste.⁶³²
Der unmittelbare Zwang ist der schärfste Eingriff. Er darf nur angewendet werden, wenn der herbeizuführende Erfolg oder der gesetzmäßige Zustand auf andere Weise nicht erreicht werden kann.

5.2.5 Voraussetzungen

Grundlage der Verwaltungsvollstreckung ist regelmäßig ein Verwaltungsakt (§ 6 I VwVG oder entsprechende landesrechtliche Regelungen). Dieser darf jedoch nur dann mit Zwangsmitteln durchgesetzt werden, wenn er bestimmten Anforderungen genügt.⁶³³   **379**
1. Der Verwaltungsakt muss zunächst wirksam sein, d. h. dem Adressaten bekannt gegeben worden sein (§ 43 I 1), und er darf nicht nichtig sein (§§ 43 III, 44). Ob der Verwaltungsakt an weniger schweren Rechtsfehlern leidet, die nur Vernichtbarkeit zur Folge haben, ist (auch) im Vollstreckungsverfahren unerheblich. Der rechtswidrige, aber nur vernichtbare Verwaltungsakt ist wirksam (§ 43 I 2), kann also vollstreckt werden,⁶³⁴ und zwar auch vor Eintritt der Unanfechtbarkeit, sofern die Vollstreckungsvoraussetzungen im Übrigen erfüllt sind. Genauso wie ein rechtswidriger (nicht nichtiger) Verwaltungsakt entweder Anspruchsgrundlage für den Bürger oder Ermächtigungsgrundlage für die Verwaltung ist, also Regelungswirkung entfaltet (vgl. RdNr. 107 f.), kann er auch Grundlage einer ggf. erforderlich werdenden Vollstreckung sein, mithin Vollstreckungswirkung haben. Die im Hinblick auf den Grundsatz der Gesetzmäßigkeit der Verwaltung vertretene Ansicht, vor Eintritt der Unanfechtbarkeit sei die Rechtmäßigkeit des Verwaltungsaktes Voraussetzung für dessen Vollstreckung,⁶³⁵ überzeugt nicht, denn auch § 43, der nicht zwischen Regelungs-, Vollstreckungs- und sonstiger Wirkung unterscheidet, ist Bestandteil der Rechtsordnung.⁶³⁶
2. Der Verwaltungsakt muss vollstreckbar sein, d. h. die durch ihn getroffene Regelung muss ihrem Inhalt nach einer Vollstreckung bedürfen und auch vollstreckt werden können. Vollstreckungsbedürftig und -fähig sind Verwaltungsakte, die auf ein Gebot, Verbot oder Duldung gerichtet sind, nicht aber

---

631 Engelhardt/App/Schlatmann, VwVG, § 11 RdNr. 7 f.; Sadler/Tillmanns, VwVG § 11 RdNr. 10 ff. mit weiteren Beispielen
632 Nicht alle Vollstreckungsgesetze der Länder weisen dem § 11 II 2 VwVG vergleichbar einschränkende Regelungen hinsichtlich des Zwangsgeldeinsatzes bei vertretbaren Handlungen auf. Siehe praktisches Beispiel bei Pieroth/Schlink/Kniesel, § 20 RdNr. 12
633 Zu ausgewählten Problemen des Vollstreckungsrechts siehe auch Weber, DVBl. 2012, S. 1130 ff.
634 OVG Lüneburg NVwZ 1984, 323; VGH Mannheim DÖV 1984, 517 [519 f.]; OVG Koblenz NJW 1982, 2216
635 Habermehl, RdNr. 849; VGH Kassel NVwZ 1982, 514 [515]; Nds. OVG NdsVBl. 2015, S. 169 ff.
636 Wie hier auch Pieroth/Schlink/Kniesel, § 24 RdNr. 32; ferner Voßkuhle/Wischmeyer, JuS 2016, S. 698 ff. [700]; zum Verhältnis von Grund-VA zur anschließenden Vollstreckungsmaßnahme siehe auch Weber, VR 2012, S. 270 ff. und Drape/Globisch/Trips/Weidemann, S. 9 f. m. N.

Verwaltungszwang

gestaltende und feststellende Verwaltungsakte. Mangelnde Bestimmtheit des Grundverwaltungsakts kann die Vollstreckungsfähigkeit beeinträchtigen.[637]

3. Der Verwaltungsakt kann zwangsweise nur durchgesetzt werden, wenn er unanfechtbar ist (vgl. RdNr. 292) oder die Behörde die sofortige Vollziehung (nicht: „sofortigen Vollzug"!) angeordnet oder ein Rechtsbehelf – kraft Gesetzes – keine aufschiebende Wirkung hat (§ 6 I VwVG oder entsprechende landesrechtliche Regelungen).

4. Es darf keine Vollstreckungshindernisse geben. Sie hindern die Vollstreckung in jedem Verfahrensstadium, d. h. auch nach bestandskräftiger Androhung und Festsetzung des Zwangsmittels.[638]

So dürfen durch Zwangsmaßnahmen nur solche Handlungen erzwungen werden, die allein vom Pflichtigen abhängen.[639] Ein Hindernis könnte gegeben sein, wenn ansonsten in die Rechte Dritter eingegriffen werden müsste. Dies führt aber nicht zur Rechtswidrigkeit der Grundlagenverfügung. Das Vollzugshindernis könnte durch eine vollziehbare Duldungsverfügung ausgeräumt werden.

Die Anwendung eines Zwangsmittels setzt darüber hinaus (selbstverständlich) voraus, dass die durch den Verwaltungsakt angeordnete Verpflichtung in dem Zeitpunkt, in dem Vollstreckungsmaßnahmen ergriffen werden, nicht bereits erfüllt ist. Ob der Adressat seiner Verpflichtung nachgekommen ist oder nicht, lässt sich nur dann verlässlich feststellen, wenn die Anordnung, wie durch § 37 I vorgeschrieben, inhaltlich hinreichend bestimmt ist. Bei Regelungen des Grundverwaltungsakts, die auf eine gewisse Dauer angelegt sind, liegt eine Zweckerreichung nur vor, wenn keine Wiederholungsgefahr besteht.[640]

Ein Vollstreckungshindernis ist zudem gegeben, wenn der Grundverwaltungsakt – zwischenzeitlich – aufgehoben worden ist. Ebenso verhält es sich bei der Aufhebung des Ausschlusses der aufschiebenden Wirkung eines Rechtsbehelfs.

5.2.6 Verfahren

380 Das Vollstreckungsverfahren ist im Normalfall dreistufig (siehe Übersicht RdNr. 383).

Nach § 13 I 1 VwVG muss jedes Zwangsmittel, von dem Fall des sofortigen Vollzugs (§ 6 II VwVG) abgesehen, schriftlich angedroht werden. Dem Pflichtigen ist (bei Geboten!) nach § 13 I 2 VwVG eine angemessene Frist zu bestimmen, innerhalb derer die Verpflichtung zu erfüllen ist. Verlangt wird eine kalendermäßig eindeutig bestimmte Frist. Dagegen stellt die Verpflichtung „zum unverzüglichen Handeln" keine sachgerechte Fristbestimmung dar.[641]

Die Androhung des Zwangsmittels kann nach § 13 II VwVG mit dem Verwaltungsakt verbunden werden; sie soll mit ihm verbunden werden, wenn die sofortige Vollziehung angeordnet worden ist oder der Rechtsbehelf keine aufschiebende Wirkung hat.

---

[637] Beckmann/Matschke, DVP 2016, S. 284 ff. [291 Nr. 64]
[638] Waldhoff in: Hoffmann-Riem/Schmidt-Aßmann/Voßkuhle, § 46 Rn. 124
[639] Vahle, DVP 2012, S. 266 [271]
[640] VGH Kassel NVwZ-RR 1996, S. 361 [362]
[641] VGH Mannheim NVwZ-RR 1995, 506 [507]; OVG Greifswald NVwZ-RR 1997, 762

Zwangsmittel

Die Fristbestimmung ist nicht Bestandteil des erlassenen Gebots, sondern Bestandteil der Androhung. Die Fristsetzung mit dem zu erfüllenden Gebot zu verbinden, verbietet sich auch deshalb, weil der durchzusetzende Verwaltungsakt nach § 43 II durch Ablauf der Frist erledigt wäre; das dadurch unwirksam gewordene Gebot müsste also erneut erlassen werden.
Die Androhung muss sich nach § 13 III VwVG auf ein bestimmtes Zwangsmittel beziehen. Mehrere Zwangsmittel dürfen nicht gleichzeitig angedroht werden.[642] Unzulässig ist es nach § 13 III VwVG auch, dem Pflichtigen anzudrohen, dass die Behörde sich vorbehält, zwischen mehreren Zwangsmitteln zu wählen.
Der Betrag des Zwangsgeldes ist nach § 13 V VwVG in bestimmter Höhe anzudrohen. Die Bandbreite einer möglichen Zwangsgeldhöhe richtet sich nach § 11 III VwVG. Wird Ersatzvornahme angedroht, so ist in der Androhung der Kostenbetrag vorläufig zu veranschlagen. Das Recht auf Nachforderung bleibt nach § 13 IV VwVG unberührt, wenn die Ersatzvornahme höhere als die veranschlagten Kosten verursacht.
Die Androhung, die dem Pflichtigen nach § 13 VII VwVG zuzustellen ist, muss wirksam sein (§ 43), denn unbeschadet der sich aus einzelnen Bestimmungen des Gesetzes ergebenden besonderen Rechtmäßigkeitsvoraussetzungen gilt als Regel, dass die Rechtmäßigkeit eines Vollstreckungsaktes keine Voraussetzung für die Rechtmäßigkeit der folgenden Akte ist.[643]

381 Das angedrohte Zwangsmittel muss, bevor es angewendet wird, förmlich festgesetzt werden (§ 14 VwVG). Die Festsetzung bedeutet die Erklärung der Behörde, dass das Zwangsmittel nunmehr anzuwenden ist (Vollstreckungsanordnung); sie muss dem Pflichtigen durch besonderen Verwaltungsakt bekannt gegeben werden. Auch hier genügt, dass die Regelung wirksam, also nicht nichtig ist. Nur ausnahmsweise ist die Festsetzung entbehrlich. Hat der Betroffene ernstlich und endgültig erklärt, dass er der Grundverfügung nicht Folge leisten werde, so hat er dadurch praktisch auf den Schutz der Festsetzung verzichtet.[644]
Das NPOG sieht eine Festsetzung nicht allgemein, sondern nur für das Zwangsgeld vor (§ 67 I 1 NPOG). Damit ist die (fakultative) Festsetzung anderer Zwangsmittel aber nicht ausgeschlossen.[645]

382 Schließlich wird das Zwangsmittel der Festsetzung entsprechend angewendet (§ 15 I VwVG). Es darf nur das Zwangsmittel angewandt werden, das zuvor angedroht und festgesetzt worden ist.
Während Androhung und Festsetzung eines Zwangsmittels Verwaltungsaktsqualität haben, wird dagegen die Anwendung des Zwangsmittels überwiegend als Realakt angesehen.[646]

---

642 Vgl. aber z. B. § 70 III NPOG. Danach dürfen (mehrere) bestimmte Zwangsmittel angedroht werden; in diesem Fall ist anzugeben, in welcher Reihenfolge sie angewendet werden sollen.
643 OVG Berlin NJW 1981, 2484. Vgl. auch BVerwG NJW 1984, 2591 [2592]
644 BVerwG NVwZ 1997, 381 [382]
645 OVG Koblenz DÖV 1986, 1030
646 Ipsen, Niedersächsisches Polizei- und Ordnungsrecht, RdNr. 584 m. N.

Verwaltungszwang

383   **Verfahren der Vollstreckung**

bei der Erzwingung von Handlungen, Duldungen oder Unterlassungen
(Übersicht)

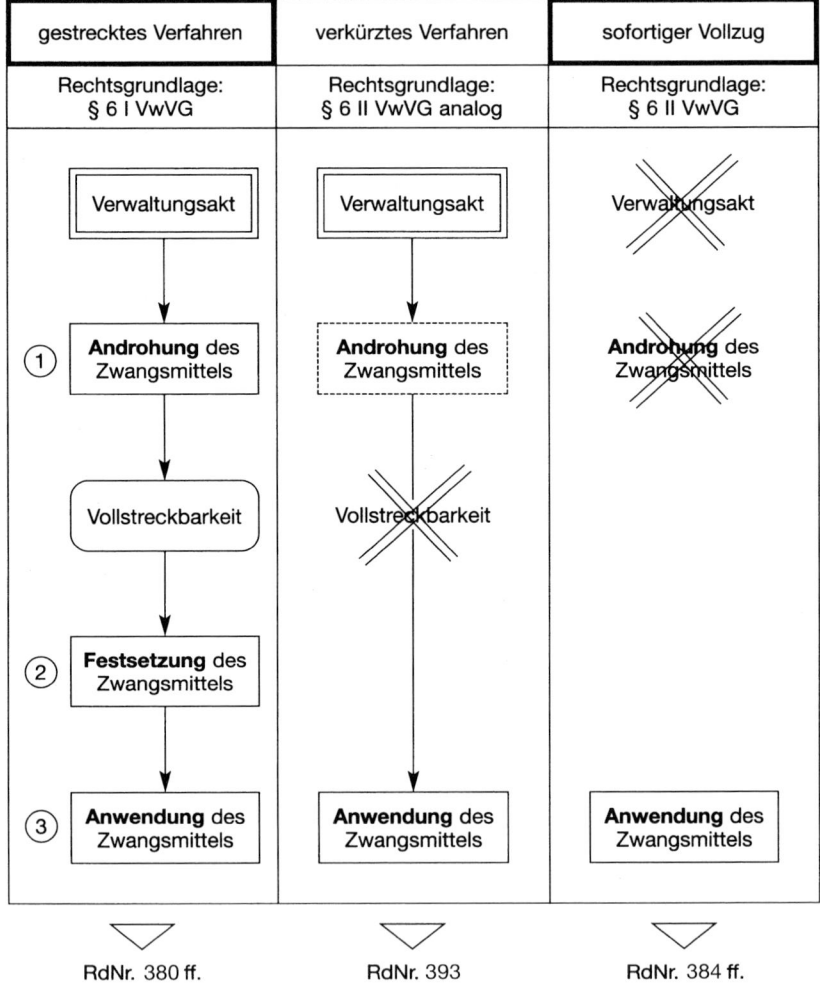

5.3 Sofortiger Vollzug

5.3.1 Begriff

384 In bestimmten Fällen kann die Behörde Zwang anwenden, ohne vorher einen Verwaltungsakt erlassen sowie das in Betracht kommende Zwangsmittel androhen und ggf. festsetzen zu müssen. Dieses Verfahren der sofortigen Anwendung von Zwangsmitteln wird z. B. durch § 6 II VwVG ausdrücklich und auch sonst in der Verwaltungsvollstreckung als „sofortiger Vollzug" bezeichnet.
Diese Bezeichnung ist allerdings ungenau, weil keine Regelung vorhanden ist, die „vollzogen" werden könnte; treffender wäre die Bezeichnung „sofortiger Zwang".
Dieses besondere Verfahren der Zwangsanwendung darf nicht verwechselt werden mit der Anordnung der sofortigen Vollziehung, die nach § 80 II Nr. 4 VwGO unter bestimmten Voraussetzungen angeordnet werden kann und zur Folge hat, dass ein Verwaltungsakt trotz eines dagegen erhobenen Widerspruchs oder vor Eintritt der Unanfechtbarkeit (vgl. §§ 6 I VwVG, 64 I NPOG) vollzogen werden kann (vgl. RdNr. 535 ff.).

385 Als Zwangsmittel kommen in diesem Verfahren nur die Ersatzvornahme und der unmittelbare Zwang in Betracht.

Beispiele:
a) Die Polizei lässt ein entgegen einer Allgemeinverfügung (Verbotszeichen) geparktes Fahrzeug durch einen Unternehmer auf einen Parkplatz abschleppen (sofortiger Vollzug durch Ersatzvornahme).
b) Aus einer sog. Safari-Schauanlage sind Löwen ausgebrochen und in eine angrenzende Grünanlage entflohen. Sie werden dort von Polizeibeamten getötet (sofortiger Vollzug durch unmittelbaren Zwang).

5.3.2 Abgrenzung zur Ersatzvornahme und zur Sicherstellung

386 Beim sofortigen Vollzug werden Zwangsmittel angewendet, ohne dass ein Verwaltungsakt vorausgegangen ist. Begrifflich liegt deshalb sofortiger Vollzug dann nicht vor, wenn ein auf Vornahme einer vertretbaren Handlung gerichteter Verwaltungsakt mit dem Zwangsmittel der Ersatzvornahme durchgesetzt wird.

Beispiele:
a) Auf einem Parkplatz mit Parkuhren steht seit über drei Stunden ein Personenkraftwagen an einer nicht betätigten Parkuhr. Das Fahrzeug wird abgeschleppt (umgesetzt) und auf einem in der Nähe gelegenen Parkplatz abgestellt.

Verwaltungszwang

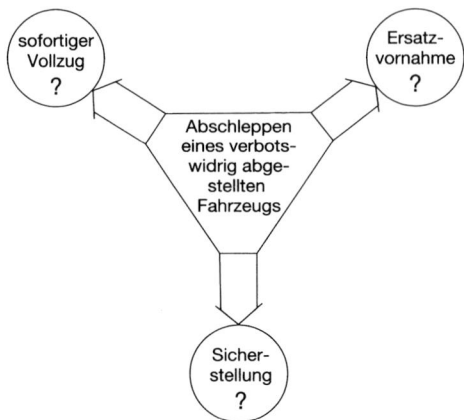

Hierbei handelt es sich um Ersatzvornahme, denn das durch die Parkuhr als Verwaltungsakt (Allgemeinverfügung!) gekennzeichnete modifizierte Halteverbot enthält zugleich das Gebot, ein dort abgestelltes Kraftfahrzeug alsbald wegzufahren, wenn die Voraussetzungen für ein erlaubtes Parken nicht (mehr) gegeben sind.[647]

b) Der Halter eines Personenkraftwagens parkt diesen entgegen dem sich aus § 12 III Nr. 3 StVO, also unmittelbar aus einer Rechtsnorm ergebenden Parkverbot vor einer Einfahrt zu einem Garagenhof und behindert dadurch die Benutzer dieser Grundstückseinfahrt erheblich. Die Polizei lässt den Wagen durch ein Abschleppunternehmen abschleppen und woanders abstellen. Im Gegensatz zu Beispiel a) liegt hier ein Fall des sofortigen Vollzuges vor, weil ein Verwaltungsakt nicht vorausgegangen ist. Um eine Sicherstellung handelt es sich nicht, denn die Polizei wollte kein Verwahrungsverhältnis begründen.

387 Eine Sicherstellung liegt begrifflich nur dann vor, wenn die Behörde (auch) bezweckt, die Sache in Verwahrung zu haben und damit andere davon auszuschließen (sog. Besitzentziehungswille), dass sie auf die Sache einwirken können. Kommt es ihr nur darauf an, ein Fahrzeug zur Gefahrenabwehr von einem bestimmten Ort zu entfernen, ist es aber gleichgültig, wo es anschließend abgestellt wird, handelt es sich nicht um eine Sicherstellung.[648]

Beispiele:
a) Auf einer leicht abschüssigen Straße in der Nähe einer Schule steht seit kurzem ein Personenkraftwagen. Das Seitenfenster ist beschädigt und nur unzureichend ausgebessert, so dass die Tür für Unbefugte auch ohne

---

647 BVerwG NVwZ 1988, 623; eingehend zum Thema „Abschleppen eines KFZ" siehe Ipsen, Niedersächsisches Gefahrenabwehrrecht, RdNr. 572 ff.; 590 ff. m. umfangreichen Nachweisen

648 Würtenberger/Görs, JuS 1981, 596 [599]; vgl. auch Steinhilber, NJW 1983, 2429. Keinen rechtlichen Unterschied in dem bloßen Umsetzen von Fahrzeugen und dem Abschleppen auf ein Verwahrungsgelände sieht Schwabe, NJW 1983, 369 [373], der davon ausgeht, dass in beiden Fällen eine Sicherstellung vorliege. Instruktiv zur Problematik VGH München NJW 1984, 2962.

Sofortiger Vollzug

Schlüssel relativ leicht zu öffnen ist. Die Polizei befürchtet, dass das Fahrzeug gefahrbringend benutzt werden könnte. Sie lässt es durch ein Abschleppunternehmen entfernen und zur Kraftfahrzeug-Verwahrungsstelle der Polizei bringen.

Hier kommt es der Polizei darauf an, das Fahrzeug in Verwahrung zu nehmen, um dem Missbrauch und der Gefahr für Kinder vorzubeugen. Also handelt es sich um eine Sicherstellung.

b) Einer Polizeistreife fällt auf, dass ein Personenkraftwagen mit allen Rädern auf dem Gehweg einer Straße geparkt ist. Da ein solches Parken dort nicht erlaubt ist und der Fußgängerverkehr durch das Fahrzeug behindert wird, lassen die Polizeibeamten den Wagen vom gegenwärtigen Standort entfernen und woanders abstellen. Hierbei handelt es sich um sofortigen Vollzug.

Die hier behandelte Abgrenzungsproblematik hat nicht nur theoretische Bedeutung. Die begriffliche Einordnung des Verwaltungshandelns ist vielmehr im Einzelfall notwendig, um die Rechtmäßigkeit, insb. die Tatbestandsmäßigkeit des Einschreitens, zutreffend beurteilen zu können. Während die Sicherstellung und der sofortige Vollzug jeweils voraussetzen, dass eine akute Gefahr abzuwehren ist, braucht eine solche Gefahrensituation – wie auch sonst bei der Durchsetzung eines Verwaltungsaktes – nicht vorzuliegen, wenn im gestreckten Verfahren mit der Ersatzvornahme vorgegangen werden soll. **388**

5.3.3 Voraussetzungen

Rechtmäßig ist der sofortige Vollzug nach § 6 II VwVG, wenn **389**
1. eine rechtswidrige Tat, die einen Straf- oder Bußgeldtatbestand verwirklicht, verhindert oder eine drohende Gefahr abgewendet werden soll,
2. die sofortige Anwendung von Zwang notwendig ist,
3. die Behörde hierbei innerhalb ihrer gesetzlichen Befugnisse handelt.

Unter „drohender Gefahr" ist ein im Einzelfall drohender Schaden für die öffentliche Sicherheit zu verstehen; der Schaden muss unmittelbar bevorstehen.[649] Der Begriff der drohenden Gefahr dürfte also dem der gegenwärtigen Gefahr (vgl. z. B. § 2 Nr. 1 Buchst. b NPOG) gleich zu setzen sein.[650] **390**

Notwendig ist der sofortige Vollzug dann, wenn es im Normalverfahren („gestreckten Verfahren") nicht oder nicht rechtzeitig gelingt, die rechtswidrige Tat zu verhindern oder die drohende Gefahr abzuwehren. **391**

Innerhalb ihrer gesetzlichen Befugnisse handelt die Behörde, wenn über die speziellen Anforderungen des § 6 II VwVG hinaus die allgemeinen Anforderungen an die Rechtmäßigkeit ihres Handelns erfüllt sind. Die Behörde müsste also berechtigt sein, von dem Betroffenen im Normalverfahren das zu verlangen, was sie erzwingt. Sie müsste u. a. im Rahmen ihrer sachlichen und örtlichen Zuständigkeit gehandelt und ihr Ermessen rechtmäßig ausgeübt haben. Außer- **392**

---

649 Engelhardt/App/Schlatmann, § 6 VwVG, Rn. 23 ff.
650 Wüstenbecker, JA-Übungsblätter, Heft 3/1987, 36; siehe auch Pieroth/Schlink/Kniesel, § 24 RdNr. 40

Verwaltungszwang

dem müsste die Anwendung des Zwangsmittels rechtmäßig sein (vgl. Übersicht RdNr. 394).

Anders als im „gestreckten Verfahren" (RdNr. 380 ff.) wird hier vorausgesetzt, dass der (fiktive) Verwaltungsakt rechtmäßig ist.

393 Beim „verkürzten Verfahren" liegt ein Verwaltungsakt zwar vor; weil es dringlich geworden ist, ihn durchzusetzen, verzichtet die Behörde aber darauf abzuwarten, bis die Unanfechtbarkeit eingetreten ist, oder die Vollstreckbarkeit des Verwaltungsaktes durch Anordnung der sofortigen Vollziehung herbeizuführen, und wendet das Zwangsmittel an, ohne es – ggf. mit Fristsetzung – anzudrohen und festzusetzen.

Beispiel:
Dem Eigentümer eines Hauses, das unmittelbar an einer Straße mit starkem Fußgängerverkehr steht, wird bei Frostwetter aufgegeben, die an der Dachrinne hängenden Eiszapfen zu entfernen und damit seiner durch Gefahrenabwehrverordnung begründeten Verpflichtung nachzukommen. Der Eigentümer erhebt Widerspruch und befolgt die Anordnung nicht. Als kurze Zeit später für den nächsten Tag Tauwetter vorhergesagt wird, lässt die Behörde wegen der jetzt akut gewordenen Gefahr die Eiszapfen entfernen (Ersatzvornahme).
Weil dieses Verfahren durch das VwVG und die Verwaltungsvollstreckungsgesetze der Länder nicht ausdrücklich geregelt ist, werden die Vorschriften über den sofortigen Vollzug entsprechend angewendet. Begründet wird das damit, dass ein Zwangsmittel nach Erlass des Verwaltungsaktes erst recht angewendet werden dürfe, wenn die Behörde sogar ganz auf den vorausgehenden Verwaltungsakt verzichten könnte.[651] Die Behörde darf also, wenn die Vollstreckung eilbedürftig ist, unter den Voraussetzungen, unter denen sofortiger Vollzug rechtmäßig ist, jederzeit vom gestreckten Verfahren zum sofortigen Vollzug übergehen.

---

651 Habermehl, RdNr. 835

Sofortiger Vollzug

394

Rechtmäßigkeit des sofortigen Vollzuges
Anwendung von Zwangsmitteln
ohne vorausgehenden Verwaltungsakt

Ermächtigungsgrundlage: § 6 II VwVG
(in Nds.: § 64 II NGefAG)

Verhinderung einer rechtswidrigen Tat, die einen Straf- oder Bußgeldbestand verwirklicht

o d e r

Abwendung einer drohenden Gefahr
(in Nds.: Abwehr einer gegenwärtigen Gefahr oder Durchsetzung gerichtlich angeordneter Maßnahmen)

Notwendigkeit (Erforderlichkeit) **dieses Verfahrens**
(Inanspruchnahme von Personen im „gestreckten Verfahren"
nicht oder nicht rechtzeitig oder nicht erfolgversprechend

Handeln innerhalb der gesetzlichen Befugnisse

● **Rechtmäßigkeit des fiktiven Verwaltungaktes**

Angenommene Ermächtigungsgrundlage:
besondere oder allgemeine Regelung
→ Erfüllung der formellen Anforderungen
→ Erfüllung der materiellen Anforderungen

● **Rechtmäßigkeit der Anwendung des Zwangsmittels**

Verwaltungszwang

5.3.4 Kosten

395 Der Betroffene hat der Behörde die Kosten (Gebühren und Auslagen) des sofortigen Vollzugs zu erstatten. Ermächtigungsgrundlage für einen entsprechenden Leistungsbescheid ist für öffentlich-rechtliche Geldforderungen des Bundes und der bundesunmittelbaren juristischen Personen des öffentlichen Rechts § 19 I 1 VwVG, der auf die Vorschriften der AO (§§ 337 I, 338 bis 346) verweist. Nach § 344 I Nr. 8 AO werden als Auslagen erhoben „andere Beträge, die aufgrund von Vollstreckungsmaßnahmen an Dritte zu zahlen sind, insbesondere Beträge, die bei der Ersatzvornahme oder beim unmittelbaren Zwang an Beauftragte und an Hilfspersonen gezahlt werden …".

Für öffentlich-rechtliche Geldforderungen der Länder, der kommunalen Gebietskörperschaften und der sonstigen der Aufsicht der Länder unterliegenden juristischen Personen des öffentlichen Rechts kommen im Allgemeinen die jeweiligen Verwaltungsvollstreckungs- und Verwaltungskostengesetze der Länder in Betracht.

Voraussetzung für den Kostenerstattungsanspruch der Behörde ist – im Gegensatz zum „gestreckten Verfahren" (vgl. RdNr. 380 ff.) –, dass der sofortige Vollzug rechtmäßig ist. Dies ist eine ungeschriebene Voraussetzung, die aus dem Rechtsstaatsprinzip abgeleitet wird, denn diesem Prinzip widerspräche es, Kosten für sofortigen Vollzug zu verlangen, der sich als rechtswidrig erweist.

5.4 Rechtsschutz

396 Gegen Maßnahmen der Zwangsvollstreckung steht dem Betroffenen der Rechtsweg offen. Gegen die Androhung eines Zwangsmittels (§ 13 VwVG) ist die Anfechtungsklage, der regelmäßig ein Vorverfahren vorgeschaltet ist, gegeben (§ 42 I VwGO, § 79 VwVfG i. V. m. §§ 68 ff. VwGO). Dies bestimmt ausdrücklich § 18 I VwVG.[652] Die Zwangsmittelfestsetzung (§ 14 VwVG) stellt einen Verwaltungsakt dar und kann ebenfalls mit der Anfechtungsklage und dem vorgeschalteten Vorverfahren angefochten werden (§ 42 I, § 79 i. V. m. §§ 68 ff. VwGO).

In den meisten Bundesländern ist bestimmt, dass Widerspruch und Anfechtungsklage gegen Vollstreckungsakte keine aufschiebende Wirkung entfalten (§ 80 II 1 Nr. 3 VwGO).[653]

Umstritten ist die rechtliche Einordnung der Anwendung des Zwangsmittels. Nach der h. L. handelt es sich hier um einen Realakt.[654] Damit scheidet die Anfechtungsklage als Rechtsbehelf aus. Im Hinblick auf eine mögliche Folgenbeseitigung kommt die allgemeine Leistungsklage in Betracht. U. U. kann auch eine Feststellungsklage (§ 43 VwGO) angestrengt werden.

397 Der sofortige Vollzug kann mit den Rechtsbehelfen angefochten werden, die gegen Verwaltungsakte allgemein gegeben sind (§ 18 II VwVG), also mit dem

---

652 Ob § 18 I VwVG noch eine eigenständige Bedeutung hat, ist umstritten; vgl. auch Engelhardt/App/Schlatmann, VwVG § 18 RdNr. 1 ff. m. w. N.; zu berücksichtigen ist hier zudem, dass die Zwangsmittelandrohung als Verwaltungsakt zu qualifizieren ist (RdNr. 96), s. auch RdNr. 382a
653 Siehe für Niedersachsen § 64 IV NPOG
654 VG Weimar, NVwZ 2000, S. 478; Maurer/Waldhoffr, § 20 RdNr. 24; Sadler/Tillmanns, VwVG § 15 RdNr. 1; Pieroth/Schlink/Kniesel, § 27 RdNr. 39 ff. m. N.

Rechtsschutz

Anfechtungswiderspruch und der Anfechtungsklage. Gehen von dem sofortigen Vollzug nach seiner Erledigung keine Rechtswirkungen mehr aus, kommt ggf. eine Klage nach § 113 I 4 VwGO in Betracht (vgl. RdNr. 418 ff.).

Schema 398
zur Prüfung der Rechtmäßigkeit eines
Leistungsbescheides nach sofortigem Vollzug

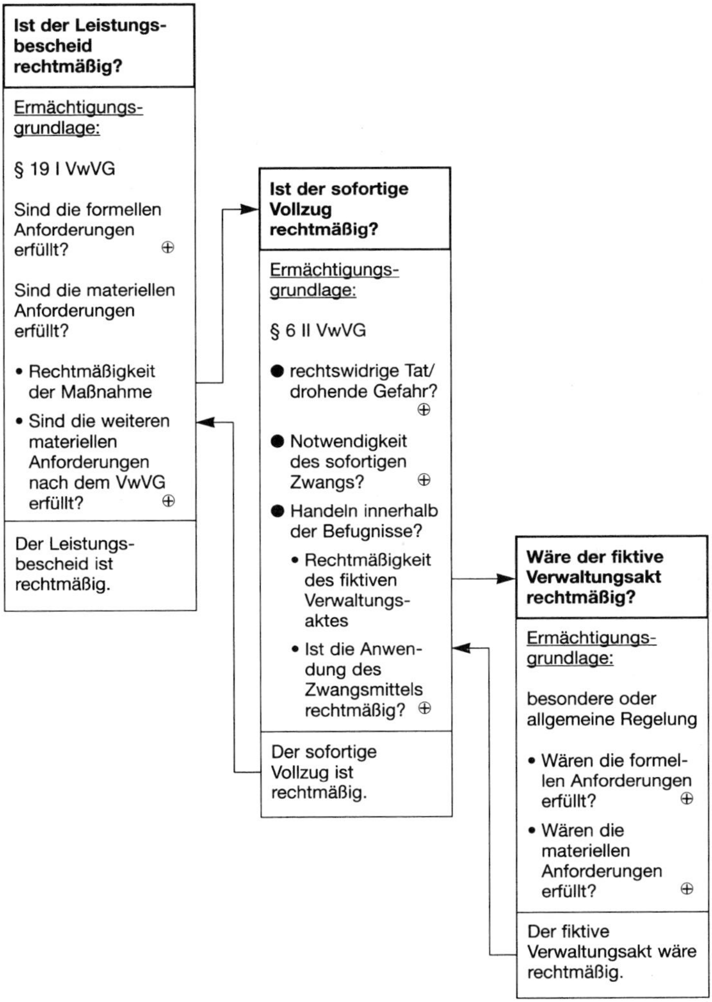

Ist der Leistungsbescheid rechtmäßig?

Ermächtigungsgrundlage:

§ 19 I VwVG

Sind die formellen Anforderungen erfüllt? ⊕

Sind die materiellen Anforderungen erfüllt?

- Rechtmäßigkeit der Maßnahme
- Sind die weiteren materiellen Anforderungen nach dem VwVG erfüllt? ⊕

Der Leistungsbescheid ist rechtmäßig.

Ist der sofortige Vollzug rechtmäßig?

Ermächtigungsgrundlage:

§ 6 II VwVG

- rechtswidrige Tat/ drohende Gefahr? ⊕
- Notwendigkeit des sofortigen Zwangs? ⊕
- Handeln innerhalb der Befugnisse?
  - Rechtmäßigkeit des fiktiven Verwaltungsaktes
  - Ist die Anwendung des Zwangsmittels rechtmäßig? ⊕

Der sofortige Vollzug ist rechtmäßig.

Wäre der fiktive Verwaltungsakt rechtmäßig?

Ermächtigungsgrundlage:

besondere oder allgemeine Regelung

- Wären die formellen Anforderungen erfüllt? ⊕
- Wären die materiellen Anforderungen erfüllt? ⊕

Der fiktive Verwaltungsakt wäre rechtmäßig.

6 Verwaltungsrechtsschutz

6.1 Allgemeines

399 Als Teil der vollziehenden Gewalt ist die Verwaltung an Gesetz und Recht gebunden (Art. 20 III GG). Diese Bindung bedeutet jedoch nicht, dass rechtswidrige Maßnahmen der Verwaltung zwangsläufig unwirksam sind; vielmehr gilt der Grundsatz, dass sie, insb. Verwaltungsakte, regelmäßig wirksam sind. Aus der Bindung der Verwaltung an Gesetz und Recht folgt aber, dass die mit der Rechtsordnung nicht im Einklang stehenden Maßnahmen der Verwaltung aufgehoben werden müssen. Da rechtswidrige Entscheidungen der Träger öffentlicher Verwaltung nicht auszuschließen sind, ist es erforderlich, das Verwaltungshandeln zu kontrollieren und gegebenenfalls zu korrigieren. Diesem Zweck dienen verwaltungsinterne und verwaltungsexterne Kontrollen.

6.2 Rechtsschutz innerhalb der Verwaltung

400 Die verwaltungsinterne Kontrolle dient in erster Linie dem öffentlichen Interesse an der Recht- und Zweckmäßigkeit der Handlungen der Verwaltung. Die Verwaltung leitet die Kontrolle ohne Anregung von außen selbst ein und führt sie durch. Hierher gehören vor allem die Kontrollen der Verwaltungshandlungen durch die handelnde Behörde selbst. Erkennt sie, dass eine von ihr getroffene Maßnahme rechtswidrig oder unzweckmäßig ist, hat sie diese zu berichtigen oder aufzuheben. Verstärkt und ergänzt wird diese Selbstkontrolle durch die Kontroll- und Weisungsrechte der jeweils übergeordneten Behörden, insb. der Fachaufsichtsbehörden, die sicherzustellen haben, dass im kommunalen Sektor die Aufgaben des übertragenen Wirkungskreises rechtmäßig und zweckmäßig ausgeführt werden (z. B. § 170 I NKomVG). Auch die Regelung über die Prüfungspflicht des Hauptverwaltungsbeamten (z. B. § 88 NKomVG) sowie die Rechnungsprüfung durch die Rechnungsprüfungsämter sind der verwaltungsinternen Kontrolle zuzurechnen.

6.3 Rechtsschutz gegenüber der Verwaltung

401 Die verwaltungsexterne Kontrolle führt zur Fremd- oder zur Selbstkontrolle der Verwaltung. Sie dient in erster Linie dem Interesse des von einer Verwaltungsmaßnahme betroffenen Bürgers an der Rechtmäßigkeit (z. T. auch an der Zweckmäßigkeit) des Verwaltungshandelns. Eingeleitet wird die Kontrolle von außen. Der Bürger genießt umfassenden Schutz gegen rechtswidriges Verwaltungshandeln. Er kann sich dagegen wehren mit formlosen und förmlichen Rechtsbehelfen.

6.4 Formlose und förmliche Rechtsbehelfe

6.4.1 Formlose Rechtsbehelfe

402 Nach Art. 17 GG hat jedermann das Recht, sich schriftlich mit Bitten oder Beschwerden an die zuständigen Stellen und an die Volksvertretung zu wenden.

Formlose und förmliche Rechtsbehelfe

Auf diesem Grundrecht basieren die formlosen Rechtsbehelfe, die unabhängig von förmlichen Rechtsbehelfen verfolgt und auch gleichzeitig mit diesen erhoben werden können.[655]
Formlose Rechtsbehelfe sind weder an eine Form noch an eine Frist gebunden. Wenn Art. 17 GG Schriftform verlangt, sind damit mündliche Petitionen nicht unzulässig; sie genießen nur keinen Grundrechtsschutz. Formlose Rechtsbehelfe können vor allem dann noch eingelegt werden, wenn die Fristen für förmliche Rechtsbehelfe abgelaufen sind. Sie können von jedermann, auch von Nichtbeteiligten, und grundsätzlich auch wiederholt erhoben werden. Gegenstand solcher Rechtsbehelfe kann jede Art des Verwaltungshandelns sein.

Man unterscheidet drei Arten der formlosen Rechtsbehelfe: **403**
- Gegenvorstellung:
  Mit diesem Rechtsbehelf wendet sich der Bürger an die Behörde, die eine bestimmte Maßnahme getroffen oder unterlassen hat, mit dem Antrag, die Maßnahme zu ändern oder aufzuheben oder eine bisher unterlassene Maßnahme zu treffen.
- Aufsichtsbeschwerde:
  Sie ist an die übergeordnete Behörde gerichtet mit dem Ziel, dass diese die beanstandete Maßnahme der nachgeordneten Behörde prüft.
- Dienstaufsichtsbeschwerde:
  Sie ist – im Gegensatz zur (Fach-)Aufsichtsbeschwerde – gegen das persönliche Verhalten eines Bediensteten gerichtet.

Die rechtliche Bedeutung formloser Rechtsbehelfe ist häufig eher gering. Sie **404** bewirken nicht, dass das Verfahren mit Außenwirkung auf eine übergeordnete Instanz übergeht (= kein Devolutiveffekt), und sie hemmen nicht, die beanstandete Maßnahme zu vollziehen (= keine aufschiebende Wirkung).
Art. 17 GG gewährt dem Beschwerdeführer auch keinen Anspruch darauf, dass die Eingabe in seinem Sinne erledigt wird; er hat nur Anspruch darauf, dass seine Eingabe entgegengenommen und sachlich geprüft wird und dass ihm die Kenntnisnahme und die Art der Erledigung formlos mitgeteilt werden (sog. Recht auf einen informellen Bescheid[656]). Die durch Art. 17 GG gewährleistete Prüfung durch die Volksvertretung und Petitionsausschuss erfordert aber eine nachvollziehbare und diskriminierungsfreie Behandlung und Erledigung. Darüber hinaus ist die Prüfung nicht justiziabel.[657] Da diese Information des Bürgers keine unmittelbare Rechtswirkung entfaltet, fehlt dieser Maßnahme die VA-Qualität.[658]
Im Gegensatz dazu ist die praktische Bedeutung beträchtlich. Formlose Rechtsbehelfe bewirken nicht nur häufiger, sondern oft auch schneller, dass beanstandete Verwaltungsmaßnahmen geändert oder aufgehoben werden.

---

655 Zur Vertiefung: von Mutius Jura 1989, 105 ff.; Klein, APF 2001, 61 ff.
656 Eingehend zur Frage des Begründungsgebotes eines ablehnenden Bescheides über eine Dienstaufsichtsbeschwerde siehe Becker-Kavan, ZBR 2018, S. 1 ff.
657 BVerwG DÖV 2017, S. 821 ff.
658 Linhart/Gass, APF 2003, 175 [176]; ferner OVG Berlin DVBl 2001, 313

Verwaltungsrechtsschutz

405

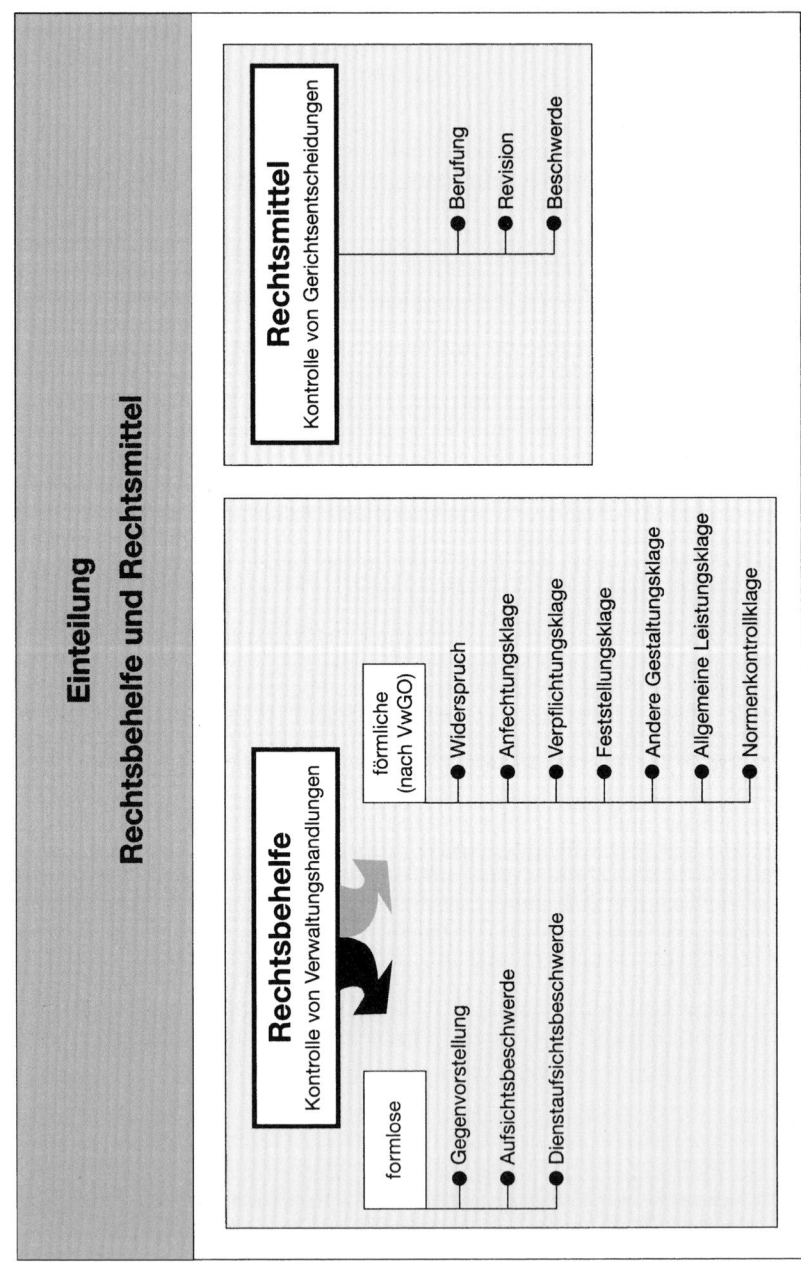

Formlose und förmliche Rechtsbehelfe

6.4.2 Förmliche Rechtsbehelfe

6.4.2.1 Überblick.
Förmliche Rechtsbehelfe müssen in der Regel in einer bestimmten Form (häufig: schriftlich oder zur Niederschrift) und – von wenigen Ausnahmen abgesehen[659] – innerhalb bestimmter Fristen eingelegt werden. Die betroffene Person muss grundsätzlich eine eigene Beschwer geltend machen. Förmliche Rechtsbehelfe entfalten meist aufschiebende Wirkung und begründen in vielen Fällen auch den Devolutiveffekt.

406

Die VwGO kennt folgende förmliche Rechtsbehelfe:
- Widerspruch,
- Anfechtungsklage,
- Verpflichtungsklage,
- Feststellungsklage,
- andere Gestaltungsklage,
- allgemeine Leistungsklage,
- Normenkontrollklage.

Zwar gibt es keinen numerus-clausus der Klagearten, doch reichen die vorstehend genannten Klagearten aus, um nahezu alle Fallgestaltungen angemessen zu lösen. Bei der Einführung weiterer Klagearten ist daher Zurückhaltung geboten.[660]

Auch die Klagen sind Rechtsbehelfe, keine Rechtsmittel. Rechtsbehelfe sind darauf gerichtet, Verwaltungsrechtshandlungen im Verwaltungsverfahren oder erstmalig durch ein Gericht zu kontrollieren; Rechtsmittel dienen demgegenüber der Kontrolle von Gerichtsentscheidungen (vgl. Schaubild RdNr. 405). Die VwGO kennt als Rechtsmittel nur die Berufung (§§ 124 ff.), die Revision (§§ 132 ff.) und die Beschwerde (§§ 146 ff.). Die Bezeichnung „Rechtsmittelbelehrung" in § 73 III 1 VwGO ist deshalb ungenau.

6.4.2.2 Verwaltungsgerichtlicher Rechtsschutz

6.4.2.2.1 Die Verwaltungsgerichtsbarkeit.[661]
Nach Art. 19 VI GG steht jedem, der durch die öffentliche Gewalt in seinen Rechten verletzt wird, der Weg zu den Gerichten offen. Eine wichtige Funktion kommt hier der Verwaltungsgerichtsbarkeit zu. Sie wird durch unabhängige, von den Verwaltungsbehörden getrennte Gerichte ausgeübt (§ 1 VwGO). Die allgemeine Verwaltungsgerichtsbarkeit ist dreistufig aufgebaut.

407

---

659 Siehe beispielsweise die Feststellungsklage, bestimmte (allg.). Leistungsklagen und die Untätigkeitsklage
660 Grundlegend Hufen, AD LEGENDUM 2017, S 96 ff.
661 Zur Funktion der Verwaltungsgerichtsbarkeit siehe Ramsauer, Nord ÖR 2019, S. 157 ff.

Verwaltungsrechtsschutz

Verwaltungsgerichtsbarkeit

Instanz	Gericht	Besetzung
3.	BVerwG	Senat (§ 10 III VwGO) regelmäßig 5 Berufsrichter*
2.	OVG/VGH	Senat (§ 9 II VwGO) regelmäßig 3 Berufsrichter; das Landesrecht kann vorsehen, dass dem Senat fünf (einschließlich zwei ehrenamtlicher) Richter angehören
1.	VG	Kammer (§ 5 II VwGO) regelmäßig drei Berufs- und zwei ehrenamtliche Richter**

* Ausn.: § 10 III 2 VwGO
** Ausn.: § 5 III 6 VwGO

Grundsätzlich ist das Verwaltungsgericht erstinstanzlich zuständig (§ 45 VwGO). Ausnahmen gelten für das OVG bei (abstrakten) Normenkontrollverfahren (§ 47 VwGO) und bei bestimmten Vereinsverboten (§ 48 VwGO). In seltenen Fällen kann auch das BVerwG erstinstanzlich zuständig sein (vgl. § 50 VwGO).

Für das verwaltungsgerichtliche Verfahren gilt der Verfügungsgrundsatz.[662] Danach haben die Beteiligten die Herrschaft darüber, welchen Sachverhalt sie dem Gericht unterbreiten wollen, so dass sie Art und Umfang des Rechtsschutzverfahrens selbst bestimmen können. Die Verwaltungsgerichte dürfen damit nur aufgrund einer Klage – und bei selbstständigen Beschlussverfahren auf Antrag[663] – tätig werden.[664]

Ein verwaltungsgerichtliches Verfahren kann aber nur durchgeführt werden, wenn der Rechtsweg zu den Verwaltungsgerichten gegeben ist. Dieser kann sich einmal aus einer speziellen Rechtswegzuweisung ergeben (§ 32 WPflG; § 12 HwO). Sofern eine derartige Regelung nicht vorliegt, greift die Generalklausel des § 40 I 1 VwGO. Zudem kann kraft bindender Verweisung des Rechtsstreits durch ein Gericht eines anderen Rechtszweiges der Verwaltungsrechtsweg begründet werden (§§ 173 VwGO, 17a II 3 GVG).

Neben der allgemeinen Verwaltungsgerichtsbarkeit bestehen Rechtszweige der besonderen Verwaltungsgerichtsbarkeit (z. B.: Finanz-, Sozial- und Disziplinargerichtsbarkeit).

6.4.2.2.2 Klagearten[665]

408 **6.4.2.2.2.1 Allgemein.** Die Klageart bezeichnet die rechtliche Form näher, in der Rechtsschutz gewährt wird. Maßgebend für die Bestimmung der Klageart ist das Ziel, das die Klägerin oder der Kläger mit der Klage verfolgt (vgl. das Schaubild RdNr. 409). Von der Klageart hängt nicht die Zulässigkeit des Verwaltungsrechts-

---

662 Zu weiteren Verfahrensgrundsätzen siehe Brühl, 271; Vahle DVP 2007, S. 1, [6 f.]
663 Z. B.: §§ 47, 80 V, 123 VwGO
664 Kopp/Schenke, Vorb. § 40 RdNr. 1
665 Anschauliche Fallbeispiele siehe Haurand/Vahle, DVP 2020, S. 235 ff. (Anfechtungsklage); Lange/Kosczynski-Wagner, DVP 2019, S. 390 ff. (Anfechtungsklage)

Formlose und förmliche Rechtsbehelfe

weges, wohl aber ab, welche (weiteren) Zulässigkeitsvoraussetzungen[666] bestehen und unter welchen Voraussetzungen die Klage begründet ist. Handelt es sich z. B. um eine Anfechtungsklage oder eine Verpflichtungsklage (Vornahmeklage), so sind diese grundsätzlich nur zulässig, wenn zuvor ein Vorverfahren durchgeführt worden ist (§ 68 VwGO). Die Begründetheit der Anfechtungsklage ist in § 113 I VwGO, die Begründetheit der Verpflichtungsklage in § 113 V VwGO geregelt.

Eine verwaltungsgerichtliche Klage ist erfolgreich, wenn neben den Sachurteilsvoraussetzungen auch die Begründetheit gegeben ist. Welche Sachurteilsvoraussetzungen[667] im Einzelfall vorliegen müssen, hängt auch von der einschlägigen Klageart ab (sog. besondere Sachurteilsvoraussetzungen). Daneben gibt es Voraussetzungen, die bei jeder Klage erfüllt sein müssen (sog. allgemeine Sachurteilsvoraussetzungen).

408a

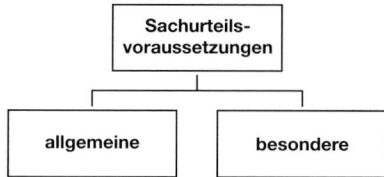

Nachfolgend wird ein Überblick über die allgemeinen Sachurteilsvoraussetzungen gegeben (RdNr. 408b). Zudem werden die wichtigsten Klagearten an Beispielen erläutert.[668] Prüfungsschemata für die Anfechtungs-, Verpflichtungs- und Feststellungsklage runden die Übersicht ab.

Damit eine Klage erfolgreich ist, müssen zunächst die nachfolgenden allgemeinen Sachurteilsvoraussetzungen erfüllt sein:
- Deutsche Gerichtsbarkeit (siehe auch § 173 VwGO i. V. m. §§ 18 f. GVG)
- Verwaltungsrechtsweg (Einzelheiten siehe RdNr. 432 ff.)
- Zuständiges Verwaltungsgericht
  Mit der Bestimmung des Verwaltungsrechtsweges ist der Sache nach bereits festgelegt, dass die Streitigkeit den Verwaltungsgerichten zugewiesen wurde. Folglich bezeichnet die sachliche Zuständigkeit die Verteilung der Verfahren auf die Gerichte innerhalb eines Gerichtszweiges (VG – OVG/VGH – BVerwG). Sie richtet sich nach dem Streitgegenstand. Erstinstanzlich ist das Verwaltungsgericht zuständig (§ 45 VwGO), sofern nicht gerichtlich etwas anderes bestimmt ist (§§ 47 f., 50 VwGO). Die Zuständigkeit für die Rechtsmittelverfahren ergibt sich aus den §§ 46, 49 VwGO. Die örtliche Zuständigkeit ergibt sich im Regelfall aus § 52 VwGO. Sie regelt, welches von mehre-

408b

---

666 Einzelheiten zu den Sachurteilsvoraussetzungen einer Klage siehe Brühl, 280 ff.; Gersdorf, S. 1 ff.; Hufen § 10 RdNr. 1 ff.; ferner Vahle, DVP 2007, S. 1 ff.
667 Der Begriff Sachurteilsvoraussetzungen schließt den Gliederungspunkt „Zulässigkeitsvoraussetzungen einer Klage" ein, ist aber weiter gefasst (siehe z. B. Zuständigkeit des Gerichts; siehe auch Hufen § 10 RdNr. 3 m. w. Beispielen). Die Sachurteilsvoraussetzungen muss das Gericht von Amts wegen prüfen (BVerwG NJW 1983, 1923).
668 Vertiefung Hufeld, JA 1998, 520

Verwaltungsrechtsschutz

ren Gerichten, für die die sachliche Zuständigkeit gegeben wäre, im jeweiligen Einzelfall unter örtlichen Gesichtspunkten zuständig wäre. § 52 VwGO normiert eine Rangfolge der Zuständigkeit. Spezielle Gerichtsstände gehen den allgemeinen vor. Es bietet sich daher bei § 52 VwGO die folgende Prüfungsfolge an: Nr. 1 → Nr. 4 → Nr. 2 → Nr. 3 → Nr. 5.[669]
Gibt es in einem Bundesland mehrere Verwaltungsgerichte bedarf es einer landesrechtlichen Ergänzung (z. B. § 73 NJG).

Beispiel:
Der Landkreis Diepholz (Niedersachsen) erlässt für ein – im Außenbereich der Stadt Bassum (Landkreis Diepholz) – illegal errichtetes Wochenendhaus eine Beseitigungsverfügung. Nach erfolglosem Widerspruch will der Bauherr und Eigentümer des Hauses verwaltungsgerichtliche Klage erheben. Da keine besonderen Bestimmungen für diese Streitigkeit bestehen, ist das Verwaltungsgericht nach § 48 VwGO sachlich zuständig. Die örtliche Zuständigkeit beurteilt sich nach § 52 Nr. 1 VwGO, da sich die Streitigkeit auf unbewegliches Vermögen (Gebäude) bezieht. Da das Land Niedersachsen verschiedene Gerichtsbezirke für Verwaltungsgerichte kennt (§ 73 II NJG) und der Landkreis Diepholz nach § 73 II Nr. 3 NJG dem Gerichtsbezirk des Verwaltungsgerichts Hannover zugeordnet ist, ist das Verwaltungsgericht Hannover sachlich und örtlich zuständig.

- Beteiligtenfähigkeit (§ 61 VwGO)
  Die Beteiligtenfähigkeit ist die Fähigkeit, an einem verwaltungsgerichtlichen Verfahren beteiligt zu sein. Beteiligtenfähig sind
  1. natürliche und juristische Personen,
  2. Vereinigungen, soweit ihnen ein Recht zustehen kann,[670]
  3. Behörden, sofern das Landesrecht dies bestimmt (siehe z. B. § 5 I AG VwGO NRW)
- Prozessfähigkeit
  Sie ist die Befugnis, selbst oder durch einen Bevollmächtigten wirksam Prozesshandlungen vorzunehmen. Nach § 62 I VwGO sind prozessfähig (1) die nach bürgerlichem Recht Geschäftsfähigen und (2) die nach bürgerlichem Recht in der Geschäftsfähigkeit Beschränkten, soweit sie durch Vorschriften des bürgerlichen oder öffentlichen Rechts für den Gegenstand des Verfahrens als geschäftsfähig anerkannt sind. Wird für eine Person nach den §§ 1896 ff. BGB ein Betreuer bestellt, ändert dies zunächst nichts an der Geschäfts- und Prozessfähigkeit der Person. Etwas anderes gilt jedoch, wenn das Vormundschaftsgericht einen Einwilligungsvorbehalt nach § 1903 BGB anordnet (hierzu siehe § 62 II VwGO). Für Vereinigungen sowie Behörden handeln ihre gesetzlichen Vertreter, Vorstände oder Beauftragte (§ 62 III VwGO). Der Begriff der Vereinigung erfasst – neben den nicht-rechtsfähigen Vereinigungen auch – juristische Personen des Privatrechts und des öffentlichen Rechts.[671] § 67 VwGO schränkt die Prozessfähigkeit praktisch ein.

---

669 Vgl. auch Koehl, APF 2011, S. 146 [147]; Vertiefung zum Komplex örtliche Zuständigkeit der Verwaltungsgerichte siehe Scheidler, VR 2011, S. 217 ff.
670 Beispiele siehe Kopp/Schenke, § 61 Rn. 9
671 Kopp/Schenke § 62 RdNr. 14

Formlose und förmliche Rechtsbehelfe

- Statthaftigkeit der Klage
Die statthafte Klage richtet sich nach dem Klagebegehren (vgl. § 88 VwGO). Es ist also zu prüfen, was der Kläger erreichen oder aber abwehren will (Einzelheiten siehe Übersicht RdNr. 409; ferner RdNr. 410 ff.). Zu beachten ist, dass regelmäßig gegen behördliche Verfahrenshandlungen ein isolierter Rechtsschutz nicht statthaft ist (§ 44a VwGO).
Beispiel:
So hat das Bundesverwaltungsgericht[672] eine Klage gegen einen Untersuchungsanordnung nach § 44 VI BBG zur Vorbereitung einer Entscheidung über eine Pensionierung eines Beamten – im Hinblick auf § 44a VwGO – als unzulässig eingestuft.
Zu Verfahrenshandlungen im Sinne von § 44a VwGO zählen derartige Handlungen, die im Zusammenhang mit einem schon begonnenen und noch nicht abgeschlossenen Verwaltungsverfahren stehen und der Vorbereitung einer regelnden Entscheidung dienen.
Besondere Schwierigkeiten bereitet es mitunter die allgemeine Leistungsklage von der Verpflichtungsklage abzugrenzen (Einzelheiten siehe RdNr. 414).
- Ordnungsgemäße Klageerhebung (§§ 81 f. VwGO)
Während § 81 VwGO Anforderungen an die Form der Klageerhebung stellt, regelt § 82 VwGO den notwendigen Inhalt einer Klageschrift. Beim Verwaltungsgericht kann die Klage auch zur Niederschrift des Urkundsbeamten erhoben werden (§ 81 I 2 VwGO). Der Schriftsatz muss von einer natürlichen Person unterschrieben worden sein. Die Klage kann zulässigerweise auch durch eine Textdatei mit eingescannter Unterschrift übermittelt werden.[673] Unter bestimmten Voraussetzungen kann ein Schriftsatz durch ein elektronisches Dokument ersetzt werden (§ 55a VwGO). Im Unterschied zum (Computer-/Funk-) Fax kommt im Fall des §§ 55a VwGO beim Gericht lediglich eine elektronische Datei an. Auf Grundlage der zum 1. Januar in Kraft getretenen Verordnung über die technischen Rahmenbedingungen des elektronischen Rechtsverkehrs und über das besondere elektronische Behördenpostfach (ERW) wurde an allen Gerichten die Möglichkeit geschaffen, in fast allen gerichtlichen Verfahren eine rechtsverbindliche elektronische Kommunikation durchzuführen.
Beispiel:
Mit Bescheid vom 17. Mai ist Max Schleich, Delmenhorst (Nds.) die Genehmigung zur Ausübung des Bewachungsgewerbes abgelehnt worden. Da er diese Entscheidung nicht hinnehmen will, beauftragt er einen Rechtsanwalt, damit dieser die notwendigen Schritte zur Überprüfung der Entscheidung einlegt. Dieser erhebt beim Verwaltungsgericht Oldenburg mit elektronischem Dokument vom 4. Juni Klage. Dieses elektronische Dokument ist mit einer qualifizierten Signatur (das Gesetz benennt in § 55a IV VwGO sichere Übermittlungswege) versehen worden und an das elektronische Postfach (EGVP) des Gerichts übermittelt worden. Dieses Dokument entspricht den

---

[672] BVerwG Beschl. vom 14.3.2019 AZ.: 2 VR 5/18, BeckRS 2019, 6003; siehe dazu auch Schenk, NVwZ 2019, S. 1085; allgemein zu § 44a VwGO Weidemann, DVP 2020, S. 281 f.
[673] Vgl. nur GmS-OGB NJW 2000, 2341; BVerwG NJW 2006, 1989 f., dazu Wolf JA 2006, 751 f.

Verwaltungsrechtsschutz

Formanforderungen des Prozessrechts. Zwar sind nach § 81 I VwGO Klagen beim Gericht schriftlich zu erheben. Nach § 55a I VwGO können Beteiligte dem Gericht elektronische Dokumente übermitteln. Wenn das Dokument entsprechend übermittelt wurde, sind damit die Formerfordernisse beachtet worden.

- Fehlen anderweitiger Rechtshängigkeit
  Eine Klage darf nicht bereits anderweitig rechtshängig sein (vgl. auch § 17 I 2 GVG). Dies wäre sie dann, wenn sie zum gleichen Gegenstand durch die gleichen Beteiligten bei einem anderen Gericht erhoben ist.
- Fehlen einer rechtskräftigen Entscheidung
  Da nach § 121 VwGO rechtskräftige Urteile die Beteiligten und ihre Rechtsnachfolger binden, soweit über den Streitgegenstand entschieden wurde, ist damit grundsätzlich eine neuerliche Beratung und Entscheidung in gleicher Sache ausgeschlossen.
- Allgemeines Rechtsschutzbedürfnis[674]
  Zu den ungeschriebenen Voraussetzungen jeglicher Inanspruchnahme der Gerichte gehört das Vorliegen des allgemeinen Rechtsschutzbedürfnisses. Es zielt darauf ab, eine überflüssige oder missbräuchliche Inanspruchnahme der Gerichte zu vermeiden. Das allgemeine Rechtsschutzbedürfnis ist nicht mehr gegeben, wenn der Kläger
- auf leichterem Wege zum Erfolg kommen kann oder sein Ziel bereits erreicht hat,
- sein Klageziel mit Hilfe der Klage nicht mehr erreichen kann,
- das Gericht rechtsmissbräuchlich in Anspruch nimmt.

408c Es ist der richtige Klagegegner zu bestimmen. Obgleich § 78 VwGO unmittelbar nur für die Anfechtungs- und Verpflichtungsklage gilt, ist diese Bestimmung auch auf die übrigen Klagearten analog anwendbar.[675] Die Abgrenzung der Prozessführungsbefugnis von der Passivlegitimation einerseits und wo eine Prüfung zu erfolgen hat, sind umstritten. Die Passivlegitimation betrifft die Frage, ob der Beklagte auch aus der strittigen Rechtsnorm verpflichtet, also Beklagter im materiellen Sinne ist. Soweit § 78 VwGO als Regelung der Passivlegitimation angesehen wird, ist für die Prüfung dieser Bestimmung nur im Rahmen der Untersuchung der Begründetheit der Klage Raum.[676]

---

674 Vertiefung Hufen, § 23 RdNr. 10 ff. m. N.
675 vgl. nur Hufen, § 12 RdNr. 31
676 Vertiefung Hufen, § 12 RdNr. 38 ff.; Gersdorf, RdNr. 53; BVerwG NVwZ-RR 1990, 44; LSG Niedersachsen mit Anm. Weidemann, DVP 2007, 215 f.

Formlose und förmliche Rechtsbehelfe

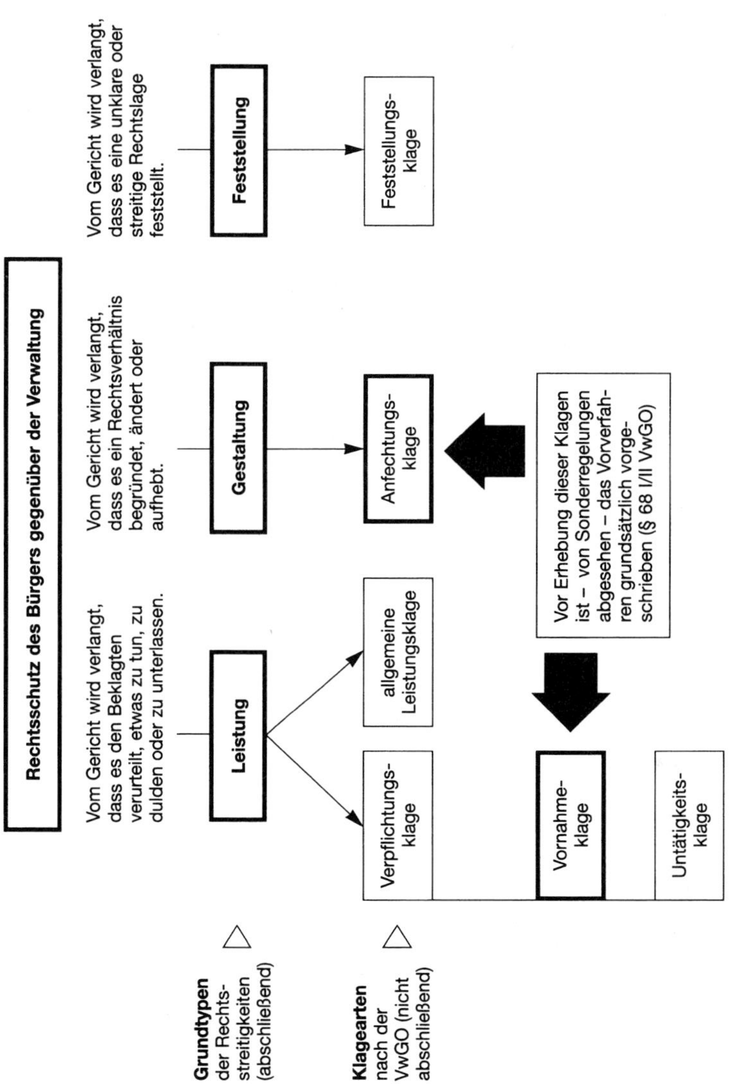

6.4.2.2.2.2 Anfechtungsklage. Die Anfechtungsklage[677] kommt in Betracht, wenn die Klägerin oder der Kläger verlangt, einen (belastenden) Verwaltungsakt aufzuheben (§ 42 I VwGO). Sie ist deshalb Gestaltungsklage, weil sie darauf ge-

---

677 Zum Gegenstand der Anfechtungsklage sowie den Abgrenzungsproblemen ausführlich Wüstenbecker, JA-Übungsblätter 1988, Problemübersicht „Klagearten im Verwaltungsprozess", Heft 4, S. 49 ff.; ferner Fendt, JA 2000, 977

Verwaltungsrechtsschutz

richtet ist, dass das Verwaltungsgericht eine Rechtsgestaltung vornimmt. Neben den allgemeinen Sachurteilsvoraussetzungen müssen auch die besonderen Sachurteilsvoraussetzungen (siehe RdNr. 410c) gegeben sein.

410a Regelmäßig ist vor Erhebung einer Anfechtungsklage ein Vorverfahren durchzuführen (§ 68 I 1 VwGO – Einzelheiten siehe RdNr. 430 ff.). Dies entfällt aber in den in § 68 I 2 genannten Fallvariationen. Liegt nun ein Widerspruchsbescheid vor, ist in der Regel von der ordnungsgemäßen Durchführung eines Vorverfahrens auszugehen. Eine andere Beurteilung ist auch dann nicht geboten, wenn die Widerspruchsbehörde den Widerspruch zu Unrecht als unzulässig (z. B. wegen Fristversäumnis) zurückgewiesen hat. Hier fehlt es zwar an der grundsätzlich gebotenen Sachentscheidung der Widerspruchsbehörde, gleichwohl gilt bei diesen Fällen diese Sachurteilsvoraussetzung als erfüllt.[678] Ausnahmsweise ist ein Widerspruchsverfahren nach § 68 VwGO über die gesetzlich ausdrücklich geregelten Fälle auch dann entbehrlich, wenn dessen Zweck bereits Rechnung getragen worden ist oder dieser ohnehin nicht mehr erreicht werden kann. Dies gilt jedenfalls dann, wenn die Ausgangsbehörde zugleich Widerspruchsbehörde ist und den Bescheid auf eine bindende Weisung der (Rechts-) Aufsichtsbehörde hin erlassen hat.[679] Das Vorverfahren fehlt nur dort, wo ein erforderliches Vorverfahren vom Kläger nicht angestrengt worden ist.

Die Klagebefugnis nach § 42 II VwGO ist gegeben, wenn der Kläger geltend machen kann, dass er durch den Verwaltungsakt möglicherweise in seinen Rechten verletzt ist (sog. Möglichkeitstheorie). Es bleibt dann aber der Begründetheitsprüfung vorbehalten zu klären, ob auch tatsächlich eine Rechtsverletzung vorliegt (§ 113 I 1 VwGO). Eine mögliche Rechtsverletzung ist schon dann anzunehmen, wenn nicht offensichtlich und eindeutig bei jeder erdenklichen Betrachtung eine Rechtsverletzung von vornherein ausgeschlossen ist. Voraussetzung ist aber, dass der strittige Rechtssatz zumindest abstrakt geeignet ist, ein subjektives Recht zu begründen.[680]

Die Anfechtungsklage muss nach § 74 I VwGO innerhalb eines Monats nach Zustellung des Widerspruchsbescheids erhoben werden. Soweit dieser entbehrlich ist, muss die Klage innerhalb eines Monats nach Bekanntgabe des strittigen Verwaltungsakts erhoben werden. In beiden Fallkonstellationen ist Voraussetzung, dass den Bescheiden eine ordnungsgemäße Rechtsbehelfsbelehrung beigefügt worden ist (§ 58 I VwGO). Fehlt diese ganz oder aber ist unvollständig oder sonst fehlerhaft, so verlängert sich die Klagefrist auf ein Jahr (§ 58 II VwGO).

410b Die Klage ist begründet, soweit der angefochtene Verwaltungsakt rechtswidrig und der Kläger dadurch in seinen Rechten verletzt ist (§ 113 I 1 VwGO). Damit müssen objektive Rechtswidrigkeit und subjektive Rechtsverletzung zusammenkommen, damit die Klage Erfolg hat.

---

678 Siehe auch Koehl, APF 2011, S. 146 [150]
679 BVerwG NVwZ 2011, S. 501; dazu Hufen, JuS 2012, S. 276 ff.
680 Frenz, JA 2011, S. 433 [438]; Vertiefung RdNr. 462 ff.

Formlose und förmliche Rechtsbehelfe

Beispiel:
Die Behörde entzieht der Gewerbetreibenden Baumann aufgrund des § 3 I StVG die Fahrerlaubnis, weil sie sich als ungeeignet erwiesen hat, Kraftfahrzeuge zu führen. Mit der Entziehung wird das Rechtsverhältnis, nämlich die Berechtigung, ein Kraftfahrzeug zu führen, beendet. Die Inhaberin der Fahrerlaubnis kann nach erfolglos bleibendem Vorverfahren, das hier vorgeschrieben ist (§ 68 I VwGO – sofern nicht eine Ausnahme nach § 68 I 2 VwGO vorliegt –), beim Verwaltungsgericht klagen; sie wird dort beantragen, die Entziehung der Fahrerlaubnis aufzuheben (Anfechtungsklage). Gibt das Gericht der Klage statt, so wird kraft des Urteils die durch die Entziehung eingetretene rechtsvernichtende Wirkung beseitigt, d. h. die Klägerin hat die Fahrerlaubnis wieder. Die Klage hat aber nur dann Erfolg, wenn die Entziehung der Fahrerlaubnis rechtswidrig war und die Klägerin dadurch in ihren Rechten verletzt wurde. Eine Rechtswidrigkeit kann sich aus formellen oder materiellen Fehlern ergeben. Die tatsächliche Rechtsverletzung würde sich hier aus der unzulässigen Einschränkung der allgemeinen Handlungsfreiheit (Art. 2 I GG) und u. U. sogar aus Art. 12 I GG (Berufsfreiheit) ergeben, etwa wenn Baumann als Berufskraftfahrerin tätig ist.

Soweit der angefochtene Verwaltungsakt an einem bestimmten formellen Fehler leidet und die Voraussetzungen des § 46 VwVfG vorliegen, kann dies dazu führen, dass die Klage abgewiesen wird.

Gegenstand der Klage ist regelmäßig der ursprüngliche Verwaltungsakt in der Gestalt, die er durch den Widerspruchsbescheid gefunden hat (§ 79 I Nr. 1 VwGO). Nur ausnahmsweise ist der Abhilfe- oder der Widerspruchsbescheid Gegenstand des gerichtlichen Verfahrens (§ 79 I Nr. 2, II VwGO).

Von besonderer Bedeutung ist die Frage, welcher Zeitpunkt maßgeblich für die gerichtliche Beurteilung der Rechtmäßigkeit des angefochtenen Verwaltungsakts ist. Dabei ist eine differenzierte Betrachtung geboten.

Nach der vorherrschenden Rechtsprechung[681] kommt es auch bei der Anfechtungsklage regelmäßig auf die Sach- und Rechtslage im Zeitpunkt der letzten Verwaltungsentscheidung an. Ist ein Widerspruchsbescheid erlassen worden, ist auf diesen anzustellen. Dabei ist zu berücksichtigen, dass bei der Anfechtungsklage die Überprüfung der strittigen Verwaltungsentscheidung im Vordergrund steht.

Von diesem Grundsatz gibt es aber Ausnahmen:
– Bei Dauerverwaltungsakten ist regelmäßig auf den Zeitpunkt der letzten mündlichen Verhandlung abzustellen.[682]

---

681 BVerwGE 130, 113; Frenz, JA 2011, S. 433 [440 f. m. N.]; Gersdorf, RdNr. 52 ff. m. N.; die Frage, was der maßgebliche Zeitpunkt für die Beurteilung der Rechtmäßigkeit des angefochtenen Verwaltungsakts bei Veränderung der Sach- und Rechtslage ist, wird in Lit. und Rspr. kontrovers diskutiert; vgl. nur Hufen, § 24 RdNr. 8 m. N.; Biermann, DVP 2010, S. 147 ff.; Kopp/Schenke, § 113 RdNr. 29 ff. m. umfangreichen N.; Vertiefung Gärditz/Orth, Jura, 2013, S. 1100 ff.; Renner, DVBl. 2019, S. 593 ff.

682 Vgl. auch Gersdorf, Rn. 53 m. N.; von dieser Ausnahme kann es aber in besonderen Fallgestaltungen eine sog. Rückausnahme geben. Wichtigster Anwendungsfall ist die Gewerbeuntersagung nach § 35 I GewO; vgl. auch BVerwG NVwZ-RR 1997, S. 621; siehe dazu auch Hufen, § 24 Rn. 11

Verwaltungsrechtsschutz

- Bei Verwaltungsakten, die noch nicht vollzogen sind, ist der Verwaltung zuzumuten, die Rechtmäßigkeit der getroffenen Entscheidung regelmäßig zu überprüfen.

Beispiel:
Die zuständige Stelle ordnete, gestützt auf § 15 II GewO, die Schließung einer ohne Erlaubnis betriebenen Gaststätte in Delmenhorst (Nds.) an. Da nunmehr das – zwischenzeitlich erlassene – NGastG keine Erlaubnispflicht mehr vorsieht, wäre der Betrieb dieser Gaststätte jetzt ordnungsgemäß.

Sofern die strittige Rechtsfrage auf der Rechtsfolgenseite Ermessen vorsieht, ist es dem Gericht verwehrt, eine eigene Ermessensentscheidung zu treffen. Dies würde ansonsten dem Prinzip der Gewaltenteilung widersprechen. Das Gericht kann daher allein die Verwaltungsentscheidung auf Ermessensfehler hin überprüfen (vgl. § 114 S. 1 VwGO). Es prüft daher, ob der Verwaltungsakt rechtswidrig ist, weil die Grenzen des Ermessens überschritten sind oder aber von dem Ermessen in einer dem Zweck der Ermächtigung nicht entsprechender Weise Gebrauch gemacht worden ist. Zu berücksichtigen ist aber, dass die Verwaltung ihr Ermessen nach § 114 S. 2 VwGO hinsichtlich des Verwaltungsakts auch noch im verwaltungsgerichtlichen Verfahren ergänzen kann. Dem Nachschieben von ergänzenden Ermessenserwägungen begegnen keine verfassungsrechtlichen Bedenken.[683] Dies bedeutet aber kein uneingeschränktes Nachschieben von Ermessenserwägungen, insbesondere nicht deren vollständige Nachholung oder Auswechslung, sondern nur die Ergänzung einer zumindest ansatzweise bereits vorhandenen Ermessensentscheidung.[684]

410c

Prüfungsschema Anfechtungsklage
1. Prüfung der Sachurteilsvoraussetzungen
1.1 allgemeine Sachurteilsvoraussetzungen
1.2 besondere Sachurteilsvoraussetzungen
– Durchführung eines Vorverfahrens (§ 68 I VwGO; siehe RdNr. 430 ff.)
– Klagefrist (§ 74 I VwGO)
– Klagebefugnis (§ 42 II VwGO)
2. Prüfung der Begründetheit
– Passivlegitimation
– Rechtswidrigkeit des Verwaltungsakts (§ 113 I 1 VwGO)
– Rechtsverletzung (§ 113 I 1 VwGO)
– Kein Aufhebungsausschluss (§ 46 VwVfG)

---

683   Vgl. nur BVerwGE 106, 351 [363 ff.]
684   BVerwGE 107, 164 [169]; eine besondere Fallkonstellation erfasst die Entscheidung BVerwG NVwZ 2012, S. 698 ff. Die Besonderheit des Falls bestand darin, dass die Rechtslage im Zeitpunkt des Erlasses des Verwaltungsakts noch eine gebundene Verwaltungsentscheidung vorsah. Erst eine Rechtsänderung erforderte dann eine Ermessensentscheidung; dazu Klunkert, DVBl. 2013, S. 355 ff.

Formlose und förmliche Rechtsbehelfe

6.4.2.2.2.3 Verpflichtungsklage. Mit der Verpflichtungsklage[685] kann verlangt werden, dass die Behörde verurteilt wird, einen abgelehnten oder unterlassenen Verwaltungsakt zu erlassen (§ 42 I VwGO). Auch hier müssen neben den allgemeinen Sachurteilsvoraussetzungen die besonderen Sachurteilsvoraussetzungen gegeben sein. Regelmäßig steht auch bei der Verpflichtungsklage bereits ein Verwaltungsakt im Raum, da der Bürger sich dagegen wehrt, dass die Behörde ihm den begehrten (begünstigenden) Verwaltungsakt abgelehnt hat. Dagegen kommt eine Verpflichtungsklage nicht in Betracht, wenn eine Genehmigung oder ein sonst begünstigender Verwaltungsakt aufgehoben wurde und der Kläger die Wiederherstellung des ursprünglich begünstigenden Zustandes begehrt. Da durch das Urteil noch nicht die Rechtslage geändert wird, handelt es sich auch nicht um eine Gestaltungs-, sondern um eine Leistungsklage (siehe Übersicht Rn. 409).

411

Beispiel:
Dem Landwirt Schmidt wird für sein im Außenbereich, an einer Kreisstraße gelegenes Hofgrundstück eine zweite Zufahrt genehmigt (in Niedersachsen: Sondernutzungserlaubnis nach den §§ 18, 20 NStrG). Die Behörde macht nun von ihrem Widerrufsrecht Gebrauch und hebt, gestützt auf § 49 II 1 Nr. 1 VwVfG, die Sondernutzungserlaubnis auf. Soweit die weiteren Sachurteilsvoraussetzungen vorliegen, kann Schmidt die Anfechtungsklage erheben. Ist diese erfolgreich, lebt die ursprüngliche Sondernutzungserlaubnis wieder auf, da es dann an einem wirksamen Widerruf fehlt. Eine neuerliche Sondernutzungserlaubnis ist nicht erforderlich. Damit wäre das Ziel der Klage gerade nicht mit einer Verpflichtungsklage zu erreichen.

Auch bei der Verpflichtungsklage müssen die Frist (§ 74 VwGO) eingehalten, die Klagebefugnis (§ 42 II VwGO) gegeben und (regelmäßig) ein Vorverfahren (§ 68 II VwGO) durchgeführt worden sein. Die Klagebefugnis ist dann gegeben, wenn der Kläger geltend machen kann, durch die Ablehnung oder aber Unterlassung des Verwaltungsakts in seinen Rechten verletzt zu sein. Der Kläger muss geltend machen, möglicherweise einen Anspruch auf den begehrten Verwaltungsakt zu haben. Es muss daher ein Leistungsanspruch bestehen können.

Sie ist regelmäßig begründet, soweit die Ablehnung oder Unterlassung des Verwaltungsakts rechtswidrig und der Kläger dadurch in seinen Rechten verletzt ist (§ 113 V VwGO). Sie ist nur Leistungsklage, denn die beklagte Behörde soll durch sie zu einem Tun verpflichtet werden. Allein auf die beantragte Leistung „Verwaltungsakt" (Erlaubnis, Genehmigung, sonstige durch Verwaltungsakt zu gewährende Begünstigung) kommt es hier an.[686] Was mit einer etwa vorangegangenen (rechtswidrigen) Ablehnung des beantragten Verwaltungsaktes geschieht, ist ohne Bedeutung und deshalb nicht Gegenstand des Verwaltungsstreitverfahrens. Die Klägerin oder der Kläger braucht deshalb auch nicht zu beantragen, dass die Ablehnung aufgehoben wird (und es ist auch nicht erforderlich, dass dies ausdrücklich geschieht), weil nicht der Anspruch auf Aufhebung der Ableh-

411a

---

685   Zum Gegenstand der Verpflichtungsklage sowie den Abgrenzungsproblemen ausführlich Wüstenbecker, JA-Übungsblätter 1988, Problemübersicht „Klagearten im Verwaltungsprozess", Heft 4, S. 49 ff.
686   Siehe auch Proppe, JA 1999, 58

Verwaltungsrechtsschutz

nung, sondern der auf den Erlass des beantragten Verwaltungsaktes gerichtete Anspruch Gegenstand des Rechtsstreites ist. Wenn das Gericht der Klage stattgibt, wird der Ablehnungsbescheid gegenstandslos.

Beispiel:
Ein bei der zuständigen Behörde gestellter Antrag auf Erteilung einer Baugenehmigung zur Errichtung eines Wochenendhauses wird abgelehnt. Die Versagung, bei der eine nach § 20 ausgeschlossene Person mitgewirkt hat, ist entgegen § 39 nicht begründet worden. Nach erfolglos gebliebenem Vorverfahren wird Verpflichtungsklage erhoben. Ist die erforderliche Genehmigungsfähigkeit des Bauvorhabens gegeben, gibt das Gericht der Klage statt, denn nach § 70 I 1 NBauO besteht Anspruch auf die Baugenehmigung, wenn die Baumaßnahme dem öffentlichen Baurecht entspricht. Widerspricht dagegen das Bauvorhaben Normen des öffentlichen Baurechts, ist die Klage wegen fehlenden Anspruchs unbegründet. Auf die etwaige formelle Rechtswidrigkeit der Versagung und einen sich daraus ggf. ergebenden Anspruch auf Aufhebung der Versagung kommt es hier also überhaupt nicht an.

Statt einer an sich in Betracht kommenden Verpflichtungsklage kann unter bestimmten Voraussetzungen ausnahmsweise eine Anfechtungsklage zulässig sein.[687]

412 Unterschieden werden zwei Arten der Verpflichtungsklage: die Vornahmeklage (auch Versagungsgegenklage genannt) und die Untätigkeitsklage. Welche dieser Klagearten in Frage kommt, richtet sich danach, wie die Behörde auf einen Antrag reagiert. Lehnt sie in Form eines Verwaltungsaktes ab, kommt die Vornahmeklage in Betracht. Entscheidet sie überhaupt nicht in der Sache, kann Untätigkeitsklage (§§ 42 I, 75 VwGO) erhoben werden. Die Unterscheidung ist nur dafür von Bedeutung, ob ein Vorverfahren erforderlich ist oder nicht.

Beispiele:
a) Ein Antrag auf Erteilung einer Fahrerlaubnis wird von der Behörde abgelehnt. Nach erfolglosem Vorverfahren, das hier durch § 68 II VwGO vorgeschrieben ist, kann beim Verwaltungsgericht Klage erhoben werden mit dem Antrag, die Behörde zu verurteilen, die Fahrerlaubnis zu erteilen (Vornahmeklage).

b) Hat die Behörde über den Antrag auf Erteilung der Fahrerlaubnis ohne zureichenden Grund in angemessener Frist nicht entschieden, kann verlangt werden – in der Regel nicht vor Ablauf von drei Monaten seit der Antragstellung –, dass die Behörde verurteilt wird, die Fahrerlaubnis zu erteilen (Untätigkeitsklage).

Bei Begründetheit der Klage hängt der Entscheidungstenor von der Spruchreife der Sache ab. Zu unterscheiden ist zwischen dem sog. Vornahmeurteil (§ 113 V 1 VwGO) und dem sog. Bescheidungsurteil (§ 113 V 2 VwGO). Beim Vornahmeurteil wird die Verwaltung verpflichtet, die beantragte Amtshandlung vorzunehmen. Demgegenüber wird beim Bescheidungsurteil die Verwaltung verpflichtet, den Kläger unter Beachtung der Rechtsauffassung des Gerichts neu zu bescheiden.

---

687 BVerwGE 38, 99

Formlose und förmliche Rechtsbehelfe

Bei der Frage, ob der begehrte Anspruch besteht, ist grundsätzlich auf die Sach- und Rechtslage im Zeitpunkt der letzten mündlichen Verhandlung des Gerichts abzustellen.[688] Nur bei wenigen Fallkonstellationen ist eine andere Beurteilung geboten; z. B. bei Prüfungen und prüfungsähnlichen Entscheidungen; bei Erteilung von Sozialleistungsbescheiden und vorliegender Zusicherung.[689]

Eine Verpflichtungsklage kommt auch dann in Betracht, wenn ein Anspruch darauf geltend gemacht wird, einen Verwaltungsakt gegen einen Dritten zu erlassen (z. B. der Anspruch einer Familie gegen eine Gemeinde, in die bisher genutzte Wohnung eingewiesen zu werden, oder der gegen die Bauaufsichtsbehörde gerichtete Anspruch eines Nachbarn, dem Eigentümer eines an der Grundstücksgrenze errichteten Gebäudes aufzugeben, dieses zu beseitigen). **413**

Prüfungsschema Verpflichtungsklage **413a**
1. Prüfung der Sachurteilsvoraussetzungen
1.1 allgemeine Sachurteilsvoraussetzungen
1.2 besondere Sachurteilsvoraussetzungen
   - Durchführung eines Vorverfahren (§ 68 II VwGO; siehe RdNr. 430 ff.)
   - Klagefrist (§ 74 I VwGO)
   - Klagebefugnis (§ 42 II VwGO)
2. Prüfung der Begründetheit
   - Passivlegitimation
   - Rechtswidrigkeit der Ablehnung oder Unterlassung des Verwaltungsakten (§ 113 V VwGO)
   - Rechtsverletzung durch Ablehnung oder Unterlassung (§ 113 V VwGO)
   - Spruchreife (§ 113 V VwGO)

6.4.2.2.2.4 Allgemeine Leistungsklage. Die (allgemeine) Leistungsklage wird in der VwGO zwar erwähnt (§§ 43 II, 111, 113 IV VwGO), aber nicht ausdrücklich geregelt. Aus dem Gesetz ergibt sich jedoch, dass die Verpflichtungsklage letztlich eine Art der Leistungsklage darstellt, nämlich die auf den Erlass eines Verwaltungsaktes gerichtete. Mit der allgemeinen Leistungsklage kann erreicht werden, dass die oder der Beklagte zu einem bestimmten Tun, Dulden oder Unterlassen verurteilt wird, dessen Rechtsnatur öffentlich-rechtlich ist, ohne die Begriffsmerkmale des Verwaltungsaktes zu erfüllen. **414**

Beispiel:
Das Verwaltungsgericht hat durch rechtskräftiges Urteil die Entziehung der Fahrerlaubnis aufgehoben. Die Behörde gibt den Führerschein nicht zurück. Der Erlaubnisinhaber kann seinen Anspruch auf Aushändigung des Führerscheins mit der allgemeinen Leistungsklage verfolgen.

Da die allgemeine Leistungsklage, im Gegensatz zu anderen Klagetypen der VwGO, gesetzlich wenig ausgestaltet ist, gibt es gewisse Probleme, sie in die **414a**

---

688 Vgl. nur BVerwGE 74, 115 [118]; Gersdorf, RdNr. 79 f.; Frenz, JA 2011, S. 917 [920]
689 Siehe Franz, JA 2011, S. 917 [921]; Gersdorf, RdNr. 81

Verwaltungsrechtsschutz

vorhandenen Prinzipien einer erfolgreichen Klage einzuordnen. So erfordert die Beurteilung der (allgemeinen) Sachurteilsvoraussetzungen gewisse Modifikationen. Bei der Statthaftigkeit der Klage ist eine Grenzziehung zur Verpflichtungsklage vorzunehmen. Da sich Verpflichtungsklagen ausdrücklich auf Verwaltungsakte beziehen, können diese nicht zugleich Gegenstand einer allgemeinen Leistungsklage sein. Im Hinblick auf die Zielrichtung eines möglichen Klagebegehrens sind folgende Grundtypen zu unterscheiden:

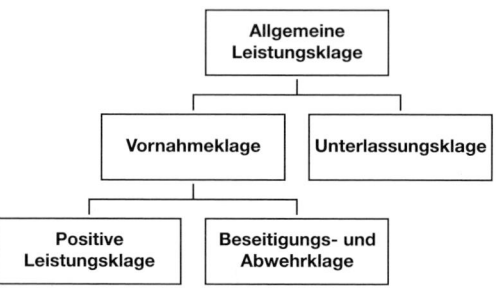

Bei der Vornahmeklage strebt der Kläger eine ihn begünstigende hoheitliche Verwaltungsentscheidung an. Demgegenüber geht es bei der Unterlassungsklage um die Abwehr unerwünschter hoheitlicher Tätigkeiten.

Beispiele:
Auskunftserteilung über eine Ratsentscheidung; Auszahlung eines durch Verwaltungsakt gewährten Geldbetrages (Vornahmeklage), Untersagen, eine Straßenlaterne vor dem eigenen Grundstück aufzustellen; Lärmimmissionen von einem kommunalen Bolzplatz unterbinden (Unterlassungsklage)

Eine Einschränkung erfährt die Zulässigkeit einer allgemeinen Leistungsklage durch § 44a VwGO. So dürfen Rechtsbehelfe gegen behördliche Verfahrenshandlungen regelmäßig nur mit den gegen die Sachentscheidung zulässigen Rechtsbehelfen geltend gemacht werden. Ob mit einer entsprechenden Unterlassungsklage auch der Erlass eines drohenden Verwaltungsaktes verhindert werden kann, ist eher zurückhaltend zu beurteilen. Gegen die Zulässigkeit einer entsprechenden Klage spricht regelmäßig, dass durch Widerspruch und Anfechtungsklage und der damit einhergehende Suspensiveffekt (§ 80I VwGO) ein ausreichender Rechtsschutz besteht.[690]

414c Zwar erstreckt sich die Klagebefugnis nach § 42 II VwGO als Sachurteilsvoraussetzung ausdrücklich nur auf die Anfechtungs- und Verpflichtungsklage, sodass eine unmittelbare Anwendung dieser Vorschrift auf die allgemeine Leistungsklage ausscheidet. Es sind aber keine Gründe ersichtlich, dass der Gesetzgeber gerade für den Bereich der allgemeinen Leistungsklage die Popularklage zulassen

---

690   Vgl. Martini, Verwaltungsprozessrecht, S. 63; gut vertretbar ist es, die Frage der Zulässigkeit einer entsprechenden Unterlassungsklage bei der Prüfungsstation „allgemeines Rechtsschutzbedürfnis" zu thematisieren.

Formlose und förmliche Rechtsbehelfe

wollte.[691] Nach h. M. ist daher § 42 II VwGO analog anwendbar.[692] Der Kläger muss daher geltend machen können, dass ihm eine wehrfähige Rechtsposition zustehen könnte. Das allgemeine Rechtsschutzbedürfnis muss ebenfalls gegeben sein. Es fehlt, wenn mit der Klage kein rechtsschutzwürdiges Interesse verfolgt wird. Wird dagegen eine vorbeugende Unterlassungsklage angestrengt, sind besondere Anforderungen an das Rechtsschutzbedürfnis zu stellen (sog. qualifiziertes Rechtsschutzbedürfnis[693]).

Auch bei der allgemeinen Leistungsklage ist der richtige Klagegegner zu bestimmen. Hier ist auf § 78 Abs. 1 Nr. 1 VwGO (analog) zurückzugreifen.[694]

Bei der Prüfung der Begründetheit der Klage ist zu klären, ob der geltend gemachte (Leistungs-) Anspruch tatsächlich besteht.[695] Im Hinblick auf den maßgeblichen Zeitpunkt der Beurteilung der Sach- und Rechtslage ist regelmäßig auf das Ende der mündlichen Verhandlung abzustellen. Fehlt es an der Spruchreife der Entscheidung spricht das Gericht ein Bescheidungsurteil aus.[696]

414d

Prüfungsschema Allgemeine Leistungsklage
1. Prüfung der Sachurteilsvoraussetzungen
1.1 allgemeine Sachurteilsvoraussetzungen
1.2 besondere Sachurteilsvoraussetzungen
   - Klagebefugnis (§ 42 II VwGO analog)
   - (ggfs. qualifiziertes) Rechtschutzbedürfnis[697]
   - Richtiger Klagegegner (§ 78 I VwGO analog)
2. Prüfung der Begründetheit
   - Passivlegitimation
   - Anspruch muss tatsächlich bestehen

414e

6.4.2.2.2.5 Feststellungsklage. Mit der durch § 43 I VwGO geregelten Feststellungsklage kann verlangt werden festzustellen,
1. dass ein Rechtsverhältnis besteht,
2. dass ein Rechtsverhältnis nicht besteht,
3. dass ein Verwaltungsakt nichtig ist.

Unter einem Rechtsverhältnis in diesem Sinne werden die rechtlichen Beziehungen verstanden, die sich unmittelbar aus einem konkreten Sachverhalt aufgrund

415

---

691 Klein, APF 2011 S. 305 [307 m. N.]
692 Gersdorf, RdNr. 103
693 Vertiefung Gersdorf, RdNr. 106 f.
694 Wie hier Klein, APF 2011, S. 305 [308]; a. A. Gersdorf, RdNr. 104, er greift auf das (allgemeine) Rechtsträgerprinzip zurück. Zu verklagen ist hiernach der Rechtsträger, für den die betreffende Behörde gehandelt hat oder aber von der eine Handlung erwartet wird.
695 Siehe Frenz, JA 2011, S. 328 [310]; mitunter wird hier auf § 113 V VwGO analog zurückgegriffen (vgl. Klein, APF 2011, S. 305 [308]; differenziert Gersdorf, RdNr. 108
696 Klein, APF 2011, S. 305 [308 f.]
697 Sofern eine vorbeugende Unterlassungsklage angestrengt wird, ist diese nur zulässig, wenn der Kläger ein qualifiziertes Rechtsschutzinteresse geltend machen kann. Der Kläger muss besondere Gründe darlegen können, die es rechtfertigen, die fragliche Verwaltungsentscheidung nicht abwarten zu können. Vertiefung: Martini, Verwaltungsprozessrecht, S. 67 m. N.

Verwaltungsrechtsschutz

einer öffentlich-rechtlichen Regelung zwischen mehreren Rechtssubjekten untereinander oder zwischen einer Person und einem Sachgut ergeben.

416 Voraussetzung für die Erhebung der Feststellungsklage ist nach § 43 I VwGO, dass der Kläger oder die Klägerin ein berechtigtes Interesse an der baldigen Feststellung hat.

Beispiel:
Ein Kraftfahrzeugmechaniker, der die Meisterprüfung nicht abgelegt hat, wird von der zuständigen Behörde aufgefordert, die Voraussetzungen für die Eintragung in die Handwerksrolle zu schaffen, da er nach Ansicht der Behörde selbstständig ein Handwerk betreibt und dieses nur den in der Handwerksrolle eingetragenen Personen gestattet ist. Die Behörde teilt ihm weiter mit, dass sie ihm untersagen werde, den Betrieb fortzusetzen, falls er sein Gewerbe weiter ausübe (§ 16 III HwO). Der Kraftfahrzeugmechaniker bestreitet, seinen Betrieb handwerksmäßig zu führen. Er kann beim Verwaltungsgericht beantragen festzustellen, dass er berechtigt sei, sein Gewerbe zu betreiben, ohne in die Handwerksrolle eingetragen zu sein. Das notwendige Feststellungsinteresse ergibt sich daraus, dass die Behörde bereits angekündigt hat, den Betrieb zu untersagen, und der Gewerbetreibende zumindest ein wirtschaftliches Interesse daran hat, der drohenden Untersagung oder aber einem Bußgeldbescheid (§ 117 HwO) zuvorzukommen.

417 Die Klage setzt weiter voraus, dass die klagende Person ihre Rechte nicht durch Gestaltungs- oder Leistungsklage verfolgen kann oder hätte verfolgen können (Subsidiaritätsprinzip des § 43 II 1 VwGO).

Beispiel:
Die Handwerkskammer ist der Auffassung, dass es sich bei dem Gewerbebetrieb eines Kraftfahrzeugmechanikers, der nicht in die Handwerksrolle eingetragen ist, um einen Handwerksbetrieb handele. Ihrer Aufforderung, den Handwerksbetrieb einzustellen oder aber die Eintragung in die Handwerksrolle zu beantragen, kommt der Gewerbetreibende nicht nach. Die Handwerkskammer kann nicht beantragen festzustellen, dass der Kraftfahrzeugmechaniker nicht berechtigt sei, seinen Betrieb zu führen, ohne in die Handwerksrolle eingetragen zu sein. Die Feststellungsklage ist deshalb unzulässig, weil die Handwerkskammer das Recht hat, bei der zuständigen Behörde zu beantragen, dass die Fortsetzung des Betriebes untersagt wird (§ 16 III HwO). Lehnt die Behörde dies ab, kann die Handwerkskammer beim Verwaltungsgericht Verpflichtungsklage (= Leistungsklage) erheben.

Die grundsätzliche Subsidiarität der Feststellungsklage greift nicht, wenn die Feststellung der Nichtigkeit eines Verwaltungsakts begehrt wird (§ 43 II 2 VwGO).

Formlose und förmliche Rechtsbehelfe

> **Prüfungsschema: Feststellungsklage**   **417a**
> 1. Prüfung der Sachurteilsvoraussetzungen
> 1.1 allgemeine Sachurteilsvoraussetzungen
> 1.2 besondere Sachurteilsvoraussetzungen
>   – Feststellungsinteresse (§ 43 I VwGO)
>   – Klagebefugnis (§ 42 II VwGO analog – str.[698])
> 2. Prüfung der Begründetheit
>   – Passivlegitimation
>   – besteht das behauptete Rechtsverhältnis (§ 43 I 1 Var. VwGO)
>   – sog. positive Feststellungsklage – oder
>   – Rechtsverhältnis besteht nicht (§ 43 I 2. Var. VwGO)
>   – sog. negative Feststellungsklage – oder
>   – Nichtigkeitsfeststellung (§ 43 I 3. Var. VwGO)

6.4.2.2.2.6 Fortsetzungsfeststellungsklage.[699] Die in § 113 I 4 VwGO geregelte **418** Art der Feststellungsklage, die sog. Fortsetzungsfeststellungsklage (auch als nachträgliche Feststellungsklage oder nachträgliche Anfechtungsklage bezeichnet), kommt dann in Betracht, wenn sich nach der Erhebung einer Anfechtungsklage, aber noch vor der gerichtlichen Entscheidung über sie der mit der Klage angegriffene Verwaltungsakt erledigt hat.
In diesem Fall bestehen zwei (sich gegenseitig ausschließende) Möglichkeiten: Die Hauptsache kann für erledigt erklärt werden (§ 161 II VwGO) oder die Klage kann dahin umgestellt werden, die Rechtswidrigkeit des angefochtenen Verwaltungsaktes festzustellen. Die Fortsetzungsfeststellungsklage ersetzt die – nach Erledigung des Verwaltungsaktes nicht mehr sinnvolle und auch nicht mehr statthafte – Anfechtungsklage.

Auf einen Verwaltungsakt, der sich bereits vor der Klageerhebung erledigt hat, **419** wird § 113 I 4 VwGO analog angewendet, weil sonst in einem solchen Fall kein Rechtsschutz gegeben wäre; das Gleiche gilt für einen auf Erlass eines Verwaltungsaktes gerichteten, vor oder nach der Erhebung der Verpflichtungsklage erledigten Antrag. Es gibt also drei Fallgestaltungen:
a) Erledigung des Verwaltungsaktes vor Erhebung der Anfechtungsklage (§ 113 I 4 VwGO analog anzuwenden).
   Beispiel:
   Der Eigentümer eines Grundstücks wird aufgefordert, auf seinem Grundstück befindliche Abfälle zu beseitigen. Er erhebt Widerspruch[700] gegen die Beseitigungsanordnung. Als sich herausstellt, dass es sich um giftige Abfälle handelt, lässt die Behörde sie durch ein Spezialunternehmen, bevor über den Widerspruch entschieden wurde, beseitigen.
b) Erledigung des Verwaltungsaktes nach Erhebung der Anfechtungsklage (§ 113 I 4 VwGO unmittelbar anzuwenden).

---
698 Gersdorf, RdNr. 120 f. m.N
699 Vertiefung: Klein, APF 2012, S. 50 ff.
700 Sofern das Vorverfahren nicht durch Landesrecht ausgeschlossen ist

Verwaltungsrechtsschutz

Beispiel:
In dem Beispielsfall zu a) werden die Abfälle während des bereits laufenden Gerichtsverfahrens beseitigt.
c) Erledigung eines Antrages auf Erlass eines Verwaltungsaktes vor oder nach Erhebung der Verpflichtungsklage (§ 113 I 4 VwGO analog anzuwenden).
Beispiel:
Der Schausteller Max Reinhardt will mit seinem Riesenrad einen Standplatz auf dem Stoppelmarkt in Vechta (Nds.) haben. Dieser Markt findet in jedem Jahr im August/September statt. Der notwendige Antrag wird abgelehnt. Der Termin für die mündliche Verhandlung des zuständigen Gerichts wird auf den 15. Dezember festgelegt. Eine positive Entscheidung hätte keinerlei Auswirkungen mehr auf den Jahrmarkt im laufenden Jahr.

420 Erledigt sich der Verwaltungsakt während der Widerspruchsfrist oder während des laufenden Widerspruchsverfahrens, so ist unmittelbar verwaltungsgerichtliche Klage zu erheben. Die h. M. hält den Fortsetzungsfeststellungswiderspruch grundsätzlich für nicht statthaft, da er nicht Sachurteilsvoraussetzung für die spätere Klage ist.[701]

421 Die Erhebung der Fortsetzungsfeststellungsklage setzt voraus, dass der Kläger ein berechtigtes Interesse daran hat, die Rechtswidrigkeit festzustellen. Das Feststellungsinteresse umfasst jedes nach der Sachlage anzuerkennende Interesse rechtlicher, wirtschaftlicher und ideeller Art und kann sich insb. ergeben,
– wenn Wiederholungsgefahr besteht,
– wenn der Verwaltungsakt diskriminierende Wirkung hatte und ein Rehabilitationsinteresse besteht,
– wenn ein Schadenersatz- oder Entschädigungsanspruch im Zivilrechtsweg geltend gemacht werden soll (z. B. aus Amtspflichtverletzung) und hierfür ein Urteil des Verwaltungsgerichts präjudiziell ist.
Begründet ist die Fortsetzungsfeststellungsklage, wenn oder soweit der Verwaltungsakt rechtswidrig gewesen und die klagende Person dadurch in ihren Rechten verletzt ist.

422 **6.4.2.2.2.7 Normenkontrollklage.** Im Normenkontrollverfahren entscheidet das OVG (in Baden-Württemberg, Bayern und Hessen der VGH) auf Antrag über die Gültigkeit von Satzungen nach dem BauGB sowie von bestimmten Rechtsverordnungen (§ 47 I Nr. 1 VwGO), ferner über die Gültigkeit von anderen im Rang unter dem Landesgesetz stehenden Rechtsnormen, sofern das Landesrecht dies bestimmt (§ 47 I Nr. 2 VwGO). Die meisten Ausführungsgesetze der Länder zur VwGO enthalten entsprechende Bestimmungen, z. B. Hessen in § 15 Hess-AGVwGO oder Niedersachsen § 75 NJG.

Beispiel:
Durch VO einer Gemeinde in Hessen wird u. a. verboten, in der Mittagszeit motorbetriebene Rasenmäher in Betrieb zu setzen. Ein Grundstückseigentümer hält die VO wegen Verstoßes gegen höherrangiges Recht (BImSchG,

---

[701] Siehe nur BVerwGE 26, 161 [165 ff.]; OVG Koblenz NJW 1982, 1301 [1302]; Hinterseh, JuS 2001, 1074 [1077]; a. A. Pietzner/Ronellenfitsch, 1059; Kopp/Schenke, § 68 RdNr. 34

32. BImSchV) für rechtswidrig. Er kann die Gültigkeit der VO in einem Normenkontrollverfahren prüfen lassen, wenn er durch die VO oder deren Anwendung einen Nachteil erlitten oder in absehbarer Zeit zu erwarten hat (§ 47 II 1 VwGO).

6.5 Vorverfahren[702]

6.5.1 Erfordernis; Zweck; Beginn

Ein Vorverfahren (Widerspruchsverfahren) ist grundsätzlich erforderlich, bevor im Verwaltungsrechtsweg eine Anfechtungsklage oder eine Verpflichtungsklage (Vornahmeklage) erhoben werden kann. Der der Anfechtungsklage nach § 68 I 1 VwGO vorgeschaltete Widerspruch wird als Anfechtungswiderspruch, der vor Erhebung der Verpflichtungsklage (Vornahmeklage) nach § 68 II VwGO vorgeschriebene Widerspruch als Verpflichtungswiderspruch bezeichnet. In diesen beiden Fällen kann also – von Ausnahmen abgesehen (vgl. RdNr. 441 ff.) – nicht unmittelbar Klage beim Verwaltungsgericht erhoben werden. **423**

Das den häufigsten Klagearten vorgeschaltete Verfahren dient zum einen dem Rechtsschutz des Bürgers. Er hat Gelegenheit, sich gegen eine ihn belastende Entscheidung der Verwaltung zu wenden, ohne gleich das Verwaltungsgericht anrufen zu müssen, und kann seinen Standpunkt vor dem Prozess prüfen. **424**

Die Verwaltung ist verpflichtet, erneut zu prüfen, ob sie den angefochtenen Verwaltungsakt zu Recht erlassen oder den Anspruch auf Erlass eines Verwaltungsaktes zu Recht verneint und – bei Ermessensentscheidungen – darüber hinaus, ob sie zweckmäßig entschieden hat (§ 68 I, II VwGO).[703] Sie kontrolliert also ihre Entscheidung selbst und hat damit ebenfalls die Gelegenheit, ihren Standpunkt nochmals zu prüfen, bevor es zu einem gerichtlichen Verfahren kommt. **425**

Schließlich hat das Vorverfahren auch den Zweck, die Verwaltungsgerichte in ihrer Arbeit zu entlasten.[704] Unnötige Verwaltungsstreitverfahren werden vermieden, wenn die Verwaltung bereits dem Widerspruch des Bürgers abhilft oder aber einen überzeugend begründeten Widerspruchsbescheid erlässt. **426**

Das Vorverfahren beginnt damit, dass Widerspruch erhoben wird (§ 69 VwGO). Erhoben ist der Widerspruch in dem Zeitpunkt, in dem er der zuständigen Behörde zugegangen ist. **427**
Wenn Zweifel daran bestehen, ob es sich bei der Eingabe eines Bürgers um einen Widerspruch handelt, ist zunächst die Rechtsnatur der Eingabe zu prüfen. Inhaltliche Anforderungen an einen Widerspruch bestehen nach der VwGO nicht, insb. ist nicht vorgeschrieben, dass er als solcher bezeichnet sein, einen bestimmten Antrag und eine Begründung enthalten muss. Eine unzutreffende

---

702 Fallbearbeitungen: Notbohm/Weidner, DVP 2019, S. 156 ff. (Anfechtungswiderspruch); Kandel/Wehrmann, DVP 2019, S. 300 ff. (Anfechtungswiderspruch); Weidemann, DVP 2020, S. 381 ff. (Anfechtungswiderspruch)
703 Vgl. auch RdNr. 479
704 Vertiefung zu den Funktionen des Widerpruchs siehe Geis/Hinterseh, JuS 2001, 1074

Verwaltungsrechtsschutz

Bezeichnung, etwa als „Einspruch" oder als „Beschwerde", schadet deshalb nicht. Es genügt, wenn aus der Erklärung der betroffenen Person zu erkennen ist, dass diese mit dem Verwaltungsakt oder der Ablehnung eines Verwaltungsaktes nicht einverstanden ist und verlangt, die Entscheidung der Behörde zu prüfen, zu ändern oder aufzuheben. Es darf jedoch nicht offensichtlich nur ein formloser Rechtsbehelf gewollt sein.[705] Für die Auslegung der Erklärung der betroffenen Person gilt § 133 BGB (vgl. RdNr. 46) entsprechend. Bestimmungen über den Mindestinhalt eines Widerspruchs enthält die VwGO nicht. Erfolg hat der Widerspruch nur, sofern er zulässig und (wenn und) soweit er begründet ist.[706]

6.5.2 Rechtliche Grundlagen

428 Nach § 79 gelten für förmliche Rechtsbehelfe gegen Verwaltungsakte, zu denen auch der Widerspruch zählt, die Verwaltungsgerichtsordnung und die zu ihrer Ausführung ergangenen Rechtsvorschriften, soweit nicht durch Gesetz etwas anderes bestimmt ist; im Übrigen gelten die Vorschriften des VwVfG. Es gibt also eine Verzahnung zwischen dem Verwaltungsprozess- und dem Verwaltungsverfahrensrecht. Um zu klären, welche Normen im konkreten Fall heranzuziehen sind, ist nachfolgendes Prüfungsverfahren[707] geboten:

Prüfungsschritte	
1. Spezielle Regelung gegeben?	z. B.: § 16 III 2 HandwO
2. VwGO anzuwenden?	§ 79 1. HS VwVfG; §§ 68 ff. VwGO
3. Zur Ausführung der VwGO ergangene Rechtsvorschriften	z. B.: § 80 NJG
4. VwVfG ergänzend heranzuziehen?	§ 79 2. HS VwVfG z. B.: §§ 11, 12, 14, 31 I
5. (noch) Regelungslücken vorhanden	analoge Anwendung geboten z. B.: §§ 42 II, 113 I 1 VwGO

---

705 Kopp/Schenke, § 69 RdNr. 5, § 70 RdNr. 5
706 Zum Widerspruchsverfahren in Schaubildern siehe Vahle, DVP 2000, 3 ff.; praktische Fallbearbeitung siehe Weidemann, DVP 2001, 372 ff. und DVP 2003, 361 ff.
707 Vertiefung: Geis/Hinterseh, JuS 2001, 1074 f.

Vorverfahren

```
START
  │
  ▼
Prüfung der Rechtsnatur
der Eingabe
  │
  ▼
Handelt          NEIN
es sich um einen ─────▶ Bescheid erteilen ──────┐
Widerspruch?                                     │
  │ JA                                           │
  ▼                                              │
Prüfung der                                      │
Zulässigkeit                                     │
  │                                              │
  ▼                                              │
Ist der         NEIN   Zurückweisung             │
Widerspruch  ───────▶  des Widerspruchs  ──▶ ENDE
zulässig?              durch Wider-              ▲
  │                    spruchsbescheid           │
  │ JA                       ▲                   │
  ▼                          │                   │
Prüfung der                 (1)                  │
Begründetheit                                    │
  │                                              │
  ▼                                              │
Ist der         NEIN                             │
Widerspruch  ───────▶ (1)                        │
begründet?                                       │
  │                                              │
  │ JA                                           │
  ▼                                              │
Aufhebung/Erteilung                              │
des Verwaltungsaktes ────────────────────────────┘
durch Abhilfebescheid
```

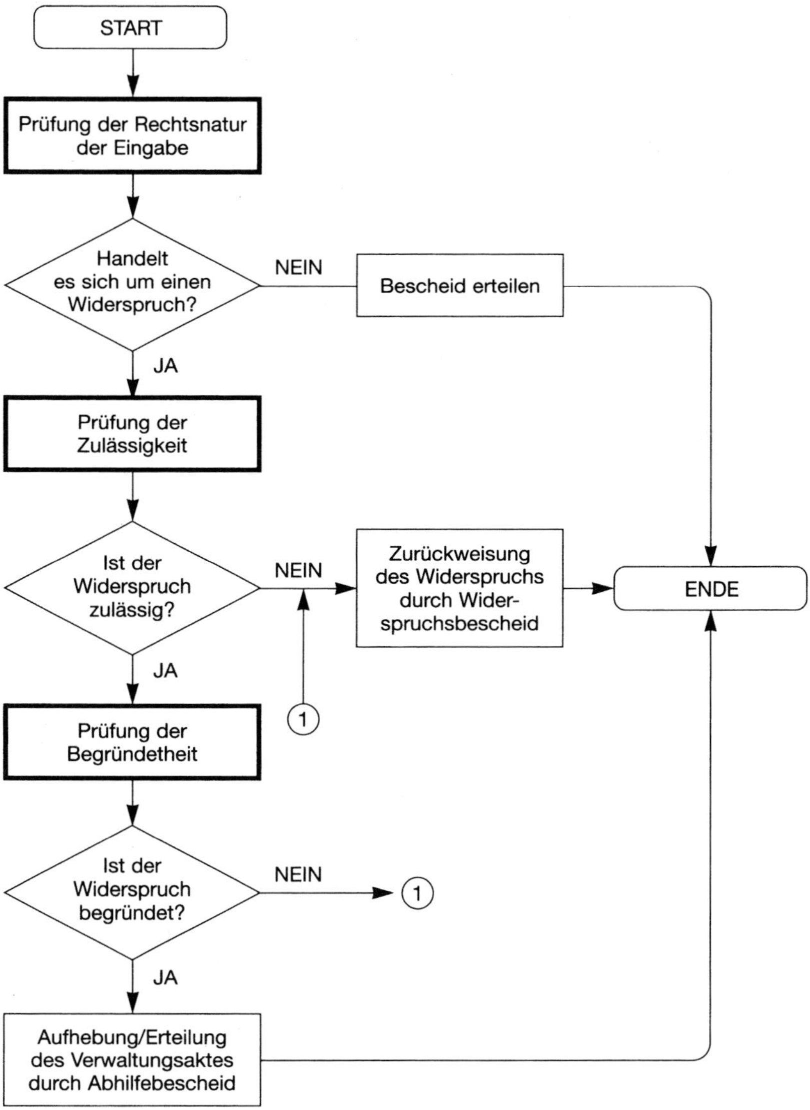

6.5.3 Zulässigkeit des Widerspruchs

6.5.3.1 Übersicht. Der Widerspruch ist zulässig, wenn alle formellen Voraussetzungen erfüllt sind. Im Einzelnen sind dies:
1. Verwaltungsrechtsweg
2. Statthaftigkeit

Verwaltungsrechtsschutz

3. ordnungsgemäße Einlegung (Frist; Form; richtige Stelle)
4. Beteiligungs- und Handlungsfähigkeit; Vertretungsmacht
5. Widerspruchsbefugnis
6. Rechtsschutzbedürfnis

431 Von der Frage, welche Behörde über einen Widerspruch zu entscheiden hat, hängt die Zulässigkeit des Widerspruchs nicht ab; die Entscheidungszuständigkeit nach §§ 72, 73 VwGO ist also kein Zulässigkeitserfordernis. Ob der Widerspruch bei der richtigen Behörde (Ausgangsbehörde, nächsthöhere Behörde) erhoben worden ist, ist nach § 70 I VwGO zu beurteilen (siehe RdNr. 446).

432 **6.5.3.2 Verwaltungsrechtsweg.** Da das abgeschlossene Widerspruchsverfahren Sachurteilsvoraussetzung für bestimmte Klagearten ist, muss es sich um eine verwaltungsrechtliche Streitigkeit handeln.[708]

Zunächst ist zu prüfen, ob es eine sog. aufdrängende Sonderzuweisung gibt (z. B. § 12 HandwO; § 54 BeamtStG; § 6 I UIG). Fehlt eine derartige Zuweisung kommt die sog. Generalklausel (§ 40 I VwGO) zum Tragen. Danach ist der (allgemeine) Verwaltungsrechtsweg nur dann gegeben, wenn es sich 1. um eine öffentlich-rechtliche Streitigkeit 2. nicht verfassungsrechtlicher Art handelt, die 3. nicht durch Gesetz einem anderen Gericht zugewiesen ist (sog. abdrängende Sonderzuweisung).

433 ① *Öffentlich-rechtliche Streitigkeit*

Öffentlich-rechtlich ist eine Streitigkeit, wenn sich die Hauptfrage nach Rechtsquellen oder Rechtsnormen richtet, die zum öffentlichen Recht gehören. Ist zweifelhaft, ob die anwendbare Rechtsnorm zum öffentlichen Recht oder zum Privatrecht gehört, kommt es nach der herrschenden Subjektstheorie darauf an, ob Berechtigte(r) oder Verpflichtete(r) aus der (streitentscheidenden) Rechtsnorm ausschließlich und zwingend ein Träger öffentlicher Verwaltung ist; ist das der Fall liegt eine öffentlich-rechtliche Streitigkeit vor.

Beispiel:

Nach § 967 BGB ist der Finder einer Sache verpflichtet, sie auf Anordnung der zuständigen Behörde an diese abzuliefern. Berechtigter aus der genannten Norm ist nur ein Träger öffentlicher Verwaltung („Behörde"; vgl. § 1 IV). Erlässt die Behörde die entsprechende Anordnung und bestreitet der Finder, zur Ablieferung verpflichtet zu sein, handelt es sich also um eine öffentlich-rechtliche Streitigkeit.

In den weitaus meisten Fällen bestehen keine Zweifel daran, welche Gesetze zum öffentlichen Recht gehören. So sind – um nur einige Beispiele zu nennen – GewO, WaffG, BauGB, AufenthG, BImSchG, BBG öffentliches Recht. Stützt sich ein Träger öffentlicher Verwaltung eindeutig, sei es zu Recht oder nicht, auf öffentlich-rechtliche Befugnisse, liegt stets eine öffentlich-rechtliche Streitigkeit vor (vgl. RdNr. 91).

---

708 Vertretbar ist es, diesen Aspekt im Teil der Statthaftigkeitsprüfung (vgl. RdNr. 436) aufzugreifen.

Vorverfahren

② *Nichtverfassungsrechtliche Streitigkeit* **434**

Eine Streitigkeit ist dann verfassungsrechtlicher Art, wenn
(a) es sich auf beiden Seiten um einen Streit zwischen unmittelbar am Verfassungsleben beteiligten Rechtsträgern handelt (sog. doppelte Verfassungsunmittelbarkeit) und
(b) inhaltlich der Kern der Streitigkeit im Verfassungsrecht liegt.

Beispiele:
Streitigkeit über den Status von Abgeordneten; Bund-Länderstreit über die Kompetenzverteilung in der Gesetzgebung;[709]

③ *Keine anderweitige Zuweisung* **435**

Der Verwaltungsrechtsweg ist nicht eröffnet, wenn Rechtsvorschriften etwas anderes bestimmen. Derartige anderweitige Bestimmungen finden sich teils im GG, teils in § 40 II VwGO und teils in anderen Parlamentsgesetzen, auf die § 40 I 1 und II VwGO verweisen. So können nach § 40 I 1 VwGO öffentlich-rechtliche Streitigkeiten durch Bundesgesetz einer anderen Gerichtsbarkeit, z. B. besonderen Verwaltungsgerichten (Finanzgerichten, Sozialgerichten) oder den ordentlichen Gerichten zugewiesen sein. Eine für die Praxis besondere Rechtswegzuweisung enthält § 23 EGGVG im Hinblick auf Justizverwaltungsakte.

Beispiele:
a) Bei der Anfechtung eines Bußgeldbescheides handelt es sich um eine öffentlich-rechtliche Streitigkeit nichtverfassungsrechtlicher Art. Der Verwaltungsrechtsweg könnte gegeben sein. § 68 OWiG enthält jedoch eine anderweitige Zuweisung (Amtsgericht).
b) Streitigkeiten über die in § 217 I 4 BauGB bezeichneten Verwaltungsakte sind den ordentlichen Gerichten (Landgerichten – Kammern für Baulandsachen –) zugewiesen.

Beide Beispiele zeigen im Übrigen, dass eine anderweitige Zuweisung auch dann nicht ausgeschlossen ist, wenn ein Verwaltungsakt vorliegt.
Zudem können öffentlich-rechtliche Streitigkeiten auf dem Gebiet des Landesrechts durch Landesgesetz einem anderen Gericht zugewiesen werden (§ 40 I 2 VwGO).

Beispiele:
§ 18 III NPsychKG; § 74 RP POG

6.5.3.3 Statthaftigkeit. Der Widerspruch ist statthaft, wenn dieser Rechtsbehelf **436**
Sachurteilsvoraussetzung für ein späteres Klageverfahren ist.
Er kann nach einer besonderen gesetzlichen Bestimmung statthaft sein. So ist in einzelnen Beamtengesetzen für alle Klagearten der Beamten (usw.) aus dem

---

709 Zum Begriff der verfassungsrechtlichen Streitigkeit BVerfG NVwZ 1983, 467

Verwaltungsrechtsschutz

Beamtenverhältnis, also auch für die Leistungs- und Feststellungsklagen, die einen Verwaltungsakt nicht voraussetzen, das Vorverfahren vorgeschrieben.[710]

- Statthaftigkeit bedeutet, dass die Rechtsordnung den Rechtsbehelf vorsieht, also nur diese Zulässigkeitsvoraussetzung erfüllt ist.
- Zulässigkeit bedeutet, dass alle formellen Voraussetzungen (einschließlich der Statthaftigkeit) gegeben sind.

Nach §§ 68, 69 VwGO ist der Widerspruch vorgesehen, wenn im späteren Klageverfahren eine Anfechtungsklage oder eine Verpflichtungsklage (Vornahmeklage) nach § 42 I VwGO in Betracht kommt und das Vorverfahren nicht gesetzlich ausgeschlossen ist.

---

[710] siehe z. B. § 126 BBG; § 54 BeamStG

Vorverfahren

437

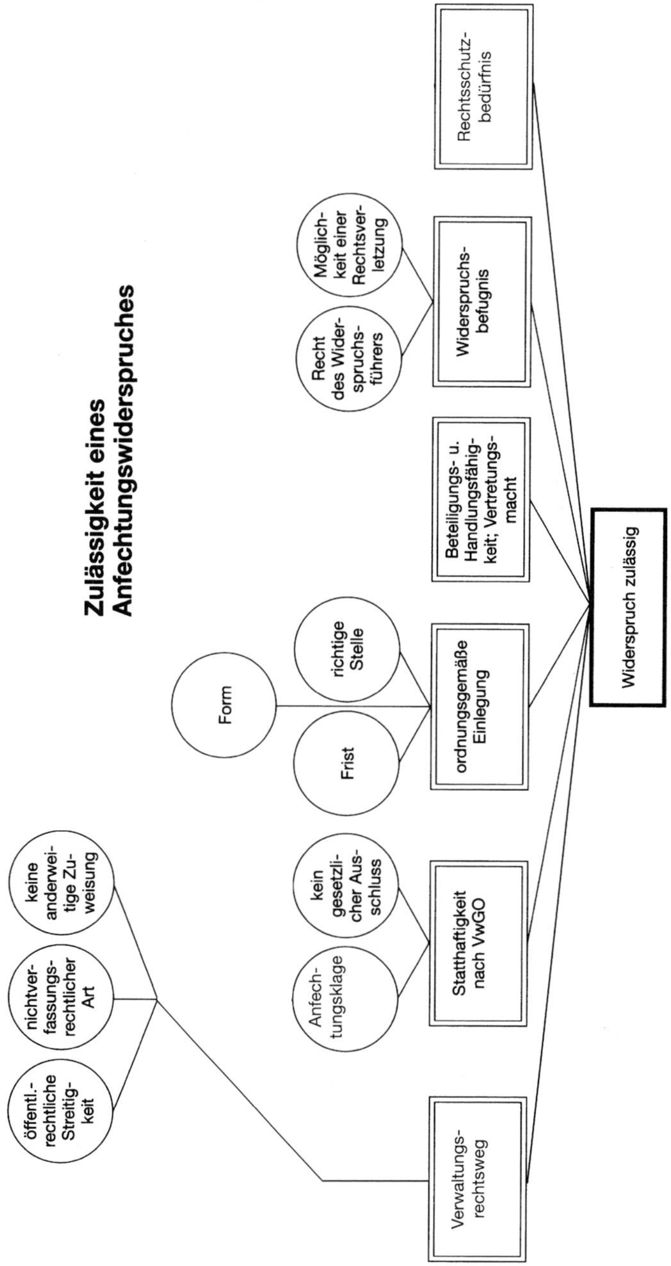

Zulässigkeit eines Anfechtungswiderspruches

```
öffentl.-       nichtver-      keine
rechtliche     fassungs-    anderwei-
Streitig-      rechtlicher   tige Zu-
keit              Art         weisung

                Anfech-      kein
                tungsklage   gesetzli-
                             cher Aus-
                             schluss

        Form    richtige
                Stelle
                Frist
                                          Recht       Möglich-
                                          des Wider-  keit einer
                                          spruchs-    Rechtsver-
                                          führers     letzung

Verwaltungs-   Statthaftigkeit   ordnungsgemäße   Beteiligungs- u.   Widerspruchs-   Rechtsschutz-
rechtsweg      nach VwGO        Einlegung        Handlungsfähig-    befugnis        bedürfnis
                                                 keit; Vertretungs-
                                                 macht

                              Widerspruch zulässig
```

Verwaltungsrechtsschutz

438 Da das Widerspruchsverfahren nach der VwGO der Anfechtungs- und der Verpflichtungsklage vorgeschaltet ist, kommt es weiter darauf an, ob ein Verwaltungsakt vorliegt oder ein verlangter Verwaltungsakt abgelehnt worden ist (§§ 68 I und II, 42 I VwGO). Hier und nur hier ist also von Bedeutung, ob das, wogegen oder worauf sich der Widerspruch richtet, ein Verwaltungsakt ist.

439 Die h. M. hält auch einen Anfechtungswiderspruch gegen einen nichtigen Verwaltungsakt für statthaft.

Beispiel:
Die örtlich unzuständige Behörde (Verstoß gegen § 3 I Nr. 1) erlässt eine Beseitigungsverfügung. Der Verwaltungsakt ist nach § 44 II Nr. 3 nichtig. Gleichwohl ist der eingelegte Widerspruch statthaft.[711]

440 Zu den immer diskutierten Themen des Verwaltungsprozessrechts zählt der Rechtsschutz gegen Nebenbestimmungen.[712] Die zentrale Frage ist, ob (alle) Nebenbestimmungen isoliert angefochten werden können. Entscheidender Anknüpfungspunkt ist hier, ob eine materielle Teilbarkeit des Verwaltungsakts in Betracht kommt (siehe auch § 113 I 1 VwGO „... soweit der angefochtene Verwaltungsakt rechtswidrig ist ..."). So ist nach der nunmehr gefestigten Rechtsprechung des BVerwG gegen jede belastende Nebenbestimmung eines Verwaltungsakts die Anfechtungsklage gegeben. Ob diese zur isolierten Aufhebung der Nebenbestimmung führen kann, ist eine Frage der Begründetheit und nicht der Zulässigkeit des Anfechtungsbegehrens, sofern nicht eine isolierte Aufhebbarkeit offenkundig ausscheidet.[713]
Nur in seltenen Fällen wird der Ausschluss einer isolierten Aufhebbarkeit offenkundig sein.

Beispiel:[714]
Ein Bauherr hat bei der Planung seines Wohnhauses übersehen, auch eine ordnungsgemäße Abwasserbeseitigung vorzusehen. Folglich fehlen entsprechende Angaben im Bauantrag. Die Bauaufsichtsbehörde erteilt die Baugenehmigung unter der aufschiebenden Bedingung, vor Baubeginn den Nachweis einer ordnungsgemäßen Abwasserentsorgung zu erbringen. Eine isolierte Anfechtung der Nebenbestimmung müsste allein daran schon scheitern, dass ein Wohnhaus ohne Abwasserleitung keinen Sinn macht.

Dies bedeutet auch, dass dort, wo nur eine Regelung vorliegt und damit keine Teilbarkeit gegeben ist, der Verpflichtungswiderspruch in Betracht kommt, denn der Widerspruchsführer wünscht einen anderen Verwaltungsakt. Damit muss bei der Inhaltsbeschränkung und der modifizierenden Auflage (sog. unechte Nebenbestimmung[715]) regelmäßig der Verpflichtungswiderspruch angestrengt werden. Eine Teilbarkeit wird regelmäßig dann anzunehmen sein, wenn die (echte) Nebenbestimmung (i. S. d. § 36 II) einer Hauptregelung der gebundenen

---

711 So auch Kopp/Schenke, §§ 42 RdNr. 3, 68 RdNr. 2; Geis/Hinterseh, JuS 2001, 1074 [1076]
712 Siehe nur Überblick bei Maurer/Waldhoff, § 12 RdNr. 24 ff. m. N.; Büchner, APF 2005, 1 ff.; Labrenz, NVwZ 2007, 161 ff. ferner Fricke, DÖV 2019, S. 48 ff.; Fricke, JuS 2020, S. 647 ff.
713 BVerwG NVwZ 2001, 429
714 Nach Büchner, APF 2005, 1 ff. [4]
715 Siehe nur Schmidt, RdNr. 788 ff., 796 ff.

Vorverfahren

Verwaltung beigefügt worden ist. Doch eine Ermessensentscheidung schließt eine Teilbarkeit nicht aus. So sind regelmäßig auch Bedingung und Befristung isoliert anfechtbar.[716]
Auch die in der Praxis wichtige Auflage ist regelmäßig isoliert anfechtbar. Bei der Prüfung der Begründetheit ist dann zusätzlich – zum Untersuchungsprogramm des § 113 I 1 VwGO – zu untersuchen, ob die Hauptregelung nach erfolgter Aufhebung der Auflage noch in sinnvoller und rechtmäßiger Weise bestehen bleiben kann.[717] Ist dies nicht der Fall, wird der Widerspruch als (unbegründet) zurückgewiesen. Im Zuge der Fallbearbeitung ist damit regelmäßig bei der Prüfung der Statthaftigkeit zu klären (1.) ob von dem Widerspruchsführer eine Nebenbestimmung angegriffen wird. Dabei wird es sich häufig nicht vermeiden lassen, die Art der Nebenbestimmung (siehe RdNr. 235) zu klassifizieren.[718] Sofern eine Nebenbestimmung vorliegt, ist sodann (2.) die Teilbarkeit der angefochtenen Entscheidung zu klären. Abschließend muss (3.) beleuchtet werden, ob eine isolierte Aufhebbarkeit offenkundig ausscheidet.

441 Schließlich ist zu beachten, ob ein Vorverfahren nicht ausnahmsweise entbehrlich ist. § 68 I 2 VwGO formiert drei Fallgruppen, wann ein Vorverfahren entbehrlich ist:
– wenn es durch Gesetz bestimmt ist (§ 68 I 2 1. Halbs. VwGO) oder
– der Verwaltungsakt von einer obersten Bundesbehörde oder einer obersten Landesbehörde erlassen worden ist, außer wenn ein Gesetz die Nachprüfung vorschreibt (§ 68 I 2 Nr. 1 VwGO) oder
– der Abhilfebescheid oder der Widerspruchsbescheid erstmalig eine Beschwer enthält (§ 68 I 2 Nr. 2 VwGO).

441a Durch ein Bundes- oder Landesgesetz[719] kann ausdrücklich bestimmt werden, dass ein Vorverfahren entbehrlich ist.

Beispiele:
Für Verwaltungsakte, die in einem förmlichen Verfahren erlassen werden, entfällt das Vorverfahren (§ 70).

Nicht ausreichend sind aber Formulierungen wie z. B. in § 12 HwO („... so steht der ... Verwaltungsrechtsweg offen"); ferner §§ 74, 70 VwVfG; § 54 II 3 BeamStG in Verbindung mit entsprechenden landesrechtlichen Bestimmungen (§ 105 I NBG; § 103 LBG NRW).
In zunehmenden Maße nutzen **Bundesländer die Öffnungsklausel** des § 68 I 1 1. Halbs. VwGO[720] um das Vorverfahren landesrechtlich auszuschließen. Bereits frühzeitig hat das Land Niedersachsen einen radikalen Weg eingeschlagen. Zunächst befristet, nun dauerhaft bestimmt § 80 I und IV NJG, dass regelmäßig vor der Erhebung einer Anfechtungs- bzw. einer Verpflichtungsklage es keiner Nachprüfung der strittigen Verwaltungsentscheidung in einem Vorverfahren bedarf.

---

716 Vgl. BVerwGE 60, 269 (275 ff.]
717 BVerwGE 81, 185; 88, 348 [349]; 112, 221 [224]
718 Zu berücksichtigen ist, dass spätestens in der Begründetheitsstation die Art der Nebenbestimmung zu bestimmen ist, da die Frage ihrer Rechtmäßigkeit auch von der jeweiligen Art abhängt.
719 Z. B.: in Bayern Art. 15 AGVwGO; § 6a BadWürttAGVwGO; ff., § 80 NJG
720 Eingeführt durch das 6. VwGO-ÄnderG vom 1.11.1996 (BGBl. I 1626)

Verwaltungsrechtsschutz

Nur in den in § 80 II, III und V NJG abschließend aufgezählten Fällen verbleibt es bei dem der verwaltungsgerichtlichen Klage vorgeschaltetem Vorverfahren. So sind Vorverfahren beispielsweise weiterhin durchzuführen, wenn es um die Bewertung einer Leistung im Rahmen einer berufsbezogenen Prüfung geht (§ 80 II 1 Nr. 1 NJG), um Verwaltungsakte, die von Schulen erlassen werden (§ 80 II 1 Nr. 2 NJG) oder Verwaltungsakte, die nach den Vorschriften des BauGB, der NBauO oder des BImSchG erlassen wurden (§ 80 II 1 Nr. 3a und b NJG).[721]

Beispiele:
a) Die zuständige nds. Behörde erlässt eine gewerberechtliche Untersagungsverfügung (§ 35 I 1 GewO). Der Adressat dieser Verfügung muss nun unmittelbar verwaltungsgerichtliche Anfechtungsklage erheben, will er die Untersagungsverfügung nicht hinnehmen. Die Gewerbeordnung hat keine Aufnahme in den Ausnahmekatalog des § 80 II NJG gefunden.

b) Da Köhrmann damit begonnen hatte, ein Vier-Familienhaus ohne die erforderliche Baugenehmigung zu erlassen, erlässt die zuständige nds. Bauaufsichtsbehörde eine Baueinstellungsverfügung, gestützt auf § 79 I NBauO. Köhrmann will diese Entscheidung nicht hinnehmen und erhebt Widerspruch. Da in einem späteren Klageverfahren die Anfechtungsklage (§ 42 I VwGO) in Betracht käme, wäre grundsätzlich nach § 68 I 1 VwGO zuvor ein Vorverfahren durchzuführen. Nun hat Niedersachsen aber von der Öffnungsklausel des § 68 I 2 HS 2 VwGO Gebrauch gemacht und in § 80 I NJG bestimmt, dass bei Anfechtungsklagen ein Vorverfahren entfällt. Da der strittige Verwaltungsakt aber seine Stütze in der NBauO hat, kommt die Ausnahme des § 80 II 1 Nr. 4a NJG VwGO zum Tragen. Damit ist zunächst ein Vorverfahren durchzuführen, da in diesem Fall auch keine Ausnahmen nach § 68 I 2 HS 2 VwGO greifen.

c) Im Nachhinein stellt die zuständige Bauaufsichtsbehörde (Niedersachsen) fest, dass die Lena Sauer erteilte Baugenehmigung zur Errichtung einer weiteren Gewerbehalle auf ihrem Grundstück in Delmenhorst rechtswidrig ist. Sie hebt, gestützt auf § 48 I 1 VwVfG, diese Baugenehmigung auf. Sauer will diese Aufhebungsentscheidung nicht hinnehmen. Sie muss nun, vor Erhebung einer Anfechtungsklage ein Vorverfahren einleiten. Dies bestimmt § 80 V 1 Nr. 1 NJG („Aufhebung"). Die Aufhebungsentscheidung bezieht sich auf einen Verwaltungsakt, der von § 80 II NJG (hier Nr. 4a) erfasst wird.

441b Die Regelungen der Bundesländer, die ebenfalls von der Öffnungsklausel des § 68 I 2 1. Halbs. VwGO Gebrauch gemacht haben, können im Detail Unterschiede aufweisen. Diese Unterschiede betreffen zunächst die Sachmaterien, bei denen ein Widerspruchsverfahren entfällt. So hat Hessen beispielsweise einen umfangreichen Katalog von besonderen Rechtsvorschriften zusammengestellt, bei denen das Vorverfahren entfällt (vgl. § 16a HessAGVwGO i. V. m. einer An-

---

721 Einzelheiten zur nds. Regelung siehe Barthel, NJG-Kommentar in Praxis der Kommunalverwaltung, § 80; zur Entwicklung in anderen Bundesländern und der Zukunft des Widerspruchsverfahrens siehe Rüssel NVwZ 2006, 523 ff.

Vorverfahren

lage). Das Land NRW hat ebenfalls weitgehend auf die Durchführung eines Vorverfahrens verzichtet (§ 110 I JustG NRW). Zugleich wurde ein Katalog von Ausnahmen normiert, bei denen weiterhin die Durchführung eines Vorverfahrens geboten ist (§ 110 II, III JustG NRW[722]). Damit entspricht die grundlegende Regelungstechnik der des Landes Niedersachsen. Beide Länder haben aber andere Zuordnungen der Sachmaterien vorgenommen, in denen weiterhin die Durchführung eines Vorverfahrens geboten ist. Im Bundesland Bayern sind im Art. 15 BayAG VwGO Regelungen über ein Zurückdrängen des Widerspruchsverfahrens enthalten.

Neben dem Zurückdrängen des Widerspruchsverfahrens haben einzelne Bundesländer aber zudem ein sog. Optionsmodell eingeführt.

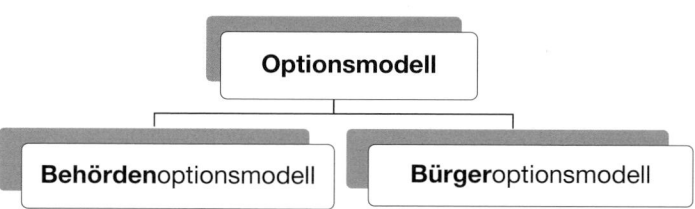

Diese Optionsmodelle eröffnen in konkret genannten Fallkonstellationen, wann, entweder auf Initiative des Bürgers oder aber der Verwaltung, der verwaltungsgerichtlichen Klage zunächst das traditionelle Vorverfahren vorgeschaltet werden soll. Nach Art. 15 Abs. 1 S. 1 Bay. Ausführungsgesetz zur Verwaltungsgerichtsordnung (BayAGVwGO)[723] entscheidet der Betroffene in ausgewählten Fallkonstellationen, ob er unmittelbar Klage erheben oder aber zunächst ein Widerspruchsverfahren durchlaufen will. In Niedersachsen entscheidet dagegen die Behörde in ausgewählten Fallkonstellationen, ob sie von der generellen Ausnahmesituation in Niedersachsen abweichen und – ausnahmsweise – die Überprüfungsmöglichkeit durch ein Widerspruchsverfahren wieder zu eröffnen will. So können nach § 80 Abs. 3 NJG Verwaltungsakte, die nicht unter die Ausnahmen des § 80 Abs. 2 S. 1 und 2 NJG fallen, durch eine Ermessensentscheidung der Behörde mit dem Widerspruchsverfahren angegriffen werden.[724] Dabei kann es bei unterschiedlichen Behörden zu differenzierten Regelungen kommen.

Beispiele:
a) Die Stadt Nienburg/Weser (Nds.) hat die vorhandene Straßenausbaubeitragssatzung geändert. Diese Änderung wird von vielen Bürgern kritisch gesehen. Es ist mit einer großen Zahl von Rechtsbehelfen zu rechnen. Die Stadt will die Hürde für eine Überprüfung von Beitragsbescheiden senken und entscheidet sich dafür, das Widerspruchsverfahren wieder

---

722 Diese Regelung war zunächst zeitlich befristet; zur Entwicklung in NRW siehe auch Kamp, APF 2008, S. 261 ff. und Johlen, APF 2013, S. 129
723 Grundlegend zur Neuordnung des Widerspruchsverfahrens in Bayern siehe Unterreitmeier, BayVBl. 2007, S. 609 ff.; zur Zulässigkeit der bayrischen Regelung in Art. 15 AGVwGO siehe BayVerfGH BayVBl. 2009, S. 109 ff.
724 Vgl. auch Weidemann, DVP 2018 L S. 17 f.; kritisch zur Neuregelung siehe Smolllich, NdsVBl. 2018, S. 33 ff. [35 f.]

Verwaltungsrechtsschutz

zuzulassen (§ 80 III Nr. 1 NJG). Der Grundstückseigentümer Katz will sich gegen den Beitragsbescheid wehren. Er muss daher Widerspruch erheben.

b) Die Stadt Oldenburg (Nds.) hat die Stadtstraße Am Hafen saniert. Diese Maßnahme führt dazu, dass die Eigentümer nach der vorhandenen kommunalen Satzung beitragspflichtig sind. Krause erhält einen Beitragsbescheid. Er will diesen überprüfen lassen. Da die Stadt von der Gestaltungsmöglichkeit des § 80 III NJG keinen Gebrauch gemacht hat, muss Krause unmittelbar verwaltungsgerichtliche Klage erheben.

Für jedes Bundesland ist daher zu klären, ob und welche besonderen Regelungen hinsichtlich der Notwendigkeit eines Vorverfahrens existieren.

441c Folge der Abschaffung des Widerspruchsverfahrens ist, dass eine Zweckmäßigkeitsprüfung entfällt, da die Verwaltungsgerichte nach § 114 VwGO Ermessensentscheidungen nur auf Rechtsfehler überprüfen.

442 Zudem ist nach § 68 I 2 2. Halbs. Nr. 1 VwGO ein Vorverfahren entbehrlich, wenn der Verwaltungsakt von einer obersten Bundesbehörde oder von einer obersten Landesbehörde erlassen worden ist, außer wenn ein Gesetz die Nachprüfung vorschreibt;

Beispiel:
Bei der Anfechtung von Verwaltungsakten, die von der obersten Landesverkehrsbehörde oder dem Bundesminister für Verkehr erlassen worden sind, ist ein Vorverfahren erforderlich (§ 55 PBefG).

443 Nach § 68 I 2 2. Halbs. Nr. 2 VwGO ist ferner ein Vorverfahren entbehrlich, wenn der Abhilfebescheid oder aber der Widerspruchsbescheid erstmalig eine Beschwer enthält;

Beispiele:
a) Die einem Bauherrn erteilte Baugenehmigung zur Errichtung eines Gewerbekomplexes ist mit einer Auflage verbunden, die einen Dritten, hier den Nachbarn zur Linken, begünstigt. Auf den Widerspruch des Bauherrn wird die Auflage aufgehoben. Durch den Abhilfebescheid ist der Dritte erstmalig beschwert.
b) Eine zunächst abgelehnte Baugenehmigung wird dem Bauherrn auf dessen Widerspruch erteilt. Die Abhilfeentscheidung beschwert den Nachbarn erstmalig.
c) Siehe Beispiel RdNr. 499 (Verböserung).

Unzulässig ist ein Widerspruch gegen einen Widerspruchsbescheid.[725]

444 Eines Vorverfahrens bedarf es nach § 75 S. 1 VwGO auch dann nicht, wenn über einen Antrag, einen Verwaltungsakt zu erlassen, ohne zureichenden Grund in angemessener Frist sachlich nicht entschieden worden ist (sog. Untätigkeitsklage).

---

725 BVerwG NVwZ RR 2014, S. 869

Vorverfahren

Als „zureichend" in diesem Sinne wird ein Grund dafür, die Entscheidung über einen Antrag auf Erlass eines Verwaltungsaktes hinauszuschieben, nur dann angesehen, wenn die Verzögerung mit der Rechtsordnung im Einklang steht.[726]

445 Es sind Fallgestaltungen denkbar, in denen sich der Verwaltungsakt vor, oder während des laufenden Widerspruchsverfahrens erledigt hat. Die h. M. hält die Durchführung eines sog. Fortsetzungswiderspruchs nicht nur für entbehrlich sondern gar für unzulässig, da der Widerspruchsführer durch die Aufhebung oder den Erlass des begehrten Verwaltungsakts keinen Vorteil mehr hätte.[727] Nach Erledigung darf kein Widerspruch in der Sache mehr ergehen.

446 **6.5.3.4 Ordnungsgemäße Einlegung.** § 70 VwGO normiert die Voraussetzungen, die kumulativ gegeben sein müssen, damit der Widerspruch ordnungsgemäß eingelegt wurde. So fordert § 70 I 1 VwGO, dass der Widerspruch
– fristgerecht
– formgerecht und
– bei der richtigen Stelle
eingelegt wird.

446a Der Widerspruch ist nach § 70 I 1 VwGO innerhalb eines Monats nach Bekanntgabe bei der Behörde zu erheben, die den Verwaltungsakt erlassen hat. Die Frist wird nach § 70 I 2 VwGO auch gewahrt, wenn der Widerspruch bei der Behörde eingelegt wird, die den Widerspruchsbescheid zu erlassen hat. Gemeint ist damit die nächsthöhere Behörde (§ 73 I 2 Nr. 1 VwGO), die im Falle des § 72 VwGO abzuhelfen, also nicht nur „den Widerspruchsbescheid", sondern auch „den Abhilfebescheid" zu erlassen hat (vgl. RdNr. 508 ff.).

447 Die Monatsfrist beginnt nach § 58 I VwGO, der nach § 70 II VwGO im Vorverfahren entsprechend gilt, nur zu laufen, wenn der Beteiligte über den Rechtsbehelf richtig belehrt worden ist.[728]
Die Widerspruchsfrist wird nach § 79 letzter Halbs., § 31 I in entsprechender Anwendung der §§ 187 ff. BGB berechnet. Das Fristende bestimmt sich nach § 188 II 1. Alt. BGB, weil es sich hier um einen Fall des § 187 I BGB handelt, denn nach § 70 I 1 VwGO ist die Bekanntgabe das für den Beginn der Frist maßgebende Ereignis. Fällt das Ende der Frist auf einen Sonnabend, einen Sonntag oder einen allgemeinen Feiertag, so tritt nach § 193 BGB an die Stelle eines solchen Tages der nächste Werktag.

> **Beispiel:**
> Die bauordnungsrechtliche Beseitigungsverfügung (§ 79 I NBauO) für das illegal errichtete Wochenendhaus wird dem Pflichtigen am 17. April bekannt gegeben (zugestellt). Am 20. Mai desselben Jahres (Dienstag nach Pfingsten) geht der Widerspruch bei der Behörde, die den Bescheid erlassen hat, ein. Die Widerspruchsfrist endet an sich am 17. Mai, weil die Bekanntgabe am 17. April bewirkt wurde (§ 188 II 1. Alt. BGB). Da dieser Tag aber ein Sonn-

---

726 BVerwG NVwZ 1991, 1180
727 BVerwGE 26, 161 [165 ff.]; OVG Koblenz NJW 1982, 1301 [1302]; Geis/Hinterseh, JuS 2001, 1074 (1077 m. N.); a. A. Pietzner/Ronellenfitsch, Rn. 1101 ff.
728 Vgl. Anhang

Verwaltungsrechtsschutz

abend ist, tritt an seine Stelle der nächste Werktag, also der 20. Mai (§ 193 BGB). Die Frist ist gewahrt.

448 Rechtsgrundlage: §§ 70, 58 VwGO

Erhebung des Widerspruchs
▶ bei richtiger Rechtsbehelfsbelehrung
▶ innerhalb eines Monats
▶ nach Bekanntgabe des Verwaltungsaktes

Bekanntgabe

● nach VwZG/Nds. VwZG durch Zustellung? (§ 41 V)
● nach VwVfG? (§ 41 II)

richtige Rechtsbehelfs-belehrung

§§ 58 I, 70 II VwGO
● schriftlich?
● notwendige Bestandteile?
● keine erschwerenden Zusätze?

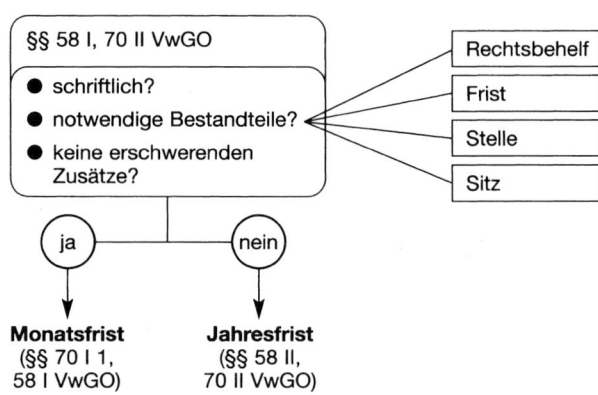

ja → **Monatsfrist** (§§ 70 I 1, 58 I VwGO)

nein → **Jahresfrist** (§§ 58 II, 70 II VwGO)

Berechnung der Frist

§ 31 I, anwendbar nach § 79.
Danach gelten §§ 187 bis 193 BGB entsprechend.

§ 188 II BGB

● nach Monat/Jahr bestimmte Frist
● Fall des § 187 I BGB, da für Fristlauf nach § 70 I 1 VwGO **Bekanntgabe** des Verwaltungsaktes (= „Ereignis") maßgebend ist
● Rechtsfolge: Fristende grundsätzlich mit Ablauf des datumsgleichen Tages

TAG der Bekanntgabe	=	TAG des Fristendes

Vorverfahren

449

> **Beispiel:**
> Zur Berechnung der Widerspruchsfrist bei einer Fallbearbeitung
>
> **Sachverhalt**
> Die dem Bauherrn (G) erteilte Baugenehmigung wird von der dafür zuständigen Stelle nach den Vorschriften des VwVfG widerrufen. Der Widerrufsbescheid, der mit einer richtigen Rechtsbehelfsbelehrung versehen ist, wird G am 21. März bekannt gegeben. Mit Schreiben vom 21. April desselben Jahres erhebt G Widerspruch. Das Schreiben, das G noch am selben Tag (Samstag vor Ostern) absendet, geht am 24. April desselben Jahres bei der Bauaufsichtsbehörde (Ausgangsbehörde) ein.
>
> **Aufgabe**
> Hat G den Widerspruch fristgerecht erhoben?
>
> **Lösung**
> Nach § 70 I 1 VwGO hätte G den Widerspruch fristgerecht erhoben, wenn er ihn innerhalb eines Monats nach der Bekanntgabe des Widerrufsbescheides eingelegt hätte, weil er über den Rechtsbehelf richtig belehrt worden ist und damit nach §§ 58 I, 70 II VwGO die Monatsfrist zu laufen begonnen hat.
> Nach § 188 II 1. Alt. BGB, der hier nach §§ 79 letzter Halbs., 31 I entsprechend anzuwenden ist, endigt die Frist im Fall des § 187 I BGB mit dem Ablauf desjenigen Tages des folgenden Monats, der durch seine Zahl dem Tag entspricht, in den das Ereignis fällt. Hier handelt es sich um einen Fall des § 187 I BGB, denn nach § 70 I 1 VwGO ist das für den Anfang der Frist maßgebende Ereignis die Bekanntgabe des Verwaltungsaktes.
> Bekanntgegeben wurde der Widerruf am 21. März. Die Monatsfrist endete also mit dem Ablauf des 21. April.* Dieser Tag fiel auf einen Sonnabend, so dass nach der hier ebenfalls nach §§ 79 letzter Halbs., 31 I entsprechend anwendbaren Vorschrift des § 193 BGB der nächste Werktag an die Stelle dieses Tages tritt. Der nächste Werktag war Dienstag, der 24. April. An diesem Tag ist der Widerspruch bei der Ausgangsbehörde eingegangen.
> G hat den Widerspruch fristgerecht eingelegt.

Nur dann, wenn die Frist nicht gewahrt wurde, kommt es darauf an, ob der Beteiligte über den gegebenen Rechtsbehelf ordnungsgemäß belehrt worden ist (vgl. Anhang). Wird innerhalb der Monatsfrist angefochten, ist es unerheblich, ob die Rechtsbehelfsbelehrung ordnungsgemäß ist oder nicht.

Steht fest, dass die Frist nicht eingehalten wurde, ist – sofern Anlass dazu besteht – zu erwägen, ob Wiedereinsetzung in den vorigen Stand in Frage kommt. Für das Vorverfahren nach der VwGO regelt die Wiedereinsetzung allein die VwGO; anwendbar ist nach § 70 II VwGO § 60 I bis IV VwGO. § 32 ist hier nach § 79 grundsätzlich nicht anzuwenden.

450

---

* Mit welchem Tag sie zu laufen begonnen hat, ist unerheblich, weil es nur auf das Fristende ankommt (häufiger Bearbeitungsfehler)

Verwaltungsrechtsschutz

451 Nach § 60 I i. V. mit § 70 II VwGO ist Wiedereinsetzung auf Antrag zu gewähren, wenn der Widerspruchsführer ohne sein Verschulden[729] verhindert war, die Widerspruchsfrist einzuhalten. Kein Verschulden liegt vor, wenn der Beteiligte hinsichtlich der Wahrung der Frist diejenige Sorgfalt beachtet hat, die für einen gewissenhaften und seine Rechte und Pflichten sachgerecht wahrnehmenden Widerspruchsführer im Hinblick auf die Fristwahrung geboten und ihm nach den Umständen des konkreten Falls zumutbar war.[730]

Beispiele:
a) Am 4. des Monats verlässt Sommer frühmorgens sein Haus, um eine Urlaubsreise anzutreten. Am 7. des folgenden Monats endet diese Urlaubsreise. Er findet in seinem Briefkasten einen (ihn belastenden) Verwaltungsakt vor, dessen Widerspruchsfrist zwischenzeitlich abgelaufen war. Da für diese Urlaubsreise keine besonderen Vorkehrungen zu treffen waren, liegt eine unverschuldete Fristversäumnis vor.[731]
b) Die Widerspruchsfrist endet am Donnerstag, 24. des Monats. Der Widerspruchsführer sendet den Brief am 22. des Monats ab. Bei normaler Postlaufzeit konnte er damit rechnen, dass der Brief am kommenden Tag, und damit fristgerecht, bei der zuständigen Behörde eingehen würde. Tatsächlich ging der Brief erst am Freitag, den 25. des Monats bei der Behörde ein (= unverschuldete Fristversäumnis[732]).

452 Nach § 45 III, der als auf die Wiedereinsetzung nach §§ 60 I bis IV, 70 II VwGO entsprechend anwendbar angesehen wird,[733] gilt es auch dann als nicht verschuldet, die Rechtsbehelfsfrist versäumt zu haben, wenn einem Verwaltungsakt die erforderliche Begründung fehlt oder wenn ein Beteiligter trotz einer entsprechenden Pflicht nicht angehört worden ist und dadurch unterblieben ist, den Verwaltungsakt rechtzeitig anzufechten. Das bedeutet, dass in den genannten Fällen Anspruch auf Wiedereinsetzung nach §§ 60 I, 70 II VwGO besteht, wenn der Betroffene verhindert war, die Widerspruchsfrist einzuhalten, also auch diese weitere Voraussetzung für die Wiedereinsetzung erfüllt ist. Nach dem Wortlaut des § 45 III („dadurch") muss eine Verletzung der Begründungs- oder Anhörungspflicht also kausal für das Fristversäumnis sein. Diese Anforderung dürfte jedoch so gut wie unerfüllbar sein, denn die genannten Rechtsfehler hindern den Widerspruchsführer nicht daran, Widerspruch einzulegen. Weil die Regelung des § 45 III bei wörtlicher Auslegung praktisch nicht anwendbar wäre, wird angenommen, dass sie weit auszulegen sei.[734]

453 Nach § 60 II 1 i. V. mit § 70 II VwGO ist der Antrag binnen zwei Wochen, nachdem das Hindernis weggefallen ist, zu stellen. Holt der Widerspruchsführer innerhalb dieser Frist den versäumten Rechtsbehelf nach, kann ihm die Wiederein-

---

729 Beispiele für unverschuldete Fristversäumnisse enthält der Aufsatz von App, DVP 1994, 183 [184 ff.]; ferner Bader/Funke-Kaiser/Stuhlfauth/von Albedyll, § 60 Rn. 2 ff. m. w. N.
730 Kopp/Schenke, § 60 RdNr. 9 m. N.; vgl. die Fallbearbeitung bei Weidemann, DVP 2003, 372 [374 f.].
731 Anders bei Abwesenheit von mehr als sechs Wochen; vgl. auch Kopp/Schenke, § 60 RdNr. 10
732 BVerfG NJW 2001, 1566
733 Kopp/Ramsauer, § 45 RdNr. 48, m. w. N.
734 Kopp/Ramsauer, § 45 RdNr. 50

Vorverfahren

setzung auch ohne Antrag gewährt werden. Die Tatsachen für die Begründung des Wiedereinsetzungsantrages sind glaubhaft zu machen. Zudem ist die zeitliche Grenze des § 60 III VwGO zu beachten.

Wiedereinsetzung in den vorigen Stand (§§ 70 II, I – IV VwGO) Voraussetzungen	§ 60 VwGO
– Versäumung einer gesetzlichen Frist	Abs. 1
– ohne Verschulden	Abs. 1
– Wiedereinsetzungsantrag (u. U. ist dieser Antrag entbehrlich)	Abs. 2 S. 1 Abs. 2 S. 4
– Antragsfrist: 2 Wochen	Abs. 2 S. 1
– Glaubhaftmachung der Gründe	Abs. 2 S. 2
– Nachholung der versäumten Rechtshandlung innerhalb der Antragsfrist (hier: Widerspruch)	Abs. 2 S. 3
– Beachtung der zeitlichen Grenze (regelmäßig Jahresfrist)	Abs. 3

454 Im laufenden Widerspruchsverfahren entscheidet über die Wiedereinsetzung die Behörde, die über den Rechtsbehelf zu entscheiden hat. Dies ist die Ausgangsbehörde, wenn ein Abhilfebescheid oder aber die Widerspruchsbehörde, wenn ein Widerspruchsbescheid ergeht.

455 Der Widerspruch ist nach § 70 I 1 VwGO in einer bestimmten Form bei der zuständigen Behörde zu erheben.[735] § 70 I 1 VwGO nennt ausdrücklich die
- schriftliche Widerspruchserhebung,
- Widerspruchserhebung in elektronischer Form nach § 3a II VwVfG[736]
- Widerspruchserhebung zur Niederschrift.

Diese Formvorschrift dient der Klarheit und Rechtssicherheit. Schriftlich ist der Widerspruch erhoben, wenn er in schriftlicher Form eingereicht und vom Widerspruchsführer oder seinem Bevollmächtigten eigenhändig unterschrieben ist. Zweck des Schriftformerfordernisses ist es, den Widerspruchsführer zweifelsfrei feststellen zu können. Daher ist die eigenhändige Unterschrift entbehrlich, wenn sich aus den Umständen des Einzelfalls die Urheberschaft und der Rechtsverkehrswille zweifelsfrei ermitteln lässt.[737] Die Unterschrift braucht auch nicht lesbar zu sein, also den Namen des Unterzeichnenden zu verdeutlichen; es genügt ein die Identität ausreichend kennzeichnender, individueller Schriftzug mit entsprechenden charakteristischen Merkmalen, der sich als Unterschrift des vollen Namens und nicht nur als Abzeichnung mit einer Paraphe darstellt.[738] Zudem hat die Rechtsprechung anerkannt, dass ein durch Telegramm, Fax oder Computerfax übermittelter Widerspruch dem Schriftformerfordernis genügt.[739]

---

[735] Vertiefung: Weidemann, DVP 2001, 498 f.; zur elektronischen Einlegung siehe zudem Kintz, NVwZ 2004, S. 1430 ff.
[736] Diese Anpassung der VwGO (1.1.2018) hat praktisch keine neue Rechtslage geschaffen. Auch zuvor war eine elektronische Widerspruchserhebung, die bestimmten Sicherheitsanforderungen genügte, zulässig. Die Rechtsänderung hatte insoweit nur klarstellende Funktion; vgl. auch BT.-Drs. 18/12203 S. 87
[737] Vgl. nur OVG Münster VR 1997, 248
[738] BGH NJW 1987, 1333 [1334]
[739] OVG Münster NJW 1991, 1197; ferner GemSOGB NJW 2000, 2340; grundlegend zu den Sorgfaltspflichten bei der Übermittlung per Fax siehe BVerfG NJW 2006, 1505; ferner OVG Bautzen NVwZ 2019, S. 823 f.

Verwaltungsrechtsschutz

Sofern die Voraussetzungen einer qualifizierten Signatur (siehe § 3a II VwVfG) vorliegen, ist auch eine Widerspruchseinlegung per E-Mail möglich.[740] Ein verfahrensleitender Schriftsatz (hier: Widerspruchsschreiben), der mit einfacher E-Mail ohne qualifizierte Signatur übermittelt wurde, genügt daher nicht den Formerfordernissen und ist schon aus diesem Grund unzulässig.[741] Etwas Anderes gilt auch nicht für per einfacher E-Mail übermittelte PDF-Dokumente; auch derartige Widersprüche sind nicht formgerecht.

456 Zur Niederschrift ist ein Widerspruch eingelegt, wenn die Niederschrift in Anwesenheit des Widerspruchsführers gefertigt und von ihm unterschrieben wird. Ein über die mündliche oder fernmündliche Einlegung des Rechtsbehelfs gefertigter Aktenvermerk erfüllt grundsätzlich nicht die Anforderungen, die § 70 I VwGO an einen formgerechten Widerspruch stellt.[742]

457 Der Beginn der Widerspruchsfrist setzt die Bekanntgabe des Verwaltungsakts voraus (§§ 70 I, 58 II VwGO[743]). Fehlt eine derartige Bekanntgabe, so kann der Widerspruch grundsätzlich fristungebunden geltend gemacht werden. Gerade bei Verwaltungsakten mit drittbelastender Wirkung (z. B. für den betroffenen Nachbarn) fehlt es häufig an einer durch die Behörde veranlassten Bekanntgabe.

> **Beispiel:**
> Gabriele Kruse wird im März des Jahres die Erlaubnis zur Errichtung einer Doppelgarage erteilt. Erst mit der Aufstellung des Bauschildes am 17. August des Jahres erhält der Nachbar Meyer hiervon Kenntnis. Es liegt damit keine behördlich veranlasste Bekanntmachung der Erlaubnis vor.

Begrenzt wird das Widerspruchsrecht in diesem Fall aber durch den Rechtsgedanken der Verwirkung (§ 242 BGB analog).[744] Es liegt eine unzulässige Rechtsausübung vor, wenn der durch den Verwaltungsakt Begünstigte nach dem Verhalten des Widerspruchsführers mit der Einlegung des Rechtsbehelfs nicht mehr zu rechnen brauchte und darauf auch vertraut hat.[745]
Für den – in der Praxis wichtigen – Bereich des Baurechts hat die Rechtsprechung, ausgehend von den Besonderheiten des nachbarschaftlichen Gemeinschaftsverhältnisses, folgendes anerkannt: Fehlt es an einer ordnungsgemäßen Bekanntgabe der Baugenehmigung, so kann der Betroffene Nachbar grundsätzlich fristungebunden Widerspruch einlegen. Die Verwirkung tritt aufgrund des Rechtsgedankens des § 58 II VwGO grundsätzlich ein Jahr nach Kenntniserlangung von dem Bauvorhaben ein. Der Kenntniserlangung steht gleich, wenn der Nachbar zuverlässig von dem Bauvorhaben hätte Kenntnis erlangen können oder müssen (z. B. durch vorhandenes Baustellenschild). Eine analoge Anwen-

---

740 So Vahle, DVP 2002, 179 [181]; ferner OVG Lüneburg Beschl. vom 8.11.2011 AZ.: 4 A 156/10
741 VGH Kassel DÖV 2006, 438 f.
742 BVerwG NJW 1964, 831; BFH NJW 1965, 174; ferner OVG Weimar DÖV 2001, 963
743 Zum Begriff Bekanntgabe siehe RdNr. 189
744 Vgl. Bader/Funke-Kaiser/Stuhlfauth/von Albedyll, § 70 Rn. 8 f.; instruktiv die Entscheidung des NRWVerfGH NVwZ-RR 2020, S. 377 ff. zur Verwirkung nachbarlicher Abwehrrechte im öffentlichen Baurecht
745 Vahle, DVP 2002, 174 [183 m. N.]

dung des § 58 II VwGO erfolgt aber nicht. In besonderen Fallkonstellationen kann die Verwirkung später, oder gar vor Ablauf der Jahresfrist eintreten.[746]

Beispiel
Bauherr Müller errichtet im April des Jahres ein Wohnhaus in Fertigbauweise. Aufgrund des besonderen Zuschnitts des Baugrundstücks kann das Vorhaben nur verwirklicht werden, wenn der gesetzlich vorgesehene Grenzabstand zum Nachbarn Plöger hin unterschritten wird. Die Baugenehmigung (vom März des Jahres) weist eine entsprechende Befreiung auf. Bereits mit dem Schütten der Sohle war für Plöger erkennbar, dass der übliche Grenzabstand nicht eingehalten wird. Ende Mai zieht Familie Müller in das neue Haus ein. Erst im Februar des folgenden Jahres legt Plöger Widerspruch ein. Hier ist eine Verwirkung des Widerspruchsrechts eingetreten.[747]

6.5.3.5 Beteiligungs- und Handlungsfähigkeit; Bevollmächtigte. Nach § 79 gelten für das Vorverfahren die VwGO und im Übrigen die Vorschriften des VwVfG. Ein Widerspruch kann danach wirksam nur dann erhoben werden, wenn der Widerspruchsführer oder die Widerspruchsführerin beteiligungsfähig und handlungsfähig ist. **458**

Die Beteiligungsfähigkeit (§ 11) entspricht der Parteifähigkeit z. B. im Verwaltungsprozess (vgl. § 61 VwGO) und prinzipiell der Rechtsfähigkeit. Beteiligungsfähigkeit ist die rechtliche Fähigkeit, an einem Verwaltungsverfahren beteiligt zu sein, d. h. als Beteiligter oder Beteiligte (§ 13) an einem Verwaltungsverfahren teilnehmen zu dürfen. **459**
Beteiligungsfähig sind
– natürliche und juristische Personen,
– Vereinigungen, soweit ihnen ein Recht zustehen kann,
– Behörden.
Vereinigungen sind beteiligungsfähig, wenn sie nach materiellem Recht an einem Rechtsverhältnis beteiligt sein können, z. B. nichtrechtsfähige Vereine, denen Vermögensrechte zustehen können.[748]

Die Handlungsfähigkeit (§ 12), die Beteiligungsfähigkeit voraussetzt, entspricht der Prozessfähigkeit im gerichtlichen Verfahren, z. B. im Verwaltungsprozess (vgl. § 62 VwGO) und der Geschäftsfähigkeit nach bürgerlichem Recht. **460**

---

746 Siehe nur BVerwGE 44, 294 [298]; BVerwG NVwZ 1994, 896; ferner Schübel-Pfister, JuS 2013, S. 417 [419]; Bader/Funke-Kaiser/Stuhlfauth/von Albedyll, § 70 Rn. 9 ff.; lesenswert zudem die Entscheidung des VGH Mannheim (Urt. vom 14.5.2012, BauR 2012, S. 1637 ff.). Das Gericht setzt sich mit der Widerspruchsfrist bei fehlender Bekanntgabe des Verwaltungsakts auseinander. Der Fall betrifft eine immissionsschutzrechtliche Drittanfechtungsklage. Eingehend setzt sich das Gericht mit den Fragen des nachbarschaftlichen Gemeinschaftsverhältnisses auseinander und entwickelt – nach eigenen Angaben (s. Leitsatz 1) die Rechtsprechung des BVerwG weiter. Zu der Frage, unter welchen Voraussetzungen eine Untätigkeit eines Nachbarn zu einer Verwirkung seiner materiellen Abwehrrechte führen kann, nimmt das OVG Lüneburg NdsVBl. 2011, S. 318 ff. Stellung.
747 Geis/Hinterseh ordnen die (zeitliche) Verwirkung des Widerspruchsrechts dem Problemkreis „Allgemeines Rechtsschutzbedürfnis" zu; JuS 2002, 34 [38]
748 OVG Lüneburg OVGE 34, 352

Verwaltungsrechtsschutz

Handlungsfähigkeit ist die rechtliche Fähigkeit, in einem Verwaltungsverfahren die erforderlichen Verfahrenshandlungen vorzunehmen.
Handlungsfähig sind
- natürliche Personen, die nach bürgerlichem Recht geschäftsfähig sind,
- natürliche Personen, die nach bürgerlichem Recht in der Geschäftsfähigkeit beschränkt sind, soweit sie für den Gegenstand des Verfahrens durch Vorschriften des bürgerlichen Rechts als geschäftsfähig oder durch Vorschriften des öffentlichen Rechts als handlungsfähig anerkannt sind,
Nach bürgerlichem Recht (§§ 112, 113 BGB) ist der Minderjährige z. B. für bestimmte Kreise von Rechtsgeschäften als geschäftsfähig anerkannt.
Nach öffentlichem Recht (§ 36 I SBG-AT) kann z. B. derjenige, der das 15. Lebensjahr vollendet hat, Anträge auf Sozialleistungen stellen und verfolgen (z. B. Rechtsbehelfe einlegen) sowie Sozialleistungen entgegennehmen.
- juristische Personen und Vereinigungen (§ 11 Nr. 2) durch ihre gesetzlichen Vertreter oder durch besonders Beauftragte,
- Behörden durch ihre Leiter, deren Vertreter oder Beauftragte.

461 Ein Beteiligter kann sich im Vorverfahren – wie im Verwaltungsverfahren – durch einen Bevollmächtigten vertreten lassen (§ 14 I 1) sowie zu Verhandlungen und Besprechungen mit einem Beistand erscheinen (§ 14 IV 1).
Ist für das Vorverfahren ein Bevollmächtigter bestellt, so soll sich die Behörde an ihn wenden (§ 14 III 1). Die Vorschriften über die Zustellung an Bevollmächtigte bleiben jedoch unberührt (§ 14 III 4). Das bedeutet, dass an den Bevollmächtigten zuzustellen ist, wenn er schriftliche Vollmacht vorgelegt hat (§ 7 I 2 VwZG).

462 **6.5.3.6 Widerspruchsbefugnis.** Da das Widerspruchsverfahren in den gesetzlich vorgesehenen Fällen dem gerichtlichen Verfahren vorgeschaltet ist, muss der Widerspruchsführer – entsprechend der Klagebefugnis im gerichtlichen Verfahren (§ 42 II VwGO) – widerspruchsbefugt sein, weil insoweit dieselben Voraussetzungen gelten.[749]
§ 42 II VwGO will die sog. Popularklage ausschließen und damit verhindern, dass jedermann das Verwaltungsgericht anruft; das ist nur demjenigen gestattet, der die Verletzung eigener Rechte geltend macht.
Bei der Widerspruchsbefugnis ergibt sich jedoch gegenüber dem Klageverfahren eine Weiterung. Der Prüfungsumfang der Widerspruchsbehörde ist (regelmäßig) nicht auf die Rechtmäßigkeitskontrolle beschränkt (§ 68 I 1 VwGO). Die Widerspruchsbefugnis kann daher auch gegeben sein, wenn der Widerspruchsführer geltend macht, wegen Zweckwidrigkeit in seinen Interessen beeinträchtigt zu sein.[750] Eine derartige Situation kann sich insbesondere im Bereich der Ermessensverwaltung ergeben.

463 Ein Anfechtungswiderspruch ist, soweit gesetzlich nichts anderes bestimmt ist, nach § 42 II VwGO analog nur zulässig, wenn der Widerspruchsführer „geltend macht, durch den Verwaltungsakt ... in seinen Rechten verletzt zu sein". Der Widerspruchsführer muss hiernach vorbringen, dass ein Verwaltungsakt vorliegt,

---

749 Zur Vertiefung: Wüstenbecker, JA-Übungsblätter 1988, 82 ff.
750 Wüstenbecker, Die öffentlich-rechtliche Assessorklausur, S. 195 m. N.; Geis/Hinterseh, JuS 2002, 34 [37 f.]

Vorverfahren

der in seine Rechte eingreift, und dass dieser Verwaltungsakt ihn in seinen Rechten verletzt, mithin Tatsachen vortragen, die es als möglich erscheinen lassen, dass gerade er durch den angefochtenen Verwaltungsakt in seinen Rechten verletzt ist. Bei der Widerspruchsbefugnis wird folglich nicht geprüft, ob der Verwaltungsakt rechtswidrig und der Widerspruchsführer dadurch in seinen Rechten verletzt ist; hierauf kommt es erst bei der Frage an, ob der Widerspruch begründet ist. Für die Widerspruchsbefugnis genügt die Möglichkeit einer Rechtsverletzung (sog. Möglichkeitstheorie[751]; siehe ferner das Schaubild RdNr. 465 und die Übersicht RdNr. 495). Nach der Spruchpraxis des BVerwG[752] ist die Widerspruchsbefugnis nur dann ausgeschlossen, wenn offensichtlich und eindeutig nach keiner Betrachtungsweise dem Widerspruchsführer die von ihm geltend gemachten Rechte zustehen oder diese Rechte verletzt sein können.

Der Widerspruchsführer ist demnach widerspruchsbefugt, wenn er geltend machen kann, dass die Möglichkeit besteht, dass er durch den Verwaltungsakt
- in seinen subjektiven Rechten
  oder
- wegen Zweckwidrigkeit in seinen Rechten
verletzt sein könnte.

463a

Wenn der Widerspruchsführer Adressat eines ihn belastenden Verwaltungsaktes ist, kann er zumindest in seiner durch Art. 2 I GG geschützten allgemeinen Handlungsfreiheit verletzt sein, so dass in einem solchen Fall eine Rechtsbeeinträchtigung vorliegt, die Widerspruchsbefugnis also ohne Weiteres gegeben ist. In einem solchen Fall – also dem Regelfall – unterbleibt es deshalb, die Widerspruchsbefugnis zu prüfen; die sog. Adressatentheorie besagt, dass bei einem Eingriff in Rechte des Widerspruchsführers ohne Weiteres davon ausgegangen werden kann, dass eine Rechtsverletzung möglich ist. Falls die Widerspruchsbefugnis in einem solchen Fall überhaupt angesprochen wird, sollte sie verkürzt behandelt werden. Ist sie problematisch, wird geprüft, ob eine Rechtsverletzung möglich ist.[753]

464

Die (mögliche) Verletzung eigener Rechte, die nach § 42 II VwGO analog geltend gemacht werden muss und die eine Voraussetzung der Zulässigkeit betrifft, darf nicht verwechselt werden mit der (tatsächlichen) Verletzung eigener Rechte, die zur Begründetheit nach § 113 I 1 VwGO analog gehört. Nur bei einer rechtswidrigen Beeinträchtigung eigener Rechte liegt eine Rechtsverletzung vor.

Widerspruchsbefugnis Abgrenzung: Zulässigkeit und Begründetheit	
Zulässigkeit	Die **Verletzung** eigener Rechte muss **möglich sein** (§ 42 II VwGO analog)
Begründetheit	Soweit der Verwaltungsakt rechtswidrig ist, ist sodann zu prüfen, ob der Widerspruchsführer dadurch in seinen **Rechten verletzt ist** (§ 113 I 1 VwGO analog).

465

---

751 Siehe auch Schenke, Verwaltungsprozessrecht, RdNr. 494
752 BVerwGE 44, 1, 3; 95, 133 f.
753 Vgl. auch Schmalz, 12. Teil RdNr. 1002

Verwaltungsrechtsschutz

465a

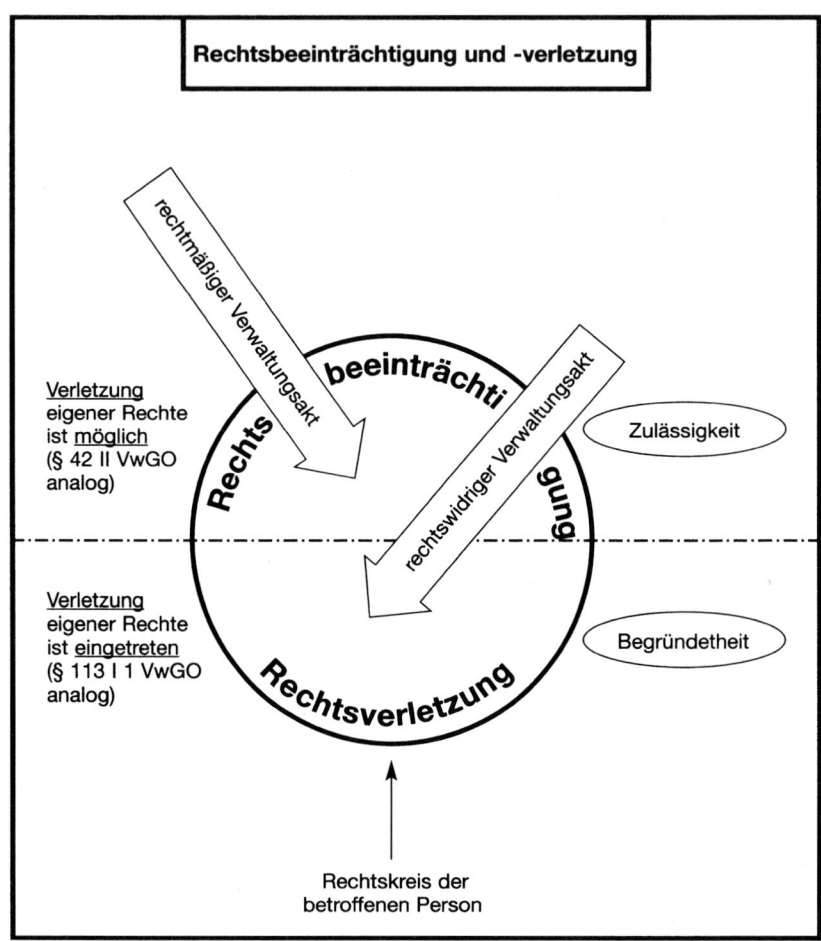

466 Bei der Anfechtung solcher Verwaltungsakte, die nicht an den Widerspruchsführer (z. B. Nachbar), sondern an einen anderen (z. B. Bauherrn) gerichtet sind, ist besonders genau zu prüfen, ob wirklich eigene Rechte des Widerspruchsführers verletzt sein können. Ob drittschützende Normen betroffen sind, ist unter Rückgriff auf die Schutznormtheorie (siehe RdNr. 70) zu ermitteln.[754]

---

[754] Vertiefung: Gersdorf, RdNr. 31 m. N.; hier werden gewichtige Fallgruppen (u. a. Baurecht, Umweltrecht) auf ihre drittschützende Funktion hin untersucht. Praktische Fallbearbeitung (baurechtlicher Nachbarwiderspruch) siehe: Weidemann, DVP 2013, S. 288 ff.

Beispiele:
a) Einem 19-Jährigen wird die Fahrerlaubnis entzogen. Seinem Vater, der in eigenem Namen gegen die Entziehung Widerspruch[755] erhebt, fehlt die Widerspruchsbefugnis, weil er nicht geltend machen kann, in eigenen Rechten verletzt zu sein.
b) Die Baugenehmigungsbehörde erteilt unter Befreiung von den Festsetzungen eines Bebauungsplanes, der für den Bereich ein reines Wohngebiet vorsieht, die Genehmigung zum Bau einer Kraftfahrzeugwerkstatt. Der Grundstücksnachbar, Eigentümer eines Wohnhauses, legt Widerspruch gegen die Baugenehmigung ein. Der Nachbar kann, weil die Festsetzungen des Bebauungsplanes nicht nur dem öffentlichen Interesse, sondern – zumindest auch – dem Individualinteresse zu dienen bestimmt sind und er zu dem dadurch geschützten Personenkreis gehört, aus dem Bebauungsplan ein subjektives Recht ableiten. In diesem Recht kann er durch die Baugenehmigung verletzt sein. Er ist widerspruchsbefugt.
c) Der Mieter eines Einfamilienhauses wendet sich mit dem Widerspruch gegen eine dem Eigentümer des Nachbargrundstücks erteilte Baugenehmigung für ein Wohnhaus mit Laden. Der Widerspruch ist unzulässig, weil der Mieter hier kein Recht hat, das verletzt sein könnte. Nachbar im Sinne des Baurechts ist regelmäßig nicht der Mieter, sondern der Eigentümer oder ein in eigentumsähnlicher Weise an einem Grundstück dinglich Berechtigter, wie z. B. ein Erbbauberechtigter oder ein Nießbraucher. Den auf solche Weise an einem Grundstück dinglich Berechtigten sind nur obligatorisch Berechtigte, die eine dem Grundstückseigentümer angenäherte Rechtsposition erlangt haben, gleich gestellt.[756] Dem Mieter fehlt, jedenfalls im Regelfall, die Widerspruchsbefugnis.

467 Ein Grundstückseigentümer ist grundsätzlich widerspruchsbefugt, wenn er sich gegen die hoheitliche Inanspruchnahme seines Grundstücks wehren will. Eine Ausnahme kann aber dann gegeben sein, wenn die geltend gemachte Rechtsposition im Einzelfall nicht schutzwürdig ist. Ein derartiger Fall ist anzunehmen, wenn der Eigentumserwerb nicht die Grundstücksnutzung zum Ziel hat, sondern allein die formalen Voraussetzungen für ein Rechtsbehelfsverfahren (Widerspruch/Klage) schaffen soll.[757]

Beispiel:
Der Landwirt (L) übereignet dem Widerspruchsführer (W) unentgeltlich ein sog. Sperrgrundstück. L behielt auf Lebenszeit das unentgeltliche Nießbrauchsrecht am Grundstück. Zudem sollte, falls drohende Enteignungsverfahren zu keinem Erfolg führen würden, das Land unentgeltlich dem L rückübereignet werden. Der wirtschaftliche Wert des Grundstücks blieb praktisch (allein) bei L. Dem W fehlt damit die Widerspruchsbefugnis.

---

755 Sofern ein Widerspruch entfällt wie bzw. in Niedersachsen, ist unmittelbar die verwaltungsgerichtliche Klage zu erheben
756 BVerwG NJW 1983, 1626. Zur Vertiefung: Ziekow, NVwZ 1989, 231 ff.
757 BVerwG DVBl 2001, 385

Verwaltungsrechtsschutz

468 Bei einem Verpflichtungswiderspruch muss der Widerspruchsführer, soweit gesetzlich nichts anderes bestimmt ist, geltend machen, durch die Ablehnung des Verwaltungsaktes in seinen Rechten verletzt zu sein (§ 42 II VwGO analog). Die hiernach erforderliche Rechtsbeeinträchtigung setzt voraus, dass der Widerspruchsführer möglicherweise Anspruch auf den beantragten Verwaltungsakt aus einer Norm der gebundenen Verwaltung oder aus einer Ermessensnorm hat. Die Anspruchsnorm darf nicht nur objektivrechtlichen Charakter haben, sondern muss – zumindest auch – dazu bestimmt sein, den Interessen des Widerspruchsführers zu dienen.

Die Widerspruchsbefugnis ist zu verneinen, wenn dem Widerspruchsführer der von ihm behauptete Anspruch offensichtlich und eindeutig nach keiner Betrachtungsweise zustehen kann.

468a Durch Gesetz kann geregelt werden, dass der Widerspruchsführer keine eigene wehrfähige Position geltend machen muss. Eine solche Ermächtigung, im Widerspruchsverfahren Rechte der Allgemeinheit geltend zu machen, konkretisiert den in § 42 II VwGO genannten Vorbehalt („… soweit gesetzlich nichts anderes bestimmt ist."). So ermöglichen manche Vorschriften eine sog. Verbandsklage (z. B. § 64 BNatSchG). In derartigen Fällen kann dann der Widerspruch zulässig sein, ohne dass der Verband die mögliche Verletzung eigener Rechte geltend machen muss. Mit dem Umwelt-Rechtsbehelfsgesetz (UmwRB[758]) ist anerkannten Umweltverbänden (siehe § 2 UmwRG) ebenfalls das Recht eingeräumt worden, ohne eine Verletzung eigener Rechte geltend machen zu müssen, Rechtsbehelfe (und damit auch Widersprüche) zulässigerweise einlegen zu können. Im Zentrum des UmwRG steht damit die Einführung einer Umwelt-Verbandsklage, mit der die Aufhebung von Genehmigungen für eine Vielzahl von der UVP- und IVU-Richtlinie unterfallenden Industrieanlagen und Infrastrukturvorhaben begehrt werden kann. Die Rügefunktion der Umweltverbände ist aber faktisch beschränkt. Sie müssen, anders als im Naturschutzrecht, eine mögliche Verletzung drittschützender Normen geltend machen. Damit kommt diesem Rechtsbehelf eine besondere Stellung zu, steht er doch hinsichtlich seiner Anforderungen zwischen subjektivem und objektivem Rechtsschutz.

469 **6.5.3.7 Das (allgemeine) Rechtsschutzbedürfnis.** Auch beim Widerspruchsverfahren muss, wie bei allen anderen Rechtsbehelfen, das allgemeine Rechtsschutzbedürfnis gegeben sein. Das mit dem Widerspruch verfolgte Ziel darf nicht anderweitig leichter, besser, schneller und billiger erreicht werden.[759] Ferner fehlt das Rechtsschutzbedürfnis, wenn der Widerspruch offensichtlich nutzlos oder aber rechtsmissbräuchlich ist.[760]

Beispiel:
Die Bauaufsichtsbehörde fordert mit Bescheid vom Mai des Jahres den Grundstückseigentümer Poppek auf, das auf seinem Grundstück vorhandene

---

758 Siehe dazu Ziekow NVwZ 2007, 259 ff.; zu weiteren Änderungen siehe Schlacke NVwZ 2019, S. 1392 ff. Sie spricht zutreffend davon, dass mit der grundlegenden Novellierung (2017) eine kleine Verwaltungsgerichtsordnung mit weitreichenden verwaltungsverfahrens- und prozessrechtlichen Sonderregelungen herausgekommen ist (ebenda, S. 1393); Vertiefung siehe weiter Schlacke NVwZ 2017, S. 905 ff.
759 Geis/Hinterseh, JuS 2002, 34 [38 m. N.]
760 Ebenda

Vorverfahren

baufällige Nebengebäude abzureißen. Noch vor der Widerspruchserhebung brennt dieses Gebäude ab. Ein eventuelles Widerspruchsverfahren würde im Erfolgsfall keine Verbesserung der Rechtsposition begründen. Es fehlt am allg. Rechtsschutzbedürfnis.

Grundsätzlich wird bei einem Widerspruchsverfahren das allg. Rechtsschutzbedürfnis gegeben sein, da das Vorverfahren regelmäßig der leichteste Weg ist, das gewünschte Ziel in einem förmlichen Verfahren zu erreichen. In der gutachtlichen Fallbearbeitung sind daher regelmäßig Ausführungen zum Thema „Rechtsschutzbedürfnis" entbehrlich.

6.5.3.8 Unzulässigkeit, Rücknahme, Verzicht. Fehlt es an einer Zulässigkeitsvoraussetzung, so ist der Widerspruch unzulässig. Die Prüfung der Begründetheit entfällt dann regelmäßig. Anders als die AO – § 358 S. 2 – schreibt die VwGO aber nicht ausdrücklich vor, dass zwingend der Widerspruch zurückzuweisen ist. **470**

Es ist in der Rechtsprechung anerkannt, dass die Widerspruchsbehörde einen verspätet eingelegten Widerspruch dennoch sachlich bescheiden kann. Trifft die Widerspruchsbehörde eine Sachentscheidung, so ist das gesetzlich vorgeschriebene Widerspruchsverfahren durchgeführt und der Weg für eine volle weitere verwaltungsgerichtliche Überprüfung eröffnet.[761] Dagegen darf die Fristbestimmung nicht ignoriert werden, wenn Rechte Dritter beeinträchtigt werden könnten, was gerade bei Verwaltungsakten mit Drittwirkung nicht ausgeschlossen ist. **471**

Beispiele:
a) Die Bauaufsichtsbehörde fordert Niehaus auf, sein an einem Gewässer stehendes – illegal errichtetes – Wochenendhaus zu beseitigen. Niehaus legt zwar Widerspruch ein, hat aber die gesetzlich vorgesehene Widerspruchsfrist um einen Tag überschritten. Voraussetzungen für eine Widereinsetzung (§§ 70 II, 60 I–IV VwGO) liegen nicht vor. Als „Herrin des Verfahrens" ist die Widerspruchsbehörde berechtigt, die Fristversäumnis zu ignorieren und die Einwände des Widerspruchsführers gegen die Rechtmäßigkeit der Beseitigungsverfügung als unbegründet zurückzuweisen.
b) Hartwig Budde legt – verspätet – gegen die seinem Nachbarn Sigmar Grothe erteilte Baugenehmigung zur Aufstockung des vorhandenen Wohn- und Geschäftshauses Widerspruch ein. Da dem Bauherrn mit Ablauf der Widerspruchsfrist eine gesicherte Rechtsposition zugewachsen ist, muss die Widerspruchsbehörde den Widerspruch als verspätet und damit unzulässig abweisen.

Sofern der Widerspruchsführer den Widerspruch zurückgenommen, oder aber auf das Widerspruchsrecht verzichtet hat, entfällt für die Widerspruchsbehörde die Sachentscheidungsbefugnis. Der Widerspruch kann nur bis zum Erlass des Widerspruchsbescheides zurückgenommen werden.[762] **472**

---

761 Siehe nur BVerwGE 57, 342 [344]; BVerwG NVwZ 1983, 608; die überwiegende Lit. lehnt dagegen diese Spruchpraxis ab; vgl. nur Bader/ Bader/Funke-Kaiser/Stuhlfauth/von Albedyll, § 70 RdNr. 25; Kopp/Schenke, § 70 RdNr. 9; a. A. wohl Maurer/Waldhoff, § 10 RdNr. 79
762 Kopp/Schenke, § 69 RdNr. 8; Pietzner/Ronellenfitsch, Rn. 1168

Verwaltungsrechtsschutz

6.5.4 Begründetheit des Widerspruchs

473 Dem als zulässig erkannten Widerspruch kann im Vorverfahren nur abgeholfen werden, wenn er auch begründet ist, d. h. in der Sache Erfolg hat. Die Begründetheit eines Anfechtungswiderspruchs setzt die Rechtswidrigkeit des angefochtenen Verwaltungsaktes und eine daraus resultierende Rechtsverletzung des Widerspruchsführers oder Zweckwidrigkeit des Verwaltungsaktes voraus. Ist der Widerspruch darauf gerichtet, einen abgelehnten Verwaltungsakt zu erlassen (Verpflichtungswiderspruch), kommt es darauf an, ob der Widerspruchsführer Anspruch auf den begehrten Verwaltungsakt hat oder der begehrte Verwaltungsakt ermessensgerecht und rechtsfehlerfrei erlassen wird.

474 **6.5.4.1 Begründetheit des Anfechtungswiderspruchs.** Der auf die Aufhebung eines Verwaltungsaktes gerichtete Widerspruch ist nach § 113 I 1 VwGO analog begründet, soweit der angefochtene Verwaltungsakt rechtswidrig und der Widerspruchsführer dadurch in seinen Rechten verletzt ist, sofern die Aufhebung nicht durch § 46 ausgeschlossen ist (vgl. auch Übersicht RdNr. 481). Darüber hinaus ist der Widerspruch gemäß § 68 I 1 VwGO begründet, soweit der Verwaltungsakt zwar rechtmäßig, aber unzweckmäßig ist.

475 **6.5.4.1.1 Rechtswidrigkeit.** Unter welchen Voraussetzungen ein Verwaltungsakt rechtswidrig ist, wurde bereits (RdNr. 210) näher ausgeführt. Allgemein lässt sich sagen, dass der Verwaltungsakt rechtswidrig ist, wenn er nicht auf eine Rechtsgrundlage gestützt werden kann, obgleich er eine benötigt oder aber in formeller und/oder materieller Hinsicht mit der Rechtsordnung nicht in Einklang steht.[763]
Wenn für einen belastenden Verwaltungsakt die von der Behörde herangezogene Ermächtigungsgrundlage nicht anwendbar oder wenn deren Tatbestand nicht erfüllt ist, ist der Verwaltungsakt nicht schon allein deshalb rechtswidrig. In einem solchen Fall ist zunächst zu prüfen, ob der Verwaltungsakt sich nicht auf eine andere Ermächtigungsgrundlage, für deren Anwendung die Behörde ebenfalls zuständig ist, stützen lässt. Erweist sich der Entscheidungssatz des Verwaltungsaktes aus anderen als den von der Behörde angegebenen Gründen als rechtmäßig und liegen auch sonst keine Rechtsfehler vor, fehlt es an der Rechtswidrigkeit.

Beispiele:
a) Einem Kraftfahrer, der sich als ungeeignet erwiesen hat, ein Kraftfahrzeug zu führen, wird die Fahrerlaubnis von der zuständigen Behörde entzogen. Die Behörde gibt zur rechtlichen Begründung ihrer Maßnahme an, dass § 46 I 1 FeV sie in einem solchen Fall vorschreibe. Als Ermächtigungsgrundlage für die Entziehung der Fahrerlaubnis kommt jedoch nicht die von der Behörde gewählte, sondern (nur) § 3 I StVG in Betracht[764]. Der Eingriff hätte mithin darauf gestützt werden müssen. § 39 I 2 ist nicht verletzt, denn die Behörde hat sich durch § 46 I 1 FeV

---

[763] Diese Definition schließt die Nichtigkeit einer Rechtsgrundlage (= keine Rechtsgrundlage vorhanden) und die fehlerhafte Rechtsanwendung mit ein; vgl. auch Geis/Hinterseh, JuS 2002, S. 34 [38]

[764] A. A. wohl Giemulla u. a., RdNr. 102

Vorverfahren

bewogen gefühlt, die Erlaubnis zu entziehen. Auch materiell ist die Maßnahme nicht rechtswidrig, denn der – mit § 46 I 1 FeV [insoweit] identische – Tatbestand des § 3 I StVG ist erfüllt.

b) Bender, Eigentümer eines Grundstücks, wird aufgrund des Kommunalabgabengesetzes zu einem Beitrag für den Ausbau einer Straße herangezogen. Im Widerspruchsverfahren stellt sich heraus, dass die Gemeinde den Heranziehungsbescheid zu Unrecht auf die genannte Rechtsgrundlage gestützt hat, aber die Voraussetzungen dafür gegeben sind, mindestens in derselben Höhe einen Erschließungsbeitrag nach §§ 127 ff. BauGB zu erheben. Der Widerspruch ist unbegründet, denn der angefochtene Beitragsbescheid erweist sich aus anderen als den von der Gemeinde angegebenen Gründen als rechtmäßig und ist nicht allein deshalb rechtswidrig, weil er nicht auf §§ 127 ff. BauGB gestützt ist.[765]

476 Aus § 113 I 1 VwGO analog („… der Verwaltungsakt rechtswidrig … ist") ergibt sich die Pflicht der Behörde, die einen Rechtsfehler erkennt, zu prüfen, ob und ggf. in welchem Umfang der Verwaltungsakt aus anderen Gründen aufrechterhalten werden kann oder muss, denn wenn er im Zeitpunkt seines Erlasses rechtswidrig war, sich aber im Zeitpunkt der Entscheidung über den Widerspruch als rechtmäßig erweist (z. B. infolge nachträglicher Übertragung der sachlichen Zuständigkeit oder durch Rückwirkung einer Satzung (vgl. RdNr. 185, 187)), besteht ein Aufhebungsanspruch nicht mehr.

477 Aus der Formulierung „soweit" in § 113 I 1 VwGO folgt, dass ein angefochtener Verwaltungsakt, sofern er (= eine Regelung) überhaupt teilbar ist, nur insoweit aufzuheben ist, als er sich als rechtswidrig erweist; in einem solchen Fall kann ein Widerspruch also nur teilweise Erfolg haben. Ist z. B. ein Heranziehungsbescheid über eine Abgabenforderung von 1.500 € nur in Höhe von 1.300 € rechtmäßig, ist der dagegen erhobene Widerspruch begründet, soweit mehr als 1.300 € verlangt werden; im Übrigen, also soweit eine Abgabe von 1.300 € gefordert wird, ist der Widerspruch unbegründet.

478 Für die Begründetheit des Widerspruchs kommt es nicht darauf an, ob der Verwaltungsakt nichtig ist (häufiger Fehler!). Wird z. B. von dem Adressaten etwas tatsächlich oder rechtlich Unmögliches verlangt, hat das in der Regel die Rechtswidrigkeit des Verwaltungsaktes zur Folge (siehe Überblick RdNr. 162). Ob der Rechtsfehler zur Nichtigkeit führt, ist hier unerheblich.
Andererseits ist ein nichtiger Verwaltungsakt in jedem Fall rechtswidrig, so dass dann, wenn unschwer Nichtigkeit, etwa nach § 44 II Nr. 4, festgestellt werden kann, daraus auf die Rechtswidrigkeit und – wenn die weiteren Voraussetzungen erfüllt sind – auf die Begründetheit des Rechtsbehelfs zu schließen ist. Das ändert aber nichts an dem dargestellten Grundsatz.

479 **6.5.4.1.2 Rechtsverletzung.** Wenn oder soweit der Widerspruchsführer durch einen rechtswidrigen Verwaltungsakt in Anspruch genommen wird, der in seine Rechtsposition eingreift, liegt eine Rechtsverletzung vor. Objektive Rechtswidrigkeit allein genügt also nicht. Es kommt vielmehr darauf an, ob gegen eine

---

[765] BVerwGE 80, 96; BVerwG NVwZ 1991, 999; siehe auch die Beispiele zu RdNr. 210

Verwaltungsrechtsschutz

Rechtsnorm verstoßen wurde, die Rechte des Widerspruchsführers begründet; gerade der unterlaufene Rechtsfehler muss zu seiner Rechtsverletzung geführt haben, wie sich aus der Formulierung „dadurch" in § 113 I 1 VwGO ergibt. „Dadurch" bezieht sich nicht auf den Verwaltungsakt, sondern auf dessen Rechtswidrigkeit.

Beispiele:
a) Die Behörde erlässt eine schriftliche Anordnung gemäß Bundesimmissionsschutzgesetz, ohne sie zu begründen. Ein Ausnahmetatbestand des § 39 II liegt nicht vor. Der Begründungsmangel wird nicht geheilt. Die Anordnung ist wegen Verstoßes gegen § 39 I rechtswidrig.
Dadurch ist der Bürger, in dessen Rechte die Behörde eingegriffen hat, in seinen Rechten verletzt, weil er Anspruch darauf hat, die für den Eingriff maßgeblichen Gründe zu erfahren, denn nur dann kann er seine Rechte sachgemäß verteidigen.[766]
b) Ein Grundstückseigentümer ficht die seinem Nachbarn erteilte Baugenehmigung u. a. mit der Begründung an, die nach § 36 I 4 BauGB erforderliche Zustimmung der höheren Verwaltungsbehörde sei nicht eingeholt worden[767]. Die Begründung stellt sich als zutreffend heraus. Damit liegt Rechtswidrigkeit vor, nicht aber wird dadurch der Widerspruchsführer in seinen Rechten verletzt, denn die verletzte Rechtsnorm dient nur der Rechtskontrolle, nicht dem Schutz des Nachbarn.

480 Zu der Frage, unter welchen Voraussetzungen eine verwaltungsverfahrensrechtliche Regelung der durch einen VA betroffenen Person ein subjektives öffentliches Recht einräumt, hat das BVerwG wiederholt Stellung genommen. Die genannte Anforderung ist im Einzelfall nur dann erfüllt, wenn die Verfahrensvorschrift nicht nur dazu dient, den Verfahrensablauf zu ordnen, sondern der oder dem Betroffenen in spezifischer Weise und unabhängig vom materiellen Recht eine eigene, nämlich selbstständig durchsetzbare verfahrensrechtliche Position gewähren will. Die Frage, ob eine solche Position im Rahmen einer bestimmten gesetzlichen Regelung anzunehmen ist, beantwortet sich dabei nicht nach der Art und Beschaffenheit desjenigen materiellen Rechts, auf das sich das vorgeschriebene Verwaltungsverfahren bezieht, sondern allein nach der Zielrichtung und dem Schutzzweck der Verfahrensvorschrift selbst. Aus ihrem Regelungsgehalt muss sich ergeben, dass die Regelung des Verwaltungsverfahrens mit einer eigenen Schutzfunktion zugunsten einzelner ausgestattet ist, und zwar in der Weise, dass die oder der Begünstigte allein dadurch, dass die Person sich auf einen sie betreffenden Verfahrensfehler beruft, d. h. ohne Rücksicht darauf, wie im Ergebnis in der Sache zu entscheiden sein wird, gerichtlich durchsetzen können soll, dass eine verfahrensrechtlich gebotene Entscheidung der Behörde erlassen oder eine derartige bereits erlassene Entscheidung aufgehoben wird.[768]

---

766 BVerwGE 22, 215 [217]
767 In den Fällen des § 35 II und IV BauGB kann die Landesregierung durch Rechtsverordnung allgemein oder für bestimmte Fälle festlegen, dass die Zustimmung der höheren Verwaltungsbehörde erforderlich ist; vgl. § 36 I 4 BauGB
768 BVerwG NJW 1981, 239 [240], m. w. N.

Vorverfahren

Anspruch auf Aufhebung eines Verwaltungsaktes im Vorverfahren

Voraussetzungen

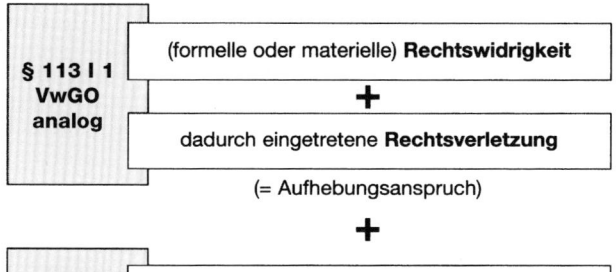

§ 113 I 1 VwGO analog
- (formelle oder materielle) **Rechtswidrigkeit**
- **+**
- dadurch eingetretene **Rechtsverletzung**

(= Aufhebungsanspruch)

+

§ 46 VwVfG
- kein Ausschluss des **Aufhebungsanspruchs**

Daraus ergibt sich bei angenommener formeller Rechtswidrigkeit und dadurch eingetretener Rechtsverletzung folgendes

Prüfungsschema

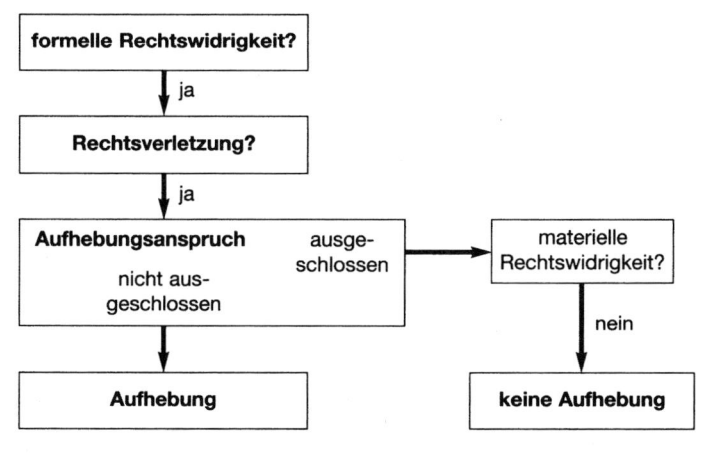

Verwaltungsrechtsschutz

482 **6.5.4.1.3 Kein Ausschluss des Aufhebungsanspruchs.** Wird ein beim Erlass eines Verwaltungsaktes unterlaufener formeller Fehler nicht nachträglich geheilt und ist der Widerspruchsführer durch einen solchen Fehler in seinen Rechten verletzt, so müsste der Verwaltungsakt, wenn er angefochten wird, nach § 113 I 1 VwGO analog an sich aufgehoben werden. Dem möglichen Aufhebungsanspruch kann aber § 46 entgegenstehen. Danach kann die Aufhebung eines Verwaltungsakts, der nicht nach § 44 nichtig ist, nicht allein deshalb beansprucht werden, weil er unter Verletzung von Vorschriften über das Verfahren, die Form oder die örtliche Zuständigkeit zustande gekommen ist, wenn offensichtlich ist, dass die Verletzung die Entscheidung in der Sache nicht beeinflusst hat. Der Fehler hat offensichtlich dann keinen Einfluss auf die Entscheidung gehabt, wenn einerseits die Behörde den strittigen Verwaltungsakt auch ohne den Rechtsverstoß erlassen hätte und anderseits die mangelnde Kausalität zwischen dem Fehler und das Ergebnis für einen unvoreingenommenen mit den maßgeblichen Umständen vertrauten, verständigen Beobachter ohne Weiteres ersichtlich ist.[769]

Tatbestand	Rechtsfolge
• VA vorhanden • Bestimmter Fehler gegeben? (Verfahren/Form/örtliche Zuständigkeit) • Keine Nichtigkeit nach § 44 • Verletzung hat Sachenentscheidung offensichtlich nicht beeinflusst.	Aufhebungsauschuss

483 Liegen diese Voraussetzungen vor, ist die vom Widerspruchsführer verlangte Aufhebung des Verwaltungsaktes ausgeschlossen; ein gegen den Verwaltungsakt erhobener Widerspruch wäre mithin – trotz formeller Rechtswidrigkeit und daraus resultierender Rechtsverletzung, die durch § 46 nicht ausgeschlossen werden – unbegründet. Fehlt es dagegen an einer dieser Voraussetzungen, führen bereits die formelle Rechtswidrigkeit eines Verwaltungsaktes und eine dadurch eingetretene Rechtsverletzung dazu, dass der Verwaltungsakt aufgehoben wird; auf die materielle Rechtswidrigkeit kommt es in einem solchen Fall nicht mehr an.

Beispiele:
a) Eine Gemeinde untersagt einem unzuverlässigen Gewerbetreibenden aufgrund des § 35 I 1 GewO, sein Gewerbe weiter auszuüben. Sachlich zuständig ist nach einer Rechtsverordnung der Landkreis. Die Untersagung ist weder nach § 44 II noch nach § 44 I nichtig. Weil aber eine Vorschrift über die sachliche Zuständigkeit verletzt worden ist, hat bereits dieser Fehler zur Folge, dass die Untersagung aufgehoben wird.
b) Eine örtlich unzuständige Behörde untersagt einem unzuverlässigen Gebrauchtwagenhändler aufgrund des § 35 I 1 GewO, sein Gewerbe weiter auszuüben. Wegen Verletzung des § 35 VII GewO ist die Untersagung rechtswidrig, aber nach § 44 III Nr. 1 nicht schon deshalb nichtig. Da es sich um eine gebundene Entscheidung handelt und die Maßnahme

---

[769] Siehe nur Jäde, S. 38 ff.; zum Problem siehe nur Kopp/Ramsauer, § 46, Rn. 33 ff.; ferner Maurer/Waldhoff, § 10 Rn. 68 ff.; praktische Fallbearbeitung siehe: Weidemann, DVP 2003, 361 ff.

Vorverfahren

materiell rechtmäßig ist, hätte in der Sache – auch bei Vermeidung des Fehlers – nicht anders entschieden werden können. Der Gebrauchtwagenhändler kann nicht verlangen, dass die rechtswidrige Untersagung aufgehoben wird.

c) Einer Reisegewerbetreibenden wird aufgrund des § 60d GewO von der zuständigen Behörde verboten, sich weiter gewerblich zu betätigen, weil sie nicht die nach § 55 II GewO erforderliche Reisegewerbekarte besitzt. In dem Verwaltungsverfahren hat der vor einigen Jahren von der Reisegewerbetreibenden geschiedene erste Ehemann mitgewirkt. Das Verbot ist rechtswidrig, denn nach § 20 I 1 Nr. 2, V 1 Nr. 2, V 2 Nr. 1 hätte der frühere Ehemann nicht mitwirken dürfen. Ob § 46 einem Aufhebungsanspruch entgegensteht, hängt davon ab, ob die Verletzung der Verfahrensvorschrift die Entscheidung in der Sache beeinflusst hat. Soweit dies zu verneinen ist, kann der Reisegewerbetreibende nicht verlangen, dass das Verbot aufgehoben wird. Unerheblich ist dabei, dass § 60d GewO eine Ermessensnorm ist.

Verwaltungsrechtsschutz

484

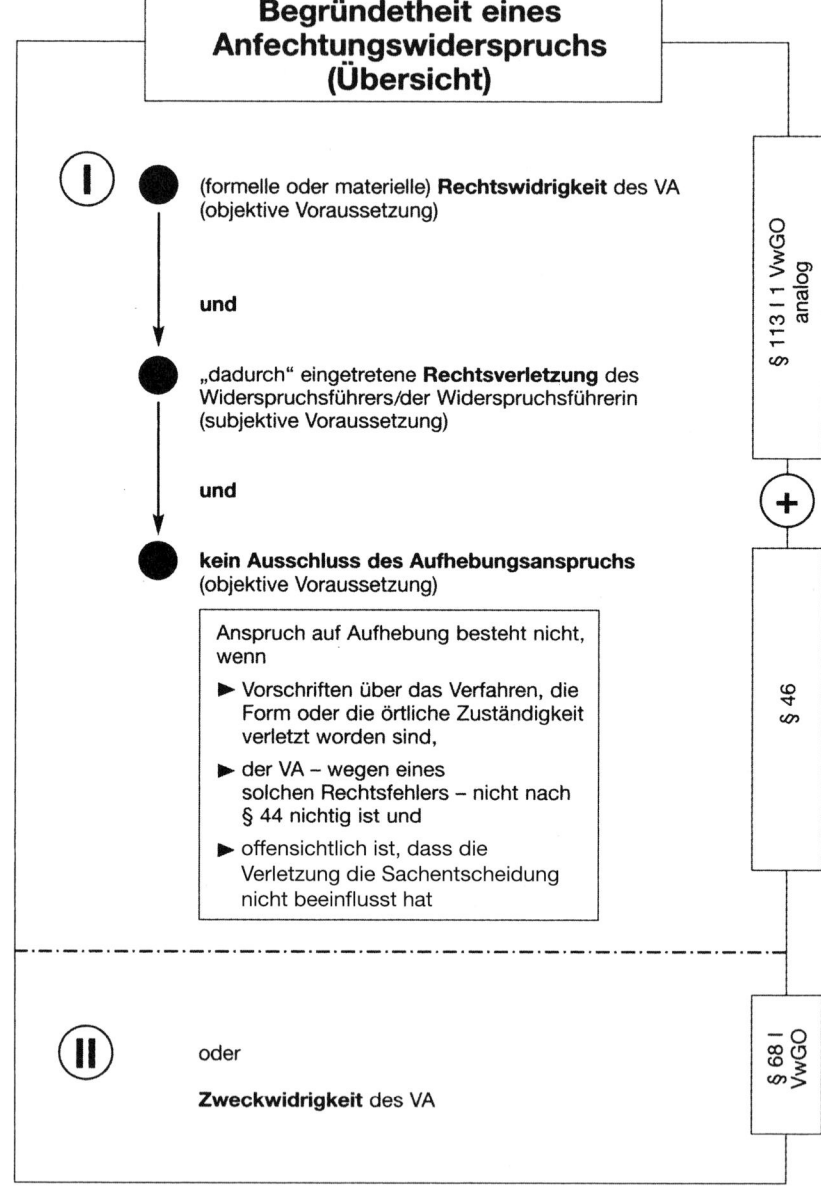

Vorverfahren

485

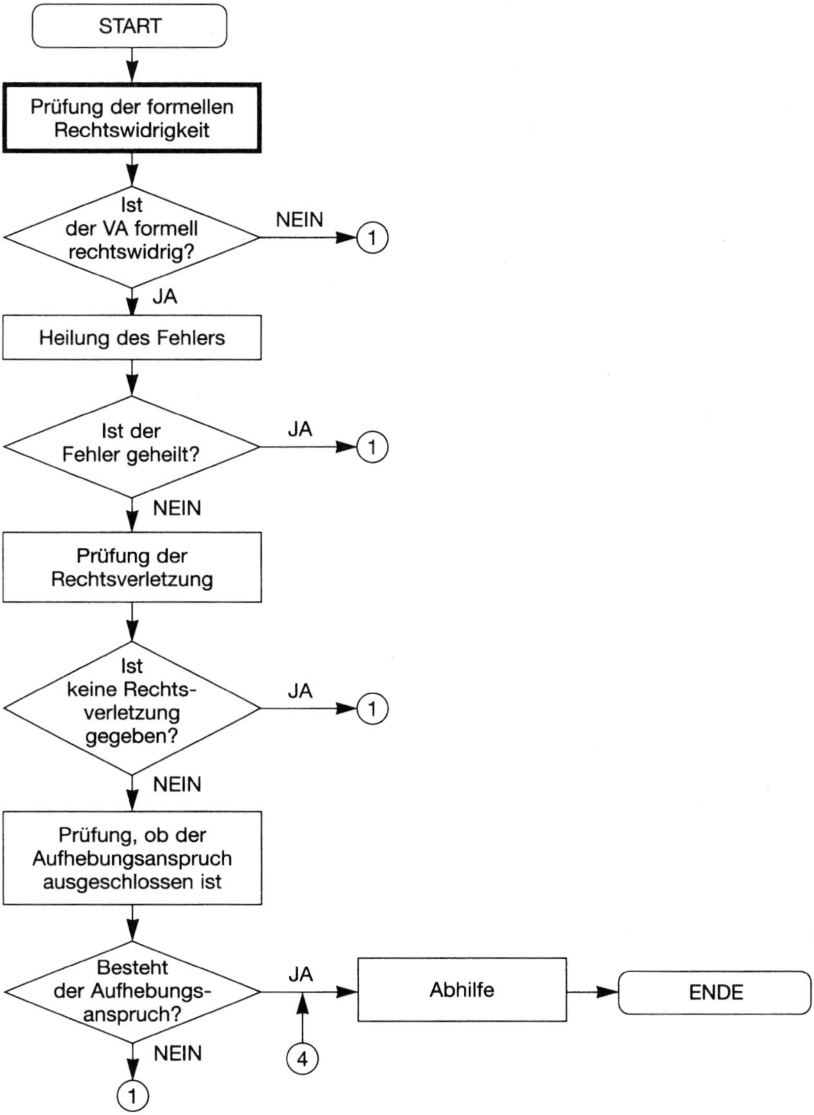

```
                    START
                      │
                      ▼
        ┌─────────────────────────┐
        │ Prüfung der formellen   │
        │   Rechtswidrigkeit      │
        └─────────────────────────┘
                      │
                      ▼
                   Ist                NEIN
              der VA formell  ──────────────▶ (1)
              rechtswidrig?
                      │ JA
                      ▼
              Heilung des Fehlers
                      │
                      ▼
                   Ist der            JA
                Fehler geheilt?  ──────────▶ (1)
                      │ NEIN
                      ▼
              Prüfung der
              Rechtsverletzung
                      │
                      ▼
                   Ist
                keine Rechts-          JA
                verletzung       ──────────▶ (1)
                gegeben?
                      │ NEIN
                      ▼
           Prüfung, ob der
           Aufhebungsanspruch
           ausgeschlossen ist
                      │
                      ▼
                  Besteht              JA
              der Aufhebungs-  ──────▶  Abhilfe  ──▶  ENDE
                anspruch?
                      │ NEIN           ▲
                      ▼                │
                    (1)               (4)
```

Verwaltungsrechtsschutz

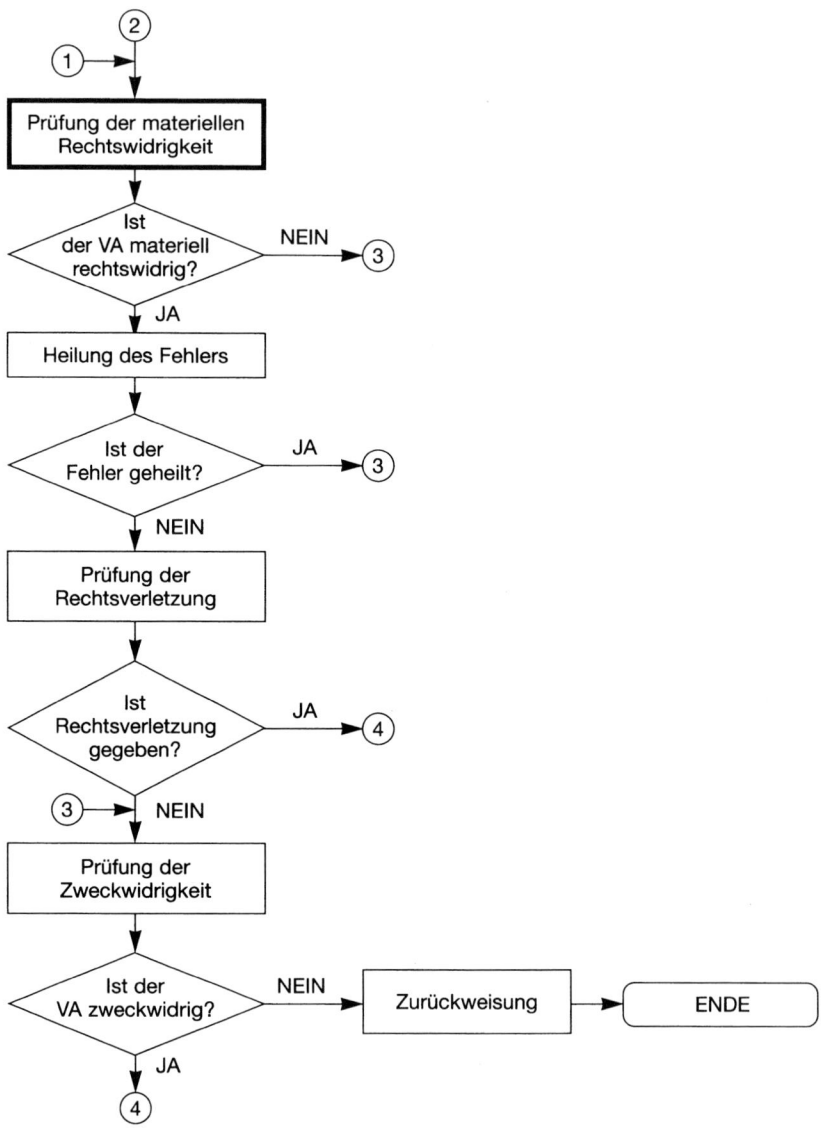

486 **6.5.4.1.4 Zweckwidrigkeit.** Begründet ist der Widerspruch nach § 68 I 1 VwGO auch dann, wenn der angefochtene Verwaltungsakt nicht rechtswidrig, sondern nur unzweckmäßig (zweckwidrig) ist. Ermessensentscheidungen werden daher nicht nur auf Rechtsfehler hin betrachtet, sondern auch auf Unzweckmäßigkeit, Unwirtschaftlichkeit, sachnähere Alternativen u. ä. m.[770]

Beispiel[771]
Die Überprüfung einer Anlage nach dem BImSchG erfordert deren Nachrüstung. Nur so kann erreicht werden, dass diese Anlage den geltenden Anforderungen der TA-Luft (2002) entspricht. Gestützt auf § 17 BImSchG i. V. m. Ziff. 6.2.3 TA-Luft erlässt die zuständige Behörde eine entsprechende nachträgliche Vorsorgeanordnung. Nach der TA-Luft sollen bei der Fristbestimmung der erforderliche technische Aufwand für die Nachrüstung, das Ausmaß der Abweichungen von den Anforderungen sowie die Bedeutung für die Allgemeinheit und die Nachbarschaft berücksichtigt werden. Die Widerspruchsbehörde kann nun, obgleich die Fristsetzung der Ausgangsbehörde rechtmäßig ist, aus Zweckmäßigkeitserwägungen, – etwa, weil die Bedeutung für die Nachbarschaft anders gewichtet wird – eine kürzere oder längere Frist bestimmen.

Die Zweckmäßigkeit wird, sofern Anlass dazu besteht, nur bei solchen Verwaltungsakten kontrolliert, die nach Ermessen erlassen werden, nicht aber bei gebundenen Verwaltungsakten. Zu unterscheiden ist zwischen der rechtmäßigen und der zweckmäßigen Ermessensausübung. Die Frage der Zweckmäßigkeit ist nicht identisch mit der Frage, ob die Behörde ihr Ermessen „entsprechend dem Zweck der Ermächtigung" (§ 40) ausgeübt hat. Ein Verstoß gegen § 40 hat Rechtswidrigkeit des Verwaltungsaktes zur Folge, weil die Schranken der Ermessensbetätigung nicht eingehalten wurden. Unzweckmäßigkeit eines Verwaltungsaktes liegt auf einer ganz anderen Ebene.[772]

Der – gegenüber der verwaltungsgerichtlichen Klage – erweiterte Prüfungsmaßstab fordert aber auch, dass der Widerspruchsführer eine wehrfähige Rechtsposition geltend macht. Ist der Widerspruchsführer aufgrund der Entscheidung nicht in seinem subjektiven Recht betroffen, so kann er auch keinen Schutz gegen eine zweckwidrige Entscheidung verlangen.[773]

6.5.4.2 Begründetheit des Verpflichtungswiderspruchs. Der Verpflichtungswiderspruch ist darauf gerichtet, dass ein (abgelehnter) Verwaltungsakt erlassen wird. Das, was der Widerspruchsführer will, muss ein Verwaltungsakt sein; darauf, ob die Ablehnung ein Verwaltungsakt ist, kommt es nach §§ 68 II, 42 I VwGO nicht entscheidend an. Bei dem Verpflichtungswiderspruch geht es also nicht um die Rechtswidrigkeit des die Begünstigung versagenden Verwaltungsaktes (Ablehnungsbescheides), sondern darum, ob und ggf. inwieweit der geltend gemachte Anspruch auf den Verwaltungsakt besteht. In der Sache kann der Verpflichtungswiderspruch mithin nur Erfolg haben, soweit der Widerspruchsführer entweder einen Anspruch darauf hat, dass der beantragte Verwaltungsakt erlassen wird, oder – bei einer Ermessensentscheidung – soweit der beantragte Verwaltungsakt antragsgemäß und fehlerfrei erlassen wird (vgl. RdNr. 491 ff.).

487

---

770 Hufen, Verwaltungsprozessrecht, § 7 RdNr. 7
771 In Anlehnung an Dolde/Porsch, VwGO-Kommentar, § 68 RdNr. 16a
772 Vgl. Erbel, 62; Pietzner/Ronellenfitsch, Rn. 1187; Weides, 245 f.
773 Hufen, Verwaltungsprozessrecht, § 7 RdNr. 7

Verwaltungsrechtsschutz

488 Die hier an sich analog anwendbare Regelung des § 113 V 1 VwGO, die bestimmt, unter welchen Voraussetzungen ein der Verpflichtungsklage stattgebendes Urteil ergehen muss, bewirkt mit ihrer Formulierung „soweit die Ablehnung oder Unterlassung des Verwaltungsaktes rechtswidrig und der Kläger dadurch in seinen Rechten verletzt ist" – jedenfalls z. T. – eine gedankliche Verknüpfung mit der die Begründetheit der Anfechtungsklage regelnden Vorschrift des § 113 I 1 VwGO. Streitgegenstand ist bei der Verpflichtungsklage, einer speziellen Art der Leistungsklage, aber nicht der auf Aufhebung der – rechtswidrigen – Ablehnung, sondern (allein) der auf Erlass des – abgelehnten oder unterlassenen – Verwaltungsaktes gerichtete Anspruch (vgl. RdNr. 411). Dieser Anspruch ergibt sich nicht aus dem Verwaltungsprozessrecht, sondern aus materiellem Verwaltungsrecht. Deshalb bleibt § 113 V 1 VwGO hier außer Betracht.

489 Einen Anspruch auf Erlass des beantragten Verwaltungsaktes hat der Widerspruchsführer nur, wenn eine entsprechende Rechtsgrundlage vorhanden ist und die formellen und materiellen Anspruchsvoraussetzungen erfüllt sind. Als Anspruchsgrundlagen kommen z. B. § 46 I StVO, § 8 I HandwO, § 6 BImSchG, § 57 GewO in Betracht, nicht aber solche Normen, die nur eine Erlaubnispflicht begründen. So regeln z. B. § 34a I 1 GewO und § 55 II GewO nur, dass eine Erlaubnis erforderlich ist, begründen aber nicht entsprechende Ansprüche auf deren Erteilung. Anspruchsgrundlagen sind hier jeweils die Vorschriften über die Versagung (§§ 34a I 3, 57 GewO), weil sich aus ihnen im Umkehrschluss ergibt, dass die Erlaubnis zu erteilen ist, wenn Versagungsgründe nicht vorliegen. Umgekehrt ist z. B. § 8 I HandwO, der ausdrücklich nur regelt, unter welchen Voraussetzungen eine Ausnahmebewilligung zu erteilen ist, Rechtsgrundlage für deren Versagung, wenn die Voraussetzungen für die Erteilung nicht erfüllt sind.

490 Ist Anspruchsgrundlage eine Norm der gebundenen Verwaltung, ist der Widerspruch begründet, wenn oder soweit Anspruch auf den beantragten Verwaltungsakt besteht.

Beispiel:
Der Bauherr Müller erhebt Widerspruch gegen die Versagung des Bauvorbescheids. Nach erneuter Prüfung der Rechtslage erkennt die Widerspruchsbehörde, dass die planungsrechtliche Zulässigkeit des geplanten Bauvorhabens gegeben ist und der Bauvorbescheid erteilt werden kann. Der Widerspruch ist begründet.

491 Kommt als Anspruchsgrundlage eine Ermessensnorm in Betracht, ist wie folgt zu differenzieren:
1. Ist das Ermessen derart reduziert, dass nur noch die Entscheidung, den beantragten Verwaltungsakt zu erlassen, rechtmäßig getroffen werden kann, hat der Widerspruchsführer Anspruch darauf, dass der Verwaltungsakt erlassen wird; sein Widerspruch ist begründet.
2. Hat die Behörde nach ihrem Ermessen zu entscheiden, ob sie den beantragten Verwaltungsakt erlässt, ist der Widerspruch begründet, wenn oder soweit der Verwaltungsakt erlassen wird. Lehnt die Behörde es nach erneuter Prüfung ermessensfehlerfrei ab, den Verwaltungsakt zu erlassen, ist der Widerspruch unbegründet.

Vorverfahren

Beispiel:
Der Landwirt Kruse bewirtschaftet im Außenbereich der Gemeinde Thür (Rheinland-Pfalz) einen landwirtschaftlichen Betrieb. Dieser Betrieb liegt an einer Kreisstraße. Zur Optimierung seines Betriebsablaufes möchte er eine weitere Zufahrt zur Kreisstraße von der zuständigen Stelle genehmigt bekommen. Es handelt sich um eine Sondernutzung im Sinne des § 41 LStrG (Rheinland-Pfalz). Die Erteilung der erforderlichen Sondernutzung steht im Ermessen der zuständigen Stelle (§ 41 LStrG RP). Die zuständige Stelle lehnt die erforderliche Erlaubnis ab. Sie verweist auf die hohe Verkehrsbelastung und erhöhte Unfallgefahr. Der zulässige Widerspruch wird als unbegründet zurückgewiesen, da kein Anspruch auf die Erlaubnis besteht. Es liegen sachgerechte Ermessenserwägungen für eine Ablehnung vor.

492

Begründetheit eines Verpflichtungswiderspruchs (Übersicht)

Anspruchsgrundlage (subjektives Recht)

▶ **Formelle Voraussetzungen**
- ordnungsgemäßer Antrag
- bei zuständiger Behörde
- unter Beachtung etwaiger weiterer formeller Erfordernisse (z. B. Zustimmung Dritter)

▶ **Materielle Voraussetzungen**
- Bei Erlaubnis, Genehmigung oder anderer Zulassung: Erfordernis der Zulassung (Erlaubnis- oder Genehmigungsbedürftigkeit des Vorhabens)
- Tatbestandsmäßigkeit der Anspruchsgrundlage
- keine dem Erlass des Verwaltungsaktes entgegenstehende Regelung (z. B. Verjährung, Zusicherung)

▶ **Rechtsfolge**
- *bei Ablehnung eines **gebundenen** Verwaltungsaktes:*
  Anspruch auf Erlass des Verwaltungsaktes, wenn die Voraussetzungen erfüllt sind
  = Widerspruch begründet
- *bei Ablehnung eines nach der Anspruchsgrundlage nach **Ermessen** zu erlassenden Verwaltungsaktes:*
  – *bei Ermessensreduktion:*
    Anspruch auf Erlass des Verwaltungsaktes
    = Widerspruch begründet
  – *beim Erlass des beantragten Verwaltungsaktes nach Ermessen:*
    = Widerspruch begründet
  – *bei ermessensfehlerfreier Ablehnung des beantragten Verwaltungsaktes:*
    = Widerspruch unbegründet

Der Anspruch auf ein bestimmtes Verwaltungshandeln oder auf fehlerfreie Ausübung des Ermessens besteht jedoch nicht für sich, sondern setzt voraus, dass eine Rechtsnorm vorhanden ist, die dem Widerspruchsführer eine materielle Rechtsposition einräumt, also wenigstens auch seinem Interesse zu dienen bestimmt ist. Aus Regelungen, die nicht dazu bestimmt sind, dem Einzelinteresse bestimmter Personen zu dienen, können diese weder Anspruch auf ein bestimm-

493

Verwaltungsrechtsschutz

tes Verwaltungshandeln noch auch nur einen Anspruch auf ermessensfehlerfreie Entscheidung herleiten.[774]

494 Anders als beim Anfechtungswiderspruch kommt es bei der Frage, ob ein Verpflichtungswiderspruch begründet ist, auf § 46 nicht an, denn diese Norm schließt unter bestimmten Voraussetzungen nur den sonst gegebenen Anspruch auf Aufhebung eines Verwaltungsaktes aus (vgl. RdNr. 482 f.), besagt jedoch nichts darüber, ob bei formellen Verstößen Anspruch auf den Erlass eines Verwaltungsaktes gegeben oder ausgeschlossen ist (vgl. das Beispiel bei RdNr. 411). § 46 ist deshalb auf einen Verpflichtungswiderspruch weder unmittelbar noch analog anwendbar.[775] Der unmittelbaren Anwendung steht der klare Wortlaut „Die Aufhebung ... kann nicht ... beansprucht werden, ..." entgegen, und die analoge Anwendung der Regelung ist ausgeschlossen, weil keine Regelungslücke besteht.

---

[774] BVerwGE 39, 235 [237]
[775] OVG Münster OVGE 33, 274 [276], und NJW 1981, 936; Stelkens, RdNr. 529; Stelkens/Bonk/Sachs § 46 RdNr. 12; a. A. wohl Kopp/Ramsauer, § 46 RdNr. 40, m. w. N. A. A. Hill, 101

Vorverfahren

495

Anfechtungs- und Verpflichtungswiderspruch
Unterschiede im Überblick

Unterscheidungs-gesichtspunkte	Anfechtungs-widerspruch	Verpflichtungs-widerspruch
Ziel	Aufhebung eines Verwaltungsaktes	Erlass eines Verwaltungsaktes
Widerspruchs-befugnis	Widerspruchsführer muss geltend machen, dass • ein Verwaltungsakt vorliegt, • er Rechte hat und • durch den Verwaltungsakt in diesen Rechten verletzt sein könnte	Widerspruchsführer muss geltend machen, Anspruch auf • den beantragten Verwaltungsakt oder • ermessensfehlerfreie Entscheidung haben zu können
Begründetheit	• Vorliegen eines Verwaltungsaktes • Rechtswidrigkeit des Verwaltungsaktes • Rechte des Widerspruchsführers • Verletzung der Rechte durch den Verwaltungsakt • kein Ausschluss des Aufhebungsanspruchs	Anspruch auf beantragten Verwaltungsakt; bei Ermessensakt siehe RdNr. 492

Verwaltungsrechtsschutz

U. U. können spezielle gesetzliche Bestimmungen vorgeben, wann ein Rechtsbehelf begründet ist (siehe z. B. § 3 V URG).

6.5.5 Die maßgebliche Sach- und Rechtslage

496 Nicht immer ist die Sach- und Rechtslage zwischen Erlass des strittigen Verwaltungsakts und der Widerspruchsentscheidung stabil. Es ist dann fraglich, welcher Zeitpunkt für die Prüfung der Begründetheit des Widerspruchs maßgeblich ist.

Beispiel:
Die Bauaufsichtsbehörde ordnet die Beseitigung eines rechtswidrig errichteten Nebengebäudes an. Im Laufe des Widerspruchsverfahrens tritt ein Bebauungsplan in Kraft, der dieses Gebäude nachträglich legalisiert.

Grundsätzlich ist der maßgebliche Zeitpunkt für die Beurteilung der Sach- und Rechtslage der Zeitpunkt des Erlasses des Widerspruchsbescheides selbst. Damit sind Änderungen tatsächlicher und rechtlicher Art, die seit Erlass des Verwaltungsakts eingetreten sind, zu berücksichtigen. Dies folgt daraus, dass der (angefochtene) Verwaltungsakt seine für den Verwaltungsprozess maßgebliche Gestalt erst mit dem Widerspruchsbescheid erhält (§ 79 I Nr. 1 VwGO[776]).

Eine Ausnahme von diesem Grundsatz ist dagegen bei Drittwidersprüchen gegen eine vorhandene Baugenehmigung gegeben. Hier ist eine differenzierte Betrachtung geboten. So begünstigt die Rechtsprechung bei einem Rechtsbehelf alle zugunsten des Bauherrn nachträglich eingetretenen Änderungen der Sach- und Rechtslage.[777] So kann eine zunächst rechtswidrige Baugenehmigung durch Änderung der Sach- und/oder Rechtslage rechtmäßig werden. Der Nachbarwiderspruch bliebe in diesem Falle erfolglos. Anders ist dagegen die Situation bei einer nachträglichen Verschärfung baurechtlicher Anforderungen zu beurteilen. Hier ist grundsätzlich die Beurteilung der Sach- und Rechtslage auf den Zeitpunkt des Erlasses der Baugenehmigung abzustellen, da der Bauherr über eine grundrechtlich verfestigte Rechtsposition (Art. 14 GG) verfügt. Es dürfen Änderungen, die die Rechtsposition des Bauherrn verschlechtern, beim Nachbarwiderspruch nicht berücksichtigt werden.[778]

Die für den Nachbarwiderspruch im Baurecht entwickelte Ausnahme ist aber nicht auf jeden Drittwiderspruch zu übertragen.[779]

6.5.6 Prüfungskompetenz der Widerspruchsbehörde

497 **6.5.6.1 Die umfassende Kontrollkompetenz.** Mit der Abgabe des Widerspruchs von der Ausgangsbehörde an die Widerspruchsbehörde wächst der Widerspruchsbehörde in dem durch den Widerspruch vorgegebenen Rahmen grundsätzlich die volle Entscheidungskompetenz der Ausgangsbehörde zu.[780] Sie ist

---

776 § 79 VwGO regelt zwar nur die Anfechtungsklage, gilt aber auch entsprechend für die Verpflichtungsklage; vgl. Kopp/Schenke, § 79 RdNr. 3; Vertiefung Hufen, Verwaltungsprozessrecht, § 7 RdNr. 3

777 Vgl. nur BVerwG NVwZ-RR 1996, S. 628; ferner Biermann, DVP 2010, S. 147 [153 m. N.]

778 BVerwG NJW 1970, 263 f.; 1979, 995 f.; Brühl, JuS 1994, S. 155 [158]; a. A. Hufen, § 7 RdNr. 3; Kopp/Schenke, § 68 RdNr. 15; kritisch Biermann, DVP 2010, S. 147 [153]

779 So hat der Betreiber einer BImSch-Anlage im Hinblick auf § 17 BImSchG keine dauerhaft unveränderliche Rechtsposition erlangt; vgl. nur BVerwGE 65, 313 [315]

780 Siehe nur Geis/Hintersch, JuS 2001, S. 1176 [1180]; 2002, S. 34 [39]; Vertiefung: Pietzner/Ronellenfitsch, Rn. 1211 ff.

Vorverfahren

daher grundsätzlich befugt, den angefochtenen Verwaltungsakt unter allen erdenklichen Gesichtspunkten auf seine Recht- und Zweckmäßigkeit hin zu untersuchen. Sie kann daher den ursprünglichen Verwaltungsakt bestätigen, aufheben, abändern oder durch einen anderen ersetzen oder aber den beantragten Verwaltungsakt selbst erlassen.[781]
Bei Ermessensangelegenheiten hat sie eine eigene Ermessensentscheidung zu treffen. So ist sie berechtigt, Ermessenserwägungen der Ausgangsbehörde zu ergänzen und abzuändern. Auch kann ein wegen Ermessensunterschreitung rechtswidrig als gebunden erlassener Verwaltungsakt dadurch geheilt werden, dass die Widerspruchsbehörde zutreffende Ermessenserwägungen anstellt.

Beispiele:
a) Die Bauaufsichtsbehörde stützt die Beseitigungsverfügung auf § 11 NPOG. Sie übersieht die bauordnungsrechtliche Spezialnorm (§ 79 I NBauO). Die Widerspruchsbehörde ist befugt, die Ermächtigungsgrundlage auszutauschen und den Widerspruch als unbegründet zurückzuweisen.
b) Landwirt Meixner hat die immissionsschutzrechtliche Genehmigung zur Errichtung eines weiteren Schweinemaststalles auf seinem Betriebsgrundstück in Vechta (Nds.) erhalten. Er versäumt es aber, eine rechtmäßige Auflage umzusetzen. Die zuständige Behörde hebt daraufhin die Erlaubnis auf. Sie stützt ihre Entscheidung auf § 49 II 1 Nr. 2. Da sie sich gebunden fühlt, verzichtet sie auf Ermessenserwägungen. In einem Widerspruchsverfahren stellt sich heraus, dass ein von der Ausgangsbehörde erlassener Verwaltungsakt an einem Ermessensfehler (Ermessensfehlgebrauch) leidet, weil keine Ermessenserwägungen angestellt wurden. Die Widerspruchsbehörde stellt nun sachgerechte Erwägungen an, die sie dem Widerspruchsführer im Widerspruchsbescheid mitteilt. Damit hat sie die von der Ausgangsbehörde unterlassene Ermessensentscheidung nachgeholt.[782] Das wegen Verstoßes gegen § 40 ursprünglich (materiell) rechtswidrige Verbot ist jetzt rechtmäßig.
c) Eine Gemeinde verbietet einem Grundstückseigentümer, „während der Mittagszeit" bestimmte, näher bezeichnete Arbeiten auszuführen. Das Verbot ist wegen fehlender inhaltlicher Bestimmtheit und damit wegen Verstoßes gegen § 37 I (materiell) rechtswidrig. Die Widerspruchsbehörde ändert den Erstbescheid durch Widerspruchsbescheid dahingehend, dass sie das Verbot präziser fasst („... in der Zeit von 13.00 bis 15.00 Uhr ..."), und weist den Widerspruch zurück. Die Anfechtungsklage des Grundstückseigentümers kann ebenfalls keinen Erfolg haben, denn die Behördenentscheidung (Erstbescheid und Widerspruchsbescheid bilden eine Einheit) ist nunmehr rechtmäßig.[783]

6.5.6.2 Grenzen. Die umfassende Kontrollkompetenz der Widerspruchsbehörde gilt aber nicht uneingeschränkt. Es können sich Einschränkungen aus rechtlichen und tatsächlichen Gründen ergeben. So ist es aus tatsächlichen Gründen

498

---

781 Pietzner/Ronellenfitsch, Rn. 1211; s. auch Volkert, S. 111 ff.
782 BVerwGE 61, 106 [110].
783 BVerwGE 31, 15 [17].

Verwaltungsrechtsschutz

heraus nicht möglich, ein Prüfungsgespräch zu rekonstruieren. Dem Prinzip der Gewaltenteilung ist es zu entnehmen, dass die Widerspruchsbehörde keine Verwerfungskompetenz hinsichtlich untergesetzlicher Normen (Satzungen und Rechtsverordnungen) hat.[784] Begrenzungen können sich auch aus dem Selbstverwaltungsrecht der Gemeinden (Art. 28 II GG) ergeben. So kann sich beispielsweise die Widerspruchsbehörde nicht völlig problemlos über das fehlende Einvernehmen der Gemeinde (§ 36 I BauBG) hinwegsetzen.[785] Dort wo der Landesgesetzgeber nach § 73 I 2 Nr. 3 2. HS VwGO eine andere als die Selbstverwaltungsbehörde zur Widerspruchsbehörde bestimmt hat, ist diese auf eine reine Rechtmäßigkeitskontrolle beschränkt.

499 **6.5.6.3 Verböserung im Widerspruchsverfahren.** Unter bestimmten Voraussetzungen ist die Widerspruchsbehörde berechtigt, den Widerspruch nicht nur als unbegründet zurückzuweisen, sondern den angefochtenen Verwaltungsakt (zusätzlich) zum Nachteil des Widerspruchsführers zu verändern. Eine derartige Verböserung kommt nur in Betracht, wenn eine quantitative Änderung beabsichtigt ist, die in einem sachlich-funktionalen Zusammenhang zum Ausgangsverwaltungsakt steht.

Beispiel:
Die Widerspruchsbehörde erweitert eine bauordnungsrechtliche Abrissverfügung auf bisher nicht erfasste Teile des Bauwerks.

500 Dagegen ist es der Widerspruchsbehörde verwehrt, eine qualitative Änderung des angefochtenen Verwaltungsakts vorzunehmen. In diesem Falle würde keine vorhandene Regelung verschärft, sondern praktisch eine neue (Erst-) Entscheidung erlassen. Unzulässig ist daher beispielsweise die erstmalige Androhung eines Zwangsmittels durch die Widerspruchsbehörde[786] oder die Aufhebung einer Baugenehmigung auf einen Nachbarwiderspruch hin mit der zusätzlichen Beseitigungsanordnung durch die Widerspruchsbehörde[787].

501 Sofern eine spezialgesetzliche Zuständigkeitsregelung fehlt, folgt die Zuständigkeit für eine Verböserung aus dem Recht der Fachaufsicht (Annex zur Fachaufsicht).[788] Vor der Verböserung ist regelmäßig der Betroffene nach § 71 VwGO anzuhören.[789] Die materielle Rechtsgrundlage für eine Verböserung ergibt sich entweder aus einer spezialgesetzlichen Vorschrift (z. B. § 337 II LAG) oder aber aus der jeweiligen Ermächtigungsgrundlage für den strittigen Verwaltungsakt. Regelmäßig stehen Vertrauensschutzgesichtspunkte einer Verböserung nicht entgegen.

---

784 Hufen, § 7 Rn. 5; Pietzner/Ronellenfitsch, Rn. 1216; ferner OVG Saarlouis NVwZ 1993, 396; a. A. OVG Lüneburg DVBl 2000, 212; von der Verwerfungskompetenz ist die Prüfungskompetenz abzugrenzen
785 Siehe aber § 36 II 3 BauGB und entsprechende landesrechtliche Regelungen; so sieht beispielsweise in Nds. § 2 DVO BauGB Möglichkeiten der Ersetzung des gemeindlichen Einvernehmens vor. Vertiefung: Weidemann, KommunalPraxis N 2000, 203 ff.; ferner Rieper in Schrödter (Hrsg.) Baugesetzbuch, 9. Aufl., § 36 Rn. 26 ff. m. N.
786 Bay VGH DÖV 1982, 83 f.
787 VGH Mannheim BRS 28 Nr. 124
788 Siehe nur Wüstenbecker, Die Öffentlich-rechtliche Assessorklausur, S. 208 m. N.
789 Grundlegend Weidemann/Barthel, DVP 2017, S. 106 ff.

Vorverfahren

6.5.7 Kostenentscheidung im Widerspruchsverfahren

Die §§ 72, 73 II 3 VwGO bestimmen, dass im Abhilfe- und im Widerspruchsbescheid zugleich eine Kostenentscheidung zu treffen ist. Die VwGO enthält jedoch keine Regelungen darüber, wer welche Kosten zu tragen hat. **502**
Zu den Kosten des Widerspruchsverfahrens zählen die notwendigen Aufwendungen der Beteiligten und die Verwaltungskosten der entscheidenden Behörde. Der Inhalt der Kostenentscheidung richtet sich einerseits nach dem VwVfG (§ 80) und andererseits nach den jeweiligen Gebührenordnungen.[790] Im kommunalen (Selbstverwaltungs-)Bereich spielen Gebührensatzungen eine entscheidende Rolle.

§ 80 bezieht sich nur auf die notwendigen Aufwendungen des Widerspruchsführers und der Ausgangsbehörde. Nicht erfasst werden dagegen die Aufwendungen der Widerspruchsbehörde. Sofern die Ausgangsbehörde zugleich Widerspruchsbehörde ist, kommt zu ihren Gunsten § 80 nicht zum Tragen. **503**
Die Widerspruchsbehörde kann nach Maßgabe der jeweiligen Gebührenordnung für ihre Tätigkeit Verwaltungskosten geltend machen.

Im Widerspruchs- bzw. Abhilfebescheid ist nur eine Kostenlastentscheidung zu treffen. Die konkrete Kostenfestsetzung ist regelmäßig einem weiteren Bescheid vorbehalten. **504**

Kosten im Vorverfahren		
Gegenstand	notwendige Aufwendungen	Verwaltungskosten
(mögl.) Begünstigte	Widerspruchsführer Ausgangsbehörde	Widerspruchsbehörde
Rechtsgrundlage	§ 80 VwVfG	Gebührenordnungen (kommunale) Satzungen

465

Die landesrechtlichen Gebührenordnungen weisen nicht unerhebliche Unterschiede auf.

Die Erstattung der notwendigen Aufwendungen (§ 80) richtet sich im Grundsatz nach folgendem Prinzip: Wer gewinnt bekommt, wer verliert bezahlt. **505**
Beispiele:
a) Die zuständige Behörde erlässt eine immissionsschutzrechtliche Untersagungsverfügung. Im Rahmen des Widerspruchsverfahrens stellt die Widerspruchsbehörde fest, dass der Verwaltungsakt an einem (materiellen) Rechtsfehler leidet. Sie erlässt daraufhin einen stattgebenden Widerspruchsbescheid. Der Widerspruchsführer hat nach § 80 I 1 einen Anspruch auf Erstattung seiner notwendigen Aufwendungen.
b) Abweichend vom Beispiel a) ist der Bescheid der Ausgangsbehörde formell und materiell rechtmäßig. Die Widerspruchsbehörde erlässt einen zurückweisenden Widerspruchsbescheid. Nun hat der Landkreis (als Aus-

---
[790] Einzelheiten siehe Pietzner/Ronellenfitsch, §§ 45, 46

Verwaltungsrechtsschutz

gangsbehörde[791]) einen Anspruch auf Erstattung seiner notwendigen Aufwendungen (§ 80 I 3).

Bei teilweisem Erfolg des Widerspruchs erfolgt eine anteilige Aufteilung des Aufwendungsanspruchs.

Von der grundsätzlichen Verteilungsregelung wird in folgenden Fällen abgewichen:

– Soweit ein Widerspruch nur deshalb keinen Erfolg hat, weil ein Verstoß gegen eine Verfahrens- oder Formvorschrift nach § 45 VwVfG geheilt worden ist, wird der Widerspruchsführer kostenrechtlich so behandelt, als wenn der Widerspruch erfolgreich gewesen wäre (§ 80 I 2).[792] Zu berücksichtigen ist hier aber, dass dann, wenn der formelle Fehler nicht geheilt wird, er aber unbeachtlich nach § 46 ist, ein Rückgriff auf § 80 I 1 nicht in Betracht kommt. Trotz verbleibender Rechtswidrigkeit trägt der Widerspruchsführer die Kostenlast. Es kann aber landesrechtliche Sonderregelungen geben, die hinsichtlich der Kostenfolgen § 45 und § 46 VwVfG gleichstellen (siehe nur § 19 AGVwGO Rheinland-Pfalz).

– Der Erstattungsberechtigte hat die Aufwendungen selbst zu tragen, die durch sein Verschulden oder durch das Verschulden seines Vertreters entstanden sind (§ 80 I 4).

– Bei erfolglosem Widerspruch im Rahmen eines bestehenden oder früheren öffentlich-rechtlichen Dienst- oder Amtsverhältnisses scheidet eine Erstattungspflicht generell aus (§ 80 I 3 2 HS).

505a Die Kostenentscheidung muss nach § 80 III 2 auch bestimmen, ob es notwendig war, einen Rechtsanwalt oder einen sonstigen Bevollmächtigten hinzuzuziehen.[793] Die Notwendigkeit der Hinzuziehung eines Rechtsanwalts im Vorverfahren ist im Rahmen der Behördenentscheidung nach § 80 II, III 3 regelmäßig anzuerkennen, wenn sie vom Standpunkt eines verständigen, nicht sachkundigen Widerspruchsführer für erforderlich gehalten werden konnte. Dies ist dann der Fall, wenn es dem Betroffenen nach seinen persönlichen Verhältnissen nicht zuzumuten ist, das Verfahren selbst durchzuführen. Dagegen ist es unvernünftig und nicht notwendig, wenn eine sachkundige Partei sich eines Bevollmächtigten bedient. Für die Beurteilung der Zumutbarkeit kommt es auf den Zeitpunkt der Einschaltung eines Anwalts im Vorverfahren durch den Mandanten an.[794]

6.5.8 Entscheidungszuständigkeit

506 Welche Behörde über den Widerspruch zu entscheiden hat, ist in §§ 72, 73 VwGO geregelt. Zunächst ist die Ausgangsbehörde mit dem Widerspruch befasst. Hilft die Ausgangsbehörde dem Widerspruch ab, ergeht ein Abhilfebescheid. Hilft sie dagegen dem Widerspruch nicht ab, ergeht nach § 73 I 1 VwGO ein Widerspruchsbescheid.

---

791 Voraussetzung ist, dass Ausgangs- und Widerspruchsbehörde nicht identisch sind
792 Siehe Beispiele bei Vahle, DVP 1993, 404 f.; Heilmann, DVP 1994, 149 ff.; siehe auch grundlegende Fallbearbeitung von Weidemann, DVP 2004, 467 ff.
793 Zur Notwendigkeit, einen Bevollmächtigten hinzuzuziehen, OVG Bremen, NVwZ 1989, 75
794 Vertiefung: BVerwG Urt. vom 26.2.1993, Buchholz 316 § 80 VwVfG Nr. 34; BVerwG JurBüro 1997, S. 34; Praktischer Fall zur fehlenden Erforderlichkeit der Einschaltung eines Anwalts im Vorverfahren siehe VG Hannover Gerichtsbescheid vom 12.6.2012 AZ.: 6 A 5471/11

Vorverfahren

Diesen Widerspruchsbescheid erlässt grundsätzlich die nächsthöhere Behörde (§ 73 I 2 Nr. 1 VwGO). Hiervon sind aber Ausnahmen vorgesehen. So entscheidet in Selbstverwaltungsangelegenheiten (Angelegenheiten des eigenen Wirkungskreises) regelmäßig die Selbstverwaltungsbehörde. Selbstverwaltungsbehörde i. S. des § 73 I 2 Nr. 3 VwGO ist die Gesamtheit der bei einer Selbstverwaltungskörperschaft (z. B. kommunale Gebietskörperschaft oder Kommunalverband) bestehenden Behördeneinrichtung.[795] Im Außenverhältnis trifft also die Körperschaft als solche eine Abhilfeentscheidung nach § 72 VwGO, oder sie weist den Widerspruch nach § 73 I 1 VwGO zurück. Unabhängig davon ist die Frage zu beurteilen, welches im Innenverhältnis für die Willensbildung zuständige Organ bei der Entscheidung über den Widerspruch zu beteiligen ist. Diese sog. Organzuständigkeit ist bei kommunalen Gebietskörperschaften und Kommunalverbänden nach dem Kommunalverfassungsrecht zu bestimmen. So beschließt z. B. nach niedersächsischem Kommunalrecht (§ 76 IV NKomVG) grundsätzlich der Verwaltungsausschuss über Widersprüche in Angelegenheiten des eigenen Wirkungskreises. Wird eine Vorschrift über die Organzuständigkeit verletzt, hat dies zur Folge, dass eine Widerspruchsentscheidung, bei der ein zuständiges Organ nicht mitgewirkt hat, rechtswidrig ist (vgl. auch RdNr. 133). Weitere Ausnahmen ergeben sich aus §§ 73 I 2 Nr. 2, I 3, 185 II VwGO. So ist nach § 73 I 1 S. 2 Nr. 2 VwGO regelmäßig die Behörde, die den Verwaltungsakt erlassen hat, wenn die nächsthöhere Behörde eine oberste Bundes- oder Landesbehörde ist.

Beispiel:
Der Landkreis Diepholz (Niedersachsen) lehnt den Bauantrag des Gewerbetreibenden auf Erweiterung der vorhandenen Autowerkstatt ab. Da der zulässige Widerspruch aber unbegründet ist, hat die Widerspruchsbehörde einen zurückweisenden Widerspruchsbescheid zu erlassen. Da es aus kommunaler Sicht in Niedersachsen faktisch einen zweistufigen Behördenaufbau gibt, ist nächsthöhere Behörde das zuständige Ministerium. Damit ist der Landkreis Diepholz als Ausgangsbehörde nach § 73 I 2 Nr. 2 VwGO zugleich auch Widerspruchsbehörde.

Nach § 185 II VwGO können die dort aufgeführten Stadtstaaten und kleineren Flächenstaaten die Zuständigkeit für den Erlass von Widerspruchsbescheiden abweichend von § 73 I 2 VwGO regeln. Einzelne Bundesländer haben von dieser Ermächtigung Gebrauch gemacht.[796]
Zudem können nach § 73 II VwGO an die Stelle einer Widerspruchsbehörde auch Widerspruchsausschüsse und Widerspruchsbeiräte treten. Regelungen über entsprechende Ausschüsse finden sich beispielsweise in Hamburg, Rheinland-Pfalz und im Saarland. Der Sinn, Widersprüche von Kollegialorganen entscheiden zu lassen, besteht darin, die Akzeptanz für die getroffenen Entscheidungen zu erhöhen.[797] Erreicht werden soll diese Akzeptanz durch eine gerichtsähnliche Verfahrensstruktur und Weisungsfreiheit der Ausschussmitglieder.[798]

---

795 VGH Mannheim DÖV 1963, 767; Vgl. auch Pietzner/Ronellenfitsch, § 37 RdNr. 12
796 Siehe Übersicht von Heckmann in Sodan/Ziekow (Hrsg.), § 188 VwGO RdNr. 10 f.
797 Vgl. Geis in Sodan/Ziekow (Hrsg.), § 73 RdNr. 18
798 Siehe beispielsweise für Rheinland-Pfalz §§ 7 Abs. 1 und 16 Landesgesetz zur Ausführung der Verwaltungsgerichtsordnung (AGVwGO)

Verwaltungsrechtsschutz

> **Beispiel:**
> Der in der rechtsradikalen Szene bekannte Andy Mauersberger beantragt bei der Verbandsgemeinde Mendig (Rheinland-Pfalz), ihm die Erlaubnis zum Halten eines Staffordshire Bullterriers (gefährlicher Hund im Sinne des § 1 des Landesgesetzes über gefährliche Hunde [LHundG]) zu erteilen. Da Mauersberger nicht die erforderliche Zuverlässigkeit im Sinne des § 3 Abs. 1 Nr. 3 LHundG besitzt, versagt die Verbandsgemeinde die begehrte Erlaubnis. Form- und fristgerecht legt Mauersberger Widerspruch ein. Da die Verbandsgemeinde den Widerspruch für unbegründet hält, leitet sie diesen, nach § 6a AGVwGO, an den Kreisrechtsausschuss weiter. Nach § 6 Abs. 1 AGVwGO erlässt nunmehr der Kreisrechtsausschuss den notwendigen Widerspruchsbescheid.

6.5.9 Widerspruchsentscheidungen und Bescheide über Widersprüche

507 **6.5.9.1 Allgemeines.** Je nach dem Ergebnis der Prüfung des Widerspruchs wird diesem abgeholfen, oder er wird zurückgewiesen. Dabei ist zu differenzieren, ob es eine Identität von Ausgangs- und Widerspruchsbehörde gibt. § 72 VwGO geht von dem gesetzlich intendierten Normalfall aus, dass der abschließende Widerspruchsbescheid nicht von der Ausgangsbehörde, sondern von der nächsthöheren Behörde erlassen wird (vgl. § 73 Abs. 1 S. 2 Nr. 1 VwGO). Ist dagegen Ausgangsbehörde zugleich Widerspruchsbehörde, findet ein Abhilfeverfahren nach § 72 VwGO nicht statt.[799] Dabei ist zu berücksichtigen, dass ein Abhilfeverfahren, im Hinblick auf den fehlenden Devolutiveffekt, entbehrlich ist. In dieser Fallkonstellation kann ein Abhilfeverfahren seinen spezifischen Zweck nicht erfüllen.

508 Hält die Behörde, die einen belastenden Verwaltungsakt erlassen oder einen Antrag auf Erlass eines Verwaltungsaktes abgelehnt hat (Ausgangsbehörde), den Widerspruch für begründet, so muss sie ihm nach § 72 VwGO abhelfen und über die Kosten entscheiden; sofern nicht eine Identität von Ausgangs- und Widerspruchsbehörde gegeben ist. Ihre Abhilfeentscheidung ergeht in der Form des (ggfs. stattgebenden) Abhilfebescheides.

Wenn oder soweit dem Widerspruch nicht abgeholfen wird, weist die Ausgangsbehörde, die zugleich Widerspruchsbehörde ist, ihn zurück. Diese Entscheidung hat sie in der Form des (ggfs. stattgebenden) Widerspruchsbescheides zu erlassen.

Die Ausgangsbehörde weist den Widerspruch zurück, wenn die nächsthöhere Behörde eine oberste Bundes- oder Landesbehörde ist oder wenn es sich um eine Selbstverwaltungsangelegenheit handelt (§ 73 I 2 Nrn. 2 und 3 VwGO); im Übrigen entscheidet über den Widerspruch die nächsthöhere Behörde, sofern nicht durch Gesetz eine andere höhere Behörde bestimmt ist (§ 73 I 2 Nr. 1 VwGO).

509 Nächsthöhere Behörde ist die Fachaufsichtsbehörde. Im Grunde kann es, je nach vorhandenem Sachverhalt, drei Entscheidungsalternativen geben:

---

[799] Vgl. nur Geis in Sodan/Ziekow (Hrsg.), § 72 Rdnr. 3 mit Hinweis auf eine frühere Rechtsauffassung, die auch ein Abhilfeverfahren für erforderlich hält; ferner Funke-Kaiser in Bader/Funke-Kaiser/Stuhlfauth/von Albedyll, § 72 Rdnr. 2 m. N.

Vorverfahren

- Zurückweisung des Widerspruchs
- Stattgabe des Widerspruchs
- teilweise Zurückweisung und teilweise Stattgabe des Widerspruchs.

Hält die Widerspruchsbehörde den Widerspruch für zulässig und begründet, ergeht ein sog. stattgebender Widerspruchsbescheid. Sie erlässt in diesem Falle keinen Abhilfebescheid im Sinne des § 72 VwGO.[800] Ist der Widerspruch dagegen unzulässig oder aber zulässig und unbegründet, erlässt die Widerspruchsbehörde einen zurückweisenden Widerspruchsbescheid.

6.5.9.2 Abhilfebescheid. Praktisch ist das Abhilfeverfahren die Fortführung des Verwaltungsverfahrens durch die Ausgangsbehörde. Sie hat die Recht- und Zweckmäßigkeit des strittigen Verwaltungsakts umfassend und eigenständig zu prüfen[801]. U. U. muss sie weitere Ermittlungen anstellen (vgl. § 24 VwVfG). Ist der Widerspruch zulässig und hält die Ausgangsbehörde ihn in vollem Umfang für begründet, so ergeht ein Abhilfebescheid. Ihr steht insoweit kein Ermessen zu. **510**

Der Tenor muss dem Bestimmtheitsgrundsatz entsprechen (§§ 79, 37 I VwVfG). Er muss daher eindeutig und unmissverständlich sein. **510a**

Beispiel:
Die zuständige Behörde untersagt dem Gebrauchtwagenhändler Martin Schlich aus Andernach (Rheinland-Pfalz) die weitere Ausübung dieses Gewerbes. Begründet wird diese Entscheidung mit mangelnder wirtschaftlicher Leistungsfähigkeit und den damit einhergehenden Steuerrückständen. Der form- und fristgerecht eingelegte Widerspruch wird von der Ausgangsbehörde aber als begründet eingestuft. Es stellt sich heraus, dass die fehlenden Steuerzahlungen auf einem Rechtsstreit mit dem Finanzamt beruhen und zudem die Höhe der ausstehenden Steuern eher als gering einzustufen sind. Ein Abhilfebescheid, mit der Formulierung:
„Ich gebe Ihrem Widerspruch statt" wird dem Bestimmtheitsgebot eher nicht entsprechen.[802] Sachgerecht wäre folgende Formulierung: „Auf Ihren Widerspruch vom …… hebe ich meinen Bescheid vom …… AZ.: … auf."

Wird einem Widerspruch nur zum Teil abgeholfen, so wird insoweit ein Abhilfebescheid erlassen; im Übrigen – also soweit der Widerspruch sich als unbegründet erweist – wird er durch einen Widerspruchsbescheid zurückgewiesen (§§ 72, 73 I 1 VwGO). Es besteht aber keine Verpflichtung, eine Teilabhilfe auszusprechen.[803] Sofern statt der Ausgangsbehörde die Widerspruchsbehörde die abschließende Entscheidung trifft, hat die Ausgangsbehörde den Vorgang der Widerspruchsbehörde zuzuleiten. Es handelt sich um eine sog. unselbstständige Verfahrensentscheidung. Zwar besteht keine Verpflichtung, die Beteiligten über diese Verfahrensentwicklung zu informieren, doch in einer auf Dialog setzenden Verwaltung ist ein entsprechender Hinweis an die Beteiligten sachgerecht.

---

800 Siehe nur Funke-Kaiser in Bader/Funke-Kaiser/Stuhlfauth/von Albedyll, § 72 Rdnr. 2 m. N.
801 Siehe auch VG München BayVBl. 1998, S. 563
802 So auch zutreffend Pietzner/Ronellenfitsch, Rdnr. 1249
803 Siehe nur Saurenhaus/Buchmeister in Wysk (Hrsg.), § 72 Rdnr. 2

Verwaltungsrechtsschutz

511 Der Abhilfebescheid[804] ist Verwaltungsakt im Sinne des § 35 S. 1 VwVfG. Da dem Begehren des Widerspruchsführers entsprochen wurde, muss er deshalb nicht den Anforderungen des § 73 III 1 VwGO genügen. Er ist also weder zu begründen noch mit einer Rechtsbehelfsbelehrung zu versehen. Auch sieht § 72 nicht die Zustellung des Abhilfebescheides vor.

512 In dem Abhilfebescheid muss die Behörde nach § 72 VwGO auch über die Kosten entscheiden. Der Inhalt der Kostenentscheidung richtet sich nach § 80 VwVfG. Wird eine Teilabhilfe erlassen, ergeht keine Kostenentscheidung. Der Grundsatz der Einheitlichkeit der Kostenentscheidung fordert, dass in der abschließenden Widerspruchsentscheidung die Kostenentscheidung getroffen wird.[805]

512a Trotz Abgabe des Widerspruchs an die Widerspruchsbehörde erlischt nicht die Abhilfebefugnis der Ausgangsbehörde.[806] Sie ist auch jetzt noch berechtigt, eine Abhilfeentscheidung zu treffen. Erst mit dem Erlass des Widerspruchsbescheides erlischt die Abhilfebefugnis.

512b Ist zulässigerweise ein Abhilfebescheid ergangen, kann dieser nicht nachträglich wieder aufgehoben, zurückgenommen oder widerrufen werden.[807]

513 **Entscheidung und Bescheid im Widerspruchsverfahren**

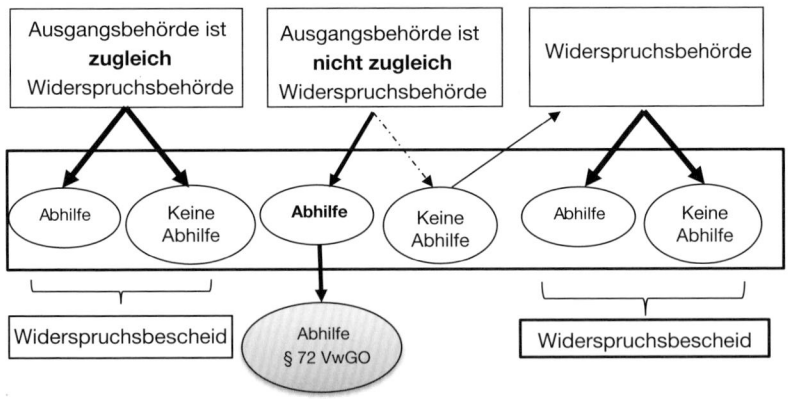

---

804 Muster eines Abhilfebescheides siehe Drape/Globisch/Moldenhauer/Sandvoss/Suslin/Weidemann, Muster 15, S. 88 ff. und Muster 16, S. 96 ff.
805 Vgl. auch BVerwGE 88, 41 [46]
806 Vgl. BVerwGE 82, 336 [338]
807 BVerwGE 98, 313

Vorverfahren

6.5.9.3 Widerspruchsbescheid. Erweist sich ein Widerspruch als unzulässig oder ist er zulässig, jedoch nicht begründet, so wird er nach § 73 I 1 VwGO durch Widerspruchsbescheid zurückgewiesen.
Soll eine Teilabhilfe erfolgen (z. B. bei einer überhöhten Beitragsforderung), so ergeht zweckmäßigerweise ein einheitlicher Bescheid. In diesem Fall ist dann ein Widerspruchsbescheid zu erlassen. Sofern Ausgangs- und Widerspruchsbehörde nicht identisch sind, empfiehlt es sich, dass die Widerspruchsbehörde eine einheitliche abschließende Entscheidung trifft. Es ist der Ausgangsbehörde aber nicht verwehrt, eine Abhilfeentscheidung zu treffen. Im Hinblick auf die Wechselbeziehungen beider Entscheidungen (siehe nur Kostenentscheidung) ist ein derartiges Verfahren aber regelmäßig wenig zweckmäßig.

514

Der Widerspruchsbescheid ist nach § 73 III VwGO zu begründen, mit einer Rechtsbehelfsbelehrung[808] zu versehen und zuzustellen; er muss auch bestimmen, wer die Kosten des Verfahrens trägt.[809]
Der Tenor des Bescheides sollte nur die Entscheidung („Ihren Widerspruch vom ... gegen ... weise ich zurück"), nicht auch Teile der Begründung enthalten, denn ob der Widerspruch sich als unzulässig oder als unbegründet erwiesen hat, ergibt sich aus der Begründung und gehört nicht in den Entscheidungssatz.
Die VwGO regelt nicht, in welcher Form der Widerspruchsbescheid zu erlassen ist; für ihn gilt deshalb die allgemein im Verwaltungsverfahren gebräuchliche Form, denn das Vorverfahren (Widerspruchsverfahren) ist ein Verwaltungsverfahren i. S. des VwVfG. Daraus, dass der Widerspruchsbescheid zuzustellen ist, folgt zwingend, dass er schriftlich erlassen werden und demzufolge den Anforderungen der §§ 79, 37 III entsprechen muss.
Für den Inhalt der Begründung ist § 39 I 2, 3 maßgebend, denn die genannte Vorschrift ist hier nach § 79 letzter Halbs. ergänzend anzuwenden. Es müssen also die wesentlichen tatsächlichen und rechtlichen Gründe mitgeteilt werden, die die Behörde zu ihrer Entscheidung bewogen haben, bei einer Ermessensentscheidung auch die Gesichtspunkte, von denen sie bei der Ausübung des Ermessens ausgegangen ist (vgl. RdNr. 150 ff.).
In welchem Umfang den Beteiligten des Vorverfahrens durch die nach § 73 III 2 VwGO zu treffende Kostenentscheidung[810] Kosten aufzuerlegen sind, bestimmt sich nach § 80 I und II (siehe RdNr. 502 ff.) und den Gebührenordnungen bzw. (kommunalen) Satzungen.

515

---

808 Die Bezeichnung „Rechtsmittelbelehrung" in § 73 III 1 VwGO ist ungenau, denn auch die Klage ist ein Rechtsbehelf, kein Rechtsmittel im Sinne der VwGO (vgl. RdNr. 334 f. und Stumm, DVP 1991, 395)
809 Anschauliche Beispiele von Widerspruchsbescheiden siehe Drape/Globisch/Moldenhauer/Sandvoss/Suslin/Weidemann, Muster 15 bis 18; Kapitel IX
810 Zur Kostenentscheidung im Vorverfahren ausführlich Vahle, DVP 1993, 404, und Heilmann, DVP 1994, 149

Verwaltungsrechtsschutz

6.6 Vorläufiger Rechtsschutz

6.6.1 Bedeutung

516 Ein Verwaltungsstreitverfahren ist – ebenso wie ein Zivilprozess – darauf angelegt, einen Rechtsstreit endgültig zu klären. Erst dann, wenn der Bürger ein rechtskräftiges Urteil erstritten hat, ist sein Rechtsschutzbegehren erfüllt. Da ein nicht nichtiger Verwaltungsakt wirksam ist, muss der Betroffene ihn auch dann hinnehmen, wenn er rechtswidrig ist, und zwar bis zum endgültigen Urteil, was häufig nicht nur Monate, sondern mehrere Jahre dauern kann; selbst wenn das Verfahren in der ersten Instanz mit einer Entscheidung des Verwaltungsgerichts beendet sein sollte, vergeht längere Zeit. Allein durch die Verzögerung der Entscheidung können dem Kläger Nachteile entstehen, die sich oft nicht mehr rückgängig machen lassen. Um dies zu verhindern, muss es zwischen dem Erlass eines zwar wirksamen, aber möglicherweise rechtswidrigen Verwaltungsaktes und der endgültigen Entscheidung in einem Verwaltungsstreitverfahren vorläufigen Rechtsschutz geben. Das ist schon deshalb notwendig, um das Gebot effektiven Rechtsschutzes, das aus Art. 19 Abs. 4 GG abgeleitet wird, nicht zu verletzen. Dabei bedeutet Effektivität gerade auch Rechtzeitigkeit des Rechtsschutzes.[811] Ziel des vorläufigen Rechtsschutzes ist die Vermeidung irreversibler Entscheidungen der Exekutive.[812]

Aus der Garantie effektiven Rechtsschutzes folgt daher regelmäßig die Pflicht der Gerichte, den strittigen Verwaltungsakt in rechtlicher und tatsächlicher Hinsicht vollständig nachzuprüfen. Im Verfahren des gerichtlichen Eilrechtsschutzes dürfen Entscheidungen grundsätzlich sowohl auf eine Folgenabwägung als auch auf eine summarische Prüfung der Erfolgsaussichten in der Hauptsache gestützt werden. Dabei ist entscheidend, dass die Gerichte dem Gewicht der in Frage stehenden und gegebenenfalls miteinander abzuwägenden Grundrechte gebührend Rechnung tragen, um eine etwaige Verletzung von Grundrechten nach Möglichkeit zu verhindern.[813]

6.6.2 Arten; grundsätzliche Abgrenzung

517 Es gibt zwei Möglichkeiten, bis zu einem endgültigen Urteil vorläufigen Rechtsschutz zu erlangen. Welche dieser Möglichkeiten in Betracht kommt, hängt von der Klageart ab.

Der vorläufige Rechtsschutz hängt damit davon ab, ob der betroffene Bürger mit seinem Rechtsbehelf
- einen Nachteil abwehren
  oder
- einen Vorteil erlangen

will.

518 Ist das Ziel des Betroffenen das Verwaltungsstreitverfahren mit einer Anfechtungsklage zu verfolgen, wird effektiver Rechtsschutz (zunächst) dadurch be-

---

811   BVerfG DVBl 1999, 1204 [1205]
812   BVerfGE 35, 263 [274]
813   BVerfG 1. Kammer, NVwZ 2019, S. 1827 f. [S. 1828]

Vorläufiger Rechtsschutz

wirkt, dass Widerspruch und Anfechtungsklage aufschiebende Wirkung haben (§ 80 I 1 VwGO).

Beispiel:
a) Ein Beamter auf Probe wird entlassen, weil er sich nach Auffassung seines Dienstherrn in der Probezeit nicht bewährt hat. Da es sich bei der Entlassung um einen belastenden Verwaltungsakt handelt, kommt im Verwaltungsstreitverfahren eine Anfechtungsklage in Betracht (§ 42 I VwGO). Erhebt der Beamte die Anfechtungsklage gegen die Entlassung, entfaltet diese die aufschiebende Wirkung. Dies bedeutet, dass der Beamte – vorbehaltlich einer Anordnung nach § 80 II Nr. 4 VwGO – seine Besoldung solange erhält, bis die Entlassungsverfügung unanfechtbar geworden ist oder seit der erstinstanzlicher Abweisung der Anfechtungsklage drei Monate vergangen sind (§ 80b II 1 VwGO), sofern nicht ein Fall des § 80b II VwGO gegeben ist.
b) Sabine Köhler hat in Harpstedt (Nds.) ein Wochenendhaus in landschaftlich reizvoller Gegend errichtet. Die erforderliche Baugenehmigung liegt nicht vor. Sie kann auch nicht nachträglich erteilt werden. Die zuständige Bauaufsichtsbehörde ordnet daraufhin die Beseitigung des Wochenendhauses an. Um eine weitere illegale Nutzung des Gebäudes zu unterbinden, ordnet die Behörde für die Nutzungsuntersagung die sofortige Vollziehung nach § 80 II Nr. 4 VwGO an. Köhler erhebt form- und fristgerecht Widerspruch. Da hier zwei Regelungen vorliegen (Beseitigungsanordnung und Nutzungsuntersagung), sind die Wirkungen des Widerspruchs unterschiedlich zu beurteilen. Hinsichtlich der Beseitigungsanordnung entfaltet der Widerspruch aufschiebende Wirkung (§ 80 I 1 VwGO). Der Bauaufsichtsbehörde ist es verwehrt, solange die aufschiebende Wirkung des Widerspruchs greift, diese Anordnung zu vollziehen. Anders sieht dagegen die Situation hinsichtlich der Nutzungsuntersagung aus. Die Anordnung nach § 80 II Nr. 4 VwGO hebt den Suspensiveffekt des Widerspruchs auf. Die Behörde kann diese sofort vollziehen. Will Köhler dies verhindern, muss sie um vorläufigen Rechtsschutz nach § 80 VwGO nachsuchen. Im Rahmen eines behördlichen (§ 80 IV VwGO) oder gerichtlichen Verfahrens (§ 80 V VwGO) kann die aufschiebende Wirkung des Widerspruchs wieder hergestellt werden.

Ziel des Vollzugseinstellungsverfahrens nach § 80 VwGO ist es, zu verhindern, dass die Vollziehung eines Verwaltungsakts, die entweder aufgrund gesetzlicher (§ 80 II Nr. 1 bis 3 VwGO) oder behördlicher Anordnung möglich ist, auch tatsächlich erfolgt.

Wenn es nicht darum geht, vorläufig zu verhindern, dass ein Verwaltungsakt vollzogen wird, kommt vorläufiger Rechtsschutz nachrangig durch Erlass einer einstweiligen Anordnung nach § 123 VwGO in Betracht. Sie ist nach § 123 V VwGO ausgeschlossen, wenn ein angefochtener Verwaltungsakt vollzogen oder die aufschiebende Wirkung eines Rechtsbehelfs beseitigt werden soll. §§ 80, 80a VwGO haben also Vorrang.

519

Verwaltungsrechtsschutz

520 Eine einstweilige Anordnung kommt in Frage, wenn es sich im Verfahren in der Hauptsache um eine Verpflichtungsklage, eine allgemeine Leistungsklage oder eine Feststellungsklage handeln müsste.

Beispiele:
a) Der Unternehmer Kruse hat mit der Errichtung eines Wohn- und Geschäftshauses begonnen, obgleich die erforderliche Baugenehmigung noch nicht vorliegt. Nachbar Müller hat Sorge, dass bei Verwirklichung dieses Vorhabens, seine Belange rechtswidrig beeinträchtigt werden. Er fordert die zuständige Bauaufsichtsbehörde auf, zur Unterbindung der weiteren Bauarbeiten eine Bausperre zu erlassen. Weigert sich die Bauaufsichtsbehörde, diesen Verwaltungsakt zu erlassen, so müsste Müller im gerichtlichen Hauptsacheverfahren eine Verpflichtungsklage anstrengen. Der vorläufige Rechtsschutz richtet sich daher nach § 123 VwGO. Ob ein entsprechendes Verfahren zum Erfolg führen würde, ist eine andere Frage.

Auch im Normenkontrollverfahren kann eine einstweilige Anordnung erlassen werden (§ 47 VI VwGO).
In bestimmten Bereichen ist zudem eine differenzierte Betrachtung geboten. So stellt die Einstellung laufender Sozialleistungen für einen Hilfeempfänger regelmäßig die Ablehnung eines weiteren Hilfeantrages und nicht die Rücknahme einer Bewilligung dar.[814] Der vorläufige Rechtsschutz richtet sich daher nach § 123 VwGO.[815]

b) Der Schausteller Solterdeik will seinem Bratwurststand auf dem Schützenplatz in Hannover – anlässlich des großen Schützenfestes im Mai aufstellen. Die Stadt lehnt den Antrag mit Bescheid vom 27.3. ab. Begründet wird diese Entscheidung mit der mangelnden Zuverlässigkeit des Antragstellers. Sloterdeik erhebt verwaltungsgerichtliche Klage, um diese Frage endgültig durch ein Gericht entscheiden zu lassen. Da die Gerichtsentscheidung frühestens im Herbst des Jahres ergehen wird, stellt er zugleich einen Antrag auf Gewährung vorläufigen Rechtsschutzes nach § 123 VwGO.

6.6.3 Aufschiebende Wirkung des Widerspruchs und der Anfechtungsklage

521 **6.6.3.1 Bedeutung; Umfang.** Die aufschiebende Wirkung verbietet es, Maßnahmen zu treffen, die darauf gerichtet sind, einen Verwaltungsakt zu verwirklichen, insb. ihn zwangsweise zu vollziehen. Sie beginnt mit der Einlegung des Widerspruchs oder mit der Erhebung der Anfechtungsklage.

Beispiele:
a) Die Behörde hebt, gestützt auf § 48 I 1, eine Baugenehmigung auf. Der Bauherr hat die Aufhebung durch Widerspruch angefochten. Die Be-

---

814 BVerwGE 57, 237 [239]; soweit ein Verfahren vor dem Sozialgericht in Betracht kommt, sieht § 86b SGG eine mit § 123 VwGO vergleichbare Regelung vor.
815 Zu Besonderheiten im Ausländerrecht siehe OVG Münster DVBl 2001, 1007; NVwZ 2000, 346; ferner § 84 AufenthG; zu den besonderen Regelungen im AsylG siehe §§ 74 ff.

Vorläufiger Rechtsschutz

hörde darf den Bauherrn zunächst nicht daran hindern, sein Bauvorhaben weiter auszuführen

b) Gegen einen Verwaltungsakt, in dem für den Fall der Nichtbefolgung ein Zwangsmittel angedroht wurde, hat der Adressat Widerspruch erhoben. Das angedrohte Zwangsgeld darf nicht festgesetzt werden, sofern nicht die aufschiebende Wirkung des Widerspruchs entfällt.

Es wird aber als zulässig angesehen, Regelungen, die aufeinander aufbauen, miteinander zu verbinden.

Beispiel:
Einem Makler wird wegen mangelnder Zuverlässigkeit die Maklererlaubnis nach § 49 II 1 Nr. 3 entzogen. Zugleich ordnet die zuständige Behörde nach § 15 II GewO die Schließung des Gewerbes an. Erhebt der Makler Widerspruch – oder, soweit unmittelbar Anfechtungsklage zu erheben ist (siehe Rdnr. 441a,) die Klage –, ist es der Behörde lediglich verwehrt, die Schließungsanordnung durchzusetzen.[816]

Die aufschiebende Wirkung berührt die Wirksamkeit des Verwaltungsaktes nicht, sondern hindert die Behörde nur daran, ihn zu vollziehen, also tritt (nur) Vollzugshemmung ein.[817]

§ 80 I 2 VwGO stellt klar, dass auch (Anfechtungs-)Widersprüche und Anfechtungsklagen gegen rechtsgestaltende und feststellende Verwaltungsakte sowie Verwaltungsakte mit Doppelwirkung (§ 80a VwGO) Vollzugshemmung bewirken.

522

Unter Verwaltungsakten mit Doppelwirkung versteht die VwGO solche Verwaltungsakte, die den Bürger, an den sie gerichtet sind, begünstigen und zugleich einen anderen belasten oder umgekehrt (vgl. § 80a VwGO), meint mit Doppelwirkung also eigentlich Drittwirkung (vgl. auch RdNr. 121).

Beispiele:
Die Bauaufsichtsbehörde hat eine Beseitigungsanordnung erlassen. Kurze Zeit danach wird das Grundstück, auf dem sich die baurechtswidrige Anlage befindet, veräußert. Die Behörde teilt dem Rechtsnachfolger durch (feststellenden) Verwaltungsakt unter gleichzeitiger Androhung der Ersatzvornahme mit, dass die Beseitigungsanordnung jetzt ihm gegenüber gelte (§ 79 I 5 NBauO). Wird gegen diese Feststellung der Rechtsnachfolge Widerspruch erhoben, darf das angedrohte Zwangsmittel vorerst nicht angewendet werden.

Allgemeinverfügungen werden wie andere Verwaltungsakte behandelt. Sofern im Hauptsacheverfahren eine Anfechtungsklage in Betracht kommt, ist § 80 VwGO anwendbar. Die aufschiebende Wirkung greift aber nur zugunsten des jeweiligen Widerspruchsführers.[818]

6.6.3.2 Voraussetzungen. Die aufschiebende Wirkung setzt zunächst voraus, dass ein (belastender) Verwaltungsakt erlassen worden ist, gegen den im Haupt-

523

---

816 Vgl. auch OVG Lüneburg NVwZ 1996, 605 [606].
817 Finkelnburg/Jank, RdNr. 486 ff.; so die h. M. vgl. auch BVerwG 13, 1 [5]; 66, 218 [222]
818 OVG Greifswald GewArch 2000, 109 [111]; VGH Kassel NVwZ 1993, 389 [391]

Verwaltungsrechtsschutz

verfahren Anfechtungsklage zu erheben wäre. Ein belastender Verwaltungsakt in diesem Sinne liegt also nur vor, wenn in eine Rechtsposition eingegriffen, nicht aber, wenn ein begünstigender Verwaltungsakt abgelehnt wird.

524 Die aufschiebende Wirkung tritt erst ein, wenn ein Anfechtungswiderspruch i. S. des § 68 I VwGO oder eine Anfechtungsklage i. S. des § 42 I VwGO erhoben wurde.[819] Bis zu dem Zeitpunkt, in dem Anfechtungswiderspruch oder -klage erhoben wird, ist die Behörde berechtigt, den Verwaltungsakt zu vollziehen. Sie braucht an sich nicht die sofortige Vollziehung anzuordnen oder abzuwarten, bis Unanfechtbarkeit eingetreten ist. Durch die Verwaltungsvollstreckungsgesetze ist aber regelmäßig bestimmt, dass vor Eintritt der Unanfechtbarkeit nicht vollstreckt werden darf, es sei denn, die sofortige Vollziehung wurde angeordnet (vgl. z. B. §§ 6 I VwVG, 64 I NPOG).
Aufschiebende Wirkung hat der Rechtsbehelf jedoch – trotz im Übrigen erfüllter Voraussetzungen – nur dann, wenn die aufschiebende Wirkung nicht ausgeschlossen ist (siehe sogleich unter RdNr. 527 ff., 535 ff.).

525 Der Wortlaut des Gesetzes macht den Eintritt der aufschiebenden Wirkung eines Rechtsbehelfs nicht von seiner Zulässigkeit oder gar Begründetheit abhängig. Strittig[820] ist aber, ob ein unzulässiger Widerspruch in jedem Falle die aufschiebende Wirkung entfaltet. Die h. M.[821] bejaht dies im Grundsatz; sieht aber auch Raum für gewisse Ausnahmen. So soll eine rechtsmissbräuchliche Herbeiführung der aufschiebenden Wirkung eines Rechtsbehelfs unterbunden werden. Eine Ausnahme wird nur bei offensichtlicher Unzulässigkeit angenommen.[822] Dies ist beispielsweise der Fall, wenn der Verwaltungsrechtsweg nicht eröffnet ist, bei offensichtlicher Überschreitung der Rechtsbehelfsfrist oder offensichtlichen Fehlens der Widerspruchs- oder Klagebefugnis.[823] Dagegen entfaltet ein (zulässiger aber) unbegründeter Rechtsbehelf stets aufschiebende Wirkung.[824]

6.6.4 Dauer der aufschiebenden Wirkung

526 Die aufschiebende Wirkung des Widerspruchs und der Anfechtungsklage endet mit der Unanfechtbarkeit oder, wenn die Anfechtungsklage im ersten Rechtszug abgewiesen worden ist, drei Monate nach Ablauf der gesetzlichen Begründungsfrist des gegen die abweisende Entscheidung gegebenen Rechtsmittels (§ 80b I VwGO).[825] Wird ein Berufungszulassungsantrag abgelehnt, so tritt die Rechtskraft des verwaltungsgerichtlichen Urteils ein (§ 124a V VwGO).
Auf Antrag kann das OVG anordnen, dass die aufschiebende Wirkung des Rechtsbehelfs fortdauert (§ 80b II VwGO).[826]

---

819 siehe nur VG Lüneburg mit Anmerkung Weidemann, DVP 2006, 524 f.
820 Zum Problem ausführlich Finkelnburg/Jank, RdNr. 515 ff., und Pietzner/Ronellenfitsch, Rn. 1432; Bader/Funke-Kaiser/Stuhlfauth/von Albedyll, § 80 RdNr. 18 m. N.
821 Vgl. Kopp/Schenke, § 80 RdNr. 50; Hufen, § 32 Rn. 5 ff.
822 Siehe VGH München BayVbl 1994, 407; wohl auch OVG Hamburg NVwZ 1987, 1002; OVG Lüneburg NVwZ 1987, 999; ferner Koop/Schenke, § 80 RdNr. 50
823 Vgl. z. B. Schmalz, 12. Teil RdNr. 1112, und Pietzner/Ronellenfitsch, Rn. 1438 f.; Hufen § 32 Rn. 6
824 BVerwGE 13, 1 [8]; OVG Lüneburg NVwZ 1987, 999
825 So auch OVG Bremen NVwZ 2000, 942
826 Zu mögl. Begründungsvoraussetzungen siehe OVG Koblenz NVwZ 1999, 896

Vorläufiger Rechtsschutz

6.6.5 Ausschluss der aufschiebenden Wirkung

6.6.5.1 Allgemein. Die aufschiebende Wirkung entfällt nach § 80 II VwGO entweder kraft Gesetzes oder aufgrund ausdrücklicher behördlicher Anordnung.

527

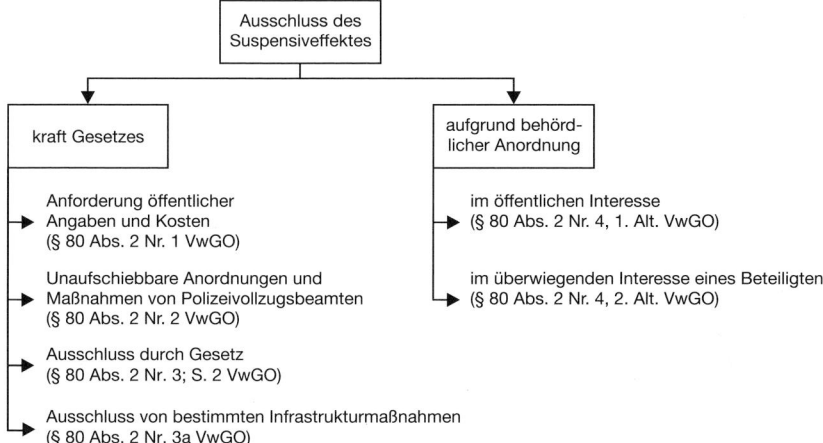

6.6.5.2 Ausschluss der aufschiebenden Wirkung kraft Gesetzes

6.6.5.2.1 Ausschluss beim Anfordern öffentlicher Abgaben und Kosten. Öffentliche Abgaben i. S. § 80 II Nr. 1 VwGO sind neben Steuern, Gebühren und Beiträgen i. S. des (materiellen) Abgabenrechts (z. B. Gemeindesteuern wie Gewerbe- oder Grundsteuer, Benutzungsgebühren, Erschließungsbeiträge), alle Geldleistungen mit Finanzierungsfunktion.[827] Die Verwaltung benötigt diese Finanzierungsmittel, damit sie ihre Aufgaben erfüllen kann. Keine Abgaben sind dagegen solche Geldforderungen, die nicht primär den allgemeinen Finanzierungsbedarf der öffentlichen Hand decken, sondern wo andere Zwecke im Vordergrund stehen.[828] So zählen beispielsweise Säumniszuschläge,[829] Zwangsgelder, Beiträge zur Ablösung von Stellplatzverpflichtungen[830] nicht zu den öffentlichen Abgaben.

528

Öffentliche Kosten i. S. des § 80 II Nr. 1 VwGO sind die in einem Verwaltungsverfahren einschließlich des Widerspruchsverfahrens für die öffentlich-rechtliche Tätigkeit der Behörde entstehenden Kosten, die nach gesetzlich festgelegten Tatbeständen gefordert werden dürfen.[831] Keine Kosten stellen dagegen regelmäßig

529

---

827 Z. B. Kreisumlage; vgl. VGH Kassel NVwZ 1992, 378
828 Im Einzelnen ist die Abgrenzung umstritten; siehe Bader/Funke-Kaiser/Stuhlfauth/von Albedyll, § 80 RdNr. 24 ff. m. N.
829 Siehe OVG Lüneburg DÖV 1989, 866 ff.
830 OVG Hamburg NVZ-RR 2000, 106; OVG Münster 1987, 62
831 OVG Berlin NVwZ-RR 1995, 575; VGH Kassel NVwZ 1989, 393; OVG Lüneburg NVwZ 1898, 1095

Verwaltungsrechtsschutz

Kosten der Ersatzvornahme,[832] Kosten der unmittelbaren Ausführung durch die Polizeibehörden oder des unmittelbaren Zwanges dar.

530 Die aufschiebende Wirkung entfällt nur, wenn öffentliche Abgaben und Kosten angefordert werden. Das geschieht regelmäßig dadurch, dass ein Heranziehungs- oder Leistungsbescheid erlassen wird.

531 **6.6.5.2.2 Ausschluss bei unaufschiebbaren Verwaltungsakten von Polizeivollzugsbeamten.** Nach § 80 II Nr. 2 VwGO entfällt die aufschiebende Wirkung bei unaufschiebbaren Anordnungen und Maßnahmen von Polizeivollzugsbeamten. Mit „Anordnungen und Maßnahmen" können nur (belastende) Verwaltungsakte gemeint sein, weil nur gegen sie gerichtete Widersprüche nach Abs. 1 aufschiebende Wirkung haben. Was Verwaltungsakte sind, definiert § 35 f. VwVfG. Darunter fallen die Allgemeinverfügungen (§ 35 S. 2). Die aufschiebende Wirkung entfällt also auch bei Widersprüchen gegen unaufschiebbare Allgemeinverfügungen, die von Polizeivollzugsbeamten oder -beamtinnen erlassen worden sind.

Unaufschiebbar sind Verwaltungsakte, wenn der mit ihnen beabsichtigte Erfolg nur dadurch erreicht werden kann, dass sie sofort befolgt werden, wie z. B. Weisungen zur Regelung des Straßenverkehrs.

532 Die in der Regel von den Straßenverkehrsbehörden, also Verwaltungsbehörden, erlassenen Verkehrszeichen (Vorschriftzeichen; Richtzeichen; Verkehrseinrichtungen, soweit sie Anordnungen enthalten), bei denen es sich um Allgemeinverfügungen i. S. des § 35 S. 2 handelt, stellt die Rechtsprechung[833] unaufschiebbaren Anordnungen und Maßnahmen von Polizeivollzugsbeamten (§ 80 II Nr. 2 VwGO) gleich.

533 Von Verwaltungsvollzugsbeamten oder -beamtinnen erlassene Verwaltungsakte werden als nicht unter § 80 II Nr. 2 VwGO fallend angesehen;[834] begründet wird das damit, dass der Anwendungsbereich der Norm auf Maßnahmen der Vollzugspolizei im institutionellen Sinne beschränkt sei.

Die Verwaltungsvollzugsbeamten und -beamtinnen haben jedoch – wie auch Polizeivollzugsbeamte und -beamtinnen – bei der Wahrnehmung ihrer Aufgaben[835] vielfach ebenfalls unaufschiebbare Verwaltungsakte zu erlassen (z. B. bei der Sicherstellung von Sachen, der Überwachung des ruhenden Verkehrs, der Bauaufsicht, der Gewerbeaufsicht), die den von Polizeivollzugsbeamten oder -beamtinnen getroffenen Maßnahmen zumindest ebenso gleichstehen wie die

---

832   OVG Berlin NVwZ-RR 1995, 575; OVG Koblenz NVwZ-RR 1999, 27; VGH Manheim NVwZ-RR 1997, 7; a. A. VGH München NVwZ-RR 1994, 471; 618
833   OVG Münster OVGE 24, 200; BGHSt 23, 86; BVerwG NJW 1978, 656; BVerwG DÖV 1988, 694; siehe auch Kopp/Schenke, § 80 Rnr. 64; Pietzner/Ronellenfitsch, Rn. 1463; Gersdorf in: Posser/Wolf, § 80 RdNr. 57 m. N.; kritisch Bader/Funke-Kaiser/Stuhlfauth/von Albedyill, Rn. 36; entspr. gilt für die Entfernung eines Verkehrszeichens als actus contrarius, vgl OVG Münster NJW 1998, 329
834   Eyermann, § 80 RdNr. 25; Bader/Funke-Kaiser/Stuhlfauth/von Albedyll, § 80 Rn. 35; Pietzner/Ronellenfitsch, Rn. 1462
835   Vgl. für Nds. die VO über Verwaltungsvollzugsbeamtinnen und Verwaltungsvollzugsbeamte vom 13.3.1995

Vorläufiger Rechtsschutz

durch Allgemeinverfügungen getroffenen Verkehrsregelungen der Straßenverkehrsbehörden. Es erscheint deshalb widersprüchlich, bei der einen Fallgruppe (Verkehrszeichen) wegen ihrer Austauschbarkeit und Funktionsgleichheit mit Einzelanordnungen eines Polizeivollzugsbeamten oder einer -beamtin § 80 II Nr. 2 VwGO analog auf Verwaltungsakte der Verwaltungsbehörden anzuwenden, in anderen Fällen aber die Austauschbarkeit und Funktionsgleichheit mit unaufschiebbaren Maßnahmen von Polizeivollzugsbeamten oder -beamtinnen zu verneinen. Ordnet z. B. ein Polizeivollzugsbeamter oder eine -beamtin an, verdorbene Lebensmittel zu beseitigen, hat ein dagegen gerichteter Widerspruch keine aufschiebende Wirkung. Trifft ein Verwaltungsvollzugsbeamter oder eine -beamtin eine solche Anordnung, hat ein Widerspruch dagegen aufschiebende Wirkung.

An sich drängt es sich deshalb auf, auch auf die von Verwaltungsvollzugsbeamten oder -beamtinnen erlassenen Verwaltungsakte, die unaufschiebbar sind, § 80 II Nr. 2 VwGO analog anzuwenden. In beiden Fällen (Verkehrsregelungen durch Verwaltungsbehörden und unaufschiebbare Verwaltungsakte von Verwaltungsvollzugsbeamten oder -beamtinnen) handelt es sich wegen der ausdrücklichen gesetzlichen Beschränkung auf Verwaltungsakte der Polizeivollzugsbeamten oder -beamtinnen aber wohl nicht um planwidrige, sondern um planmäßige Regelungslücken, die durch den Gesetzgeber geschlossen werden müssten und nicht durch Analogie ausgefüllt werden dürfen.[836]

6.6.5.2.3 Ausschluss in anderen durch Bundesgesetz vorgeschriebenen Fällen. Nach § 80 II Nr. 3 VwGO kann durch Bundesgesetz oder für das Landesrecht durch Landesgesetz die aufschiebende Wirkung ausgeschlossen werden. Dabei hat der Gesetzgeber insbesondere Verwaltungsakte im Blick, die Investitionen oder der Schaffung von Arbeitsplätzen dienen. Landesrechtliche Ausnahmen betreffen bisher vor allem Vorschriften, wonach Rechtsbehelfe gegen Maßnahmen der Verwaltungsvollstreckung keine aufschiebende Wirkung entfalten.[837] Maßnahmen der Verwaltungsvollstreckung sind alle Verwaltungsakte und sonstigen Maßnahmen, die dazu dienen, einen Verwaltungsakt zwangsweise durchzusetzen, wie z. B. die Androhung und die Festsetzung eines Zwangsmittels. Der Landesgesetzgeber ist in seinem Gestaltungsspielraum aber nicht auf den Bereich des Vollstreckungswesens beschränkt.

534

Beispiele:
a) Widerspruch und Anfechtungsklage gegen den Verwaltungsakt eines Dritten (Nachbarn) gegen die bauaufsichtliche Zulassung eines Vorhabens (z. B. Genehmigung eines Mehrfamilienhauses) entfalten nach § 212a I BauGB keine aufschiebende Wirkung.
b) Widerspruch und Anfechtungsklage gegen Maßnahmen Gesundheitsschutz, die nach § 16 I –III Infektionsschutzgesetz[838] getroffen wurden, haben nach § 16 VIII Infektionsschutzgesetz keine aufschiebende Wirkung.[839]

---

836 Erichsen, Jura 1984, 414 [420]
837 Siehe z. B. § 64 V NPOG; § 39 V VwVG Bbg; § 53 IV SOG LSA
838 Einen Überblick zum Infektionsschutzgesetz geben Barthel/Weidemann, DVP 2020, S. 171 ff.
839 Weitere Beispiele siehe Weidemann/Barthel, DVP 2003, S. 165 Fn. 8

Verwaltungsrechtsschutz

c) Trotz Widerspruch gegen eine Zwangsgeldfestsetzung kann in Niedersachsen das Zwangsgeld beigetrieben werden, wenn die behördliche Forderung nicht fristgerecht erfüllt worden ist (§ 64 IV NPOG).

Ferner können die Länder nach § 80 II 2 VwGO auch bestimmen, dass Rechtsbehelfe keine aufschiebende Wirkung entfalten, soweit sie sich gegen Maßnahmen richten, die in der Verwaltungsvollstreckung durch die Länder nach Bundesrecht getroffen werden. So stellt beispielsweise die Abschiebung gemäß §§ 57 ff. AufenthG einen bundesrechtlich geregelten Fall des unmittelbaren Zwanges dar. Diese Öffnungsklausel hat aber eine eher geringe praktische Bedeutung.[840]

534a **6.6.5.2.4 Ausschluss von Vorhaben betreffend die Zulassung von Bundesverkehrswegen und Mobilfunknetzen.** Nach § 80 Abs. 2 Satz 1 Nr. 3a VwGO entfällt auch die aufschiebende Wirkung bei Widersprüchen und Klagen Dritter gegen Verwaltungsakte, die die Zulassung von Vorhaben betreffend Bundesverkehrswege und Mobilfunknetze zum Gegenstand haben und nicht unter die Nr. 3 des § 80 Abs. 2 VwGO fallen. Die Vorschrift dient der Beschleunigung von Infrastrukturvorhaben mit überregionaler Bedeutung.[841] Dabei ist zu berücksichtigen, dass das öffentliche Interesse am sofortigen Vollzug bei infrastrukturell und überregional bedeutsamen Vorhaben gegenüber dem Interesse Dritter an der aufschiebenden Wirkung eines Rechtsbehelfs gegen eine Zulassungsentscheidung überwiegt.[842] Es ist von einem weiten Begriff der Zulassung auszugehen. Er reicht über die Genehmigung eines Vorhabens hinaus und erfasst auch mögliche Änderungen.[843] Der neue § 80 Abs. 2 Satz 1 Nr. 3a VwGO kommt im Verhältnis zu § 80 Abs. 2 Satz 1 Nr. 3 VwGO nachrangig zum Zuge. Die neue Fallgruppe lässt damit bestehende Sonderregelungen, die von § 80 Abs. 2 Satz 1 Nr. 3 VwGO in Verbindung mit entsprechenden Sonderregelungen erfasst werden, unberührt. Zu diesen Sonderregelungen gehören beispielsweise § 17e Absatz 2 Satz 1 Bundesfernstraßengesetz, § 14e Abs. 2 Satz 1 Bundeswasserstraßengesetz und § 212a Abs. 1 Baugesetzbuch.[844]

6.6.5.3 Ausschluss der aufschiebenden Wirkung durch Anordnung der sofortigen Vollziehung

535 **6.6.5.3.1 Ausdrückliche Anordnung.** Nach § 80 II Nr. 4 VwGO entfällt die aufschiebende Wirkung, wenn die sofortige Vollziehung des Verwaltungsaktes unter den dort genannten Voraussetzungen besonders angeordnet wird.

536 **6.6.5.3.2 Rechtsnatur der Anordnung.** Die Anordnung der sofortigen Vollziehung ist, wenn sie von vornherein mit dem Verwaltungsakt, der sog. Hauptbestimmung, verbunden wird, als Nebenentscheidung ein unselbstständiger Teil der in der Hauptsache getroffenen Regelung. Ein Verwaltungsakt ist sie auch dann nicht, wenn sie nach dem Erlass der Hauptbestimmung als selbstständige Entscheidung getroffen wird. Ihr Regelungsgehalt besteht zwar darin, einem

---

840 Siehe dazu Meyer NVwZ 1984, 23 ff. und BT-Drs. 13/3993 S. 11
841 Btgs-Drs. 19/22139, S. 18.
842 Ebenda.
843 Ebenda.
844 Ebenda.

Vorläufiger Rechtsschutz

Widerspruch die diesem sonst nach § 80 I VwGO zukommende aufschiebende Wirkung zu nehmen, also eine Rechtsfolge, nämlich eine Rechtsgestaltung, herbeizuführen. Bei der Anordnung handelt es sich jedoch um eine (verwaltungs-)prozessrechtliche Maßnahme und damit nicht – wie nach § 35 S. 1 erforderlich – um eine Maßnahme im engeren Sinne des Verwaltungsrechts (vgl. RdNr. 91).[845]

6.6.5.3.3 Rechtmäßigkeitsanforderungen.[846] In formeller Hinsicht ist zunächst eine besondere Anordnung erforderlich, die ausdrücklich getroffen werden muss. **537**

Zuständig für den Erlass einer solchen Anordnung ist die sog. Ausgangsbehörde oder, nachdem Widerspruch erhoben wurde, die Widerspruchsbehörde. **538**

Die schriftliche Begründung des besonderen Interesses an der sofortigen Vollziehung schreibt § 80 III 1 VwGO für den Regelfall vor. In der auf den Einzelfall abgestellten Begründung muss das besondere öffentliche Interesse dafür dargelegt werden, dass es ausnahmsweise notwendig ist, den Verwaltungsakt sofort – und nicht erst nach Eintritt der Unanfechtbarkeit – zu vollziehen, und dass das Interesse des Betroffenen, bis zur rechtskräftigen Entscheidung die angeordnete Belastung nicht hinnehmen zu müssen, dahinter zurücktreten muss.[847] Ausnahmsweise kann aber das besondere Vollzugsinteresse mit dem allgemeinen Interesse am Erlass des Verwaltungsakts zusammenfallen. Ansonsten würde es von der Ausgestaltung der jeweiligen Ermächtigungsgrundlage abhängen, ob eine sofortige Vollziehbarkeit gegeben ist. Gerade bei gefahrenabwehrrechtlichen Verwaltungsakten kann ein Verschmelzen des Erlass- und Vollzugsinteresses eintreten.[848] **539**

Die Begründungspflicht dient unterschiedlichen Zielen. Zunächst soll der Behörde der Ausnahmecharakter der Anordnung der sofortigen Vollziehung vor Augen geführt werden und sie veranlassen, mit besonderer Sorgfalt zu prüfen (Warnfunktion). Zudem soll der Bürger über die Gründe der Vollziehungsanordnung sachgerecht informiert werden, damit er beurteilen kann, ob er eine Überprüfung anstrengen soll (Rechtsschutzgewährleistung). Ferner soll so das Gericht in die Lage versetzt werden, eine ordnungsgemäße Rechtskontrolle durchführen zu können. Für die Verwaltungspraxis bedeutet dies, dass auf die Abfassung der Begründung nicht genug Sorgfalt verwendet werden kann.

---

845 Die Auffassung, dass die Anordnung der sofortigen Vollziehung kein Verwaltungsakt sei, überwiegt deutlich die vereinzelt vertretene gegenteilige Ansicht (vgl. z. B. OVG Koblenz NVwZ 1988, 748; OVG Lüneburg DVBl. 1989, 887 [888]; VGH Mannheim NVwZ-RR 1990, 561; OVG Berlin NVwZ 1993, 198; OVG Schleswig DÖV 1993, 169]); ferner Weidemann/Barthel, DVP 2003, 166 m. N.
846 Grundlegend Weidemann/Barthel, DVP 2003, S. 166 ff.
847 Kopp/Schenke, § 80 RdNr. 84 ff.
848 Beispiele siehe OVG Bautzen DVBl 1998, 107; OVG Schleswig NVwZ 1992, 668 [689]

Verwaltungsrechtsschutz

Begründungsgebot		
VA-Regelung	Begründungsinhalt	Rechtsgrundlage
Hauptregelung	Erlassinteresse	Spezialvorschrift oder § 39 VwVfG
Anordnung der sof. Vollziehung	Vollzugsinteresse	§ 80 Abs. 3 VwGO

539a Nur in Ausnahmesituationen kann auf eine Begründung verzichtet werden. Keiner Begründung bedarf es nach § 80 III 2 VwGO, wenn eine Behörde bei Gefahr im Verzuge, insbesondere bei drohenden Nachteilen für Leben, Gesundheit oder Eigentum vorsorglich eine Notstandsmaßnahme im öffentlichen Interesse trifft.[849] Die Notstandsmaßnahme ist als solche zu bezeichnen.

> ① *Besteht die Begründungspflicht?*
> - Wurde eine (besondere) Anordnung nach § 80 II Nr. 4 VwGO getroffen?
> - Ist keine Ausnahme nach § 80 III 2 VwGO gegeben?
>
> > Voraussetzungen für eine Ausnahme:
> > a) formelle: • Bezeichnung des Verwaltungsaktes als „Notstandsmaßnahme"
> > b) materielle: • Gefahr im Verzug („Notstand")
> > • Handeln im öffentlichen Interesse
>
> ② *Ist die Begründungspflicht beachtet worden?*
> Sind
> - die wesentlichen tatsächlichen und rechtlichen Gründe, die dazu geführt haben, ein besonderes Interesse an der sofortigen Vollziehung anzunehmen, und
> - die Gesichtspunkte, von denen die Behörde bei ihrer Ermessensentscheidung ausgegangen ist,
>
> mitgeteilt worden?

539b Beim Begründungsgebot ergeben sich folgende Prüfungsschritte:

539c Regelmäßig ist ein Anhörungsverfahren vor Anordnung der sofortigen Vollziehung nicht durchzuführen.[850]

---

849 Hummel, JuS 2011, S. 413 [415]
850 Vgl. nur OVG Lüneburg DVBl 1989, 887 [888]; OVG Münster BauR 1995, 69; OVG Schleswig DÖV 1993, 169 Bader/Funke-Kaiser/Stuhlfauth/von Albedyill, VwGO § 80 RdNr. 57 m. N.; Weidemann/Barthel, DVP 2003, 165 [166]; a. A. OVG Lüneburg NVwZ-RR 1993, 585; Hufen, Verwaltungsprozessrecht, § 32 RdNr. 16

Vorläufiger Rechtsschutz

540 Ist die Anordnung nicht von der zuständigen Behörde erlassen worden oder leidet sie an einem Begründungsmangel, so ist sie rechtswidrig und muss deshalb auf einen Antrag nach § 80 IV oder V VwGO hin aufgehoben werden. Dabei kommt es nicht darauf an, ob ein besonderes Interesse an der sofortigen Vollziehung besteht.[851]

541 In materieller Hinsicht ist erforderlich, dass der Tatbestand des § 80 II Nr. 4 VwGO (das besondere öffentliche Interesse an der sofortigen Vollziehung oder das überwiegende Interesse eines Beteiligten an der sofortigen Vollziehung) erfüllt ist und die Behörde das ihr durch § 80 II Nr. 4 VwGO für den Regelfall eingeräumte Ermessen richtig, d. h. § 40 entsprechend[852], ausgeübt hat.

542 Zu unterscheiden ist zwischen dem allgemeinen öffentlichen Interesse, den Verwaltungsakt zu erlassen („Erlassinteresse"), und dem besonderen öffentlichen Interesse, den Verwaltungsakt vor dem Eintritt der Unanfechtbarkeit zu vollziehen („Vollziehungsinteresse"). Das Erlassinteresse allein rechtfertigt es regelmäßig nicht, die sofortige Vollziehung anzuordnen, denn dieses Interesse ist nicht das nach § 80 II Nr. 4 VwGO notwendige Vollziehungsinteresse.[853] Die Gründe, die dafür sprechen, den Verwaltungsakt nicht erst nach Eintritt der Unanfechtbarkeit, sondern sofort zu vollziehen, müssen die Gründe, die dafür sprechen, zunächst die Entscheidung über die Rechtmäßigkeit des Verwaltungsaktes abzuwarten, erheblich überwiegen.[854]

Beispiele:
a) Eine Gemeinde will Grundstückseigentümer Drygalla zu Hausanschlusskosten (die nicht unter den Kostenbegriff i. S. des § 80 II Nr. 1 VwGO fallen) heranziehen und erwägt, die sofortige Vollziehung anzuordnen. Ihr seien durch die Herstellung der Hausanschlüsse in dem betreffenden Baugebiet Kosten von über 250.000 € entstanden, und deshalb bestehe ein öffentliches Interesse daran, die Kosten unverzüglich erstattet zu bekommen. Das allgemeine öffentliche Interesse am sofortigen Zahlungseingang begründet noch kein (besonderes) Vollziehungsinteresse. Die sofortige Vollziehung darf deshalb nicht angeordnet werden.
b) Aus einer gewerblichen Betriebsstätte entweichen ständig gesundheits- und umweltschädliche Gase. Da die Allgemeinheit nicht auf andere Weise ausreichend geschützt werden kann, hat die zuständige Behörde sich dazu entschlossen, die Stilllegung der Betriebsstätte anzuordnen und gleichzeitig von § 80 II Nr. 4 VwGO Gebrauch zu machen. Hier besteht ein besonderes öffentliches Interesse daran, die Allgemeinheit sofort vor schädlichen Umwelteinwirkungen zu schützen; es überwiegt deutlich das Interesse des Gewerbetreibenden daran, die Anlage bis zur endgültigen

---
851 Siehe nur VGH Mannheim, Beschl. vom 27.9.2011 – AZ.: 1 S 2554/11
852 Eine unmittelbare Anwendung des § 40 scheidet aus. Die entsprechende Anordnung stellt gerade keinen VA im Sinne des § 35 dar. Damit handelt es sich bei einer Anordnung auch nicht um ein Verwaltungsverfahren im Sinne des § 9.
853 BVerfGE 35, 382 [402]; BVerfGE 38, 52 [58]
854 Die Rspr. hat bestimmte Argumentationsmuster entwickelt, wann dem besonderen Vollzugsinteresse ein erhöhtes Gewicht zukommt; Einzelheiten siehe Weidemann/Barthel, DVP 2003, 165 [167 f.]

Verwaltungsrechtsschutz

Entscheidung über die Rechtmäßigkeit der Stilllegungsanordnung weiterzubetreiben und daraus Gewinne zu erzielen. Die sofortige Vollziehung darf deshalb angeordnet werden.

Liegen die tatbestandlichen Voraussetzungen für die Anordnung vor, so hat die Behörde eine Ermessensentscheidung zu treffen. Dabei sind die allgemeinen Grundsätze der verwaltungsrechtlichen Ermessenslehre als Ausfluss des Rechtsstaatsprinzips zu beachten.

543 Anordnung der sofortigen Vollziehung (Übersicht)[855]

I. Ermächtigungsgrundlage
§ 80 II Nr. 4 VwGO

II. Formelle Voraussetzungen

➢ Zuständigkeit (§ 80 Nr. 4 VwGO)
  – Behörde, die den Verwaltungsakt erlassen hat, oder
  – Behörde, die über den Widerspruch zu entscheiden hat
➢ besondere Anordnung (§80 II Nr. 4 VwGO)*
  („Die sofortige Vollziehung des ... ordne ich an")
➢ schriftliche Begründung (§80 III VwGO)*
  sofern keine Ausnahme greift
➢ Verbindung mit der Hauptregelung oder nachträglicher Anordnung*

III. Materielle Voraussetzungen (§ 80 II Nr. 4 VwGO)

➢ Kein Entfallen der aufschiebenden Wirkung kraft Gesetzes
➢ Sofortige Vollziehung im öffentlichen Interesse
Alternativ:
➢ sofortige Vollziehung im überwiegenden Interesse eines Beteiligten
➢ richtige Ermessensausbildung

IV. Entscheidung

* Es ist gut vertretbar, diese Punkte erst im Entscheidungspunkt aufzugreifen

---

544 **6.6.5.3.4 Wirksamkeit der Anordnung.** Bestimmungen darüber, unter welchen Voraussetzungen eine Anordnung der sofortigen Vollziehung Regelungswirkung entfaltet, also wirksam ist, enthält die VwGO nicht. Deshalb dürften insoweit die Regelungen über die Wirksamkeit des Verwaltungsaktes (§§ 43, 44) entsprechend anzuwenden sein, denn es ist kein Grund dafür ersichtlich, an diese Nebenentscheidung strengere Anforderungen als an den Verwaltungsakt selbst zu stellen. Wirksam ist die Anordnung der sofortigen Vollziehung, wenn sie dem Betroffenen bekannt gegeben wurde (§ 43 I 1). Sie wird mit dem Inhalt wirksam, mit dem sie bekannt gegeben wurde (§ 43 I 2). So ist genau zu prüfen, wenn ein Verwaltungsakt mehrere Regelungen enthält (z. B. baurechtliche Beseitigungsanordnung verbunden mit einer Nutzungsuntersagung), auf welche Regelung(en) sich die Anordnung bezieht. Eine andere Beurteilung ergibt sich im Falle der Nichtigkeit, denn in diesem Falle ist die Anordnung unwirksam (§ 43 III). Nich-

---

855 Sofern die Anordnung nachträglich erlassen werden soll, muss ein rechtmäßiger Verwaltungsakt vorliegen. Zudem ist bei Rechtsbehelfen Dritter § 80a VwGO zu beachten.

tig wäre die Anordnung bei entsprechender Anwendung des § 44 I, soweit sie an einem besonders schwerwiegenden Fehler leidet und dies offenkundig ist. Die Verletzung der durch § 80 III 1 VwGO angeordneten Begründungspflicht ist besonders schwerwiegend, wenn der Rechtsfehler die davon betroffene Anordnung als schlechterdings unerträglich erscheinen, d. h. mit tragenden Verfassungsprinzipien oder der Rechtsordnung immanenten wesentlichen Wertvorstellungen unvereinbar sein lässt. Ein solcher Fehler ist die Verletzung des Begründungserfordernisses nicht.[856] Eine wegen Verstoßes gegen die Begründungspflicht rechtswidrige Anordnung ist also nicht nichtig und damit bei entsprechender Anwendung des § 43 I 2 wirksam mit der Folge, dass die aufschiebende Wirkung eines Widerspruchs nach § 80 II Nr. 4 VwGO entfällt, der Verwaltungsakt also auch nach dessen Anfechtung vollzogen werden kann.

6.6.6 Aussetzung der Vollziehung; Anordnung oder (Wieder-)Herstellung der aufschiebenden Wirkung

Entfällt nach § 80 II VwGO die aufschiebende Wirkung eines Rechtsbehelfs, kann sie, nachdem Widerspruch erhoben worden ist, durch besondere Entscheidung hergestellt werden („Aussetzung der Vollziehung"). Die Behörde, die den Verwaltungsakt erlassen hat, oder die Behörde, die über den Widerspruch zu entscheiden hat, kann nach § 80 IV 1 VwGO die Vollziehung aussetzen. Die Aussetzung der Vollziehung durch behördliche Entscheidung kann sich auch auf beide Fälle des Sofortvollzugs – durch Gesetz oder durch besondere behördliche Anordnung – beziehen. **545**

Das Verwaltungsgericht kann nach § 80 V 1 VwGO die aufschiebende Wirkung anordnen (dies gilt in den Fällen des § 80 II Nrn. 1 bis 3 VwGO) bzw. sie (wieder-)herstellen, wenn die sofortige Vollziehung nach § 80 II Nr. 4 VwGO angeordnet wurde. **546**
Der Widerspruchsführer oder die Widerspruchsführerin hat regelmäßig die Wahl, bei der Ausgangs- oder der Widerspruchsbehörde einen Antrag nach § 80 IV 1 VwGO zu stellen oder beim Verwaltungsgericht eine Entscheidung nach § 80 V 1 VwGO zu beantragen. Geht es dagegen um öffentliche Abgaben und Kosten im Sinne des § 80 II Nr. 1 VwGO, ist ein Antrag nach § 80 V VwGO regelmäßig nur zulässig, wenn die Behörde einen Antrag auf Aussetzung der Vollziehung ganz oder zum Teil abgelehnt hat. Eine andere Beurteilung ist hier nur dann geboten, wenn die Behörde über diesen Antrag ohne Mitteilung eines zureichenden Grundes in angemessener Frist sachlich nicht entschieden hat oder eine Vollstreckung droht (§ 80 VI 2 VwGO).
Damit der gerichtliche Antrag Erfolg hat, muss neben der Zulässigkeit[857] auch die Begründetheit gegeben sein.
Das Gericht beschränkt sich bei dem Verfahren nach § 80 V VwGO nicht auf die Überprüfung der (behördlichen) Anordnung. Es trifft vielmehr durch Abwä-

---

856 Vgl. auch Finkelnburg/Jank, RdNr. 759
857 Zu den sog. Sachurteilsvoraussetzungen zählen folgende Prüfungspunkte: Verwaltungsrechtsweg (§ 40 VwGO); Zuständigkeit des Gerichts (§§ 80 V, 45 ff. VwGO); Beteiligungs- und Prozessfähigkeit (§§ 61 f. VwGO); Statthaftigkeit (§§ 123 V, 80 V VwGO); Antragsbefugnis (§ 42 II VwGO analog); all. Rechtsschutzbedürfnis; ordnungsgemäßer Antrag (§§ 80 I 1 i. V. m. 81 f. VwGO analog); Vertiefung: Hufen, Verwaltungsprozessrecht, § 32 Rn. 28 ff.

Verwaltungsrechtsschutz

gung der beteiligten Interessen eine eigene Ermessensentscheidung.[858] Insoweit unterscheidet sich der vorläufige Rechtsschutz deutlich vom Hauptsacheverfahren. Die gebotene Interessenabwägung orientiert sich primär an den Erfolgsaussichten im Hauptsacheverfahren.[859] Ist der Verwaltungsakt offensichtlich rechtmäßig[860], so hält die h. M.[861] eine weitergehende Interessenabwägung nicht für geboten, da es nicht schutzwürdig ist, den Vollzug eines Verwaltungsakts hinaus zu schieben, obgleich der Rechtsbehelf offensichtlich unbegründet ist. Andererseits überwiegt das Interesse des Betroffenen an der Aussetzung der Vollziehung, wenn der Verwaltungsakt offensichtlich rechtswidrig ist. An der Vollziehung eines rechtswidrigen Verwaltungsakts kann kein (öffentliches) Interesse bestehen. Eine ausdrückliche Interessenabwägung ist dagegen geboten, wenn sich nach summarischer Überprüfung des Verwaltungsakts weder dessen Rechtmäßigkeit noch dessen Rechtswidrigkeit feststellen lässt.[862] Die Entscheidung der Behörde kann aber nur dann Bestand haben, wenn die Behörde[863] die formellen Voraussetzungen der Vollziehungsanordnung berücksichtigt hat.

Nach § 80 VI VwGO kann das zuständige Gericht Beschlüsse über Anträge nach § 80 V VwGO von sich aus oder auf Antrag eines Beteiligten jederzeit ändern oder aufheben.

546a

Antrag nach § 80 V VwGO[864]
1. **Zulässigkeit eines Antrages auf Anordnung/Wiederherstellung der aufschiebenden Wirkung**
   1.1 Eröffnung des Verwaltungsrechtswegs (i. d. R. § 40 VwGO)
   1.2 Statthaftigkeit des Antrags (§§ 80 V VwGO; Abgrenzung § 123 VwGO, im Hauptsacheverfahren muss eine Anfechtungsklage in Betracht kommen)
   1.3 Zuständiges Gericht (§ 80 V 1 VwGO)
   1.4 Beteiligtenfähigkeit (§ 61 VwGO)
   1.5 Prozessfähigkeit (§ 62 VwGO)
   1.6 Antragsbefugnis (§ 42 II VwGO analog)
   1.7 Vorläufiges behördliches Verfahren erforderlich? (regelmäßig nein; Ausnahme § 80 VI VwGO)
   1.8 Form (Schriftform [§ 81 I VwGO analog]; Inhalt [§ 82 VwGO analog])
   1.9 Frist einzuhalten? (regelmäßig nein; Ausnahme: Spezialgesetze sehen dies vor)

---

858 Siehe nur BVerfG NJW 1980, 35; OVG Magdeburg NJW 1999, 2982; OVG Münster NVwZ 1998, 306
859 BVerwG NVwZ 1996, S. 1023; BVerwG NVwZ 1995, S. 590 und S. 595
860 Das Gericht nimmt nur eine summarische Prüfung vor
861 Vgl. nur BVerwG DVBl 1974, 566; OVG Schleswig NVwZ-RR 1996, 148; VGH Mannheim GewArch 1995, 351; OVG Lüneburg OVGE 44, 327
862 Vgl. nur BVerwG NVwZ-RR 1991, 365; OVG Münster NJW 2000, 891; OVG Saarlouis NJW 1992, 646
863 Vgl. OVG Schleswig NVwZ 2001, 541; VGH Kassel NJW 1983, 2404
864 Vertiefung zum Thema: Vorläufigen Rechtsschutz: Hummel; JuS 2011, S. 317 ff. und S. 413 ff.; Darstellung orientiert sich auch an Schmidt, VwGO-Fallrepetitorium, S. 164 f. und Hufen, Verwaltungsprozessrecht, § 32 RdNr. 46

> 1.10 Allgemeines Rechtsschutzbedürfnis[865]
> 1.11 Widerspruch/Klage nicht offensichtlich unzulässig
> 1.12 Vorherige Widerspruchseinlegung erforderlich (str.)
> 1.13 Richtiger Antragsgegner (Aufbau: str.)
> 2. **Begründetheit des Antrages auf Anordnung/Wiederherstellung der aufschiebenden Wirkung**
> Der Antrag auf Anordnung bzw. Wiederherstellung der aufschiebenden Wirkung ist begründet, wenn die Passivlegitimation bejaht und das Aussetzungsinteresse des Antragsstellers das Vollzugsinteresse des Antragsgegners übersteigt. Das ist der Fall, wenn – im Falle einer Anordnung nach § 80 II Nr. 4 VwGO diese an einem formellen Fehler leidet, oder – der sofort vollziehbare Verwaltungsakt offensichtlich rechtswidrig ist und den Antragsteller in seinen Rechten verletzt oder wenn im Rahmen einer umfassenden Abwägung zugunsten des Antragsstellers entschieden wird.
> 2.1 Passivlegitimation
> 2.2 (Ggfs.) Formelle Rechtswidrigkeit der Anordnung
> 2.3 Summarische Prüfung
> – Rechtsbehelf gegen Hauptentscheidung offensichtlich begründet: Anordnung muss gegeben werden
> – Rechtsbehelf gegen Hauptentscheidung offensichtlich **un**begründet: Anordnung wird nicht ergehen
> – Unklar, ob Rechtsbehelf erfolgreich sein wird; Abwägung Vollzugsinteresse mit dem Suspensivinteresse
> 2.4 Tatsächliche Rechtsverletzung des Antragstellers (§ 113 I 1 VwGO analog)

6.6.7 Drittwiderspruch und aufschiebende Wirkung. Verwaltungsakte entfalten mitunter nicht nur für den unmittelbaren Adressaten Rechtswirkungen. Neben begünstigenden Verwaltungsakten mit drittbelastender Wirkung sind auch belastendende Verwaltungsakte mit drittbegünstigender Wirkung denkbar.

547

Beispiele:
a) Der Landwirt L erhält die immissionsschutzrechtliche Genehmigung zur Errichtung einer weiteren Stallanlage zur Haltung von Mastgeflügel. Der unmittelbare Nachbar N sieht seine Gesundheit gefährdet und legt Widerspruch ein. Folge ist, dass L mit dem Bau des Geflügelmaststalles nicht beginnen kann.
b) Die dem Unternehmer (U) erteilte immissionsschutzrechtliche Erlaubnis enthält eine Lärmschutzauflage. U erhebt Widerspruch gegen diese Auflage. Er braucht daher (zunächst) die den Nachbarn begünstigende Auflage nicht zu verwirklichen.

Sofern nicht eine Ausnahme des § 80 II VwGO greift, entfaltet der Widerspruch auch bei einem Verwaltungsakt mit Doppelwirkung aufschiebende Wirkung (§ 80 I 2 VwGO). Die Verwaltungsgerichtsordnung hält nun ein sehr differenzier-

---

865 Anwendungsbeispiel siehe OVG Koblenz BauR 2020, S. 1168 f. [Vorläufiger Rechtsschutz gegen Vorbescheid)

Verwaltungsrechtsschutz

tes Regelungssystem vor, um den besonderen Interessenlagen eines mehrpoligen Rechtsverhältnisses Rechnung zu tragen (§§ 80 I 2, 80a VwGO). Je nach Interessenlage kann die Behörde oder aber das Gericht die aufschiebende Wirkung des Widerspruchs wieder herstellen oder aber die sofortige Vollziehung anordnen. So kann beispielsweise im Beispiel a) die Behörde auf Antrag des Begünstigen L nach § 80 II Nr. 4 VwGO die sofortige Vollziehung anordnen (§ 80a I Nr. 1 VwGO). Gegen diese behördliche Anordnung steht dann wiederum dem Dritten N (gerichtlicher) Rechtsschutz offen.

548 **6.6.8 Einstweilige Anordnung**[866] Nach § 123 I VwGO kann das Verwaltungsgericht eine einstweilige Anordnung erlassen, um gefährdete Rechte zu sichern oder einen vorläufigen Zustand zu regeln. Zu unterscheiden ist danach zwischen zwei Arten der einstweiligen Anordnung: Der Sicherungsanordnung (S. 1) und der Regelungsanordnung (S. 2).[867]

549 Nach S. 1 kann das Gericht eine einstweilige Anordnung „in Bezug auf den Streitgegenstand" treffen, „wenn die Gefahr besteht, dass durch eine Veränderung des bestehenden Zustandes die Verwirklichung eines Rechts des Antragstellers vereitelt oder wesentlich erschwert werden könnte". Dieser Tatbestand setzt einen Eingriff in eine bestehende Rechtsposition voraus. Ziel des Antrages ist es also den status quo zu sichern.

Beispiel:
a) Ein Beamter soll innerhalb einer Behörde umgesetzt werden. Er befürchtet, dass seine beruflichen Entwicklungschancen sich an dem neuen Arbeitsplatz verschlechtern. Um eine Umsetzung bis zur endgültigen Klärung der Rechtslage zu verhindern, beantragt er eine einstweilige Anordnung (Sicherungsanordnung).
b) Das ausgeschlossene Fraktionsmitglied will vermeiden, dass er – bis zur endgültigen Klärung seiner Rechtsposition – seinen Status als Fraktionsmitglied einbüßt. Er beantragt eine einstweilige Anordnung (Sicherungsanordnung).

550 Nach S. 2 sind einstweilige Anordnungen auch „zur Regelung eines vorläufigen Zustandes in Bezug auf ein streitiges Rechtsverhältnis zulässig, wenn diese Regelung, vor allem bei dauernden Rechtsverhältnissen, um wesentliche Nachteile abzuwenden oder drohende Gewalt zu verhindern oder aus anderen Gründen nötig erscheint". Eine einstweilige Anordnung nach S. 2 kommt in Betracht, wenn der Antragsteller eine Rechtsposition erst erstrebt.

Beispiel:
Eine Partei beantragt bei der Stadt, ihr die Stadthalle (= kommunale Einrichtung) zur Durchführung ihres Parteitages zu überlassen. Die Behörde lehnt dies ab. Die Partei kann beim Verwaltungsgericht beantragen, eine einstweilige Anordnung zu erlassen (Regelungsanordnung)

551 Der Erlass einer einstweiligen Anordnung setzt voraus, dass ein Anordnungsanspruch (die Grundlage, aus der sich das Recht des Antragstellers ergibt) und ein

---
866 Vertiefung Hummel, JuS 2011, S. 502 ff.
867 zu Einzelfragen siehe Übersicht (Einzelfälle) bei Eyermann, § 123 RdNr. 87

Vorläufiger Rechtsschutz

Anordnungsgrund (warum es notwendig erscheint, vorläufigen Rechtsschutz zu gewähren) glaubhaft gemacht wird (§ 920 ZPO i. V. mit § 123 III VwGO).
In den Fällen, in denen vorläufiger Rechtsschutz nach §§ 80 und 80a VwGO in Betracht kommt, ist § 123 VwGO nicht anzuwenden (§ 123 V VwGO).
Die erfolgreiche einstweilige Anordnung setzt die Beachtung der Sachurteilsvoraussetzungen[868] und die Begründetheit voraus.

Begründetheit der einstweiligen Anordnung nach § 123 VwGO		
Art der Anordnung	Sicherungsanordnung	Regelungsanordnung
Anordnungs- anspruch[869]	materielles Recht vorhanden?	streitiges Rechtsverhältnis gegeben?
Anordnungsgrund[711]	Verhinderung der Gefahr der Vereitelung/wesentliche Erschwerung der Rechtsdurchsetzung	Regelung ist zur Nachteilsabwendung geboten
Ermessen[870]	– Erlass der einstweiligen Anordnung = Rechtsentscheidung (h. M.) – Inhalt der einstweiligen Anordnung nach freiem Ermessen des Gerichts (§§ 123 III, 938 I ZPO) – grundsätzlich keine Vorwegnahme der Hauptsache[871] – nicht mehr gewähren als in der Hauptsache	

552

---

868 Vgl. Hufen, Verwaltungsprozessrecht, § 33 RdNr. 1 ff.
869 Hier werden in erster Linie die Erfolgsaussichten im Hauptsacheverfahren beleuchtet.
870 Umstritten ist die Reichweite der gerichtlichen Ermessensentscheidung; vgl. nur zum Streitstand Finkelnburg/Jank, RdNr. 248 ff.; Pietzner/Ronellenfitsch, § 58 RdNr. 18; Erichsen, Jura 1984, 644 [650]
871 In Ausnahmefällen tritt dieser Aspekt aber zurück; vgl. BVerwG NVwZ 2000, 160; OVG Hamburg NJW 1999, 2754

Anhang   Rechtsbehelfsbelehrung   553

1. Funktion einer Belehrung

Die Belehrung über einen Rechtbehelf soll verhindern, dass der von einer behördlichen oder gerichtlichen Entscheidung Betroffene die Möglichkeit, einen Rechtsbehelf einzulegen, aus Unkenntnis verliert. Sie soll dem Beteiligten vor Augen führen, dass er zwar nicht sofort gegen die unerwünschte Entscheidung vorgehen muss; andererseits aber auch nicht unbegrenzt Zeit für einen Rechtsbehelf hat. Damit ist mit dieser Belehrung eine Warnfunktion verbunden.[872] Er soll auf den drohenden Rechtsverlust bei Fristablauf aufmerksam gemacht werden. Es ist dagegen nicht Funktion der Belehrung, den Betroffenen über alle Eventualitäten eines Rechtsbehelfs zu informieren.

2. Pflicht zur Erteilung einer Belehrung

Die Pflicht, einem Verwaltungsakt eine Belehrung über den gegebenen Rechtsbehelf beizufügen, kann sich aus einer speziellen Bestimmung ergeben. So wird eine solche Verpflichtung nunmehr nach § 37 VI für alle Verwaltungsakte vorgesehen, die der Anfechtung unterliegen; für den Widerspruchsbescheid durch § 73 III 1 VwGO, für Verwaltungsakte, die nach dem BauGB ergehen, durch § 211 BauGB, für Steuerbescheide durch § 157 I AO. Die Verwaltungsbehörden und die Polizei sind nach § 20 I 2 NPOG verpflichtet, eine festgehaltene Person über die ihr zustehenden Rechtsbehelfe zu belehren.

Auch in den Fällen, in denen die Belehrung nicht vorgeschrieben ist, empfiehlt es sich regelmäßig, diese den belastenden Verwaltungsakten beizufügen.

3. Anforderungen an eine ordnungsgemäße Belehrung[873]

Den Anforderungen entspricht eine Rechtsbehelfsbelehrung[874] nur, wenn sie
a) in der durch § 58 I VwGO[875] vorgeschriebenen Form erteilt wird,
b) die durch § 58 I VwGO zwingend geforderten (vier!) Bestandteile vollständig und richtig bezeichnet
  – Art des Rechtsbehelfs
  – einzuhaltende Frist
  – Behörde bzw. Gericht
  – Sitz der Behörde bzw. des Gerichts
c) keine unrichtigen oder irreführenden Zusätze enthält.

---

[872] Vgl. nur BVerwGE 134, 41
[873] Vertiefung siehe Suslin in: Koop/Bantle, S. 207 ff. m. w. N.
[874] Eingehend Stumm, DVP 1991, 395 ff.; zu den Anforderungen einer Rechtsbehelfsbelehrung bei einer Verpflichtungsklage siehe nur OVG Lüneburg NVwZ-RR 2010 S. 861 f.
[875] § 58 VwGO gilt für das verwaltungsgerichtliche Verfahren, nicht jedoch unmittelbar auch für das Vorverfahren; hier ist die Norm nach § 70 II VwGO entsprechend anwendbar

Rechtsbehelfsbelehrung

Beispiel
(die notwendigen Bestandteile sind gekennzeichnet):[876]

> „Gegen diesen Bescheid können Sie 1. *Widerspruch* bei dem 2. *Samtgemeindebürgermeister der Samtgemeinde Oberharz* 3. *in 27443 Clausthal-Zellerfeld*, Hauptstr. 144[548] 4. *innerhalb eines Monats* erheben".

Das Gesetz fordert, die notwendigen Bestandteile in der Rechtsbehelfsbelehrung selbst genau zu bezeichnen. Geschieht das nicht, beginnt die Monatsfrist nicht zu laufen. Fehlerhaft sind beispielsweise folgende Formulierungen:
„… Widerspruch ist schriftlich beim Bürgermeister oder zur Niederschrift – Bauordnungsamt – zu erheben …"[877]
„Der Widerspruch ist beim Bürgermeister, Postfach 33 22 11 zu erheben."[878]
Demgegenüber hat das Bundesverwaltungsgericht[879] die nachfolgende Rechtsbehelfsbelehrung als fehlerfrei anerkannt:
„Gegen den Bescheid können Sie innerhalb eines Monats nach Bekanntgabe Widerspruch bei der im Briefkopf bezeichneten Dienststelle einlegen."
Die Rechtsbehelfsbelehrung muss keinen Hinweis zu dem Zeitpunkt des Fristbeginns enthalten.[880] Das Bundesverwaltungsgericht weist auf die unterschiedlichen fristauslösenden Ereignisse (vgl. nur Bekanntgabe oder Zustellung) und Modalitäten (etwa Übermittlung durch die Post und Auslösung der Bekanntgabefiktion nach § 41 II VwVfG, öffentliche Bekanntgabe, Zustellung durch die Behörde mittels Empfangsbekenntnis) hin, die im konkreten Fall Schwierigkeiten bereiten kann, den Fristbeginn zu bestimmen.[881]

4. Ergänzende Zusätze

Es ist zulässig, zu Informationszwecken der Belehrung – über die Mindestbestandteile hinaus – ergänzende Zusätze beizufügen. Unzulässig ist dagegen ein Zusatz, wenn er unvollständig oder einen unzutreffenden oder irreführenden Inhalt aufweist, der generell geeignet ist, bei dem Betroffenen einen Irrtum über die formellen und/oder materiellen Voraussetzungen des in Betracht kommenden Rechtsbehelfs hervorzurufen und ihn davon abhalten kann, den Rechtsbehelf überhaupt, rechtzeitig oder in der rechten Weise einzulegen.[882]
a) Zulässig ist der ergänzende Hinweis, dass die Frist auch gewahrt sei, wenn der Widerspruch bei der Behörde eingelegt werde, die für den Erlass des Widerspruchsbescheides zuständig ist (§ 70 I 2 VwGO),[883] denn die Verwaltungsbehörde, bei der der Rechtsbehelf „anzubringen ist" (§ 58 I VwGO), ist

---

[876] Zweckmäßig, aber nicht in jedem Falle zwingend ist die Angabe von Postleitzahl, Straße und Hausnummer; vgl. BVerwG DVBl 1990, 1354 [1355]; s. auch Kopp/Schenke § 58 RdNr. 10 m. N.
[877] OVG Greifswald NVwZ-RR 1999, 476
[878] OVG Bautzen LVK 1997, 228
[879] BVerwGE 50, 248
[880] BVerwG NVwZ-RR 2019, S. 885 f.; so bereits auch schon VGH Mannheim Urt. vom 23.1.2018 AZ.: 8 S 1295/17, BeckRS 2018, 1071
[881] Siehe nur Schenk, NVwZ 2019, S. 1804 ff. [1805]
[882] OVG Lüneburg NdsVBl. 2020, S. 81 ff. [83 m. N.]
[883] OVG Münster OVGE 29, 183

Rechtsbehelfsbelehrung

nach § 70 I 1 VwGO zunächst die Ausgangsbehörde. Ein solcher Hinweis ist auch wenig zweckmäßig, weil der Beteiligte dadurch veranlasst werden kann, sich unmittelbar an die nächsthöhere Behörde zu wenden, die jedoch vor ihrer Entscheidung zunächst der Ausgangsbehörde Gelegenheit geben muss zu prüfen, ob sie dem Widerspruch abhelfen will; das Vorverfahren verzögert sich dadurch nur.

b) Auch wenn nicht ausdrücklich gefordert, kann dennoch ein Hinweis zum Fristbeginn aufgenommen werden. Hier ist aber die gebotene Klarheit und Eindeutigkeit zu beachten. Da § 70 I 1 VwGO – anders als § 74 I 1 VwGO – nur den Oberbegriff „Bekanntgabe" verwendet und in der Belehrung auf die Art der Bekanntgabe nicht abgestellt zu werden braucht, ist eine Rechtsbehelfsbelehrung selbst dann nicht unrichtig, wenn der Bescheid zwar zugestellt, in der Belehrung aber der Begriff „Bekanntgabe" verwandt wird. Auch die Rechtsbehelfsbelehrung eines mit Zustellungsurkunde zugestellten Widerspruchsbescheides, nach der die Klage innerhalb eines Monats nach „Bekanntgabe" des Widerspruchsbescheides erhoben werden kann, ist nicht unrichtig.[884]

Unrichtig i. S. des § 58 II VwGO ist die Belehrung nicht nur, wenn eine kürzere als die Monatsfrist (z. B. drei Wochen), sondern auch, wenn eine längere Frist (z. B. sechs Wochen) angegeben wird. Für diesen Fall vertritt das BVerwG in einer älteren Entscheidung[885] die Ansicht, dass die von der Behörde angegebene Rechtsbehelfsfrist zu laufen beginne, da die Belehrung über die längere (unrichtige) Frist auch die kürzere (richtige) Frist einschließe, und zwar mit der Folge, dass sie noch bis zum Ablauf der längeren (unrichtigen) Frist genutzt werden könne. Diese Auffassung überzeugt jedoch nicht, denn ihr steht die klare Regelung des § 58 I VwGO entgegen; danach setzt der Lauf der Frist u. a. voraus, dass der Adressat eines Verwaltungsaktes (der Beteiligte i. S. des § 13 I Nr. 2) über die einzuhaltende Frist belehrt worden ist. Einzuhalten ist sowohl nach § 70 I 1 VwGO als auch nach § 74 I 1 VwGO die Monatsfrist. Diese Frist muss die Behörde, wenn sie die Rechtsfolge des § 58 II VwGO vermeiden will, in der Rechtsbehelfsbelehrung angeben. Es steht nicht in ihrem Belieben, dem Adressaten eine längere als die gesetzlich vorgeschriebene Frist einzuräumen. Geschieht das dennoch, kann der Adressat den Verwaltungsakt innerhalb eines Jahres anfechten.

Problematisch ist der Hinweis, der Widerspruch könne innerhalb eines Monats nach Zugang eingelegt werden. Wird beispielsweise ein schriftlicher Verwaltungsakt durch die Post im Inland übermittelt, so können Zugang des Bescheides und Bekanntgabe unterschiedlich ausfallen (siehe nur §§ 41 II VwVfG, 4 VwZG). Im Hinblick auf die Zustellungsfiktion ist die Verwendung des Begriffs „Zugang" fehlerhaft.[886]

---

[884] BVerwG NJW 1991, 508; das BSG hält demgegenüber eine Rechtsbehelfsbelehrung in einem per Einschreiben zugestellten Widerspruchsbescheid, wonach die Klage innerhalb eines Monats nach der Bekanntgabe des Widerspruchsbescheides zu erheben ist, für unrichtig [NVwZ 1998, 109]

[885] Urt. vom 10.11.1966, NJW 1967, 591 [592]; vgl. auch Eyermann, § 58 RdNr. 9

[886] Vgl. OVG Münster NWVBl. 2000, 350

Rechtsbehelfsbelehrung

c) Zu den notwendigen Bestandteilen gehört nicht die Belehrung über die Form des Widerspruchs (§ 70 I 1 VwGO), denn die nach § 58 I VwGO erforderliche Belehrung „über den Rechtsbehelf" schließt das Formerfordernis nicht ein.[887]

Durch vollständige und zutreffende Hinweise auf die Form des Widerspruchs wird die Belehrung aber nicht unrichtig im Sinne des § 58 II VwGO.

Nicht einheitlich wird gegenwärtig die Frage beantwortet, welche Anforderungen an eine Rechtsbehelfsbelehrung in Zeiten fortschreitender elektronischer Kommunikation zu stellen sind. So verlangt das OVG Koblenz[888] für den Fall, dass die maßgebliche Verwaltung sich den elektronischen Kommunikationsformen geöffnet hat, dass bei der Information über die Form auch auf die Möglichkeit der elektronischen Widerspruchseinlegung hinzuweisen ist. Demgegenüber hält das OVG Bremen[889] an der traditionellen Belehrung (Form = Schriftlich und Niederschrift) fest. Ob es durch die Änderung des § 70 I 1 VwGO[890] tatsächlich mehr Klarheit gibt, wird sich zeigen müssen. So scheint das OVG Lüneburg[891] wohl dahingehend zu differenzieren, dass es sich um eine Rechtsbehelfsbelehrung handelt, die auf einen Widerspruch oder aber auf eine Klage hinweist. So weist das Gericht (im 3. Leitsatz) darauf hin, dass die durch die Einfügung des § 55a VwGO rechtlich ermöglichte elektronische Übermittlung der Klage keine dritte, neben der Schriftform oder die Erhebung zur Niederschrift beim Urkundsbeamten der Geschäftsstelle tretende eigenständige Form der Klageerhebung ist. Es handelt sich lediglich um eine weitere Übermittlungsmöglichkeit eines schriftlichen Dokuments. Es ist daher nicht erforderlich, in der Rechtsbehelfsbelehrung auch auf die durch § 55a VwGO eingeräumte Möglichkeit der elektronischen Übermittlung der Klageschrift an das Gericht hinzuweisen. Ein Hinweis in der Rechtsbehelfsbelehrung, dass die Klage „schriftlich oder zur Niederschrift" erhoben werden kann, führt somit zu keinem Belehrungsmangel. Sofern der Rechtsbehelf dagegen ein Widerspruch ist, wird wohl auch der Hinweis auf die elektronische Form geboten sein. Wird auf die elektronische Möglichkeit der Erhebung des Widerspruchs hingewiesen, so ist es nicht erforderlich, die E-Mail-Adresse mit anzugeben.[892] Die vorhandenen Unsicherheiten gehen zu Lasten aller Beteiligten.[893] Eine Klarstellung durch das BVerwG wäre wünschenswert.[894]

d) Der Hinweis in der Rechtsbehelfsbelehrung, dass diese in deutscher Sprache abzufassen ist, macht diese nicht unrichtig.[895]

---

887 BVerwGE 50, 248, mit überzeugender Begründung; a. A. wohl Kopp/Schenke, § 58 Rn. 10
888 OVG Koblenz Urt. vom 8.3.2012 – AZ.: A 11258/1.OVG siehe auch lesenswerte Zusammenstellung von Vahle, DVP 2013, S. 218 ff.
889 OVG Bremen Urt. vom 8.8.2012 – AZ.: OVG 2 A 53/12 A
890 BGBl I 2017, S. 2208
891 NdsVBl. 2020, S. 81 ff.
892 OVG-Koblenz DVBl. 2020, S. 822 f.
893 Instruktiv zum Themenkomplex der Beitrag von Lenk, NVwZ 2021, S. 108 ff.
894 Grundlegend zum Problemkreis siehe Weidemann, DVP 2013, S. 367 ff. Mit dem Rundschreiben des Bundesministeriums des Innern vom 12. August 2013 (GMBl. S. 1150) sind Muster veröffentlicht worden.
895 BVerwG DVBl. 2019, S. 174 ff.

Rechtsbehelfsbelehrung

e) Deutliche Zurückhaltung ist geboten bei Hinweisen, die eine Begründung des Widerspruchs anregen. So werden als irreführende Zusätze Hinweise darauf gewertet, den Widerspruch zu begründen oder ihn in doppelter Ausfertigung einzulegen. Das gilt auch dann, wenn der Zusatz in die Form einer Bitte gekleidet ist.[896]

Es empfiehlt sich, die Belehrung auf den nach dem Gesetz erforderlichen Inhalt zu beschränken, weil bei zusätzlichen Hinweisen die Gefahr besteht, dass diese sich als fehlerhaft oder irreführend erweisen. Eine über den notwendigen Inhalt hinausgehende Belehrung dürfte in aller Regel auch entbehrlich sein, denn die Rechtsbehelfsbelehrung ist „für den geschäfts- und prozessfähigen Bürger bestimmt und nicht an einer unmündigen Person zu orientieren, die sich selbst nicht zu helfen weiß".[897] Unzulässig ist eine Rechtsbehelfsbelehrung zudem, die neben dem gesetzlich normierten zulässigen Rechtsmittel auch auf ein weiteres, in der Rechtsordnung nicht geregeltes und behördlich erfundenes, Rechtsmittel der erneuten kostenneutralen Nachprüfung des VA hinweist.[898]

Bei einem Verwaltungsakt mit Drittwirkung (z. B. Baugenehmigung, Genehmigung nach dem BISchG) muss sichergestellt werden, dass der Dritte eine dem Verwaltungsakt beigefügte Rechtsbehelfsbelehrung als auch an sich gerichtet ansieht.[899] Wird nun bei einem Verwaltungsakt mit Drittwirkung in einer ihm beigefügten Rechtsbehelfsbelehrung abstrakt darüber belehrt, dass gegen den Bescheid Widerspruch eingelegt werden kann, bezieht sich dieser Rechtsbehelf ohne Weiteres auch auf einen potentiellen Drittbetroffenen und setzt – wenn ihm der Verwaltungsakt bekannt gegeben wird – ihm gegenüber die Widerspruchsfrist in Lauf.[900]

5. Folgen bei richtiger und fehlender oder unrichtiger Belehrung

5.1 Folgen bei richtiger Belehrung

Entspricht die Belehrung den Anforderungen, beträgt die Widerspruchsfrist einen Monat (§§ 70 I, II, 58 I VwGO). Mit Ablauf der Monatsfrist wird der Verwaltungsakt bestandskräftig.

5.2 Folgen bei fehlender oder unrichtiger Belehrung

Fehlt eine Belehrung über den Rechtsbehelf oder ist sie unrichtig erteilt worden, kann nur innerhalb einer Ausschlussfrist von einem Jahr Widerspruch erhoben werden (§ 58 II i. V. mit § 70 II VwGO). Erst mit dem Ablauf der Jahresfrist tritt die Bestandskraft ein.

Ist der Beteiligte schriftlich dahingehend belehrt worden, dass ein Rechtsbehelf gar nicht gegeben sei, kann Widerspruch grundsätzlich unbefristet erhoben werden (§ 58 II i. V. mit § 70 II VwGO).

---

896 BVerwGE 57, 188 [190 f.]; andererseits ist der Satz: „Es ist tunlich, den Widerspruch zu begründen." nicht zu beanstanden. Dieser Hinweis ist nicht generell geeignet, den Betroffenen von der Einlegung des Widerspruchs abzuhalten; vgl. BVerwG MDR 1982, 257
897 BVerwGE 25, 261 [262]
898 VG Gießen DVBl. 2011, S. 316 (L)
899 OVG Münster NVwZ-RR 2000, 556
900 BVerwG BauR 2010, S. 1738 ff.

Rechtsbehelfsbelehrung

Durch eine fehlende oder unrichtige Belehrung wird ein Verwaltungsakt nicht rechtswidrig, und zwar auch dann nicht, wenn die Belehrung gesetzlich vorgeschrieben ist (vgl. RdNr. 185). Das ergibt sich daraus, dass sie den Beteiligten nur über die Möglichkeit der Anfechtung informiert, die Regelung des Verwaltungsrechtsverhältnisses selbst aber unberührt lässt und deshalb bei der Beurteilung der Frage, ob der Verwaltungsakt rechtmäßig ist oder nicht, (selbstverständlich) außer Betracht bleiben muss.

Ist die Behörde verpflichtet, eine Rechtsbehelfsbelehrung beizufügen, kann eine Verletzung dieser Pflicht, etwa durch eine unrichtige Belehrung, Amtshaftungsansprüche nach sich ziehen.[901]

5.3 Nachholung und Berichtigung

Die Nachholung oder Berichtigung einer fehlerhaften Rechtsbehelfsbelehrung ist jederzeit möglich. Die (Monats-) Frist beginnt dann aber erst mit der nachgeholten Belehrung zu laufen.[902] Ein besonderes praktisches Bedürfnis für die Nachholung einer Rechtsbehelfsbelehrung kann es geben, wenn vom Betroffenen die schriftliche Bestätigung eines mündlichen Verwaltungsakts (§ 37 II 2) verlangt wird.[903]

---

[901] BGH NJW 1984, 168
[902] Siehe auch Kopp/Schenke, § 58 RdNr. 8 m. N.
[903] Dazu siehe Weidemann, DVP 2009, S. 150 ff.; Weidemann/Rheindorf, DVP 2009, S. 376 ff.; zur Klagefrist bei Berichtigung einer fehlerhaften Rechtsbehelfsbelehrung durch sog. wiederholende Verfügung siehe OVG Magdeburg NVwZ-RR 2015, S. 278 ff.

Stichwortverzeichnis

Die Ziffern verweisen auf die Randnummern.

A
Abgrenzungstheorien
– Interessentheorie 73a
– Subjektstheorie 73a
– Subordinationstheorie 73a
Abhilfebescheid 511
Adressat 158
Adressatentheorie 464
Allgemeine Sachurteilsvoraussetzungen
– besondere 410 f.
– Einzelheiten 410, 410b
– Prüfungsschema 410c
allgemeines Rechtsschutzbedürfnis 430, 469
Allgemeinverfügung 104, 106, 192, 522, 531 ff.
Analogie 47
Anfechtungsklage 79, 406, 410 f., 438, 518
Anforderung öffentlicher Abgaben und Kosten 528 ff.
Anhörung 142 ff., 452
Anordnung, einstweilige 519 f., 548 ff.
Anordnung der aufschiebenden Wirkung 545 f.
Anordnung der sofortigen Vollziehung 379, 384, 393, 535
Anspruch auf VA 487 ff.
Anspruchsgrundlage 489
Anstalten 11, 16 ff.
Anwendbarkeit 44b, 44d
Anwendungsvorrang siehe Rechtsquellen
Auflage 230 ff., 236, 239 ff., 329
Auflagenvorbehalt 232, 242
Aufsichtsbeschwerde 403
Ausgangsbehörde 431, 497, 503, 508, 510, 538
ausgeschlossene Person(en) 138
Auskunft 75, 350
Ausnahmegenehmigung 245, 312
Aussetzung der Vollziehung 545 f.
Austauschvertrag 356, 363, 367
Auswahlermessen 265, 271

B
Bauvorbescheid 97
Bedingung 157, 203, 205, 232, 236, 240 f., 248

Befristung 157, 205, 232, 234
Begründetheit
– des Antrags auf Wiederaufgreifen 300, 302 f.
– des Widerspruchs 427, 465, 474 ff., 487 ff.
Begründung
– der Anordnung der sofortigen Vollziehung 539
– der Ermessensentscheidung 151 f., 279 f.
– des Verwaltungsaktes 148 ff.
– des Widerspruchsbescheides 148, 515
Behörde 10, 19, 89 f., 506
Bekanntgabe 188 ff., 446 ff.
– Allgemeinverfügung 192
– Begriff 188 f.
– De-Mail 72d
– Einschreiben 197, 200
– elektronische 198c
– förmliche 194 ff.
– Heilung (Zustellungsmangel) 200
– nichtförmliche 191, 192 f.
– öffentliche 192
– Postzustellungsurkunde 198, 200
– privilegierter Empfängerkreis 198e
– Sonderarten (Zustellung) 199
– Vertreter 198d
– Zustellung 194 ff.
Belichener 19, 22, 89, 103
Berufung 406 f.
Beschwerde 406 f.
besonderes Verwaltungsrecht 44b, 44d
Bestandskraft 292 f., 299, 308
Bestimmtheit 161, 163 ff., 255
Beteiligungsfähigkeit 430, 458 f., 461
Beurteilungsspielraum, -ermächtigung siehe unbestimmte Rechtsbegriffe
Bevollmächtigte 461
Briefzustellungsdienste lizensierte Unternehmen 19

D
De-Mail 72e
Devolutiveffekt 404, 406
Dienstaufsichtsbeschwerde 403, 406
Digitalisierung der Verwaltung 72
Drittwiderspruch 443, 457, 466, 522, 547

Stichwortverzeichnis

Durchsetzung
- des öffentlich-rechtlichen Vertrages 369
- des Verwaltungsaktes 111, 370, 371 f.

E
E-Government-Gesetz 72d
E-Government-Gesetz (EGovG) 72d
eIDAS-Verordnung 72n
Eingriff 27, 30a, 142
einheitlicher Ansprechpartner 72k, 86
einstweilige Anordnung 519 f., 548 ff.
elektronische Kommunikation 72, 72d
- allgemeine Entwicklung 72
- De-Mail-Gesetz 72e
- E-Government-Gesetz 72d
- einheitlicher Ansprechpartner 72k
- öffentliche Bekanntmachung 72j
- VwGO 72m
- VwVfG 72f f.
- VwZG 72l
elektronische Signatur
- (und) Schriftform 72h f.
Entschließungsermessen 304
Erlaubnisse
- Erlaubnis mit Verbotsvorbehalt 289
- Grundtypen 288 ff.
- Verbot mit Befreiungsvorbehalt 291
- Verbot mit Erlaubnisvorbehalt 288
Ermessen
- Abgrenzung von der gebundenen Verwaltung 250 ff.
- Ausübung 259, 267 ff., 305
- Auswahlermessen 265, 271
- Begriff 256 f.
- Einräumung 260
- Entschließungsermessen 265
- Grenzen 269
- intendiertes 261, 272
- Reduktion 271 f., 304, 306, 491
- (sog.) Kompetenz-Kann 262
- Überprüfung 425, 462, 486 f., 491, 493
Ermessensfehler 273 ff.
- Ermessensfehlgebrauch 273 f., 278 ff.
- Ermessensprinzip 257, 274
- Ermessensüberschreitung 273, 275 f., 278
Ermessensrichtlinien 55, 63 ff.
Ermessensspielraum 63 ff., 257
Ersatzvornahme 373, 376 ff., 380, 385 ff., 529
Ersatzzwangshaft 374
Erstbescheid 296 f., 299, 304
EU-Recht 43b
- Beschluss 43b
- Empfehlung 43b
- primäres Gemeinschaftsrecht 43a
- Rangfolge 52
- Richtlinie 43b
- sekundäres Gemeinschaftsrecht 43a f.
- Verordnung 43b

F
Feststellungsinteresse 416, 421
Feststellungsklage 406, 415 ff., 520
Finanzkrise (Staat) 21
fiskalische Verwaltung 73, 76
Fiskalprivatrecht 78
förmliche Rechtsbehelfe 406 ff.
formlose Rechtsbehelfe
- Aufsichtsbeschwerde 403
- Dienstaufsichtsbeschwerde 403
- Gegenvorstellung 403
- Wirkung 404
Formvorschriften 130, 149
Fortsetzungsfeststellungsklage 418 ff.
Fristberechnung 446 ff.

G
Gebietskörperschaften 12 f., 16
Gefahr im Verzug 146, 539a
Gegenvorstellung 403
Geltungsvorrang *siehe Rechtsquellen*
Gemeinschaftsrecht 52
Genehmigungsfiktion 127b
Gesellschaftliche Veränderungen 44
Gesetz
- im formellen Sinne 38 f., 43
- im materiellen Sinne 43
Gesetzesbindung
- Abweichungsverbot 26, 28
- Anwendungsgebot 26 f.
Gesetzesfreier Raum 369e
gesetzesvertretende VO 39
Gesetzesvorbehalt 24, 26, 30, 31 f., 156, 360
Gesetzesvorrang 24, 26, 156
Gesetzgebung 1 ff.
gesetzliche Ermächtigung 58
Gesetzmäßigkeit der Verwaltung 9, 23 f., 26, 156, 222, 250, 360
Gestaltungsfreiheit
- planerische 282a
Gewaltentrennung 1 ff.
Gewohnheitsrecht 36, 42
Gleichheitsgrundsatz. 270b
Grundrechte 177

Stichwortverzeichnis

H
Handlungsfähigkeit 430, 458 ff.
Hauptbestimmung 229 ff., 239 f.
Haushaltsgesetz 43
Hausverbot 93
Heilung 178 ff., 200
Hilfsmittel der körperlichen Gewalt 375
hoheitliche Verwaltung 73 ff.

I
Informationsfreiheitsgesetz 71c
Informationsrechte
- allgemeiner Informationsanspruch 71a
- Einsichtsrechte 71b
- Informationsfreiheitsgesetz 71e
- Rechtsschutz 71g
- Systembrüche 71h
- Umweltinformationsgesetz 71c f.
- Verbraucherinformationsgesetz 71f
- verfahrensbezogene Informationsansprüche 71a

Informationsrechte der Bürger 71a
Informationsträger Papier
- dominierendes Medium 72

inhaltliche Bestimmtheit 161, 163 ff., 223, 255, 379
Inhaltsbestimmung 229 ff.
instanzielle Zuständigkeit 131
IT-Planungsrat 72b

K
Klage – allgemeine Sachurteilsvoraussetzungen 408 ff.
Klagearten 408 ff.
koordinationsrechtlicher Vertrag *siehe öffentlich-rechtlicher Vertrag*
körperliche Gewalt 375
Körperschaften 11 ff., 16
Kostenentscheidung 502 ff., 508, 515

L
Landesverwaltungsverfahrensgesetz(e) 44b, 44d
Legalitätsprinzip 256
Leistungsklage
- allgemeine 79, 369, 406, 414, 436, 520
- Verpflichtungsklage 79, 406, 412, 417, 423, 436, 438, 520

M
medienbruchfreie Verwaltung 72
modifizierende Auflage 231

N
Nachholen der Begründung 179
Nachschieben von Gründen 179
nachträgliche Anfechtungsklage *siehe Fortsetzungsfeststellungsklage*
nachträgliche Anordnung 239
nachträgliche Feststellungsklage *siehe Fortsetzungsfeststellungsklage*
Nebenbestimmungen
- Abgrenzung von Inhaltsbestimmungen 229 ff.
- Arten 234, 236
- Begriffe 233 f., 243
- Bestimmtheit 255
- Rechtmäßigkeit 245 ff.
- Rechtsschutz 440
- Zweck 228
Nichtigkeit
- des öffentlich-rechtlichen Vertrages 365 ff.
- des Verwaltungsaktes 212, 415, 478
Nichtigkeitsfälle
- absolute 218
Normenkontrollklage, -verfahren 79, 422, 520
Normprüfungs- und Verwerfungskompetenz 53a

O
obrigkeitliche Verwaltung 74 f.
offenbare Unrichtigkeit 128, 226
Offensichtlichkeit 223
öffentliche Abgaben und Kosten 528 ff.
öffentliche Einrichtung 80
öffentliches Recht 91
- (Übersicht) 73a
öffentlich-rechtliche Streitigkeit 433
öffentlich-rechtliche Verwaltung 73 ff.
öffentlich-rechtlicher Erstattungsanspruch 338
öffentlich-rechtlicher Vertrag 79, 103, 351, 352 f.
- Abgrenzung zum privatrechtlichen Vertrag, zum Verwaltungsakt, zur Nebenbestimmung und zur Zusicherung 351, 352, 357a
- Anpassung 368
- Arten 353 ff.
- Austauschvertrag 356, 363 f., 367
- Begriff 351
- Durchsetzung 369
- Entwicklung 369c
- Erfüllung 368

Stichwortverzeichnis

- koordinationsrechtlicher Vertrag 354 ff., 366
- Kündigung 368
- Nichtigkeit 365 ff.
- Rechtmäßigkeit 360 ff.
- sonstiger 357a
- subordinationsrechtlicher Vertrag 356, 363 f., 367, 369a
- Verbot 361 f.
- Vergleichsvertrag 356, 363, 367
- Vollstreckung 369
- Wirksamkeit 359, 365
- Zustandekommen 358 f.

Onlinezugangsgesetz (OZG) 72c
Optionsmodell 441b
Organzuständigkeit 89, 133, 506
ortsgebundenes Recht 218

P
Parlamentsgesetz 38 f.
Personenkörperschaften 12 ff., 16
Portalverbund Nutzerkonten 72c
Privatisierung 20 f., 22
Privatisierung öffentlicher Aufgaben 21a
privatrechtliche Verwaltung 73, 76 ff.
Prüfungsentscheidungen 148, 286
Prüfungsschemata
- Anfechtungsklage 410
- Anordnung sofortiger Vollziehung 543
- Begründetheit einstweilige Anordnung 553
- Begründungspflicht 539
- elektronische Form ersetzt Schriftform 72i
- Rechtsnormen des Vorverfahrens 428
- Schutznormtheorie 70
- Verpflichtungsklage 413a

Prüfungsumfang Widerspruchsbehörde 497 ff.

R
Realakte 29
Rechtmäßigkeit
- der Nebenbestimmungen 245 ff.
- der Zusicherung 347
- des öffentlich-rechtlichen Vertrages 360 ff.
- des Verwaltungsaktes 128 ff.

Rechtsbeeinträchtigung 463 f.
Rechtsbegriffe, unbestimmte 284 f.
Rechtsbehelfe 402 ff., 406
Rechtsbehelfsbelehrung 128, 227, 447, 449, 515, 553

Rechtsfehler
- formelle 128, 130 ff., 210
- Heilung 178, 180
- materielle 128, 157 ff., 210
- Unbeachtlichkeit 482 f.

Rechtskraft 292
Rechtsmittel 406
Rechtsmittelbelehrung 406
Rechtsnorm (Abgrenzung) 102 ff.
Rechtsprechung 1 ff., 6, 42
Rechtsquellen 36 ff., 49 ff., 56 f.
- Anwendungsvorrang 50
- Geltungsvorrang 51
- Rangordnung 49 ff., 53a
- Unterschied (VwV) 56 f., 67

Rechtsschutz
- des Bürgers gegenüber der Verwaltung 399 ff.
- innerhalb der Verwaltung 400
- vorläufiger 112, 114, 516 ff.

Rechtsträger Privatrecht 19
Rechtsverletzung 41, 53a, 422, 463, 465, 479 f.
Revision 406
Richterrecht 42
Rücknahme
- der Zusicherung 349

S
Sachurteilsvoraussetzungen
- allgemeine 408a f.
- besondere 408a, 410, 413a, 417

Satzung 36, 40
Satzungsermächtigung 40
schlichtes Verwaltungshandeln 82, 103
Selbstbindung der Verwaltung 63 ff.
Sicherstellung 386 ff.
sofortige Vollziehung 379, 536 f.
Sonderform VA
- fiktiver VA 127b
- vorläufiger VA 127a

Sondernutzungserlaubnis 245, 312
Sperrgrundstück 467
Speyerer Definition 72d
Stiftungen 11, 16, 18
subjektives Recht 70, 71 f., 462 ff., 479 f.
subordinationsrechtlicher Vertrag *siehe öffentlich-rechtlicher Vertrag*

T
technische Kommunikationsprobleme 72i
Träger der öffentlichen Verwaltung
- Anstalten 11, 16 f.
- Körperschaften 11 ff.

Stichwortverzeichnis

- Rechtsträger des Privatrechts 19
- Stiftungen 11, 18
- Übersicht 16

U
Umdeutung 225
Umweltinformationsgesetz 71c
Umwelt-Rechtsbehelfsgesetz 468a, 495
unbestimmte Rechtsbegriffe 283 ff.
unmittelbarer Zwang 373, 375 f., 385
Unmöglichkeit 159
Unparteilichkeit 138
Unrichtigkeit, offenbare 128, 226
Untätigkeitsklage 412
Unwirksamkeit 215
- des öffentlich-rechtlichen Vertrages 365 ff.
- des Verwaltungsaktes 214

V
VA-Befugnis 129
Verbandzuständigkeit 131
Verbraucherinformationsgesetz 71c
Verfahrenstypen (VwVfG)
- besondere 83
- einheitlicher Ansprechpartner 86
- nichtförmliche 82
- sonstige 85
Verfahrensvorschriften 130, 136 ff.
Verfassung 36 f., 53a
Vergleichsvertrag 356, 357a, 363, 367
Verhältnismäßigkeit 41, 167 ff., 222, 251, 269, 308
Verkehrszeichen 104, 532 f.
Verpflichtungsklage 411 ff.
- Dritter 413
- Entscheidungszeitpunkt 412
- Frist 411
- Prüfungsschema 413a
Versagungsgegenklage
- Prüfungsschema 412
Vertrag, öffentlich-rechtlicher *siehe öffentlich-rechtlicher Vertrag*
Vertrauensdienstegesetz 72n
Verwaltung
- Begriff, Wesen der 6 f.
- fiskalische 76, 78
- hoheitliche 73 ff.
- obrigkeitliche 74 f.
- öffentlich-rechtliche 73 ff.
- privatrechtliche 73, 76 ff.
- schlichthoheitliche 74 f.
- Träger öffentlicher 10 ff.

Verwaltungsakt
- vollautomatischer 106b
Verwaltungsakt(e)
- Allgemeinverfügung 104, 106, 531 ff.
- Anfechtbarkeit 225
- Arten 114 ff.
- Aufhebbarkeit 114, 295 ff., 309 ff.
- Bedeutung 107 ff.
- befehlende 115
- Begriff, Begriffsmerkmale 88 ff., 103
- Begründung 130, 148 ff.
- begünstigende 119, 311, 317, 319, 327 ff.
- Bekanntgabe 188 ff.
- belastende 118, 311, 326
- Bestandskraft 292 f., 299, 308
- Bestimmtheit 161, 163 ff., 203, 255
- Erledigung 205, 207, 418 ff.
- Erlöschen 205, 207
- fehlerhafte 209 f., 225
- feststellende 117
- Form 130
- formelle Rechtmäßigkeit 130 ff.
- Funktionen 107 ff.
- gestaltende 116
- Heilung 178 ff.
- materiell-rechtlicher 156 ff.
- mehrstufiger 100
- mit Dauerwirkung 123, 315
- mit Doppelwirkung 120
- mit Drittwirkung 121, 341
- mitwirkungsbedürftige 100, 125
- Nichtigkeit 214 f., 415, 478
- privatrechtsgestaltender 92
- Rechtmäßigkeit 129 f.
- Rechtswidrigkeit 210, 212, 475 ff.
- Regelung, Fallgruppen der 94 ff.
- Regelungsfunktion 107 ff.
- Rücknahme begünstigender 311, 317, 319
- Rücknahme belastender 311, 316
- sonstige Fehler 226 ff.
- Titelfunktion 111 f., 370
- Unanfechtbarkeit 79, 292 f., 301, 379
- (und) Außenwirkung 98
- (und) Behördenbegriff 89 f.
- (und) Einzelfall 102 f.
- (und) öffentliches Recht 93
- Unwirksamkeit 214 f.
- unzweckmäßiger 227, 473
- Verfahren 130, 136 ff.
- verfahrensrechtliche Funktionen 113
- verfahrensrechtlicher 299
- Vernichtbarkeit 225

343

Stichwortverzeichnis

- Vollstreckbarkeit 111
- Vollstreckung 111, 370, 371 f.
- Vorbescheid 97, 350
- Widerruf begünstigender 309 ff., 327 ff.
- Widerruf belastendeder 311, 326
- Wirksamkeit 201 ff., 215, 312, 379, 399
- Zuständigkeit 130 ff., 482
- Zweckwidrigkeit 227, 473

Verwaltungsgerichtsbarkeit 407

Verwaltungshandeln
- Arten des 73 ff.
- hoheitliches 73 ff.
- obrigkeitliches 74 f.
- öffentlich-rechtliches 73 ff., 79
- privatrechtliches 73, 76 ff.
- schlichtes 74 f.
- schlicht-hoheitliches 74 f.
- Übersicht (Arten) 81

Verwaltungshelfer 19a

Verwaltungsprivatrecht 76a ff.

Verwaltungsrecht
- Abgrenzung allgemeines und besonderes 44
- Anwendbarkeit 44b, 44d
- Ergänzung des – durch bürgerliches Recht 45 ff.
- Rechtsnormen 36 ff.

Verwaltungsrechtsverhältnis
- allgemeines 67 f.
- Arten 68
- besonderes 33, 68

Verwaltungsrechtsweg 423, 432 f.

Verwaltungsübung
- Selbstbindung durch 63 ff., 304

Verwaltungsvollzugsbeamte 533

Verwaltungsvorschriften
- Abgrenzung von Rechtsquellen 56 f.
- Arten 55
- Bedeutung im Außenverhältnis 57, 60 ff.
- Begriff 54
- Bindungswirkung/Übersicht 60
- Ermächtigungsgrundlage 58a, 59
- gesetzesauslegende 61
- Innenwirkung 56
- normenkonkretisierende 55, 62
- Selbstbindung durch 55, 60, 63 ff.
- Zweck 54

Verwaltungszustellungsverfahren 194 ff.

Verwaltungszwang
- gestrecktes Verfahren 381 f., 395
- sofortiger Vollzug 381, 384 ff., 395 f.
- Verfahren 380 ff.
- verkürztes Verfahren 393, 395

- Voraussetzungen 379
- Zwangsmittel 371 ff.

Vollstreckbarkeit 203, 379

Vollstreckung
- des öffentlich-rechtlichen Vertrages 369
- des Verwaltungsaktes 370, 371 f.
- Verfahren 380 f.

vollziehende Gewalt 1, 2, 5 f., 9, 23, 399

Vollzugsbeamte 533

Vorbehalt des Gesetzes *siehe* Gesetzesvorbehalt

vorläufiger Rechtsschutz 112, 516 ff.

Vornahmeklage 412, 423, 436

Vorrang des Gesetzes *siehe* Gesetzesvorrang

Vorverfahren
- Abhilfebescheid 443, 506 f., 510, 512
- Ausschluss 441 ff.
- Beginn 427
- Begründetheit des Anfechtungswiderspruchs 473, 475
- Begründetheit des Verpflichtungswiderspruchs 488, 490
- Entscheidungszuständigkeit 431, 506
- Erfordernis 423
- Prüfungsschritte 430
- Unzulässigkeit 470 ff.
- Verzicht 472
- Widerspruchsbescheid 506 ff., 514 ff.
- Widerspruchsentscheidung 507 ff.
- Zweck 423 ff.

VwV 58

W

Waffen 375

Wesentlichkeitstheorie *siehe* Gesetzesvorbehalt

Widerruf
- der Zusicherung 349

Widerrufsvorbehalt 232, 238, 246a, 250

Widerspruch
- Anfechtungswiderspruch 396, 423, 438 ff., 463, 473 ff., 495
- Aufhebungsausschluss 482 f.
- aufschiebende Wirkung 114, 337, 379, 406, 518, 521 ff.
- Ausschluss 441 ff.
- Begründetheit des Anfechtungswiderspruchs 473 ff.
- Begründetheit des Verpflichtungswiderspruchs 487 ff.
- Beteiligungsfähigkeit 458 f.
- Entscheidungszuständigkeit 431, 506
- Handlungsfähigkeit 430, 458, 460
- Kostenentscheidung 502 ff.

Stichwortverzeichnis

- Möglichkeitstheorie 463
- ordnungsgemäße Einlegung 430, 446 ff.
- Rechtsbeeinträchtigung 463 ff.
- Rechtsverletzung 463, 465, 479 f., 482
- Statthaftigkeit 430, 438
- Unzulässigkeit 470 ff.
- Verböserung 499 ff.
- Verpflichtungswiderspruch 423, 473, 487 ff., 495
- Vollzugshemmung 421 f.
- Widerspruchsform 446, 455 ff.
- Wiedereinsetzung 450 ff.
- Wirksamkeitshemmung 521
- Zulässigkeit 430 ff.
- Zweckwidrigkeit 486

Widerspruchsbefugnis
- beim Anfechtungswiderspruch 462 ff.
- beim Verpflichtungswiderspruch 468

Widerspruchsbehörde 431

Widerspruchsfrist 446 ff.

Wiederaufgreifen des Verfahrens
- Abgrenzung Zweitverfahren/Neuverfahren 296 ff.
- Anspruch auf 299 ff.
- Begriff 295
- Entscheidungen der Behörde 299 f., 303, 306, 308
- Ermessen 300, 304 ff.
- Zweitbescheid 299, 306
- Zweitverfahren 296 ff., 304

Wiedereinsetzung in den vorigen Stand 450 ff.

Wirksamkeit
- der Zusicherung 346
- des öffentlich-rechtlichen Vertrages 358 f., 365 ff.

Z

Zivilrechtsweg 73

Zulässigkeit
- des Antrags auf Wiederaufgreifen 301
- des Widerspruchs 430 ff.

Zusage 343

Zusicherung
- Abgrenzung 350
- Adressat 198a
- Begriff 343
- elektronische 194, 197
- Rechtmäßigkeit 347
- Rechtsnatur 345
- Rücknahme 349
- (und) Verwaltungsakt 176
- Widerruf 349
- Wirksamkeit 346, 348

Zuständigkeit 130 ff., 218, 482

Zustellung *siehe Bekanntgabe*

Zwangsgeld 373 f., 377 f., 380

Zwangshaft 374

Zwangsmittel
- Abgrenzung von Ahndungsmitteln 371 f.
- Androhung 380 ff.
- Anwendung 382
- Arten; Begriffe 371 f.
- Auswahl 377 f.
- Festsetzung 381 f.
- Kosten 395
- Rechtsschutz 396 f.
- sofortiger Vollzug 384 ff.
- VA-Qualität 382
- Verfahren 380 ff.
- verkürztes Verfahren 393
- Voraussetzungen – sofortiger Vollzug 389, 391

Zweckverband 14a

Zweckwidrigkeit 220, 475, 486

Zweistufentheorie 80, 93a